南京地方税务年鉴

(2013–2014)

《南京地方税务年鉴》编纂委员会 编

方志出版社
Publishing House of Local Records

图书在版编目（CIP）数据

南京地方税务年鉴. 2013~2014/《南京地方税务年鉴》编纂委员会编. -- 北京：方志出版社，2015.10
ISBN 978-7-5144-1753-1

Ⅰ. ①南… Ⅱ. ①南… Ⅲ. ①地方税收 – 税收管理 – 南京市 –2013-2014– 年鉴 Ⅳ. ①F812.753.142-54

中国版本图书馆 CIP 数据核字(2015)第 245705 号

南京地方税务年鉴（2013-2014）

编　　者：《南京地方税务年鉴》编纂委员会
责任编辑：陈　菁
出 版 人：冀祥德
出 版 者：方志出版社
　　地址　北京市朝阳区潘家园东里 9 号（国家方志馆 4 层）
　　邮编　100021
　　网址　http://www.fzph.org
发　　行：方志出版社发行中心
　　(010)67110500
经　　销：各地新华书店
法律顾问：北京市高文律师事务所
印　　刷：南京凯德印刷有限公司
开　　本：889×1194　1/16
印　　张：31.5
字　　数：983 千
版　　次：2015 年 10 月第 1 版　2015 年 10 月第 1 次印刷
印　　数：0001~1000 册
ISBN 978-7-5144-1753-1　定价：400.00 元

南京地税精神：

创业

敬业

精业

南京地税组织价值观：

追求卓越

共同发展

南京市地方税务年鉴编纂委员会

南京地方税务年鉴编辑部

主　编　王火生

副主编　黄　昀　　楚天佑

编　辑　（按姓氏笔画排序）

于　群　　马婷怡　　史忠民　　付宪国

朱　旭　　羊　猛　　阮春芳　　汪成池

李洪进　　唐　棣　　梁晓玲　　韩粉英

校　对　丁　伟　　于　群　　付宪国　　汪树强

楚天佑

《南京地方税务年鉴(2013-2014)》
编 辑 说 明

一、《南京地方税务年鉴(2013-2014)》是专业性的地方年鉴,旨在按年度广泛汇集、系统记载、如实辑录南京市地方税务工作状况及发展历程,为各级领导干部决策及社会各界了解、关心和支持地方税务事业提供参考,为广大经济工作者开展税收理论研究提供翔实、权威性的资料,为税务工作的开展提供可资借鉴的资料,同时为编纂史志做准备。

二、《南京地方税务年鉴(2013-2014)》汇集了2013-2014年南京地方税务工作的主要资料。每年度共分13篇章;全志共计1263个条目,80个表格,照片76帧,总计110余万字。

三、《南京地方税务年鉴(2013-2014)》每年度内容设13个栏目:(一)大事记;(二)概况;(三)税政管理;(四)征收管理;(五)法制建设;(六)计划、会计、统计管理;(七)信息化建设;(八)数据管理;(九)行政管理;(十)干部队伍建设;(十一)党建及群团工作;(十二)基层单位工作;(十三)重要会议材料。

四、"重要会议材料"主要选编南京地方税务局召开的全局性重要会议的相关材料。

五、本卷采用的稿件由南京市地方税务系统各单位有关人员撰写,并经领导审阅。

六、由于诸多原因,本卷年鉴的疏漏之处在所难免,恳请读者批评指正。

2013年6月21日，国家税务总局总会计师汪康（右一）视察南京鼓楼国地税联合办税服务厅

2014年1月6日，江苏省地税局局长江建平（右一）视察南京地税

2014年12月31日，南京市长缪瑞林（左一）在南京地税调研并参观南京税收文化教育基地

南京市委副书记、常务副市长刘以安（左三）多次赴地税局调研指导工作。图为2014年4月29日，刘以安在地税局调研指导地税工作

副市长徐锦辉多次到地税局调研指导工作。
图为2013年7月9日，副市长徐锦辉在地税局参加党的群众路线教育实践活动动员大会

2013年5月14日，南京市政府罗群副市长（中）调研地税工作

2013年1月25日，南京地方税务工作会议

2013年2月20日，南京地方税务局党风廉政建设暨作风建设工作会议

2014年1月21日—22日,全市地方税务工作会议

2014年1月21日—22日,全市地方税务工作会议

2014年2月10日，全市地税系统党风廉政暨作风行风建设会议

2014年9月4日，南京地税外部行风监督员会议

开拓进取的局领导班子（2013—2014年度）

前排左起：蔡建勋、左 明、柏 鹏、郑 良、唐 跃
后排左起：钱家俊、王 超、刘军辉、陈 奇

加强税务干部政治教育和党性教育。
图为2013年9月4日，市地税局党组书记、局长柏鹏（左一）带队参观雨花台革命纪念馆

2013年2月28日，南京地税干部辅导纳税人使用新型税控机

2013年3月21日，南京地税干部与外籍纳税人沟通中国税法问题

2013年3月22日，南京地税干部边核查企业纳税情况，边宣传税收法规

探索实施调账检查等多种稽查方法。图为2013年8月23日，南京地税稽查一分局对某企业实施调账检查

2014年4月10日，南京地税成立江苏省首家盲人创业税收宣传服务站

2014年4月15日，南京地税直属第一税务局联合南京市小额贷款行业协会为全市50家小贷公司举办税收现场服务会

2014年4月22日，南京地税网上办税推广活动

2014年8月22日，南京地税青年志愿者微笑服务青奥会

2013年3月22日，南京地税组织传统白局税收说唱团开展税法宣传

2013年3月29日，南京地税干部上门辅导企业网上办税

2013年4月11日，地税部门聘请陈光标（左一）为义务税收宣传员

2013年4月15日，南京地税部门制作道具，通过转动税盘说税率，帮助纳税人更好地理解税收法规

2013年4月15日，南京市地税局举办税收宣传微电影首发仪式，通过税收微电影宣传税法知识

2013年4月19日，南京地税部门开展纳税人开放日，让纳税人体验和熟悉办税流程

2014年1月24日，南京地税以猜灯谜形式，组织驻区部队官兵学习税法

2014年4月8日，南京地税举办“税收微电影”进军营活动

2014年4月11日，南京德云社税收专场相声拉开帷幕

2014年4月1日，南京地税到企业上门宣传税收政策，开展便民服务

地税部门与企业间保持密切联系

图为2013年5月20日，地税干部深入企业现场查看生产经营情况

2013年9月29日，举办南京地方税务局税务文化展示会

2013年3月29日，南京地税成立专业服务团队，
为文化创意产业提供经常、及时的税收服务

开展经常性的群众文体活动。图为2013年9月29日，地税干部职工自编自演的局庆文艺演出片段

2014年5月24日，南京地税干部能级考试

2014年9月28日，庆祝建局20周年演讲和文艺演出

目　　录

2013年

大事记

概　　况

工作概况

人员机构概况

机构职能设置

各项收入概况

税源概况

各项收入情况统计表

税政管理

流转税管理

所得税管理

财产行为税管理

社会保险费、基金费管理

征收管理

法治建设

计划会计统计管理

信息化建设

数据管理

行政管理

政务管理

事务管理

政务信息工作

宣传工作

档案管理

理论调研

2013 年调研论文选登

干部队伍建设

队伍建设

思想作风建设

教育培训

干部培训

廉政建设

执法督察内审

光荣榜

党建及群团工作

党建工作

工会和妇联工作

荣誉榜

基层单位工作

稽查局

稽查局第一分局

稽查局第二分局

稽查局第三分局

纳税服务局

耕地占用税和契税管理所

直属第一税务局

高新开发区地方税务局

玄武地方税务局

白下地方税务局
（2013年7月撤销）

秦淮地方税务局

建邺地方税务局

鼓楼地方税务局

下关地方税务局

(2013 年 7 月撤销)

雨花台地方税务局

栖霞地方税务局

南京化学工业园区地方税务局

江宁地方税务局

浦口地方税务局

六合地方税务局

溧水地方税务局

高淳地方税务局

重要会议材料

2014年

大事记

概　　况

工作概况

人员机构概况

机构职能设置

各项收入概况

税源概况

各项收入情况统计表

税政管理

流转税管理

所得税管理

财产行为税管理

社会保险费、基金费管理

征收管理

法治建设

计划会计统计管理

信息化建设

数据管理

行政管理

政务管理

保密工作

事务管理

政务信息工作

廉政建设

执法督察内审

光荣榜

党建及群团工作

荣誉榜

基层单位工作

稽查局

稽查局第一分局

稽查局第二分局

稽查局第三分局

纳税服务局

耕地占用税和契税管理所

直属第一税务局

高新技术开发区地方税务局

玄武地方税务局

秦淮地方税务局

建邺地方税务局

鼓楼地方税务局

雨花台地方税务局

栖霞地方税务局

化学工业园区地方税务局

江宁地方税务局

浦口地方税务局

六合地方税务局

溧水地方税务局

高淳地方税务局

重要会议材料

2013年

大　事　记

1月

1月1日　除自印冠名发票外，对其他所有纳税人全面取消发票工本费。

△　系统工会组织参加南京市“奔向2014青奥年”长跑活动暨南京市第32届元旦健身长跑运动会。

1月7日　钱家俊任市地税局总经济师、党组成员。

1月7日　组织实施更高水平“三个一流”工程建设标兵科所及“地税标兵”、先进个人检查评选工作，授予纳税服务局咨询服务科等20个基层科所2012年度江苏省南京地方税务局更高水平“三个一流”工程建设标兵科所称号，授予朱国生等10名2011年度江苏省南京地方税务局“地税标兵”称号并记三等功一次。

1月14日　六合局、雨花台局被省地税局授予2012年度“依法行政示范单位”称号。

1月22-23日　省地税局对市地税局2012年度“三个一流”工程完成情况进行实地检查，市地税局蝉联全省地税系统“三个一流”工程考核第一名。

1月23日　评选表彰2012年度“三争三创”先进班子和好班长。授予江宁局等5家基层单位2012年度“三争三创”先进班子称号，授予钱家俊等5人2012年度“三争三创”好班长称号。

1月25日　召开南京地方税务工作会议，党组书记、局长柏鹏作了题为《深入贯彻落实党的十八大精神，凝心聚力开创南京地税科学发展新局面》的主报告。

1月28日　浦口局党组被授予“江苏省党的基层组织党务公开示范点”荣誉称号。

1月　优化调整重点税源局管辖范围，对城郊区局基层税务所的行业税收管辖和三区两县局重点税源管理分局管辖税户作适应性调整。

△　机关财务支出纳入市财政局国库集中支付系统。

△　在全市纳税人中全面推广使用网络税控收款机。

2月

2月4日　六合局被授予“全国税务系统先进集体”荣誉称号。

2月6日　“税源与征管状况监控分析平台”创新项目获2012年度全省地税系统优秀创新项目一等奖。

2月20日　召开2013年度系统党风廉政建设暨作风建设工作会议。党组成员、纪检组组长刘军辉代表市地税局党组总结了2012年党风廉政建设和作风建设工作情况，对2013年工作进行了部署，党组书记、局长柏鹏作了讲话。

3月

3月1日　市地税局机关妇联、重点税源局、征收局第二税务所等9个单位被授予“江苏省巾帼文明岗”荣誉称号。

3月7日　系统妇联召开“三八”国际妇女节纪念大会。大会表彰了系统十佳“康乃馨行动巾帼志愿队”、十佳“康乃馨行动使者”。

3月19日　市地税局被市创建创业型城市工作领导小组授予“创业工作先进集体”称号。

3月25日　秦淮局工会、六合局工会被授予“江苏省模范职工之家”荣誉称号。

3月　市地税局“康乃馨行动”巾帼志愿服务队、雨花台局征收所被授予“全国巾帼文明岗”荣誉称号。

3月　江宁局征收分局被授予“江苏省公务员职业道德模范集体”荣誉称号。

4月

4月1日 新征管体制正式运行,完成16家基层单位税户和税源管理岗位信息系统调整切换。

4月15日 举办“汇点滴力量,圆中国梦想”为主题的“税收宣传微电影周”活动。通过网络、公交、地铁、电视等途径向社会推出4部税收公益微电影。“税收宣传微电影周”活动被国家税务总局评为2013年全国税收宣传月优秀项目。

4月19日 在全市开展“地税开放日”活动,邀请部分“纳税人之家”会员代表、新办企业代表和通过“12366”进行投诉的纳税人,走进“12366”,参观“12366”纳税服务热线工作现场,听取“12366”纳税服务热线情况介绍,现场感受“12366”纳税咨询的及时、权威、准确。

4月20日 参加全市为期一年的“学雷锋文明交通志愿服务周周行”活动。

4月24日 市地税局在省地税局2012年度依法行政工作综合评定中被评定为优秀等次。

4月 开展第22个全国税收宣传月活动,组织以“汇点滴力量,圆中国梦想”为主题的“税收宣传微电影周活动”。

4-10月 先后组织3期共计89人赴台参加高端人才培训。

5月

5月7日 组织召开2013年度全市税务稽查工作会议。市地税局党组成员、副局长左明对2012年稽查工作进行了总结,对2013年稽查工作进行了部署。党组书记、局长柏鹏对2013年系统税务稽查工作提出要求。

5月16日 总局党校处级领导干部任职培训班在市地税局开展税务文化管理现场教学活动。

5月20日 市地税局成立纳税服务领导小组。领导小组负责全系统纳税服务工作的统筹、规划、指导、协调和保障;研究、解决纳税服务工作有关重大事项。

5月28日 组织系统19个基层单位的265名科级领导干部参加春训测试,测试人数占全体科所长的70%。

6月

6月4日 通过南京市城市综合管理标准化建设达标验收。

6月7日 对2010-2012年连续三年公务员考核为优秀等次的陈云等48人给予记功表彰。

6-7月 开展处级领导干部选拔工作,共选拔出6名正处级领导干部、14名副处级领导干部。

7月

7月起 市地税系统参加全市第一批党的群众路线教育实践活动。

7月 浦口局与高淳局工会被授予“江苏省工会职工书屋示范点”荣誉称号。

8月

8月1日 广播影视服务纳入“营改增”试点范围。

8月6日 与建邺区团委开展“感悟税收、触摸南京,浓墨亚青”——2013年亚青小记者税收文化夏令营活动。

8月8日 市地税系统被表彰为“2010-2012年度南京市级文明行业”,市地税局、江宁局、六合局、雨花台局、建邺局、纳税服务局、溧水局、重点税源局、玄武局等9个单位被授予“2010-2012年度市级文明单位”荣誉称号。

8月14日 召开2013年半年税务工作会议。

8月15日 市地税局被表彰为2012年度全省地税系统“三个一流”工程建设先进单位。

8月15日 全市教育实践活动市直单位推进会上,市地税局就教育实践活动开展情况在会上作交流发言。

8月19日 省地税局召开2013年半年工作

总结会，市地税局就基层单位领导班子建设的经验做法在会上作了交流发言。

8月29日　市地税局党组中心组被江苏省委组织部、宣传部命名表彰为全省首届学习型领导班子建设先进集体。

8月　新机构正式运行。鼓楼局、下关局合并成立新鼓楼局，秦淮局、白下局合并成立新秦淮局，稽查局升格为副局级，单设三个正处级稽查分局。江苏省南京地方税务局重点税源管理税务局更名为江苏省南京地方税务局第一直属税源管理税务局。新设立档案管理中心。

△ 在全市作风建设群众评议工作中，市地税局获全市党的群众路线教育实践活动作风建设群众评议执法组第一名。

△ 雨花台局工会被授予“全国模范职工之家”荣誉称号。

△ 在税务机关代开中全面推广使用无号发票，在网上开票和网络税控纳税人中试点无号发票。

9月

9月26日　组织开展2013年度税收业务能手竞赛。根据竞赛结果1人被市总工会等单位授予“南京市五一劳动奖章”称号，6人被授予“南京市技术能手”“南京市创新能手”称号，49名青年选手被授予“南京市青年岗位能手”称号。

9月29日　举行“唱响幸福地税”税务文化展示会活动。市地税局党组书记、局长柏鹏，市级机关工委副书记、市级机关工会联合会常务副主席等领导各基层单位主要负责人和税务一线干部共500多人参加。

9-10月　分两批组织23名后备干部和专业人才赴西安地税、青岛地税挂职锻炼。

10月

10月1日　自助办税终端系统(ATS)在全市14个办税服务厅正式上线运行。该系统实现了开具通用发票、开具建筑业发票、基金缴纳、社保费缴纳、个人所得税完税凭证打印、企业税票补打、发票查询、涉税信息查询等八项功能，纳税人可通过办税服务厅内的自助办税机方便、快捷地自行办理上述涉税业务。

10月16日　市地税局、江宁局、六合局、雨花台局、建邺局、纳税服务局被表彰为2010-2012年度江苏文明单位。

10月23日　纳税服务局进驻市政务服务中心，在全市129个服务窗口评比中获得“红旗窗口”荣誉称号。

10月24日　国家税务总局召开全国税务系统离退休干部现场经验交流会，市地税局就老干部工作做交流发言。

10月26日　全省地税系统大规模业务测试在南京举行。市地税局作为考点之一，承接了省局直属局、镇江局、常州局人员的考试。市地税局共有146名选手参加了考试，总分第五名、10人进入全省前60。

10月　高清视频会议系统在全市地税系统上线，系统覆盖全市地税系统20家单位，构建了适合“省、市、区(县)”三级管理的视频会议模式，可满足各业务条线同时召开会议的需求。

10月　全市推广使用国地税联合征管平台，实现对国地税联办税务登记、联合委托代征系统和数据交换的信息化支撑。

11月

11月12日　总局党校处级领导干部任职培训班在市地税局开展税务文化管理现场教学活动。

11月18日　市地税局与南京师范大学联合创办的税务MBA中心成立，市地税局党组书记、局长柏鹏与南师大党委书记、校长宋永忠为中心揭牌。中心的成立开创了市地税局与南师大合作办学的新局面，通过开展税务干部研究生学历学位教育，适应高层次税务人才的培养需要，探索专业化、研究型税务教育培训新模式。

11月18日　市财税库银税收收入电子缴库横向联网系统(TIPS)正式运行，市银税联网税款实时征解系统停止使用。

11月19日　省地税局召开全省地税系统

稽查案例分析交流会。南京地税局上报参评的2篇案例荣获“全省地税系统稽查优秀案例”称号，市地税局稽查案例连续十一年被评为优秀案例。

11月23日 组织开展岗位全员数据操作能力专项测试，系统基层单位共计737名干部和聘用人员参加。

11月25日 在全国税务标准化工作中，市地税局在数据元维护流程和机制的讨论、票证类代码的修订与完善等方面，为税务行业标准化建设尤其对金税三期的顺利实施做出突出贡献，获国家税务总局信息办发文表彰。

11月29日 举行税收文化教育基地志愿者服务队启动仪式。南京财经大学近百名在校大学生成为税收文化教育基地首批志愿者。

11月 国家税务总局在广西举办学习型组织建设研讨班，市地税局在会上就绩效管理作了专题交流发言。

11月 分三批上线大集中个体委托代征系统，实现个体代征程序和数据的省级集中。

11–12月 组织开展2013年度处、科级非领导职务晋升工作。197人晋升上一级非领导职务。

12月

12月2日 南京地税网站被中国共产党江苏省委员会宣传部等8家主管部门联合发文评为江苏省“文明网站”创建先进单位。

2013年，全市地税系统共组织各项收入1019.1亿元，首次突破千亿元大关，同比增长12.9%。其中，税收收入632.2亿元，同比增长11.9%，剔除“营改增”基数29.5亿元影响，增幅为18.1%；市县级公共财政预算收入482亿元，同比增长10.2%，剔除“营改增”影响，增幅为18.2%，完成市政府下达年度计划的101.7%。全年共征收入库社保费收入334.58亿元，同比增长15.1%，其他非税收入52.32亿元，同比增长10.7%。

（王杉杉）

概　　况

工作概况

概　述　2013年，江苏省南京地方税务局(以下简称“市地税局”或“南京地税”)牢牢把握组织收入这个中心任务，紧紧抓住基础管理、依法行政、队伍建设、行政效能等重点，安全履职获得丰硕成果。

组织收入突破1000亿元大关。2013年，南京地方税务局克服困难和挑战，充分挖潜增收，组织收入实现了新的增长。组织各项收入突破1000亿元大关，达到1019.1亿元，同比增长12.9%。其中，税收收入632.2亿元，剔除“营改增”(部分行业营业税改增值税，相关税收划归国税部门征管)，同比增长18.1%；市县级税收595.8亿元，剔除“营改增”，同比增长17.6%；市县级公共财政预算收入482亿元，剔除“营改增”，同比增长18.2%，比政府年初计划超收8亿元，在苏南主要城市中增幅继续保持第一；组织社保费收入334.58亿元，同比增长15.1%。组织收入的稳定增长，为地方经济发展提供了可靠的财力保障。

依法行政取得新成效。持续深化依法行政示范单位创建，优化重大税务案件审理，全年市地税局税务案件审理委员会受理重大案件30件。积极探索事先裁定制度，依法开展法律救济服务，成功预防和化解行政争议10余起。开发应用税收优惠政策库系统，涵盖近800个文件，1300多个条款。严格落实执法责任，开展重点执法督察，对5家单位进行经济责任审计。充分发挥稽查职能作用，加大税务稽查力度，全年查补收入7.5亿元，破获各类发票犯罪案件38起，缴获假发票3万份。

基础管理成效显著。围绕市委、市政府重大决策部署，认真梳理、落实税收政策，建立南京“321”企业服务新机制，全年办理减免税101亿元。完善征管质量监控机制，征管质量指标在省局通报中位居前列。推进发票改革，全市企业户发票信息化率达99.7%。加强税种管理，强化建筑业项目税收管理，做好“营改增”扩围工作；升级改造企业所得税后续管理系统，并在全省推广；年所得12万元以上个人所得税自行纳税申报人数达12.8万人，连续三年保持全省第一；加大土地增值税清算力度，实现清算税款27亿元，同比增长27.8%。着力抓好第三方数据的共享和应用，全年获取数据2900万条，实际应用数据2435万条，应用率达84%。加强税收信息化建设，在全省率先推出集业务、办公于一体的税务移动平台，建立了覆盖全系统的高清视频会议系统。

干部队伍建设调整加强。坚持从严带队，安全履职，实现了“三个没有”：没有一起刑事案件，没有一起职务犯罪，没有一起严重违纪。加强班子建设，市地税局党组中心组被表彰为全省首届学习型领导班子建设先进集体。按照南京市区划调整要求，平稳组建新鼓楼地税局、新秦淮地税局；县改区后，溧水、高淳两区地税局升格为正处级局。选拔20名处级领导干部，晋升处、科两级非领导职务197名，组织23名后备人才跨地区挂职锻炼。连续七年获得省地税局综合考评第一名。“三师”比例达到22.8%。加大教育培训力度，与南师大联合成立税务MBA中心，全年举办26期36个班次脱产培训。加强党的建设，市地税局被评为全市“三争一创之星”先进集体，浦口地税局被授予全省基层党组织党务公开示范点称号。推进工会、妇联、共青团品牌建设，提升组织向心力。加强党风廉政建设，编印下发《廉政风险防控指南》，开展“微系列”廉政文化创建活动，微电影《棋》入选国家税务总局优秀廉政文化作品。

行政管理效能提升。认真贯彻中央八项规定和省、市有关要求，加强工作统筹，改进会风文风，全年减少全局性会议、文件29%，减少考核评比项目指标30%。政务信息工作在全省地税系统、全市保持领先。树立科调研精品意识，全年在省部级以上刊物发表调研文章44篇。加强涉税舆情监控，开展“税收宣传微电影周”和“税收动漫宣传周”活动，被国家税务总局评为税收宣传月优秀项目。坚

持依法理财,预算从严,审批从紧,后勤服务保障水平进一步提升。　（楚天佑）

人员机构概况

中共江苏省南京地方税务局党组成员名单

党组书记　柏　鹏
党组副书记　郑　良(2013年12月任)
党组成员　左　明
唐　跃
蔡建勋
刘军辉
王　超
陈　奇
钱家俊(2013年1月任)

中共江苏省南京地方税务局党组纪检组负责人

纪检组组长　刘军辉

江苏省南京地方税务局机构设置和负责人

局　长　柏　鹏
副局长　郑　良
左　明
唐　跃
蔡建勋
纪检组长　刘军辉
总经济师　王　超
总会计师　陈　奇
总经济师　钱家俊(2013年1月任)
副巡视员　杨　华
苑爱国
蔡金华
胡平华

办公室

主　任　乔　彤
副主任　黄　昀
沈向民(2013年7月任)
王　俊(2013年7月免)
朱　岚(2013年7月免)
调研员　查贵成
副调研员　李南晔
楚天佑

政策法规处

处　长　罗志刚(2013年7月任)
谢海航(2013年7月免)
副处长　臧桂芹
副调研员　朱玉梅(2013年12月任)

营业税处

处　长　陈　云
副处长　卓　越(2013年7月任)
罗志刚(2013年7月免)
副调研员　奚　雷
陈珊艺

所得税处

处　长　郭智华(2013年7月任)
吴春高(2013年7月免)
副处长　张建强
副调研员　孙建忠

财产行为税处

处　长　赵建华(2013年7月任)
郭智华(2013年7月免)
副处长　王佩福
调研员　戴礼萍

规划财务处

处　长　张祖贤
副处长　洪　斌
卞立群
副调研员　叶　红(2013年12月任)

征管科技处

处　长　曹晓扬
副处长　杨霆钧
钟智宏
姜　进
副调研员　张　军
王琪玮

数据管理处

处　长　徐惠华
副处长　戴文新
顾长元
副调研员　明　靖

督察内审处

处　长　黎　凡
副处长　王　勇

基层工作处
处　长　　季志春
副处长　　张连静
人事处
处　长　　张金发
副处长　　黄晓兰(2013年7月任)
　　　　　高永峰
　　　　　马圣莲(兼)(2013年1月免)
调研员　　王　震
　　　　　马圣莲(2013年12月任)
副调研员　秦有富
离退休干部处(与人事处合署)
处　长　　张金发(兼)
副处长　　黄晓兰(兼)(2013年7月任)
　　　　　马圣莲(2013年1月免)
副调研员　王浴宁
监察室
主　任　　席宝庆
副主任　　王　勇
调研员　　李玉芳(2013年12月任)
副调研员　朱淮民
　　　　　金　泓
机关党委
书　记　　杨　华
专职副书记　汪义娟(2013年7月任)
　　　　　华森林(2013年4月免)
副书记　　王　芊(2013年12月免)
调研员　　华森林(2013年3月任)
　　　　　王　芊(2013年12月任)
　　　　　缪新民
副调研员　吴　红
电子税务管理中心
主　任　　薛剑秋(2013年7月任)
副主任　　朱　岚(2013年7月任)
　　　　　周建伟(2013年7月任)
副调研员　张　斌(2013年12月任)
干部培训学校
校　长　　沈　勇
副校长　　洒荣汶(2013年7月任)
　　　　　黄晓兰(2013年7月免)
　　　　　汪炼炼(2013年12月免)
调研员　　汪炼炼(2013年12月任)
副调研员　周卫国
机关后勤服务中心
主　任　　朱中元(2013年7月任)
　　　　　费明华(2013年7月免)
副主任　　梁　钰
　　　　　孔志刚
副调研员　任　军
档案管理中心(2013年7月设立)
主　任　　王　俊(2013年7月任)
副主任　　承　蕾(2013年7月任)
耕地占用税和契税管理所
所　长　　黄纬东
副所长　　王　辰
　　　　　张　捷
稽查局(南京副局级建制)
局　长　　王冬明
副局长　　马雪玲(2013年7月任)(正处职)
　　　　　吴跃发(2013年7月免)
　　　　　纪耀录(2013年7月免)
　　　　　董晓庆(2013年7月免)
调研员　　朱剑秋
　　　　　任卫国(2013年12月任,12月退休)
副调研员　朱基全
稽查一分局(2013年7月设立)
局　长　　费明华(2013年7月任)
副局长　　朱广生(2013年7月任)
　　　　　程松敏(2013年7月任)
副调研员　鞠晓翔
　　　　　李文军(2013年8月任)
稽查二分局(2013年7月设立)
局　长　　姜　健(2013年7月任)
副局长　　吴跃发(2013年7月任)
　　　　　董晓庆(2013年7月任)
稽查三分局(2013年7月设立)
局　长　　张元年(2013年7月任)
副局长　　全　晓(2013年7月任)
　　　　　纪耀录(2013年7月任)
副调研员　徐春林
　　　　　匡翠光(2013年12月任)
征收税务局(纳税服务局)
局　长　　钟武斌
副局长　　何　欣(2013年7月任)

魏军波(2013 年 7 月任)
张　锋(2013 年 7 月任)
汪义娟(2013 年 7 月免)
朱育刚(2013 年 7 月免)
副调研员　郑晓慧
高善平
姜志才

直属第一税务局(2013 年 7 月由重点税源管理局更名)
局　长　胡连强(2013 年 7 月任)
副局长　沈永惠(2013 年 7 月任)
朱育刚(2013 年 7 月任)
陈卓兵(2013 年 7 月任)
马雪玲(2013 年 7 月免)
朱中元(2013 年 7 月免)
副调研员　缪蓓莉(2013 年 9 月退休)
鲁世君(2013 年 12 月任)
赵　红(2013 年 12 月任)

高新局
局　长　谢海航(2013 年 7 月任)
副局长　王德春
周　薇
任梦华(2013 年 7 月任)

玄武局
局　长　马学民
副局长　虞　华
戴迎新
林　斌(2013 年 12 月免)
调研员　林　斌(2013 年 12 月任)
钱宏根(2013 年 7 月退休)
副调研员　鲍　平
王　玲
来振春
王小洪
魏　玮

白下局(2013 年 7 月撤销)
局　长　朱　延(2013 年 7 月免)
副局长　王桂祥(2013 年 7 月免)
何　欣(2013 年 7 月免)
丁晓军(2013 年 7 月免)
调研员　孙爱萍(2013 年 7 月调入秦淮局)
副调研员　王　波(2013 年 7 月调入秦淮局)
刘龙海(2013 年 7 月调入秦淮局)
闻　华(2013 年 7 月调入秦淮局)
陈旭东(2013 年 7 月调入秦淮局)

秦淮局
局　长　朱　延(2013 年 7 月任)
张元年(2013 年 7 月免)
副局长　王桂祥(2013 年 7 月任)
王英姿
丁晓军(2013 年 7 月任)
郝永宁(2013 年 7 月免)
调研员　孙爱萍
副调研员　王　波
刘龙海(2013 年 12 月退休)
闻　华
祁寅龙
陈旭东
张　铭
陈　兵(2013 年 12 月任)
鲁　新(2013 年 12 月任)

建邺局
局　长　徐贻璧
副局长　郝永宁(2013 年 7 月任)
高文莉
王　颖(2013 年 7 月任)
业德瑞(2013 年 7 月免)
副调研员　张金川
岳有铭
卜兴耀(2013 年 12 月任)

鼓楼局
局　长　罗　斌
副局长　尤　克(2013 年 7 月任)
周　斌
周　妍
全　晓(2013 年 7 月免)
副调研员　吴汉平
林碧婴
吴　兵
潘祥云
夏　莉
柳　峰
李相权(2013 年 9 月任)
颜月平(2013 年 12 月任)

下关局(2013 年 7 月撤销)
局　长　马玉宁(2013 年 7 月免)
副局长　朱广生(2013 年 7 月免)
　尤　克(2013 年 7 月免)
副调研员　夏　莉(2013 年 7 月调入鼓楼局)
　鞠晓翔(2013年7月调入稽查一分局)

雨花台局
局　长　王桃之
副局长　吕　艳
　邵龙喜(2013 年 7 月任)
　郭智怡(2013 年 7 月任)
　陶向武(2013 年 7 月免)
副调研员　夏恒志
　周正华
　郭菊霞
　毕云亮(2013 年 12 月任)

栖霞局
局　长　王晓苏
副局长　万利明
　许晓燕
　谢寒生(2013 年 7 月任)
　戴世敏(2013 年 7 月免)
调研员　范守礼(2013 年 11 月退休)
　陶京茂
副调研员　周纪祺
　陈　东
　戴小龙(2013 年 12 月任)

化工园局
局　长　吴春高(2013 年 7 月任)
　姜　健(2013 年 7 月免)
副局长　许　辉
　丁厚祥
　贾　婷(2013 年 7 月任)
副调研员　张庆渡(2013 年 12 月退休)
　许帮炎

中共江宁地税局党组
党组书记　马玉宁(2013 年 7 月任)
　钱家俊(2013 年 1 月免)
党组成员　陆晓民
　业德瑞(2013 年 7 月任)
　邵龙喜(2013 年 7 月免)
　周　密

江宁局
局　长　马玉宁(2013 年 7 月任)
　钱家俊(2013 年 1 月免)
副局长　陆晓民
　业德瑞(2013 年 7 月任)
　邵龙喜(2013 年 7 月免)
纪检组组长　周　密
副调研员　朱培银
　王　平(2013 年 12 月任)

中共浦口地税局党组
党组书记　曾　翀
党组成员　孙　猛
　莫增华(2013 年 7 月任)
　周进达
　佘风琴(2013 年 7 月任)
　沈永惠(2013 年 7 月免)
　魏军波(2013 年 7 月免)

浦口局
局　长　曾　翀
副局长　孙　猛
　莫增华(2013 年 7 月任)
　周进达(2013 年 7 月任)
　沈永惠(2013 年 7 月免)
　魏军波(2013 年 7 月免)
纪检组长　佘风琴(2013 年 7 月任)
　周进达(2013 年 7 月免)
调研员　陈有武(2013 年 12 月退休)
副调研员　梁建生(2013 年 6 月退休)
　吴玉华

中共六合地税局党组
党组书记　王火生
党组成员　汪临清
　刘明祥
　李　军(2013 年 7 月任)
　魏　明(2013 年 7 月任)
　莫增华(2013 年 7 月免)

六合局
局　长　王火生
副局长　汪临清
　刘明祥(2013 年 7 月任)
　李　军(2013 年 7 月任)
　莫增华(2013 年 7 月免)

纪检组长　魏　明(2013 年 7 月任)
　　　　　刘明祥(2013 年 7 月免)
副调研员　王成亮
　　　　　单晓东(2013 年 12 月任)

中共溧水地税局党组

党组书记　戴世敏(2013 年 7 月任)
　　　　　赵建华(2013 年 7 月免)
党组成员　陈娟娟
　　　　　陈步荣
　　　　　喻召双
　　　　　彭聿新

溧水局

局　长　戴世敏(2013 年 7 月任)
　　　　赵建华(2013 年 6 月职级晋升正处级，7 月免)
副局长　陈娟娟(2013 年 6 月职级晋升副处级)
　　　　陈步荣(2013 年 6 月职级晋升副处级)
　　　　喻召双(2013 年 6 月职级晋升副处级)
纪检组组长　彭聿新(2013 年 6 月职级晋升正科级)
调研员　曹祖文(2013 年 12 月任)

中共高淳地税局党组

党组书记　殷壁峰
党组成员　刘德才
　　　　　张登明
　　　　　诸培苗
　　　　　丁建华

高淳局

局　长　殷壁峰(2013 年 6 月职级晋升正处级)
副局长　刘德才(2013 年 6 月职级晋升副处级)
　　　　张登明(2013 年 6 月职级晋升副处级)
　　　　诸培苗(2013 年 6 月职级晋升副处级)
纪检组组长　丁建华(2013 年 6 月职级晋升正科级)
调研员　陈桂华

(葛剑翀)

2013年南京地方税务局从业人员基本情况统计表

表1

项目	总计	女	少数民族	学历						政治情况				年龄									
				研究生	大学	大专	中专	高中	初中及以下	共产党员	共青团员	民主党派	无党派或群众	30岁以下	31~35岁	36~40岁	41~45岁	46~50岁	51~54岁	女	55~59岁	女	60岁
市局机关	183	62	6	33	127	22				163		1	19	10	29	44	33	27	16	2	24	2	
稽查局	61	30	2	2	55	4				56			5	3	11	19	9	13	4	2	2	1	
稽查一分局	49	18		4	39	6				39	2		8	4	5	14	9	13	3		1		
稽查二分局	48	22	1	2	43	3				32		2	14	1	3	13	11	17	3				
稽查三分局	56	26	1	2	47	7	0	0	0	43	0	2	11	2	7	8	9	16	9	1	5	0	
纳服局	38	21	1	9	24	5				36	1		1	5	5	15	6	5	1		1	1	
契税所	32	12	3	2	26	3		1		19	6	1	6	8	6	5	2	7	3	1	1		
直属一局	60	30	1	8	49	3				46	1		13	13	9	14	8	15	1				
高新局	52	16		12	38	2				43	3		6	12	8	10	7	10	4		1		
玄武局	129	60	1	8	101	19		1		95	1	4	29	12	23	22	18	34	9	2	11		
秦淮局	189	88	3	6	150	33				147	4	2	36	12	19	31	26	71	18	4	12	1	0
建邺局	98	39	4	13	71	13		1		77	1	3	17	13	10	21	14	23	10		7		
鼓楼局	195	83	3	17	145	33				146			44	14	18	34	34	61	18	6	16	1	
雨花台局	82	32	2	7	65	7	1	2	0	56	3	0	23	10	12	14	11	24	4	0	7	0	0
栖霞局	95	26		11	77	5	1	1		77	2	1	15	7	13	16	16	33	4		6		
化工园局	55	19	1	3	47	5				37	3	1	14	11	8	10	6	18			2		
江宁局	142	46	1	6	123	11		2		108	6	2	26	18	18	25	27	39	7	1	8		
浦口局	83	34	4	4	68	10	1			67	2		14	18	9	17	9	17	10	0	3	0	0
六合局	91	24		6	69	16				82	5		4	20	10	21	9	14	9	1	8		
溧水局	93	33		2	73	17		1		65	2		26	10	9	15	15	33	7	1	4		
高淳局	101	25			87	12	1	1		60	5		36	10	3	23	29	22	6		8		
合计	1932	746	34	157	1524	236	4	10	1	1494	49	22	367	213	235	391	308	512	146	21	127	6	0

南京地方税务局2013年正式人员职务情况统计表

表2　　单位:人

单位	合计	公务员														事业编	行政附属编
		小计	局长	副局长	副巡视员	处长(局长)	调研员	副处长(副局长)	副调研员	科长	主任科员	副科长	副主任科员	科员	试用期(军转)		
市局机关	183	166	1	8	4	17	5	24	18	3	53	5	23	4	1	9	8
稽查局	61	58				2	1		1	7	18	8	15	6		1	2
稽查一分局	49	46				1		2	2	7	13	6	10	5			3
稽查二分局	48	47				1		2		7	19	6	11	1			1
稽查三分局	56	53				1		2	2	6	20	6	13	3		1	2
纳服局	38	36				1		3	3	4	5	5	9	5	1	1	1
契税所	32	6				1		1		1		1			2	26	
直属一局	60	59				1		3	2	6	14	6	17	10		1	
高新局	52	48				1		3		6	10	5	13	5	5	2	2
玄武局	129	120				1		3	5	13	47	12	21	15	3	1	8
秦淮局	189	172				1	1	3	5	15	80	24	28	15		5	12
建邺局	98	90				1		3	2	11	36	13	15	8	1	2	6
鼓楼局	195	181				1		3	7	16	83	24	32	15		6	8
雨花台局	82	76				1		3	3	10	26	7	15	7	4	1	5
栖霞局	95	88				1	1	4	1	11	31	9	17	7	6	5	2
化工园局	55	52				1		3	1	10	14	2	9	8	4	3	
江宁局	142	130				1		4	1	16	37	12	34	18	7	6	6
浦口局	83	76				1		4	1	10	21	10	9	14	6	4	3
六合局	91	85				1		4	1	11	25	9	13	14	7	2	4
溧水局	93	85				1		1				10	14	55	4	6	2
高淳局	101	98					1	1				8	17	68	3	1	2
合计	1932	1772	1	8	4	37	9	76	55	170		188		283	54	83	77

机构职能设置

一、内设机构及职能

1.办公室

承担机关文电、机要、信息、会务、督办、信访、保密、保卫和政务公开等工作；拟订有关工作制度；组织起草和审核重要文稿；承担全系统税收宣传计划的编制和面向社会的税收宣传、新闻发布工作；承办内部网站运行与管理工作；负责税收理论及内部研究性资料的采编管理工作；承担创新管理工作；承担机关财务管理等行政事务工作。

2.政策法规处

拟订依法行政、依法治税工作方案并组织实施；参与起草有关地方税收法规、规章和规范性文件；组织协调涉及多税种、综合性税收政策文件的起草和贯彻落实工作；承办较大税收案件的审理工作和行政处罚管理工作；承担本系统有关规范性文件的合法性审核和备案备查工作；组织有关规范性文件的清理、评估、反馈和汇编工作；承办税务行政复议、行政诉讼工作；组织涉税反补贴案件的应对工作；承担本部门职责范围内风险管理、信息管税、数据管理及特殊事项专业化应对等工作。

3.营业税和基金管理处

组织实施营业税和法律法规规定及省市政府指定的基金(费)的税政管理工作；按照税收管理权限，制定具体征收管理办法，处理执行税收政策中的有关事项；参与有关税种的纳税服务工作；承担本部门职责范围内风险管理、信息管税、数据管理及特殊事项专业化应对等工作。

4.所得税管理处(国际税收管理处)

组织实施企业所得税、个人所得税的税政管理工作；按照税收管理权限，制定具体征收管理办法，处理执行税收政策中的有关事项；组织实施反避税调查；承担有关国际税收的综合协调工作；参与有关税种的纳税服务工作；承担本部门职责范围内风险管理、信息管税、数据管理及特殊事项专业化应对等工作。

5.财产和行为税管理处

组织实施财产与行为各税种(含房产税、城镇土地使用税、城市维护建设税、印花税、资源税、土地增值税、车船税、耕地占用税和契税)及教育费附加的税政管理工作；按照税收管理权限，制定具体征收管理办法，处理执行税收政策中的有关事项；参与有关税种的纳税服务工作；承担本部门职责范围内风险管理、信息管税、数据管理及特殊事项专业化应对等工作。

6.规划财务处

编制地税收入中长期规划，编制、分配年度税收计划；组织开展税收收入分析预测和重点税源监控管理；管理和应用税收收入数据；承担税收会计统计、票证管理和基金费核算工作；监督检查税款缴、退库情况；承担全市地税系统财务、经费管理和财务会计核算工作；承担全系统固定资产财务管理工作；承担本部门职责范围内风险管理、信息管税、数据管理及特殊事项专业化应对等工作。

7.征管和科技发展处

组织落实综合性税收征管法律、法规、部门规章及规范性文件，拟订具体操作办法；研究制定税收征管规程；牵头负责委托代征管理工作；组织协调综合治税工作；组织税务登记、纳税申报、普通发票管理、税控器具推广应用等工作；统筹协调税收状况监控分析，承办征管质量考核工作；组织实施定点联系企业、个体和集贸市场的税收管理工作；承担信息化建设规划、制度建设；承担项目立项、需求论证和项目验收；承担本部门职责范围内风险管理、信息管税、数据管理及特殊事项专业化应对等工作。

8.数据管理处(与税收风险评估局合署)

制定涉税数据管理办法；涉税数据的日常管理、应用和运行维护；承担数据标准化和质量管理，涉税数据信息的采集、交换、专项应用分析和查询服务等工作；承担对涉税信息应用状况的测评和跟踪反馈工作；承担风险管理、风险应对管理、牵头负责风险指标和风险识别模型的建设；牵头负责第三方数据管理工作；负责实施外部门数据交换协调工作；牵头负责纳税人基础信息推送的发起、纳税人确认信息的校验审核；承担数据加工、数据整备、风险归集、风险识别、风险等级排序、风险推送、风险应对的复审和结果评价等工作。

9.督察内审处

组织实施税收法律法规、规章及规范性文件

执行情况的监督检查；承担地税系统税收执法检查工作；组织开展财务、基建、大宗物品采购审计和领导干部经济责任审计；配合开展巡视检查工作。

10.基层工作处

组织实施本系统思想政治工作、精神文明建设、税务文化建设；组织指导本系统机关作风建设；承担本系统年度考评工作；组织开展本系统先进集体、先进个人的评选表彰和基层队伍建设等工作；拟订人员培训、学历教育管理工作规划并组织实施；指导、检查地税系统教育培训。

11.人事处

拟订人事制度及人才队伍建设规划并组织实施；承担本系统机构编制、人事管理、劳动工资等工作；按照干部管理权限，承担机关、直属单位和系统有关干部管理工作；承担本系统各级领导班子建设工作；承办本系统工作人员出国(境)审查工作；组织开展巡视检查工作。

12.监察室

承担本系统党的纪律检查和行政监察工作；承担本系统党风廉政建设工作；组织查处地税机关和工作人员违法违纪案件，办理有关人民来信来访；承担执法监察和行风建设工作。

党组纪检组与监察室合署办公。

13.机关党委

承担所辖党组织的管理和党员的教育管理工作；承担市局机关思想政治工作、精神文明建设、作风建设和机关干部教育培训、绩效考评工作；承担系统工会、系统妇委会、机关团委、关工委等群团组织工作。

14.离退休干部处(与人事处合署)

承担本系统离退休干部的管理、服务工作。

二、直属事业单位及职能

1.电子税务管理中心

负责项目建设资金管理；建设项目招投标、应用软件的开发和运维工作，配合软件推广；参与项目立项、需求论证和项目验收；承担主机、网络、安全设备、机房等系统建设与维护工作；承担系统安全管理控制、网络安全、数据存储安全及防病毒工作；提供软硬件设备采购与调拨的指导意见；承担机关计算机设备维护和代维管理工作。负责全系统计算机类设备的采购、更新、报废及处置工作；负责审核各单位报送的计算机类固定资产购置计划和报废、处置申请；负责实施计算机类设备政府采购工作，保证全系统计算机类固定资产的高效运转和有序更新；负责对计算机类设备资产购置、变更、报废与处置情况进行资产信息的登记、维护管理；负责对系统计算机类固定资产实物实施日常管理工作。

2.干部培训学校

承担全系统干部职工初任培训和各类专业培训、更新知识、提高工作能力的在职培训的实施工作；承担系统兼职教师管理工作；承担本单位的内部经费、资产管理、后勤服务等行政事务。

3.机关后勤服务中心

承担全系统基本建设、固定资产实物和着装管理工作；承担系统车辆、食堂、物业管理和物资保障工作；承担机关办公用品、接待服务管理工作。

4.档案管理中心

承担全系统税收纸质和电子档案管理职能，负责全系统档案管理规划及制度体系建设；负责对全系统进行档案管理业务指导，组织开展档案法律法规宣传教育及档案业务培训；接受上级税务机关和地方同级档案行政管理机关档案管理工作的指导与监督。负责接收、保管全系统各门类档案；负责系统综合档案库的日常管理工作，做好库房“八防”，维护档案安全；负责系统综合档案库库存档案的数字化工作；提供系统综合档案库的查询、借阅服务，做好档案保密工作；组织系统综合档案库库存档案的鉴定及销毁工作；按地方同级档案行政管理机关要求做好档案移交工作；做好库存档案的开发与利用工作；负责机关档案管理工作。

5.耕地占用税和契税管理所

承担市区范围内耕地占用税和契税的征收管理和税源管理工作；承担市区范围内存量房、租赁房的税收征管工作。

三.直属行政机构及职能

1.江苏省南京地方税务局稽查局(副局级建制)

指导、协调和管理全市地方税务稽查工作；组织落实税务稽查法律、法规、规章及规范性文件，拟订具体实施办法；组织监督检查全市地方税务系统征管对象执行地方税收法规、政策及制度情况；负责全市稽查风险管理计划的汇总及编制工作；组织全市稽查高风险任务的应对，承担全市范围内一定规模以上税源户及上级督办、交办案件等其他案件的查处；组织全市地方税收专项检查、分级分类稽查、区域性地方税收专项整治工作；受理税务违法案件的举报，承担案件的转办、查办工作；负责市局稽查局第一、二、三分局一定税额标准案件的审理工作；协调公安、检察、审判等机关处理税务稽查有关工作；承担本部门职责范围内信息管税、数据管理及特殊事项专业化应对等工作。

根据工作需要，设置三个稽查分局。

(1)江苏省南京地方税务局稽查局第一分局

负责监督检查指定的高新、化工园区、鼓楼区范围内征管对象(除由市局稽查局管辖的对象外)的执行地方税收法规、政策及制度情况；负责编制本区域税收风险管理计划；负责承担税收专项检查、分级分类稽查、区域性地方税收专项整治等各项工作任务；负责管辖范围内的高风险应对以及上级督办、交办案件的查处；承担本区域内案件的转办工作；承担本部门职责范围内信息管税、数据管理等工作；承担交办的其他稽查工作。

(2)江苏省南京地方税务局稽查局第二分局

负责监督检查指定的玄武、栖霞区范围内征管对象(除由市局稽查局管辖的对象外)的执行地方税收法规、政策及制度情况；负责编制本区域税收风险管理计划；负责承担税收专项检查、分级分类稽查、区域性地方税收专项整治等各项工作任务；负责管辖范围内的高风险应对以及上级督办、交办案件的查处；承担本区域内案件的转办工作；承担本部门职责范围内信息管税、数据管理等工作；承担交办的其他稽查工作。

(3)江苏省南京地方税务局稽查局第三分局

负责监督检查指定的秦淮、建邺、雨花区范围内征管对象(除由市局稽查局管辖的对象外)的执行地方税收法规、政策及制度情况；负责编制本区域税收风险管理计划；负责承担税收专项检查、分级分类稽查、区域性地方税收专项整治等各项工作任务；负责管辖范围内的高风险应对以及上级督办、交办案件的查处；承担本区域内案件的转办工作；承担本部门职责范围内信息管税、数据管理等工作；承担交办的其他稽查工作。

2.江苏省南京地方税务局征收税务局(纳税服务局)

组织、协调和指导本系统各部门、各税种、各环节的纳税服务工作；组织实施纳税服务体系建设；组织全局纳税服务的规划、制度建设、组织管理和考核评价工作；拟订并组织实施面向纳税人的纳税服务工作规范和操作流程；管理纳税服务平台；组织实施面向纳税人的税法宣传、辅导咨询、办税服务、权益保护和税收法律救济(不含行政复议和行政诉讼)、社会协作等工作；承担市局外部网站、专版专栏宣传工作；组织实施纳税信用体系建设；受理纳税人有关纳税服务的投诉，指导税收争议的调解；负责注册税务师管理；承担全系统网上办税推广应用、办税厅同城通办实施工作；承担税种(基金、费)认定、税款(基金、费)的征收工作；承担税务登记、纳税申报、涉税审批、发票资格认定、申领、缴销、核销等涉税事项的受理和办理工作；承担集中管理征收税务所涉及的地税发票和其他税收票证的计划管理工作；承担税款催报催缴、初次纳税鉴定、建筑房地产项目登记、低等风险任务应对、在纳税服务环节涉及的简易处罚工作；承担系统办税服务厅涉税业务事项的协调管理工作；承担本部门职责范围内风险管理、信息管税、数据管理及特殊事项专业化应对等工作。

3.江苏省南京地方税务局直属第一税务局

原江苏省南京地方税务局重点税源管理税务局更名为江苏省南京地方税务局直属第一税务局。

贯彻执行税收法律、法规、规章和规范性文件；承担南京市行政区域内(除溧水县、高淳县外)南京市政府明确作为固定市本级收入并正常申报纳税的市本级税收保留税户、从事金融保险业并正常申报纳税的金融保险企业、江苏省南京地方税务局统一协调建立的全市行业性委托代征单位(房地产市场受托代征单位除外)、总部设在南京且在江苏省南京地方税务局年缴纳税额达到一定规模以上的企业集团及其在南京地区设立的独资和财务报表实行并表统计的控股分支机构、总局、省局定点联系企业的成员单位、年缴纳税额三年平均数达到一定规模以上的重点企业和江苏省南京地方税务局明确税收管辖企业的地方税收、基金、费的管理工作;承担纳税服务机构和风险评估部门推送的有关涉税事项的调查、确认和处理以及中等风险任务的应对工作;组织实施纳税服务工作;承担协税护税的相关工作任务。

4.南京市江宁、浦口、六合、溧水、高淳地方税务局

贯彻执行税收法律、法规、规章和规范性文件;承担辖区范围内纳税人的地方税收、基金、费的征收管理和相关涉税事项的管理工作;管理地税发票和其他税收票证;组织实施纳税服务工作;承担辖区税源管理工作,编制、分配和下达税收计划并组织实施,承担税收会计、统计核算工作;承担税收稽查工作(除A级纳税人外),负责税务违法案件的查处;承担辖区范围内的税收风险管理工作;承担协税护税的相关工作任务。

四、派出机构及职能

1.南京市高新技术产业开发区、玄武、秦淮、建邺、鼓楼、雨花台、栖霞、化学工业园区地方税务局

贯彻执行税收法律、法规、规章和规范性文件;承担辖区范围内纳税人(除明确由重点税源管理税务局管辖的纳税人外)的地方税收、基金、费的管理工作;承担纳税服务机构和风险评估部门推送的有关涉税事项的调查、确认和处理以及中等风险任务的应对工作;组织实施纳税服务工作;承担辖区税源管理工作,编制、分配和下达税收计划并组织实施;承担协税护税的相关工作任务。

(徐伟)

各项收入概况

概述 2013年,市地税局共组织各项收入1019.1亿元,首次突破千亿元关口,同比增长12.87%。其中税收收入632.19亿元,同比增长11.92%,剔除"营改增"基数29.5亿元影响,增幅为18.09%;社保费收入334.58亿元,同比增长15.07%;其他非税收入52.33亿元,同比增长10.74%。

1.各级次收入完成情况

省级税收完成36.38亿元,同比增长27.53%;市县级税收完成595.81亿元,同比增长11.09%,剔除"营改增"影响,增幅为17.55%;市县级公共财政预算收入完成482.02亿元,同比增长10.24%,完成政府下达年度计划的101.69%,剔除"营改增"影响,增幅为18.21%。

2.主要税种收入完成情况

营业税完成232.05亿元,同比增长6.13%;企业所得税完成60.71亿元,同比增长4.3%;个人所得税完成115.7亿元,同比增长19.58%;城建税完成64.85亿元,同比增长8.44%;房产税完成24.55亿元,同比增长7.43%;城镇土地使用税完成14.96亿元,同比下降7.76%;土地增值税完成63.7亿元,同比增长40.34%;契税完成38.38亿元,同比增长27.65%。

3.其他非税收入完成情况

教育费附加完成28.04亿元,同比增长7.91%;文化事业费完成0.16亿元,同比下降84.5%;地方教育附加费完成18.7亿元,同比增长23.15%;预算外基金完成5.42亿元,同比增长8.07%。

(张震)

税源概况

概述 截至年底,市地税局在册登记户387848户,比2002年增长11.85 %,净增加41080户。从企业注册登记类型看,有限责任公司、私营企业和个体经营所占比重较大,户数分别是58158户、121658户、186123户,比重分别为14.99%、31.37%、47.99%。从行业来看,制造业、批发和零售业、建筑业、住宿餐饮业、租赁和商务服务业所占比重较大,户数分别是33787户、200437户、20590户、21828户、35179户,比重分别是8.7%、51.68%、5.3%、5.6%、9%。

(张恒)

收入完成情况表—税种、级次(南京区域)

(2013年12月)

表3 金额单位：万元

税种＼时期	月度累计 本年	月度累计 上年	月度累计 同比±(%)	月度累计 占税收收入比重(%)	年度累计 本年	年度累计 上年	年度累计 同比±额	年度累计 同比±(%)	年度累计 占税收收入比重(%)
各项收入总计	1104435	936557	17.93		12481144	11069661	1411483	12.75	
一、税收收入	614931	529607	16.11		7385810	6642232	743578	11.19	
(一)分级次完成情况									
省直属收入	40854	32405	26.07	6.64	1063921	993613	70308	7.08	14.40
省级收入	7122	6085	17.04	1.16	363768	285241	78527	27.53	4.93
市县级收入	566955	491117	15.44	92.20	5958121	5363378	594743	11.09	80.67
市级	60168	39162	53.64	9.78	707330	554695	152635	27.52	9.58
区级	294269	234556	25.46	47.85	3205662	3067360	138302	4.51	43.40
县级	212519	217399	-2.24	34.56	2045131	1741323	303808	17.45	27.69
(二)分税种完成情况									
营业税	244847	231107	5.95	39.82	2805075	2673281	131794	4.93	37.98
企业所得税	26759	23931	11.82	4.35	934035	855688	78347	9.16	12.65
个人所得税	118130	89028	32.69	19.21	1343795	1139299	204496	17.95	18.19
资源税	687	811	-15.29	0.11	7072	6802	270	3.97	0.10
城市维护建设税	53125	51040	4.09	8.64	688732	637861	50871	7.98	9.33
房产税	16456	13165	25.00	2.68	258655	240772	17883	7.43	3.50
印花税	10697	8840	21.01	1.74	106843	90626	16217	17.89	1.45
土地使用税	1506	3041	-50.48	0.24	151508	163575	-12067	-7.38	2.05
土地增值税	57693	52218	10.48	9.38	638427	455020	183407	40.31	8.64
车船税	7324	4510	62.39	1.19	50761	41845	8916	21.31	0.69
契税	75002	49042	52.93	12.20	383749	300631	83118	27.65	5.20
耕地占用税	2705	2874	-5.88	0.44	17158	36832	-19674	-53.42	0.23
其他税收	0	0	—	0	0	0	0	—	0.00
(三)一般预算收入完成情况									
省直属收入	27519	23880	15.24	67.36	755074	726243	28831	3.97	70.97
市县级	490794	424779	15.54	86.57	4820225	4372499	447725	10.24	80.90
市本级	59181	38404	54.10	98.36	676319	527411	148908	28.23	95.62
区县级	431613	386375	11.71	85.17	4143906	3845088	298817	7.77	78.92
二、社会保险基金收入	443418	359056	23.50		4531356	3916281	615075	15.71	
三、非税收入	46086	47894	-3.78		563978	511148	52830	10.34	
教育费附加	23209	22608	2.66		297680	276965	20715	7.48	
地方教育费附加	15399	13584	13.36		198500	163230	35270	21.61	
文化事业费	130	235	-44.68		1660	11690	-10030	-85.80	
其他非税收入	7348	11467	-35.92		66138	59263	6875	11.60	

收入完成情况表—税种、级次(考核口径)

(2013 年 12 月)

表 4

金额单位:万元

税种 \ 时期	月度累计					年度累计				
	本年	上年	同比±(%)	占税收收入比重(%)		本年	上年	同比±(%)	同比±(%)	占税收收入比重(%)
各项收入总计	955824	803294	18.99			10190966	9028711	1162255	12.87	
一、税收收入	574078	497204	15.46			6321890	5648619	673271	11.92	
(一)分级次完成情况										
省级收入	7122	6085	17.04	1.24		363768	285241	78527	27.53	5.75
市县级收入	566956	491119	15.44	98.76		5958123	5363378	594745	11.09	94.25
市级	60168	39162	53.64	10.48		707330	554695	152635	27.52	11.19
区级	294269	234556	25.46	51.26		3205662	3067360	138302	4.51	50.71
县级	212519	217399	−2.24	37.02		2045131	1741323	303808	17.45	32.35
(二)分税种完成情况										
营业税	229157	215859	6.16	39.92		2320544	2186450	134094	6.13	36.71
企业所得税	18606	22489	−17.27	3.24		607125	582121	25003	4.30	9.60
个人所得税	104181	76263	36.61	18.15		1156953	967475	189478	19.58	18.30
资源税	685	811	−15.53	0.12		7071	6802	269	3.95	0.11
城市维护建设税	51376	49138	4.55	8.95		648500	598019	50481	8.44	10.26
房产税	15705	12555	25.09	2.74		245468	228489	16980	7.43	3.88
印花税	10207	8451	20.77	1.78		98023	83920	14104	16.81	1.55
城市土地使用税	1490	3019	−50.65	0.26		149588	162168	−12580	−7.76	2.37
土地增值税	57641	52191	10.44	10.04		636951	453869	183083	40.34	10.08
车船税	7323	4511	62.36	1.28		50760	41844	8916	21.31	0.80
契税	75002	49042	52.93	13.06		383749	300631	83118	27.65	6.07
耕地占用税	2705	2874	−5.88	0.47		17158	36832	−19674	−53.42	0.27
其他税收	0	0	—	0.00		0	0	0	—	0.00
(三)一般预算收入完成情况										
市县级	490794	424779	15.54	86.57	4820225	4372499	447725	10.24		80.90
市本级	59181	38404	54.10	98.36	676319	527411	148908	28.23		95.62
区县级	431613	386375	11.71	85.17	4143906	3845088	298817	7.77		78.92
二、社会保险基金收入	337228	264000	27.74		3345806	2907578	438228	15.07		
三、非税收入	44518	42090	5.77		523270	472514	50756	10.74		
教育费附加	22459	21793	3.06		280436	259888	20548	7.91		
地方教育费附加	14901	13041	14.26		187000	151843	35157	23.15		
文化事业费	129	228	−43.42		1646	10641	−8995	−84.53		
其他非税收入	7029	7028	0.01		54188	50142	4046	8.07		

收入完成情况表—税种、级次(现口径)

表5　　(2013年12月)　　金额单位:万元

税种＼时期	月度累计			年度累计			
	本年	上年	同比±(%)	本年	上年	同比±额	同比±(%)
各项收入总计	955823	803292	18.99	10190965	9028711	1162254	12.87
一、税收收入合计	574077	497202	15.46	6321889	5648619	673270	11.92
(一)中央级收入	73688	59398	24.06	1061641	930787	130854	14.06
企业所得税	11180	13640	-18.04	367469	350302	17167	4.90
个人所得税	62508	45758	36.61	694172	580485	113687	19.58
(二)省级收入	7123	6086	17.04	362898	284169	78729	27.70
营业税	7123	6086	17.04	362319	283454	78865	27.82
企业所得税	0	0	—	579	715	-136	-19.02
(三)市县级收入	493266	431718	14.26	4897350	4433663	463687	10.46
营业税	222034	209773	5.84	1958225	1902996	55229	2.90
企业所得税	7427	8848	-16.06	239077	231104	7973	3.45
个人所得税	41672	30507	36.60	462781	386991	75790	19.58
资源税	687	811	-15.29	7072	6802	270	3.97
城市维护建设税	51377	49138	4.56	648500	598019	50481	8.44
房产税	15703	12555	25.07	245468	228489	16979	7.43
印花税	10206	8450	20.78	98023	83918	14105	16.81
城镇土地使用税	1487	3019	-50.75	149586	162168	-12582	-7.76
土地增值税	57642	52191	10.44	636951	453869	183082	40.34
车船税	7324	4510	62.39	50760	41844	8916	21.31
契税	75002	49042	52.93	383749	300631	83118	27.65
耕地占用税	2705	2874	-5.88	17158	36832	-19674	-53.42
其他税收	0	0	—	0	0	0	—
二、社会保险基金收入	337228	264000	27.74	3345806	2907578	438228	15.07
(一)市县级收入	337228	264000	27.74	3345806	2907578	438228	15.07
社会保险基金	337228	264000	27.74	3345806	2907578	438228	15.07
三、非税收入	44518	42090	5.77	523270	472514	50756	10.74
(一)中央级收入	0	0	—	0	0	0	—
文化事业建设费	0	0	—	0	0	0	—
(二)省级收入	0	10	-100.00	0	375	-375	-100.00
文化事业建设费	0	10	-100.00	0	375	-375	-100.00
(三)市县级收入	44518	42080	5.79	523270	472139	51131	10.83
教育费附加	22459	21793	3.06	280436	259888	20548	7.91
地方教育费附加	14901	13041	14.26	187000	151843	35157	23.15
文化事业建设费	129	218	-40.83	1646	10266	-8620	-83.97
其他非税收入	7029	7028	0.01	54188	50142	4046	8.07

财政、国税、地税收入完成情况表

表 6　　(2013 年 12 月)　　金额单位:万元

(一)市县级财政总收入

	本年			上年		
	实绩	增幅(%)	比重	实绩	增幅(%)	比重
全市	15915869	11.5	100.0	14272544	9.9	100.0
财政	1451970	13.2	9.1	1282398	25.1	9.0
国税	8505776	11.5	53.4	7626768	7.2	53.4
地税	5958123	11.1	37.4	5363378	10.7	37.6

(二)市县级一般预算收入

	本年			上年		
	实绩	增幅(%)	比重	实绩	增幅(%)	比重
全市	8313076	13.4	100.0	7330168	15.4	100.0
财政	1464288	12.9	17.6	1297272	24.0	17.7
国税	2028563	22.2	24.4	1660399	9.0	22.7
地税	4820225	10.2	58.0	4372497	15.7	59.7

(三)市本级财政总收入

	本年			上年		
	实绩	增幅(%)	比重	实绩	增幅(%)	比重
全市	3440173	–17.9	100.0	4191554	2.4	100.0
财政	527560	–3.1	15.3	544503	24.3	13.0
国税	2205283	–14.4	64.1	2577016	–5.3	61.5
地税	707330	–33.9	20.6	1070035	14.8	25.5

(四)市本级一般预算收入

	本年			上年		
	实绩	增幅(%)	比重	实绩	增幅(%)	比重
全市	1250701	–27.2	100.0	1718309	13.4	100.0
财政	527734	–3.1	42.2	544659	24.3	31.7
国税	46648	–76.8	3.7	201461	–17.8	11.7
地税	676319	–30.4	54.1	972189	16.9	56.6

税收收入完成情况表—地区、级次

(2013 年 12 月)

表 7　　　　金额单位：万元

单位名称	合计			省级			市县级			其中：市级		
	本年	上年	同比±(%)	本年	上年	同上比±(%)	本年	上年	同上比±(%)	本年	上年	同上比±(%)
全市总计	6321890	5648619	11.92	363768	285241	27.53	5958123	5363378	11.09	707330	554695	27.52
城郊区小计	4025456	3690580	9.07	311947	238658	30.71	3713509	3451922	7.58	507847	384562	32.06
重点税源局	205866	136481	50.84	95284	44081	116.16	110582	92400	19.68	110582	92400	19.68
玄武	452399	481216	-5.99	80080	84934	-5.72	372320	396282	-6.05	27337	31183	-12.34
秦淮	519083	522409	-0.64	59423	43691	36.01	459660	478718	-3.98	26507	55388	-52.14
其中：白下	398637	375108	6.27	58249	40877	42.50	340388	334231	1.84	15704	14886	5.49
秦淮	120446	147301	-18.23	1174	2815	-58.29	119272	144486	-17.45	10804	40502	-73.33
建邺	643896	490749	31.21	5524	3111	77.55	638373	487638	30.91	178743	58278	206.71
鼓楼	667619	732528	-8.86	53233	47717	11.56	614385	684811	-10.28	67078	50618	32.52
其中：鼓楼	535382	590561	-9.34	49014	45281	8.24	486368	545280	-10.80	49751	36346	36.88
下关	132236	141967	-6.85	4219	2436	73.22	128017	139531	-8.25	17327	14272	21.41
化工园	247345	253188	-2.31	4538	4122	10.09	242807	249066	-2.51	0	0	—
栖霞	577862	512742	12.70	7156	6311	13.38	570706	506431	12.69	40338	58684	-31.26
其中：栖霞	306673	283667	8.11	1042	1236	-15.69	305630	282431	8.21	40338	58684	-31.26
新港	271189	229075	18.38	6113	5075	20.47	265076	224000	18.34	0	0	0.00
雨花	437006	349598	25.00	5941	4269	39.19	431065	345329	24.83	57262	38012	50.64
高新	274380	211669	29.63	768	423	81.55	273612	211246	29.52	0	0	—
契税所	199483	170133	17.25	0	0	—	199483	170133	17.25	199483	170133	17.25
三区两县小计	2096951	1787906	17.29	51820	46583	11.24	2045131	1741323	17.45			
江宁	1074128	928645	15.67	22862	20547	11.27	1051266	908098	15.77			
浦口	259762	270525	-3.98	7495	7412	1.12	252268	263113	-4.12			
六合	198081	175396	12.93	7798	7128	9.41	190283	168268	13.08			
溧水	308385	221815	39.03	6637	5711	16.23	301748	216104	39.63			
高淳	256594	191525	33.97	7028	5786	21.46	249567	185739	34.36			

税收收入完成情况表—地区

(2013 年 12 月)

表 8　　　　金额单位:万元

单位名称	合计			重点税源局			属地局		
	本年	上年	同比±(%)	本年	上年	同比±(%)	本年	上年	同比±(%)
全市总计	6321890	5648619	11.92	2035424	1854900	9.73	4286466	3793719	12.99
城郊区小计	4025456	3690580	9.07	1892716	1769124	6.99	2132740	1921456	11.00
重点税源局	205866	136481	50.84	205866	136481	50.84	0	0	—
玄武	452399	481216	–5.99	203727	213792	–4.71	248672	267424	–7.01
秦淮	519083	522409	–0.64	157815	181635	–13.11	361268	340774	6.01
其中:白下	398637	375108	6.27	134766	121100	11.28	361268	340774	6.01
秦淮	120446	147301	–18.23	23049	60535	–61.92	263871	254008	3.88
建邺	643896	490749	31.21	426867	305421	39.76	217029	185328	17.11
鼓楼	667619	732528	–8.86	228511	318953	–28.36	439108	413575	6.17
其中:鼓楼	535382	590561	–9.34	184277	280392	–34.28	351105	310169	13.20
下关	132236	141967	–6.85	44234	38561	14.71	88002	103406	–14.90
化工园	247345	253188	–2.31	101178	108177	–6.47	146167	145011	0.80
栖霞	577862	512742	12.70	299785	254959	17.58	278077	257783	7.87
其中:栖霞	306673	283667	8.11	156158	143449	8.86	150515	140218	7.34
新港	271189	229075	18.38	143627	111510	28.80	127562	117565	8.50
雨花	437006	349598	25.00	194446	172269	12.87	242560	177329	36.79
高新	274380	211669	29.63	74521	77437	–3.77	199859	134232	48.89
契税所	199483	170133	17.25	0	0	—	199483	170133	17.25
三区两县小计	2096951	1787906	17.29	142708	85776	66.37	1954243	1702130	14.81
江宁	1074128	928645	15.67	98510	62716	57.07	975618	865929	12.67
浦口	259762	270525	–3.98	34582	16177	113.77	225180	254348	–11.47
六合	198081	175396	12.93	4970	4984	–0.28	193111	170412	13.32
溧水	308385	221815	39.03	3306	1028	221.60	305079	220787	38.18
高淳	256594	191525	33.97	1340	871	53.85	255254	190654	33.88

省级税收收入完成情况表—地区

表 9

(2013 年 12 月)

金额单位:万元

单位名称	合计			重点税源局			属地局		
	本年	上年	同比±(%)	本年	上年	同比±(%)	本年	上年	同比±(%)
全市总计	363768	285241	27.53	294366	222161	32.50	69402	63080	10.02
城郊区小计	311947	238658	30.71	294039	222043	32.42	17908	16615	7.79
重点税源局	95284	44081	116.16	95284	44081	116.16	0	0	—
玄武	80080	84934	-5.72	77705	81227	-4.34	2375	3707	-35.93
秦淮	59423	43691	36.01	56498	41626	35.73	2925	2066	41.63
其中:白下	58249	40877	42.50	55805	39076	42.81	2444	1801	35.68
秦淮	1174	2815	-58.29	692	2550	-72.85	482	264	82.13
建邺	5524	3111	77.55	4679	2649	76.63	845	462	82.82
鼓楼	53233	47717	11.56	46349	41065	12.87	6885	6652	3.50
其中:鼓楼	49014	45281	8.24	42270	38879	8.72	6744	6402	5.34
下关	4219	2436	73.22	4078	2186	86.55	141	249	-43.59
化工园	4538	4122	10.09	3886	3732	4.14	651	390	67.00
栖霞	7156	6311	13.38	4936	4304	14.67	2220	2007	10.64
其中:栖霞	1042	1236	-15.69	651	456	42.93	391	781	-49.88
新港	6113	5075	20.47	4285	3849	11.32	1829	1226	49.18
雨花	5941	4269	39.19	4592	3301	39.11	1350	968	39.45
高新	768	423	81.55	111	59	87.15	657	364	80.64
契税所	0	0	—	0	0	—	0	0	—
三区两县小计	51820	46583	11.24	326	117	178.02	51494	46466	10.82
江宁	22862	20547	11.27	188	100	89.20	22674	20447	10.89
浦口	7495	7412	1.12	76	11	612.34	7419	7401	0.24
六合	7798	7128	9.41	62	7	767.08	7736	7121	8.64
溧水	6637	5711	16.23	0	0	—	6637	5711	16.23
高淳	7028	5786	21.46	0	0	—	7028	5786	21.46

市县级税收收入完成情况表—地区

(2013 年 12 月)

表 10　　　　金额单位:万元

单位名称	合计			重点税源局			属地局		
	本年	上年	同比±(%)	本年	上年	同比±(%)	本年	上年	同比±(%)
全市总计	5958123	5363378	11.09	1741059	1632739	6.63	4217064	3730639	13.04
城郊区小计	3713509	3451922	7.58	1598677	1547081	3.34	2114832	1904841	11.02
重点税源局	110582	92400	19.68	110582	92400	19.68	0	0	—
玄武	372320	396282	-6.05	126022	132565	-4.94	246297	263717	-6.61
秦淮	459660	478718	-3.98	101317	140009	-27.64	358343	338708	5.80
其中:白下	340388	334231	1.84	78961	82024	-3.74	261427	252207	3.66
秦淮	119272	144486	-17.45	22357	57985	-61.44	96916	86502	12.04
建邺	638373	487638	30.91	422188	302772	39.44	216184	184866	16.94
鼓楼	614385	684811	-10.28	182162	277888	-34.45	432223	406923	6.22
其中:鼓楼	486368	545280	-10.80	142007	241513	-41.20	344361	303767	13.36
下关	128017	139531	-8.25	40156	36375	10.39	87862	103157	-14.83
化工园	242807	249066	-2.51	97292	104445	-6.85	145515	144621	0.62
栖霞	570706	506431	12.69	294849	250655	17.63	275857	255776	7.85
其中:栖霞	305630	282431	8.21	155507	142993	8.75	150124	139437	7.66
新港	265076	224000	18.34	139342	107661	29.43	125733	116339	8.07
雨花	431065	345329	24.83	189854	168968	12.36	241211	176361	36.77
高新	273612	211246	29.52	74410	77378	-3.84	199202	133868	48.80
契税所	199483	170133	17.25	0	0	—	199483	170133	17.25
三区两县小计	2045131	1741323	17.45	142382	85659	66.22	1902749	1655664	14.92
江宁	1051266	908098	15.77	98322	62616	57.02	952944	845482	12.71
浦口	252268	263113	-4.12	34506	16166	113.44	217762	246947	-11.82
六合	190283	168268	13.08	4908	4977	-1.39	185375	163291	13.52
溧水	301748	216104	39.63	3306	1028	221.60	298442	215076	38.76
高淳	249567	185739	34.36	1340	871	53.85	248227	184868	34.27

公共财政预算收入完成情况表—地区、级次

(2013 年 12 月)

表 11　　　　金额单位：万元

单位名称	市县级			市本级			区县级		
	本年	上年	同比±(%)	本年	上年	同比±(%)	本年	上年	同比±(%)
全市总计	4820225	4372499	10.24	676319	527411	28.23	4143906	3845088	7.77
城郊区小计	2944329	2729908	7.85	476836	357278	33.46	2467493	2372630	4.00
重点税源局	79736	65116	22.45	79736	65116	22.45	0	0	—
玄武	289902	318599	-9.01	27182	31183	-12.83	262720	287415	-8.59
秦淮	352080	371006	-5.10	26499	55388	-52.16	325581	315618	3.16
其中：白下	256119	250638	2.19	15699	14886	5.46	240420	235752	1.98
秦淮	95961	120368	-20.28	10800	40502	-73.34	85161	79866	6.63
建邺	568015	419943	35.26	178743	58278	206.71	389272	361665	7.63
鼓楼	473736	520863	-9.05	67078	50618	32.52	406658	470246	-13.52
其中：鼓楼	368441	403857	-8.77	49751	36346	36.88	318690	367512	-13.28
下关	105295	117006	-10.01	17327	14272	21.40	87968	102734	-14.37
化工园	188822	192952	-2.14	0	0	—	188822	192952	-2.14
栖霞	413487	382440	8.12	40338	58684	-31.26	373150	323756	15.26
其中：栖霞	246391	237759	3.63	40338	58684	-31.26	206054	179075	15.07
新港	167096	144681	15.49	0	0	—	167096	144681	15.49
雨花	338780	278865	21.49	57261	38012	50.64	281519	240853	16.88
高新	239771	180125	33.11	0	0	—	239771	180125	33.11
契税所	199483	170133	17.25	199483	170133	17.25	0	0	—
三区两县小计	1676413	1472458	13.85				1676413	1472458	13.85
江宁	885132	766484	15.48				885132	766484	15.48
浦口	225226	233036	-3.35				225226	233036	-3.35
六合	162981	146105	11.55				162981	146105	11.55
溧水	233792	183218	27.60				233792	183218	27.60
高淳	169281	143615	17.87				169281	143615	17.87

表 12

市县级公共财政预算收入完成情况表—地区

(2013 年 12 月)

金额单位：万元

单位名称	合计			重点税源局			属地局		
	本年	上年	同比±(%)	本年	上年	同比±(%)	本年	上年	同比±(%)
全市总计	4820225	4372499	10.24	1402062	1291034	8.60	3418162	3081466	10.93
城郊区小计	2944329	2729908	7.85	1267271	1211891	4.57	1677058	1518017	10.48
重点税源局	79736	65116	22.45	79736	65116	22.45	0	0	—
玄武	289902	318599	-9.01	103378	106738	-3.15	186524	211861	-11.96
秦淮	352080	371006	-5.10	75119	108847	-30.99	276961	262158	5.65
其中：白下	256119	250638	2.19	58130	56976	2.02	197989	193661	2.23
秦淮	95961	120368	-20.28	16989	51871	-67.25	78971	68497	15.29
建邺	568015	419943	35.26	394640	270429	45.93	173375	149514	15.96
鼓楼	473736	520863	-9.05	147138	207502	-29.09	326597	313362	4.22
其中：鼓楼	368441	403857	-8.77	113002	176675	-36.04	255439	227182	12.44
下关	105295	117006	-10.01	34136	30827	10.74	71159	86179	-17.43
化工园	188822	192952	-2.14	64643	71932	-10.13	124179	121020	2.61
栖霞	413487	382440	8.12	192937	179136	7.70	220550	203304	8.48
其中：栖霞	246391	237759	3.63	121298	123703	-1.94	125093	114056	9.68
新港	167096	144681	15.49	71639	55433	29.24	95456	89248	6.96
雨花	338780	278865	21.49	145894	133932	8.93	192887	144933	33.09
高新	239771	180125	33.11	63787	68259	-6.55	175984	111866	57.32
契税所	199483	170133	17.25	0	0	—	199483	170133	17.25
三区两县小计	1676413	1472458	13.85	134791	79143	70.31	1541622	1393315	10.64
江宁	885132	766484	15.48	93423	59598	56.76	791709	706886	12.00
浦口	225226	233036	-3.35	32660	14484	125.50	192566	218552	-11.89
六合	162981	146105	11.55	4071	3163	28.70	158910	142942	11.17
溧水	233792	183218	27.60	3297	1028	220.78	230495	182191	26.51
高淳	169281	143615	17.87	1340	871	53.90	167941	142744	17.65

市本级公共财政预算收入完成情况表—地区

表 13　(2013 年 12 月)　金额单位：万元

单位名称	合计			重点税源局			属地局		
	本年	上年	同比±(%)	本年	上年	同比±(%)	本年	上年	同比±(%)
全市总计	676319	527411	28.23	343879	258537	33.01	332440	268875	23.64
城郊区小计	476836	357278	33.46	343879	258537	33.01	132957	98742	34.65
重点税源局	79736	65116	22.45	79736	65116	22.45	0	0	—
玄武	27182	31183	-12.83	12556	9472	32.56	14626	21711	-32.63
秦淮	26499	55388	-52.16	4707	37635	-87.49	21792	17753	22.75
其中：白下	15699	14886	5.46	4083	2537	60.95	11616	12349	-5.94
秦淮	10800	40502	-73.34	624	35097	-98.22	10176	5404	88.29
建邺	178743	58278	206.71	159638	46550	242.94	19105	11728	62.90
鼓楼	67078	50618	32.52	30148	35512	-15.10	36929	15105	144.48
其中：鼓楼	49751	36346	36.88	22995	31299	-26.53	26756	5047	430.16
下关	17327	14272	21.40	7154	4213	69.79	10173	10059	1.14
化工园	0	0	0.00	0	0	—	0	0	—
栖霞	40338	58684	-31.26	22609	43552	-48.09	17729	15132	17.16
其中：栖霞	40338	58684	-31.26	22609	43552	-48.09	17729	15132	17.16
新港	0	0	0.00	0	0	0.00	0	0	0.00
雨花	57261	38012	50.64	34484	20700	66.59	22777	17312	31.57
高新	0	0	—	0	0	—	0	0	—
契税所	199483	170133	17.25	0	0	—	199483	170133	17.25
三区两县小计									
江宁									
浦口									
六合									
溧水									
高淳									

区县级公共财政预算收入完成情况表—地区

(2013 年 12 月)

表 14　　金额单位：万元

单位名称	合计			重点税源局			属地局		
	本年	上年	同比±(%)	本年	上年	同比±(%)	本年	上年	同比±(%)
全市总计	4143906	3845088	7.77	1058183	1032497	2.49	3085722	2812591	9.71
城郊区小计	2467493	2372630	4.00	923392	953354	-3.14	1544101	1419276	8.79
重点税源局	0	0	—	0	0	—	0	0	—
玄武	262720	287415	-8.59	90822	97266	-6.63	171898	190149	-9.60
秦淮	325581	315618	3.16	70412	71213	-1.12	255169	244405	4.40
其中：白下	240420	235752	1.98	54046	54439	-0.72	186374	181312	2.79
秦淮	85161	79866	6.63	16366	16773	-2.43	68795	63093	9.04
建邺	389272	361665	7.63	235002	223879	4.97	154271	137786	11.96
鼓楼	406658	470246	-13.52	116990	171989	-31.98	289668	298256	-2.88
其中：鼓楼	318690	367512	-13.28	90007	145376	-38.09	228682	222136	2.95
下关	87968	102734	-14.37	26982	26613	1.39	60986	76120	-19.88
化工园	188822	192952	-2.14	64643	71932	-10.13	124179	121020	2.61
栖霞	373150	323756	15.26	170329	135583	25.63	202821	188173	7.78
其中：栖霞	206054	179075	15.07	98689	80150	23.13	107365	98924	8.53
新港	167096	144681	15.49	71639	55433	29.24	95456	89248	6.96
雨花	281519	240853	16.88	111410	113232	-1.61	170110	127621	33.29
高新	239771	180125	33.11	63787	68259	-6.55	175984	111866	57.32
契税所	0	0	—	0	0	—	0	0	—
三区两县小计	1676413	1472458	13.85	134791	79143	70.31	1541622	1393315	10.64
江宁	885132	766484	15.48	93423	59598	56.76	791709	706886	12.00
浦口	225226	233036	-3.35	32660	14484	125.50	192566	218552	-11.89
六合	162981	146105	11.55	4071	3163	28.70	158910	142942	11.17
溧水	233792	183218	27.60	3297	1028	220.78	230495	182191	26.51
高淳	169281	143615	17.87	1340	871	53.90	167941	142744	17.65

税收收入完成情况表——注册类型

(2013 年 12 月)

表 15　　　　金额单位：万元

时期 / 项目	月度累计				年度累计				
	本年	上年	同比±(%)	占总收入比重(%)	本年	上年	同比±	同比±(%)	占总收入比重(%)
总计	574078	497204	15.46		6321890	5648619	673271	11.92	
(一)国有企业	206520	162776	26.87	35.97	1849456	1654269	195187	11.80	29.25
其中：营业税	65598	63626	3.10		744294	654743	89551	13.68	
城建税	10029	7807	28.46		185157	195525	-10368	-5.30	
房产税	13522	9596	40.91		110928	108624	2304	2.12	
个人所得税	24433	20214	20.87		297729	238828	58901	24.66	
(二)集体企业	4520	1775	154.65	0.79	31168	39812	-8644	-21.71	0.49
其中：企业所得税	523	42	1145.24		5729	9844	-4115	-41.80	
(三)私营企业	72335	65582	10.30	12.60	821727	777221	44506	5.73	13.00
(四)个体经营	18181	17479	4.02	3.17	136653	110077	26576	24.14	2.16
其中：个人所得税	13891	10907	27.36		52859	52979	-120	-0.23	
(五)联营企业	222	115	93.04	0.04	3059	2764	295	10.67	0.05
(六)股份及有限责任公司	217592	198072	9.86	37.90	2749134	2368274	380860	16.08	43.49
(七)涉外及涉港澳台企业	54448	51082	6.59	9.48	723251	688843	34408	5.00	11.44
其中：外商投资	35246	26577	32.62	6.14	420867	412962	7905	1.91	6.66
港澳台投资	19202	24505	-21.64	3.34	302384	275881	26503	9.61	4.78
个人所得税	11820	10819	9.25		154271	142504	11767	8.26	
营业税	19239	18875	1.93		215981	204276	11705	5.73	
(八)股份合作企业	260	323	-19.50	0.05	7442	7359	83	1.13	0.12
(九)其他企业	0	0	—	0.00	0	0	0	—	0.00

税收收入完成情况表--产业

(2013 年 12 月)

表 16

金额单位:万元

项目 \ 时期	月度累计				年度累计				
	本年	上年	同比±(%)	占总收入比重(%)	本年	上年	同比±	同比±(%)	占总收入比重(%)
总计	574078	497204	15.46		6321890	5648619	673271	11.92	
第一产业	15	–48	–131.25	0.00	250	183	67	36.61	0.00
第二产业	129990	141162	–7.91	22.64	1718035	1622884	95151	5.86	27.18
采矿业	964	1077	–10.49	0.17	13884	17979	–4095	–22.78	0.22
制造业	46313	44304	4.53	8.07	821400	816085	5315	0.65	12.99
电力、煤气和水的生产和供应业	78467	92352	–15.03	13.67	827725	750682	77043	10.26	13.09
建筑业	444073	356090	24.71	77.35	4603605	4025552	578053	14.36	72.82
第三产业	19903	21761	–8.54	3.47	275707	315411	–39704	–12.59	4.36
批发和零售业	5205	6290	–17.25	0.91	64919	130513	–65594	–50.26	1.03
交通运输、仓库和邮政业	9492	8816	7.67	1.65	116716	122355	–5639	–4.61	1.85
住宿和餐饮业	9979	9003	10.84	1.74	156733	140156	16577	11.83	2.48
信息传输、软件和信息技术服务业	37539	–5726	–755.59	6.54	715302	482954	232348	48.11	11.31
金融业	271932	208860	30.20	47.37	2376711	1809403	567308	31.35	37.59
房地产业	33966	26800	26.74	5.92	311995	279297	32698	11.71	4.94
租赁和商务服务业	6360	5750	10.61	1.11	88357	75941	12416	16.35	1.40
科学研究和技术服务业	23656	29915	–20.92	4.12	268215	447323	–179108	–40.04	4.24
教育	3076	2906	5.85	0.54	41626	30538	11088	36.31	0.66
卫生和社会工作	1080	978	10.43	0.19	14679	12744	1935	15.18	0.23
文化、体育和娱乐业	2287	2819	–18.87	0.40	37913	34835	3078	8.84	0.60
公共管理、社会保障和社会组织	19283	14597	32.10	3.36	130976	118978	11998	10.08	2.07
其他行业	315	23321	–98.65	0.05	3756	25104	–21348	–85.04	0.06

营业税收入完成情况表--行业

(2013年12月)

表17　　金额单位：万元

项目＼时期	月度累计				年度累计				
	本年	上年	同比±(%)	比重(%)	本年	上年	同比±	同比±(%)	比重(%)
各项收入总计	229157	215859	6.16		2320544	2186450	134094	6.13	
(一)建筑业	60581	60079	0.84	26.44	559400	475543	83857	17.63	24.11
(二)交通运输、仓储及邮政业	816	686	18.95	0.36	5579	75363	-69784	-92.60	0.24
交通运输业	59	92	-35.87	0.03	770	65327	-64557	-98.82	0.03
仓储业	16	27	-40.74	0.01	323	6517	-6194	-95.04	0.01
邮政业	741	567	30.69	0.32	4486	3519	967	27.48	0.19
(三)信息传输、计算机服务和软件业	2733	2638	3.60	1.19	43219	33997	9222	27.13	1.86
(四)住宿和餐饮业	8468	7867	7.64	3.70	90746	93242	-2496	-2.68	3.91
住宿业	2278	1852	23.00	0.99	21822	22919	-1097	-4.79	0.94
餐饮业	6190	6015	2.91	2.70	68924	70323	-1399	-1.99	2.97
(五)金融业	7123	6084	17.08	3.11	362319	283366	78953	27.86	15.61
(六)房地产业	121316	105824	14.64	52.94	972209	750676	221533	29.51	41.90
(七)租赁和商务服务业	6498	9741	-33.29	2.84	68697	102558	-33861	-33.02	2.96
租赁业	1521	5210	-70.81	0.66	17932	32042	-14110	-44.04	0.77
商务服务业	4977	4531	9.84	2.17	50765	70516	-19751	-28.01	2.19
其中：广告业	2	169	-98.82	0.00	243	17360	-17117	-98.60	0.01
知识产权服务	-18	1308	-101.38	-0.01	1029	7958	-6929	-87.07	0.04
旅行社	200	232	-13.79	0.09	2250	2492	-242	-9.71	0.10
(八)科学研究和技术服务业	1023	2	51050.00	0.45	11467	42	11425	27202.38	0.49
(九)居民服务和其他服务业	19357	21593	-10.36	8.45	191704	357101	-165397	-46.32	8.26
(十)教育	0	4	-100.00	0.00	0	50	-50	-100.00	0.00
(十一)卫生、社会保障和社会福利业	0	2	-100.00	0.00	0	2	-2	-100.00	0.00
(十二)文化、体育和娱乐业	1242	1339	-7.24	0.54	15204	14510	694	4.78	0.66
(十三)其他行业	0	0	0.00	0.00	0	0	0	0.00	0.00

营业税收入完成情况表--税目

(2013 年 12 月)

表 18　　金额单位:万元

项目＼时期	月度累计				年度累计				
	本年	上年	同比±(%)	占总收入比重(%)	本年	上年	同比±	同比±(%)	占总收入比重(%)
各项收入总计	229157	215859	6.16		2320544	2186450	134094	6.13	
(一)建筑业	60581	60079	0.84	26.44	559400	475543	83857	17.63	24.11
其中:建筑	52238	55069	–5.14	22.80	502253	424075	78178	18.43	21.64
安装	2604	1598	62.95	1.14	23491	22901	590	2.58	1.01
(二)交通运输业	59	92	–35.87	0.03	770	65327	–64557	–98.82	0.03
陆路运输	56	73	–23.29	0.02	712	40820	–40108	–98.26	0.03
水路运输	0	–5	–100.00	0.00	0	9606	–9606	–100.00	0.00
航空运输	0	1	–100.00	0.00	9	6446	–6437	–99.86	0.00
管道运输	0	0	0.00	0.00	0	60	–60	–100.00	0.00
装卸搬运	3	23	–86.96	0.00	49	8395	–8346	–99.42	0.00
(三)邮电通信业	2154	3204	–32.77	0.94	41935	37458	4477	11.95	1.81
邮政	741	567	30.69	0.32	4486	3519	967	27.48	0.19
电信	1413	2637	–46.42	0.62	37449	33939	3510	10.34	1.61
(四)金融保险业	7123	6084	17.08	3.11	362263	283366	78897	27.84	15.61
金融	4643	4036	15.04	2.03	336590	257652	78938	30.64	14.50
保险	2480	2048	21.09	1.08	25673	25714	–41	–0.16	1.11
(五)娱乐业	248	321	–22.74	0.11	3058	3450	–392	–11.36	0.13
(六)服务业	43432	42277	2.73	18.95	417173	594987	–177814	–29.89	17.98
代理业	2942	1605	83.30	1.28	23937	32477	–8540	–26.30	1.03
旅店业	2278	1852	23.00	0.99	21822	22919	–1097	–4.79	0.94
饮食业	6190	6015	2.91	2.70	68924	70323	–1399	–1.99	2.97
旅游业	200	232	–13.79	0.09	2250	2492	–242	–9.71	0.10
仓储业	16	27	–40.74	0.01	323	6517	–6194	–95.04	0.01
租赁业	8482	9968	–14.91	3.70	69614	80268	–10654	–13.27	3.00
其中:房屋租赁	6961	4758	46.30	3.04	51682	48226	3456	7.17	2.23
广告业	2	169	–98.82	0.00	243	17360	–17117	–98.60	0.01
其他服务业	23322	22409	4.07	10.18	230060	362631	–132571	–36.56	9.91
(七)转让无形资产	1682	2316	–27.37	0.73	6129	12491	–6362	–50.93	0.26
其中：转让土地使用权	1700	1007	68.82	0.74	5100	4532	568	12.53	0.22
(八)销售不动产	112655	100059	12.59	49.16	915427	697918	217509	31.17	39.45
(九)文化体育业	994	1018	–2.36	0.43	12146	11060	1086	9.82	0.52
(十)税款滞纳金罚款收入	229	409	–44.01	0.10	2243	4850	–2607	–53.75	0.10

营业税收入完成情况表—地区、级次

(2013年12月)

表19　　金额单位：万元

单位名称	合计				省级				市县级			
	本年	上年	比上同±	同比±(%)	本年	上年	同比±	同比±(%)	本年	上年	同比±	同比±(%)
全市总计	2320544	2186450	134094	6.13	840531	745005	95526	12.82	1480013	1441445	38568	2.68
城郊区小计	1572579	1484723	87856	5.92	766440	701711	64729	9.22	806139	783012	23128	2.95
重点税源局	134506	75918	58589	77.17	134506	75918	58589	77.17	0	0	0	0.00
玄武	211594	245560	−33965	−13.83	122880	129649	−6769	−5.22	88715	115910	−27196	−23.46
秦淮	221389	202668	18721	9.24	85033	71553	13480	18.84	136356	131115	5241	4.00
其中：白下	172706	156157	16549	10.60	74376	59090	15286	25.87	98330	97067	1263	1.30
秦淮	48684	46511	2173	4.67	10657	12463	−1806	−14.49	38026	34048	3978	11.68
建邺	211839	178128	33710	18.92	116015	90031	25984	28.86	95824	88097	7726	8.77
鼓楼	258476	306909	−48433	−15.78	103407	129215	−25808	−19.97	155069	177694	−22624	−12.73
下关	54189	66910	−12721	−19.01	22958	21177	1781	8.41	31231	45733	−14502	−31.71
化工园	80494	78118	2375	3.04	22841	19776	3065	15.50	57653	58342	−689	−1.18
其中：栖霞	136615	122185	14429	11.81	67550	59487	8063	13.55	69064	62698	6366	10.15
新港	45218	48145	−2927	−6.08	24681	21626	3056	14.13	20537	26519	−5983	−22.56
雨花	165001	147540	17461	11.83	63026	71446	−8420	−11.79	101975	76093	25881	34.01
高新	107447	79552	27895	35.07	26499	33009	−6509	−19.72	80948	46543	34404	73.92
三区两县小计	747965	701727	46238	6.59	74092	43294	30798	71.14	673873	658433	15441	2.35
江宁	397775	356636	41139	11.54	51607	33580	18027	53.68	346168	323056	23112	7.15
浦口	117366	121170	−3805	−3.14	19632	8957	10675	119.17	97733	112213	−14480	−12.90
六合	89127	79735	9392	11.78	854	592	262	44.33	88273	79144	9130	11.54
溧水	67225	63015	4211	6.68	1930	109	1821	1668.94	65295	62905	2389	3.80
高淳	76472	81170	−4699	−5.79	67	56	12	20.95	76404	81114	−4710	−5.81

企业所得税收入完成情况表——行业

(2013 年 12 月)

表 20　　金额单位:万元

项目 \ 时期	月度累计				年度累计				
	本年	上年	同比±(%)	比重(%)	本年	上年	比上同±	同比±(%)	比重(%)
总计	18607	22488	-17.26		607125	582121	25004	4.30	
(一)采矿业	86	114	-24.56	0.46	2645	7508	-4863	-64.77	0.44
(二)制造业	6124	909	573.71	32.91	92833	99216	-6383	-6.43	15.29
(三)电力、热力、燃气及水的生产和供应业	28	1	2700.00	0.15	3973	3366	607	18.03	0.65
(四)建筑业	3573	7064	-49.42	19.20	117819	108761	9058	8.33	19.41
(五)批发和零售业	2418	6400	-62.22	13.00	54768	114725	-59957	-52.26	0.09
(六)交通运输、仓储和邮政业	1598	1967	-18.76	8.59	16779	17458	-679	-3.89	2.76
(七)住宿和餐饮业	53	7	657.14	0.28	9048	13944	-4896	-35.11	1.49
(八)信息传输、软件和信息技术服务业	375	147	155.10	2.02	8927	8123	804	9.90	1.47
(九)金融业	153	195	-21.54	0.82	13565	10039	3526	35.12	2.23
(十)房地产业	1604	2683	-40.22	8.62	166893	103674	63219	60.98	27.49
(十一)租赁和商务服务业	1060	1811	-41.47	5.70	61359	42470	18889	44.48	10.11
(十二)科学研究和技术服务业	160	376	-57.45	0.86	17613	13148	4465	33.96	2.90
(十三)居民服务、修理和其他服务业	201	70	187.14	1.08	29099	24647	4452	18.06	4.79
(十四)教育	12	11	9.09	0.06	1688	1402	286	20.40	0.28
(十五)卫生和社会工作	1	0	0.00	0.01	368	384	-16	-4.17	0.06
(十六)文化、体育和娱乐业	23	6	283.33	0.12	2218	1892	326	17.23	0.37
(十七)公共管理、社会保障和社会组织	1138	898	26.73	6.12	7530	11364	-3834	-33.74	1.24
(十八)其他行业	0	-171	-100.00	0.00	0	0	0	—	0.00

企业所得税收入完成情况表—地区

(2013年12月)

表21 金额单位：万元

单位名称	合计				重点税源局				属地局			
	本年	上年	比上同±	同比±(%)	本年	上年	比上同±	同比±(%)	本年	上年	比上同±	同比±(%)
全市总计	607125	582121	25004	4.30	158408	188630	–30222	–16.02	448716	393491	55225	14.03
城郊区小计	389020	405013	–15993	–3.95	152160	184817	–32657	–17.67	236860	220196	16665	7.57
重点税源局	24160	16434	7726	47.01	24160	16434	7726	47.01	0	0	0	—
玄武	39341	31766	7575	23.85	3705	3200	505	15.77	35636	28566	7070	24.75
秦淮	55994	60144	–4150	–6.90	8047	9682	–1635	–16.89	47947	50462	–2515	–4.98
其中：白下	44194	47044	–2850	–6.06	7309	9150	–1841	–20.12	36885	37893	–1009	–2.66
秦淮	11800	13100	–1300	–9.93	738	532	206	38.70	11062	12568	–1506	–11.98
建邺	52772	55279	–2507	–4.54	24130	34204	–10074	–29.45	28642	21075	7567	35.90
鼓楼	59777	115214	–55437	–48.12	17216	72772	–55556	–76.34	42560	42442	119	0.28
其中：鼓楼	45406	102611	–57205	–55.75	11646	67757	–56112	–82.81	33761	34854	–1093	–3.14
下关	14370	12603	1768	14.03	5571	5015	556	11.09	8800	7588	1211	15.97
化工园	16198	15619	580	3.71	2707	2593	114	4.40	13491	13026	465	3.57
栖霞	67365	59802	7463	12.48	40745	27293	13451	49.28	26520	32508	–5988	–18.42
其中：栖霞	47406	35344	12061	34.13	32886	16668	16281	97.30	14520	18676	–4157	–22.26
新港	19859	24457	–4598	–18.80	7859	10625	–2767	–26.04	12001	13832	–1831	–13.24
雨花	54488	28119	26369	93.78	26684	14767	11918	80.71	27804	13353	14451	108.23
高新	19024	22635	–3611	–15.95	4765	3871	894	23.09	14259	18764	–4505	–24.01
三区两县小计	218104	177109	40995	23.15	6248	3814	2435	63.85	211856	173295	38561	22.25
江宁	125658	93503	32155	34.39	1045	2085	1930	92.57	121643	91418	30225	33.06
浦口	21163	25319	–4156	–16.41	2187	1708	479	28.07	18975	23611	–4635	–19.63
六合	24537	18803	5734	30.50	46	20	25	123.99	24492	18783	5709	30.40
溧水	13146	12174	972	7.98	0	0	0	—	13146	12174	972	7.98
高淳	33600	27310	6291	23.03	0	0	0	—	33600	27310	6291	23.03

个人所得税收入完成情况表--行业

(2013 年 12 月)

表 22　　金额单位:万元

时期 项目	月度累计				年度累计				
	本年	上年	同比±(%)	比重(%)	本年	上年	比上同±	同比±(%)	比重(%)
总计	104180	76265	36.60		1156953	967476	189477	19.58	
(一)采矿业	54	53	1.89	0.05	1565	941	624	66.31	0.14
(二)制造业	12487	10831	15.29	11.99	185983	188295	–2312	–1.23	16.08
(三)电力、热力、燃气及水的生产和供应业	1636	1377	18.81	1.57	19181	11396	7785	68.31	1.66
(四)建筑业	8913	11241	–20.71	8.56	88441	95609	–7168	–7.50	7.64
(五)批发和零售业	7903	6196	27.55	7.59	98501	85001	13500	15.88	8.51
(六)交通运输、仓储和邮政业	1633	2868	–43.06	1.57	21169	17671	3498	19.80	1.83
(七)住宿和餐饮业	348	359	–3.06	0.33	5211	4480	731	16.32	0.45
(八)信息传输、软件和信息技术服务业	4315	3629	18.90	4.14	74550	69000	5550	8.04	6.44
(九)金融业	22792	8217	177.38	21.88	258209	143752	114457	79.62	22.32
(十)房地产业	6487	3398	190.91	6.23	83515	60772	22793	37.54	7.22
(十一)租赁和商务服务业	9651	6241	54.64	9.26	100376	77567	22809	29.41	8.68
(十二)科学研究和技术服务业	4203	4700	–10.57	4.03	47958	52724	–4766	–9.04	4.15
(十三)居民服务、修理和其他服务业	3087	5511	–43.98	2.96	35134	50746	–15612	–30.76	3.04
(十四)教育	2946	2806	4.99	2.83	38859	27999	10860	38.96	3.36
(十五)卫生和社会工作	1345	965	39.38	1.29	14024	11463	2561	22.34	1.21
(十六)文化、体育和娱乐业	786	797	–1.38	0.75	17246	14682	2564	17.46	1.49
(十七)公共管理、社会保障和社会组织	15579	7848	98.51	14.95	66781	55271	11510	20.82	5.77
(十八)其他行业	0	–780	–100.00	0.00	0	0	0	—	0.00

个人所得税收入完成情况表—税目

(2013 年 12 月)

表 23　　　　金额单位:万元

项目＼时期	月度累计				年度累计				
	本年	上年	比上同±(%)	占总收入比重(%)	本年	上年	比上同±	比上同±(%)	占总收入比重(%)
总计	104180	76265	36.60		1156953	967476	189477	19.58	
(一)工资、薪金所得	61942	42014	47.43	59.46	680305	597488	82817	13.86	58.80
(二)个体工商户生产、经营所得	1925	1993	-3.41	1.85	30825	25113	5712	22.75	2.66
(三)企事业单位承包、承租经营所得	5132	6643	-22.75	4.93	51507	45940	5567	12.12	4.45
(四)劳务报酬所得	1226	1404	-12.68	1.18	19085	16720	2365	14.14	1.65
(五)稿酬所得	66	80	-17.50	0.06	911	976	-65	-6.66	0.08
(六)特许权使用费所得	3	16	-81.25	0.00	267	436	-169	-38.76	0.02
(七)利息、股息、红利所得	11231	9811	14.47	10.78	104239	123911	-19672	-15.88	9.01
(八)财产租赁所得	81	162	-50.00	0.08	1604	1679	-75	-4.47	0.14
(九)财产转让所得	21260	12253	73.51	20.41	257983	129380	128603	99.40	22.30
(十)偶然所得	749	1656	-54.77	0.72	8629	24598	-15969	-64.92	0.75
(十一)其他所得	7	0	—	0.01	79	0	79	—	0.01
(十二)滞纳金、罚款	558	233	139.48	0.54	1519	1235	284	23.00	0.13

个人所得税收入完成情况表—地区

(2013年12月)

表24　　　　金额单位：万元

单位名称	合计				重点税源局				属地局			
	本年	上年	比上同±	同比±(%)	本年	上年	比上同±	同比±(%)	本年	上年	比上同±	同比±(%)
全市总计	1156953	967475	189478	19.58	273582	277568	-3986	-1.44	883371	689907	193464	28.04
城郊区小计	761120	696604	64516	9.26	267182	270523	-3341	-1.24	493938	426081	67857	15.93
重点税源局	27250	29040	-1790	-6.16	27250	29040	-1790	-6.16	0	0	0	—
玄武	98037	97722	316	0.32	34035	39844	-5809	-14.58	64002	57877	6124	10.58
秦淮	123220	119568	3652	3.05	35177	42209	-7032	-16.66	88043	77359	10684	13.81
其中：白下	96346	92514	3833	4.14	27150	32603	-5453	-16.73	69197	59911	9286	15.50
秦淮	26874	27054	-180	-0.67	8027	9606	-1579	-16.43	18846	17448	1398	8.01
建邺	64490	57546	6944	12.07	21784	19701	2083	10.57	42706	37845	4861	12.84
鼓楼	175551	158967	16585	10.43	41163	44554	-3391	-7.61	134388	114413	19975	17.46
其中：鼓楼	152051	134028	18023	13.45	36702	40321	-3619	-8.98	115349	93707	21643	23.10
下关	23501	24939	-1438	-5.77	4462	4233	229	5.41	19039	20706	-1667	-8.05
化工园	10522	42195	-1673	-3.96	18454	15885	2569	16.17	22068	26310	-4242	-16.12
栖霞	99459	81010	18449	22.77	33818	25668	8150	31.75	65642	55342	10299	18.61
其中：栖霞	51311	39506	11804	29.88	24129	15483	8646	55.85	27181	24024	3158	13.14
新港	48148	41504	6645	16.01	9688	10185	-497	-4.88	38460	31319	7141	22.80
雨花	95213	81324	13889	17.08	42559	42297	262	0.62	52653	39027	13626	34.92
高新	37378	29233	8145	27.86	12942	11326	1616	14.27	24436	17907	6529	36.46
三区两县小计	395832	270872	124962	46.13	6400	7045	-645	-9.15	389433	263826	125607	47.61
江宁	151123	142457	8667	6.08	4148	2946	1202	40.80	146975	139510	7465	5.35
浦口	23622	24752	-1131	-4.57	889	1097	-208	-18.94	22733	23656	-923	-3.90
六合	20965	18136	2830	15.60	1348	3002	-1654	-55.08	19617	15133	4483	29.63
溧水	99914	42630	57284	134.37	14	0	14	14018.02	99900	42630	57270	134.34
高淳	100208	42897	57312	133.60	0	0	0	—	100208	42897	57312	133.60

资源税收入完成情况表—地区

(2013 年 12 月)

表 25　　金额单位:万元

单位名称	合计				重点税源局				属地局			
	本年	上年	比上同±	同比±(%)	本年	上年	比上同±	同比±(%)	本年	上年	比上同±	同比±(%)
全市总计	7071	6802	269	3.95	844	702	141	20.14	6227	6100	127	2.09
城郊区小计	3801	3535	267	7.55	844	702	141	20.14	2958	2832	125	4.42
重点税源局	0	0	0	—	0	0	0	—	0	0	0	—
玄武	0	0	0	—	0	0	0	—	0	0	0	—
秦淮	0	0	0	—	0	0	0	—	0	0	0	—
其中:白下	0	0	0	—	0	0	0	—	0	0	0	—
秦淮	0	0	0	—	0	0	0	—	0	0	0	—
建邺	0	0	0	—	0	0	0	—	0	0	0	—
鼓楼	0	0	0	—	0	0	0	—	0	0	0	—
其中:鼓楼	0	0	0	—	0	0	0	—	0	0	0	—
下关	0	0	0	—	0	0	0	—	0	0	0	—
化工园	0	0	0	—	0	0	0	—	0	0	0	—
栖霞	1529	1380	149	10.81	844	702	141	20.14	685	678	8	1.13
其中:栖霞	0	0	0	—	0	0	0	—	0	0	0	—
新港	1529	1380	149	10.81	844	702	141	20.14	685	678	8	1.13
雨花	2271	2149	122	5.66	0	0	0	—	2271	2149	122	5.66
高新	1	5	-4	-78.30	0	0	0	—	1	5	-4	-78.30
三区两县小计	3270	3268	2	0.06	0	0	0	—	3270	3268	2	0.06
江宁	1565	1536	28	1.84	0	0	0	—	1565	1536	28	1.84
浦口	487	462	24	5.28	0	0	0	—	487	462	24	5.28
六合	587	648	-61	-9.41	0	0	0	—	587	648	-61	-9.41
溧水	577	584	-8	-1.33	0	0	0	—	577	584	-8	-1.33
高淳	55	37	18	49.38	0	0	0	—	55	37	18	49.38

城市维护建设税收入完成情况表—地区

(2013 年 12 月)

表 26　　金额单位:万元

单位名称	合计				重点税源局				属地局			
	本年	上年	比上同±	同比±(%)	本年	上年	比上同±	同比±(%)	本年	上年	比上同±	同比±(%)
全市总计	648500	598019	50481	8.44	301165	284048	17117	6.03	347334	313971	33363	10.63
城郊区小计	466074	435875	30199	6.93	289957	276679	13278	4.80	176117	159196	16921	10.63
重点税源局	14161	10236	3925	38.35	14161	10236	3925	38.35	0	0	0	0
玄武	29494	28147	1347	4.79	9631	9539	92	0.97	19863	18608	1255	6.74
秦淮	36528	32279	4249	13.16	7776	6558	1218	18.57	28752	25721	3031	11.78
其中:白下	26554	23686	2868	12.11	6730	5292	1439	27.18	19824	18394	1430	7.77
秦淮	9973	8593	1381	16.07	1045	1266	–221	–17.42	9828	7327	1601	21.86
建邺	110899	120428	–9529	–7.91	96858	109161	–12303	–11.27	14041	11267	2774	24.62
鼓楼	43828	40626	3210	7.88	13228	14762	–1534	–10.39	30599	25864	4735	18.31
其中:鼓楼	33955	30182	3773	12.50	11260	12875	–1615	–12.54	22695	17307	5388	31.13
下关	9873	10444	–572	–5.47	1968	1887	81	4.28	7905	8557	–652	–7.62
化工园	49313	59657	–10343	–17.34	34000	44509	–10508	–23.61	15313	15148	165	1.09
栖霞	120835	92424	28412	30.74	88628	59721	28907	48.40	32208	32703	–495	–1.51
其中:栖霞	16645	16412	233	1.42	4765	4546	219	4.82	11880	11866	15	0.12
新港	104190	76012	28178	37.07	83862	55175	28688	51.99	20328	20837	–510	–2.45
雨花	37900	32600	5300	16.26	15809	14934	875	5.86	22091	17666	4425	25.05
高新	23116	19479	3637	18.67	9866	7260	2606	35.90	13250	12220	1031	8.43
三区两县小计	182426	162144	20281	12.51	11208	7369	3840	52.11	171217	154775	16442	10.62
江宁	133373	120701	12673	10.50	8661	6698	1963	29.30	124712	114002	10710	9.39
浦口	16921	14341	2580	17.99	1625	607	1019	167.81	15296	13734	1562	11.37
六合	13823	10285	3538	34.40	810	55	755	1368.12	13013	10230	2783	27.20
溧水	10159	9491	668	7.03	109	5	103	1888.86	10050	9485	565	5.95
高淳	8150	7316	823	11.24	3	3	1	19.94	8146	7323	823	11.24

房产税收入完成情况表—地区

(2013 年 12 月)

表 27　　金额单位:万元

单位名称	合计				重点税源局				属地局			
	本年	上年	比上同±	同比±(%)	本年	上年	比上同±	同比±(%)	本年	上年	比上同±	同比±(%)
全市总计	245468	228489	16980	7.43	43762	36090	7672	21.26	201706	192399	9307	4.84
城郊区小计	186971	169796	17175	10.11	43078	35794	7284	20.35	143893	134002	9890	7.38
重点税源局	4243	3310	933	28.20	4243	3310	933	28.20	0	0	0	—
玄武	25549	25191	359	1.42	4158	4200	-42	-1.00	21391	20991	401	1.91
秦淮	36434	36813	-379	-1.03	4214	3475	739	21.27	32221	33338	-1118	-3.35
其中:白下	27321	27672	352	-1.27	3739	2929	811	27.68	23581	24744	-1162	-4.70
秦淮	9114	9141	-27	-0.30	475	546	-72	-13.12	8639	8595	45	0.52
建邺	16656	14371	2285	15.90	3833	2100	1733	82.55	12823	12271	552	4.50
鼓楼	38445	36925	1520	4.12	8638	7455	1183	15.86	29807	29470	337	1.14
其中:鼓楼	31786	30324	1443	4.76	8089	6849	1240	18.10	23678	23475	203	0.87
下关	6677	6601	77	1.16	548	606	-57	-9.43	6129	5995	134	2.23
化工园	13790	12233	1557	12.72	7358	7108	276	3.89	6405	5125	1280	24.98
栖霞	24775	19294	5481	28.41	3366	2937	430	14.63	21408	16357	5051	30.88
其中:栖霞	8005	4717	3288	69.72	409	343	66	19.30	7596	4374	3222	73.66
新港	16769	14577	2129	15.04	2957	2594	363	14.01	13812	11983	1829	15.26
雨花	18313	14609	3703	25.35	5984	4074	1910	46.87	12329	10535	1794	17.02
高新	8766	7050	1716	24.34	1258	1135	123	10.82	7508	5915	1593	26.93
三区两县小计	58498	58693	-195	-0.33	684	296	388	131.00	57813	58397	-583	-1.00
江宁	37797	36709	1087	2.96	539	294	245	83.27	37257	36415	842	2.31
浦口	4927	6313	-1386	-21.96	79	2	77	3852.31	4848	6311	-1464	23.19
六合	4932	4135	797	19.26	66	0	66	—	4866	4135	731	17.67
溧水	6124	5447	677	12.43	0	0	0	—	6124	5447	677	12.43
高淳	4719	6089	-1370	-22.49	0	0	0	—	4719	6089	-1370	-22.49

印花税收入完成情况表—地区

(2013年12月)

表28　　金额单位:万元

单位名称	合计				重点税源局				属地局			
	本年	上年	比上同±	同比±(%)	本年	上年	比上同±	同比±(%)	本年	上年	比上同±	同比±(%)
全市总计	98023	83920	14104	16.81	30811	28803	2007	6.97	67213	55116	12096	21.95
城郊区小计	69938	61898	8040	12.99	29358	27817	1541	5.54	40581	34081	6499	19.07
重点税源局	1167	1227	-60	-4.91	1167	1227	-60	-4.91	0	0	0	—
玄武	7156	6734	423	6.28	2751	2978	-227	-7.62	4405	3755	650	17.30
秦淮	9787	7031	2756	39.19	3638	2073	1565	75.53	6149	4959	1190	24.01
其中:白下	7742	5490	2252	41.01	3307	1906	1401	73.48	4435	3584	851	23.74
秦淮	2046	1541	504	32.71	331	167	165	98.90	1714	1375	339	24.69
建邺	5843	4489	1355	30.18	2002	1487	515	34.59	3841	3001	840	27.99
鼓楼	18643	19369	374	1.49	3698	10454	-756	-7.24	8945	7915	1030	13.01
其中:鼓楼	14272	13794	478	3.47	9318	9997	-679	-6.79	4953	3796	1157	30.48
下关	4371	4575	-204	-4.47	379	457	-77	-16.92	3992	4119	-127	-3.09
化工园	7383	7060	323	4.58	3794	3968	-173	-4.37	3589	3092	497	16.06
栖霞	9722	8847	875	9.89	2194	2092	102	4.89	7527	6755	773	11.44
其中:栖霞	3394	3207	187	5.83	878	898	-19	-2.13	2516	2310	206	8.92
新港	6328	5639	688	12.20	1316	1194	122	10.17	5012	4445	567	12.75
雨花	6581	5156	1425	27.64	3062	2475	587	23.72	3519	2681	838	31.25
高新	3657	2987	670	22.44	1051	1063	-12	-1.09	2605	1924	682	35.44
三区两县小计	28085	22021	6064	27.54	1453	986	466	47.30	26632	21035	5597	26.61
江宁	17430	13394	4036	30.14	1009	871	138	15.83	16421	12522	3899	31.13
浦口	3434	2648	786	29.68	398	115	284	247.17	3035	2533	502	19.82
六合	2171	1846	324	17.57	24	0	24	—	2146	1846	300	16.25
溧水	2417	2148	269	12.54	20	0	20	—	2397	2148	249	11.59
高淳	2633	1985	648	32.63	0	0	0	—	2633	1985	648	32.63

城镇土地使用税收入完成情况表—地区

(2013年12月)

表29　　　　金额单位:万元

单位名称	合计				重点税源局				属地局			
	本年	上年	比上同±	同比±(%)	本年	上年	比上同±	同比±(%)	本年	上年	比上同±	同比±(%)
全市总计	149588	162168	-12580	-7.76	31261	33845	-2584	-7.64	118328	128323	-9995	-7.79
城郊区小计	80098	79783	314	0.39	29854	32476	-2622	-8.08	50244	47307	2937	6.21
重点税源局	380	317	62	19.69	380	317	62	19.69	0	0	0	—
玄武	5733	5623	110	1.95	2038	1883	154	8.20	3695	3740	-45	-1.20
秦淮	5368	5661	-293	-5.18	1049	1090	-41	-3.73	4319	4572	-252	-5.52
其中:白下	3493	3763	-270	-7.17	811	846	-35	-4.13	2682	2917	-235	-8.05
秦淮	1875	1898	-23	-1.22	238	244	-6	-2.33	1637	1655	-18	-1.06
建邺	3985	4379	-393	-8.98	1576	1393	182	13.09	2410	2985	-576	-19.28
鼓楼	7282	6916	366	5.29	1551	1649	-97	-5.91	5730	5267	463	8.80
其中:鼓楼	4322	3883	439	11.31	1105	1091	14	1.29	3217	2792	425	15.23
下关	2959	3033	-73	-2.42	446	557	-112	-20.01	2514	2475	38	1.55
化工园	19099	19921	-822	-4.13	10845	12677	-1832	-14.45	8254	7244	1010	13.95
栖霞	20000	17244	2755	15.98	5516	6285	-770	-12.24	14484	10959	3525	32.16
其中:栖霞	5358	4992	367	7.35	555	937	-382	-40.80	4803	4054	749	18.48
新港	14641	12253	2388	19.49	4961	5348	-387	-7.24	9681	6905	2776	40.19
雨花	11400	11373	27	0.24	4953	5133	-179	-3.49	6447	6240	207	3.31
高新	6851	8349	-1498	-17.95	1947	2050	-103	-5.01	4903	6299	-1396	-22.16
三区两县小计	69491	82385	-12894	-15.65	1407	1368	38	2.80	68084	81016	-12932	-15.96
江宁	33773	36335	-2562	-7.05	606	701	-95	-13.50	33167	35635	-2467	-6.92
浦口	8090	8029	61	0.76	772	668	104	15.64	7318	7361	-43	-0.59
六合	7430	6029	1402	23.25	28	0	28	—	7402	6029	1373	22.78
溧水	15621	23950	-8330	-34.78	0	0	0	—	15621	23950	-8330	-34.78
高淳	4577	8041	-3465	-34.08	0	0	0	—	4577	8041	-3465	-43.08

土地增值税收入完成情况表—地区

(2013 年 12 月)

表 30　　　　金额单位:万元

单位名称	合计				重点税源局				属地局			
	本年	上年	比上同±	同比±(%)	本年	上年	比上同±	同比±(%)	本年	上年	比上同±	同比±(%)
全市总计	636951	453869	183083	40.34	301702	218220	83438	38.26	335249	235649	99600	42.27
城郊区小计	414013	321326	92687	28.85	271053	203973	67080	32.89	142960	117353	25607	21.82
重点税源局	0	0	0	—	0	0	0	—	0	0	0	—
玄武	16867	25560	-6873	-26.89	7727	7589	138	1.82	10960	17971	-7011	-39.01
秦淮	20525	49776	-29251	-58.77	3049	36545	-33496	-91.66	17476	13231	4245	32.08
其中:白下	11664	11173	491	4.40	2720	1691	1029	60.88	8944	9482	-538	-5.67
秦淮	8861	38604	-29743	-77.05	382	34854	-34525	-99.06	8532	3750	4783	127.54
建邺	174645	53899	120746	224.02	157948	45156	112792	249.78	16697	8743	7955	90.98
鼓楼	59741	57530	2210	3.84	28533	33863	-5331	-15.74	31208	23667	7541	31.86
其中:鼓楼	45446	46291	-845	-1.83	21898	30208	-8310	-27.51	23549	16084	7465	46.41
下关	14294	11239	3055	27.18	6635	3656	2974	81.49	7659	7583	76	1.00
化工园	9076	8963	113	1.26	165	920	-755	-82.11	8911	8044	868	10.79
栖霞	43066	58788	-15722	26.74	29372	46671	17299	-37.07	13694	12117	1577	13.02
其中:栖霞	34854	53692	18838	-35.09	21917	42615	-20698	-48.57	12937	11078	1860	16.79
新港	8212	5096	3116	61.16	7455	4056	3399	83.78	757	1039	-282	-27.17
雨花	42199	24493	17706	72.29	28137	15568	12570	80.74	14061	8925	5136	57.54
高新	46075	42316	3759	8.88	16123	17661	-1539	-8.71	29953	24655	5298	21.49
三区两县小计	222938	132543	90395	68.20	30650	14247	16403	115.14	192289	118296	73992	62.55
江宁	106666	44138	44138	70.59	23613	12662	10951	86.49	83053	49866	33187	66.55
浦口	25769	15195	10574	69.59	7037	1585	5452	344.02	18732	13611	5122	37.63
六合	17709	10891	6818	62.60	0	0	0	—	17709	10891	6818	62.60
溧水	62426	38525	23902	62.04	0	0	0	—	62426	38525	23902	62.04
高淳	10367	5404	4964	91.85	0	0	0	—	10367	5404	4964	91.85

车船税收入完成情况表—地区

(2013年12月)

表31　　金额单位：万元

单位名称	合计				重点税源局				属地局			
	本年	上年	比上同±	同比±(%)	本年	上年	比上同±	同比±(%)	本年	上年	比上同±	同比±(%)
全市总计	50760	71844	8916	21.31	49583	40714	8869	21.78	1176	1130	47	4.14
城郊区小计	40240	34151	6089	17.83	39350	33357	5993	17.97	890	794	96	12.14
重点税源局	0	0	0	—	0	0	0	—	0	0	0	—
玄武	16808	14914	1894	12.70	16802	14909	1894	12.70	5	6	0	-1.64
秦淮	9838	8468	1369	16.17	9832	8451	1381	16.34	5	17	-12	69.21
其中：白下	8617	7609	1008	13.24	8623	7593	1030	13.56	-6	16	-22	-138.65
秦淮	1221	859	362	42.11	1209	857	352	41.00	12	1	10	713.28
建邺	2766	2230	536	24.03	2721	2187	535	24.44	45	43	1	3.11
鼓楼	5877	4900	977	19.93	5078	4229	849	20.07	799	672	128	19.03
其中：鼓楼	3875	3278	596	18.19	3810	3254	556	17.09	64	24	40	166.44
下关	2002	1622	380	23.44	1267	975	293	30.02	735	648	88	13.52
化工园	994	749	245	32.77	987	741	246	33.13	8	8	0	-1.82
栖霞	2357	1643	714	43.44	2334	1619	716	44.22	23	25	-2	-7.18
其中：栖霞	2346	1631	714	43.79	2330	1614	717	44.40	15	17	-2	-12.35
新港	12	12	0	-3.99	4	5	-1	-17.87	8	8	0	4.80
雨花	1529	1183	347	29.30	1525	1160	366	31.53	4	23	-19	-83.28
高新	71	63	8	12.90	70	63	8	12.39	0	0	0	—
三区两县小计	10519	7693	2827	36.74	10233	7357	2876	39.10	286	336	-50	-14.76
江宁	4221	3032	1189	39.21	3978	2878	1100	38.22	243	154	89	57.69
浦口	1963	1441	523	36.28	1961	1439	522	36.29	3	2	1	26.82
六合	1811	1399	412	29.45	1793	1314	478	36.39	18	84	-66	-78.69
溧水	1234	914	320	35.04	1232	913	319	34.89	2	0	2	322.21
高淳	1290	908	383	42.19	1269	812	457	56.27	21	95	-74	-78.03

教育附加、文化事业建设费收入完成情况表—地区

表 32

2013 年 12 月

金额单位:万元

单位名称	合计				属地局			
	本年	上年	比上同±	同比±(%)	本年	上年	比上同±	同比±(%)
全市总计	280432	259888	20545	7.91	1646	10640	−8994	−84.53
城郊区小计	199210	186799	12410	6.46	1463	7805	−6341	−81.25
重点税源局	6068	4387	1682	38.34	0	193	−193	−100.00
玄武	12567	12062	505	4.19	368	1197	−829	−69.28
秦淮	15583	13869	1714	12.36	321	3652	−3330	−91.20
其中:白下	11332	10181	1151	11.30	248	3383	−3135	−92.67
秦淮	4251	3688	563	15.26	73	269	−195	−72.68
建邺	47409	51735	−4326	−8.36	88	470	−382	−81.35
鼓楼	18645	17469	1175	6.37	595	1919	−1325	−69.01
其中:鼓楼	14450	12988	1463	11.26	567	1842	−1275	−69.21
下关	4185	4482	−287	−6.41	28	78	−50	64.22
化工园	21133	25552	−4420	−17.30	10	142	−132	−92.65
栖霞	51829	39545	12284	31.06	48	123	−75	−60.78
其中:栖霞	7218	6995	223	3.18	45	83	−38	−45.64
新港	44612	32550	12062	37.06	3	40	−37	−92.34
雨花	16088	13960	2127	15.25	16	48	−33	−67.64
高新	9889	8220	1669	20.30	17	60	−43	−71.08
三区两县小计	81222	73088	8134	11.13	183	2835	−2653	−93.56
江宁	57138	52085	5052	9.70	98	240	−142	−59.13
浦口	7339	6410	929	14.49	22	160	−138	−86.51
六合	6026	4745	1281	27.00	14	428	−414	−96.81
溧水	6081	5688	939	6.1	43	174	−131	−75.10
高淳	4640	4160	479	11.52	6	1834	−1828	−99.67

契税、耕地占用税完成完成情况表—地区

(2013 年 12 月)

表 33

金额单位:万元

单位名称	契税				耕地占用税			
	本年	上年	比上同±	同比±(%)	本年	上年	比上同±	同比±(%)
全市总计	383749	300631	83118	27.65	17158	36832	-19674	-53.42
城郊区小计	36052	3520	32532	924.20	5550	8185	-2635	-32.19
重点税源局	0	0	0	—	0	0	0	—
玄武	0	0	0	—	0	0	0	—
秦淮	0	0	0	—	0	0	0	—
其中:白下	0	0	0	—	0	0	0	—
秦淮	0	0	0	—	0	0	0	—
建邺	0	0	0	—	0	0	0	—
鼓楼	0	0	0	—	0	0	0	—
其中:鼓楼	0	0	0	—	0	0	0	—
下关	0		0	—	0	0	0	—
化工园	8196	3520	4676	132.84	2279	5153	-2874	-55.77
栖霞	6282	0	6282	—	739	1980	-1241	-62.68
其中:栖霞	0	0	0	—	739	1980	-1241	-62.68
新港	6282	0	6282	—	0	0	0	—
雨花	0	0	0	—	2112	1052	1060	100.76
高新	21574	0	21574	—	420	0	420	—
契税所	199483	170133	29350	17.25	0	0	0	—
三区两县小计	148214	126978	21236	16.72	11608	28647	-17039	-59.48
江宁	59732	57101	2631	4.61	5014	4712	320	6.41
浦口	33377	29212	4165	14.26	2644	7815	-5171	-66.17
六合	13056	16226	-3170	-19.54	1933	7263	-5330	-73.39
溧水	29539	18589	10950	58.91	4	4348	-4344	-99.91
高淳	12510	5850	6660	113.85	2013	4509	-2496	-55.36

社会保险费、其他费税收入完成情况表

(2013 年 12 月)

表 34 金额单位:万元

社保费地区			社保费险种			其他非税收入	
单位	本月	累计	险种	实缴数		种类	金额
总计	337234	3348656		本月	累计	全市合计	54188
社保费合计	337228	3345806	全市合计	337228	3345806	一、全省开征基金费	31229
市本级小计	226656	2639926	养老保险	209688	2038917	地方教育基金	0
市区	218378	2539602	其中:滞纳金			防洪保安基金	13028
省直属局(代征)	110572	100324	医疗保险	99797	958531	人防建设资金	0
县级小计	110572	705880	其中:滞纳金			残疾人就业保障金	18201
江宁	78412	389962	失业保险	16307	231368	其他收入	0
浦口	8105	96955	其中:滞纳金			二、本市代征基金费	22959
六合	5353	60381	工伤保险	4883	51407	绿化费、义务植树统筹费	858
溧水	13215	110131	其中:滞纳金			老干部医疗统筹金	2849
高淳	5487	48451	生育保险	6553	65583	工会经费	19251
离休干部医疗统筹	6	2850	其中:滞纳金			其他综合基金	1

全省地税税收收入完成情况表–地区

表 35　　(2013 年 12 月)　　金额单位：万元

地区	税收收入				省级税收收入				市县级税收收入			
	月度累计		年度累计		月度累计		年度累计		月度累计		年度累计	
	金额	增幅%	金额	增幅%	金额	增幅%	金额	增幅%	金额	增幅%	金额	增幅%
全省合计	5028513	8.9	46857508	13.2	113030	39.0	3444003	5.0	4915483	8.4	43413505	13.9
省直属征收局	40854	26.1	1063921	7.1	40854	26.1	1063921	7.1				
南京市	574078	15.5	6321890	11.9	7122	17.0	363768	27.5	566956	15.4	5958123	11.1
无锡市	597961	1.7	5115255	4.6	9787	1.4.2	346138	0.3	588174	0.9	4769117	4.9
徐州市	365088	19.3	3195930	17.6	2337	19.5	87648	−31.1	362751	19.3	3108282	20.0
常州市	436482	13.3	3201729	4.2	6649	14.4	186953	−6.0	429833	13.3	3014776	4.9
苏州市	852447	16.2	9484027	9.7	17187	17.4	697833	4.3	835260	16.1	8786194	10.1
南通市	480721	−15.3	4066342	18.8	11718	88.5	191012	13.7	469003	−16.5	3875330	19.1
连云港市	180975	4.7	1821394	21.8	885	−7.3	52728	5.8	180090	4.8	1768666	22.4
淮安市	259287	4.2	2175570	22.3	1141	16.6	51141	−5.9	25814	4.2	2124429	23.2
盐城市	402441	6.2	2922512	21.7	3068	171.7	76904	11.9	399373	5.8	2845608	22.0
扬州市	284536	28.7	2027143	22.8	3649	132.7	94486	6.7	280887	28.0	1932657	23.8
镇江市	232077	19.0	1955912	16.9	1722	−14.5	91742	−7.7	230355	19.3	1864170	18.5
泰州市	218864	14.8	1838751	12.7	3976	130.2	94732	−0.2	214888	13.8	1744019	13.5
宿迁市	102702	2.3	1667132	21.3	1544	51.5	45001	18.8	101158	1.8	1622131	21.4

表 36

全省地税主要税种收入完成情况表–地区

(2013 年 12 月)

金额单位:万元

地区	税收收入				省级税收收入				市县级税收收入			
	月度累计		年度累计		月度累计		年度累计		月度累计		年度累计	
	金额	增幅%	金额	增幅%	金额	增幅%	金额	增幅%	金额	增幅%	金额	增幅%
全省合计	2260929	1.0	18697300	12.7	234260	2.7	4854567	3.3	741819	50.0	6620597	18.2
省直属征收局	15690	2.9	484531	–0.5	8152	464.9	326910	19.5	13950	9.3	186842	8.7
南京市	229157	6.2	2320544	6.1	1860.	–17.3	607125	4.3	104181	36.6	1156953	19.6
无锡市	338503	–5.2	2033474	5.6	36374	40.0	581081	–7.8	90366	52.4	860910	9.0
徐州市	188982	44.6	1433716	22.8	12409	5.8	187803	–5.6	17165	6.9	189505	–9.9
常州市	165030	0.6	1024344	–1.2	19648	38.3	450893	–1.8	53672	–4.2	522152	5.0
苏州市	326606	17.3	3451094	6.9	31567	0.6	968717	10.0	185369	50.5	1615405	14.1
南通市	223355	–31.9	1685584	12.7	18444	–55.9	434706	–3.7	91589	107.4	705492	44.7
连云港市	90543	–13.6	880720	21.8	4575	–50.0	77100	–0.5	10401	35.5	106159	14.9
淮安市	115705	–2.5	896846	18.4	10042	–6.7	150265	9.0	22770	21.6	173580	36.6
盐城市	152643	–11.8	1253021	27.4	26612	25.0	237403	26.0	36209	58.2	276777	33.0
扬州市	121272	28.3	797243	18.1	11391	–10.9	191908	12.4	71501	405.4	307430	100.9
镇江市	117822	14.0	934720	21.5	14122	131.3	161377	–0.1	15937	–7.3	178873	2.3
泰州市	124580	20.1	788258	21.4	16587	30.2	206352	–11.5	18055	29.5	177571	–0.5
宿迁市	51041	–0.6	713205	39.9	5730	–7.2	272927	7.4	10655	–11.5	162948	27.1

全省地税主要税种收入完成情况表—地区

(2013 年 12 月)

表 37　　金额单位:万元

地　　区	财政、国税、地税收入合计						地税收入					
	月度累计			年度累计			月度累计			年度累计		
	本月累计	增减度	增幅%	本月累计	增减度	增幅%	本月累计	增减度	增幅%	本月累计	增减度	增幅%
全省合计	6635087	690890	11.62	60125160	6741051	12.63	4341978	237132	5.78	36759961	4594982	14.29
省直属征收局												
南京市	770769	108856	16.45	8313076	982908	13.41	490794	66015	15.54	4820225	447725	10.24
无锡市	838769	66098	8.55	7109144	528843	8.04	512130	−19827	−3.73	3903930	210275	5.69
徐州市	457436	60715	15.30	4228441	560858	15.29	345010	57465	19.98	2882447	519528	21.99
常州市	600336	52480	9.58	4088800	298900	7.89	385841	48489	14.37	2430949	130528	5.69
苏州市	1,217977	110803	10.01	13310254	1266918	10.52	705098	78606	12.55	7235721	633665	9.60
南通市	702705	−21099	−2.92	4858818	661593	15.76	402984	−107053	−20.99	3191475	500437	18.60
连云港市	239101	44108	22.62	2333030	243634	11.66	171104	9314	5.76	1658711	315261	23.47
淮安市	293994	65013	28.39	2714195	378084	16.18	238458	8359	3.63	1932025	364167	23.47
盐城市	542354	40343	8.04	3667672	539858	17.26	361681	10532	3.00	2537101	442002	21.10
扬州市	327700	101494	44.87	2592606	342620	15.23	231320	33815	13.68	1633085	265549	19.42
镇江市	263538	46844	21.62	2545158	390368	18.12	212320	33281	18.59	1660020	288244	21.01
泰州市	257717	14041	5.76	2512812	276569	12.37	194103	21244	12.29	1513665	223766	17.35
宿迁市	122757	1194	0.98	1851154	269898	17.07	91327	2892	3.27	1360606	253537	22.90

全省市县级公共财政预算收入完成情况表--地区

(2013 年 12 月)

表 38

地区	财政、国税、地税收入合计						地税收入					
	月度累计			年度累计			月度累计			年度累计		
	本月累计	增减度	增幅%	本月累计	增减度	增幅%	本月累计	增减度	增幅%	本月累计	增减度	增幅%
全省合计	6635087	690890	11.62	60125160	6,741,051	12.63	4,341,978	237132	5.78	36,759,961	4,594,982	14.29
省直属局	—	—		—	—		—	—		—	—	
南京市	770769	108856	16.45	8313076	982908	13.41	490794	66015	15.54	4820225	44725	10.24
无锡市	838769	66098	8.55	7109144	528843	8.04	512130	−19827	−3.73	3903930	210275	5.69
徐州市	457436	60715	15.30	4228441	560858	15.29	345010	57465	19.98	2882447	519528	21.99
常州市	600336	52480	9.58	4088800	298900	7.89	385841	48489	14.37	2430949	130826	5.69
苏州市	1217911	110803	10.01	13310254	1266918	10.52	705098	78606	12.55	7235721	633665	9.60
南通市	702705	−21099	−2.92	4858818	661593	15.76	402984	−107053	−20.99	3191475	500437	18.60
连云港市	239101	44108	22.62	2333030	243634	11.66	171104	9314	5.76	1658711	315261	23.47
淮安市	293994	65013	28.39	2714195	378084	16.18	238458	8359	3.63	1932025	364167	23.23
盐城市	542354	40343	8.04	3667672	539858	17.26	361681	10532	3.00	2537101	442002	21.10
扬州市	327700	101494	44.87	2592606	342620	15.23	231128	27815	13.68	1633085	265549	19.42
镇江市	263538	46844	21.63	2545158	390368	18.12	212320	33281	18.59	1660020	288244	21.01
泰州市	257717	14041	5.76	2512812	276569	12.37	194103	21244	12.29	1513665	223766	17.35
宿迁市	122757	1194	0.98	1851154	269898	17.07	91327	2892	3.27	1360606	253537	22.90

全国副省级城市地方税收收入及相关税种完成情况表

(2013年12月)

表39

序号	城市名称	税收收入			营业税			城建税			企业所得税			个人所得税		
		本年	上年	增幅%	本年	上年	增幅%	本年	上年	增幅%	本年	上年	增幅%	本年	上年	增幅%
	合计	99882109	90680109	10.15	35475456	33751990	5.11	7866473	7165138	9.79	13002455	12233597	6.28	15256463	13807969	10.19
1	深圳市	14627218	14050215	4.11	4190745	1172711	0.43	980114	849219	15.41	3359730	3361577	–0.05	3419424	3447437	–0.81
2	广州市	12567472	11501776	9.27	4467459	4230898	5.59	1058212	977322	8.28	1566108	1241292	26.17	2442258	2191029	11.47
3	杭州市	7615549	7420466	2.63	2555098	2796762	–8.64	660037	609504	8.29	997292	1083254	–7.94	1433258	1248421	14.79
4	宁波市	6250905	5957418	4.93	1887296	1952196	–3.32	631832	616073	2.56	1017473	1034793	–1.67	996882	902388	10.47
5	成都市	8936619	7674970	16.44	3854372	3498360	10.18	602976	545500	10.54	1005235	876432	14.70	1074122	887385	21.04
6	南京市	6321890	5648619	11.92	2320544	2186450	6.13	648500	598019	8.44	607125	582121	4.30	1156953	967475	19.58
7	大连市	6419310	5599453	14.64	1869796	1746365	7.07	388939	394817	–1.49	619361	502375	23.29	571986	527949	8.34
8	武汉市	6853012	5876767	16.61	2634675	2496179	5.55	615532	513576	19.85	755349	640318	17.96	792081	669813	18.25
9	沈阳市	5791188	5210528	11.14	1956631	1805579	8.37	362235	331753	9.19	452785	428544	5.66	493940	439491	12.39
10	青岛市	5317215	4627967	14.89	1982425	1721588	15.15	470715	420523	11.94	715681	364543	12.79	621349	558663	11.22
11	厦门市	3637096	3178273	14.44	1272205	1216130	4.61	249879	243336	2.69	453856	444089	2.20	496078	428080	15.88
12	济南市	3764400	3342396	12.63	1519894	1333013	14.02	272416	250411	8.79	315488	314025	0.47	439174	406962	7.92
13	西安市	5084110	4499123	13.00	2455583	1334147	5.20	302746	285596	6.00	293921	276176	6.43	554156	457794	21.05
14	哈尔滨	3123385	2807447	11.25	1255623	1102313	13.91	202922	187111	8.45	490242	494960	–0.95	342181	279482	22.43
15	长春市	3572740	3284691	8.77	1253110	1159299	8.09	419418	342348	22.51	352809	319098	10.56	422816	395600	6.88

南京市经济运行主要指标

(2013 年 12 月)

表 40

金额单位：万元

指标名称	月度		年度			指标名称	年度		
	本月	增长率(%)	本年	上年	增长率(%)		本年	上年	增长率(%)
规模以上工业总产值	1069.60	5.5	11507.05	10432.50	10.3	全社会固定资产投资	4805.33	4388.43	9.5
1.轻工	198.46	11.2	2370.83	1940.12	22.2	1、第一产业	22.03	24.81	–11.2
重工	871.14	4.3	9136.22	8498.81	7.5	2、第二产业	2279.45	2164.72	5.3
2.国有及国有控股企业	382.10	11.2	3983.56	3566.30	11.7	工业	2263.29	2149.37	5.3
独立核算工业企业效益(上月数)						3、第三产业	2503.82	2200.19	13.8
1.企业个数(个)	**	**	2594			房地产开发投资			
2.主营业务收入	**	**	10176.01	9142.87	11.3	1、房地产开发投资额	993.16	941.38	5.5
3.利润总额	**	**	601.79	410.50	46.6	2、土地购置费	209.02	225.97	–7.5
4.亏损企业亏损额	**	**	57.59	95.82	–39.9	3、按工程用途分			
5.应收帐款净额	**	**	1557.08	1364.66	14.1	住宅	679.75	620.78	9.5
6.产成品存货	**	**	334.09	288.51	15.8	办公楼	66.09	70.99	–6.9
社会消费品零售总额	**	**				商业用房	118.75	97.74	21.5
1.批发零售	**	**				其他	128.75	151.62	–15.2
2.住宿餐饮	**	**				4、商品房屋销售面积(万平方米)	1038.95	821.95	26.4
海关进出口总值(按经营单位)(亿美元)	50.95	11.4	505.05	495.63	1.9	5、商品房屋销售额	1211.68	836.80	44.8
1.出口总值(亿美元)	29.40	15.9	293.20	281.92	4.0	交通运输			
2.进口总值(亿美元)	21.55	5.7	211.85	213.56	–0.8	货运量(万吨)	355382.05	33537.49	5.5
实际使用外资(上月数)	5.64	72.0	26.56	32.15	–17.4	货运周转量(亿吨公里)	4746.77	4681.23	1.4
注册合同外资(上月数)	1.92	–79.7	36.16	45.43	–20.4	客运量(万人)	41349.20	38935.22	6.2
千万美元以上项目投资总额(上月数)	4.75	–92.6	67.51	135.56	–50.2	客运周转量(亿人公里)	298.71	275.82	8.3
财政收入合计	127.45	3.7	1457.06	1297347	12.3	港口货物吞吐量(万吨)	18430.36	17256.89	6.8
1.中央收入	60.01	–1.3	702.83	630.91	11.4	进口量(万吨)	11109.50	10441.26	6.4
2.公共财政预算支出	67.44	8.5	754.23	666.87	13.1	出口量(万吨)	7320.86	6810.10	7.5
3.公共财政预算支出	71.02	–2.8	609.01	542.79	12.2	城市居民人均可支配收入(元)			
邮电业务收入	**	**	118.46	107.59	10.1	城市居民人均消费支出(元)			
国内生产总值	**	**				金融机构本外币存款余额(月度数)	18419.09	16578.84	11.1
1.第一产业	**	**				金融机构本外币存款余额(月度数)	14552.77	13229.79	10.0
2.第二产业	**	**				居民储蓄本外币存款余额(月度数)	4818.60	4550.14	5.9
工业	**	**				居民消费价格指数(%)	103.9(本月)	102.6(累计)	
3.第三产业	**	**				商品零售价格指数(%)	102.2(本月)	101.1(累计)	

税 政 管 理

流转税管理

概 述 2013年,市地税局按照“关注改革、研究政策、强化管理、提高绩效”的管理思路,以风险管理为导向,加强政策研究,强化政策效应评价,提高政策贯彻落实水平,提升税种管理质效,平稳推进营业税各项工作。

以组织收入为中心,2013年实现营业税收入232.05亿元,同比增长13.41亿元,同比增幅6.13%,营业税收入占地方税收收入比重36.71%,实现收入稳步增长。深化营业税风险管理,重点围绕建筑、旅店、房地产、餐饮等行业开展风险应对,全年补征营业税18977.1万元。强化税源管理,深化建筑业项目管理实效,开展建筑业自开票纳税人审核认定,优化建筑业代开票工作,建立建筑业预清算指标,实现建筑业预清算率的实时监控。加强行业管理,依托旅店业税收管理平台,构建旅店业风险模型,利用公安部门交换数据,实现对全市旅店业营业税税基的监控。开展金融创新税收课题工作调研,开展劳务派遣调研,围绕劳务派遣管理主题开展政策效应评价,制定《劳务派遣营业税控管意见》,形成《劳务派遣企业营业税政策效应评价专题报告》。做好小微企业优惠政策贯彻落实,积极落实营业税优惠政策,优化《营业税减免税操作指南》,办理营业税减免税174619.88万元。做好“营改增”试点扩围工作,确认广播影视服务行业纳入“营改增”范围的纳税人共382户,涉及全年营业税5000万元。加强与国税部门的实时沟通协调,确保应转尽转。贯彻落实省地税局营业税申报管理办法,制定贯彻落实营业税纳税申报软件上线工作方案,梳理新旧办法差异点,对基层局开展培训,通过新闻媒体、《南京日报》专版、外部网站进行宣传,新系统上线涉及现有营业税申报户约10万户。 (宋昕)

强化建筑业项目管理 依据省地税局建筑业项目管理办法,结合南京实际制定《关于开展建筑业自开票纳税人认定的通知》,对全市150户建筑业自开票纳税人开展审核认定工作,取消自开票纳税人26户,新增自开票纳税人7户;对建筑业代开票工作进行优化调整,方便纳税人申报、开票;加强预清算监管,在税源与征管状况分析平台建立建筑业预清算指标,实现建筑业预清算率的实时监控;提高建筑业项目清算质量,全年完成建筑业项目清算3523个。 (王冬)

加强旅店业税收管理 构建旅店业风险模型,建立旅店业风险指标,通过风险平台将疑点信息推送到各基层局进行风险应对。根据实际征管中旅店业存在的漏征漏管户占比偏高、个体定额偏低、纳税人申报税目随意等问题,加强旅店业税收管理,依托旅店业税收管理平台,综合利用公安部门交换的客流量数据、旅店业纳税人申报数据和大集中系统数据,通过客流量监控和分类价格认定,实现对全市旅店业营业税税基的监控,规范旅店业税收管理。 (宗慧)

推进广播影视服务业“营改增”试点扩围 根据《财政部 国家税务总局关于在全国开展交通运输业和部分现代服务业营业税改征增值税试点税收政策的通知》的规定,在2012年全省试点范围的基础上,自2013年8月1日起,开展广播影视服务业“营改增”试点扩围。市地税局做好税户甄别工作,对省地税局推送的430户待确认“营改增”纳税人进行数据筛选甄别,确认纳入“营改增”试点范围的纳税人382户,涉及全年营业税5000万元。对属于“营改增”试点范围的企业,加强与国税部门的实时沟通协调,及时传递“营改增”管户信息,确保应转尽转。做好政策贯彻落实,加强“营改增”对地方税收、经济影响的分析和测算,组织调研撰写《“营改增”后南京市影院税负增加利润下滑》被国办采用并被国务院领导批示。 (王冬)

开展劳务派遣营业税政策效应评价 规范劳务派遣政策执行,强化劳务派遣营业税控管,结合征管部门对劳务公司发票清理工作,收集劳务公司营业税控管上存在的问题。对照劳务公司营业税差额扣除的“五个要件”开展调研,了解劳务公司税收政策执行存在的问题,进行分析研究。加强与南京市人社部门沟通,了解劳务派遣审批管理、派遣人员工资、社保费缴纳规定等规定,为劳务派遣营业税税收政策的执行及控管提供参考。研究制定《劳务派遣营业税控管意见》,统一劳务派遣政策执行口径,指导基层局开展工作,围绕劳务派遣管理主题开展政策效应评价,完成《劳务派遣企业营业税政策效应评价专题报告》。 (王冬)

开展金融创新税收课题调研 制定“金融创新税收政策应对分析”课题调研工作方案、调研提纲、调研计划,对南京市各类金融机构及准金融机构共405户进行分类统计,其中,银行类机构47户,证券类机构54户,保险类机构86户,准金融机构218户。实地走访市金融办、各类金融机构进行调研,了解南京市金融服务聚集区发展、规划及金融创新业务的发展情况。对日常工作中涉及金融创新的政策难点进行收集整理,分析金融业税收相关政策存在的局限性,针对存在问题提出建议,形成调研报告。 (宗慧)

落实营业税优惠政策 落实各项营业税税收优惠政策,梳理营业税减免税政策和办理程序,优化《营业税减免税操作指南》,办理营业税减免税174619.88万元,其中,审批类减免营业税684.84万元,备案类减免营业税173935.04万元。根据财政部、国家税务总局《关于暂免征收部分小微企业增值税和营业税的通知》的精神,认真贯彻落实小微企业优惠政策,2012年营业额在24万(含)以下的纳税人共计62609户,有税户共计21153户,涉及税收5529.8万元,其中,营业税4446.54万元,城建税、教育费附加1083.26万元。 (王冬)

(责任编辑:唐棣)

所得税管理

概 述 2013年,市地税局加强主动型税政建设,深化所得税和国际税收管理,夯实税种基础、强化税源控管、增强创新意识,圆满完成所得税、国际税收各项工作任务。一是企业所得税专业化水平进一步提升。加强小班化培训,完成2012年度所得税汇算清缴工作,汇算清缴入库企业所得税13.85亿元,增幅12.69%。落实企业所得税税收优惠政策,办理各项减免税9287户,金额23.76亿元。夯实税基管理,全面升级企业所得税后续管理系统,在全省上线推广,受到国家税务总局所得税司副司长缪惠频的高度肯定。强化企业所得税汇缴审核,加强风险指标建设,对全市3000多户企业开展审核,补税2.33亿元,调减亏损1亿元,全市复审面达10%以上。二是个人所得税精细化管理进一步强化。围绕自然人管理特点,充分利用社会化资源和信息化手段,进一步加强申报质量管理和高收入者税源的有效监控,探索自然人数据库建设,启用新版“个人所得税申报表”,着力提升个人所得税管理水平。开展年所得12万元以上纳税人自行纳税申报工作,全市共128304名个人办理自行纳税申报手续。强化多处工薪所得个人所得税监管,全年共11827人办理多处工薪所得申报手续,入库个人所得税4700万元。深化高收入者直接征管创新工作,加强股权转让个人所得税征管,作为全省先行先试单位,完成《股权转让个人所得税管理办法》以及相应流程制定。加强外籍个人管理工作,外籍个人所得税超过5.09亿元。积极参与省地税局自然人数据库的开发推广工作,南京市超过400万人被纳入该系统管理。三是国际税收管理特色工作进一步开展。开展税收情报交换工作,发送自动情报183份。编写国际税收案例,4个案例上报总局案例。强化海外上市公司税收管理,获取股权转让等跨境税源信息,组织人员开展反避税调查。市地税局在全省国际税收业务岗位技能测试中获表彰,林大蓼、孙辉、谭彬彬3人获个人表彰。 (徐瑛辉)

探索企业所得税税基管理 根据税源专业化改革要求,市地税局将企业所得税税基管理作为企业所得税管理重点，将递延收入支出纳入企业所得税台账信息化管理，建立政策性搬迁、不征税收入、债务重组等九大类税基后续管理台帐，以通用核心表的形式在风险评估以及稽查环节实现台账数据维护，将企业所得税税基后续管理涉及的征、评、管、查数据全部纳入信息化管理。构建风险模型，加强企业所得税税基管理过程中的风险应对，通过构建后续管理台账数据与企业申报数据比对的风险模型，加强两者重要指标数据的比对分析，识别弥补亏损指标疑点户 252 户，涉及调整应纳税所得额 2.8 亿元，广告费、业务宣传费指标疑点户 18 户，涉及调整应税所得额 2814 万元，有效降低税基管理风险。 （徐瑛辉）

企业所得税汇算清缴申报率 100% 2013 年，市地税局加强 2012 年度所得税汇算清缴管理，着力提高汇算清缴质量和效率。全市参加汇算清缴企业 50013 户，申报率为 100%。其中，查账征收户为 32865 户，比 2011 年增加 4888 户，增幅为 17.47%。汇算清缴入库 13.85 亿元，2011 年同期为 12.29 亿元，同比增加 1.56 亿元，增幅为 12.69 %；税收评定入库 1.09 亿元，2011 年同期为 0.60 亿元，同比增加 0.49 亿元，增幅为 81.67%；稽查预告入库为 0.96 亿元，2011 年同期为 1.62 亿元，同比减收 0.66 亿元，减幅为 40.74 %。 （徐瑛辉）

落实企业所得税税收优惠政策 2013 年，市地税局认真落实企业所得税优惠政策，加大宣传力度，通过在各种宣传媒体刊登优惠政策、印发宣传资料等方式，让纳税人了解国家税收优惠政策；突出培训效果，通过分层次、分重点、分大小等不同形式的培训，让纳税人了解如何享受优惠政策；开展点对点辅导服务，对重点纳税人开展跟踪服务；简化优惠政策流程，取消审批，采用备案与自行申报相结合的方式，方便纳税人享受优惠政策。全年为 9287 户企业办理所得税优惠政策 23.76 亿元，其中，办理对外投资分回股息红利免税 408 户 45.08 亿元，折合所得税额 11.27 亿元；为 7 户企业办理资源综合利用减计收入 1627 万元，折合所得税额 406.8 万元；为 188 家企业研发费加计扣除 5.89 亿元，折合所得税额 1.47 亿元；为 180 家企业安置残疾人员办理工资加计扣除 8919 万元，折合所得税额 2229.8 万元；扶持 8073 户小型微利企业享受低税率，减税 2292.2 万元；鼓励高新技术企业发展，给予 132 家高新技术企业减按 15%税率征收企业所得税，直接减税 3.09 亿元。 （孙建忠）

开展企业所得税汇缴复审 2013 年，市地税局加强企业所得税汇算清缴复审，对全市企业所得税复审户数、复审面、汇缴模型指标应用情况进行分析，针对复审税款有效性不高、复审模型指标指向性不强等问题，扩充指标。推送查账征收汇算清缴复审风险 3708 户，全部完成风险应对，复审面 11.28%；补缴企业所得税 1528 户 2.33 亿元，调整亏损 143 户，调整所得额约 1 亿元，其中，江宁局、直属局、化工园局等基层单位引入中介机构参与汇算清缴审核工作，补缴税款 5000 多万元，有效提升企业所得税汇缴质量。 （徐瑛辉）

加强自然人股权转让个人所得税管理 市地税局以股权转让制度为抓手，以低平价交易核定征收为重点，建立基于征、管、评、查体系下的个人所得税股权转让征管办法，加强全市个人股权转让交易个人所得税管理。全市办理 3061 户企业涉及 4962 人股权转让手续，入库税款 38611 万元。工作中，强化制度准备，抽调鼓楼、白下、江宁、浦口、栖霞 5 个基层局人员组成封闭小组，完成《股权转让个人所得税管理办法》和《自然人股权转让核定办法》以及相应的流程、文书的制定工作；通过召开基层局税政科长座谈会征求意见，在鼓楼局、栖霞局、江宁局、浦口局 4 个基层局先行先试，并组织编写股权转让个人所得税案例库。 （阮春芳）

12 万元以上个人自行纳税申报 128304 人 2013 年，市地税局加强年所得 12 万元以上个人自行纳税申报管理，制定工作方案，强化工作统筹；实施绩效考核，强化任务落实；及时督察指导，强化过程监控；加强数据核查，强化信息支撑。截至 3 月 31 日，共受理 2012 年度年所得 12 万元以上自行纳税申报 128304 人，比 2011 年同期增加 2.3 万人，同比增加 21.8%，完成省地税局下达工作目标的 121%，超额完成 2.2 万人。纳税人申报年所得总额达 424.9 亿元，同比减少 33.7 亿元；应纳个人所得税 60.44 亿元，同比增加 3.9 亿元；补缴税款

1700万元,与2011年基本持平;人均申报年所得33万,同比减少10万元;年所得12万元个人缴纳的税款占个税总收入的比重达62%, 同比增加8个百分点。从申报情况来看,工薪所得依然是12万元申报主体,申报人次超过10万人次,占申报总人次的82%;从国籍来看,中国公民有12万人,占申报总人数的97%;从行业来看,商务服务、制造、批发零售、信息服务、其他服务等5个行业的申报人数超过1万人,5个行业的申报人数之和占申报总人数的72%。 (张健)

开具个人所得税完税证明231万份 2013年,市地税局通过与市邮政局合作, 一次性向全市202万名纳税人寄送2012年度完税证明231万份。过程中,事先对涉及投递的5万多户企业进行地址、邮编梳理;对投递人数超过500人的276户企业,安排基层局上门服务, 提前获取职工分部门的名称、地址、邮编、工号,确保在投递过程中能够投递到位;梳理打印明细,将垃圾数据事先予以剔除;做好对高校服务, 对因财政分割制度而导致高校分开明细申报的,进行手工数据合并,确保高校的职工收到完整完税证明; 为企业和纳税人提供个性化服务, 向媒体发出通告, 对于有无需完税证明、需要改变投递地址、需要提供职工明细等个性化需求的企业或纳税人提供服务, 取得了良好的社会和经济效益。 (张健)

自然人数据库信息系统在全省推广 2013年,市地税局积极承担省地税局自然人数据库信息系统的开发工作,得到省地税局高度肯定。选派多名业务骨干参加自然人数据库业务需求的起草、讨论、修改、评审工作,承担90%以上工作量;对省地税局自然人数据信息系统的开发的过程进行跟踪和指导;对程序进行测试、试点、验证及推广工作,承担70%以上工作量。截止到2013年年底,自然人数据库信息系统在全省推广,该系统能够自动收集、整理全省2800多万名纳税人的基础信息、收入及纳税信息、投资及任职信息、认定及优惠信息、违法违章信息和财产信息, 并为每个自然人建立纳税档案,实现对年所得12万名个人、外籍个人、投资者个人等重点人群的全程监控和管理, 对国家级自然人数据库建设进行前期探索, 为国家制定综合和分类相结合的个人所得税制度提供分析基础。(张健)

承担国家税务总局金税三期相关工作获表彰 2013年,市地税局代表省地税局负责国家税务总局税务标准体系江苏分基地的具体工作, 先后组织、参与完成“外籍个人编码规则设计”“社会保险费征收代码规则设计”“数据元抽查验证测试”“票证类代码修订”等多项工作,得到国家税务总局肯定。国家税务总局在《关于表彰税务行业标准化工作先进单位及个人的通知》中,对市地税局给予单位表彰,对参与工作的郭智华、张健2人给予个人表彰。这也是市地税局自2009年参加国家税务总局金税三期项目工作以来, 连续第五年获得总局表彰。 (张健)

参加全省国际税收管理软件建设 2013年, 市地税局选派国际税收业务骨干参加省地税局国际税收管理软件建设,通过组建业务需求编写小组,召开研讨会、论证会等多种形式,对非居民、对外支付及中国税收居民身份证明和反避税等国际税收管理软件进行建设、升级完善及测试,有效提升江苏省地税系统国际税收信息化管理水平, 为国际税收管理软件正式上线做出贡献。省地税局对参加国际税收管理软件建设的林大蓼、孙辉2人给予个人表扬。 (林大蓼)

南京市单笔最大非居民企业所得税入库 2013年,市地税局在一起股权转让案例中,追缴非居民企业税款8735.01万元, 并依法追究扣缴义务人的法律责任, 该笔税款是市地税局成立以来单笔最大金额非居民企业所得税入库。过程中,市地税局积极与市工商等第三方加强工商股权变更等信息交换,拓宽跨境税源信息收集渠道;组成专案小组,多次约谈及上门核查,做好非居民税收政策宣传和纳税辅导,经过反复磋商,在境内企业的协助下成功追缴入库股权转让企业所得税8682.33万元,印花税52.68万元。 (林大蓼)

江苏省首例境内个人转让境外股权适用协定案例税款入库 2013年, 市地税局在一起境内个人转让境外股权案例中积极作为, 在掌握我国税法的基础上对缔约国对方法律以及与缔约国签订的税收协定进行深入研究。针对境内公司向境外支付股权转让款的不予征税申请进行调查分析，发现行为实质为境内个人将其持有境外公司股份转让给境内公司。根据两国税收协定，该境外财产并非全部或主要由位于境外的不动产构成，因此，中国享有对境内个人转让所得的征税权，最终补征个人所得税 817044 元人民币，该笔税款为江苏省首例境内个人转让境外股权适用协定案例税款入库，维护了国家的税收主权。 （林大蓼）

（责任编辑：唐棣）

财产行为税管理

概 述 2013 年，市地税局坚持税源管理、税政管理、税种征管三位一体的工作方针，从支持发展、规范管理、促进改革、创新服务等各方面抓好工作，以组织收入为中心，发挥税政职能作用，确保各项任务圆满完成。全年累计组织入库财产行为税“九税一费”收入 251.77 亿元，比上年同期增收 34.52 亿元，同比增长 15.89%。加强土地增值税预征和清算，建立土地增值税清算扣除办法，预征土地增值税 36.42 亿元，同比增长 50%；清算补征税款 25.98 亿元，同比增长 23.07%。强化房产税、土地使用税日常风险管理，通过风险监控平台推送疑点户数 4559 户，补缴税款 10932.36 万元。开展城市维护建设税信息比对，加强免抵退核查，补交税款 12788 万元。贯彻执行省地税局 2 号公告精神，及时对房地产企业印花税核定征收进行政策调整；落实优惠政策，为纳税人办理印花税政策减免；规范印花税委托代征管理，征收印花税 9.8 亿元，同比增长 16.81%。进一步规范车船税管理，与公安建立车船税后续核查机制。完善存量房交易价格评估系统，开发二期商业类房地产自动评估。启动南京市原试点区域房地产模拟评税工作。做好耕地占用税、契税（以下简称“两税”）大集中上线准备，由江宁局、六合局、溧水局提前试点，做好“两税”纳入大集中系统的政策指导和程序保障工作，确保“两税”征管模块纳入大集中系统工作在南京市顺利推开。 （严志敏）

财产行为税“九税”首次突破 200 亿元 2013 年，市地税局征收财产行为税 223.73 亿元，比上年 191.26 亿元增收 32.47 亿元，同比增长 16.98%，超过全市税收增长率 11.92%近 5 个百分点。印花税、土地增值税、车船税、契税增长幅度超过平均增长率，其中土地增值税增长幅度增加超过 40%。市地税局采取一系列征管措施推进财产行为税税收征管，针对房产税、土地使用税的特点和薄弱环节，从机制上堵塞征管漏洞；规范印花税委托代征管理；加强与外部门合作完善车船税征收办法；开展城市维护建设税信息比对；加强土地增值税清算，有力促进了财产行为税收入突破性增长，全年财产行为税收入总额占全市税收收入总额比重达 35.39%。 （朱国生）

土地增值税跃升为南京地方税收第四大税种 2013 年，市地税局征收土地增值税 63.7 亿元，比上年 45.39 亿元增长 18.31 亿元，同比增幅 40.34%。其中，受房地产开发行业平稳发展、预征率上调等影响，土地增值税预征 36.42 亿元，比上年增长 50%。加强土地增值税清算，全年清算 94 个房地产项目，促进清算税款增长；加强旧房交易评估价格扣除管理，提高旧房交易征管质量；加强核定征收管理，控制旧房转让和房地产项目新商品房转让核定征收面，严格核定征收率测算，统一规范政策执行，提高清算质量。全年清算土地增值税 26.98 亿元，比上年增长 27.81%，土地增值税税收收入跃升为继营业税、个人所得税、城市维护建设税后的第四大税种。 （朱国生）

房地产模拟评税重启 2013 年，市地税局在国家税务总局部署下，开展上年度全市经营性房地产模拟评税重启工作。在广泛采集相关经济部门数据的基础上，邀请具有一级评估资质的评估机构参与数据加工、评税分区、估价模型建设等工作，对原参与试点的鼓楼、江宁、高淳区 2676 家企业开展数据采集培训；利用自行开发的房地产评估系统对采集数据进行数理统计，对房地产税改革的税基和税负情况组织了多轮次测算，评估土地面积 5988.33 万平方米，房产建筑面积 2141.22 万平方米，评估房地产总值 1362.02 亿元，为全国房地产税改革推进提供参考价值。 （张海霞）

房产税、城镇土地使用税风险管理 2013年,市地税局进一步整合优化房产税、土地使用税风险指标,对管理中存在的高风险事项,推送稽查组织行业专项检查或采取税务专案稽查等措施消除风险;对于中低风险事项,采取专项评估、日常评估或推送纳税服务部门采取服务提醒等措施消除风险,逐步实现风险常态化管理,最大限度防范执法风险。5月在全省财产行为税风险模型交流会议上作了交流演示。全年通过风险监控平台向各基层局推送房产税、土地使用税两税风险疑点户数4559户,补缴税款总额10932.36万元。(严志敏)

完善车船税管理 2013年,市地税局规范保险公司车船税代扣代缴管理,对保险公司进行抽查,畅通与保险公司沟通,确保严格按照税法及其实施条例规定的权限和程序做好车船税征管。根据挂车不需缴纳交通强制险的规定,及时调整挂车的征收方法,保证税款及时入库。实施船舶委托代征,10月起对南京市长江以及内河的船舶车船税全部委托南京地方海事局代征,实现船舶车船税源泉控管。与公安建立车船税后续核查机制,根据《中华人民共和国车船税法》及公安部《机动车登记规定》,与南京市车辆管理所联系沟通并达成共识,由南京市车辆管理所在新车上牌、车辆年检、车辆转让等环节加强车辆纳税情况的检查,对没有按规定缴纳车船税的车主必须补缴税款后才能进行车辆年检,形成由保险公司代扣代缴、车辆管理所实施后序核查的闭合式管理机制。全年共征收车船税5.08亿元,同比增长21.31%。 (李丹)

城市维护建设税收入首次超过60亿元 2013年,市地税局加强城市维护建设税(以下简称城建税)管理,开展城建税信息比对,通过整合第三方国税局数据,根据增值税、营业税、消费税三税入库税额确定与教育费附加风险疑点,向各基层地税分局推送城建税差异风险疑点户数1592户。经过各局比对、核查,补缴税款总额12788万元。2013年,全年共征收城建税64.85亿元,同比增长8.44%。

(李丹)

(责任编辑:唐棣)

社会保险费、基金费管理

概 述 以“税费并重、税费同管”为工作原则,认真履行征收职能,围绕制度落实,规范基金费征缴工作,积极推进制度化、规范化、信息化建设,深入推进税费基金征管一体化。2013年,市地税局组织入库社保费334.58亿元,同比增幅15.07%;入库各项基金费24.28亿元,同比增幅14.16%。结合省地税局社保费软件升级改造上线,加强对欠费单位的动态跟踪管理,对发生变化的缴费单位及时进行分类变更,根据企业实际情况实施催缴措施;以市地税局税收业务规程修订工作为契机,重新编写社保费工作规程,进一步明确机关处室、基层局岗位设置、工作职责,规范社保费工作各环节流程,形成征收、管理、稽查各司其职,共同配合的工作机制。针对南京社保管理中心现行的业务处理模式,因地制宜,确定目前南京三方联网方式为专线数据传输准实时交换方式。实施社保费、基金费同城通办工作,将社保费、基金费核算纳入各局税收待报解账户统一管理,实施社保费、基金费核算电子化,缴费人可就近在各基层局征收大厅现金缴纳社保费、基金费,提高社保费、基金费征缴效率,方便缴费人。做好省地税局残疾人就业保障金信息交互平台应用,按照残联部门传递的残疾人就业保障金应征数据开展征缴工作,做好与市残联的沟通协调,加强年审核定、数据传递等工作的衔接,确保信息交互平台上线对缴费单位造成的影响降到最低。 (宋昕)

征收社会保险费334.58亿元 市地税局坚持依法治费,落实社会保险费(以下简称社保费)分类管理制度,将缴费单位分为有缴费能力、有部分缴费能力和无缴费能力三类,加强对欠费单位的动态跟踪管理,加大催缴力度,实施社会保险费三方联网和核算电子化,推进社会保险费同城通办,提高社会保险费征缴效率,推进规范化、制度化、信息化一体化建设。2013年度,组织入库社会保险费334.58亿元,当期征缴率达98.76%,比2012年同期净增43.82亿元,同比增幅15.07%,其中,清欠社保费1.15亿元,清欠率34.43%。 (陈珊艺)

征收基金费 24.28 亿元 立足于服务民生、税费同管，认真履行征收职能，开展基金费征缴工作。突出重点费种征缴管理，通过强化宣传、加强协调、任务分解、跟踪指导、做好服务等举措，确保基金费收入稳步增长。全年共征收各项基金费 24.28 亿元，同比增长 3.01 亿元，同比增幅 14.16%，有力支持南京地方经济发展。 （宋昕）

贯彻落实省地税局《社会保险费征缴管理办法》 组织召开专题会议，集中学习培训省地税局征缴办法，将社会保险费征缴率纳入考核指标。结合工作实际提出具体贯彻意见，对社会保险费滞纳金加收、欠费管理、数据交换等提出具体工作要求。修订社会保险费工作规程，进一步明确机关处室、基层局岗位设置、工作职责，规范社会保险费工作各环节流程，形成征收、管理、稽查各司其职、共同配合的工作机制。落实社会保险费分类管理制度，对缴费单位进行分类，对 55657 户缴费单位逐户进行分类认定。加强对欠费单位的动态跟踪管理，对发生变化的缴费单位及时进行分类变更，根据企业实际情况实施催缴措施。 （陈珊艺）

实施社会保险费、基金费同城通办 市地税局全面实施社会保险费、基金费同城通办，将门临征收社会保险费、基金费核算纳入各基层局税收待报解账户统一管理，实现社保费、基金费核算电子化；梳理同城通办相关业务规程和工作事项，编写开发相关业务需求；开展全系统相关业务和操作流程培训，明确工作要求，全面推开同城通办业务工作，缴费人可就近在各基层局征收大厅现金缴纳社保费、基金费，真正做到方便缴费人，进一步提高社保费、基金费征缴效率。 （陈珊艺）

应用残疾人就业保障金信息交互平台 市地税局制定实施方案，明确工作职责，确定信息交互平台上线各时间节点工作内容、完成时限及责任部门；做好信息交互平台上线的前期测试及相关准备工作；开展信息交互平台上线培训会，培训内容包括信息交互平台上线后征缴业务流程、信息交互平台功能演示等；编写《关于 2013 年度征缴残疾人就业保障金有关事项的通知》《残疾人就业保障金网上申报操作指南》，为缴费单位做好指导和服务工作；积极做好与残联部门的沟通协调，加强年审核定、数据传递等工作的衔接，确保平台上线对缴费单位造成的影响降到最低。2013 年，征收残疾人就业保障金 1.82 亿元，同比增长 2371 万元，同比增幅 14.98%。 （宋昕）

（责任编辑：唐棣）

征 收 管 理

概 述 2013年,市地税局坚持以提高税法遵从度和降低税收流失率为目标,继续深化税收征管改革,优化税源分级分类管理,推进发票综合改革,积极推动征管转型,全面提高税收征管的质量和效率。一是调优征管机制。落实国家税务总局、省地税局征管改革要求,制定进一步深化征管改革意见,明确改革内容,组织实施深化征管改革工作,完成直属一局管辖范围优化调整,对城郊区地税局基层税务所的行业税收管辖和三区两县地税局重点税源管理分局管辖税户进行适应性调整。组织完成16家基层地税局税户和税源管理岗位的信息系统调整切换工作,新体制于2013年4月1日正式运行。针对省地税局《关于进一步深化税收征管改革若干问题的意见》(以下简称省地税局1号文),制定下发贯彻落实省地税局1号文的实施意见,对9个方面的征管业务工作予以明确。根据市政府关于新一轮行政区划调整的总体意见,成立机构职能和区划调整税收业务信息化工作封闭作业组,对信息系统进行切换,新机构于2013年8月5日正式对外运行。对机构岗位设置及岗位职责等税收业务新规程进行全面修订,修订后的制度规程共含28类业务事项、147项具体业务流程。二是创新分类分级管理方法。深化大企业管理,将108户城郊区国家税务总局和省地税局定点联系企业成员单位纳入重点税源局管辖,编写完成重点税源税务审计制度规程并在大企业中试点实施,全年审计完成135户,入库税款10444万元。以房地产、餐饮、旅游、娱乐4个行业为切入点,编写完成税收征管预警平台业务需求,聘请专家团队建立原型系统,在对业务需求进行多轮次论证的基础上,探索推进税收征管预警(流失率)管理。系统推进小型企业警戒线管理,开发建设警戒线管理信息平台二期并在全市推广使用,全年全市警戒线推广面达到99.56%。加强个体及零散税源的社会化委托代征管理,组织开展个体定额典型调查,制定定额标准,按新标准做好定额调整,调整增加税款2000万元。将全市个体工商户按税源规模和纳税特点分为A/B/C/D四类,试点并推广分类管理。分批上线大集中个体委托代征系统,实现个体代征程序和数据的省级集中。三是推进发票综合改革。加大网络开具发票推广力度,全市企业户发票信息化率达到99.74%。全面推广网络税控机和手持式网络税控机,将原有国标税控机全部转换为网络税控机。推广使用手机查询发票真伪功能,督促纳税人及时上传开票数据,确保查询库数据完整。在试点基础上推广使用无号发票。全面取消发票工本费,全年免征发票工本费1834万元。开发完成并推广使用发票监控管理平台,为基层单位做好应用培训。选择劳务中介、房地产中介和律师中介行业作为切入点,编写完成十个发票类风险指标,加强发票风险管控。实施网开发票限额跟踪管理,确定网开发票单票限额、月限额和年限额的开票标准,在全市开展限额清理工作。开展劳务公司发票专项治理,通过风险任务推送核查,补缴税款109.2万元,罚款68.79万元,建立劳务公司发票风险模型,提供风险应对的参考依据。四是提高信息化效能。强化软件项目管理,全年立项信息化软件项目25个,2013年完成21个。推进项目平台管理,加强项目过程控制,协调解决开发问题。优化推广应用机制,实现应用软件开发的集约化管理。优化信息化运维保障管理,按项目化管理模式推进运维工作,保障税收征管改革等重点工作的平稳推进。优化数据回流方式,上线运行数据回流管理软件。创新开展互动式培训,提升一线干部的信息化运用水平。五是提升征管质量和效率。加强税户管理,按照市政府有关意见,组织两个轮次的逐户核实,完成31户市本级下放户和71户存量异地征管户调整工作,涉及2012年税款7.4亿元。制定新增跨区变更户管理意见,将异地征管户调整纳入日常管理。在和市国税局协商一致的基础上,对1.1万户非正常纳税人进行税务登记失效联合公告,并制定相应措施进行清理。深入推进征管质量监控分析,完成税源与征管状况监控指标优化和税源监控平台二期改造工作，制定发布《税源与征管状况监控分析评价管理办法（暂行）》。加强申报管理，全年准期申报率99.77%，准期入库率99.52%，滞纳金加收率100%。加大欠税清理力度，全年陈欠清理率18.72%，新欠发生率0.005%。推行简并征期，对全市36392户纳税人部分地方税费实行按季申报。巩固市政府综合治税平台成果，修改完善2013年综合治税数据需求，根据旅店业风险管理的应用情况，协调市公安局、财政局解决旅店入住数据存在的问题。完成纳税人基础信息推送确认工作，全年推送正常户169031户，确认率达97.48%。加大国地税联合征管力度，建设推广国地税联合征管信息平台。（梁晓玲）

贯彻落实省地税局1号文件 以封闭作业方式，组成14人工作组，结合区划调整和省地税局1号文要求，研究制定贯彻省地税局1号文建议方案。一是拟定《关于贯彻落实省局1号文的工作意见》，从工作职能、制度机制、工作要求等三个方面提出具体贯彻建议。二是拟定《关于部分处室及基层单位职能调整的建议》，涉及五个部门职能调整。三是拟定《关于办税服务厅集中管理的方案设想》，提出两种方案设想。四是拟定《关于调整市契税管理机构设置的方案设想》，提出三种方案设想。五是拟定《关于税收档案管理机制实施方案设想》，提出两种方案设想。六是拟定《关于机构设置和职能调整的建议》，对税源管理机构设置提出两种方案设想。（肖湘）

对接区划调整 根据市政府新一轮行政区划调整安排，市地税局实施新一轮组织架构调整，于2013年6月，启动征管和信息化管理调整工作。成立机构职能和区划调整税收业务信息化工作封闭作业组，制定机构职能和区划调整征管业务和信息化工作计划安排，拟定区划调整业务资料交接事项及工作要求等共计1.7万字。组织有关单位处理断头业务1899件，编写信息系统调整规则130余项，调整生产数据约200万条。在系统切换窗口期间，组织200余人加班完成包括18类460件系统配置和验证业务的处理以及19类91件预留业务的处理。2013年8月5日，完成各项工作任务和既定目标，新机构正式对外运行。（张恒）

修订发布税收业务新规程 落实省地税局深化征管改革精神及相关制度文件要求，根据市地税局机构职能和区划调整总体推进工作安排，组织力量对现有操作型税收业务规程进行梳理修订，完成《江苏省南京地方税务局税收业务新规程（2013年9月试行稿）》的编写（以下简称《规程》）。《规程》以宁地税征便函〔2013〕18号处函形式印发，自2013年10月1日起正式执行。《规程》分三部分：第一部分为正文，第二部分为表证单书，第三部分为岗位事项索引表。以操作事项为单元，以流程节点为中心，即按照业务的事项走向划分节点，同时对每个流程节点明确操作权限、操作事项、操作时限、资料管理及风险点。（肖湘）

探索推行大企业税务审计 创新大企业税收管理方法，在全市大企业中探索试点实施税务审计，采取案头审核分析与现场审计相结合的工作方式，通过税务机关与大企业之间的双向工作互动，来实现税务机关对大企业的纳税义务履行动态情况的全面了解。1月，抽调直属一局、玄武局、建邺局和江宁局4家基层税务局9名业务骨干，封闭作业完成大企业税务审计制度规程编写，形成《大企业税务审计工作解读》《大企业税务审计工作意见》《大企业税务审计业务操作规程》等制度规程初稿，在征求基层局意见后形成试行稿，于3月11日正式下发全市执行。全年各局共完成税务审计135户，审计入库税款10444万元。（肖湘）

推进小型企业警戒线管理 为全面实施税源分类管理，针对小型单位纳税人税源征管特点，市地税局逐步建立起以税收警戒线预警管理为基础的小型税源税收征管方式。通过对符合一定条件的中小型单位纳税人全面、科学落实税收警戒线管理，以达到堵漏增收、公平税负、提升征管质效的目标。为实现上述目标，市地税局建立起适应中小型单位纳税人管理的专门管理制度，开发专门的信息化平台，建立起适应中小型单位纳税人管理特点的风险管理应对机制，并实施风险管理。2013年，市地税局税收警戒线推广面达到99.56%；对253户较高风险疑点户实施风险管理，查补税款88.12万元，风险应对有效性达到70%。（张恒）

实施个体纳税人分类管理 落实深化税源分类管理要求，对全市个体工商户税源全面实施分类管理。市地税局制定《个体工商户分类管理工作意见(试行)》,将全市个体工商户按照税源规模和纳税特点分为A、B、C、D四类。对于个体工商户A类纳税人,由于规模较大、从业人数较多、经营行为较为复杂,突破原有的个体税源简单化管理模式,采用企业化管理模式,实施查账征收。全市首批将274户个体纳税人纳入A类纳税人管理，通过实行个体分类管理,个体年纳税额共计增加3100万元。对于B、C、D个体纳税人,在做好定期定额和国地税联合征管的基础上,根据分类特点,具体实施分类管理措施,做好税源征管。 (张恒)

推进征管质量监控分析 一是结合重点工作、专项工作和省地税局“三个一流”指标,完成税源与征管状况监控指标的开发建设和优化完善工作,新增指标40个。全年在征管状况监控平台中部署省级指标38个、市级指标67个。二是完成税源监控平台的二期的优化改造功能需求的编写，共梳理出18个优化完善的功能点和6个新增功能,已完成开发、测试工作,报省地税局确认后发布上线。三是制定《税源与征管状况监控分析评价管理办法(暂行)》,经市地税局税源与征管状况领导小组审议后,已发布施行。四是按季发布征管状况的评价分析报告，定期召开税源与征管状况领导小组例会和各局征管科长的征管状况分析例会，强化考核,提升征管质效。 (李清彬)

将异地征管户调整纳入常态管理 按照市政府有关意见，组织对市本级下放户和存量异地征管户逐户进行梳理核实。经过核实,完成31户市本级下放户和71户存量异地征管户调整工作，涉及2012年税款7.4亿元。对各区县上报市财政新增的175户异地征管户,组织力量进行逐户核查,对核实后无争议的47户进行调整，涉及2012年地税税款1.6亿元。对核实后有争议的68户,组成7个专门工作组现场核实，根据市政府的明确意见对13户进行调整，涉及2012年地税税款4.8亿元。同时,制定新增跨区变更户管理意见,从操作规程、涉及岗位、办理时限、工作要求、考核标准等方面明确具体要求，将异地征管户的调整纳入日常管理,全年调整税户2900余户。 (张恒)

与市国税局共同开展税务登记证件失效联合公告 加大对非正常户违法行为的公告力度，市地税局制定《关于加强非正常户分类管理的意见》,对非正常户进行分类管理,针对不同类型,分别制定相应的措施进行分类处置。2013年11月,经过与市国税局协商一致,两局通过《江苏经济报》对认定非正常户状态满3个月的8375户非正常纳税人进行税务登记失效联合公告工作。同时市地税局还对2359户地税单管非正常纳税人进行税务登记失效公告工作。自公告之日起,非正常户纳税人的税收登记证件被宣布为失效。对于公告后再次发现的非正常户,税务机关将依据规定进行处理,并恢复为正常户,从而规范税收秩序,打击税收违法行为。 (张恒)

首次开展纳税人基础信息推送确认工作 为更好地明晰征纳双方权利义务，建立促进税法遵从的征管制度，根据省地税局要求，市地税局从7月15日起(涉及区划合并的新秦淮、新鼓楼所辖税户从8月10日起)，在全市实施纳税人基础信息推送确认工作。通过成立专门工作组,利用外部网站、涉税信息月报、办税服务厅、电视台等多种平台广泛对纳税人开展宣传,发送提醒短信40余万条。开发相关统计分析程序,按天分布推送确认情况,查找分析问题。全年,共推送信息169031户(剔除推送期间注销等非正常户2344户)，其中,164769户正常户完成确认工作,正常户纳税人信息确认率97.48%,高于全省地税系统93.95%的平均水平。 (徐建国)

全面免征发票工本费 根据财政部、国家发展改革委《关于公布取消和免征部分行政事业性收费的通知》要求,市地税局继2012年1月1日对小型和微型企业免征税务发票工本费后,自2013年1月1日起，对在办税服务厅领购发票的所有纳税人免征税务发票工本费。为不折不扣落实免征发票工本费惠民政策并方便纳税人，节约纳税人的办税时间，市地税局统一在征管信息系统中根据纳税人的电子信息资料，对所有符合条件的纳税人做了免征发票工本费的标识，并在发票领购手册上加盖“免征发票工本费”章戳,确保纳税人无一遗漏、方便地享受到该优惠政策。已做认定标识的纳税人可直接免费领购发票，不再提供发票工本费收据。全年全市近3.6万户纳税人享受到该项税收优惠,占全市领购发票户的98%,全年全市免收普通发票工本费1834万元。（梁晓玲）

全面推广网络税控收款机 为进一步提升发票信息化开具水平,根据省地税局总体布置和要求,市地税局在全市范围内全面推广使用网络税控收款机。对于原有的国标税控收款机,由税务机关负责协调中标的税控服务商通过主板升级的方式免费上门将其升级为网络税控收款机。同时,为满足零星、上门收费等特殊行业纳税人的开票需求,提升应用效能，适时推出可以移动开票的手持式网络税控收款机。在工作开展中,市地税局积极配合省地税局和中标企业做好网络税控收款机的运维服务工作,认真落实网络税控收款机购机抵税政策,对无税的企业提供购机补贴，减轻纳税人购机成本。全年推广网络税控收款机逾8000台,实现国标税控机的100%转换;推广手持式网络税控收款机近千台,全年发放税控补贴200万元。

（李静静）

推广使用手机查询发票真伪功能 针对省地税局外网手机客户端查验发票真伪功能的扩展，市地税局积极推广使用这一功能，降低发票查验的操作难度,提高纳税人和消费者查验发票的积极性。市地税局采用各种手段广泛对纳税人和社会公众进行宣传,主要涉及手机发票查验系统特点、使用方法、查验范围等相关信息,积极引导纳税人和消费者多渠道开展发票查验,维护自身权益,同时也规范发票开具单位的发票使用,打击虚开、开具假发票等违法、违规行为。此外,通过对后台数据的整理利用，掌握仍未按要求将发票数据传入省地税局大集中系统的外部开票单位情况，采取措施督促上传发票数据不规范的用票单位及时上传数据,确保发票数据集中上传,方便发票查验。

（徐楹弢）

试点使用无号发票 根据省地税局发票综合改革的总体布置和票号改革的工作要求，市地税局深入推进发票管理综合改革，在全市税务机关代开票业务中全面使用无号票，同时在各区选择5户纳税人试点应用无号票，提高发票管理信息化水平。使用无号发票后,发票代码和发票号码不再印刷在纸质发票上，其他的纸质发票样式、适用范围、防伪措施保持不变。税务机关直接通过税收征管系统向纳税人进行票号资源的网上分配，纳税人调用税务机关分配的票号即可开具网络发票，发票代码和号码在发票开具时直接打印在发票上，同时适当放宽纸质发票用量。无号发票的使用，标志着发票管理向电子发票的目标又迈进了一步。

（李静静）

开发并推广使用发票监控平台 市地税局在全面调研全市发票管理工作情况以及全方位征求各局意见和建议后，组织业务骨干编写发票监控平台需求。需求涵盖发票管理的全过程和全领域,以掌握发票管理全局动态和提高发票管理风险预警为目标。功能上,既有一户式模块针对单户单点的发票监控，也有汇总统计和风险监控等全局性统计分析监控模块对全市发票整体情况做由面到点、点面结合的全方位掌控。在经过数轮测试和培训后，平台于2013年10月正式推广上线并平稳运行。该平台弥补全省大集中系统发票相关查询模块的不足，对实际工作中需要关注的发票热点问题做专题性功能开发，在平台中增加行业与区域的多维度交叉分析比对功能。（徐楹弢）

实施网开发票限额跟踪管理 为加强对网开发票电子信息的管理,规范纳税人开票操作,减少在发票限额设置工作中的随意性，市地税局开展网开发票限额跟踪管理工作。一是规定网开发票(税控网开发票)单票限额、月限额和年限额的一般设置标准。二是明确对于特殊情况下需要超标准设定开票限额的审批权限及审批流程，将网开发票限额管理工作加入业务规程进行制式化管理。三是对全市发票开票限额设置情况进行全面核查,根据标准重新认定，明确网开发票限额变动的审批及台账设立要求，将网开发票限额设定的合理性纳入税源与征管监控考核指标。四是持续跟踪网开发票限额管理工作中存在的问题，向省地税局提出税收征管操作系统有关发票限额设置权限的

修改建议。（李静静）

开展劳务公司发票专项治理 为规范中介行业尤其是各类劳动服务公司(劳务公司)、人力资源公司的税收管理,市地税局从发票入手,对全市范围内的劳动服务公司(劳务公司)、人力资源公司开展发票专项治理工作。一是分批推送风险应对。对于开票量异常大、税赋率异常低、开票额与营业额比对异常小、发票开具限额异常高的税户,第一批进行重点推送,实施重点核查。对其他税户在第二批进行风险推送,明确核查的原则、重点和要求。二是分层实施逐户核查。对纳税人从资格到业务真实性再到纳税情况进行层层核查。重点审核纳税人是否符合劳务、人力资源公司条件;业务真实性核查要求纳税人提供签订的中介与用工合同、社保费缴款证明、法人身份证明、银行明细账等相关资料并进行核对;开票纳税情况核查集中对纳税人近两年发票开具和纳税情况根据其经营范围、经营规模、会计核算方法进行核查。三是分别情况分类处理。对核查无问题户,进一步明确发票开具要求,加强日常管理;对核查有问题户,责令限期整改,问题严重的,转稽查处理;对不符合差额完税的纳税人追缴其应缴未缴的地方各税并加收滞纳金,对于不配合核查以及拒绝缴纳应缴未缴地方各税的纳税人移交检查并予处罚;对无法联系的纳税人,转公安等外部门开展协查。通过治理,补缴税款1091998.1元,入库罚款687927.41元。（梁晓玲）

推行简并征期管理 为进一步减轻纳税负担,优化纳税服务,促进小微企业的健康发展,根据《中华人民共和国税收征收管理法》等有关法律、法规的规定,自2013年10月1日起,对全市经市国税局认定为增值税小规模且地税征管方式为纯增值税户的纳税人(不包括个体工商户)随同增值税征收的城市维护建设税、教育费附加、地方教育附加实行按季申报。经过对市国税局定期传递信息数据的整理、加工、比对、确认,及时对纳税鉴定进行统一批量维护。全年全市3.6万户符合条件的纳税人实现由原来的按月申报城市维护建设税、教育费附加、地方教育附加到按季申报的转换,减少纳税人的申报次数。（张宁泉）

探索税收征管预警(流失率)管理 为探索出一条能识别征管漏洞、遵从预警分析风险的新途径,正确估算税收流失率,市地税局组织开发并上线运行税收征管预警(流失率)管理信息平台。该平台通过采集各项经济、货币数据,选取全国及15个与南京同等规模的城市,运用现金需求法,测算出税收流失率,平台以房地产、餐饮、旅游、娱乐、房地产中介、劳务派遣六个行业为切入点,剖析行业规律,大量采集内外部数据,精选各类行业指标,设计行业预警分析模型,分区域分行业实现税收征管遵从度预警,提供行业征管指引,为下一步制定行业征管措施,实施更具针对性的行业管理提供信息化支撑。（李清彬）

开发并推广使用国地税联合征管平台 根据市国税局、市地税局协商意见,由市地税牵头招标并开发国地税联合征管平台,市国税局配合推进。国地税联合征管平台总体分为三大部分:一是国地税税务登记联办系统;二是国地税联合委托代征系统;三是国地税税收征管信息交换系统。经过测试和试点运行后,国地税联合征管平台于2013年10月起在全市各级地税部门和地税委托代征单位分批上线。经过优化,国地税联合征管平台已能够支撑包括国地税联办税务登记、个体税收代征和其他税收代征、国地税征管信息交换等业务。全年,市国税局、市地税局通过该平台联合办理税务登记超2000户,交换数据超100万条。（张恒）

（责任编辑:羊猛）

法　治　建　设

概　述　2013年,市地税局坚持以科学发展观为指导,紧紧围绕着全年工作主题,建立健全管理制度,加强税收法制建设,强化行政审批后续管理,提高重大案件审理效能,加大政策服务力度,依法行政水平和服务地方经济发展的能力得到提升。规范重大行政决策。根据省地税局考核的新要求,及时调整市地税局绩效考核点,会同有关部门共同研究制定《关于进一步明确重大行政决策有关事项的意见》。优化依法行政考核工作。总结经验,探索依法行政考核新途径,进一步优化依法行政考核的加分指标,提高指标的可操作性和合理性。继续做好依法行政示范单位创建工作。结合省地税局评审要求,拟定市局初审考评标准,确定推荐玄武局和浦口局进行申报创建。履行综合税政职责。全年牵头办理市委、市政府领导信箱、办公厅及政府各部门涉税征求意见稿的书面反馈38项,参加征求税收政策意见的会议37次,完成8项人大和政协提案。优化重大税务案件审理工作。进一步完善重大案件审理流程。进一步明确受理、审理、退审、处理决定等各个环节要求;尝试分级审理,即重大疑难案件审委会全委会审理,数额较大案件审委会简易程序审理,一般性案件审委会办公室审理。加快审委会办公室审理案件的频率。全年,市地税局审委会受理重大案件30件,审理涉案金额约3亿元。创新税务行政处罚管理手段。修改完善行政处罚管理电子流程,将关切度较高的非正常户解除处罚率和逾期申报处罚率纳入系统征管质量评价体系。定期通报行政处罚指标,对不达标的单位及时做好点对点沟通,帮助分析产生原因,共同研究解决办法。加强税务执法类案卷评查工作。采用基层单位推荐优秀案卷和随机抽查评查案卷方式,对21份优秀卷宗和62份抽查卷宗集中进行审查,将评审发现的问题进行点对点沟通,将评选出的优秀卷宗进行汇编推送给各基层单位学习交流。开发建设优惠政策库搜索系统。历时两年开发该系统,通过语义分析、自动标引、关联融合,按照行业、税种、年度、专题等多角度分类,强化专业垂直引擎搜索功能。建立“321企业”服务机制。做好国企退出房地产专项政策服务。积极探索事先裁定制度。积极开展事先裁定的理论研究。与东南大学法学院开展项目合作,对事先裁定的性质、效力等进行充分研究,并对美国、新加坡、澳大利亚、中国台湾等地区的事先裁定制度进行比较法的研究,形成专题调研报告。开展实践探索,明确纳税服务局、重点税源管理局以及雨花局作为创新项目的试点单位,对实践中可能存在的事先裁定个案进行收集分析。做好具体的制度设计。根据理论和实践研究结果,制定市地税局开展事先裁定的办法,明确事先裁定的事先范围、裁定机关、效力等内容,为实际推行事先裁定提供初步的框架设计。依法开展法律救济服务。做好处罚听证工作。受理行政处罚听证1起。做好行政复议工作。收到行政复议申请4起,2起案件当事人撤回复议申请,2起案件维持原具体行政行为。未发生行政复议被撤销、变更或败诉的情况。做好行政诉讼工作。收到行政诉讼起诉状2起,经与法院充分沟通,法院未予正式立案受理。积极预防和化解行政争议。为稽查局及部分基层单位及时提供法律服务,减少争议发生。在处理案件过程中,注意运用和解、调解等沟通协调方式,成功预防和化解行政争议10余起。

(朱玉梅)

获得“创业工作先进集体”称号　3月,市地税局荣获南京市创建创业型城市工作领导小组颁发的“创业工作先进集体”称号。近年来,市地税局认真落实市委“一加八”政策文件,整理归集36条相关地方税收配套政策,营造良好的科技人才创业环境。同时多项措施助推大学生创业,成立江苏省首个大学生创业园“纳税人之家”,定期上门宣传、开设讲座,帮助入园大学生了解税收政策,办理税收减免。市地税局将进一步创新服务措施,提高政策服务水平,为到南京创新创业人才提供一流的服务软环境。

(徐浩波)

浦口局和玄武局被授予省地税系统“依法行政示范单位”称号 省地税局对2013年度全省地税系统13家“依法行政示范单位”进行表彰,浦口局和玄武局经过系统机考、现场评估、外部调查、税收法律知识测试、日常税收管理质量抽查、结果公示等程序,分别被授予全职能县(区)局序列、税源管理分局序列“依法行政示范单位”称号。截至2013年,市地税局先后共有8家基层单位被评为全省地税系统依法行政示范单位,在全省地税系统位居首位。 (徐浩波)

推进税务行政审批改革 根据省地税局《行政审批改革后续管理办法》的规定,结合风险应对管理要求,梳理市地税局行政审批、备案管理事项,明确后续管理流程,进一步规范税务行政审批流程。出台《关于贯彻落实江苏省地方税务局税务行政审批改革后续管理办法的意见》,确定行政审批改革及后续管理过程中的各部门职责,对涉税审批、备案进行分类、分项后续监管,明确后续管理责任追究,强化税务行政审批改革后续管理工作。 (陈睿祺)

提升行政处罚管理水平 深入贯彻落实《江苏省地方税务局税务行政处罚实施办法》,为基层解决行政处罚中的实际问题,并与国税部门交流税务行政处罚的裁量适用。推进行政处罚管理的信息化,会同相关部门推进综合信息平台和征管指标监控平台行政处罚模块的开发应用。认真做好市、区(县)二级的重大行政处罚备案工作,强化行政处罚管理;以日常考核、执法督察等形式加大对各单位落实处罚法规制度情况的督察力度,提高一线执法人员工作能力。 (陈睿祺)

建立统一的综合税政工作平台 围绕综合税政工作新定位,积极探索工作新方法,全力构建综合税政新机制,着力打造统一的综合税政服务平台,建立综合税政联系制度,在对外部工作事项进行切分的基础上,加强处室联动,按照“对外不对内、统筹不越位”的原则,对一般性、紧急性、全局性工作分类处理,打造一体化的服务平台。在全省依法行政工作会议上,市地税局党组书记、局长柏鹏就市地税局综合税政工作开展情况作了交流发言。

(徐浩波)

税收优惠政策库搜索系统上线运行 市地税局历时两年,开发完成税收优惠政策库搜索系统,于2013年10月正式上线运行。该系统是专门对税收优惠政策进行全生命周期管理的公益网站,全面收集国、地税优惠政策文件,在对涉税条款结构化处理的基础上,对条款进行二次加工,通过语义分析、自动标引、关联融合,按照行业、税种、年度、专题等多角度分类,强化专业垂直引擎搜索功能。截至2013年12月31日,已收集整理近800个优惠政策文件,结构化处理1300多个条款,提取并整理6000个税收专业词条。为社会各界提供方便、快捷、准确、及时的涉税优惠政策及优惠政策落实情况查询。 (徐浩波)

开展“创业人才321计划”专项政策服务 加强与外国专家局配合,就“321人才引进计划”方面在资格申报、项目落地、涉税事项办理等方面建立信息共享机制,定期召开联席会议,交换数据。收集整理税收优惠政策24条,逐条附上相应办税流程,编印成册,通过市人才办、外专局和各基层单位的创业特别社区定点发放。召开科技创业家税收政策专题培训会。就市地税局服务南京市“321人才引进计划”作动员,对相关税收政策进行讲解和培训,并将南京市近年来认定的科技创业家逐一落实到各区县的责任人,要求在首问负责制、“一站式”服务制度、限期办结制方面进一步创新服务措施,畅通绿色通道,专人专岗服务,提高政策服务水平,为到南京创新创业人才提供一流的服务软环境。 (徐浩波)

与市国税局联合召开服务亚青、青奥税收政策协调会 为保障南京亚青会、青奥会的顺利召开,市地税局与市国税局联合召集相关业务处室和基层单位,召开税收政策协调会。市地税局和市国税局分别就优惠政策落实和“营改增”政策作了解释,并根据组委会提供的明细收入种类与适用的优惠政策进行逐条匹配。此次会议完善了税收协作服务机制,密切了赛事组委会、参与方的沟通联系,为配合两次体育盛会的顺利举办,促进南京市体育产业升级和结构优化提供了优质高效的税收环境。 (徐浩波)

探索开展税收事先裁定　市地税局与东南大学法学院开展项目合作，积极开展事先裁定的理论研究，通过对美国、新加坡、澳大利亚、中国台湾等地区的事先裁定制度进行比较法的研究，明确事先裁定的性质、效力等，形成专题调研报告。并结合市地税局的实际情况，制定市地税局推行事先裁定的制度框架，明确事先裁定的事项范围、裁定机关、效力等内容。同时，以纳税服务局、重点税源管理局、雨花台局作为试点单位，积极开展事先裁定的实践探索。（吴立亚）

重大税务案件审理　完善重大案件审理流程。进一步明确受理、审理、退审、处理决定等各个环节要求；尝试分级审理，即重大疑难案件审委会全委会审理、数额较大案件审委会简易程序审理、一般性案件审委会办公室审理。加快审委会办公室审理案件的频率。审委会办公室按月召开由市地税局各业务处室和稽查局具体经办人员参加的汇审，仔细分析案情，充分论证疑点问题，与具体稽查工作人员面对面沟通，加快审理节奏，提高审理质量。通过审理流程的改进，切实提高审理效率和审理质量。全年发生案件数731件，市地税局和全职能局两级重大税务案件审理委员会共审理重大案件63件，重大案件审理率为8.62%，审定金额约为8700万元，其中，市局重大税务案件审理委员会审理重大税务案件30件，审定金额约4600万元。（李晶）

纳税人权益救济　2013年，市地税局共受理行政处罚听证2起，充分听取当事人的陈述申辩，1起维持拟作出的处罚决定，1起案件经听证后，建议进一步补充相关证据。收到行政复议申请4起，2起案件当事人撤回复议申请，2起案件维持原具体行政行为。未发生行政复议被撤销、变更或败诉的情况。在处理案件过程中，注意运用和解、调解等沟通协调方式，成功预防和化解行政争议10余起。（吴立亚）

（责任编辑：于群）

计划会计统计管理

概　述 2013年，市地税局以组织收入为中心，强化统筹协调，锐意进取，致力于收入与财务管理两个方面，认真履行职能，在复杂的经济形势下，全年组织收入首次突破千亿元大关，为全省地方税收的稳定增长和全市地方经济的平稳发展做出应有的贡献。

注重部门协作，强化税源监控管理。加强内外协作，进一步提升税收专题分析质量。全年完成《透过税收看经济》内刊8期，其中，《上半年地方税收增长状况》和《企业所得税汇算清缴情况简析》得到市委、市政府领导的重要批示。邀请国家税务总局、省地税局、省统计局等专家授课，举办税收分析业务培训班，提升系统税收分析队伍专业水平。与市国税局共同完成质保系统优化和完善，实现市国税局与市地税局重点税源数据自动交换与共享。按季度发布重点税源监控企业报表数据分析和分析表，涉及分析表15张，各基层单位及时总结与改进，进一步发挥重点税源监控作用。开展重点税源风险预警模型和风险指标建设，并根据模型测算结果，将系统筛选出的30余户高风险企业，推送至相关单位。

夯实会统基础，强化税收基础管理。成功上线TIPS系统。由规划财务处牵头筹划，于11月18日实现TIPS系统成功上线。开展无纸化退税升级改造，进一步保障税款资金安全。完成年度减免税统计调查工作，全年共调查企业户16.06万户，基本摸清全市减免税的总量规模与特点。开展2013年度纳税人税收资料调查，全年共调查2084户，被调查企业实际缴纳营业税共计135.27亿元，占全市2012年度营业税入库总额的62%。

夯实财务基础，提升财务管理水平。加强预算管理。以制度为统领，不断完善预算管理体制，正式实施新的预算管理制度。全面推广使用预算监控软件，提高预算管理工作效率，降低差错率。启动预算监控平台的二期开发。在财政定额的基础上，对预算定额指标做部分调整，以促进实现指标定额管理的规范性与有效性。加强机关财务管理。市地税局机关率先纳入国库集中支付系统，进一步完善相应制度建设，下发《市地税局机关财务管理制度》和《财务开支管理规定》。规范财务行为。加强财务制度建设，年初下发了新的4项财务制度，并完成其他15项财务制度的修订工作。加强重大开支管理。积极参与重大开支项目的专题论证核实，及时与省地税局沟通，做好备案，确保项目实施的及时性与合法性。加强资金的使用管理与调度保障。定期与各单位沟通，及时争取经费与提交资金需求计划，合理安排下属单位资金用量，重点理顺培训学校基建拨款事项。加强财务互审力度。按照定期分组，集中会审的模式，按月对系统所有财务集中单位的行政经费进行审核。强化会计核算的过程监督。加强财务队伍建设。全年开展多种形式的财务培训活动，努力提高从业人员的业务素养与工作能力。（周益）

组织收入概况 2013年，市地税局共组织各项收入1019.1亿元，首次突破千亿元大关，同比增长12.87%。其中，税收收入632.19亿元，同比增长11.92%，剔除“营改增”基数29.5亿元影响，增幅为18.09%；社保费收入334.58亿元，同比增长15.07%；其他非税收入52.33亿元，同比增长10.74%。

各级次收入完成情况：省级税收完成36.38亿元，同比增长27.53%；市县级税收完成595.81亿元，同比增长11.09%，剔除“营改增”影响，增幅17.55%；市县级公共财政预算收入完成482.02亿元，同比增长10.24%，完成政府下达年度计划的101.69%，剔除“营改增”影响，增幅18.21%。

主要税种收入完成情况：营业税完成232.05亿元，同比增长6.13%；企业所得税完成60.71亿元，同比增长4.3%；个人所得税完成115.7亿元，同比增长19.58%；城建税完成64.85亿元，同比增长8.44%；房产税完成24.55亿元，同比增长7.43%；城镇土地使用税完成14.96亿元，同比下降7.76%；土地增值税完成63.7亿元，同比增长

40.34%；契税完成 38.38 亿元，同比增长 27.65%。其他非税收入完成情况：教育费附加完成 28.04 亿元，同比增长 7.91%，文化事业费完成 0.16 亿元，同比下降 84.5%；地方教育附加费完成 18.7 亿元，同比增长 23.15%；预算外基金完成 5.42 亿元，同比增长 8.07%。 (张震)

组织收入首次突破千亿元大关 2013 年，市地税局严格执行组织收入原则，优化收入管理机制，深化税收分析职能，加强重点税源监控，加大征、管、查等环节工作力度，不断追求税收管理质效的提升，较好地实现各阶段收入目标，组织收入首次突破千亿大关。全年组织各项收入 1019.1 亿元，同比增长 12.87%，其中，税收收入 632.19 亿元，同比增长 11.92%，剔除"营改增"基数 29.5 亿元影响，增幅为 18.09%；社保费收入 334.58 亿元，同比增长 15.07%；其他非税收入 52.33 亿元，同比增长 10.74%。 (张震)

税收收入质量位居全省前列 市地税局优化收入管理制度，提高组织收入统筹能力，收入质量管理再上新台阶。统筹考虑全年税收形势与区域税收任务，采取突出重点、分级分档的方式，科学分配年度计划；及时对四联动收入数据进行适应性调整，确保数据的真实性和准确性；进一步加强收入措施的跟踪分析。充分利用重点税源企业预测管理系统，进一步扩大了重点企业、重点税种、重点行业税源的预测范围，实现预测数据实时交互，全面提高收入预测质量。以税种管理为核心，注重税款征收入库各环节，充分利用收入质量监控系统，加强收入质量跟踪监控。在省地税局对税收收入质量的三次通报中，市地税局均名列前列，取得 2 次第一名、1 次第三名的成绩。 (张震)

税收专题分析取得新突破 市地税局持续加大税收分析工作力度，专题分析工作取得新突破，服务核心职能与经济发展的能力进一步提高。以加强部门协作为抓手，专题分析质量实现新跨越。不断强化系统各部门以及与外部门的协作水平，持续加大对企业调研力度，及时掌握第一手资料，完成多篇高质量专题分析，其中《南京市总部经济发展及税收状况研究》被省地税《分析报告》采用，并在《江苏科技信息》杂志发表。以《透过税收看经济》内刊为平台，服务地方经济发展能力不断提高。市地税局注重税收与经济的相关性分析，对全市经济税收运行的规律进行总结，对重点行业和热点问题的税收变动状况进行梳理，针对性提出对策建议，全年共完成《透过税收看经济》内刊 8 期，其中，《上半年地方税收增长状况》和《企业所得税汇算清缴情况简析》受到了市委、市政府领导的重要批示。 (南冰峰)

财税库银税收收入电子缴库横向联网系统(TIPS)上线 财税库银税收收入电子缴库横向联网系统(简称 TIPS 系统)于 2013 年 11 月 18 日在南京市正式上线运行，已运行 14 年的南京市银税联网税款实时征解系统停止了使用，从此通过 TIPS 实现财政、税务、海关、国库、银行信息交换和业务处理，并对信息实行集中存储和管理。为确保 TIPS 系统上线工作的稳步开展，市地税局成立工作领导小组和工作组。领导小组负责组织、安排、协调全市 TIPS 系统上线的各项工作，督促工作组开展上线的具体工作；工作组根据全市的上线推广计划，制定推广工作方案，做好各项具体实施工作，解决 TIPS 系统上线工作中出现的问题，指导、督促有关部门做好相关工作。工作组分工明确，按照推广动员、测试准备、联调测试、上线准备、上线运行五个阶段稳步推进，2013 年 11 月 18 日顺利上线。TIPS 系统上线后，税务机关通过系统进行税款、基金、社保的扣款，确保了入库的及时性，提高了税款资金的安全。TIPS 系统上线后，全市扣税的银行从原来的 9 家变为 32 家，基本覆盖所有商业银行。纳税人缴税更为便捷，成为税务机关为民服务的新途径。 (彭胜胜)

推广运用会统报表编制质量控制系统 根据省地税局推广会统报表编制质量控制系统的通知，市地税局从 2 月开始测试，每月编制将大集中生成的报表与会统报表编制质量控制系统生成的报表进行比对。4 月底基本将市地税局的个性化问题及系统本身取数问题基本解决，5 月有 2 家报表单位试用了该系统，6 月进行进一步的推广，从 6 月起，所有的会统报表全部使用会统报表编制质量控制系统产生的数据上报。系统的上线进一步

提高报表数据质量。 (彭胜胜)

改造无纸化退税系统 市地税局启动无纸化退税升级改造项目，旨在改进老无纸退税系统存在的不足。年初立项议标，经过多轮的需求编写，并直接参与软件开发。5月基本完成软件开发工作，6月开始进行测试和试用，7月全面上线。无纸化退税系统的改造，对系统进行全面改造，堵塞原来的漏洞，进一步保障税款资金安全。 (彭胜胜)

开展税收票证检查 为加强税收票证管理工作，保证税收收入安全完整，组织开展全系统税收票证管理工作专项检查，检查范围为2012年度以及2013年的1-10月税收票证的领发、保管、填用、结报缴销、作废、停用、损失核销、销毁等各环节。检查结果总体良好，但也暴露了一些问题，对于检查发现的问题督促各单位及时加以整改，通过此次检查进一步理清了未来管理的思路和方向。 (蔡玉娟)

做好新版税票使用准备 根据国家税务总局和江苏省地税局自2014年1月1日起全面使用新版税票，停用旧版税票的规定，市地税局于2013年年底，对包括委托代征单位在内的全市各征收开票系统进行调整和测试，并将新版税票全部逐级发放到位(实物流和电子流)，旧版税票全部逐级上交(实物流和电子流)。 (蔡玉娟)

纳税人税收资料调查 在全市范围内开展税收资料调查工作。此次调查对象共2084户，其中，重点调查户为1801户，抽样调查户为702户，重点调查户和抽样调查户的为419户，另外有5户集团企业。被调查企业实际缴纳营业税共计135.27亿元，占全市2012年度营业税入库总额的62%。为了深化分析，市地税局还集中部分骨干人员根据本次调查数据，撰写了《文化产业税收分析与政策研究》，受到了省地税局领导的好评。 (张震)

减免税统计调查 在全市范围内开展减免税统计调查。此次共调查企业户16万多户，2012年度减免税款总量19.7亿元。通过调查，基本摸清全市减免税的总量规模、主要减免项目以及减免税在地区、企业类型和行业上的分布情况，进而分析研究减免税的政策执行效应，不断提高减免税政策管理水平。同时，规范减免税申报制度，并通过告知纳税人税收优惠政策，接受减免税咨询，积极做好纳税人的服务工作。 (张震)

重点税源风险分析 利用“重点税源网上直报系统”创新成果，积极开展重点税源风险分析工作，共设计重点税源风险指标30余个，优化建设重点税源风险模型1个。按季发布风险分析和相关分析表，从分地区、分行业税收收入、税负指标、部分财务指标和弹性指标等方面进行详细分析；10月，根据风险模型测算出高风险企业30余户推送至各管理局。通过排查风险点，并认真总结和积极改进，使重点税源监控管理工作在组织收入、税收管理中发挥了较大的作用。 (张震)

预算监控系统启用 从预算编制上报、职能处室审核到预算指标下达以及平时的预算指标调拨、调剂，实现网上无纸化办公。预算申报单位可以通过软件查询到申报项目的编制、审核情况，及时与职能处室沟通。职能处室可以及时修改反馈相关意见，提高信息传递的便捷性。在预算指标下达后，系统分两个层面进行预算控制。一方面对市地税局机关实行事前控制。主要是通过事前用款计划申报、事中预算用款登记，有效的防止无预算指标的开支。另一方面对于各基层单位实行事后控制。通过将财务核算系统的数据导入，跟踪预算执行进度，并查找出那些项目执行超预算，那些项目没有预算指标，财务人员及时进行指标核对、调整或办理相关审批手续。定期进行预算执行分析，通过设定两类报表和五类报告，极大方便财务人员工作。 (叶红)

优化预算监控软件 对预算监控软件进行优化改造，该项目于4月份完成招标并进入开发阶段，11月份基本开发完毕，经过一个月的软件调试，正式上线运行。首先是实现对一期项目建设系统的相关功能进行优化。使界面更加友好，操作更加便捷，高效；与“腾讯通”实现数据交互，将业务审批流程、预算执行进度等对时效性要求较高的信息实时推送，以便及时告知用户待处理信息。其次是预算、执行、核算一体化。通过开发数据接口将预算执行数据与财务核算数据进行有效交互，使财务报销等执行数据自动生成财务核算凭证，提供有效数据利用率，提高财务工作效率。再次是预算监督分析管理。通过提供灵活方便的查询和分析工具，及时发现业务发展和财务管理中的疑点问题、规律趋势，以形象生动的图表和报告向局领导提供决策信息支持；对预算资金的执行进度，预算资金支出分类比重，"三公" 经费支出等重点宏观情况进行实时的统计和分析，为领导的决策提供实时有力的数据支撑。（叶红）

修订财务制度 针对财务管理工作外部要求，对财务管理工作规范做了相应调整和完善。做好《财务管理办法》《财务开支管理规定》《机关财务管理制度》和《预算管理制度》四项财务制度的修改、汇报和下发工作。通过召开全系统财务人员培训会以及机关财务制度的培训会工作，将制度变化点宣传到位，为制度有效执行打好基础。牵头做好其他十五个财务制度的修订工作。根据这两年外部制度改革要求，对现有的其他财务制度进行梳理，并组织修订编写。通过召开制度讨论会，广泛征求和收集基层意见，形成制度修改初稿。规范理顺汤培中心基建拨款事项。根据国家税务总局对开具会议费发票的工作要求，规范汤培中心和文昌宾馆开具发票的具体要求。（叶红）

财务清理工作 根据机构职能及区划调整的总体部署和具体要求，为确保新机构正常运转和有关工作的顺利实施，制定财务事项相关清理工作。具体包括八个方面内容：债权债务的清理、财务事项的处理、财务资料的交接、账户的开设和变更、资金的结算和划拨、过渡期间的处理、系统安装和人员培训、预算指标的调整。从 7 月开始到 9 月，跟踪各单位执行情况，并给予及时协调和指导，确保相关改革单位按照规定动作完成到位。其中在 8 月，进行一次预算调整工作，确保改革单位预算指标调整到位，资金保障到位。（叶红）

加入市财政局国库集中支付系统 根据市财政局统一要求，市地税局机关从 2013 年 1 月 1 日起，开始全面纳入国库集中支付系统，全部资金支出都要从该系统进行操作。为了充分保障机关资金的正常使用，重点采取了三项措施：从制度上保障，制定市局机关的财务管理规定，对各项开支如何办理相关手续进行规范。从技术上保障，同步启用预算监控管理平台，将年初预算指标与预算执行有效衔接。从运转上保障，主要是通过相互沟通联系，遇到问题，主动与财政部门联系，确保市局机关国库集中支付系统的有效运转。（叶红）

财务决算和年终决算工作 为做好年度财务决算工作，市地税局专门组织召开全系统出纳会议，布置 2013 年年终决算工作，下发《关于做好 2013 年财务决算工作的通知》，并对各单位的决算工作提出具体要求；做好资金清理工作，及时结清当年的经济业务；做好收入的确认、对账 工作；清理往来事项。（吕忠云）

（责任编辑：于群）

信息化建设

概　述　2013年,市地税局坚持“科技与效用为先导、服务与效能为保障”原则,深化信息技术与电子政务平台的集成与应用,强化信息化基础设施建设、安全办公体系建设、软件开发和信息系统运维管理,全面提升信息化支撑能力。一是创新服务理念,加强主动式服务。优化制度建设、设备配置与管理。以“提升平台、优化开发、规范流程、强化管理”为建设目标,完成软件项目开发规范编制工作,推动软件开发向科学化、标准化、规范化方向发展。重新明确计算机设备配置标准,按照“盘活存量、控制增量,适度引导、优化配置”的工作要求,盘点全系统设备使用情况,按需进行更新。加强计算机设备管理,汇总全系统的使用需求,对固定资产软件系统进行优化,编写计算机类固定资产管理制度,对全系统的计算机类设备进行标准化管理。二是创新平台建设,加强技术引领。推进优化“税务通”平台建设,为干部提供相关数据查询功能,为纳税人提供部分业务的办理功能,减少纳税人在征收大厅排队等候的时间,提高工作效率。创新会议模式,开发高清视频会议系统,满足全系统90%以上覆盖各种会议的需要。加强软件项目开发,完成企业所得税后续管理系统优化升级、国地税联合征管平台、税源与征管质量监控指标优化等软件项目。三是创新运维体系,加强技术保障。优化运维管理机制,加大技术保障和人力储备,解决各层面的运维问题和需求。建立并实行面向处室和基层的软件运维包干责任机制,提高针对突发问题的处理响应能力,全年累计上报大集中热点问题190条。抓好核心运维项目管理,完成税源专业化改革、区划调整、TIPS系统上线、契耕两税上线等重大系统运维项目的实施。上线运行数据回流管理软件,提升回流数据源质量,保障数据查询类信息系统的稳定运行。加强运维培训,组织大集中数据库设计、数据库查询技巧、信息安全防范与操作等各个方面的专题培训100余人次。四是创新安全体系建设,加强信息安全水平。以省地税局安全管理平台为导向,进一步巩固完善、优化提升办公系统安全水平。实现全系统互联网集中管理,在全省率先实现外网统一出口和安全准控。承担省地税局信息安全管理平台开发项目,实行安全保护分类管理。推进信息安全等级保护管理。按照省地税局等级保护测评结果,加固信息安全防护建设,改善网络安全环境。　(张斌)

开发税务移动业务应用平台　2013年,市地税局构建“税务通”移动业务应用平台,为干部和纳税人提供移动办税及移动办公服务。通过提供24小时移动办税平台,方便纳税人随时随地办理纳税业务,降低办税厅业务高峰时的纳税人等待时间。一方面,在现有网络办税服务的支撑下,向移动互联网进行服务拓展,为纳税人提供更高效、快捷的移动涉税事务平台,对于许多日常不需要通过审批即可办理的纳税业务,纳税人不必再前往窗口进行办理;另一方面,实现日常工作常用的办公功能,干部在外也可进行办公,查询相关税收数据,提高办公的便捷性和办事效率。全年,共计开发“税务通”综合办公应用23项,开发“税务助手”纳税服务功能13项。　(周凌宇、张斌)

改造升级高清视频会议系统　2013年,市地税局针对各基层单位普遍反映会议多、来回路程耗费时间长、成本高等问题,引进最新的技术,推进开发高清视频会议系统。新建的高清视频会议系统比原有标清系统在功能性和先进性上实现双跨越,能够满足全系统95%以上的会议使用需要。自10月12日第一次上线以来,已面向系统内参会范围广、会程短的条线型工作会议举办多次高清视频会议,实现提高工作效率、减轻基层负担、降低行政成本的目的。为建立起更广泛适应全系统会议需求的视频会议管理模式,市地税局下发视频会议使用管理办法,并在全系统全面培训和推广,预计通过充分发挥多功能会议系统的功能,每年至少可以召开500场次视频会议,系统使用率大大提高,实现真正“绿色会议”。　(周凌宇、张斌)

建立信息安全管理平台　以江苏省“信息安全管理平台”项目开发为样板，配合内、外网安全接入认证功能的启动，强化安全措施的应对与落实。一是抓好网络准入管理。强化“非准禁入”的管理意识，完善桌面安全管理系统，启用网络准入控制功能，杜绝私自入网、私自连接互联网等违规行为。二是完善信息安全等级保护管理体系。按照省地税局等级保护测评结果，加固信息安全防护建设，改善网络安全环境，使等级保护工作持续、稳妥的开展下去。三是规范外联业务单位网络接入管理。强化外联系统安全保障，以加强入侵防范为目的，实行安全保护分类管理，对外联单位系统的接入管理、设备运行维护、数据交换保障等工作上全面实施安全应对，打造安全、高效的外联网络枢纽平台。

（张斌）

完成22项软件开发项目　统筹推进软件开发建设工作，全年共计完成22个软件项目开发建设工作，其中：省地税局委托项目2项，市地税局自建项目20项；涉及税收业务10项、行政业务6项、信息交互1项、数据分析5项。一是加强省地税局创新项目的承接和开发。推进与税收业务工作紧密结合的、技术含量高的、支撑作用强的创新开发项目，完成企业所得税后续管理系统优化升级等委托项目的开发。二是统筹推进自主创新软件项目开发。结合信息管税需求，向省地税局尚未全面覆盖的管理领域探索应用，全面完成并推广国地税联合征管平台、税源与征管质量监控指标优化等市级自建软件项目。（周凌宇、张斌）

各类重大系统运维保障　完成大集中系统运维和多项重点项目运维工作，保障税收业务工作的顺利推进。一是优化运维管理工作机制，提高运维工作的响应度和保障力。对运维过程中可能出现的技术难点和风险点进行评估、分析，讨论并制定完善的技术实施方案，加强内部协调合作，完成税源专业化改革、区划调整、TIPS系统上线、契耕两税上线等重大系统运维项目的实施。全年，共编制系统规则1000多条，切换业务数据800余万条。二是按省地税局运维工作要求，完善大集中运维情况月报制度和热点问题上报制度，全年上报运维月报问题近400条，热点问题近100条，其中被省地税局选用热点问题近50条。（周凌宇、张斌）

完善制度体系，建立长效工作指引　一是调优职能配置及岗位分工。调整电子税务管理中心机构设置，软硬件管理职责合并承担，明确各岗位的责任分工，进行人员调整，实现人力资源效能最大化。二是建立联系人机制，畅通对上对下的沟通渠道，推动工作各项工作落实，及时发现并解决各单位在技术方面遇到的难点问题，及时为处室、为基层排忧解难。三是更新信息化制度体系。全面梳理整合信息系统管理和服务流程，加强内部外工作流管理，提高信息化管理质量、管理效能、管理长效性，建立一个符合市地税局实际情况的，融合全部信息化建设与管理各个环节、有利于长期改进的制度系统。（周凌宇、张斌）

做好计算机设备更新和报废　根据新的计算机设备配置要求，对全系统的计算机设备进行盘点，按需更新。一是加强计算机设备更新管理。以提高配置设备的使用效率和设备配置对税收工作需要的支撑力为目，制定计算机设备更新标准，结合机龄分析情况，合理在全系统更新配置计算机设备320台。二是及时提供设备保障与技术支持。全力保障专业化管理模式下设备配置需求，调优配置水平，累计为需求单位增配笔记本电脑设备120台，台式机及打印机66台。三是集中盘点报废计算机类设备。统筹做好计算机类固定资产管理，按照市里相关政策和要求，推进计算机类设备的报废处置工作，清理待报废专项设备501台。

（周凌宇、张斌）

（责任编辑：羊猛）

数 据 管 理

概 述 2013年,市地税局紧扣“改革创新、服务发展”年度工作主题,坚持巩固完善与创新突破并举,全面提升税收风险管理水平和基础数据质量管理水平。一是以计划为统筹,推进风险管理工作。结合省地税局风险计划,全面组织实施市地税局确定的24项风险计划,全部按要求实施;通过对识别范围、识别面的控制,风险疑点产生与基层风险应对需求之间的联系更为紧密,指向性、协调性逐步增强。二是以建模为核心,构建风险模型体系。制定模型建设规范,发布4项建设标准,成立16个项目组,开展70余典型税户行业调查,梳理出176条风险特征,建设完成83个风险指标,全面投入应用;拓展第三方数据应用,加大对国土、住建、建管等信息源深度挖掘,试点网上公开信息数据抓取风险应用。三是紧扣年度风险计划,统筹各类任务推送。强化制度规范,制定《进一步规范税源管理任务推送的工作意见》;统筹任务结构,围绕年度风险计划形成风险导向;突出任务重点,全年共推送风险任务13772户,任务完成率为99.5%,风险应对收入超过18.8亿元,风险应对贡献率为2.98%。四是着力风险规范要求,促进应对质量提升。明确规范要求,编制下发《中等风险操作指南》,贯彻省地税局风险应对管理办法工作意见及配套制度;深化调研培训,开展分片或集中性调研6次,开展应对复审、风险指引、应对案例等集中培训交流4次;完善应对指引,对市地税局109个风险指标分期编写《风险应对操作指引》。五是强化应对复审督办,提升应对效能。健全复审机制,全年复审税款300余万元,同时推行复审讲评制度;创新评价体系,创新开发风险管理评价系统,逐步实现计划完成、识别推送、应对绩效等适时动态监控及跟踪评价;强化沟通交流,加强与省地税局、市地税局各业务处室及各基层单位的互动协作。六是优化数据质量监控,加强基础数据管理。按月实施错误数据整改检查,完善审计规则体系,新增16条市级审计规则,配合实施纳税人基础信息推送,关注对数据审计的影响,开展重要数据项一致性实地核查,突出财务报表质量管理。七是构建分级分类框架,强化数据标准应用。对业务事项进行全面梳理分类,梳理出7项大类、103项小类事项,初步应用数据分类分级结果,涉及近4000个数据项,为省地税局平台建设项目做支撑;增补修改省地税局业务数据标准,开展数据标准符合性验证工作。八是加强三方数据管理,推进外部数据应用。推进综合治税信息平台运行,加快平台数据交换利用率,做好省地税局数据接收和利用。九是服务基层数据管理,保障查询运维服务。建设开发数据管理学习测评系统,发布错误数据规范处理建议,组织编写运维和查询指南,制定数据维护管理办法,开展数据管理专项测试,保障外部门数据查询服务,服务系统内数据查询需求。 (羊猛)

加强税收风险计划管理 一是确定风险主题,紧扣重点税源、重点行业开展风险管理,经风险管理领导小组研究确定24个风险管理项目,以行业串联税种的方式,统筹同一行业不同税种风险管理要求,更加突出组织收入与税源专业化管理的需要,使风险管理方向更加聚焦,风险应对效能更加集约;二是推进计划执行,应用2012年已开发的风险指标,开展重点税源户和处室风险专题应对,同时进行新建风险主题的需求编写与开发;三是畅通环节运行,紧密风险疑点的产生与推送应对之间的“供需联系”,逐步增强指向性、协调性,统筹协调计划任务分配与人力资源配备,缓解应对机构“吃不饱”与“吃不消”的问题。 (羊猛)

建立税收风险识别体系 一是优化机关实体化运作,由市地税局各业务处室牵头统筹协调,吸纳征管、税政、数据分析、应对管理、外部专家等各方力量,成立16个项目组推进模型建设工作,对70余户典型税户实施行业调查,梳理176条风险特征,设计83个风险指标。二是规范风险项目建设过程,制定1项工作规范、4项建设标准、6种表证单书，加强对已建成的35个风险模型、169个指标有效性的评估与优化。三是推动模型建设进程，各建设单位对16个模型建设项目共提交各类指标83个，相关指标已全面完成部署，并组织开展模型验收工作。四是深入第三方数据应用，拓宽第三方信息利用的广度，对未纳入全市的全职能局信息进行采集与应用，拓展信息利用深度，搜索网上公开信息来深度挖掘国土、住建、建管等信息源。

（羊猛）

建设税收风险特征库 一是健全风险特征管理基础规范，制定《行业税收风险特征建设标准》，对风险特征的定义及建设过程进行规范，强调通过行业调查实施风险特征提炼的基本方法，梳理出65条已应用于风险指标的风险特征，针对房地产业、建筑业两个重点行业，提炼出63条风险特征信息。二是强化风险特征指数分析，加强对掌握信息的统计分析，建立税源影响度指标、税收负担指标、诚信指标、税收审计指标等指数分析，引导风险特征库建设方向，并为风险特征报告的形成提供基础；三是推进风险特征管理支撑平台建设，以"风险监控平台"为基础，提高对风险特征的信息化管理水平。

（羊猛）

统筹推送税收风险任务 一是统筹任务结构，以风险管理为导向，以"一主两辅"为思路，统筹业务处室、基层单位发起的各类型、各等级风险任务，逐步形成风险导向引擎驱动。二是整合应对资源，开发风险任务与应对力量匹配系统，每批任务推送前适时调整任务结构，逐步实现风险任务的动态均衡。三是突出任务重点，围绕组织收入中心工作，突出重点税源监控，突出专项任务整合，全年共推送风险任务13772户，任务完成率为99.5%，风险应对收入超过18.8亿元，风险应对贡献率为2.98%，促进系统组织收入的推进，风险应对成效显著。

（羊猛）

规范税收风险应对要求 一是明确规范要求，编制下发《中等风险操作指南》，深入贯彻省地税局应对管理办法，在广泛征集意见和建议基础上结合市地税局实际制定贯彻意见及配套制度。二是深化调研培训，对中等风险应对、高等风险任务、省地税局应对管理办法等专题，开展从基层局到科、到一线人员的多层面调研工作。全年共开展分片及集中性调研6次，深入14家中等风险应对单位开展风险工作座谈。三是完善应对指引，对市地税局建设指标按"有推送指标，就有风险指引"要求，分期编写下发35个《风险应对操作指引》，从指标内容到应对思路进行详细说明，对基层应对提供切实指导与帮助。

（羊猛）

强化风险应对复审督办 一是健全复审机制，健全完善市区两级应对复审工作机制，逐步推行应对复审讲评制度，全市累计复审1600余户、复审面达12%，复审出税款300余万元，开展复审讲评14场，涉及所有中等风险应对单位。二是创新评价体系，开发风险管理评价系统，对年度计划完成情况、指标识别推送情况、风险应对绩效情况等进行动态的数据监控及评价，形成一套评价指标、一组工作报告、一个管理平台三位一体的覆盖风险管理各环节的风险管理评价体系，已开发完成通报及分析指标17个。三是强化沟通交流，一方面加强与省地税局沟通，及时反馈情况，取得支持与指导，同时加强市地税局风险管理部门与各业务处室及各基层单位互动协作，促进应对质效提升。

（羊猛）

加强税收业务数据质量监控 一是实施错误数据整改检查，将41条原市级规则和9条新增市级规则迁移进省地税局税收数据审计平台，纳入统一制式审计。基层局累计通过审计平台接收并维护5874条省规错误数据和30438条市规错误数据，全部数据实现准期整改。二是完善审计规则体系，分两批在数据审计平台上线16条市级数据审计规则，产生的1956条错误数据已全部推送基层局进行验证处理，从业务口径和技术实现两个角度对省地税局新增的2批829条数据审计规则提出244条反馈建议。三是开展重要数据项一致性核查，对各基层局143户新办户、存量户和问题数据已维护户的重要数据项实施数据一致性实地核查，将目标纳税人税务登记信息中的重要数据项与市国税局传递来的数据进行比对，以此检查大集中系统资料与纸质资料、影印资料的一致性。四是加强财务报表质量管理，将财务报表数据的采集、审核、应对等环节要求明确到新修订的征管操作规程中，以重点税源纳税人为对象分批次应用财务报表类审计规则，推送2045条问题数据，并向省地税局补充反馈相关规则的意见。五是开展数据标准符合性验证工作，依托数据标准管理系统，梳理信息化建设项目状态，组织对市地税局新建及改造信息化项目的数据标准符合性验证工作。全年验证11个信息化项目，并组织开展相关整改工作。 (羊猛)

构建税收业务数据分级分类框架 一是对业务事项进行全面梳理分类，根据数据的来源和用途，梳理出7项大类事项、103项小类事项，按照五级标准对不同业务事项下的近4000余数据项进行评级，提出不同的管理目标和管理要求。二是初步应用数据分类分级结果，形成数据分级分类管理应用体系，涉及在用省市审计规则308个、约70个重要数据项，以及164个市级风险指标对应的130余张大集中库表近280个重要数据项。三是为省地税局平台建设项目做支撑，在分析省地税局数据质量管理平台各模块功能和关系基础上，编写数据分级分类管理以及与其他模块数据服务接口的功能需求。 (羊猛)

加强第三方数据管理 一是推进综合治税信息平台应用，截至2013年年底，进入平台运行的有23个部门117个指标项，交换部门实现率和指标实现率分别为83%和63%。二是加快平台数据交换利用率，2013年市地税局通过市综合治税信息平台推送获取交换数据27349655条，可利用数据23218743条，数据综合利用率达85%，为建设旅店业风险模型等提供数据保障。三是做好省地税局数据接收和利用，定期接收并导入下发3批次以登记、资格、变更、注销类信息为主的17个部门34类第三方数据，并按照“人机结合”的要求及时推送给相关部门识别匹配。 (羊猛)

加大数据服务基层力度 一是建设开发数据管理学习测评系统，模拟大集中真实操作环境，将省市两级税收数据审计规则和数据采集规范等数据管理要求，以业务受理的情景提问形式转化为具体操作的实务题，部署在学习测评系统中供干部测试练习；二是发布错误数据规范处理建议，指导基层局关注关联审计规则错误数据的维护，在月度数据审计情况分析中对高频错误数据项进行逐条解读；三是组织编写运维和查询指南，分专题举办查询培训，以实际案例辅导基层应用即席查询软件和后台查询工具解决具体操作问题。四是制定数据维护管理办法，及时发布运维提醒，为同类型后台数据运维提供解决方案。五是开展数据管理专项测试，按征收和管理2个系列5个场次，组织全系统14家基层局、737名干部、聘用人员参加数据管理操作能力专项测试，同期又组织系统36名业务和技术骨干参加税收数据查询技能测试。 (羊猛)

保障税收业务数据运维及查询 一是规范业务数据运维过程，加强数据运维单的业务审核，与基层单位做好沟通、辅导，确保修改数据的安全、完整和一致，全年共上报省地税局后台执行数据运维护单310笔，处理记录120余万条。二是服务系统内数据查询需求，受理机关处室、纳税服务局和稽查局等单位和部门申请的查询事项共107个，涉及“营改增”、税源专业化改革税户调整、所得税汇算清缴、分级分类基础、专项执法督察等重点工作、重要专题。三是保障外部门数据查询服务，受理公、检、法等外单位查询并提供结果数据10个事项，同时为省地税局、市政府各项工作调研提供所需数据。 (羊猛)

(责任编辑：羊猛)

行　政　管　理

政务管理

概　述　2013年，紧紧围绕中心工作，强化统筹，完善机制，提升效能，行政管理及服务水平进一步提升，有效促进全局工作任务的顺利完成。

行政统筹工作更加有力。一是制定全局工作要点。根据年度工作计划和当前工作实际，合理安排月度计划，确定月度重点工作、创新工作和主要工作。统筹安排周计划，减并会议，减轻基层压力，全年共编制周计划53期。二是做好工作总结。根据年度、月度工作计划，每月形成月度工作完成情况报告，通报整体工作完成情况，总结分析重点、亮点及难点工作，做好督察、督办及通报。做好全系统半年、全年总结，总结成绩和经验，分析矛盾和不足，按时上报省局和市委、市政府。三是做好局务会保障工作。加强与省局、市委、市政府和机关各部门的沟通衔接，保证全局政令畅通。做好局领导外部会议安排，全年安排局领导参加市有关部门会议180余次，做好会议的沟通协调、材料准备及上报工作。

信息调研工作实现突破。加强信息组织力度。修订完善政务信息工作管理计分办法和考核办法，实施信息约稿制度，落实省局和市委、市政府约稿要求，定期组织合作加工；加大服务指导和培训力度，深入基层局组织政务信息写作培训。强化信息沟通和组稿上报。全年审阅报送信息稿件1000余条，在省局、市委、市政府以上信息刊物采用稿件约600条。其中，中办、国办采用信息近20条，总局采用2条，国务院领导批示4条。省委、省政府采用100余条。信息工作在省局及市委、市政府名列前茅。做好系统内部信息刊物编发。全年编印《南京地方税务简报》专刊40期。做好《江苏地税》组稿工作。加强与省局科研所的沟通协调，加强与系统文学、摄影、书画等俱乐部的沟通联系，定期发布组稿要求。《江苏地税》全年采用稿件31篇。做好全系统科调研成果转化，在省部级以上指定刊物发表论文22篇，3篇论文入选中国税务学会优秀论文，1篇被省社科研究学会立项为2014年重点课题，1篇被省委刊用。

宣传舆情工作规范有效。修订完善考核办法，降低全年宣传考核积分，减轻基层负担。重点从宣传指导、舆情跟踪、信息反馈、效果评估4个方面进行规范，强化宣传计划统筹能力，以社会热点为重心，加强税法针对性宣传。根据媒体关注热点，加强税收“热点话题”的收集分析，通过都市报和网媒不定期对外发布。全年在《扬子晚报》《现代快报》等各都市报刊发表“热点”稿件45篇，龙虎网刊发稿件400余篇。选取热点话题制作动漫片11部，参加总局税收动漫大赛。组织“税收微电影周”和“税收动漫宣传周”活动。突出舆情防处，加强与市委网宣中心协作，按周编发《涉税舆情专（快）报》，收集整理“12366”热点问题、各办税服务厅情况、纳税人和税务干部反映的敏感问题等，做好涉税舆情应对工作。全年共编发《涉税舆情专（快）报》52期，监控处置涉税舆情101件，处置市政府网络问政26起，接受媒体采访37次，组织系统办税厅和办公室工作人员涉税舆情培训2期。

创新管理工作成效明显。加强创新工作组织力度，完善创新管理办法，制定立项方案，明确立项要求，召开创新工作立项动员会，组织各单位开展创新意向申报及认领，经过审核比对，全系统确定49个项目作为年度创新项目。加强创新项目跟踪管理，定期跟踪项目进度，收集项目开展情况、存在问题及困难等，及时做好沟通衔接。开展创新项目评审，建立各处室和基层单位负责人参加的评审委员会，组织各项目进行考核性评审和创优性评审，采取集中评审、局领导送审的综合评比方式，共产生18个优秀创新项目。其中，一等奖2个、二等奖6个、三等奖10个。组织重点项目参加2012年度省局优秀创新项目评选，“税源与征管状况监控分析平台”项目获得省局一等奖。

行政综合水平全面提升。稳步推进政务公开工作，主动落实省局网站建设规范和相关要求，做好市局外部网站信息公开栏目日常维护，积极配合“中国南京”网站群升级改造工作，及时报送涉税服务板块信息，做好政府信息公开目录调整和试运行。成立档案管理中心，进一步加强档案工作统筹管理；梳理档案管理制度体系，结合税收业务新规程，修订《税收业务档案归档目录》，形成7大类、37项、387种业务档案目录；试点省局电子档案管理软件；开通纳税人外网查询档案条目功能，提升档案服务民生水平。做好信访维稳工作，全年共收到信访件120件，党政领导信访接待共202次。全年市政府交办建议提案共15件，均按规定办复日期在网上和书面进行答复。认真抓好综治治理、安全保密、年鉴、财务工作。全年收文约3500份，发文、转发文共340份。编辑完成并出版发行《南京地方税务年鉴《2011—2012)》。做好国际税收研究会有关工作，国际税收研究会被评为全国先进社科组织，被市社科联评为先进学会。

（王杉杉）

综治管理 强化领导责任制，下发《2013年社会管理综合治理及平安建设工作意见》等文件，细化安全保卫工作部署，严格实施考核评价。组织安全稳定工作自查，层层落实责任，全面排查消除各类安全隐患，严防各类安全事故发生。提升突发事件应急处置能力，从源头预防，排查化解各类矛盾纠纷，全年实现了“三个没有”：没有一起刑事案件、没有一起职务犯罪、没有一起严重违纪。开展偷逃税查处、刑释解教人员安置、流动人口管理、出租房租管理、拆迁等综治工作。组织联系点活动，促进挂钩单位各项工作开展。（丁伟）

保密工作 按照市委保密委和市国家保密工作局的基本要求，认真落实《党政领导干部保密工作责任制》，严格遵守有关保密规定，将保密工作列入议事日程，健全保密工作网络。加强要害部门部位和涉密人员管理，认真贯彻《保密要害部门部位保密管理规定实施细则》，及时调整确定保密要害部门部位和各类涉密人员，组织全系统新上岗兼职保密干部参加市国家保密局举办的业务培训班。调整本单位产生的秘密事项一览表，规定每个基层单位只配备一台涉密计算机，市地税局机关配备三台，并为每台涉密计算机安装保密技术防护专用系统，确保网络、涉密数据采集、存储、处理、传递的安全性。开展保密宣传教育活动，为全系统订购《保密工作》杂志。（李南晔）

信访工作 严格落实国家、省市等对信访工作的相关要求，认真学习各项规章制度，进一步明确各部门的工作分工及责任，规范信访件办理流程。主动做好与省局、市政府相关部门及系统各部门的工作对接，强化分层次沟通，对不同类型信访件进行分类管理和督办跟进，确保按月及时向市里报送各类信访数据统计报表。2013年，市地税局共收到信访件187件，其中，来信166件，来访21批次。注重对信访人员的主动服务引导，倾听访民心声，认真记录分析访民诉求，做好信访人员与具体经办部门的沟通，解决信访反映的相关问题，为信访人员提供及时、高效的信访服务。2013年，通过积极服务引导，有效化解5次上门来访。

（付宪国）

（责任编辑：付宪国）

事务管理

概 述 围绕“强责任、夯基础、树正气、争一流”的工作思路和要求，以“一流的干部队伍、一流的服务水平和一流的工作业绩”为目标，增强服务意识，强化指导监督，实施科学管理，加强队伍建设，切实提高后勤工作水平，圆满完成各项工作任务。

深入落实《固定资产管理办法》。严格执行《固定资产管理办法》及相关规定，着重进行资产盘点、房产清理及信息维护。一是抓好系统资产清查核实工作。二是规范资产增加、使用与处置手续。三是建章建制，规范管理。依据《江苏省地税系统固定资产管理办法》制定《固定资产内控机制规范》，进一步完善制度，以制度来规范管理。

完善基建项目组织实施方式。开展2013年基建预算审核，对全系统房层购建、基础设施、大型修缮及维修费进行审核。组织基建项目情况清理检查，完成文昌宫1号维修改造工程消防验收及空调、消防等事项的审计工作，加强对分县局在建工程的检查指导，进一步规范政府采购工作程序，深化外包物业的跟踪管理，提升物管水平。

加强和规范车辆管理。一是梳理全系统车辆

基本情况，针对基层单位需要，对车型进行调整。二是围绕"降低单车运行成本、提高车辆使用效率"进行摸底调研，为"单车核算"软件模块上线做好准备。三是针对基层单位提出的公车专车化、提高出车率等问题，从修改管理制度入手，提出修改绩效考核要点、完善驾驶员考核办法等方法，为加强公务车辆长效管理打下坚实基础。

加强物业管理和机关食堂服务工作。一是做好机关食堂服务。全年食堂就餐15.2万人次制做面点28950份、净菜4653份、热菜5570份、卤菜3138份。二是做到设施设备运维工作日常化和规范化。完成市局机关大楼各项设备日常安全性检查，对中央空调进行清洗及易耗件更换，确保设备运转正常。三是严格办公用品领用管理制度。对于价值较高的办公易耗品，采取以旧换新的规定领用发放，对不符合领用手续的一律不予发放。四是加强对安全、卫生、花卉、消防、弱电等托管工作的监督管理。（王静靓）

会议和接待管理　一是坚持勤俭节约，反对挥霍浪费，减少事务性应酬活动，简化接待、减少开支，实现会议接待经费明显下降。2013年度全系统会议费将下降幅度25％，接待费下降幅度16％。二是严格落实公务接待要求，确因工作需要的公务接待，强化流程审核，实施接待工作一事一审批。三是严格控制食宿标准，规定接待地点，避免出现超标准接待现象。（季华）

落实《固定资产管理办法》　严格执行《固定资产管理办法》及其他相关规定，着重进行了资产盘点、房产清理及信息维护，全年共组织实施资产盘点42543件，房屋清查107处，实现资产合理调配579笔，较好地完成了年度资产管理工作，确保全年国有资产安全无责任事故。（汪帮俊）

（责任编辑：付宪国）

政务信息工作

概　述　2013年，市地税局继续加大政务信息工作力度，全年审阅报送信息稿件1000余条，在省局、市委、市政府以上信息刊物采用稿件约600条。其中，被中办、国办采用10条，其中，《光伏企业反映目前开拓国内市场存在的困难及建议》《融资租赁"营改增"税负上升，企业期盼按利差征收》《江苏省反映光伏企业开拓国内市场存在的困难及建议》和《南京市反映"营改增"首月影院税负激增》4篇被国务院领导批示，国家税务总局采用2条；省委、省政府采用100余条，其中，《南京市船企克服当前困难的主要措施》被省政府领导批示。2013年，信息积分在全省地税系统名列第二位，被省地税局评为政务信息工作先进集体，在南京市市委、市政府政务信息工作评比中均荣获先进单位。全年编印《南京地方税务简报》40期。一是强化政务信息组织管理。修订完善政务信息工作管理计分办法和考核办法；实施信息约稿制度，第一时间落实省地税局和市委市政府信息选题，组织基层单位分行业合作和类似选题合作，加大组稿综合加工力度；注重信息指导和培训工作，深入鼓楼、稽查等基层单位辅导，组织全系统政务信息培训。二是强化政务信息协调沟通力度。一年来，坚持每日与省地税局和南京市市委联系，定期做好基层信息上报协调工作，着重抓好重要信息推荐，确保报送路线畅通；坚持与省、市委府主管部门做好协作沟通，着重抓住国办、中办等重点选题，确保及时准确报送；坚持按周向基层推送信息上报情况，主动帮助落后单位，平衡基层信息报送数量和质量。三是强化内部信息刊物编发质量。根据中央精神，积极落实改进文风工作，将每月三期标题信息减少为每月一期。在标题信息选编中宁缺勿滥，坚持政务信息质量要求，切实做好各单位工作交流；在专题信息编辑中严格要求，用心指导，切实帮助各处室和基层单位提高专题写作水平。（汪树强）

宣传工作

概　述　一是坚持管理与考核并重，规范宣传运作。强化组织带动。坚持把税收宣传同税收工作一起谋划部署、检查督促、考核奖惩。对重点工作、重要项目以及重大活动的宣传，严格方案、组织落实、总结报告等环节的落实。落实减负增效。为保证宣传工作的持续性和有效性，考虑基层实际，以适当考核促宣传见成效的办法，降低了全年宣传考核积分，下降率达20%，切实减轻了基层的宣传考核负担。完善制度促动。重点从宣传指导、舆情跟踪、信息反馈、效果评估等4个方面进行了有效规范,强化了宣传计划统筹能力,按月制发宣传要点,按季对全系统宣传工作进行通报。二是坚持传承与创新并重,开拓宣传路径。集聚固定阵地资源。重点抓好《南京日报》、《地税直通车》专栏、电台等制式宣传栏目的地税工作、政策解读等的宣传;在网站全年发布各类政策及信息稿件3514条,开展网上在线访谈2次,向省局、省政府、总局网站报送信息条目102条,其中,省局网站采用22条,省政府网站采用14条,位居全省前列。强化协作栏目优势。借助都市报、网媒的舆论优势,抓好税收"热点话题"的收集分析,将纳税人较为关心的税收"热点",通过都市报和网媒不定期对外发布,有效引导了外部舆论。全年在《扬子晚报》《现代快报》等各都市报刊发"热点"稿件45篇,龙虎网刊发稿件400余篇。延伸阵地宣传触角。举办"汇点滴力量,圆中国梦想"税收公益微电影宣传周启动仪式,以"微电影"首映发布的方式,向社会推出4部微电影,该活动受到了省地税局、国家税务总局的充分肯定,并获得全国优秀税收宣传月项目。利用公交、地铁和电视等载体开展"税收动漫宣传周"活动,滚动播放原创的《兔子买车》、《浦公英》等13部税收动漫片,日受众达300万人次。选取个人所得税、房产税、车船税、网络开具发票等税收热点话题,创意制作了《冰棒缴税记》《浦公英》等11部动漫作品,通过网站、办税厅等载体向公众宣传,该11部作品已上报总局,参加全国第9届动漫大赛。三是坚持需求与引导并重,提高宣传实效。坚持宣传形式多样化。因地、因时、因事、因人来区分不同宣传内容和受众,调动传统的、媒体的、特色的、新兴的各种宣传手段,使税收宣传通俗易懂,易于接受。注重宣传内容精细化。结合群众路线教育实践活动,做好"响应纳税人诉求,妥善解决纳税人实际问题"的宣传;围绕税收工作重点,做好税收优惠政策、促进民生改善宣传;对广大人民群众,突出个税、房产领域税收、扶持小微企业等内容的宣传。全年,全市地税系统在各级媒体刊用稿3000多篇,有效扩大了宣传效应。实现宣传力量社会化。注重宣传层面由部门"独唱"向社会"合唱"转变,提高各界参与度。加强与国税、财政、工商、法制、公安等部门的协作配合,借助外力,形成合力。在全国税收好新闻评比中,《地税直通车》电视专栏报送的《天蓝蓝 水清清》获得电视专题类三等奖。 (于群)

以"微电影"首映开启税收宣传月主题活动 4月,市地税局以"微电影"首映发布的方式开启第22个税收宣传月主题活动。活动中推出《诚》《一票之重》《人在税途》《幸福人间》4部税收公益微电影,利用优酷网、土豆网、爱奇艺等知名网站,以及地铁公交移动视频、邮政电视联播网进行发布,并在南京市及部分区县电视台播出。同时,还选择了全市30个社区,以社区灯箱二维码的形式,供居民手机扫描下载观看;通过"12580"手机报,发送网址链接及二维码,供移动用户手机下载观看。 (于群)

获得第九届全国税收动漫大赛三等奖和优秀奖 2013年,市地税局组织参加第九届全国税收动漫大赛。选取个人所得税、房产税、车船税、网络开具发票等税收热点话题,制作了《车车同学会》、《冰棒缴税记》《浦公英》等11部动漫作品。其中,《车车同学会》获得到税收动漫宣传片三等奖,《浦公英》获得税收动漫公益短片优秀奖。 (于群)

获得全国第22个税收宣传月优秀项目奖 4月15日,举办"汇点滴力量,圆中国梦想"税收公益微电影宣传周启动仪式,以"微电影"首映发布的方式,向社会推出上述4部微电影。截至4月底,有超过1300人次通过南京地税局外网收看了上述4部微电影。在搜狐网、优酷网、土豆网、爱奇艺等视频网站的点击收看率超1000人次,其中,360影视中《人在税途》点播数超过100万人次。通过地铁、公交、楼宇视频覆盖受众约200万人次。此活动分别被《中国税务报》《新华日报》《江苏经济报》《现代快报》《扬子晚报》《金陵晚报》《南京晨报》《江苏城市频道零距离》《南京电视台》等媒体报道。总局办公厅、省局也对此活动给予了充分肯定。 (于群)

微电影获全市机关首届微电影节最佳编剧提名奖、最佳创意提名奖、优秀影片奖 10月,市级机关工委在全市机关中开展以"忠诚·守护·梦想"为主题的微电影创作活动。市地税局的《诚》《一票之重》《人在税途》《幸福人间》和《棋》5 部微作品参加了大赛。经过近 40 万人次的网络投票和专家评审，《棋》获得了最佳剧本提名奖，《人在税途》获得了最佳创意提名奖，《棋》《人在税途》和《诚》获得优秀影片奖。 （于群）

涉税舆情管理 2013 年，涉税舆情管理主要突出"早、快、准"的要求。一是围绕"早"，提高宣传主动性。结合机构调整，对新闻发言人制度和人员进行了调整；对涉税新闻主动发布机制进行探索，凡涉及重大政策出台、税收政策变动、重大涉税事件、社会热点议题的，都及时进行新闻发布。健全税收舆论引导预案，增强前瞻性、预判性，抓住话语权。二是围绕"快"，完善舆情监控机制。抓好《涉税舆情管理办法》的落实，与网宣、网监部门深化协作，强化日常舆情监控管理，加大涉税舆情的搜集研判，紧密跟踪网络热议、咨询动态和敏感问题，及时编发舆情专报和快报。增强与媒体的联系，继续巩固税媒联谊会和上门走访媒体制度，及时向媒体通报地税动态，主动掌握媒体报道需求，借媒体力量做好相应的宣传策划。三是围绕"准"，提升预防处置能力。加强对日常热点、难点问题的收集，储备规范性解读文案，做到对舆情隐患的"提前介入、准确应对"。提高全体干部的舆情防处能力，组织系统办税厅和办公室工作人员涉税舆情培训 2 期，帮助干部准确掌握舆情应对过程和应对技巧。积极做好涉税舆情应对工作。全年共编发《涉税舆情专（快）报》52 期，共监控和处置涉税舆情 100 件，处置市政府网络问政 26 起，接受媒体采访 35 次。 （于群）

档案管理

成立档案管理中心 7 月 18 日，贯彻省地税局征管改革有关要求，正式成立档案管理中心，配备专职档案管理力量，集中全系统档案资源优势，加大对全系统行政、业务档案统一管理力度，提升档案集约化管理和服务水平。中心共有 6 名正式干部，1 名合同制人员。 （承蕾）

制定完善"1+8"档案制度管理体系 通过封闭作业，修订完善了系统"1+8"档案管理制度体系，即 1 个综合制度——档案管理办法；8 个分门类档案管理规范，包括税收业务档案、文书档案、会计档案、基建档案、声像档案、实物档案、照片档案及档案鉴定、销毁、移交规范，合计约 2 万余字。并通过"几上几下"的方式，重新梳理修订下发《税收业务资料管理归档目录规范》，统一全系统档案管理各项要求。 （王琪）

实施"税收服务民生"创新项目 档案中心联合纳税服务局开展档案服务民生创新项目工作，开发相关软件实现纳税人经外网查询本单位向南京地税报送的涉税资料目录，必要时可申请调阅资料。共选定玄武局、江宁局和高新局 3 家试点单位，通过需求论证、软件开发、选取全市 30 家企业进行软件测试和试运行，初步实现项目预期功能，提升档案利用效率和为纳税人服务的水平。该项目获得 2013 年度南京地税优秀创新项目三等奖。 （王琪）

理论调研

概 述 为进一步增强税收科调研服务中心工作，辅助领导决策的重要职能，2013 年以来，一是树立精品意识，提高课题研究质量。根据省市重点调研课题，整合税务学会和国际税收研究会课题任务，科学确立课题，合理制定调研提纲，过程中加强各课题组沟通，定期通报完成情况。二是强化队伍建设，提高课题调研能力。建立科调研工作群，督促指导课题调研方法和形式；开展调研写作培训辅导，提升基层调研能力。对于质量较高的课题研究成果积极向税务学会、国际税收研究会和总局科研所推荐。三是完善《江苏地税》组稿机制。加强与系统文学、摄影、书画等俱乐部的沟通协调，组建联系人网络和约稿机制，定期发布要求，辅导各局创作。全年被《江苏地税》采用稿件 31 篇，在全省名列前茅。四是调优考核办法，规范学会论文评选。科调研成果转化将考核扣分调整为加分，同时积极主动与省地税局科研所、省国际税收研究会等沟通协调，帮助基层局完成重点课题任务。税务学会论文评选坚持将专业评委和群众评委按比例计算评分，确保评选工作的规范和透明。目前 32 篇市局重点课题已全部实现成果转化，全系统在省部级以上指定刊物上发表论文23篇。“完善地方税收体系的思考”被省社科研究学会立2014明年重点课题,《战略性新兴产业发展的税收激励研究》和《税收宣传的国际借鉴研究》两篇论文荣获市社科决策咨询优秀成果;《税收促进新型城镇化建设的研究》在市社科联高层论坛交流。

(汪树强)

参加中国税务学会税收调研课题研究 按照中国税务学会2013年税收调研课题安排,市地税局参加了“宏观经济与税收政策研究”课题,六合局承担了“税收促进新型城镇化发展的政策研究”子课题,在9月山西省太原市召开的研讨会上,获得与会专家和代表的好评。 (查贵成)

2篇论文在中国税务学会论文评选中获奖 在中国税务学会第六次税收学术研究优秀成果评选中,由林克勤撰写的《“阳光税务”在税务领域中的探索与实践》和左明、谢海航、徐浩波撰写的《围绕组织收入中心任务加强执法监督的思考》分别获得二等奖及佳作奖。 (查贵成)

受南京市社科联邀请在高层论坛专题发言 10月,六合局王火生受南京市社科联邀请,作为全市唯一基层单位代表,参加了南京经济发展高层论坛,做了“税收促进新型城镇化发展的政策研究”专题发言,得到了与会专家、学者的肯定。

(查贵成)

开展税务学会理论研讨活动 市税务系统2013年度理论研讨活动确定“税务现代化建设研究”等6大类57个课题,活动分6个课题小组分别开展。其中,市地税局共分3个课题小组:第一组由建邺局、化工园局、办公室牵头组织;第二组由玄武局、溧水局、征管科技处牵头组织;第三组由稽查局、浦口局、财产行为税处牵头组织。各课题组于9月底前完成了调研活动,每个课题小组向市税务学会推荐了15篇论文。经过评审,市税务学会最终评出获奖论文120余篇,其中市地税局有38篇。柏鹏撰写的《完善地方税体系的思考》等3篇论文获荣誉奖;吴春高、李骞、王启明撰写的《房产税设计建议及影响分析—以南京为例》等8篇论文获一等奖;汪树强撰写的《非法所得纳税问题研究》等10篇论文获二等奖;孙建忠撰写的《地方税收促进全市科技发展的思考》等12篇论文获三等奖;刘明祥、王小平撰写的《税收促进高新技术企业科技创新的政策》等5篇论文被评为网站优秀论文。获奖论文汇编成《南京市税务学会2013年税收优秀论文集》。 (查贵成)

2013年南京地方税务局税收科调研成果(省部级以上)统计表

表41

序号	文章题目	作者	刊载杂志	期号	成果类型
1	试行电子发票实施综合改革	邵峰、余静、王颖	《中国税务》	第6期	发表
2	寻求检举管理工作新突破	杨建勤		第6期	发表
3	对我国个人住房房产税试点效果的评析及建议	徐春林、倪燕、许银奎	《涉外税务》	第6期	发表
4	税收风险识别模型需要整体设计规划	钱家俊、陈军、李洪进	《中国税务报》	2013-2-20	发表
5	新时期税务稽查研究——有必要建立国地税局联合办案机制	周和英、潘小保		2013-9-18	发表
6	农村小额贷款公司相关税收政策应明确	张登明、王红华		2013-10-23	发表
7	改革和完善城市维护建设税制度势在必行	刘德才		2013-11-6	发表
8	非法所得纳税问题的思考	左明、汪树强	《税务研究》	2013年增刊	发表
9	论我国中心城市纳税服务体系的建设——以南京为例	王超、钟武斌、周洁		2013年增刊	发表
10	个人所得税征管与个人信用体系建设	承蕾		2013年增刊	发表
11	个人所得税的劳动供给效应分析	沈向民、陈良华		2013年增刊	发表
12	税收促进新型城镇化发展的政策研究	郑良、王火生、王小平	《研究报告》	第10期	发表
13	新形势下完善税收执法责任制的思考	刘军辉、王勇		第19期	发表
14	重点税源专业化管理的国际借鉴研究	胡连强、余梦雅	《江苏税苑》	第1期	发表
15	新时期涉税舆情管理的思考	李骞		第1期	发表
16	完善纳税服务体系借鉴国际经验的研究	曾冲、徐瑶		第2期	发表
17	关于房产税制度改革的一些思考	李骞、王启明		第2期	发表
18	深入推进税务依法行政的实践与思考	徐浩波		第3期	发表
19	促进我省金融创新业务发展的税收政策分析与思考	左明、陈云、宗慧		第5期	发表
20	构建以财产税为主体的地方税务体系	陈奇、赵建华、李丹		第5期	发表
21	提升税收风险指标建设有效性的思考	秦鑫	《江苏地税》	第4期	发表
22	新征管模式下进一步强化税收风险管理的探析	王桃之、丁伟		第4期	发表
23	关于完善环境保护税收政策的探讨	罗斌、唐棣	《南京社会科学》	2013年增刊	发表

2013 年调研论文选登

《税务研究》2013 年增刊发表:

论我国中心城市纳税服务体系的建设
——以南京为例

王超　钟武斌　周洁

【内容提要】本文首先从纳税服务相关理论出发,对纳税服务体系的认知进行阐述。在对我国中心城市纳税服务体系建设现状进行分析的基础上,借鉴国外先进经验,结合江苏省南京地方税务局多年的探索实践,以南京为实例,提出了对我国中心城市纳税服务体系建设的思考与建议。

【关键词】中心城市　纳税服务　体系建设

作为税收工作的核心业务之一,纳税服务对于提高税法遵从度、降低税收成本、密切征纳关系等具有重大意义,直接影响着现代税收征管新格局的构建。中心城市因其自身的特点和特殊的职能,对纳税服务要求相对较高,其纳税服务体系的建设对于一国纳税服务体系的构建更是有着重要的导向作用。因此,如何立足当地实际情况,从纳税人需求出发,借鉴国外先进服务经验,进一步完善我国中心城市的纳税服务体系建设,具有重要的理论和现实意义。

一、纳税服务相关理论

研究中心城市纳税服务体系建设问题,首先要对纳税服务体系本身有一个准确的认识。在理论渊源方面,国外很多研究政府公共服务、经济学等方面的著作,都成为了改进纳税服务的重要理论依据。

(一)不同理论视角下的纳税服务

1.新公共服务理论。新公共服务理论的代表人物是美国的登哈特教授,这一理论强调服务理念、战略思考、公民权利、公共利益、人本精神、责任意识等,这些对于纳税服务工作产生了深远影响,包括树立为纳税人服务的理念,加强纳税服务制度建设,以纳税人为本,尊重纳税人的权利,优化组织结构,再造业务流程,努力满足具有不同诉求纳税人的各项合理需求,调查纳税人的满意度等等,不仅要实现纳税服务的经济价值,更要实现纳税服务的社会价值。

2.公共财政理论。公共财政是市场经济下的财政,有以下一些基本原则:公共财政要依托于宪法和法制;税法只能由立法机构来制定;财政收入和支出必须分开;公民有纳税义务,同时也享有纳税人的权利。在公共财政模式下,政府向个人提供公共产品,个人向政府缴纳税收。税务机关既要为公共产品的供给提供资金支持,同时要为纳税人提供实实在在的服务产品,因此税务机关既是执法机关也是服务机关。

3.税收遵从理论。税收遵从是纳税人基于对国家税法价值的认同或自身利益的权衡而表现出的主动服从税法的态度。一方面,对于无知性税收不遵从可以通过税务机关提供纳税服务,帮助纳税人提高自觉履行纳税义务的能力来转化为税收遵从。另一方面,必须通过优质的纳税服务,降低纳税人的税收遵从成本,从而提高税收遵从水平。

(二)纳税服务体系的认知

纳税服务体系有广义和狭义之分。广义的纳税服务体系是指各级政府部门、各级税务机关和社会中介组织相结合,以税务机关为主体,共同为纳税人提供各种税收服务的系统。狭义的纳税服务体系是指税务机关依照法律、法规建立起来的专门为纳税人提供纳税服务的系统,这一系统并不是单项服务的简单集合,而是按照科学合理的原则搭建起来的一个分层次、全方位的综合性系统。

《"十二五"时期纳税服务工作发展规划》提出,到 2015 年年末,我国将基本形成以理论科学化、制度系统化、平台品牌化、业务标准化、保障健全化、考评规范化为主要特征的始于纳税人需求、基于纳税人满意、忠于纳税人遵从的现代纳税服务体系。应该看到,纳税服务有空间范围的概念,只有将纳税服务体系建设放在一个具体的空间里研究,才能使服务产品更贴合实际,更能满足纳税人的正当需求。

二、我国中心城市纳税服务体系建设的现状分析

经过 20 多些年的努力,中心城市的纳税服务体系建设初见成效,但由于受历史、体制等诸多因

素的影响，相对于所要达到的目标，仍然存在着不少问题，需要在今后的建设中加以改进和完善。

（一）对自身纳税服务体系建设的研究不够

目前各地的纳税服务体系建设大多只是布置落实上级的要求，很大程度上是出于完成任务的想法，并没有真正花时间和精力来进行深度思考和战略性规划。表现为，方式方法上不够务实有效，很多措施还停留在形式的层面，信息化手段运用不够深入广泛，纳税服务工作在标准化、程序化和规范化上需要进一步推进等。由于税务机关提供的纳税服务有时候是“一厢情愿”，有时候又浮于表面，“为服务而服务”，耗费了人力物力，纳税人却反应甚微。

在这一过程中，对纳税服务“提供者”——税务人员的需要也有所忽视。税务人员是纳税服务体系的设计者和建设者。只有客观认识税务人员自身价值的实现与纳税服务组织目标的实现之间的内在逻辑，正确处理人员需求与工作需求的关系，才能使税务人员全心工作，建设出的纳税服务体系更符合纳税人需要。

（二）对纳税人需求考虑不足

从目前实际情况来看，一是纳税服务需求收集平台及相关制度机制建设仍相对滞后。需求收集渠道有待进一步拓展，并且未能有相应制度配套来保障其规范化运行。二是纳税服务需求识别和分析模型建设仍相对滞后。目前对需求分析识别主要依靠人工主观判断，成本高、工作量大、效率低。三是纳税服务需求响应及时性、准确性和规范性仍存在不足。受人力资源限制，加上纳税服务需求日益复杂多样，致使需求响应不够迅速，准确性和规范性缺乏统一科学标准衡量与考核。

（三）与税收征管业务的协调有待加强

税收工作的过程既是执法的过程，也是为纳税人服务的过程。在实际工作中，常常出现将两者对立的误区，认为强调了服务，就弱化了管理，进而造成税收工作履行过程中职权与职责的缺位及越位。具体体现在：搞突击和应付，把纳税服务当作一项单独的工作来抓；重管理轻服务，重税收征管工作的任务和责任，轻纳税人的合理需求；管理与服务相脱节，税政、征管不从纳税服务的角度来考虑问题，纳税服务也未能发挥征管的基础作用。

（四）税务机关内部协同服务机制未建立到位

目前比较普遍的一个现象是，纳税服务过度依赖于征收环节，形象展示、服务落实大都集中在办税服务厅，管理、稽查等环节的纳税服务提及甚少。由于服务意识缺失，加之税务机关内部的协同服务机制又尚未建立，本应嵌入各项税收业务中的纳税服务在落到实处时往往会遇到很多困难和阻力。其他部门常常认为纳税服务部门是专业从事纳税服务的团队，纳税服务理应由纳税服务部门独自包揽。纳税服务只能在办税服务厅、“12366”建设、税法宣传等相对单一的表面徘徊，难以向深层次发展。

（五）服务成效评价体系有欠缺

对于纳税服务的质量和实效，目前评价方法较为单一，并且大多还处于事后总结性的主观评价阶段。在外部评价方面，往往是由税务机关主导，调查项目过于简单，调查对象缺少代表性，很难根据调查结果找出纳税人的需求和服务的差距。可以说，现阶段纳税服务的效果很大程度上仍依赖于行政领导的自身觉悟、管理水平以及税务人员本身的素质，更多的是一种自觉行为，缺乏刚性的责任追究。

三、我国纳税服务体系建设的思考与建议——以南京为例

国外的纳税服务工作起步较早，其体系建设有很多值得我国借鉴之处。在学习先进的同时，更需要结合自身实际，积极探索符合本地实际需要的纳税服务体系建设之路。南京作为区域中心城市，其较早的工作探索、相对突出的工作成效、多次参与全国性纳税服务相关工作研讨的工作经验，对于促进我国中心城市纳税服务体系建设有一定的参考意义。

（一）国外纳税服务体系建设的经验与启示

1. 将纳税服务理念贯穿于税收征管全过程。各国越来越认识到纳税服务在税收征管中的作用，注重以人为本，普遍视纳税人为“顾客”，在为纳税人办理税务事项过程中，通过为纳税人提供优质、高效的服务，提高纳税人的税收遵从度。英国有一句谚语：“税收是代议制之母”，其税收的实质是“议会中心主义”，体现了纳税人至上、王在法下的宪政精神。美国联邦税务局的名称为International Revenue Service（简称IRS），名称中即含有服务（Service）之义。

2.提供基于纳税人需求的全方位服务。注重保障纳税人权利,以纳税人需求为导向,确定纳税服务的内容、方式等;构建扁平化的组织机构以提高效率;进行流程再造,在保证服务质量的情况下降低服务成本。1998年,美国国会通过了《联邦税务局重组与改革法案》,将组织机构改为围绕不同纳税人群体的特殊需求来设置,而不再是按照行政区域逐级设置全职能局,整个组织架构实现了高度的扁平化。

3.充分利用现代信息技术手段。税务机关利用网站提供从税收政策咨询、网上办税、税收争议解决等多方面多层次的纳税服务内容。并且加强与其他政府部门的网络信息共享,解决纳税人向不同政府部门重复提供资料的繁琐状况。在"整体政府"的理念下,英国纳税服务体制包括:建立跨部门的公共服务标准;构建跨部门伙伴关系;整合部门职能;整合信息系统。其网上税务平台包括电子政务和网上税务。在美国,纳税人通过信函、电话与税务局交流居多,夏威夷州税务局开通的语音反应系统可以回答纳税人的多数业务问题。

4. 建立科学的服务标准以及监督考评机制。设立详细明确的服务标准,要求严格对照执行,避免纳税服务工作流于形式。建立科学的纳税服务绩效考核指标体系,跟踪、监测服务质量,督促纳税服务工作不断改进完善。如英国税务局坚持量化全国统一的服务标准,要求所有打给税务局的电话,20秒内接通率90%;80%的邮件在15个工作日内回复;对没有预约来咨询中心的,95%的人在15分钟内得到接待等。美国特拉华州税务局要求95%的客户服务热线电话能在30秒内答复解决。

5.推行社会化纳税服务。注重利用社会资源为纳税人服务,一方面大大拓展了纳税服务的外延,使纳税人接受纳税服务更为方便、全面。另一方面也改革了税收征管模式,节约了纳税服务成本。如英国成立纳税人协会、推行税务代理、开展"税收志愿者行动"等,帮助纳税人了解税法,履行纳税义务。澳大利亚则形成了由税务部门、税务代理机构和纳税人协会组成的三位一体的纳税服务网络,通过推行税务代理制和提供税务援助,确保纳税人的自身权益。

(二)中心城市纳税服务体系建设的建议——以南京为例

1.明确纳税服务体系的建设方向。要做好纳税服务体系建设工作,首先要对当地的经济社会发展情况、纳税人需求、税收征管状况等多方因素进行深入调研。在此基础上,将当地实际情况与纳税服务工作总体要求相结合,进行系统思考、科学谋划,找准工作目标定位,确定一条符合当地实际需要的纳税服务体系建设之路,使纳税服务工作真正融入当地、落地生根。南京地税局在全国率先明确了纳税服务工作目标思路,该局"一二三四五"纳税服务目标思路2009年被国家税务总局《税务简报》专刊刊发。

2.完善纳税服务体系的组织架构。为避免纳税服务工作虚化,要加强纳税服务机构与其他部门之间的沟通衔接,建立起扁平式的税务组织结构,减少管理层级,加强信息共享与交流,形成务实高效的整体服务格局。目前,南京地税局纳税服务机构设置主要分为三个层级:在征收税务局(纳税服务局)下设5个科室,对全系统17家单位的纳税服务科以及17个办税服务厅进行管理。通过3层立体架构,南京地税局在其全系统搭建起了有力保障纳税服务全员全方位工程的组织结构体系。

3.健全纳税服务的体制机制。要从纳税人角度出发,建立健全一整套与现行征管模式相匹配的,涵盖服务管理类、行为规范类、绩效考核类的纳税服务工作制度,来规范操作、明确责任。具体而言,包括纳税服务管理机制、纳税服务需求收集及评价机制、纳税服务考核评估机制、纳税服务责任机制等。

南京地税局制定了纳税服务工作规范以及具体的各项操作性规范。要求制定涉及纳税人的征管流程和管理制度,必须事先征求纳税服务部门意见。积极推进标准化模式下的服务细分策略,细化各岗位服务标准。通过需求调查、行风评议、咨询投诉等渠道收集纳税人需求,初步建立起纳税人需求库。实行内外结合、以外为主的服务评价机制,对外通过不定期开展随机暗访、服务质量回访和定期开展纳税人满意度调查等形式,全面了解纳税服务的实际效果。制定纳税服务责任规定和责任过错追求办法,通过过错追究保证责任落实。在2010年和2012年两次全国纳税服务满意度调查中，该局纳税人满意度均名列省会城市第一。

4.拓展纳税服务的方式方法。纳税服务工作要向纵深发展，一是要发展信息化的纳税服务方式，二是要发展个性化的纳税服务方式，三是要发展社会化的纳税服务方式。

南京地税局积极推行了同城通办、涉税审批前置服务、"免填单"服务、"一窗式"服务、预约服务、值班服务、导税服务等服务举措。鼓励有条件的基层单位实行国、地税联建办税服务厅。借助地铁、公交显示屏等流动载体加大宣传，建设税收文化教育基地，并探索建立了网上文化教育虚拟展厅。优化疑难问题专家答复机制，开发"智慧税务"手机办税服务厅，分层分级针对不同培训对象开设"扫盲班""提高班"和"专题班"。设立"纳税人之家"、维权服务联系点，通过"12366"热线、外部网站、办税服务厅意见箱等，受理、收集纳税人投诉和意见建议。初步建立起信用管理指标体系，推进纳税信用与其他商业信用的联动管理。加强税务代理中介机构的职能发挥，推动税收志愿服务组织的建立和发展。

5.建设纳税服务的人才队伍。要牢固树立以人为本的管理理念，营造良好的工作氛围，着力培养税务人员的危机意识以及学习应变能力，培育团队服务意识以及合作精神，使税务人员及时掌握新知识、新技能，密切部门之间以及部门内部的合作，以适应纳税服务工作的新需要。

南京地税局探索建设了以"人本、专业、创新"为主题的纳税服务组织文化，营造"高效工作、张驰有度、健康生活"的组织氛围，要求窗口人员以纳税人为本，像对待亲人、熟人一般对待来办事的纳税人，为纳税人做好服务。定期开展形式多样的素质培训和岗位练兵活动。修改完善绩效考评办法和公务员考核管理办法，切实发挥绩效考核对奖优罚劣的导向作用。在岗位奖励、评先评优、干部晋升、学习深造等方面向办税服务厅工作人员适当倾斜，突出对办税服务厅一线的人力资源保障工作。

6.创新纳税服务的技术平台。在服务能力上，要依靠网络、手机等现代信息通信手段不断提高服务的质量与效率，提高需求响应的及时性，解决征纳双方的信息不对称，让纳税人获得高品质的纳税服务，使纳税遵从变得更加容易。

南京地税局目前引导纳税人尽量通过网络办理各项涉税事宜，并计划通过网上办税、手机办税、自助办税等工作的推进，逐步减少前往办税服务厅的纳税人数量，适时收缩办税服务厅。大力推行影印系统和"一户式"电子档案库，以实现常用资料和多环节流转资料一次性采集。该局"12366"是全国首家采用国地税联办、省市共建形式的纳税服务热线，南京地区纳税人可以"一个电话问妥税收事"。该局还定期或不定期与国税、工商等部门交换数据；广泛运用QQ群、短信、电子邮件等现代化载体为纳税人提供宣传和咨询服务；开发应用纳税人诚信系统，建立网上举报、投诉、建议快速归集和处理机制，全方位维护纳税人权益。

参考文献：

(1)国家税务总局纳税服务司编著《国外纳税服务概览》，人民出版社2010版。

(2)刘颖、金一星《美国国内收入局战略规划(2009-2013年)简介》，《涉外税务》2009年第11期。

(3)邱慈孙《美国税收管理的特点及启示》，《涉外税务》2006年第7期。

《税务研究》2013年增刊发表：

非法所得纳税问题的思考

左明　汪树强

【内容摘要】对非法所得是否应该纳税一直是税务界乃至法学界争论不休的问题。"非法所得"定义虽然是一个纯粹的理论问题，但它却直接关系到我国税收法律体系的建设，界定"非法"与"合法"的所得是科学制定税收征税对象的重要前提，是制定具体行政行为的重要参考，更是行政执法的重要依据。因此，"非法所得"是否应纳税这一课题具有较强的现实意义和法律意义。

【关键词】非法所得　税收立法　合法所得

一、从税收立法基本原则辨析非法所得

(一)从法理学的角度分析

从法理学的角度分析,“税法基本原则可以概括成税收法定原则、税收公平原则、税收效率原则和实质课税原则”。(注:《税收法制基本知识》马林主编,东北财经大学出版社,2000年第1版)

1.税收法定原则分析

税收法定原则的产生是历史上新兴资产阶级领导人民群众与封建君主斗争的直接结果,为当时的资产阶级民主政治建立增添了坚实的法律基础。从现代社会来看,税收法定原则则偏重于保持税法的稳定性和可预测性,这对于市场经济的有序性和法制社会的建立与巩固是十分重要的。它主要包括课税要素法定、课税要素明确和依法稽征三个方面。

课税要素必须由法律直接规定,法律没有规定的不征税。“非法所得”属标的物法律性质的判定,不在税法调节范围之内,税法只关注所得的数量、载体和受益人等所得的物理属性,因此从这个层面上理解税法并不要求所得来源必须合法。

课税要素的规定必须尽量明确,在基本内容上不能出现漏空。出于适当保留税务执法机关的自由裁量权,协调税法体系的目的和立法技术上的要求,有时在税法中作出较模糊的规定是难免的。由于非法所得的界定并不是税务机关的职责,税务机关也不可能对每笔经济收入先判断是否合法然而再征税。

税务机关必须依法稽征,无权变动课税要求和征收程序。目前我国税法中所述“非法所得”仅指纳税人妨害发票管理的违法行为所产生的所得,而对于各税种的所得或收入是否一定要合法并未在程序法或实体法中述及。因此,税法中非法所得问题的研究仅局限于发票管理环节,其他各税种只就其取得的所得或收入依法稽征。

2.税收公平原则分析

一般认为税收公平原则是指税收负担必须根据纳税人的负担能力分配,负担能力相等,税负相同,负担能力不等,税负不同。当纳税人的负担能力相等时,以其获得收入的能力为确定负担能力的基本标准,但收入指标不完备时,财产或消费水平可作为补充指标,当人们的负担能力不等时,应当根据其从政府活动中期望得到的利益大小缴税或使社会牺牲最小。从这个原则出发,如果将非法所得排除在税收课征范围之外就会造成非法所得占全部所得比重越大者纳税越少,这明显违背了公平原则。

3.税收效率原则分析

税收效率包括经济效率和行政效率两个方面,税收经济效率就是国家在征税时除了使纳税人因纳税而发生税款负担外,应尽可能少地避免给纳税人带来额外的负担或经济损失。如果税务机关征税时要判定收入的合法性必然会影响纳税人的正常生产经营,生成不必要的损失;税收行政效率要求以最少的征管费用获得最多的税收收入。虽然税务机关可以根据“合法推定”先对全部所得征税,但如果必须对纳税人的所得来源区分“非法”与“合法”则必然导致管理费用增加,效率下降,对于一时无法判定的还会造成税款流失等。就好比公安机关抓获的只是“犯罪嫌疑人”,而判定为罪犯还要司法部门进行大量的调查、取证、公诉、判决等一系列的工作。因此从这个原则出发,“非法所得”排除在征税范围之外必将降低税收效率。

4.实质课税原则分析

实质课税原则是指应根据纳税人的真实负担能力决定纳税人的税负,不能受其外在形式的蒙蔽,而要深入探求其实质。反之,如果仅仅是形式上符合课税要件,而实质上不满足时则不能确定其负有纳税义务。如餐饮、洗浴、娱乐等服务行业的服务人员,尤其是“按摩小姐”的收入从雇佣方取得的收入基本有据可查但金额较小,更多的是隐性的或者非法的收入,如果将非法所得排除则这些服务人员的收入基本达不到起征点,根据实质课税原则税务机关就应该核实其收入情况并确定相对合理的应纳税额。

(二)从普遍征税原则分析

从19世纪瓦格纳提出的普遍征税原则来看,税收负担应普及到社会上的每个成员,每一国民都应有纳税义务。不可因身份或社会地位特殊而例行免税,要做到不偏不倚。瓦格纳的普遍征税原则解决了任何人都应纳税,没有例外的问题。西欧近代著名思想家,著有《市民论》《国家论》的霍布斯从税收“利益交换说”出发,倡导税收平等观,就是使个人承担的负担与其从国家享受的利益成比例。只要属于某国家的公民,都享受了国家的权益,不管其采用何种手段获得所得,都要承担税负。霍布斯的理论在一定程度上解决了任何收入都应纳税的问题。但是有学者却认为"普遍征收原则的最初提出主要是针对那些享有税收豁免权的封建贵族,它所要求的不是'任何收入都应纳税',而是国家征税不考虑纳税人的政治、经济和社会地位的特殊而课及到每一个有纳税能力的国民。随着时代的变迁和社会经济形势的变化，普遍征收原则的基本内涵也并没有扩展到将纳税人所有的所得都纳入征税范围。而否定者恰恰对'普遍征收原则'作了绝对化的理解。"笔者认为,普遍征收原则虽然是针对那些有税收豁免权的人，但税收是对经济行为或收益的行政征收行为而不是对人的征收行为，因此普遍征收原则最终的落脚点还是经济收入,从这个层面上说,普遍征收原则是不区分收入是非法还是合法的。

二、从税收实践辨析非法所得

(一) 从税收征缴过程分析

1.税源管理

近年来国家税务总局先后下了多个文件要求各地加强高收入者个人、个人独资合伙企业个人所得税的监控，文件中并没有要求区分合法收入与非法收入,而这些人的收入往往含有灰色的、黑色的隐性收入,如各种娱乐场所服务小姐的收入、贪污受贿的收入等，税务机关不可能也没有能力去鉴别每笔收入的合法性。再者,对储蓄存款的利息税，纳税人的每一笔存款是否属于合法来源所得是一个不确定因素，对其取得的利息也就不能够肯定是合法所得。如果一定要区分则要花费大量的精力去调查，这样只会造成税源的进一步流失。因此,从税源监控的角度来看,税务机关应该掌握全部所得而不必鉴别非法所得。

2.税款征收

从我国实际情况来看,"工商企业一直是纳税主体，但企业纳税并不意味着他们的所有经营行为和收入都是合法的，经营不合法也并不意味着他们就不纳税"。比如有的商店既出售正规厂家的产品,又出售非正规厂家的产品和假名牌产品,税务机关从未停止对其征税。但税务机关发现他们有明显的违法行为,有义务向相关部门举报,由相关部门予以处置。也就是说税务机关征税是相对于纳税人的经营行为和收入而言的，既便纳税人纳了税,如果违法也应当受到法律的制裁。

3.强制措施

税收保全和强制执行措施的主要形式有:通知纳税人的开户银行暂停支付或扣缴相当税款的金额;扣押、查封或拍卖、变卖价值相当于应纳税款的商品、货物或其他财产。在这一环节,法律并没有规定要对纳税人的存款和财产合法性进行判断。

(二)从发票管理角度分析

在我国的税法体系中,仅在《中华人民共和国发票管理办法》第36、37、38和39等条款中体现了没收非法所得政策，这主要是针对纳税人妨害发票管理的违法行为。然而"非法所得"在税收法律中并没有定义和解释，更没有对非法所得的范围具体划清界限。笔者认为,这里的"非法所得"已经局限于发票使用过程中产生的非法获利，而且这一所得是经过司法部门确认后的真实的"非法所得",并不是本文所谈的未经判定的非法所得。然而税法中非法所得含义模糊，带来税务稽查人员在办案中难以把握非法所得界限：一是人为扩大非法所得数额，将应属于合法所得断定为非法所得;二是人为减少非法所得数额,将应属于非法所得断定为合法所得;三是混淆非法所得界限,将所偷漏税款得益当成非法所得,冲减了税款。如某纳税人取得不符合规定的增值税专用发票，发票税额2万元,并已申报抵扣税款,对该纳税人在此行为中所得2万元收益，如果将此视为纳税人的非法所得,那么根据《中华人民共和国发票管理办法》第36条规定,未按照规定取得发票的,应责令限期改正,没收非法所得,可以并处1万元以下罚款；如果将此视为纳税人偷逃税款行为，则根据《中华人民共和国税收征收管理法》第40条,予以补税并处5倍以下的罚款。因此,对纳税人取得可以用于抵扣增值税进项税额的发票，但违法抵扣进项税额后的收益，税务稽查部门是认定属于非法所得予以没收还是认定偷税予以补税和罚款，则对税务处理有很大影响。对纳税人有违法所得的,税务稽查部门只是给予没收处理,即使有处以罚款的,一是主要是针对纳税人的违法行为,和纳税人所得到的非法所得多少基本无关系；二是罚款都已规定了上限,且罚款数额不大。如果纳税人偷逃税款，税务稽查部门根据其偷逃税款数量不大,处以罚款,情节严重构成涉税犯罪的,依照刑法规定移送司法部门追究法律责任。相比之下,对认定为非法所得的,处理就轻。现行税法规定,对查补的税款,纳税人若拒绝执行的话,税务稽查部门可以向其发出催缴通知书,责令限期改正,及时入库。同时,也可以视不同情况需要,分别采取加收滞纳金、处罚款,税收保全措施和税收强制执行措施等非正常措施,保障税款和滞纳金入库。对查补的罚款,税务稽查部门除责令限期缴纳外,对逾期不改正的纳税人,由税务稽查部门根据《中华人民共和国行政处罚法》规定,移交人民法院强制执行。但对于查出的没收非法所得数额,如果纳税人拒不执行,税务稽查部门却无权采取上述行之有效措施保障入库。

因此,从上述的实践环节来看,非法所得的鉴别是不必要的,笔者认为我国税法应该对发票管理环节涉及的“非法所得”规定明确的定义和范围,而不必对未确定的所得区分“非法”与“合法”。

三、非法所得与合法所得辩证关系

(一)非法所得与合法所得的对立与转换

2003 年江西新大地集团董事长被控涉嫌贪污受贿一案就对“非法所得”的界定产生了极大的争议,检方认为董事长属于公务员,其将公司收入存于个人账户的行为构成贪污,辩方认为董事长不属于公务员,个人有权支配公司收入。而此前,该收入已经缴纳了所得税,如果董事长被判无罪,就是对合法所得征税;如果被判有罪,那么就构成了事实上对非法所得的征税,按照传统观点那么就应该将所纳税款从国家入库税款中退出再归入“没收非法所得”项目中,但我国的司法实践中至今也没有这样做过。

非法所得与合法所得是对立的,但也是可以相互转换的,如 80 年代初我国还将投机倒把定为一种罪行,现在从事中介是合法的。非法所得与合法所得有时间和空间的限定,有些国家赌赙所得合法而有些国家就是非法,一项所得随着社会的变化而随着执政者的意愿时而非法时而合法。从纯税收收入理论角度来看,根本没有必要区分非法或合法,只要是所得就该纳税。

(二)国家税收的合法性分析

有学者认为,国家的存在就是社会正义的象征,税收是以国家为主体的课征行为,所以国家的课税也应当具有正义性。将非法所得纳入课税对象无疑有损于社会正义,同时也是有违社会道德的。科学的税收根据理论认为国家之所以能够征税是因为它执行了公共事务职能、为社会再生产提供了一般外部生产条件,从而拥有了征税的权利,因而是正当的和合法的;而社会成员之所以要纳税是因为享受了国家执行公共事务职能所带来的利益,从而具有了纳税的义务,因而也应当是正当的和合法的。从税收根据的角度看也应当将应税所得界定为合法所得。可以说将非法所得排除在应税所得之外是国家的正义性、社会道德伦理和税收本质共同决定的。

笔者认为,纳税人正因为享受了国家执行公共事务职能所带来的利益产生了纳税义务,而利益可能是非法的也可能是合法的。纳税人的非法获利也消耗了社会的资源,侵占了他人的利益,因此更有必要对其征税。至于“将‘非法所得’与‘合法所得’等同起来一并征税有违社会道德与伦理”这一观点,笔者认为是不正确的。人们认为将非法所得纳入征税范围违反社会道德,是在“纳税=合法”这一思想的误导下,认为将非法所得纳入征税范围就是承认了非法所得的合法性,这违反社会道德。而实际上,主张对非法所得征税,并不意味着承认纳税人取得非法所得的行为和结果是合法的,更不意味着对取得非法所得的行为容忍和放纵。

综上所述,无论是“非法所得”还是“合法所得”都是税法意义上的所得,都应该征税。从理论上分析非法所得是有必要,但应该看到纳税行为的合法并不意味着应税所得的合法,在税法实践中对于那些必须确认为“非法所得”的应尽快界定范围和定义,从而作为执法的依据,但在具体执法过程中没有必要区分所得的性质,否则就会降低征税效率。

参考文献:

1.《税收法制基本知识》马林主编,东北财经大学出版社 2000 年第 1 版。

2.《2013 年全国注册税务师执业资格考试指定教材–税法 I》中国税务出版社。

3.《涉外税务》2011 年赵惠敏《关于“纳税=合法”命题的思考——兼谈个人所得税应税所得的界定》。

《税务研究》2013 年增刊发表：

个人所得税征管与信用体系建设

承　蕾

【内容摘要】目前我国个人所得税占税收总收入的比例远远低于发达国家和绝大多数发展中国家的水平，税款流失严重，没有建立起完善的个人信用体系是至关重要的原因。在分析我国个人所得税征管存在问题和个人信用体系建设现状的基础上，借鉴美国的相关经验，笔者建议从健全相关法律法规、全面实施个人信用联合征信、建立个人全部收入监控体系和运用信用产品激励约束机制等几方面促进个人信用体系建设、强化个人所得税的征管。

【关键词】 个人所得税　个人信用体系　征信

2011 年全国个人所得税收入 6054.09 亿元，占税收总收入的 6.7%，如果按发展中国家该占比平均水平 15%计算，一年就流失了个人所得税 7403 亿元。如考虑提高工薪所得减除费用标准减收因素，选取 2010 年个人所得税收入数 4837.17 亿元，计算流失额仍达 6143 亿元。究其原因，除了个人所得税制不够完善（非本文研究重点，不予赘述）、公民纳税意识淡薄之外，没有建立起完善的个人信用体系是至关重要的原因。

一、我国个人所得税征管面临的问题

（一）个人收入隐性化，偷逃税手段多样化

随着市场经济的发展，我国居民收入日趋多元化，利息、股息、红利等资本性收入、财产租赁收入等所占比例不断上升，由于没有完全建立个人纳税信息管理网络和登记制度，对于来源分散、不固定的收入税务部门缺乏有效监控。企业和个人会采用多种手段“减少”申报的收入，如发放补助和实物福利不计入薪酬、现金交易、在多家银行开设多个账户分散收入等。

（二）高收入个人偷逃税严重

2010 年，我国个税收入中，工资薪金所得项目 2805 亿元，占个税总收入的 58%。目前是 40%的中等收入者缴了 60%的个税。虽然从 2006 年起实行年所得超 12 万元需进行纳税申报，但是到 2009 年全国仅有 300 万人进行申报。而美国早在 2006 年平均年收入在 36 万美元以上的富裕家庭，就缴付了联邦政府个人所得税总收入的 73%。

（三）税务部门与纳税人存在严重的信息不对称

我国目前没有建立纳税人财产申报制，税务部门与银行、房产、工商、保险、公共事业等部门信息不联网，纳税人财产、收入的信息主要依赖代扣代缴单位和个人自主申报，而出于追逐经济利益最大化目标，企业和个人往往会“合谋”提供虚假信息。相反，随着近年来政府职能转变和公众对依法行政需求的提升，税务部门不断强化服务措施，企业和个人能便利地获得税收政策的详细规定与解释，全面掌握税务部门的信息，从而形成了双方的严重信息不对称。

（四）没有涉及个人如实申报的约束激励机制

我国刑法中对偷税行为的追究力度远远低于对诈骗、偷盗等犯罪行为的追究力度，纳税人和扣缴义务人偷逃税行为如果被税务部门发现之后除了补税罚款之外没有进一步的惩罚措施，对其今后经营、生活没有影响，也就是说偷逃成本较低。同时，对一贯按章纳税的纳税人和扣缴义务人也没有进一步的激励措施，不利于依法纳税意识的正强化。

二、我国个人信用体系建设现状

根据国际惯例，一个地区人均 GDP 超过 5000 美元时，社会的交易方式将从以实物、货币为主向以信用为主转变，形成对信用产品、信用制度的内在需求。信用体系建设在发达国家已走过了一百多年的历程，我国的信用体系建设起步较晚，在“九五”期末提出，2000 年 6 月上海资信有限公司成立，建成上海个人信用联合征信系统，将分散在各商业银行和社会有关方面的个人信用和信誉信息形成个人信用档案信息数据库，为有关方面了解个人的信用状况提供服务。此后，深圳、广州、大连、北京等市也建立个人信用制度，但全国范围内的个人信用体系仍然没有真正建立。

目前我国的个人信用体系存在以下问题：

（一）国民“信用”意识淡薄

虽然“人而无信，不知其可也”的认识古已有之，但在国人眼里，“信用”是一个道德范畴的问题，对失信者的惩罚或监督措施的严重缺位使得

他们往往能够以低成本获得高收益,守信的“老实人”反而吃亏。国民在经济生活中没能用自己的“信用”争取更多的权利,也不能通过了解他人的“信用”来维护自己的正当权益,造成了信用失范的社会现象。

(二)个人信用相关资料严重缺乏

在信用制度完善的国家,个人信用数据一般包括自然人的身份证明和个人社会档案、帐户和收入来源及个人可支配的用于抵押的资产。目前我国可用于征信的信息除金融系统外,公安、税务、工商、证券、司法、医院、公共事业收费单位等积累了大量有用信息,但实际只为本部门和上级使用,真正能够辐射到社会的只有6%。商业银行信用评价采用的信用资料则过于注重职业、收入、家庭财产等现实因素,忽视对个人发展潜力、还款能力等动态因素的考察,如个人“存款余额”和“实物资产”并不能证明个人收入的多少、来源及可靠性,也不能提供个人以往的信用记录,使得对个人信用的评估准确度、可信度不高。

(三)征信机构规范性、专业性不强

目前我国各类信用服务机构大多是分散经营、规模不大,信用评级机构既有专门的个人信用评级机构,也有银行系统的评级部门,但工作进行得并不深入和系统,常常各行其是,缺乏信息互通。加上我国地区差异较大,信息因地域分割开放程度不高,评估机构难以获得,使得征信机构提供的信用报告权威性、可比性不强,继而也影响了社会对信用产品的进一步需求。

(四)缺乏信用法制环境

我国现行法律体系中涉及个人信用方面的规定较少,有一些地方性法规对征信体系进行了初步规范,如《上海市个人信用征信管理试行办法》(2003年)、《深圳市个人信用征信及信用评级管理办法》(2001年)、《江苏省个人信用征信管理暂行办法》(2007年),就整个社会而言,对信用的管理停留在依靠社会舆论和道德去约束,缺乏对信用的经济制裁、法律约束等强制性的外在约束。2013年,酝酿了十年之久的《征信业管理条例》施行,对征信机构的业务活动及监督管理做出了原则性的法律规定,但对于征信活动诸多实际操作问题仍未涉及。

综合我国个人所得税征管和个人信用体系建设情况可知,一方面,个人信用体系建设的滞后制约了个人所得税征管水平和质量的提升,另一方面,没有将个人税收信息纳入的信用体系也不成其为完善的信用体系,其发展进程也受到影响。

三、美国个人所得税征管与个人信用体系建设

美国个人所得税在整个税收收入中占有绝对优势地位,2009财年个人所得税9000亿美元,占政府收入近一半。美国个人所得税征管有力得益于其完善的个人信用体系。

(一)信用局在个人信用体系中具有权威地位

美国目前主要有三大信用局——Equifax、Trans Union、Experian,在个人信用体系中处于核心、权威的地位。专门从事收集消费者个人信用记录,制作消费者个人信用调查报告,并向合格的使用者出售信用调查报告的业务。每月进行20多亿份信息数据的处理工作,拥有美国1.8亿元成年人的信息资料,每年出售个人信用报告多达6亿多份,收入过100亿美元。

(二)完善的法律体系和惩诫机制

美国关于信用管理的基本法律有16部,将信用产品加工、生产、销售、使用的全过程均纳入法律范畴,对规范授信、平等授信和保护个人隐私等行为进行规范。在美国除小额交易外,其他交易必须通过银行账户转账,否则就是违法。不允许公民有多个身份证明,居民个人都拥有一个SSN号即社会保障号,该号码终身无法伪造。政府部门、银行等授信人可以通过SSN号在全国的网络上查询公民的个人信用记录。不准有不良信用记录的公民或外国人作为新注册公司的股东或任最高管理职务,在破产记录保留的7至10年内,消费者个人不允许得到新贷款,凡以欺骗手段取得他人个人资信调查报告的,将被处一年以下徒刑及5000美元罚款。

(三)高度共享的信息网络平台

美国信息化程度较高,特别是税务部门与银行之间的信息共享性极高。社会保障号是进行一切经济交往、享受社会保险的必要条件,也是纳税代码,税务部门很容易与其他部门交换信息,准确掌握纳税人的各项应税收入情况、基本经济情况和资金流动情况,实现有效监督。高度共享的信息平台使得信用局能通过多种途径获得消费者个人信息，如：向银行、信用卡公司、公共事业公司、零售商等了解消费者付款记录最新信息；向雇主了解消费者职业或岗位变化情况；从政府的公开政务信息中获取被调查的消费者的特定信息等。

(四)高效严格的个人所得税管理和纳税信用体系

税务部门为所有进行生产经营活动的单位和就业的个人建立纳税编码和税卡。任何单位申请登记开业时，必须向税务局提供包括雇佣人员、规模、银行账号等有关纳税方面的资料，个人在就业前也要向税务局填报税卡，税卡上的信息作为税务局对该公民征收个人所得税的档案。对于欠缴税款税务部门可以通过与银行联网查询存款账户，追缴税款。税务部门每年都会随机抽查一定数量的税表(随机抽查率一般为 1%)进行税务审计，偷税者一旦被查出，除要缴纳数倍的巨额罚款外，可能被判刑入狱，税务机关还将通过电子档案记录在案。税收信用还与居民的不动产消费、医疗服务、教育甚至退休金计划相联系，在个人信用评价体系中占据重要地位，对其教育、就业、消费、领取失业救济金等行为产生影响。如税务机关发现纳税人申报不实，在对其书面通知无效的情况下，会降低纳税人的信用等级，冻结银行账户、信用卡，甚至给予刑事处罚。

四、加快信用体系建设步伐的若干建议

(一)转变国民观念，培育信用文化

信用早已不仅仅是道德问题，也是一种商品，信用的商品化是市场经济发展的客观要求，个人信用具有使用价值和价值，这样的意识应该尽早在我国公民中树立起来。美国国民能够守信纳税并不是因为他们道德水平高，而是因为国家建立起了维护信用的全面、严格的经济、法律体系，信用能够创造巨大的经济利益，失信者将面临经济制裁和舆论谴责。因此，培育信用文化是建立信用体系的重要内容。

(二)健全相关法律法规

2013 年，我国首部征信业法规《征信业管理条例》出台，对于我国征信体系法制建设而言迈出了一大步，但应该看到，该条例中没有提及征信评级方法，对征信方法、信息披露途径、个人隐私保护等具体操作级问题都没有进行详细的规范，特别是“征信机构不得采集个人的收入、存款、有价证券、商业保险、不动产的信息和纳税数额信息”的规定，大大削弱了个人信用数据的全面性和可信度，个人纳税信息也令人遗憾地被排除在外。因此，我国的征信体系建设恐怕还有很长的路要走。希望不久之后，能进一步出台关于信用信息使用和公开、隐私保护、消费信用等一系列法规及实施细则，明确信息标准和使用规范，理顺监督职能，为我国信用体系建设创造良好条件。

(三)全面实施个人信用联合征信

鉴于我国国情，要尽快建立有效的个人信用体系，应采取政府和中央银行主导战略，以保障信用体系的权威性、规范性，避免虚假评估现象。应建立全国公共数据平台，通过政府力量打破区域、部门信息封锁，将分散的信息数据进行整合、加工，实现信息共享。税收方面，个人所得税缴纳情况应成为个人信用体系信息来源的重要组成部分。目前我国有可信度的个人信用证明比较少，个人在办理信贷、购房、购车、理赔、出国等需要收入和信用证明时，很多出示的是单位公章证明或银行存款证明，而个人所得税完税凭证既能证明收入水平又能证明信用程度，是个人经济能力最权威的证明，应尽快纳入个人信用体系范畴。

(四)建立个人全部收入监控体系

第一，大力推行银行结算，逐步实行除小额交易可使用现金外，一律转账交易的支付体系。第二，统一纳税人编码制度或采用居民(企业法人)身份证号码，将该号码作为单位和个人从事一切经济活动的依据，对个人参加金融存款、保险、就业及税收申报等进行信息化管理，保证税务部门可以从中全面、真实地掌握纳税人的经济信息。我国目前使用的第二代身份证是 IC 非接触智能身份证，在技术上完全符合身份证号码与纳税号码固定终身化要求，应加以积极利用。第三，推行个人金融投资及其他各项个人支付的实名制和信用卡制，逐步建立纳税人财产申报登记制度，使纳税人的财产显性化。第四，尽快实现税务、银行、海关、工商、保险等部门之间的联网，信息共享，建立严密的社会化监控体系。

(五)建立对运用信用产品的激励约束机制

构建完善的纳税信用等级管理体系和失信处罚机制，企业或个人有不良记录的，降低其信用等级，并通过全国公共数据平台共享信息，供公众随

时查询,接受全社会的监督。对失信个人进行经济惩处,并在一定期间内不允许对其授信,限制其从事经济活动的自由等。为培育市场需求和信用环境,政府部门应带头使用信用产品,在政府采购、招标、招录公务员等过程中把提供信用报告作为必要条件,要求个人投资、申请贷款、购买保险时必须提供个人所得税完税凭证,对信用记录良好的个人给予一定程度的优惠待遇等,这样既促进了信用体系的建设,也有利于强化个人所得税的征管。

参考文献:

[1] 艾洪德 蔡志刚 个人信用制度:借鉴与完善

[2] 伍志文 中国个人信用制度建设的制约因素分析及对策

[3]张家森 北京如何打造社会信用体系

[4]吴佑坤 美国税收信息化的观感与借鉴

[5]达潭枫 达潭辉 美国信用制度建设的三个方面

[6]何建奎 岳慧霞 中国个人信用体系模式选择

[7]司金 我国个人所得税的现状

[8]王向文 中美个人征信体系分析

[9]包健 境外纳税信用体系借鉴

[10]韦耀莹 对我国个人征信制度的研究

《中国税务报》2013年11月6日发表:

改革和完善城市维护建设税制度势在必行

刘德才

城市维护建设税(以下简称城建税)是对从事生产经营,缴纳增值税、消费税、营业税的单位和个人征收的一种税;其主要目的是扩大和稳定城市维护建设资金的来源,加强城市的维护与建设。随着市场经济体制的逐步完善与"分税制"财政体制的实施,城建税已经成为地方税收的重要来源,但其仍沿用着改革开放初期颁布的规章制度,期间仅将外资企业纳入了征收范围,对其他税制要素没有做过大的改革;随着社会经济的发展,尤其是"分税制"及国、地税分设后,在执行过程中暴露出许多问题,既不利于税收政策协调,也不利于加强税收征管,同时也不能体现受益与义务相对应的原则;因此,改革和完善现行城建税制度势在必行,应从提高其税法位阶、改革其计税依据、合理界定其税率来改进与完善城建税的税制,使其逐步发展成为地方税系中的主体税种。

一、现行城建税存在的主要问题

一是税收条例不规范。城建税名为独立税种,但它是以增值税、消费税、营业税(以下简称"三税")的税额为计税依据的,采用附征的形式,实际上是一种流转税的附加收入,虽有条例,但税种要素模糊,从税种设置上说,具有不规范性;名为"城市维护建设税",但其不仅在城市范围内征收,而且也在县城、乡镇以及农村范围内征收;其收入主要用于城市公用事业和公共设施的建设和维护。从我国财政体制上说,税收原则上应纳入国家预算,根据需要统一安排其用途,并不规定各个税种的具体适用方向,但是作为例外,城建税条例专门明确城建税应当保证用于城市的公用事业和公共设施的维护建设;现行城建税是以纳税人实际缴纳的"三税"税额作为计税依据,其征收、管理、纳税环节、奖罚等有关事项,均比照"三税"有关规定处理,对"三税"有明显的依附性,条例带有明显的不完整性与不规范性。

二是税率设计不合理。城建税条例规定:纳税人所在地在市区的,税率为7%;在县城、镇的,税率为5%;纳税人所在地不在市区、县城或镇的,税率为1%;很容易因行政区域不同,造成毗邻的纳税人适用不同税率,形成明显的税负差异。而且现行城建税以实际缴纳的"三税"税额为计税依据,随"三税"征、减、免、退而同步进行征、减、免、退,造成一部分享受了公用事业和公共设施的纳税人,由于减免"三税"而不负担城建税;而且由于"三税"本身存在着税率差异,使得同等享用公用事业和公共设施的纳税人,因经营行业或生产产品不同而承担高低不等的城建税负。同时,城建税条例明确规定城建税是为城市建设维护而征收的一种税,从逻辑上讲,凡是有利于城市建设维护的经营行为就应少缴税,而增加城市建设维护成本的经营行为就应该多缴税,但是现行税率在设计上,对高污染、高耗能型与清洁、节能型纳税人之间税负设计没有任何区别。此外，目前发展小城镇是我国城镇建设的基本方向，这些地方的城建税如按1%的税率征收，难于满足城镇建设及未来维护的资金需求，不利于促进我国小城镇建设的健康发展。

*三是征管难度有点大。*现行的“分税制”管理体制，导致依“三税”计征的城建税，其征管水平受到增值税、消费税、营业税征管水平的制约。作为城建税计征依据的增值税和消费税的征收、减免由国家税务局负责，而城建税由地方税务局负责，在目前信息不能共享的情况下，地方税务局很难完全掌握增值税、消费税税源的情况，势必加大征管难度；而且在征收过程中，计税依据是以应纳“三税”金额还是以实纳“三税”金额并未有明确统一的规定，从而造成城建税征管上的不规范；同时，凡欠缴、少缴三税的，基本上都同步欠缴、少缴城维税，导致了入库不及时。对于临时纳税人、小规模纳税人销售货物，在国税部门代开增值税发票时，国税部门只负责征收增值税，这部分城建税极易流失，日积月累也是一笔可观的财政收入。

二、关于城建税改革的几点认识

我们认为，城建税改革主要在于赋予其正式的税收地位，改变其依附于流转税的状况，直接以纳税人的销售收入或营业收入作为计税依据，确定合理的税率，保证为城乡公用事业和公共设施建设维护提供充足的资金来源。

*一是设置为独立的税种。*城建税做为目的税，应当从流转税中分离出来，彻底改变目前名为独立税种，实质属于附征形式的流转税，进一步明确现行条例中各相关概念的定义，规范设置独立税种的税制要素，从根本上提高城建税的税法位阶。按照“改变计税依据，合理界定税率，下放管理权限”的原则将其改革成为一个名符其实、收入稳定、征管便捷的独立税种。这对城乡建设资金的筹集、公用事业和公共设施的建设与维护、社会经济的发展将起到积极的促进作用。同时，鉴于现行城建税的开征范围不仅包括城市，同时也包括乡镇农村地区，建议将其更名为“城乡维护建设税”，更为贴切地反映其征收对象、征收范围和税收用途，而且也符合我国大力发展小城镇的战略方针。

*二是税基设计为营业额。*重新明确计税依据，根据受益与负担相一致的原则，建议以纳税人的经济活动总量，即销售(营业)收入作为计税依据更为合理，使改革后的城建税收入随着国民经济的增长而增长，保证城乡公用事业和公共设施建设维护的资金来源稳定充裕；也符合城建税受益程度与纳税义务相匹配的设计原则，体现税负公平，而且可以解决因“三税”减免、欠缴等情况而使一部分享受了公用事业和公共设施的纳税人不负担城建税的问题。同时，计税依据修改后，由于计算简捷明了，既便于纳税人操作，也有利于税务部门的日常征管。与此同时，建议在中华人民共和国境内从事生产、经营活动并取得营业收入的单位和个人，都应是城建税的纳税义务人，实行普遍征收，更能体现受益负担相一致的原则。

*三是合理界定税率。*税制的设置要符合国家的宏观经济政策，在城市建设中，城建税要充分发挥税收的杠杆调节作用，税率的设计要公平、合理。首先是公平，负担要与受益相适应，毗邻不同企业享受公用事业和公共设施相同，负担的税负就应该基本相同，毗邻不同企业对环境的破坏、公共资源的耗费不同，就应该负担不同的税收。其次是合理，从事经济活动的纳税人，对公共环境的损害、对社会资源的破坏不能转嫁给全体社会公众承担。应当是谁损害的多、破坏的多，就要多补偿，反之可以少负担。我们建议城建税的税率设计应按行业分类，按照受益公用事业和公共设施、损害社会资源和公共环境的程度归纳不同行业设置不同的税率，高污染行业、对环境、公用设施损坏严重的行业要设计高税率，对清洁型、环保型行业设计低税率，以城建税的改革效能发挥未来环境税的部分功能。同时，针对我国地域辽阔，各地经济发展水平及其城乡维护建设的资金需求不一等实际情况，国家可采用幅度税率的形式，规定最低限数，在税率的确定上可给予省级政府一定的“自主权”，以便各地根据实际情况合理确定；改革后的城建税可以赋予地方政府一定的减免税权限，对农业、林业、牧业的经营收入应当给予减免税，对于一些进行技术改造后明显减少对资源耗费，明显减轻对环境损害的纳税人可予以先征后退的激励政策。

总之，城建税条例实施已近30年，期间政治、经济、法制等诸多因素已经发生明显变化，条例本身存在的很多不足已经日渐显现，有的已经影响到正常的征管工作,应当考虑进行全面修改了。

江苏省地税局《研究报告》2013年第10期发表:

税收促进新型城镇化发展的政策研究

郑良　王火生　王小平

【内容摘要】新型城镇化是中共十八大确定的我国经济发展的重要战略。税收作为政府重要政策工具,可以在新型城镇化发展中发挥引导、推进、制约、保障等方面的重要作用。本文在理论探讨税收对新型城镇化发展促进作用的基础上,对我国现阶段税收政策的局限性进行深入剖析,最后按照新型城镇化发展的目标要求,针对新型城镇化及税收政策存在问题,在税制改革、政策优化等方面提出了意见建议。

【关键词】新型城镇化 税收作用 税收政策

新型城镇化是中共十八大确定的我国经济发展的重要战略。税收作为经济调节的重要工具,在推动新型城镇化的进程中也将起到非常重要的作用。本文基于税收对新型城镇化促进作用的理论和实务研究,对我国现有税制体系和税收政策进行探讨,旨在发挥税收职能进一步助推和促进我国新型城镇化快速发展。

一、新型城镇化的内涵

(一)我国城镇化发展概况

自改革开放以来,随着经济持续稳定增长,我国城镇化水平逐步提高,城镇规模和数量不断增加,城市建设取得了显著成就。1978–2012年我国城镇化率由17.9%稳步提高至52.57%(国家统计局:从中共十六大到中共十八大经济社会发展成就系列报告之三)。并且呈现出东部地区高于西部地区、大型城市快于中小城市的特点,如作为全国经济大省的江苏省,2012年城镇化率达到了近63%的高度,远高于全国平均水平,而南京作为江苏的省会城市,政治、文化中心功能和人才的聚集对城镇化推动作用明显,2012年南京市的城镇化率达到了80.23%,城镇化质量指数为0.6376,高于全省和全国平均水平(2013年4月22日南京日报A1版《城镇化四个阶段在南京交织出现》)。

(二)当前城镇化进程中的突出问题

1.城镇化布局及业态有待优化。城市群建设统筹规划不够,大、中、小城市布局不够合理,特别是大城市资源过于集中,中小城市资源不足,发展较慢。部分地区还存在人为“造城”情形,城市基础设施及产业配套不足,造成城市“空心化”和所谓有城无人的“鬼城”蔓延之势。

2.农民进城但未实现“市民化”。尽管户籍制度改革使农村人口向城镇流动相对自由,但附着在户籍背后的社会保障、医疗、教育、就业等方面改革并未完全到位,农民长期徘徊在城市“正规”门槛之外。失地农民进城后在劳动就业、工资福利、子女就学、社会保障、保障性住房等方面很难享受城镇居民同等待遇。

3.城镇化发展方式不够集约。一些地方把城镇化等同于城镇化率和城市建设,过于追求城市规模扩张,导致城镇化发展方式比较粗放。城市土地利用比较低效,城市人均建设用地超标严重。城市功能相对滞后,城市基础设施、综合保障和存载能力不足,影响了城市发展质量。城镇化建设中未能体现低碳、环保理念,建设中浪费严重。

4.城镇化建设资金保障不足。由于城镇化发展所需资金大部分由地方财政自行解决,然而地方财政收入规模较小,从而导致地方资金难以支撑大规模基础设施建设和公共服务支出。同时地方政府融资能力有限,融资渠道单一,现代投融资手段短缺,加上基础设施投资大、回收周期长,还贷机制不健全,难以形成借、用、还的良性循环,许多地方政府过度依靠土地财政经营城镇,在城镇建设方面负债过多,不堪重负。

(三)发展出路:新型城镇化

新型城镇化,是在总结我国城镇化发展经验教训的基础上提出的适宜未来我国发展模式和发展道路的城镇化“新思路”。新型城镇化是“深度”城镇化而非“广度”城镇化,是“质量”城镇化而非“规模”城镇化,是一条遵循市场发展规律、符合科学发展要求、具有一定前瞻性的走集约、智能、绿色、低碳之路的城镇化道路。我们认为,新型城镇化应该具有以下五个特征:(1)城乡统筹化。新型城镇化以城乡统筹、和谐发展为核心,做到大中小城市、小城镇、新型农村社区协调发展,城镇化、工业化与农业现代化有机融合。(2)产城一体化。新型城镇化以产业发展为支撑,坚决走实体经济发展、产业特色明显、产业结构合理、智能绿色彰显的城镇化发展之路。(3)城市人本化。新型城镇化坚持以人为本的发展目标,无论城市功能、城市管理始终以"人"为出发点和落脚点,尤其要解决进城失地农民和务工农民的"同城待遇"问题,做到城市基本公共服务常住人口全覆盖。(4)建设集约化。改变高投入、高消耗、低效益的粗放型城镇化发展模式,走低投入、低消耗、高效益的集约型发展道路,注意城市资源尤其是土地资源的节约高效利用,实现城镇化集约发展。(5)发展低碳化。新型城镇化区别传统城镇化的重要特征是城市发展走节能、减排、低碳、环保的绿色发展之路,无论城市经济还是基础设施、城市环境都能注重生态宜居、低碳环保,实现健康绿色发展。

二、税收在促进新型城镇化发展中的作用

作为国家重要经济杠杆的税收,与新型城镇化有着密切的关系。一方面,城镇化伴随着投资、消费产生大量的经济税源,城镇化的进程就是创造税收的过程;另一方面税收不仅可以为推进城镇化建设提供政府渠道的资金来源,而且税收通过政策效应在新型城镇化发展中可以发挥引导、推进、制约、保障等方面的重要作用。具体体现在:

(一)有利于引导城镇产业合理发展、转型升级

产业的合理布局、转型升级,是新型城镇化的重要支撑和必然要求。适度、规范地运用税收优惠政策不仅能够作为矫正市场失灵的辅助性工具,而且能够体现国家产业导向,鼓励发展基础产业、高新技术产业、高附加值产业,从而在城镇化过程中优化产业结构,加快产业转型步伐。如我国现有的税收政策针对符合《国家重点支持的高新技术领域》的企业给予一定的税收优惠,这积极鼓励了产业投资方向向高新技术产业流动,以江苏为例,该省认真落实高新技术业税收优惠政策,使每年高新技术产业投资稳步增长,2012 年达 4059.0 亿元,占工业投资的比重达 24.5%。(《江苏省统计局:2012 年江苏省国民经济和社会发展公报》)

(二)有利于促进城乡区域统筹、协调发展

城乡统筹发展是我国新型城镇化发展的内在要求,通过选择对某些城镇化进程较慢的地区、中小城镇采取有针对性的激励性税收政策,可以增强该地区对企业选择的吸引力,进而促进该地区城镇化的发展。如我国在 2001 年起曾先后实施了一系列促进西部大开发、振兴东北老工业基地和实现中部崛起的税收政策,以消除区域结构失调问题,2011 年中部和西部城镇化率分别达 47.0%和 43.0%,与 2010 年相比虽然总量低于东部地区 61.0%的城镇化率,但上升幅度为 1.7 和 1.6 个百分点。高于东部地区的 1.1 个百分点(国家统计局《从十六大到十八大经济社会发展成就系列报告》之三)。

(三)有利于制约城镇化进程中的资源浪费、环境污染

税收是经济调节和行为调节的重要杠杆。通过有区别的土地税收政策有利于土地资源的节约利用。通过适度增加对重污染、高耗能产业的税负力度,有利于淘汰落后产能,制约资源浪费和环境污染。通过加大对环保技术、绿色产业等环保型产业的税收扶持,有利于引导城镇化绿色、集约发展。如自 2000 年以来,我国先后出台多项税收政策对污水处理行业在增值税、营业税以及企业所得税上进行优惠扶持,鼓励发展污水处理行业,2011 年我国的污水处理率已达到 83.6%远超过 2000 年 49.3 个百分点(《国务院关于城镇化建设工作情况的报告》)。

(四)有利于推动城镇化过程中保障就业、改善民生

"人"的城镇化是新型城镇化的核心,充分保障弱势群体如进城农民、下岗职工等的根本利益是新型城镇化稳定发展的关键。在税收政策的制定中,可以通过针对弱势群体的特殊性,对其赋予专门的优惠政策,一方面可降低其生活成本,另一方面可增强其在就业、住房等方面的竞争力。如我国针对下岗失业人员自谋职业、自主创业以及企业吸纳下岗失业人员等给予一定税收减免政策,提高下岗失业人员的就业竞争优势,促进了就业。以江苏为例,2012 年该省通过实施鼓励就业政策,促进下岗失业人员再就业 66.71 万人,其中就业困难人员再就业 16.08 万人。(《江苏省统计局:2012 年江苏省国民经济和社会发展公报》)

三、当前税收政策在促进新型城镇化中存在的不足

对照新型城镇化发展要求,当前税收政策还

存在诸多方面不完善之处：

(一)税收体系难以适应和满足新型城镇化建设的资金需求。新型城镇化建设需要大量的资金投入，根据国家基本建设标准匡算，每个城市人口大约需要城市建设费用 9 万元，而如果每年城市化率提高 1 个百分点，则表明每年我国新增城市人口大约 1400 万，如此计算，则提高一个城市化率百分点，每年就需要新增投资 12600 亿元(曹红辉，杨欣. 2003–12–12 上海证券报，《发行市政债券的时机已成熟》)。然而因为分税制改革的不完善，导致地方事权和财力不匹配，城镇化发展所需资金大部分由地方自行解决，但地方税收筹资能力偏弱。地方税的诸多税种中，除营业税的收入较为稳定外，其他多为零星分散的小额税种。财产税尚未形成一个完备的体系，收入规模很小，现有税种的改革相对滞后，与现实的经济发展状况不相适应。按照目前地方的税收规模无法满足新型城镇化建设的资金需要。

(二)民生税收政策缺乏对进城农民的适用和保障。在就业方面，目前鼓励就业和创业的税收政策中，对享受主体的资格及其所从事的行业都有较严格的限制，主要是针对下岗失业人员和再就业人员，而未涵盖进城农民等，影响了企业安置民工的积极性。而在住房方面，目前税收政策所扶持的各类保障住房，如廉租房、经济适用房、公租房等都有其特定的适用群体，除拆迁安置房外，尚无其他专门针对失地农民或进城农民的保障房建设的优惠扶持，这些税收鼓励大多仅限于现有城镇居民可以享受，将未来潜在“市民”排除在外，影响了城镇化的快速发展。

(三)现行税收政策不利于大中小城镇级差收益的有效调节和均衡发展。我国现行税收优惠大多以区域性税收优惠为主，从最早鼓励经济特区开始，继而扩大到扶持东部沿海地区、促进西部大开发、振兴东北老工业基地和鼓励中部崛起的税收优惠政策，没有针对大、中、小城市发展的差别化政策。同时，现行土地使用税、城市维护建设税等涉及资源和行为调节类税种在大城市与中小城市间差别不大甚至没有差别，导致资源、人财物流动大量向大城市集中，中小城镇发展差距依然明显，城镇化发展速度和发展水平差异较大。根据《2012 中国中小城市绿皮书》的报告，2011 年中小城市及其直接影响和辐射区域的城市化率远低于全国的 51.3%，仅为 33.9%。这显然违背了我国全面协调的城镇化发展目标。

(四)现行税收政策对中小城镇产业发展的导向作用不明显。我国新型城镇化重要导向是要大力发展中小城镇，包括鼓励在中小城镇进行公共基础设施建设，鼓励中小城镇发展那些需要投资少、就业成本低、就业容量大的行业，而其发展离不开各类政策的引导。我国目前的税收政策产业导向偏弱，主要针对国家鼓励发展的高新技术企业和软件企业税收优惠较多，而这些企业大多选择在大城市落户，无益于中小城镇发展。公共基础设施方面也仅限于企业从事国家重点扶持的港口码头、机场、铁路、公路、城市公共交通、电力、水利等重大基础设施项目予以税收优惠，对中小城镇发展体现的扶持作用不明显。

(五)税收对城镇化环境保护方面的调控政策有待完善。新型城镇化的道路是一条绿色环保的道路，但在这一方面政府税收调控力度不足，主要表现在相关税收政策在节约资源、减少污染方面没有随着国家产业政策、经济发展模式的改变及时调整，反映不敏感，有一定的滞后性。就目前而言，我国仅对于企业从事环境保护、节能节水项目、综合利用规定资源以及购置使用环保设备等，税收上给予了相应的优惠政策，但对有一定污染或对环保不利的企业尚缺乏特定税种或提高税收征收率等税收惩罚性措施，政策上有待进一步完善。

四、促进我国新型城镇化发展的税收政策选择

(一)深化与新型城镇化发展相适应的税制改革

1.加快财产税制改革步伐，为城镇化建设提供持续财力支持。在新型城镇化进程中，靠出让土地维持建设的“土地财政”将不可持续。而财产税具有分布面广、地域性强、税源稳固等特点，因此我国应加快财产税改革步伐，将房产税、土地使用税、契税等与财产有关税种作为改革重点，扩大征收范围，完善计税依据，使之逐步成为地方主体税种，为新型城镇化发展提供持续的财力保证。

2.赋予地方必要税权，实现事权与财权相统一。税权包括税收立法权和税收管理权。拥有必要

的税收立法权和管理权，地方才能够因地制宜，依据本地区的税源分布、征税成本、经济特色等因素来灵活制定本地区的税收政策，有效组织收入和调节经济，使税收政策更具针对性和灵活性。建议赋予地方一定的税收立法权，可在中央统一明确开征税种的前提下，地方有权就地方税的征税对象、征税范围、计税依据作适当调整。同时赋予地方更大的税收管理权，可依据本地客观实际就各税种的管理制定具体办法，以适应新型城镇化快速发展的需要。

3.推进社保费改税，实现城市、农村居民社会保险的“全覆盖”。通过开征社会保障税，从税制层面让招用进城农民的企业、事业单位和政府机关等同时承担起为进城农民负担部分社会保障税款的责任，将其纳入城镇社会保障体系，建立养老、医疗、失业等保障网络，使之逐步融入市民社会，从制度上实现由农民到市民转变的保障。同时对失地农民，通过用土地补偿金缴纳社会保障款的方式，纳入城镇社会保障体系。并在此基础上，逐步建立全国统一的社会保障制度体系。

(二)制定促进农民“市民化”的税收政策

1.进一步完善就业税收优惠体系。建议：一是对为失地农民提供就业岗位又非土地征用单位的企业，给予一定的减免税优惠，努力解决因失地而成为“游民”的农民就业难题。二是对失地农民自主就业、自谋出路者，给予等同于城市下岗再就业的税收优惠，降低失地农民再就业的成本。三是对解决转移农民就业的劳动密集型企业给予税收优惠，为农村剩余劳动力的转移提供更多的就业岗位。四是对专为失地农民提供就业信息的就业服务中介组织，给予一定的税收优惠，鼓励其为农民向非农产业转移提供优质服务。

2. 进一步扩大安置住房的税收优惠政策范围。新型城镇化是要使失地农民在城镇都能够实现居有其所，为农民在城镇安家提供基本条件。在此过程中，安置房的配套建设是关键。应针对城镇化的特点，一是对失地农民在城镇中购买住房时给予一定的税收优惠，如降低其契税税率等。二是对于开发商建设农民安置房减轻其税收负担，可比照享受现行廉租房和经济适用房的税收优惠政策。

(三)完善促进中小城镇产业和基础设施发展的税收政策

1. 加强大城市与中小城镇税收区别化力度，增强中小城镇发展吸引力。可借鉴鼓励西部大开发的税收制度安排，对中小城镇制定有别于大城市和特大城市的区域性差别化税收优惠政策，以增强中小城镇的发展吸引力。同时，进一步拉开大、中、小城市土地使用税税额级差标准，提高大城市和特大城市主城区域用地成本，降低中小城镇土地使用成本，以引导产业在城市之间合理流动。

2.实施有针对性的税收优惠措施，鼓励中小城镇产业发展。产业是中小城镇发展的基础和软肋，要针对中小城镇资源禀赋相对薄弱、竞争力相对较差的客观实际，制定出台相应的税收优惠政策，以鼓励中小城镇发展其适宜的产业。如对落户中小城镇的国家鼓励类产业给予企业所得税税率优惠；对落户中小城镇的劳动密集型企业给予一定的税收减免政策，以鼓励企业大量安置进城农民就业；对落户中小城镇的农产品加工销售一条龙企业给予税收优惠，以鼓励农业产业化；对落户小城镇的金融企业给予一定的税收优惠，而不局限于只对农村信用社、农村小额贷款公司等给予优惠。

3.扩大公共基础设施建设税收优惠政策享受范围，鼓励对城镇的基础设施建设和开发。建议补充出台适用于在城镇进行公共基础设施建设的税收优惠政策，如对于在城镇投资建设道路、供水供电供热项目、污水处理项目、垃圾处理项目等，也可比照现行的国家重点扶持的公共基础设施项目在企业所得税上给予一定的税收优惠。

(四)完善促进城镇化可持续发展的税收政策

1.调整征税政策，鼓励资源节约。针对新型城镇化进程中资源(能源)过度消耗问题，应当加大对资源的分配调节力度，真正反映自然资源的稀缺状况，鼓励节约资源(能源)。一是适当扩大资源税的征税范围，可考虑将淡水资源、森林资源、草场资源纳入资源税征收范围；二是适当提高资源税税率，加大各档之间的级差，对非再生性、非替代性、稀缺性资源征以重税；三是调整消费税，将不符合节能技术标准的高能耗产品、资源消耗品逐步纳入征收范围，适当提高高能耗消费品的消费税率。

2.出台激励政策,促进人才流动。人才是经济发展的关键，也是新型城镇化可持续发展的根本保障。针对新型城镇化进程中人才资源不平衡问题，应当发挥税收的调节作用，出台相关激励政策,鼓励、引导人才向经济欠发达地区以及中小城镇流动。一是在个人所得税税制上进行调优,对落户国家鼓励地区的人才在个人所得税上给予一定的减免；二是对吸纳国家鼓励人才的单位给予一定的减免税，并将这部分减免税款作为继续吸纳人才的专项资金，以促进人才流动，实现均衡发展。

3.奖惩政策并用,鼓励环境保护。在市场难以调节的情况下，要抑制城镇化带来的环境污染和环境恶化问题,加强环境保护及生态建设,可以运用税收政策主动加以调节。一是可考虑增设环境税,对大气污染、水污染和对城市环境污染行为先行课税。二是对环保相关行业实行减免税等更直接的税收优惠政策,降低其生产成本,间接地对采取有利于环境保护的行为给予补偿。

参考文献：

[1][美]哈维·S·罗森著. 郭庆旺, 赵志耘译. 财政学 (第七版)[M]. 北京: 中国人民大学出版社, 2006,12.

[2][美] 阿瑟·奥沙利文著, 苏晓燕等译. 城市经济学[M]. 北京:中信出版社, 2003.

[3]佘定华,蒋涛,颜新. 促进我国小城镇发展的财政政策选择[J]. 农业经济, 2007(03).

[4] 温来成. 城镇化与中国城镇财政制度变迁研究[J]. 财贸经济, 2005(06).

[5] 温来成. 城镇化税收政策与城乡区域经济协调发展[J]. 税务研究, 2005(04).

[6] 温来成. 城市税收制度的国际比较及我国城镇化税收政策的启示[J]. 涉外税务, 2005(04)

[7]范朝礼等.探索江苏特点的新型城市化道路[R].2010.12.

[8] 杨久斌. 新型城镇化建设模式及路径的思考[J].新长征, 2013(05)

[9] 梁畅. 中国城镇化问题研究[J]. 现代营销, 2013(06)

[10]陈正华. 西部民族地区城镇化建设中税收优惠的法律经济学研究 [J]. 贵州民族研究, 2006(01)

[11]傅红伟.论授予地方税收立法权的必要性与可行性[J].行政法学研究, 2002, (2)

[12]高建文,牛军栋.健全和完善我国环境税收体系的构想[J].财政与税务, 2005, (4).

(责任编辑:付宪国)

干部队伍建设

队伍建设

概 述 2013年,全市地税系统人事工作以中共十八大精神为指导,以党的群众路线教育实践活动为推动,以"人才强税"战略为引领,坚持以人为本,创新驱动,服务大局,在班子建设、干部管理、人力资源配置和机构职能调整等方面均取得成效。

开展党的群众路线教育实践活动。7月开始,按照中央和省市委的统一部署要求,该局17个处室、20家基层单位、135名处级以上领导干部、132个党组织、1437名党员参加了南京市第一批党的群众路线教育实践活动。在历时半年多活动期间,全系统共组织上党课21场,开展5批次专题培训、36场次专题学习会、149场次学习交流会、37场次"我是谁、为了谁、依靠谁"大讨论。征集意见建议548条,作出7条公开承诺。制定出台整改行动计划及43条整改措施,20个基层单位制定整改措施610条。全系统出台、修订、完善制度321项,教育实践活动受到市政府领导和市委督导组肯定,经验做法先后被市委活动简报、省地税局简报专题刊载,并在全市教育实践活动推进会上作交流发言。

加强领导班子建设。制定加强领导干部德的建设实施意见,拓展应用干部"德"的教育考核监督。组织开展干部选拔晋升工作,20名干部被选拔为处级领导职务。落实县改区要求,开展溧水、高淳局班子成员职级晋升工作。举办系统处级以上领导干部培训班,组织参加市委组织部领导干部"在线学习",落实"四位一体"的领导干部能力素质提升要求。

增强人才队伍活力。先后组织三期高端人才赴台培训,选派23名干部赴西安和青岛地税局挂职锻炼。组织开展科级以上非领导职务晋升工作,共有197人晋升上一级非领导职务,推荐优秀干部参与系统外竞争上岗和公推公选工作。

增强人力资源保障能力。结合税源专业化管理要求,制定岗位职责规范管理意见,在雨花、六合、溧水和建邺局开展岗位职责规范应用工作试点,承接省公务员局关于岗位职责规范的应用型研究工作,优化完善干部能级管理制度。开发应用人才管理信息系统。

提升人力资源支撑能力。优化机构岗位配置,新招录45名大学生公务员,接收8名军转干部。严格控制辅助用工规模,保障辅助用工权益。完成系统公费医疗制度改革各项工作。落实干部带薪休假制度。研究制定南京地税EAP计划实施方案,开展健康体检和健康咨询,突出对职业病、重大疾病的检查和预防。

提升离退休干部管理服务水平。建立健全离退休干部工作制度、台账和经费预算管理。开展离退休干部管理岗位人员集中培训。落实老干部政治、生活待遇,组织系统离退休干部健康检查,积极为离退休干部排忧解难。每月组织一次市局机关离退休干部党支部集中学习。组织机关离退休干部外出参观。开展第27个"敬老日"活动。组织离退休干部开展"春蕾班"困难家庭女童、太平巷幼儿园和婷婷聋哑幼儿园走访资助活动。老干部在常熟市召开的全国税务系统离退休干部"同心共筑中国梦"现场经验交流会上做经验交流。

加强人事部门自身建设。通过以会代训等形式,开展人事工作学习交流。组织开展人力资源管理师培训考试工作,全系统具有一、二、三级国家人力资源管理师资格人员32人。人事统计工作连续第三年被评为"江苏省地税系统人事统计工作优秀单位"。 (秦有富)

开展党的群众路线教育实践活动 7月开始,按照市委统一部署,市地税局参加全市第一批党的群众路线教育实践活动,副市长徐锦辉分工联系该局,市委第七督导组负责全程督导。活动以"为民、务实、清廉"为主题,以反对"四风"为重点,按照"照镜子、正衣冠、洗洗澡、治治病"的总要求,围绕保持党的先进性和纯洁性,查找和解决领导班子、党员干部作风建设上存在的突出问题与制约地税事业发展的重点、难点问题。市地税局党组第一时间成立由党组书记、局长柏鹏任组长,党组其他成员为组员的党的群众路线教育实践活动领导小组。并抽调骨干人员,成立3个督导组,由3名副巡视员挂帅,全程督导20个基层单位活动开展。活动中,该局党组成员分头走访11个区,征求地方政府意见和建议20多条;到各基层单位与基层干部群众深入交流征集各类意见建议164条。全系统深入735户企业开展调研,收集整理涉税意见和建议364条,形成调研报告及案例十余篇。活动中,坚持以整风精神开展批评和自我批评,市地税局和基层单位领导班子联系思想、工作与生活实际,聚焦"四风",深化剖析,自己动手撰写对照检查材料,几上几下,数易其稿。并在此基础上召开领导班子民主生活会和党支部组织生活会,查摆出的"四风"问题和根源"像、深、准、诚"。活动中,始终把查找问题、剖析问题、解决问题作为开展教育实践活动的出发点、落脚点,8月30日,市地税局就群众反映突出的问题和整改措施,梳理出7条承诺,并在新闻媒体公开。12月16日,主动将公开承诺兑现情况在《南京日报》上公布。同时,按照中央开展"七整治"行动及市委"两深化九整治"专项行动部署,对照"四风",市地税局和基层单位均制定出台整改行动计划,明确重点整改事项、整改措施、完成时限、牵头领导和责任部门。截至2013年年底,市地税局43条整改措施中,已完成39条,另4条将于2014年2月底前完成。20个基层单位制定整改措施610条,已完成597条,13条正在推进。为形成落实整改的长效机制,全系统修订制度321项。12月26日,该局整改行动计划及建章立制情况在龙虎网公开,接受群众评判与监督。党的群众路线教育实践活动成效明显,在服务纳税人方面,简并征期,为3.6万户增值税纳税人减负。简化行政审批手续,12项限时办结,308项均实行即报即办。落实办理减免税101亿元。全面推广应用自助办税机,为纳税人提供缴纳基金、社保费等功能,减少办税大厅10%的工作量。在服务基层方面,该局调减考核项目28.22%,减并评比项目31.71%。在规范管理方面,全年减并全局性会议30%,减并业务会议48%,削减文件、简报29%,公务接待经费下降13%,清理办公用房,规范公车管理。 (葛剑翀)

做好区划调整及配套工作 3月开始,市地税局根据南京市区划调整方案,梳理系统机构编制资源,调研区划调整涉及区县局干部情况,结合省地税局关于深化征管改革、稽查管理改革和强化纳税的服务要求,统筹做好机构设置及人员分流应对方案和区划调整过渡期业务衔接工作。鼓楼局、下关局合并成立新鼓楼局,秦淮局、白下局合并成立新秦淮局,稽查局升格为副局级,单设三个正处级稽查分局,原重点税源管理税务局更名为直属第一税务局,新设立档案管理中心,推进县改区工作,调优征、管、评、查各系列机构设置及职能配置。在此基础上,同步优化部分机关处室职能。调整后的机构8月对外正式运行。根据税收征管改革需求,协同征管科技处等职能部门,开展税源专业化管理下新一轮岗位设置,同时结合处级领导干部选拔,按照机构调整和干部交流要求,规范完成岗位和人员调整工作。 (徐伟)

加强领导班子和领导干部队伍思想政治建设 2月开始,市地税局围绕中共十八大精神学习贯彻,以中心组学习、集中宣讲、主题教育等形式,开展理想信念教育和党的先进性、纯洁性教育。建立领导班子和领导干部党性定期分析制度,开展领导班子和领导干部党性分析,领导班子和领导干部的政治素质、思想觉悟和理论素养进一步提高。该局加强基层领导班子建设的做法在省地税局2013年半年工作总结会上做经验交流。 (徐伟)

加强领导干部队伍组织建设 5月,市地税局组织开展处级领导干部选拔工作。通过民主推荐、引入干部积分、面试等选拔程序,20名干部晋升为处以上领导干部(其中,正处级6名、副处级14名)。进一步调优基层局领导班子结构,交流换岗面达36%。此外,依据县改区干部政策,按程序开展溧水、高淳局班子成员职级晋升工作。组织实施处、科两级非领导职务晋升工作,系统共选拔晋升调研员7人、副调研员14人,科级非领导职务176人。 (徐伟)

拓展应用干部“德”的教育考核监督 7月开始，市地税局结合党的群众路线主题教育实践活动和南京地税领导干部现状，研究确定目标框架，开展整体制度设计，制定了《江苏省南京地方税务局关于加强领导干部德的建设的实施意见》，并将德的考核应用于系统领导干部培训教育、选拔任用和年度考核等工作中，作为干部选拔任用、培养教育、管理监督的重要依据，推进干部德的建设四项工程(尚德修身表率工程、德的素质提升工程、察德机制构建工程、律德体系建设工程)，强化全系统领导干部德的建设。（徐伟）

开展处级领导干部培训 9月，市地税局围绕增强党性修养、理论水平和工作能力，通过举办“苏联亡党亡国20年”专题专家讲座、观看《周恩来四昼夜》电影、参观雨花台烈士陵园、开展交流讨论等活动，分两批组织系统135名处级以上领导干部培训工作，更新领导干部知识、拓宽领导干部视野、提升领导干部能力。（李玮）

完善党管人才领导体制 4月开始，市地税局党组按照党管人才要求，完善“党组统一领导，人事部门牵头抓总，相关部门各司其职、密切配合，系统各单位广泛参与”的人才工作机制，推进“人才强税”战略实施。加强外部专家库日常维护和跟踪服务管理，做好省地税局专业人才库人选审核上报工作，系统66名干部入选省地税局专业人才库。（李玮）

培训高端人才 4月起，市地税局创新人才培训机制，加强与台湾省税收研究领域与实践领域的交流，分三批组织税务稽查与法制、纳税服务、税收征管3个专题共90人次为期12天的赴台高端人才培训，在台湾政治大学系统学习台湾省税收制度与政策概况、稽查选案方法、执法风险应对、行政争议处理及税收信息化建设，并到新北市税捐稽征处进行业务交流、实地观摩。（李玮）

推广应用公务员岗位职责规范 4月开始，市地税局结合深化征管改革要求，对现有岗位进行梳理，根据应事设岗、应岗选人、人岗相适的总体思路，整合相关岗位设置，编写机关处室和各基层单位岗位设置及相应职责，形成涵盖全局各岗位的《岗位职责规范》范本。同时，制定《岗位职责规范管理办法》，明确岗位职责规范的建立方法和程序、维护机制、评价应用。在雨花台局、六合局、溧水局和建邺局四家单位开展岗位职责规范试点应用工作，推进岗位职责规范与公务员交流、培训、考核、奖惩等人事管理各项基础工作的结合。12月，完成省公务员局委托的《地税系统行政执法类公务员岗位职责规范的应用型研究》课题报告。（徐伟）

实施干部跨地区挂职锻炼 9-10月，市地税局先后从全市地税系统处级后备干部和专业人才库中选派23名具有发展潜力的优秀干部赴西安地税局、青岛地税局担任处长助理或局长助理，加强对后备干部和年轻干部的培养，在跨地区挂职锻炼中拓宽视野，丰富岗位经历，加速成长和进步。同时，了解和学习挂职单位管理方式、运作模式、工作特色和创新做法，推动自身工作。（徐伟）

推进“幸福地税”建设 继续推进全系统“健康提升工程”。身体健康方面，按照全市统一时间节点，完成系统公费医疗制度改革各项工作，及时、足额征缴医疗保险相关费用，实现平稳过渡。组织全系统干部职工开展健康体检，做好对职业病、重大疾病的检查和预防。邀请专家开展现场健康咨询活动，普及健康知识。积极与鼓楼医院协作，开通医疗绿色通道，方便干部就医。心理健康方面，与脑科医院专家合作，制定南京地税EAP计划实施方案，开通干部心理咨询热线，缓解干部心理压力。认真落实干部带薪休假制度，开展优秀公务员健康疗养，定期开展党团活动，愉悦干部心情。饮食健康方面，邀请专家针对体检结果开具低油、低脂、低盐的健康食谱。同时，定期对食堂卫生情况进行检查，确保安全卫生。（李玮、葛剑翀）

推进人才管理信息化建设 3月，市地税局完成涵盖基础信息、专业人才管理、外部专家管理、在线调查、政策管理为一体的南京地税人才管理信息系统开发，在测试的基础上，组织玄武局、白下局、江宁局和高淳局4家基层单位试运行。试运行期间，对发现的静态信息、动态流程、操作方式等方面的问题，按日通过测试问题反馈表与公司联系，及时对信息系统进行调整。试运行结束后,3月底组织人事干部操作培训,并全面上线运行系统人才管理信息系统,在信息系统运行相对稳定后完成验收工作。(李玮)

获"全市2011-2012年度老干部工作先进集体"称号 2013年,全市地税系统离退休干部工作坚持"以人为本,服务为先"的理念,在为老干部做好服务的同时,加强自身建设,举办第一期离退休干部工作培训班,全系统25名具体从事离退休工作岗位人员参加培训,系统学习老干部工作政策和方法。此外,承担省地税局"拓宽江苏地税系统离退休干部健康文化生活空间的思考"课题调研,《探索文化养老路径,努力提升老干部幸福指数研究》调研报告被市委老干部局评为2012年度全市老干部工作调研成果二等奖。市地税局离退休干部处被市委组织部、老干部局表彰为2011-2012年度全市老干部工作先进集体。(王浴宁)

规范辅助用工管理 2013年,市地税局进一步规范辅助用工管理。认真贯彻落实南京市委办公厅、市政府办公厅《印发<关于严格规范市级机关和事业单位编外人员管理的意见>的通知》,严格控制系统辅助用工规模。同时,采取有效的激励措施,激发辅助用工队伍活力,增强辅助用工的归属感和凝聚力,提高工作效能。一是从紧控制人员规模,盘活现有人力资源,激发工作主动性和积极性。二是完善辅助用工激励机制,增强归属感和认同感,激发辅助用工工作潜能。通过建立辅助用工相对统一的工资待遇项目,实现工资待遇的透明化管理;通过建立辅助用工收入定期增长机制,实现待遇增长与经济发展的同步;通过完善辅助用工考核管理机制,实现奖优罚劣、奖勤罚懒的工作目标;通过建立辅助用工公积金缴纳机制,增强辅助用工对组织的归属感;通过完善辅助用工合同和协议管理,稳妥做好个案处理,切实保障辅助用工合法权益。(李玮)

(责任编辑:李洪进)

思想作风建设

概　述 2013年,全市地税系统基层工作坚持以科学发展观为指导,围绕中心工作,开展税务文化建设以及精神文明创建工作。

强化基层工作建设。落实全省地税系统基层建设会议精神,制定《关于进一步加强基层建设的实施意见》,编印《基层建设交流材料汇编》,开展"道德讲堂""志愿服务""网络文明传播"等文明创建活动,参与全国文明城市复查,市地税局机关及江宁局等9家文明单位成立"学雷锋"志愿服务队,建立3个城市志愿服务站,9个道德讲堂,并参加全市道德讲堂建设推进会议及巡查工作,全系统共有27人作为网络文明传播志愿者开展网络文明传播活动。开展年度市级"青年文明号"新争创及重新认定工作。推进创建更高水平"三个一流"(一流的干部队伍、一流的服务水平、一流的工作业绩)工程建设标兵科所、"地税标兵"、系统先进个人活动。

推进税务文化建设。制定税务文化建设三年规划,强化文化建设规划和指导。确立"卓越同行"为南京地税系统文化品牌。开展江苏地税精神的宣传和推广,修改完善文化理念体系,提炼形成南京地税"两个卓越"文化核心价值体系。完善岗位文化体系,修订编印新版《岗位文化手册》。制作文化教育基地税务文化建设展板,宣传文化建设成效。整合文化建设资源,构建文化组合"品牌链"。优化绩效考评体系。召开考核评比优化工作会议,提出考核指标减并原则和评比项目减并原则。开展半年"三个一流"绩效考核通报和年度绩效考核工作,加强绩效管理过程监督和持续改进。完成省地税局"三个一流"工程考核迎查工作,连续第五年获得全省地税系统"三个一流"工程建设考核第一名。在全省基层建设工作会议上,被评为2012年度"三个一流"工程建设先进单位。(马婷怡)

创建2010-2012年度省级、市级文明单位 市地税局将文明创建工作贯穿于税收工作的全过程,组织开展道德讲堂、志愿服务等活动,推进文明行业、文明单位创建。8月8日,市地税局被市委、市政府表彰为2010-2012年度市级文明行业,同时,市地税局还与江宁局、六合局、雨花台局、建邺局、纳税服务局、溧水局、重点税源局、玄武局一道被授予"2010-2012年度市级文明单位"称号。10月16日,市地税局、江宁局、六合局、雨花台局、建邺

局、纳税服务局又被授予“2010-2012年度江苏文明单位”称号。（戴骏）

参加雨花台烈士纪念碑敬献花篮活动 10月1日上午，市地税局组织江宁局和雨花台局40名干部代表参加“江苏省暨南京市各界雨花台烈士纪念碑敬献花篮”活动。活动中，市地税局干部代表与全市各界群众代表一起，向烈士纪念碑敬献花篮，缅怀革命先烈为创立和建设新中国而立下的不朽功勋，表达对将士英魂的追思，对忠烈精神的敬仰。（戴骏）

完善绩效考核评价体系 年初，按照“征、评、管、查”及综合调整绩效考核架构，优化测评考核办法。将省地税局第三方调查结果作为外部评价的重要指标，完善绩效反馈机制。优化系统半年绩效通报方式，加大量化指标反馈力度，减并绩效考核指标。11月，召开系统考核评比优化工作会议，督促各职能处室按要求及时落实考核指标及评比项目减并工作，实现党组提出的20%的目标。同时，优化年度考核方式，年度绩效考评不再统一组织处室下基层单位实地检查，减轻基层负担。（魏振金）

制订文化建设三年规划 在与省社科院专家合作评估南京地税文化建设现状的基础上，总结文化建设经验，在系统层面召开文化建设会议，征求基层反馈意见，提出文化建设发展思路，并按照“统筹规划、分级管理、分步实施、整体推进”的工作要求，制订《江苏省南京地方税务局2013-2015年税务文化建设三年规划》，主要明确各阶段系统文化建设的目标、内容、措施和要求，强化文化建设的规划和指导，增强文化建设的系统性、针对性、导向性和时效性。（魏振金）

确立“卓越同行”文化品牌 组织开展税务文化与品牌建设网络问卷调查工作，全面了解系统干部对文化与品牌建设及文化理念优化的意见和建议。在完善新时期税务文化理念、优化岗位文化体系、实施税务文化示范点创建等工作基础上，秉持继承与创新的思路，紧扣南京地税核心价值追求，按照打造“特色鲜明、亮点突出、干部认同、形象良好”税务文化品牌要求，经多次调研与专家讨论，提炼确立了“卓越同行”文化品牌。（魏振金）

获全省地税系统2012年度“三个一流”工程考核第一名 1月22日-23日，省地税局检查组对市地税局2012年度“三个一流”工程完成情况进行实地检查。检查组在听取该局年度工作简要汇报后，按照实地检查指标项目进行检查考评，同时对雨花台局实施延伸检查。最终，市地税局以总分1135.39分连续第五年蝉联全省地税系统“三个一流”工程考核第一名。（魏振金）

在全国税务系统研讨班上交流绩效管理经验 11月，市地税局赴广西参加国家税务总局举办的学习型组织建设研讨班，就绩效管理作《构建税务部门绩效管理体系的实践与思考》的专题交流发言，对南京地税绩效管理历程、绩效管理理念、绩效价值观、管理方式方法、绩效指标模型等方面做详细阐述和介绍。（魏振金）

（责任编辑：李洪进）

教育培训

概 述 2013年，市地税局围绕提升管理效率、服务质量、执法水平、队伍素质、地税形象，注重学习积分管理，推广应用干部教育培训信息管理系统，扎实开展教育培训，为地税事业科学发展提供组织保证和人才支持。

实施春季培训工作。以中共十八大会议精神、廉政建设暨作风行风建设工作会议精神、小企业会计准则、税收新政等为主要内容，采取全员集中培训、按部门或岗位开展针对性培训、自主学习等方式开展春训，并统一组织系统19个基层单位的265名科级领导干部参加春训测试，提升大规模培训质效。

加强骨干人才培养。采取基层局择优推荐与市地税局机关处室推荐相结合的方式选择120名业务骨干，委托南京财经大学分3期举办系统小企业会计准则专题培训班。鼓励干部参加注册会计师、注册税务师、律师“三师”资格考试，提升队伍专业素养和能力素质，全局有413人次通过三师执业资格，占干部总数的21.3%。

组织业务测试竞赛。选拔干部参加全省地税系统大规模业务测试，承担并组织好南京考点考务工作。开展优秀税收业务能手竞赛，全系统共有236名基层局干部参加能手竞赛，最终确定优秀税收业务能手105人。市地税局获南京市职工技能大赛优秀组织奖。 (马婷怡)

开展春训 3月至4月，市地税局以中共十八大会议精神、新时期江苏地税精神、税收法律政策、小企业会计准则等为主要学习内容，采用专家讲课、骨干授课、交流研讨等方式开展春训，人均学习时间达50个课时。为检测春训成效、提升基层科所长综合技能，5月24日，该局组织系统19个基层单位的265名科级领导干部参加春训测试，测试人数占全体科所长的70%。 (王甜源)

组织"优秀税收业务能手"竞赛 与市总工会、市人社局、团市委联合举办"税收业务能手"竞赛。各基层局经过预赛选拔，择优选送236人参加系统"优秀税收业务能手"竞赛，9月26日采取闭卷笔试方式选拔出105名市地税系统"优秀税收业务能手"。根据竞赛结果，1人被市总工会等单位授予"南京市五一劳动奖章"称号，3人被授予"南京市技术能手"称号，6人被授予"南京市创新能手"称号，49名青年选手被授予"南京市青年岗位能手"称号。 (王甜源)

组织参加全省地税系统大规模业务测试 10月26日，全省地税系统组织开展大规模业务测试。根据省地税局统一安排，市地税局共有146名选手代表市地税局参加测试。最终，该局取得总分第5名、10人进入全省地税系统前60位。同时，南京作为省地税局大考试考点之一，承接省地税局直属局、南京局、镇江局、常州局人员的考试，市地税局按省地税局要求做好考试保障工作。

(王甜源)

(责任编辑：李洪进)

干部培训

概 述 2013年，围绕市地税局年度工作计划，以干部队伍能力建设为中心，以推进正规化办学为主线，以转型升级、争创"一流学校"为目标，扎实开展培训工作，强化学员教育管理，为全系统税收工作提供人才保障和智力支持。全年，培训总规模23255人天，较2012年增加62%。

科学制定计划，强化培训实效。按照年初制定的教学计划，从科以下干部、业务骨干、科级领导干部、报考职称考试干部、新任干部五个层面，分级分类开展"递进式"培训。突出案例研讨与教学，以及岗位实务操作技能的不断提高，发挥市地税局业务处室专长，联合开展骨干培训，全年组织骨干培训班5期，培训业务骨干180人。尝试全员沟通能力实训，探索情景模拟教学。组织52名干部参加"三师"网上考前培训。

加强师资整合，优化教学组织。拟定专业方向和科研重点，组织兼职教师到扬州税院脱产培训，提升授课水平。开展送教上门，针对契税所工作特点定制培训课程，以夜校形式完成制式培训任务。利用周末时间，选派骨干教师赴张家港为张家港市地税局开展全员培训。调整优化行业管理教研组和税收新政、基础教育公共课教研组，自主研发"专业化管理"课程体系，培育"精品课程"项目。

推进教学创新，提升办学水平。适应高层次税务人才培养需要，与南京师范大学联合成立税务MBA学院，构建专业化、研究型税务教育培训新模式。推行教研一体化，将教学专题与科研项目捆绑开发，围绕教学重点、难点组织课题，形成科研成果。当年，完成国家税务总局电子课件"房地产业企业所得税与土地增值税政策差异及风险管理"1门。

完善网络平台，拓展学习渠道。加速更新网络教育平台，全年累计上线课件11大类167门，建立习题库22000余道，总访问量19876次，系统干部通过平台累计取得学分44402.8分，平均24.8分，在线学习成为干部自学常态。加强学校图书馆建设，以税务、财经类工具书为主，采购图书719册，杂志期刊46种，分类上架，为学员业余学习提供便利。 (冯骅)

全年培训总规模36682人天 2013年，市地税局干部培训学校培训总规模23255人天，较上年增加62%。其中，举办全市地税系统制式培训26期36个班，培训科以下干部1602人，培训规模8010

人天;承接国家税务总局、省地税局及其他各类培训班37批次,培训规模23272人天。另外,承办各类会议、活动56批次,5400人天。(冯骅)

成立南京师范大学税务MBA中心 11月18日,市地税局干部培训学校与南京师范大学联合创办的税务MBA中心正式成立,市地税局局长柏鹏与南京师范大学党委书记、校长宋永忠共同为该中心揭牌。该中心系适应高层次税务人才培养需要,开展税务干部研究生学历学位教育,主要职能包括税务课题研究、高端培训教学、教材案例开发、税收实践研究和学历学位提升五个方面。(冯骅)

启动"美丽校园"文化建设 7月,市地税局干部培训学校根据全系统税务文化建设目标要求,制定《"美丽校园"建设规划》,提炼出具备税校特色的校风、学风和教风,打造具有较高人文品味的管理文化、廉政文化和服务文化,并通过建设"美丽校园"文化墙,规范形象标识,完成展厅布置,初步形成校园文化氛围和格局。(冯骅)

健全学校制度规范体系 2月,市地税局干部培训学校根据新的编制调整要求,重新规划部门、配置人员,并参照ISO质量管理体系标准,制定《管理制度汇编》。同时,通过编写职位说明书、修订完善各项规章、梳理动态工作流程、整合规范表证单书,形成有章可循、按章办事、规范高效的管理体制。(冯骅)

建设教学案例库 2013年,市地税局干部培训学校结合成人教育特点,建立税收实务类课程案例库,推行案例教学法。即由任课教师和学员共同参与教学案例的编写、研究、剖析、研讨,并通过教学评审,最终形成涵盖建筑业、房地产业、服务业、批发和零售业、制造业等五大行业税务管理和契税管理等六个单元的教学案例库,共收录教学案例40个,约15万字。(冯骅)

完成国家税务总局电子教材开发任务 2013年,市地税局干部培训学校根据国家税务总局电子化教材的制作要求,发挥"专业化管理"培训优势,选聘优秀系统聘任教师全程参与开发工作,有序推进文字教案编写、视频音频录制和后期制作工作,编写近10万字的文字教案,制作20个课时的多媒体电子教材,按要求完成《房地产企业所得税与土地增值税政策差异及风险管理》的开发制作任务。(冯骅)

承办全省地税系统一线科所长培训班 2013年,市地税局干部培训学校围绕省地税局要求和培训需求,分5期对全省地税系统300位一线科、所长进行培训。培训中,突出提高干部综合素养,精选领导力、税务管理、综合素质、知识拓展等4大能力模块、12门精品课程,并兼顾业务与管理。同时,选聘省委党校、南京师范大学的专家名师担任主讲教师,优化师资配置,丰富知识来源。此外,采用更易于成人接受的情景模拟式、案例式、讲授式、实训式等教学形式,提升课堂实效,实现预期效果。(冯骅)

承办青海省地税局纳税评估骨干培训班 2013年,市地税局干部培训学校响应国家号召,参与"智力援西"项目,承办青海省地税局纳税评估骨干培训班。采用知识讲授和交流观摩相结合的教学形式,重点传递税收风险的管理思想及基本方法、纳税评估方法和技巧、会计与税法差异等方面的新知识、新技能,介绍东部地区地方税收工作中积累的新经验、新方法。(冯骅)

(责任编辑:李洪进)

廉政建设

概 述 2013年,全市地税系统纪检监察工作坚持围绕中心,服务大局,加大源头预防工作力度,加强纪律、作风、廉洁从税和内控机制"四项建设",强化权力运行监督制约,为干部队伍纯洁稳定和实现年度工作目标提供了保证。

强化党风廉政责任制落实。制定《2013年党风廉政建设工作责任分解意见》,建立完善"四层三级"责任体系,召开党风廉政建设会议,抓好领导班子廉政谈话、民主评议、述职述廉和廉政考核评估等制度落实,对领导干部落实党风廉政责任制、履行"一岗双责"情况进行检查考核。

开展反腐倡廉宣传教育。开展《税收违法违纪行为处分规定》学习贯彻活动,组织情景案例、以案说法等岗位教育活动。优化升级廉政网页,创新廉政教育套餐积分管理,推广"清风税廉"廉政文化品牌,创建"微"系列廉政文化建设新载体。在省地税局组织的"清正廉洁,勤政为民"主题集邮展中,市地税局参展的《清正廉洁,勤政为民——谈古道今话勤廉》和《廉》两幅作品分别获二、三等奖。在市监察局举办的"新鼓楼杯"廉政杂文暨小小说征文大赛中,获"新鼓楼杯"廉政小小说征文优秀组织奖,另有8篇作品分获三等奖和优秀作品奖。

加大监督管理力度。围绕行政、执法权力运行过程,加强对领导干部监督管理,开展重大事项决策、重要干部任免、重要项目安排和大额资金使用执行情况专项督察,编发《廉政风险防控指南》,建立廉政风险与税收风险、执法风险"三险同步应对"机制,开展执法监察和执法督察工作,实施基建工程与检察机关共同预防工作机制,加大"两权"监督制约。

推进政风行风建设。以贯彻中央八项规定为重点,将作风行风建设与党的群众路线教育实践活动紧密结合、统筹推进。加强长效管理,制定《关于进一步强化党风廉政和作风建设的意见》。召开系统作风行风工作推进会,强化统筹实施。开展不间断明察暗访,推进基层单位内部巡查和交叉互查。选聘新一届行风监督员,强化社会各界对地税行风工作的监督指导。

加强信访和案件查处工作。理顺信访办理机制,规范转办信访件程序要求,加大对重要案件协调、指导和督办力度。发挥信访监督功能,严肃查办违纪违规苗头,加强案件通报和警示。有针对性地选择信访件,在一定范围内实施举报内容和调查结果的"双公开"。再次荣获全市纪检监察信访举报工作先进单位称号。(金泓)

强化党风廉政建设责任分解和监督检查 落实党风廉政建设"一岗双责"要求,年初召开系统党风廉政工作会议,制定《2013年党风廉政建设工作责任分解意见》,建立"四层三级"责任体系,按照市地税局—区地税局(机关处室)—科所"三个层面",分层级细化分解目标任务,形成市地税局局领导—区地税局局长(机关处室处长)—科所长—一般干部"四个层级"责任链,完善分级负责、齐抓共管的廉政工作格局。7月份,开展党风廉政建设责任制落实情况专项检查,促进基层单位责任要求有效落实。(欧阳颖)

推行廉政教育套餐积分管理 2013年,市地税局注重提升基层廉政教育与业务工作的融合度,强化主动教育和自我教育,由市地税局监察室会同有关分局按照构建完善分层分类教育体系的要求,创新廉政教育管理方式,推行廉政教育套餐积分管理。即通过制定《廉政教育套餐式积分管理管理办法》,针对不同岗位、具体工作的业务特点和廉政风险,科学设置基层岗位廉政教育套餐,并编写《廉政教育套餐指南》,有针对性地开展岗位廉政教育。(朱淮民)

学习宣传《税收违法违纪行为处分规定》 2013年,市地税局结合春训,组织《税收违法违纪行为处分规定》专题学习宣传系列活动:一是聘请扬州税院肖泳冰教授举办多场专题讲座,组织干部观看专家视频辅导,利用兼职教师开展小班化教学。二是以中心组和科所务会为学习交流平台,通过民主生活会、开设"小课堂"、建立微信群等形式,互动交流学习体会。三是通过组织宣讲会、警醒教育会、拍摄微型剧、文艺表演等载体形式,组织以案说法,提高教育实效。四是针对《税收违法违纪行为处分规定》列举的37种税收违法违纪行为,组织干部学习《廉政风险防控指南》,开展风险对照排查,防范税收违法违纪行为。五是在市地税局廉政网设立"专题交流"专栏,跟踪报道各单位学习活动开展情况。六是集中组织全系统1654名干部职工开展《税收违法违纪行为处分规定》学习情况测试。(朱淮民)

两部廉政文化作品入围中纪委全国优秀廉政文化重点作品 2013年,市地税局构建"微"系列廉政文化建设新载体,以微信息、微小说、微视频、微电影和微讲堂为廉政宣传传播平台,开展廉政文化创建活动。全年征集税务干部原创作品127个,其中,微电影《棋》、公益廉政广告《梅兰竹菊松荷》入选省地税局和国家税务总局优秀廉政文化作品,并被推荐入围中纪委全国优秀廉政文化重点作

品。（朱淮民）

创建“微”系列廉政文化建设新载体 2013年，市地税局围绕深化推广“清风税廉”廉政文化品牌，运用现代网络技术和信息传媒，创建“微”系列廉政文化建设新载体，制定《“微”系列廉政文化管理办法》，组织“微”系列廉政文化作品创作活动，完成微电影《棋》、微视频《用清廉守望幸福》、微讲堂《一封来信的背后》等“微”系列作品的创作和拍摄。该项工作被评为系统年度创新项目一等奖。（金泓）

督察“三重一大”执行情况 2013年，市地税局突出规范权力运行和决策行为，以及强化领导班子及领导干部监督管理，组织开展重大事项决策、重要干部任免、重要项目安排和大额资金使用执行情况专项督察。各基层单位对梳理的280项“三重一大”项目进行自查自纠，市地税局对四家单位开展现场督察，并对发现问题进行情况通报，督促整改落实。（金泓）

构建三险同步预防工作机制 2013年，市地税局围绕税收征管改革深入推进和内控机制建设要求，组织开展廉政风险与税收风险、执法风险同步预防的创新工作。工作中，确定试点单位，以税收业务工作为主线，针对重要业务事项和关键环节，加强部门协作与信息共享，采取联动预防措施，探索三险统筹实施、同步预防的管理措施和运行机制。在试点基础上，制定《廉政风险与税收风险、执法风险同步预防工作指导意见》，明确同步风险识别、同步教育警示、同步风险控制、同步持续改进的方法要求，为推进风险综合防控提供工作指引。（王勇）

市地税局总经济师走进“政风行风热线”直播室 12月13日，根据全市纠风工作安排，市地税局党组成员、总经济师钱家俊走进南京广播电台新闻台“政风行风热线”直播室，宣传纳税服务措施，公开便民惠民承诺，介绍政风行风工作情况，以及群众关心的涉及地方税收的热点、难点问题，并与听众、网民进行了互动交流。（欧阳颖）

聘任新一届行风监督员 2013年，市地税局为深入推进全市地税系统政风行风建设，进一步强化社会各界对地税工作的监督指导，聘请陶佩芬等12人为新一届行风监督员，负责对全市地税系统政风行风建设工作情况进行监督、指导和评议。12名行风监督员由全市9个行业、7个党派的人大代表和政协委员组成，聘期2年。（欧阳颖）

（责任编辑：李洪进）

执法督察内审

概　述 2013年，市地税局紧扣“查错纠弊、促进管理、防范风险、服务大局”职能定位，在开展税收执法效能督察、优化完善执法责任制、强化内部财务审计等方面不断创新，提高税收执法管理效能，服务税收工作大局。

完善制度建设。编制《执法督察分类指南》，建立完善执法督察案例库，从制度操作和实际运用层面推进税收执法督察的标准化、规范化和效率化，发挥执法督察指南指引作用和税收执法督察应有效能，服务全局工作大局。

强化执法监督。对系统16家基层局组织开展专项税收执法效能督察工作。对系统14家基层局开展重点执法督察，内容涉及贯彻落实组织收入原则情况、结构性减税政策落实情况、风险应对情况、重点行业管理等方面。依照《江苏省地方税务局税收执法责任制实施办法(试行)》，调整税收执法过错责任追究方式进行，开展执法责任制工作专项培训，推进执法责任制工作落实。

开展财务审计。按照“下审一级”的原则，以财务收支审计为主线，对溧水局、六合局进行了财务收支审计。根据省地税局《关于开展“三公”经费及大额度资金使用专项审计检查的通知》要求，组织全系统开展“三公”经费、会议费、培训费以及大额度资金使用自查工作，并对设党组的五个局及市地税局机关开展重点审计。此外，对溧水局、江宁局、化工园区局、原秦淮局、原下关局等5家单位的正职领导干部开展了任期经济责任审计。

（李政）

开展重点税收执法督察 按照省地税局统一部署，制定督察方案，梳理政策法规，编写自查指南，分解督察要点,加强过程控制,对系统14家基层局开展重点执法督察,内容涉及贯彻落实组织收入原则情况、结构性减税政策落实情况、风险应对情况、重点行业管理等7个方面,查补税款210万元。 (徐笑)

编写《税收执法督察分类指南》 在收集、整理、归纳、总结执法督察工作要求及工作经验的基础上,注重执法督察上下联动,加强执法督察经验共享,融合国家税务总局《税收执法督察规则》,规范督察制度和督察流程,并坚持理论与实际相结合,精选了具有典型意义的12篇督察案例,形成近5万字的《税收执法督察分类指南》,做到有工作要求,有实际案例,从制度操作和实际运用层面推进税收执法督察标准化、规范化和效率化。 (董静)

开展经济责任审计工作 一是明确工作思路与重点。审前做好调查工作,与被审计单位和相关部门做好沟通工作,针对不同单位确定审计重点;完善审计报告模式,重点突出中共十八大以来权力监督新要求、新热点,围绕领导干部任期内事业发展、经济决策、内部管理等方面分别叙述相关情况。二是拓展审计内容。坚持以领导干部履行经济责任为主线,完善税收政策执行情况和税收征管相关内容,拓展经济责任审计深度和广度,全面合理评价领导干部履行经济责任情况。2013年,对溧水局、江宁局、化工园区局、原秦淮局、原下关局等5家单位的正职领导干部进行任期经济责任审计。 (宋珏)

开展财务审计工作 2013年,市地税局按照"下审一级"原则,对溧水局、六合局进行财务收支审计。审计中,以财务收支审计为主线,重点对基本建设等专项资金使用情况开展监督检查,对"三公"经费、会议费、培训费等开展审计检查。同时,根据省地税局关于开展"三公"经费及大额度资金使用专项审计检查的通知要求,在全系统开展"三公"经费、会议费、培训费以及大额度资金使用自查工作,并抽取设立党组的五个局及市地税局机关开展重点审计。 (宋珏)

接受外部监督、审计部门审计检查 2013年,财政部专员办、审计署特派办、南京市审计局分别对市地税局开展系列审计检查工作。在迎查工作中,市地税局建立联系人制度,一方面指导基层局做好迎查工作,另一方面规定相关业务处室做好与检查组的沟通协调,主动配合外部审计监督机关对市地税局依法行政情况开展审计检查。同时,对外部审计监督机关检查出的个别税收征管基础资料不规范的问题及时实施整改。 (李政)

(责任编辑:李洪进)

光荣榜

一、2013年度江苏省南京地方税务局更高水平"三个一流"工程建设一、二、三等奖单位

一等奖:江宁局、六合局、雨花台局、直属第一税务局、玄武局、纳税服务局、建邺局;

二等奖:鼓楼局、溧水局、稽查局、栖霞局、浦口局、秦淮局、稽查三分局;

三等奖:化工园局、高淳局、高新局、稽查一分局、契税所、稽查二分局。

二、2013年度江苏省南京地方税务局更高水平"三个一流"工程建设标兵科所、先进科所

(一)标兵科:

纳税服务局税收宣传科

栖霞局办公室

玄武局征管科技科

江宁局办公室

六合局征管科技科

稽查一分局综合行政科

雨花台局办公室

鼓楼局征管科技科

高淳局征管科技科

秦淮局税政法规科

(二)标兵所:

征收局第四税务所(建邺局)

征收局第二税务所(玄武局)

江宁局征收税务分局

溧水局稽查局

六合局第一税务分局

稽查局检查执行四科

化工园局第一税务所

征收局第一税务所(直属第一税务局)

高新局第二税务所
征收局第三税务所(秦淮局)
(三)先进科:
溧水局人事监察科
高新局办公室
化工园局税政法规科
浦口局征管科技科
契税所综合管理科
直属第一税务局办公室
稽查二分局案件审理科
稽查三分局综合行政科
建邺局办公室
稽查局举报中心
(四)先进所:
征收局第六税务所(雨花台局)
征收局第七税务所(栖霞局)
高淳局稽查局
稽查三分局检查执行一科
征收局第五税务所(鼓楼局)
浦口局第五税务分局
稽查一分局检查执行一科
稽查二分局检查执行一科

三、2013年度江苏省南京地方税务局“地税标兵”(按姓氏笔画排序):

王海啸 王 蓓 刘世佐 苏妍红
邱 蔚 汪树强 张 健 经 波
袁 锋 高黎黎

四、2013年度江苏省南京地方税务局“地税标兵”提名奖(按姓氏笔画排序):

边 伟 吕志浩 陈 虎 金 东
金 星 周和英 周国强 赵立扬
赵玉伟 戚宁炫 颜国彬 薛必龙

五、2013年度江苏省南京地方税务局“系统先进个人”:

王 冬 吴立亚 张少柏 尹治鹏
李 璐 周敏进 叶 峥 邵立华
杨 恬 陈 涛 黄志刚 王曼京
刘铁军 刘 勇 吴 琦 翟小荣
朱 莹 肖宁宁 高为民 王红梅
骆光军 孟洁洁 唐 棣 杨倩宇
张 黎 肖 鸣 谢 军 刘 颖
黄峰巍 吴明芝 张京宁 潘中伟
盛小根 王 强 肖 巍 秦 鑫
陈宏楼 王小平 陈培宝 万 镔
谢 月 朱代全

六、南京市先进模范

南京市五一劳动奖章:孙慧;

南京市技术能手:孙慧、周和英、徐黎、

南京市五一创新能手:孙慧、周和英、徐黎、傅红华、戴旭峰、郑慧颖;

七、其他各类集体荣誉和称号

市地税局被授予“2013年南京市职工技能竞赛优秀组织单位”称号;

六合局获“全国税务系统先进集体”称号;

南京地税局“康乃馨行动”志愿服务队、雨花台局征收所被授予“全国巾帼文明岗”称号;

雨花台局工会被授予“全国模范职工之家”荣誉称号;

市地税局机关妇联、重点税源局、征收局第二税务所、白下局人事监察科、下关局人事监察科、栖霞局办公室、江宁局妇委会、六合局规划财务科、溧水局稽查局被授予“江苏省巾帼文明岗”荣誉称号;

雨花台局、六合局获“江苏省依法行政示范单位”称号;

秦淮局工会、六合局工会获“江苏省模范职工之家”称号;

浦口局党组获“江苏省党的基层组织党务公开示范点”称号;

栖霞局办公室等9个集体获江苏省“巾帼文明岗”称号;

江宁局征收分局获“江苏省公务员职业道德模范集体”称号

浦口局工会、高淳局工会获“江苏省职工书屋示范点”称号。

(责任编辑:李洪进)

党建及群团工作

党建工作

概 述 2013年,市地税局机关党委在市级机关工委和市局党组的领导下,深入学习贯彻落实中共十八大精神和三中全会精神,坚持以科学发展观为指导,以市局党组提出的"三大工程"和"五个提升"为主线,以深化党群品牌建设为载体,大力加强机关党的建设和作风建设,机关党建工作科学化水平得到进一步提升。

党组中心组被表彰为全省首届学习型领导班子建设先进集体。市地税局党组把加强学习摆在自身建设的首位。按照市委的部署和要求,制定中心组学习计划,明确内容和要求,成立学习型党组织建设和学习型领导班子建设领导小组。在全省举行的首届学习型党组织建设和学习型领导班子建设先进的评选表彰工作中,市地税局党组中心组被命名表彰为全省首届学习型领导班子建设先进集体。

市地税局获得"三争一创之星"先进集体。2013年,全市开展了"三争一创之星"评选宣传活动。市地税局围绕税收中心工作,积极争创"三争一创之星",被市委评为全市第二批"三争一创之星"先进集体。8月,市"三争一创"实践活动领导小组办公室、市委宣传部联合组织《南京日报》、南京电视台等9家新闻媒体,对全市第二批"三争一创之星"先进集体之一的市地税局进行集中采访,并于9月初集中报道了市地税局"三争一创"实践活动的经验做法。

开展党的群众路线教育实践活动。2013年,在南京市党的群众路线教育实践活动中,市地税局作为第一批活动单位,推进"服务零距离、满意在地税"作风品牌建设,全面开展实践活动,8月,在全市作风建设群众评议工作中,获执法组第一名。

对江宁区横溪镇西岗社区贫困农户开展结对帮扶,按照市委关于开展"万名党员帮万户"活动要求,市地税局召开机关党委会研究结对帮扶工作,制定"先锋行动—党员干部结对帮扶"主题活动实施方案。同时,为确保帮扶工作落到实处,采取4条措施:成立局帮扶工作领导小组,建立帮扶工作制度,帮扶责任落实到人,确定一年两次帮扶计划。

增补换届基层党组织人员。根据机构改革的情况,市地税局机关党委对新成立的3个稽查分局和1个处室(档案管理中心)建立党支部。对其他基层党组织缺额的书记委员进行增补,共增补了6名党支部书记、12名委员。 (汪成池)

推进学习型党组织建设 按照市委、市局党组的部署和要求,制定市局党组中心组和机关党员干部学习中共十八大计划,明确学习内容、学习要求。成立市局学习型党组织建设和学习型领导班子建设领导小组,做好党组中心组学习的服务工作,落实每月一次集中学习制度。组织参观新农村建设典型武家嘴村。围绕群众路线教育实践活动,邀请专家、学者进行专题辅导报告。市局党组中心组被命名表彰为全省首届学习型领导班子建设先进集体。在机关党委范围认真开展"为了谁、依靠谁、我是谁"主题教育活动,各党总支、党支部结合纪念建党92周年,召开"永远跟党走""重温入党誓词"等专题组织生活会,并采取单位主要领导上党课、专题学习会、撰写心得体会等形式,深入学习中共十八大精神、新《党章》以及中央、省市委、市局党组一系列新要求,引导机关党员干部牢固树立全心全意为人民服务的观点、权力是人民赋予的观点、群众利益无小事的观点。十八届三中全会结束后,及时为党员干部配发学习资料,下发学习通知;各基层党组织把学习好三中全会精神作为当前的重大政治任务,认真组织学习。通过专题组织生活会、对照检查、整改落实等方式,不断提升思想境界,增强广大党员干部为群众服务的自觉性和主动性。

(汪成池)

加强系统党建工作指导力度 按照市局党建工作指导小组的工作要求，进一步加大对系统党建工作的指导。抓好“三个深化”先锋行动基层示范点的建设，制定加强党建工作示范点建设的实施意见，召开示范点建设工作交流会。市地税局系统在参加全市基层党组织党务公开示范点建设和市级机关廉政文化建设示范点评选活动中，直属一局被评为全市基层党组织党务公开示范点；契税所、直属一局获得市级机关廉政文化建设示范点称号。浦口局被评为全省基层党组织党务公开示范点，浦口区在该局开展了工作现场会。 （汪成池）

开展“三争一创之星”活动 制定2013年度开展“三争一创”实践活动计划，并指导机关各处室抓好目标任务的分解和落实。市地税局围绕税收中心工作争创“三争一创之星”。8月，全市“三争一创”实践活动领导小组办公室、市委宣传部联合组织《南京日报》《南京电视台》《金陵瞭望》《金陵晚报》《南报网》《东方卫报》《南京电台》《龙虎网》《南京发布》9家新闻媒体，对全市第二批“三争一创之星”先进集体之一的市地税局进行集中采访，并于9月初集中报道市地税局“三争一创”实践活动的经验做法。开展“三争一创之星”典型宣传，及时宣传各单位在“三争一创”活动的做法和基层党建工作经验，2013年以来，市级机关工委网站刊登市局加强基层党组织建设、深入开展“三争一创”活动等方面信息99篇。 （汪成池）

开展“先锋行动—党员干部结对帮扶”主题活动 自市委开展“万名党员帮万户”活动以来，市局高度重视，党组书记、局长柏鹏专门提出要求。副局长郑良深入到结对帮扶的江宁区横溪镇西岗社区进行调研，两次主持机关党委会研究结对帮扶工作。制定“先锋行动—党员干部结对帮扶”主题活动实施方案。同时，为确保帮扶工作落到实处：一是成立了由副局长郑良为组长，机关党委会委员为成员的局帮扶工作领导小组；二是建立上门探访、情况汇集、重点会商、督促考评等工作制度；三是把128户帮扶对象落实到具体责任人，不漏一户、不漏一人；四是一年进行两次帮扶活动。11月，机关党委组织部分党员干部，分成7个组，到江宁区横溪镇西岗社区，对128户帮扶户进行上门帮扶。 （汪成池）

加强基层党组织建设 根据机构改革的情况，对新成立的3个稽查分局和1个处室及时建立党支部。对其他基层党组织缺额的书记委员进行增补，共增补了6名党支部书记、12名委员。落实“三会一课”制度，开展“微型党课”“最佳党日”活动，围绕群众路线教育实践活动，组织召开专题组织生活会，批评和自我批评的优良传统得到传承。进一步修订完善机关党的工作标准化管理细则，并组织兼职党务工作者进行培训，不断提升做好日常党务工作的能力。积极做好党员发展工作，全年发展新党员6名。 （汪成池）

抓好上级关于改进作风的要求 抓好全市作风建设大会精神，根据全市机关作风行风建设总体工作要求，制定了2013年作风建设实施意见和为基层为纳税人办实事的29项计划，调整南京地方税务局机关作风行风建设领导小组及办公室成员。围绕贯彻中央关于改进工作作风、密切联系群众的八项规定和省委十项规定、市委“十七个一律”、市局党组的规定精神，组织机关结合实际抓好落实。 （汪成池）

开展大调研、大走访活动 结合市局机关作风建设工作要求，制定实施了开展市局机关处以上领导干部下基层“四解四促”调研活动计划，以及以“转作风、走基层、贴民心、解民忧”活动为重点的“大走访”“大调研”“大监督”活动，市局领导结合“四解四促”“三个服务”活动要求，由市局领导带队走访企业40多户；各基层局由班子成员带队走访了80多家企业，共计走访120多户纳税企业。 （汪成池）

推进“服务零距离 满意在地税”作风品牌建设 以“为民办实事”为工作目标，积极打造“地税直通车”服务品牌，提供规范、专业、便捷、高效的纳税服务，赢得了政府、社会各界及广大纳税人的满意。根据市作风办要求和安排，市地税局郑良副局长走进“龙虎网”网络直播室，与广大网友开展“网络面对面”活动。活动中，郑良向全社会介绍了南京地税局的工作职能，汇报市地税局在转变机关作风、服务民生与经济社会发展的情况和成效,现场征询了网友的意见建议,解答了南京“321 人才计划”相关税收政策,房产税试点扩大、个人所得税优惠以及契税减免等多个社会面关注, 与老百姓紧密联系的热点问题。此次“网络面对面”活动,进一步加强南京地税局与社会各界的沟通交流,拉近与纳税人和市民的距离, 宣传并树立市地税局规范执法、服务社会的形象。 (汪成池)

得分名列执法组全市第一 为进一步全面深化南京市党的群众路线教育实践活动,8 月,对全市第一批参加学教活动的 103 个部门开展了作风建设群众评议工作。随着外界对地税部门和税收工作的关注度越来越高,要求也越来越高,同时在内部征管机制调整机构人员调整幅度较大的情况下,积极建立健全作风建设的压力传导机制, 分层面做好意见征求沟通,做好情况分析。突出重点,排查矛盾,抓好需求的收集、问题的解决、服务的优化,谦虚谨慎,积极应对,最终取得优异成绩,得分位列执法组第一。 (汪成池)

工会和妇联工作

概 述 2013 年,市地税局系统工会、妇联在市地税局党组和上级机关的正确领导下, 深入贯彻落实中共十八大精神, 紧紧围绕税收中心工作,以“幸福地税”建设为目标,创新思路,务实节俭,探索群众文化工作新载体,拓展群众文化工作平台,发挥工会、妇联组织的桥梁和纽带作用。

推进系统三大品牌建设。推进系统工会“阳光家园”、妇委会“康乃馨行动”、机关团委“青春铸税”特色品牌建设,申报和注册“康乃馨行动”品牌,进一步扩大地税群团品牌影响力。

参加市级机关工委组织的各类比赛。先后参加了市级机关工委组织的“活力南京杯”网球、“龙腾杯”龙舟、羽毛球、“群星杯”乒乓球、太极拳等比赛,均取得了较好成绩。积极参加“喜迎青亚、活力南京”全市机关书画摄影展活动,共报送书画作品 23 幅、摄影作品 32 幅。组织参加南京市“金陵五月风” 第七届文学艺术节摄影作品征集与参展工作,系统共有 12 幅摄影作品入围。

开办税务文化展示会。结合建局 19 周年和国庆,举办了“唱响幸福地税”税务文化展示会,每个单位自编、自导、自演节目,真实反映了地税干部的精神面貌,展示了地税组织文化。演出结束,广大干部纷纷在内部自发地进行转播,得到了干部、职工们的一致好评。

维护会员权利、关心会员生活。组织开展劳模先进外出休养工作,已安排 10 名系统劳模、先进个人赴台疗休养。走访慰问系统困难家庭、劳模与部分先进人员,开展了“五必访”工作。 (尹治鹏)

建设系统群团特色品牌 推进系统工会 “阳光家园”、系统妇委会“康乃馨行动”、机关团委“青春铸税”特色品牌建设,总结经验,广泛宣传,积极申报和注册“康乃馨行动”品牌,努力扩大地税群团品牌的影响力。深入推进“模范职工之家”“工人先锋号”“三八红旗集体”“三八红旗手”“巾帼文明岗”等创建活动,真正发挥“挂一块牌子,树一面旗帜,立一个标兵,带一片人”的创建效应。动员、组织机关干部职工开展文明创建、扶贫济困、圆梦助学、义务献血、志愿者服务等活动。 (尹治鹏)

举办“唱响幸福地税”税务文化展示会活动 9 月下旬,系统工会在汤山干部学校举行“唱响幸福地税”税务文化展示会活动。市地税局各位局领导、市级机关工委副书记、市级机关工会联合会常务副主席等领导, 各基层单位主要负责人和税务一线干部 500 多人参加。展示会共设 16 个围绕“幸福地税”的节目。会后,市级机关工委要求地税系统工会继续当好全市机关工会群众文化建设的榜样,将活动情况在机关建设网站上发布,在全市机关中进行宣传和反映, 并将群众文化建设的做法和经验上报。 (尹治鹏)

组织参加市级各项文化体育活动 2013 年, 市地税局系统工会先后参加了市级机关举办的各类文化。组织参加南京市“金陵五月风”第七届文学艺术节摄影作品征集与参展工作,系统共有 12 幅摄影作品入围。6 月,在市级机关“活力南京杯”网球赛中,市地税局男、女队员分别获得女双第一名、第三名、第五名和女单第五名;男双 2 个第五名和 1 个男单第五名;局级领导组男双第五名,共 8 个奖项。7 月,在“喜迎青亚、活力南京”全市机关书画摄影展活动中，市地税局共报送书画作品23幅、摄影作品32幅，获得书画、摄影作品三等奖3幅，佳作奖5幅，并获得优秀组织奖。8月，在市级机关“龙腾杯”龙舟赛活动中，市地税局龙舟队获得了第六名。8月，市地税局组织部分人员与市级机关工会联合会共同组队，参加了市总工会的乒乓球比赛，荣获了团体第三名。10月，在市级机关“群星杯”羽毛球比赛中，市地税局获得了男子和女子两个团第五名。市地税局系统工会还组织30名骑行爱好者，参加南京市“迎青奥”倒计时300天万人自行车骑行活动，组织了百名劳模荐书活动，按时参加全国女职工保护特别规定知识竞赛等工作。（尹治鹏）

开展工会妇联创建活动 2013年，市地税局的5个基层工会组织荣获了市“职工书屋”示范点荣誉称号。职工之家建设方面，1个单位获得全国“模范职工之家”称号，5个基层工会组织获得省“模范职工之家”称号。同时，1个单位获得“全国巾帼文明岗”称号，5个单位获得省“巾帼文明岗”称号，7人先后被评为省“三八红旗手”称号、市“五一劳动奖章”和市“读书成材标兵”等。（尹治鹏）

举办系统“三八”纪念活动 为隆重纪念“三八”国际妇女节第103个节日，市地税局系统妇联召开系统妇女先进代表参加的纪念大会。市地税局领导、系统妇联全体委员、各基层妇联主席及部分系统妇女先进代表共160多人参加会议，大会宣读市地税局党组给全系统广大妇女同志的慰问信，表彰系统十佳“康乃馨行动巾帼志愿队”、十佳“康乃馨行动使者”，观看由系统各基层妇女们自制的十佳“康乃馨行动使者”VCR。（尹治鹏）

开展“健康工程”，奉献社会爱心 深入推进“健康工程”。继续组织全员参加康惠医疗互助活动，着力解决机关干部职工的实际问题。组织开展劳模先进外出休养工作，已安排10名系统劳模、先进个人赴台疗休养。春节前，系统工会对系统面困难家庭、劳模与部分先进人员进行了走访慰问。各基层单位按照系统工会制度要求，认真组织开展了“五必访”等各项工作。市地税局系统妇联与各基层妇联组织了“献爱心”活动，先后分别与下岗女工、单亲家庭、敬老院、学校、社区建立了帮扶联系对象，定期、不定期的走访看望。系统妇联在高淳县高级中学建立了春蕾圆梦班，及时关心、了解和走访孩子们，节假日还为18名孩子送上学习用具等。（尹治鹏）

工会荣誉榜

工会工作

一等奖

江苏省南京地方税务局市地税局机关工会委员会

南京市玄武地方税务局工会委员会

南京市雨花台地方税务局工会委员会

南京市秦淮地方税务局工会委员会

江苏省南京地方税务局稽查局工会委员会

南京市建邺地方税务局工会委员会

二等奖

南京市鼓楼地方税务局工会委员会

南京市江宁地方税务局工会委员会

南京市化学工业园区地方税务局工会委员会

南京市六合地方税务局工会委员会

江苏省南京地方税务局稽查局第三分局工会委员会

江苏省南京地方税务局直属第一税务分局工会委员会

江苏省南京地方税务局稽查局第一分局工会委员会

三等奖

南京市高淳地方税务局工会委员会

江苏省南京地方税务局纳税服务局工会委员会

江苏省南京地方税务局稽查局第二分局工会委员会

南京市地方税务局耕地占用税和契税管理所工会委员会

南京市高新技术产业开发区地方税务局工会委员会

南京市栖霞地方税务局工会委员会

南京市浦口地方税务局工会委员会

南京市溧水地方税务局工会委员会

系统荣誉工会积极分子

柏　鹏　郑　良　左　明　唐　跃
蔡建勋　刘军辉　王　超　陈　奇
钱家俊　杨　华　苑爱国　蔡金华
胡平华　王冬明　费明华　姜　健
张元年　钟武斌　黄玮东　胡连强
谢海航　马学民　朱　延　徐贻璧
罗　斌　王桃之　王晓苏　吴春高
马玉宁　曾　翀　王火生　戴世敏
殷璧峰

系统优秀工会干部

朱　岚　明　靖　石　亮　董淑艳
韩粉英　董晓庆　全　晓　潘学胜
陈晓菁　何　南　张红兵　张劲松
陆　军　林　斌　解成龙　丁晓军
祁寅龙　郝永宁　翁明祥　吕　艳
毕云亮　许晓燕　许兴鹏　张启琴
周　密　朱培银　周进达　汪临清
李　欣　潘小宝　陈月影

系统优秀工会积极分子

马婷怡　宿　萍　周　益　奚　雷
徐　伟　张周萍　李　政　章苏红
汪　洋　杨蔚芳　管　玮　张　珺
吉　晨　钮　蓉　陈海红　赵　龙
顾　婷　刘　劼　王海霖　蔡　勇
索荣荣　肖烈风　冯可兰　沈媛媛
王庆生　陈晓雯　吕小军　顾海萍
童春雷　阎小南　刘小伟　鲍　平
杨　阳　高　峰　杨　明　刘少洋
孙爱萍　徐　齐　鲁　新　赵　滨
雷　红　丁　钰　刘　涛　周建国
葛　平　沈旭升　刘守成　童春国
王怀民　李秋璟　周立红　袁劲松
朱亚雷　赵　新　王苏宁　田　申
张翠霞　陈玉海　王　健　刘健萌
郭智怡　李　勇　赵　鹏　杨　露
谢寒生　柴逢国　陆　欲　孙　强
毛平凡　吴鲁怀　吴　勇　华铁群
朱士祥　张　建　陈　军　罗友明
周　俊　沈　勇　王　勇　胡庆瑜
吴玉华　张　伊　光长江　江　跃
李晓峰　胡　东　谢文礼　朱长山
吴家明　李德花　封世雄　黄祥敖
沈　涛　谢英厚　戴丁香　王仕贵
赵洁如　沈春才　韩炳新

妇联荣誉榜

妇联工作

一等奖

江苏省南京地方税务局纳税服务局妇女联合会

南京市高新技术产业开发区地方税务局妇女联合会

南京市高淳地方税务局妇女联合会

南京市栖霞地方税务局妇女联合会

南京市浦口地方税务局妇女联合会

南京市地方税务局耕地占用税和契税管理所妇女联合会

二等奖

江苏省南京地方税务局市地税局机关妇女联合会

江苏省南京地方税务局直属第一税务分局妇女联合会

南京市江宁地方税务局妇女联合会

南京市鼓楼地方税务局妇女联合会

南京市六合地方税务局妇女联合会

南京市溧水地方税务局妇女联合会

江苏省南京地方税务局稽查局第二分局妇女联合会

三等奖

南京市玄武地方税务局妇女联合会

江苏省南京地方税务局稽查局妇女联合会

南京市雨花台地方税务局妇女联合会

南京市秦淮地方税务局妇女联合会

南京市建邺地方税务局妇女联合会

南京市沿江工业开发区地方税务局妇女联合会

江苏省南京地方税务局稽查局第三分局妇女联合会

江苏省南京地方税务局稽查局第一分局妇女联合会

系统巾帼文明岗

江苏省南京地方税务局机关党委

江苏省南京地方税务局稽查局检查管理科

江苏省南京地方税务局稽查局第一分局案件审理科

江苏省南京地方税务局稽查局第三分局案件审理科

江苏省南京地方税务局纳税服务局咨询服务科

江苏省南京地方税务局直属第一税务分局人事监察科

南京市玄武地方税务局人事监察科

南京市秦淮地方税务局第九税务所

南京市建邺地方税务局人事监察科

南京市鼓楼地方税务局政策法规科

南京市雨花台地方税务局人事监察科

南京市栖霞地方税务局人事监察科

南京市化学工业园区地方税务局政策法规科

南京市江宁地方税务局政策法规科

南京市浦口地方税务局征收税务分局

南京市六合地方税务局人事监察科

南京市溧水地方税务局人事监察科

南京市高淳地方税务局征收分局

系统巾帼岗位明星

金　泓　史伟莹　吉琳娟　张　会
王　惠　张紧莉　朱　丽　盛　冉
彭　云　凌　洁　沈卫华　朱　斌
张　勉　侯冬梅　齐文娟　张　枋
李　舒　蒋　辉　李　琦　张　杨
王启明　韩　云　邢　彦　佘风琴
王　莉　穆利萍　徐　娟　董晓宁
诸桂芳

系统三八红旗手

戴礼萍　王琪玮　段　慧　查倩倩
谷燕舟　陈潇潇　彭昕宁　夏　菁
何　建　潘爱和　余梦雅　周嫦娥
虞　华　张　洁　王英姿　黄　华
张　平　曾益红　陈　湘　杨　红
薛　娜　庄淼亭　杨沉璧　侯祥萍
梁明霞　莫增华　汪莉莉　史文娟
张显美　戳启燕　张　宙

系统文明家庭

李南晔　徐浩波　徐建国　王　芊
石寿明　刘　青　吴跃发　纪耀录
邱萌宇　杨桂花　孙　鲲　芦学荣
戴迎新　朱金劬　冀向民　王桂祥
王宝林　程金田　周宏峻　岳有名
王志勇　尤　克　刘以杲　张鹏春
赵瑞雨　邵龙喜　刘　辉　万利民
周纪棋　葛传才　陆晓民　甘小琴
张道勤　孙　猛　孙启红　路　清
黄宝琴　朱杏宝　蔡行剑　陈桂华
孔令海

（责任编辑：汪成池）

基层单位工作

稽查局

概　述　2013年，江苏省南京地方税务局稽查局(以下简称稽查局)紧紧围绕“三个一流”总体目标,积极推进稽查管理改革,优化稽查工作机制,提高专业化稽查效能,推进干部队伍建设,各项工作取得明显成效。累计下达税务稽查案件1022户,同比增长28%;结案1013户,案件查补各类税收收入7.45亿元。在全省地税系统稽查工作会议上以《以税务稽查现代化为指引着力推进税务稽查专业人才队伍建设》为题作经验交流。

以查促收能力进一步发挥。强化稽查工作组织力度,组织开展以证券基金公司、营利性医疗机构、驾驶员培训机构和建筑安装业为重点的7项税收专项检查,累计实现各类税收收入8.57亿元。年度稽查选案中除举报外全部纳入风险管理,高风险应对率及反馈率达100%。对南京地区9个集团户,30户相关企业开展重点税源检查。在国家税务总局规定按30%进行重点检查的基础上,下达检查户19户,重点检查比例达到63%。精选人员,参与省地税局稽查局一分局的检查工作,区域检查效果显著。

以查促管作用进一步提升。推进稽查管理改革,制定下发《江苏省南京地方税务局税务稽查管理改革实施方案》,新机制运行下的稽查局按照“1+3+5”模式开展工作。制定完善稽查管理制度,在原有35项业务制度的基础上,结合新机制的运行制定10项管理制度。筹备设立城南、城北两个办案中心,促进稽查整体工作质效的提升。推进稽查案例库建设,创新案件审理方式方法,有效提高办案效率。开展“以案说法”宣讲会,发放纳税人廉政反馈表,将纳税服务贯彻稽查始终。

以查促查作用进一步突显。加强专案和大要案件查处,全年查处百万元以上大要案22件(千万元以上案件5件),同比增长36%。强化税务案件进程监督,对案件处理过程中的各类稽查流程、文书审批的时限进行梳理和规范，充分利用稽查数据的信息化优势，实时监控每个案件的处理进度。强化涉税违法案件举报管理,受理税收违法检举案件459件,查补各类税收收入1.3亿元。严厉打击发票违法犯罪行为。查处非法发票842份,没收非法所得17.5万元。加强对移送案件的跟踪管理。

专业化稽查素质进一步提升。开展党的群众路线教育实践活动,梳理在“四风”方面存在的“八个方面”问题。召开专题民主生活会,积极整改,建章立制。深化“砺·行”文化品牌建设。将建设稽查精神、倡导十大观念、增强四种力量、打造一个品牌”确立为“砺·行”文化的核心理念体系。结合稽查实际,强化干部的岗位培训,创新培训方式,拓展制式培训。完善干部激励约束机制,结合征管机制改革，增强稽查一线力量，一线干部占比达53.13%,干部交流轮岗率达66.13%。加强作风建设和廉政建设,实施“一岗双责”,环环相扣抓管理。

行政保障能力进一步加强。完善政务管理,加强信息宣传,顺利完成调研任务,做好档案管理工作,推进政务公开。强化事务管理,规范财务管理,开展办公用房清理工作,做好节能减排工作,完善公务车辆管理,规范政府采购管理。

(朱旭)

机构设置及负责人

办公室

主　任	陈　虎(7月免)
	石　亮(7月任)
副主任	茅钟驰(7月免)
	曹木兰(7月任)

人事监察科

科　长	郭智怡(7月免)
副科长	陈　春(7月任)

稽查管理科(7月改称“检查管理科”)

科　长	朱基全(7月免)

陈 虎(7月任)
副科长 沈晓青

案源管理科(7月撤销)
科 长 王相群
副科长 王 慧

审理科(7月改称“案件审理科”)
科 长 吉琳娟
副科长 王 亮

税收违法案件举报中心
主 任 郑立峰
副主任 陈潇潇(7月免)

第一检查科(7月撤销)
科 长 乔旭峰
副科长 王 琛

第二检查科(7月撤销)
科 长 李 璐
副科长 曹木兰

第三检查科(7月撤销)
科 长 瞿海深
副科长 顾 婷

第四检查科(7月撤销)
科 长 王茂林
副科长 陆 莹

第五检查科(7月撤销)
科 长 蔡 勇

第六检查科(7月撤销)
科 长 周敏进

第七检查科(7月撤销)
科 长 刘妙龄
副科长 刘 辉

第八检查科(7月撤销)
科 长 薛必龙
副科长 李 娟

第九检查科(7月撤销)
科 长 吴克军
副科长 张 超

第十检查科(7月撤销)
科 长 陈宁文

第十一检查科(7月撤销)
科 长 郜齐旭
副科长 陈 春

第十二检查科(7月撤销)
科 长 叶 峥
副科长 李京琳

第十三检查科(7月撤销)
科 长 孙国松

第十四检查科(7月撤销)
副科长 石 亮

检查执行一科(7月设立)
科 长 乔旭峰(7月任)
副科长 王 琛(7月任)

检查执行二科(7月设立)
科 长 李 璐(7月任)

检查执行三科(7月设立)
科 长 瞿海深(7月任)
副科长 李 娟(7月任)

检查执行四科(7月设立)
科 长 王茂林(7月任)
副科长 陆 莹(7月任) (史晶)

税务稽查管理改革 一是构建新模式。建立“1+3+5”的组织构架,即:成立1个副局级建制的市局稽查局,下设3个正处级建制的稽查分局和5个全职能局稽查局。初步构建起“一级稽查、市(区)联动、横向互动、内外协作、高效运作”稽查体系。二是调优新机制。将专项检查、分类分级检查全面融入风险管理,明确风险计划制定、案件推送、检查、审理、执行等工作流程,案件查处按照“谁立案、谁归档、统一审理、协助执行”的原则独立开展,建立健全监督管理、绩效考评、装备保障等一系列配套措施,为稽查管理改革提供强有力的支撑。三是充实新力量。配齐配强稽查人员,一线稽查人员达到178人,实现稽查人员占税务人员的比例由9.7%提高到14.2%、“三师”资格人员占稽查人员的比例提高到29.73%。 (华兰)

税收高风险应对 坚持风险导向做好年度高风险应对工作,除举报外全部纳入风险管理。机构改革前,稽查局接收并应对风险平台推送的8批次367户高风险疑点户,机构改革后,稽查系列接收并应对风险平台推送的5批次389户高风险疑点户。在案件检查过程中坚持各税统查,疑点必查,逐步提升风险管理绩效,稽查查补税款中,风险疑点贡

献绩效达 12565 万元。（胡蓉）

税收专项检查 开展证券、基金公司、营利性医疗机构、驾驶员培训机构等六项指令性行业专项检查和五项指导性行业专项检查。建立稽查局牵头组织、纳服局宣传辅导、风评局统一下达专项检查任务的三联动机制，下达专项检查自查户 353 户（其中有问题户 252 户，自查入库各类税收收入 1.21 亿元）；全年专项检查工作自查、中度风险应对、重点检查累计入库各类税收收入 8.57 亿元(其中：专项检查对应的中度风险任务完成 1475 户，入库各类税收收入 7.01 亿元；重点检查 316 户(其中已查结户 284 户，入库各类税收收入 0.36 万元)。（陈光）

重点税源企业检查 5 月起，对国家税务总局指定的集团企业在南京地区的分支机构组织重点税源户专项检查。上述相关分支机构涉及 9 个集团户、相关重点税源企业 31 户。累计自查各类税收收入 97.71 万元。同时，根据国家税务总局相关规定，安排对 19 户重点税源企业进行税务检查，查补各类税收收入 76.53 万元。（陈光）

打击发票违法犯罪 一是以整治买方市场为重点，加大重点行业和领域发票检查力度，查处违法企业 152 户、查处非法发票 842 份，查补入库各类税收收入 1769 万元、没收非法所得 17.5 万元。二是联合公安大力开展发票“卖方市场”整治，对发票犯罪问题突出的重点地区，采取有效措施打源头、端窝点，联合查办一批发票犯罪大要案件。年初对南京火车站等窗口地区倒卖假发票开展联合打击行动，其后以玄武、鼓楼、秦淮、江宁四个区为重点与公安局、国家税务局等联合开展专项整治行动，共破获各类发票犯罪案件 38 起、抓获犯罪嫌疑人 12 人、捣毁制售假发票窝点 5 个、缴获假发票 3.03 万份。（张宁）

建设稽查案例库 探索建立税务稽查案例库，展示和留存税务稽查办案业绩和经验。案例库作为一个综合收集、分析、共享、交流、学习的互动平台，共有 6 大功能模块，23 个子模块，38 个功能应用。通过信息技术对案例进行规范收集、发布、提炼分析、查询共享，一方面使稽查人员能及时了解行之有效的稽查技巧，掌握涉税案件的发生、发布特点、作案手段和动向、涉税问题及处理情况，达到采取有效应对措施，提高查案质量水平；另一方面通过稽查案例库的提炼分析功能，扩展稽查成果增值效能，为税务机关部门各级领导把握涉税违法活动规律、指导部署税务管理工作提供信息资源。（陈光）

省地税局稽查局区域检查 2013 年，省地税局采取“虚拟设置、实体运作”的方式，组建三个区域稽查分局。作为省地税局区域稽查一分局组成单位之一，精选人员，选拔出 18 名经验丰富、责任心强的干部加入到区域稽查一分局。精心组织，做好充分的查前准备，制定出详尽的检查方案，检查过程中不断增强信息技术在检查中的应用效果。同时，构建起稽查专家远程支撑平台，实时在线帮助区域稽查一线人员处置疑难问题。查结 8 户，查补各类税收收入 1.3 亿元(百万元案件 5 件，千万元案件 2 件)。全力保障，在业务需求、办公设备、住宿、餐饮、交通等方面建立专门服务机制，做好全方位服务保障。（华兰）

2013 年 4 月 2 日，税务稽查人员向相对人解释案件情况

案件审理 一是审理人员提前介入。稽查人员实际检查过程对疑难问题提前反映，审理科人员及时解决，对一些比较特殊的疑难案件，采取提前介入案件的形式，减少退审，提高审理效率。二是拓宽审理外延。通过查前政策提示、查中政策答疑、查后政策反馈“三段式”实现政策支撑和稽查实施无缝对接。三是全面落实三级会审制度。除在稽查局内部落实三级会审外，随着机构改革后稽查分局

的建立，根据稽查工作实际全面贯彻落实三级会审制度，多种方式及时参与疑难案件的会审，及时解决一线检查过程中的疑难问题，为办案提供指导，同时也为后道的审理工作提供服务，提高办案效率。（王亮）

建立稽查远程专家支撑团队 远程帮助一线执法人员实时处置疑难问题。鉴于信息化支撑的因素和稽查机构改革一线稽查的现状，提前启动稽查系列稽查远程专家团队的支撑平台，在稽查一、三分局建立微信平台，在实时解答问题的同时，不定期根据检查阶段将稽查人员查前、查中可能遇到的以及容易出错的问题以友情提醒的方式告知一线执法人员，使一线稽查人员尽快熟悉稽查工作，提升稽查工作质效。（王亮）

税收违法行为检举 受理税收违法行为检举案件485件，查处387件，查补各类税收收入13741万元，增长235.28%，创历史新高，入库13242万元，入库率达96.37 %。在税收违法行为检举案件管理过程中：严把时效和质量关，按月编制《税收违法行为检举工作动态》，按月通报举报案件查办反馈进度；做好重点检举案件的全过程跟踪，稳慎处理社会关注的群体检举案件，加强重点举报人的矛盾化解工作；充分保障检举人合法权益，认真做好相关政策的宣讲和检举人信息的保密工作，受理和发放举报奖励24笔，支付检举奖励1.12万元。（郑立峰）

建立廉政专题学习日 将每周五上午固定为“廉政专题学习日”，以科所为单位，从分析岗位履责特点入手，充分利用集体学习时间，采取个人自学、轮流领读、体会交流等分式有针对性地开展反腐倡廉教育，引导干部正确认识当前反腐倡廉和改进作风的形势要求，认清各自岗位在廉洁自律上面临的风险和挑战，深刻认识为税不廉对个人和组织可能造成的危害，进一步强化风险防范意识，增强责任感和紧迫感。（杨蔚芳）

组织科级非领导干部选拔 晋升主任科员、副主任科员各4名。在组织动员、民主推荐、组织考察、任前公示各环节中准确理解和把握政策依据，严格按程序和要求规范操作，做到公平、公开、公正。在晋升中，做好各类人员的思想工作，淡化功利色彩，努力营造追求事业的思想氛围。（史晶）

两篇案例入选省地税系统优秀税务检查案例 在2013年度全省地税系统稽查案例分析会上，“某汽配商城有限责任公司隐匿凭证、少列收入偷税案”和“假发票入手、巧破案中案”两篇案例荣获“全省地税系统稽查优秀案例”称号，连续11年获此殊荣。（朱旭）

沈晓青被国家税务总局评为“打击发票违法行为先进个人” 在打击发票违法行为工作中，沈晓青表现突出，被国家税务总局评为“打击发票违法行为先进个人”。（陈春）

查倩倩等3人获“南京市青年岗位能手”称号 在市总工会、市劳动和社会保障局、市人事局和团市委共同举办的南京市职工职业（行业）技能竞赛中，查倩倩、王佳一、王璇晶取得优异成绩，被授予“南京市青年岗位能手”称号。（陈春）

（责任编辑：韩粉英）

稽查局第一分局

概　述 江苏省南京地方税务局稽查局第一稽查一分局（以下简称稽查一分局）于2013年7月正式成立。在市地税局党组的正确领导下，按照市地税局的年度总体部署和稽查局的工作要求，紧紧围绕“三大工程”建设，明确“锻炼一支队伍，查办一批案件”的总体目标，以党的群众路线教育实践活动为抓手，加强干部队伍建设，以稽查专业化管理为主线，以风险管理为导向，以新的作为、新的业绩，为稽查专业化改革做出应有的贡献。

运行机制迅速建立。一是机构设置迅速到位，根据市地税局机构调整方案和稽查局机构职能，将3个职能科和4个检查执行科迅速配置到位。二是人员配置迅速到位，结合人力资源现状合理配置人力资源。三是制度规程迅速到位，制定《检查业务操作办法》《案源管理办法》《重大案件合议制度》《税收执法督察办法》《稽查案卷立卷归档工作内部规定》等规章制度，同时完善C级、D级绩效指标。

稽查工作初显成效。强化业务管理,完善案源需求报送机制,创新性引入案源分配竞争机制,按户建立稽查管理台账,实行预警提示。探索多种检查方法,实施调账检查1户、电子查账4户,查补各类税收收入1000万元。实施检查110万元,查补各类税收收入4100万元。

依法行政得到强化。一是完善审理机制,实施案件预审,开展"三段式"送服务上门,规范重大案件审理流程,组织集体审理4次,合议案件9户。二是强化执法风险防范,初步建立"四位一体"的稽查执法监督制约体系,严格开展日常执法检查和督察工作。三是加强执法服务意识,认真落实查前告知、查中讲评制度,班子成员带队深入8户被稽查户开展查后回访,及时化解与纳税人之间的矛盾。

干部队伍素质显著提升。一是加强班子建设,围绕"三争三创",领导班子做好"五个带头、五个表率"。二是加强思想政治学习,组织开展3场主题讨论会,以及"一把手"授党课、专家讲课等2场专题讲座。三是加大培训力度,开展"提本领、强素质、争先锋"专项培训,组织4场集体培训和5场小班化培训,开展岗位练兵和调账检查、电子查账等实战演练。四是加强基层创建,"职工书屋"获得南京市优秀"职工书屋"示范点称号,综合行政科获市级"青年文明号"和系统"标兵科所"称号。刘辉、韩粉英分别被纳入省地税局稽查和秘书人才库,李文获"系统业务能手"称号,刘楚文通过注税资格考试。五是积极开展创新,参与并完成4项创新,有2项已在系统推广运行。

党风廉政建设有效加强。一是深入开展教育实践活动,开展交流学习16次,征求意见45条,查摆"四风"问题10条,提出整改措施29条,建章立制6项。二是有效落实党风廉政建设,按要求逐级签订《党风廉政责任书》,工会承办的集邮俱乐部代表市地税局参加省地税局"廉洁从税,勤政为民"主题邮展获二等奖。三是深化作风行风建设,结合新形势,明确15项规定,开展对13户贫困家庭的结对帮扶。

行政保障水平不断提升。做好机构调整各项保障,积极配合市地税局稽查局迅速完成办案中心建设,取得省地税局、市地税局和市稽查局领导的充分肯定。按要求完成办公房清理。注重物业、维保、食堂等管理。严格坚持财务纪律,强化财务重大开支管理,严格执行财务经费支出请示报告制度。加强信息宣传员队伍建设,扩充信息采集渠道,上报的信息被国家税务总局刊用1篇,省政府专报刊用1篇,省委、省政府刊用6篇,省政府领导批示1篇。（杨光）

机构设置及负责人

综合行政科

科　长　韩粉英(7月任)

副科长　谷燕舟(7月任)

业务管理科

科　长　高黎黎(7月任)

案件审理科

科　长　李　文(7月任)

副科长　钮　蓉(7月任)

检查执行一科

科　长　刘　青(7月任)

副科长　刘　雄(7月任)

检查执行二科

科　长　周敏进(7月任)

副科长　王国雷(7月任)

检查执行三科

科　长　戴旭东(7月任)

检查执行四科

科　长　赵国堂(7月任)

副科长　刘　辉(7月任)

（杨光）

查补收入4100万元　以稽查目标为引领,以稽查专业化管理为主线,以风险管理为导向,强化业务管理,完善案源需求报送机制,创新性引入案源分配竞争机制,探索多种检查方法,按户建立稽查管理台账,实行预警提示。不断加大稽查力度,提升稽查效率,完成稽查局下达的案源90户,入库各类税收收入3300万元。完成原稽查局带入案源20户,入库各类税收收入840万元。（杨光）

规范制度规程　梳理国家税务总局《税务稽查工作规程》和《江苏省南京地方税务局稽查局业务制度》等各项制度和规定,制定该局《检查业务操作办法》《案源管理办法》《重大案件合议制度》《税收执法督察办法》《稽查案卷立卷归档工作内部规定》等规章制度；同时，针对稽查职能特点，召开绩效指标完善座谈会，完善C级、D级绩效考核指标。 （杨光）

创新案源管理机制 一是完善案源需求报送机制。由各检查执行科分季报送案源计划，职能部门接收案源后，对明确有报送需求的案源进行直接推送，提高办案效率。二是引入案源分配竞争机制。根据选案优先权的顺序主动认领案源；对未被认领的案源，再根据企业规模、地理位置等因素进行合理分配；对有争议的案源，由案源管理小组进行裁决分配，提高案源分析的主动性。三是建立一线案源上报机制。鼓励稽查人员主动发现风险点，将有价值的案源逐级上报，通过风险模型进行验证后，再推送给一线稽查人员。 （杨光）

案件审理 一是完善案件审理机制。规范重大案件审理流程，促进集体审理的讨论效率，提升集体审理的质量和审理结论的水平，组织重大案件集体审理4次，合议案件10户（报稽查局审理1户）。二是建立预审机制。对案件采取提前介入案件的形式，对案件进行政策、程序、取证等方面的把关，保证案件流程的顺利通过和效率。三是拓宽审理外延。针对检查人员经验欠缺、频繁出现更正事项的情况，开展送服务上门，通过查前政策提示、查中政策答疑、查后政策反馈“三段式”实现政策支撑和稽查实施无缝对接。 （杨光）

税收执法风险防范 一是健全行政执法机制。初步建立稽查四环节相互监督制约、上级对下级的监督制约、税务机关内部专业监督与社会舆论监督相结合的“四位一体”的稽查执法监督制约体系。二是深化稽查法制化建设。结合执法风险防范要求，认真开展日常执法检查和督察工作，完善稽查四环节执法要求，规范执法行为，切实保障纳税人权益。三是做好行政救济服务。严格按法定的程序办案，保护被稽查户的陈述申辩权利，做到无陈述，不草率结案；有异议，慎重对待，严格核实，逐项反馈，妥善处理。四是继续深入稽查法制化建设，认真开展日常执法检查和督察工作，防范执法风险。 （杨光）

实施稽查回访 对2013年度的稽查案件重点选取8户被查企业，由班子成员带队深入企业开展查后回访。一是听取意见建议。着重向企业了解检查人员的检查行为是否合法、合规、文明，收集企业对稽查工作的意见和建议15条，有效化解了与企业之间的矛盾。二是了解经营情况。了解企业的生产经营情况和企业面临的困难和问题，立足税收为企业出谋划策，帮助企业充分运用税收优惠谋求更好发展。三是提供政策服务。针对企业关心的涉税问题，提供税收政策零距离服务，积极帮助企业规避税务风险。 （杨光）

组织“提本领、强素质、争先锋”专项培训 一是开展特色培训。在稽查局组织的稽查业务技能培训的基础上，组织4场集体培训，5场小班化培训，开展岗位练兵，并对成绩优异的部门和个人予以适当鼓励。二是加强实战交流。请专家前来指导稽查工作，并组织业务骨干主动上门学习；举办调账检查现场教学、微信政策研究、电子查账实战演练等多种形式的学习交流；每月选取典型案例进行“以案说法”案例讲评会，实施互动交流，1篇案例在系统交流展示。三是指导政策运用。每月定期整理常用政策法规、分析工作问题下发，指导干部科学运用“12366”政策库和稽查案例库。 （杨光）

2014年1月4日，稽查一分局开展“提本领、强素质、争先锋”专项培训

组织科级非领导干部选拔 晋升主任科员3名、副主任科员2名。在组织动员、民主推荐、组织考察、任前公示各环节中准确理解和把握政策依据，严格按程序和要求规范操作，做到公平、公开、公正。在晋升中，做好各类人员的思想工作，淡化功利色

彩,努力营造追求事业的思想氛围。(杨光)

党的群众路线教育实践活动 一是积极组织学习交流。开展中心组学习会、专题党课、主题思想大讨论、专题讲座等交流学习10次,部门学习交流会6次。二是广泛听取群众意见。积极开展"四解四促""三个服务""走基层、听民声、求良策"等活动,班子成员带队走访调研,召开内部座谈会征求意见3次,外部座谈会征求意见2次,综合梳理出11个方面问题和建议45条。三是开展四个层次的谈心活动。班子成员主动接受党员、干部和群众的约谈,了解干部的思想动态和工作中的困难,征求干部意见。共开展谈心33人次,查摆出"四风"问题10条。四是认真进行对照检查。班子和班子成员结合实际,认真撰写并反复修改了对照检查材料,重点剖析"四风"方面的问题及具体表现。五是开好专题民主生活会和组织生活会。充分运用了批评与自我批评的有力武器,班子成员相互提出存在的13条具体问题,达到"排排毒、治治病"目的。六是着重落实整改和建章立制。针对突出问题,经过深入研究,提出29条整改措施,明确责任部门、责任人,制定任务书、时间表,并把解决突出问题和建立长效机制结合起来。(杨光)

党风廉政建设 一是构建党风廉政建设责任体系。签订"一岗四责"目标责任书,实行"一岗双责",按照"谁主管、谁负责"的原则,一级抓一级,层层抓落实。二是深入开展"廉洁从税"主题实践活动。通过组织家庭助廉、爱国主义基地教育等活动,提高干部廉政意识。三是进一步健全惩防体系。严格领导分工负责制,不断加强对反腐倡廉教育、权力运行监控、预防腐败、纠风和惩治腐败"五大机制"建设推进情况的落实,加强对重要决策、工作执行情况的监督检查。(杨光)

政风行风建设 一是明确政风行风要求。根据稽查工作的业务特点,为避免出现执法程序存在瑕疵,明确坚持文明执法、严禁吃拿卡要报、查账禁止要求企业派车接送等12项具体要求。二是建立群众意见反馈长效机制。拓宽内、外部监督渠道等,将岗位行为规范、文明礼仪规范举措固化为制。三是开展"三比一创"争创活动。比工作干劲、比精神状态、比稽查质量,创优秀稽查员,激发干部"清心洁行"的深层动力。四是开展"结对帮扶"。根据市地税局统一部署,开展对江宁区西岗社区13户贫困家庭的结队上门帮扶。(杨光)

(责任编辑:韩粉英)

稽查局第二分局

概　述 江苏省南京地方税务局稽查局第二分局(以下简称稽查二分局)于2013年7月正式成立。自成立以来,在市局党组的正确领导下,认真贯彻落实中共十八大和十八届三中全会精神,紧紧围绕系统税收征管改革、社会管理创新、税务文化"三大工程"建设,按照管理效率、服务质量、执法水平、队伍素质、地税形象"五个提升"的总要求和税务稽查现代化目标,秉承"依法稽查、文明稽查、效率稽查"的原则,以税收风险管理为导向,以信息管税为抓手,夯实工作基础,创新稽查方式,优化稽查手段,狠抓稽查质效,加强队伍建设,较好地发挥稽查职能作用,圆满完成年度各项目标任务。全年,共查处案件120件,其中,新下达案件89件,带入案件31件;查补入库各类税收收入3202万元,其中,新下达案件621万元,带入案件2581万元,查处百万元以上案件8件。应对高风险疑点332条,风险应对率100%,结案率95%,入库率92.6%。

统一思想、提高认识,深化稽查管理改革。通过分层次、针对性的会议、沟通交流和培训,引导干部正确认识稽查管理改革的重要意义,尽快适应改革后的工作要求。在整个机构调整和人员调配过程中,做到思想统一、队伍稳定、工作有序、衔接顺畅,确保机构改革平稳过渡。修订完善业务制度和内部管理规定,建立完善各类工作台账,打牢工作基础。

细化指标、过程监控,提升稽查工作质效。明确各岗位的工作事项和工作要求,层层分解考核任务,建立目标责任传导机制和指标完成情况"晴雨表",及时掌握各项指标完成进度。把握定位,将风险应对工作纳入稽查成效管理和执法责任监督之中,按月通报风险应对进度,开展风险应对复审,发挥风险管理的导向作用。及时商研案件检查工作中的疑难问题,注重对案件全方位全过程的监控，加强案件过程管理。

规范执法，落实责任，提高依法行政能力。落实审理提前介入制度和案件会审制度，开展案件卷宗评查工作，不断提高案件审理质量。建立内控机制，实施差别化内控风险预警和分级分类内控监督，按季开展税收执法检查工作，加强对“两权”的监督制约。进一步完善报审审核手续，严格执行行政处罚裁量基准，加大考核问责力度，规范日常执法行为。统筹安排、措施有力，开展行业专项检查和打击发票违法犯罪专项工作，共计查补各类税收收入 2049.24 元。

严格标准、力求实效，认真开展教育实践活动。将集中学习和分散学习相结合，采取局长上党课、专题学习会、签订个人承诺书等形式，确保教育实践活动的学习成效。通过开展谈心活动、广泛征求意见、认真对照检查，深入查摆“四风”方面存在的突出问题，共查找出思想作风、稽查业务、行政管理 3 大方面、16 个问题、26 项具体表现。针对“四风”方面存在的突出问题，制定 10 个方面 23 条改进措施，分解任务、明确责任部门，确保建章立制工作得到全面落实。

以人为本、加强管理，不断提高干部队伍综合素质。注重加强班子自身建设，坚持民主集中制和集体议事规则，搭建形式多样的交流平台，充分发挥领导班子在分局建设中的积极作用。以“三师”和业务骨干为依托，组建“专业化团队”等形式，充分发挥业务骨干在各项工作中的积极作用，形成在使用中锻炼人、在锻炼中培养人的用人机制。将教育培训与工作实践紧密结合起来，通过召开作现场会、案例交流会等形式，不断提高干部解决实际问题的能力。将作风行风和党风廉政教育融入到检查日常工作中，注重对重要时点、重要岗位、重要环节的教育和提醒，使作风行风和党风廉政教育成为常态化工作。充分发挥群团组织的纽带作用，开展一系列有益于干部身心健康的文体活动，增强组织凝聚力和向心力。

优化资源、统筹兼顾，增强行政保障效能。落实“阳光税务”品牌战略相关要求，及时做好政务公开平台信息维护，不断提升政务公开水平。加强计划落实情况的跟踪督办，确保计划有效落实。认真贯彻系统各项财务管理制度，按月开展结构性分析，加强对预算执行情况的跟踪和管理。充分利用和合理统筹行政资源，优化办公用品配备，加强车辆和固定资产管理，切实提高行政资源的使用效率。 （陈潇潇）

机构设置及负责人

综合行政科

科　长　　薛必龙(7 月任)

副科长　　陈潇潇(7 月任)

业务管理科

科　长　　叶　峥(7 月任)

副科长　　王　慧(7 月任)

案件审理科

科　长　　部齐旭(7 月任)

副科长　　张　超(7 月任)

检查执行一科

科　长　　孙国松(7 月任)

检查执行二科

科　长　　陈宁文(7 月任)

副科长　　李京琳(7 月任)

检查执行三科

科　长　　王相群(7 月任)

副科长　　顾　婷(7 月任)

检查执行四科

科　长　　吴克军(7 月任)

副科长　　茅钟驰(7 月任)

（陈潇潇）

入库各类税收收入 3202 元 该局成立后，通过“一查三促”(以查促收、以查促管、以查促查)，查处案件 120 件，入库各类税收收入 3202 万元，其中，稽查局下达的案源 89 件，入库各类税收收入 621 万元。完成原稽查局带入案源 31 件，入库各类税收收入 2581 万元，百万元以上案件 8 件。应对高风险疑点 222 条(不含带入案件)，风险应对率 100%，结案率 95%，入库率 92.6%。 （叶峥）

制度建设 为进一步夯实工作基础，提高工作质量，该局把握工作重点、突出工作特色，在充分征集意见和试运行的基础上，按照执法程序规范化、业务操作精细化、具体工作流程化的要求，修订完善 10 项业务制度和 8 项内部管理规定，并创新性的制定《稽查案件工作日志管理规定》《智库管理办法》《税收政策研讨工作办法》等个性化制度。并将制度编辑成册,发放给每一名干部,提高干部对制度的执行力,为稽查工作有效开展提供制度保障。 (郜齐旭、陈潇潇)

召开电子查账推广工作现场会 10月,该局召开电子查账推广工作现场会,从推广背景、主要做法、取得成效和改进建议四个方面对电子查账软件运用情况进行阐述,并以实际案例为解剖对象,对电子信息获取和保存、数据分析、疑点归集与排查、涉税问题确认等一整套流程进行演示。并就电子查账试点运用情况交流意见。为推广电子查账软件使用面,提升税务稽查工作信息化水平,实现从经验型稽查向技术型稽查转变。通过电子查账软件检查案件14件,查补各类税收收入322万元,查处百万元以上案件1件,50万元以上案件2件。 (叶峥、陈潇潇)

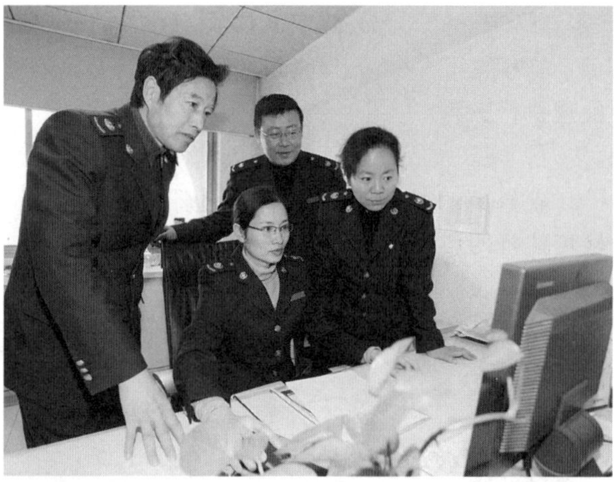

2013年11月26日,税务稽查人员交流电子稽查案例工作经验

组织案件交流 12月,该局以查办的12个典型案件为素材,就案件查办中的疑点分析、线索排查、证据搜集、加强后续管理等方面进行交流。经过全体干部和部门之间的两轮投票,评出以世纪之声传媒有限公司为首的6个案件分获一、二、三等奖。达到通过对案件的剖析和交流,拓展了查账思路,提升了干部的稽查效能。通过以会代训的方式,将理论学习与实战技巧有机结合,提升干部解决实际问题的能力。通过干部自己准备教案和讲解,增强干部的总结和表达能力,提升干部的综合素质的目的。 (陈潇潇)

实行案件分类管理 合理使用稽查力量,在案源下达环节,根据纳税人经营规模、税收体量、税种结构、疑点信息条数等方面,均衡分配给检查执行科。对大型企业采取电子查账的方式,并按有关规定记录《稽查日志》。对于检查环节出现的大要案和执行难得案件,在案规定执行大要案专报的同时,职能部门案件跟进,加强过程监控和政策指导,加强案件查办的力度。对于案件审理工作,采取一般案件优先处理、疑难案件集中研究、重大案件集体合议的方式,既保证案件查处质量,又均衡有序地推进各类案件的查办进度。 (陈潇潇)

创新审理方式 采取一般案件优先处理、疑难案件集中研究、重大案件集体合议的方式,保证案件审理质效。一是审理提前介入。采取审理提前介入的方式,对案件的政策、程序、取证等方面进行把握,规避无用功和重复作业,提高案件查处质效。二是加强政策指导力度。建立与市地税局业务处室和稽查局的沟通协调机制,实现政策指导和案件查处的无缝对接,保证案件质量。沟通协调案件6件。三是落实案件会审制度。通过案件会审,及时纠正案件查办中的不规范行为,解决检查过程中的疑难问题,减轻后道审理负担,全年审结案件86件,审结率100%。 (郜齐旭)

建立"智库" 以"三师"和税务稽查、法律、电子查账等方面的业务骨干为依托,组建"智库",充分运用"智库"成员指挥和才能,为重点、难点和专项工作支招献策、提供智力支撑。共有12名干部列入智库,参与到建设、重大案件查处、案情研讨等工作中。列入"智库"干部中共有16人次参与重点工作和专项工作中,1名干部参加系统组织的科级领导干部挂职锻炼,7人次干部在系统业务竞赛中取得优异成绩。9人次干部在该局案情研讨会、电子查账、风险应对工作中发挥积极作用。 (陈潇潇)

"南京富裕华房地产开发有限责任公司涉税案"获"优秀税务稽查案例"称号 2011年,接到市局稽查局举报中心转办的反映南京富裕华房地产开发有限责任公司存在销售收入不入账等严重偷税行为的举报信。检查人员通过账目检查和外围取证等方式,查实该企业同时采取收入不入账、签订

“阴阳合同”、虚构项目等多种手段进行偷税，情节恶劣。该案补征各项税款、滞纳金、罚款 1167 万元。同时，通过该案例暴露出的问题，就加强税收管理、提高房地产业纳税人的税法遵从度，提出相关的建议。此案被评为 2013 年南京地税系统“优秀税务稽查案例”。 （叶峥、陈 潇潇）

（责任编辑：韩粉英）

稽查局第三分局

概 述 2013 年 7 月，江苏省南京地方税务局稽查局第三分局（以下简称稽查三分局）组建成立。该局适应机构改革新形势，转换工作思路，较好地发挥稽查管理“以查促管、以查促收、以查促查”的作用，推动稽查序列实现新发展。

强化思想政治建设。认真组织学习中共十八大和三中全会精神，不断增强党员干部党性修养，提高思想觉悟。建立分局班子思想政治工作联系点，及时掌握干部思想动态，化解矛盾、凝聚力量。适时开展干部需求调查，把握干部思想脉搏，有针对性地做好工作。定期召开思想工作专题会议，引导干部把思想统一到市局党组、局班子的要求上来。

做好业务统筹指导。建立业务探讨机制，遇到的疑点、难点问题及时与上级部门沟通，主动邀请主管领导、业务处室、市稽查局以及相关人员参与研讨，明确案件查处重点和方向，找出解决疑点、难点的方法和政策依据，提高稽查效能。

有效提升执法水平。确立“事前抓防范、事中抓监督、事后抓纠错”的工作思路，严格税收执法考核，拓展执法监督渠道。对照稽查工作规程和税务案件卷宗评查管理办法等相关文件要求，进行执法检查、卷宗评查和督察检查，不断完善稽查案件的计划性、稽查文书的规范性、执法程序合法性和手续的完备性，提高税务稽查工作质量。

开展廉政作风活动。集中收看《焦点访谈》《南京零距离》关于行政服务和作风方面的报道，告诫干部转变工作作风、工作方法的紧迫性和必要性。组织学习《岗位廉政手册》，明确各岗位的廉政风险点以及防范措施，为干部远离廉政风险提供理论支撑。要求干部在对企业进行税收检查前，先行递交稽查执法、廉政纪律、作风行风执行情况反馈表，使稽查权力置于纳税人监督之下，从机制上预防不廉洁行为发生。邀请科长家属座谈，宣读“家庭助廉倡议书”，签订“家庭助廉承诺书”，就如何建立文明家庭，共同做好廉政工作进行讨论，形成助廉的良好氛围。

提升行政管理效能。科学调配，积极应对，从组织构架、人员配置、设施更新、建章立制等方面多管齐下，缩短“磨合期”，全面保障机构职能转换后的各项工作顺利展开。突出统筹协调、集约保障、规范运作，不断加强政务、事务和财务管理。

丰富文化建家活动。本着融合、鼓劲、节俭的原则，开展“新家园·新起点·从心开始”将军山游乐活动，增进了解、凝心聚力，展现干部蓬勃向上的精神风貌和团队精神。组织栖霞山“银冬栖霞行，红叶采风游”以及中华门“冬日健步行，携手向前进”活动，寓教于乐、活跃氛围，达到陶冶情操、愉悦身心、增进感情的目的。号召全员参与开展文化长廊、笑脸墙以及廉政宣传板报的制作更新，引导干部树立建局、建家的价值理念和团结协作的大局意识。 （赵小亮）

机构设置及负责人

综合行政科

科　长	匡翠光（7 月任，12 月免）
	赵玉伟（12 月任）
副科长	谈翠华（7 月任，12 月免）
	徐　敏（12 月任）

业务管理科

科　长	赵玉伟（7 月任，12 月免）
副科长	张紧莉（12 月任，主持工作）

案件审理科

科　长	邵立华（7 月任）
副科长	彭昕宁（7 月任）

检查执行一科

科　长	余晓祥（7 月任）
副科长	张紧莉（7 月任，12 月免）
	谈翠华（12 月任）

检查执行二科

科　长	蔡　勇（7 月任）
副科长	邱　薇（7 月任，12 月免）

检查执行三科

科　长	周巧宁（7 月任）

副科长　　　　索荣荣(7月任)

检查执行四科

科　长　　　　徐桂花(7月任)

副科长　　　　杨　滢(7月任)　(赵小亮)

完成新一轮机构改革　“五个到位”积极落实市地税局新一轮机构改革。一是班子建设到位。把团结作为班子建设的根本,重视理论学习,提升道德修养,为各项工作的平稳推进提供保障。二是组织架构到位。成立专门领导小组,根据市地税局要求和该局实际,对科室进行了重新规整。严格组织流程,完成党支部、工会、妇委会等机构建设。三是人员配置到位。依据岗位职能以及干部学术功底和业务能力,将检查人员结成若干稽查小组。四是设备配置到位。根据稽查一线实际进行办公室改造,更新、配置移动电脑、传真机等办公设备。五是规章制度到位。梳理修订原有制度,研究制定新规定、新办法,通过建章立制规范各项工作。多管齐下,缩短“磨合期”,有力地保障了各项工作的顺利开展。　(赵小亮)

查处税款4565万元　客观分析单位现状和案件特点,进行科学预测,并将收入任务落实到组。建立公告制度,对查补收入进度按月公示,激励各科各组努力完成既定收入任务。遵照“立足岗责体系、强化环节负责、突出检查环节、注重环节衔接”原则,明确各环节的职责任务,促使稽查工作步入规范化轨道。下半年,共接受市地税局稽查局推送案件共计6批次112户,其中,常规检查101户,专项检查7户,举报检查4户。查处税款2609万元,入库收入754.4万元;原稽查遗留案件51户,查处税款1956万元,入库收入494.6万元。合计共查处税款4565万元,查处百万元以上8户,入库收入1249万元,稽查效能得到稳步提高。

(张紧莉)

开展稽查业务培训　制定《业务学习管理制度》,做到每周有学习、每月有培训、每季有测试。针对重点岗位、区分工作条线注重全面参与,开展“点、线、面”相结合的分级、分类培训。根据岗位职能,开展有针对性的制式培训和网络学习,特别要求稽查一线干部加强对征管稽查类、税收相关法律类和财务会计类等稽查业务核心课程的学习。引入案例讲评、实战演练、跟班审理等实践教育方式,不断强化考核管理,促使干部尽快掌握稽查基本工作规范和税务稽查基本技能。严格培训考勤,确保干部的参训率,同时考核测验,结合制式培训要求,与个人绩效进行挂钩,保证学习效果。

(张紧莉)

2013年2月26日,税务干部驻点医院服务12万元以上个税申报

建立健全业务管理制度　严格遵从《税务稽查文书应用指南(试行)》及相关制度,结合分局实情,制定《案件审理限时办结管理办法》《重大税务案件审理管理规定》《稽查业务专题工作组实施方案》等规章制度,使各项业务工作有章可循。确立“事前抓防范、事中抓监督、事后抓纠错”的工作思路,规范审理流程。落实审理提前介入机制,加大案件指导力度。严格案件审理,确保每个案件所需证据确凿、充分,力求使案件的审理做到公平、公正、合理、适当。严格税收执法考核,拓展执法监督渠道,推行回访反馈制度,倾听企业意见和征管建议,严格执行过错责任追究,确保全年无一起行政诉讼和投诉事项发生。　(邵立华)

完善“家园文化”品牌建设　机构改革以后,提出“家园文化·从心开始”,明确家园文化以打造“五家四园三品牌”为主线的建设途径,启动与新机制下的稽查工作使命以及稽查组织个性特征相契合的“家园文化”品牌建设,实现对“家园文化”品牌的传承和发展。积极借鉴吸收优秀的稽查文化,努力让“公正执法,责任重于山;爱岗敬业,家和万事兴”的核心价值理念深入人心,努力营造以“法正、清廉,家和、业兴”为特征的家园新气象。本着融合、鼓劲、节俭的原则,开展“新家园·新起点·从心

开始”系列主题活动，充分展现分局干部蓬勃向上的精神风貌和团队精神，达到陶冶情操、愉悦身心、增进感情的目的。（赵小亮）

修订绩效考核办法 依据岗位职能进行人员配置，全面清理人事基础信息，及时维护纸质和电子档案，确保信息完整真实。在此基础上，根据稽查工作职能，梳理绩效考核指标，着重“突出四点”，修订绩效考核办法，即：“突出稽查数量和质量的考核；突出稽查执法责任制的考核；突出稽查人员廉洁自律的考核；突出办公秩序规范化的考核”，形成分局新的绩效考核体系。下半年，着重加强对税务干部，尤其是一线稽查干部规范执法、廉洁自律方面的考核，严格规范全体人员工资档案、出国审批、护照管理、请销假、奖励惩戒等日常人事管理，提升人力资源管理效能。（赵小亮）

拓展稽查服务效能 注重管理创新，全面开展执法服务，积极延伸稽查效能。一是注重在执法中服务。制定稽查辅导制度，对重点企业实施专题辅导。全面推行稽查讲评，通过政策讲解进行纳税服务。在执法过程中，给予纳税人充分的申辩权利，维护纳税人的合法权益。二是注重税政法规的宣传。利用信息系统，归纳案件类型，梳理普遍存在的非主观故意造成的少缴税款行为，以及社会公众关注度高的税收问题，从专业角度对共性问题进行涉税提醒。三是注重典型案例的分析利用。通过编撰典型案例，对稽查案件进行行业性和规律性分析研究，梳理稽查工作风险点，加强对稽查重点、稽查方法和稽查技巧的指导。四是注重征管评查联动。启动稽查征管联动机制，针对属地局存在的征管疏漏和薄弱环节，提出合理化建议，提升征、管、评、查一体化效能，服务地方经济和管理决策。（赵小亮）

开展党的群众路线教育实践活动 一是强化责任，做好组织。由“一把手”局长担任组长，班子成员组成分局教育实践领导小组，研究制定群教活动方案和实施细节。组织召开动员大会，通过集中和分组方式重点学习中央关于党的群众路线教育实践活动工作会议精神，确保教育实践活动不走过场、不打折扣、不流形式。二是丰富载体，开展活动。开辟教育宣传园地，开通“每日微广播”，开展“我对党旗再宣誓、我与党章面对面、我和群众点对点”和“上好三堂课”等一系列特色活动，重温党的誓言、净化思想认识、提高干部士气。三是自查自纠，积极整风。班子带头对照查摆“四风”问题，完成班子和个人自查材料。召开专题民主生活会和通报会，进行公开、民主、真诚的批评和自我批评，明确整改方向，提出整改措施。四是着眼长远，建章立制。根据自查报告，梳理出台12项制度，提出24条整改行动计划，通过建章立制，严明制度、严格执行、严密监督，形成保障分局健康发展的长效机制。（赵小亮）

举行“人在税途、快乐学习”春训知识答题竞赛 为激发全员学习的积极性和主动性，检验春训培训效果，5月组织开展了题为“人在税途、快乐学习”春训知识答题竞赛活动。活动部分借鉴江苏卫视“一战到底”节目规则，采用抢答选擂、擂主与挑战者一对一PK答题以及观众互动答题等形式，针对税收业务知识、税收违法违纪行为处分规定以及小企业会计准则等内容进行竞答，最终产生战神奖1名，优胜奖若干名。活动形式新颖、内容丰富、环节紧凑，通过寓教于乐的方式，充分检验春训工作实效，提高在岗培训的趣味性，激发干部学习和钻研岗位业务技能的积极性，促进全员业务技能提升。（赵小亮）

2013年5月10日，开展“人在税途、快乐学习”税政知识擂台争霸赛

开展“六推六抓”作风建设活动 一是推进教育引导，抓预防。积极组织干部学习，充分运用微信、腾迅通、“廉园”宣传栏等载体，树立干部“勤以为民、廉以养德、俭以修身”的良好风尚。二是推进纪律整顿，抓规范。强化作风行风约束机制，制定《作风行风建设管理责任》，进一步明确各级管理责任，

加强责任传导。三是推进规范执法,抓效能。开展全员练兵活动,制定案件审理时限和规范,实行重大案件集体审理,加强案源信息分析,整合执法资源,构建"人、财、物"相对集中,"查、审、处"无缝衔接的执法格局,提升执法效能。四是推进理念转变,抓服务。对外,推行告知宣传、稽查约谈辅导制度,开展有针对性的纳税辅导。对内,注重典型案件的分析利用,重点加强对干部进行稽查重点、稽查方法和稽查技巧方面的指导。五是推进勤俭节约,抓作风。通过加强控制,降低成本;精简活动,改进会风;精简文件,改进文风。六是推进考核监督,抓长效。健全完善值班、考勤、请销假、责任追究、稽查案件负责、干部考核等考核管理制度,为干部工作行为规范做出明确要求。 (赵小亮)

(责任编辑:朱旭)

纳税服务局

概 述 2013年是江苏省南京地方税务局征收税务局(以下简称纳服局)减负提效、深化创优的一年,是着力推进市地税局"三大工程"(税收征管改革、社会管理创新、税务文化建设)的一年,更是奋勇争先、锐意进取的一年。纳服局在市地税局党组的正确领导下,深入贯彻落实中共十八大精神,开拓思路、凝心聚力,以纳税人需求为导向,以提升平台效能为重点,大胆创新机制,深化文化落地,打造专业团队,持续改进和优化纳税服务,实现了纳税服务工作效能和社会满意度的双提升。

着力统筹协调,纳税服务体系常态化。按照省地税局、市地税局工作部署,以"纳税人需求"为第一信号,坚持理念先行,强化部门协作,应用"纳税人需求管理"信息系统,开展服务"金点子"活动,完善纳税服务工作体系。加大服务统筹,推行"神秘客户"现场检测,使纳税服务水平得到提升,基本构建起以需求为导向、运行协调顺畅的纳服运作机制。

着力夯实基础,纳税服务平台标准化。多措并举,丰富办税服务方式,开发推广自助办税服务终端系统(ATS),推进网上办税服务。创新管理,提高办税服务效能,做好区划调整办税服务厅整合工作,落实好省地税局规范要求,简化统一纳税人报送的涉税资料,规范全市办税申报手册。注重标准,规范办税服务厅管理,提升办税服务厅服务技能和服务水平,推动办税服务厅转型,打造综合性办税服务平台。

着力政策导向,纳税咨询宣传服务专业化。优化服务,整合服务资源,陆续承接省地税局集中业务,探索开通微信公众账号平台,进一步加强"12366"热线功能。拓展形式,强化固定阵地宣传,引导公众舆论,打造权威信息发布平台,提升税法宣传实效。紧扣重点,扩大文化教育基地社会效应,完善税收文化基地展陈内容。开发上线税收文化教育虚拟展厅,开展第十届有奖税收征文评比,组织亚青小记者税收文化夏令营活动,扩大税收文化传播,向纳税人提供权威专业的咨询宣传服务。

着力民本为重,纳税服务效能社会化。搭建桥梁,围绕纳税人权益保护,将"12366"及纳税人之家作为投诉维权平台主要载体,进一步拓展纳税服务概念内涵,畅通维权渠道。完善机制,推进社会信用管理,加强相关风险监控预警,全年处理"12345"政府热线转办电子工单综合满意率位列全市1000单以上职能部门第一,各类纳税服务投诉按时处理率100%,综合满意率97.71%,纳税维权服务更加深入长效。 (羊明理)

机构设置及负责人

综合科

科　长	史忠民(兼任)
副科长	金　天

制度业务科

科　长	潘叔鸣
副科长	夏　菁

办税服务科

科　长	朱　丽
副科长	邱萌宇

税收宣传科

科　长	史忠民
副科长	陈晓菁

咨询服务科

科　长	袁　锋
副科长	尹利平

(羊明理)

开展党的群众路线教育实践活动 7月,根据市地税局统一安排,开展党的群众路线教育实践活动。成立领导小组,制定实施方案,召开动员大会,形成领导小组办公室例会、周办公会一周一报、阶段小结布置、纳税人需求管理等专门工作机制。通过开展"情系三叶草,共圆纳服梦"活动,将组织文化渗透教育活动始终。为扎实求效,实现学习教育"五四三二一:召开中心组学习会、科所长学习班、科室学习会、党支部专题学习会、党员学习交流会五类学习会;利用局域网腾讯通、"12366"手机短信平台、局组织文化刊物《纳服爱生活》、干部微信群四个交流平台发布学习资料;运用《纳服爱生活》专刊、观看影片等形式,重温全国优秀干部、南京先进典型、系统先进人物三类先进典型;组织参观浦口监狱、与共建单位结对帮扶两次活动;开展一次"我是谁、为了谁、依靠谁"大讨论。借助"纳税人实案体验(TCT)"、"纳税人之家"平台及《南京日报》、电视台、交通台、龙虎网等6家合作媒体,实现360度全面征求意见,征集问题意见120条。召开好班子成员民主生活会,开展批评和自我批评。针对查摆问题,制定出台42项整改行动计划,明确整改措施和完成时限,坚持即知即改、边学边改,120条意见建议在2013年年底前整改落实到位。 (羊明理)

完善纳税服务工作统筹协调制度 为强化部门协作,发挥纳税服务统筹、协调和规范作用,制定并实施《进一步加强纳税服务工作意见》《纳税服务工作联系会议制度》和《涉税信息集中发布制度》,从制度层面进一步理顺纳税服务工作职能。结合省地税局、市地税局年度工作重点,召开纳税服务联席会议4次,明确纳税服务全年工作目标和主要任务,确定31项纳税服务重点工作,层层分解落实责任。定期对重点工作完成情况进行督察,纳税服务工作任务落实力度得到加强。2013年,与市地税局相关处室就纳税服务工作相互协调30余次,全面建立高效集约、协调顺畅的纳税服务工作协调互动机制。 (潘叔鸣)

实施纳税服务现场检测 5月,聘任48名企业办税员担任纳税服务现场检测员,在不表明身份的前提下,从办税人的视角反映纳税服务制度执行情况,为改进办税服务提供有针对性的具体建议。设计检测指标7大类、计48项,检测涵盖全市16个办税服务厅。共收回检测表129份,反映问题6项18条,体验人对13个办税服务厅的整体评价为81.39分。在各项检测指标中,无论在服务的哪个阶段,都能够针对检测人员的疑问以及业务办理流程给予及时反馈的服务方式或服务内容,获得了检测人员较高的评价。 (潘叔鸣)

开展"金点子"评比活动 为集思广益,提高一线工作人员对优化纳税服务的积极性、主动性和创造性,组织开展了"金点子"征集评选活动,共收到全市地税系统参评"金点子"69个。内容主要集中在优化12万元个人所得税自行申报流程、提高个人所得税完税证明开具信息化水平、简并残疾人个人所得税减免税和退税办理流程等方面。经过评比,直属第一税务局、雨花台局和浦口局获得优秀组织奖,张红兵、郇一鸣等8人提出的"金点子"分获一、二和三等奖。对活动过程中征集的"金点子",作为改进纳税服务工作的建议,不仅把组织"金点子"评比活动作为调动一线人员积极性的一项举措,更把凝聚基层一线人员智慧的"点子"付诸实施,真正实现"双减负"。 (潘叔鸣)

开展"纳税人之家"活动 2013年,全市19家行业"纳税人之家"共开展各类活动20次,总计参加活动人数为507人次。其中,风险管理建模参数标准制定4次,参加人数91人次;征管措施出台前意见征集11次,参加人数339人次;个体定额调整5次,参加人数77人次。行业"纳税人之家"活动按需开展,活动小型化,活动内容结合年度重点工作,重点征集纳税人对涉及纳税人的征管工作的意见和建议,维护纳税人的知情权和参与权,便于税务部门完善相关实施措施,成为税源管理的重要程序。每次活动结束后,以发放调查表形式进行活动效果评估,进一步提高了纳税人参与的积极性。 (潘叔鸣)

成立社会信用体系领导小组 10月,市地税局成立社会信用体系建设领导小组,王超任组长,政策法规处、营业税处、所得税处、财产行为税处、规划财务处、征管科技处、数据管理处、电子税务管理中心、稽查局和纳服局负责人为领导小组成员。领导小组负责系统社会信用体系建设工作的统筹、规划、指导、协调和保障,研究解决社会信用体系建设工作有关重大事项。社会信用体系建设领导小组成立后,市地税局按照南京市社会信用体系建设领导小组的要求,加工有关数据,定期将数据传递至南京市政府信息中心,为南京市公共信用信息平台提供有效数据源,为400余户次纳税人申报中国名牌、江苏省名牌、南京市名牌提供纳税证明,并协助工商管理部门开展1800余户次的重合同守信用企业申报审核工作。(潘叔鸣)

涉税信息实现集中发布 7月12日,为加强涉税信息对外发布的管理,实现涉税信息发布的集中、准确和及时,切实保障纳税人的知情权,促进依法治税,制定印发《涉税信息集中发布管理办法》。《涉税信息集中发布管理办法》明确规定,凡全市地税部门向不特定纳税人发布的税收管理制度、办税流程、征管信息系统上线、其他各类涉税公告和通知等内容,由纳服局统一通过市地税局互联网网站、12366短信平台、《涉税信息月报》及其他税法宣传媒体对外发布。部门或个人违反《涉税信息集中发布管理办法》对外发布涉税信息,将依据《江苏省南京地方税务局政府信息公开工作管理规定》的规定进行责任追究。(潘叔鸣)

影印系统应用量列全省地税系统前位 2月18日,纳服局进一步推广影印系统应用,联系相关公司技术部门,明确提出业务技术需求,同时加大对影印系统软件、硬件的维护管理,加强影印文件的数据管理,优化操作流程,定期向办税厅一线操作使用人员征集优化改进意见和建议。同时,牵头做好影印系统运行的后勤保障工作,为每个办税服务厅采购5把扫描枪备用,并及时修复故障扫描枪。组织印制2个批次的条形码计90多万张,及时送达各办税服务厅,保障每个办税服务窗口影印系统的正常使用。同时明确涉税业务资料采集要求和采集范围,推进涉税资料全面电子化采集,影印系统全年业务采集数量为243674,文件采集数量为1202480。2013年市地税局影印系统使用量位列全省地税系统第二名。(张伟)

稳步推进网上办税服务 1月16日,江苏省地方税务局网上办税服务厅改版发布后,纳服局对省地税局网上办税平台结构进行全面梳理,对六大业务功能菜单、96个业务功能模块进行全面测试。通过测试掌握了网上办税各功能模块的操作使用流程,对存在问题需要优化的功能模块向省地税局大集中项目组反馈,并提出详细的修改或完善的意见。将测试结果良好、成熟可用的56项业务功能模块分配到试点单位,在真实的业务环境中试验运行,保证向纳税人推广使用的可靠性和稳定性。年底,上述56项业务功能模块已经向纳税人推广使用。网上办税的推进工作拓宽了纳税人办税方式,满足了纳税人多样化办税需求。2013年,市地税局各业务功能模块网上办税率达90.3%,位居全省地税系统第一位。(张伟)

开发推广自助办税服务终端系统(ATS) 10月1日,市地税局自助办税服务终端系统(ATS)在全市14个办税服务厅正式上线运行。该系统实现了开具通用发票、开具建筑业发票、基金缴纳、社保费缴纳、个人所得税完税凭证打印、企业税票补打、发票查询、涉税信息查询等八项功能,纳税人可通过办税服务厅内的自助办税机方便、快捷地自行办理上述涉税业务。截至2013年年底,纳税人通过自助办税机缴纳社保费735笔,打印个人所得税完税凭证15633份,补打税票11490份,开具通用发票276份,开具建筑业发票119份。推广应用自助办税机是该局进一步拓展办税渠道,落实为纳税人减负、为基层减负的“两个减负”重要创新举措,满足了纳税人多元化的办税需求。(邱萌宇)

调整合并部分办税服务厅 根据南京市政府关于新一轮行政区划调整总体意见,鼓楼、下关两个办税服务厅统一整合到鼓楼办税服务厅,白下、秦淮办税服务厅统一整合到白下办税服务厅。市地税局6月开始全面启动区划调整各项准备工作,7月成立专门工作组,进驻江宁信息楼开展相关工作。为保证鼓楼、下关、白下、秦淮四个办税服务厅有序整合,制定《关于区划调整涉及的办税服务厅整合工作意见》《区划调整中办税服务厅工作应急处理预案》,对办税服务厅整合事项、工作衔接、合并后工作要求、应急事项处置等进行明确并加强现场保障。8 月 5 日,新鼓楼、新秦淮办税服务厅顺利整合到位,正常对外服务。（周洁）

规范办税服务厅管理 组织编写办税服务厅岗位技能标准,从语言标准、行为标准、岗位评价标准、岗位性格色彩四个方面对办税服务厅各岗位所需工作技能进行规范。制定《办税服务厅基本服务制度(试行)》,明确办税服务厅公开、首问负责制、一次性告知等 11 项基本服务制度,进一步规范办税服务厅服务内容和服务行为。制定《公共管理服务系统应用管理办法》,规范办税服务厅公共管理服务系统应用, 提高办税服务厅标准化和科学化管理水平。开展办税服务厅应急处置实践演练,模拟出现网络故障类、办税秩序类、安全保卫类、公共事件类等多种不同类型的突发事件, 检验办税服务厅在特殊情况和突发事件中的反应、协调和处置能力,提高应急事项处理水平。（朱丽）

调整征收职能配置 根据《关于推进省地方税务局机关税务系统管理政策的实施意见》和《关于进一步深化税收改革若干问题的意见》规定,办税服务厅是唯一承载纳税人办税业务的场所。该局按照文件要求,将纳税人设立、变更登记信息的审核确认,税种(基金、费)认定,发票资格认定、申领、缴销、核销,房产税、城镇土地使用税登记,房地产企业房地产建筑项目及房产项目预售登记, 印花税核定征收认定,企业研究开发项目登记,外籍个人网上登记审核,低等风险应对,税款催报催缴,简易处罚等 11 个工作事项全部调整到征收部门管理,按省地税局税源专业化管理改革要求,将职能配置到位。（周洁）

南京地税网站被评为江苏省“文明网站”创建先进单位 12 月 2 日, 南京地税网站被江苏省委宣传部、江苏省互联网信息办等八部门联合评为江苏省“文明网站”创建先进单位。此次活动中,全省共有 30 个网站荣获“着力传播先进文化、倡导良好网络道德风尚、提高网络服务质量”先进称号,其中, 南京地税网站是江苏省税务系统网站中唯一获奖网站。南京地税网站目前设有 4 个一级栏目,147 个子栏目,为纳税人提供税法宣传服务、办税服务、咨询服务、维权服务,传播地税文化,塑造政府诚信,倡导文明新风,截至 2013 年 12 月 31 日,网站累计点击量已突破 4325 万人次,日均点击量逾万次。（李薇）

“税收宣传微电影周活动”被评为全国税收宣传月优秀项目 4 月 15 日,市地税局以“汇点滴力量,圆中国梦想”为主题开展税收宣传微电影周活动。该局发挥微电影传播范围广、收视途径多、接受程度高的优势,推出《诚》《一票之重》《人在税途》《幸福人间》等四部税收公益微电影,分别从纳税意识培养、发票的作用、办税服务、税收助力民生发展等视角,讲述发生在市民身边的税收故事,传递诚信纳税的理念,讴歌纳税人的贡献。“汇点滴力量,圆中国梦想” 税收宣传微电影周活动被国家税务总局评为 2013 年度全国税收宣传月优秀项目。（陈晓菁）

南京市税收文化教育基地被评为全省文化创新案例 为广泛、持续、有效地推进党的创新理论成果宣传普及, 系统总结各地各部门在推进当代中国马克思主义大众化过程中的探索创新、成功做法和典型经验, 不断提升全市理论大众化工作的整体水平, 江苏省省委宣传部自 2013 年 3 月起,面向全省组织开展“强基固本·走进大众——推进马克思主义大众化创新案例”征集评选活动,并于 12 月揭晓评选结果。纳服局选送的“传播税收历史文化、提升公众现代文明”案例荣获创新案例。此次评选活动中,全省共有 52 个案例入选,其中,南京市有 3 个案例入选, 纳服局是全省地税系统中唯一获此殊荣的部门。（江晓彤）

组织第十届 “税收 国家 文明” 有奖征文活动 4 月,税收宣传月期间,市地税局与市教育局联合举办第十届“税收·国家·文明”税收征文活动。此次征文活动共收到 19157 篇参赛作品, 全市 1 所大学、114 所中小学在校学生参加了本届征文活动,北京、广东、上海、福建、山东、安徽、吉林、江西等 21 个省市及南京市来稿 140 篇,征文活动参与面进一步扩大。经过有关专家的严格评审,最终评选出获奖文章 96 篇,其中,特等奖 1 篇、一等奖 15 篇、二等奖 30 篇、三等奖 50 篇。同时,根据征文活动的组织开展情况，评选出优秀组织奖20个,其中，学校优秀组织奖10个、地税局优秀组织奖5个、区县教育局优秀组织奖5个。（江晓彤）

开展亚青小记者税收文化夏令营活动 8月1日，江苏省南京地税局机关工委、纳服局与建邺区团委共同组织亚青小记者团参加的“感悟税收、触摸南京,浓墨亚青”——2013年亚青小记者税收文化夏令营活动。35名亚青小记者们通过参观税收文化教育基地感悟税收的功能作用；参观江宁织造府博物馆等领略南京历史文化；参观南京城市规划建设展览馆了解城市发展的日新月异。“触摸南京”让小记者们切身体会了城市建设者和纳税人为家乡发展做出的贡献，丰富了南京地域文化和传统文化知识，更好地向亚洲各国青少年朋友推介和采访他们的观感。此次夏令营活动不仅为小记者们服务亚青、宣传南京做好了前期准备,还在开拓学生视野、普及税收知识、提高孩子们的综合素质方面发挥了作用。（江晓彤）

组建税收文化教育基地志愿者服务队 11月29日,市地税局与南京财经大学财政税收学院联合在南京市税收文化教育基地举办税收文化教育基地志愿者服务队启动仪式，由此标志着双方合作招募的服务志愿者队伍的正式成立。近年来,纳服局一直借助市税收文化教育基地这个平台，面向以学生为主的社会公众广泛开展税收文化宣教活动，取得良好的社会教育效果。此次与南京财经大学合作招募青年志愿者,便是一次面向社会互动、促进资源整合、提升服务的有倚探索和尝试。首批共计100名基地志愿者主要参与税收文化教育基地展馆参观团队的疏导和讲解辅助服务，以及走进校园、走进社区开展税收文化宣教活动。(江晓彤)

开展“纳税服务明星”“优秀办税服务厅”评比活动 12月,为树立先进典型,发挥先锋模范作用,提升纳税服务水平，市地税局在全市地税系统范围内开展“纳税服务明星”“优秀办税服务厅”评比活动。经过各基层地税局推荐申报、内部网站投票、邮寄选票、投票评选及网上公示等程序,推选在全市地税系统纳税服务工作中具有较高影响力的纳税服务工作先进个人和先进单位。最终张伟等10人当选为2013年度“纳税服务明星”,建邺地方税务局办税服务厅等7个办税服务厅通过综合计分测评,被评为2013年度“优秀办税服务厅”。（陈晓菁）

南京“12366”陆续承接全省热线集中业务 为进一步整合资源,提升全省“12366”热线咨询质量，省地税局2013年起依托南京地税“12366”建设江苏地税省级热线。四季度开始,南京地税“12366”开始承接省地税局部分工作事项。一是承担全省各市级热线人员业务培训。省地税局确定全省各呼叫中心人员的培训内容和参训人数，南京地税“12366”负责具体培训事宜。包括每年1期、每期2个月的新进座席岗前培训以及每年2期、每期2天的座席业务技能提升培训。二是承担“12366”税收业务知识库省级维护工作。南京地税“12366”负责及时更新维护省级知识库，及时处理各地通过“知识建议”上报的建议和纠错,审查各地市级知识库是否按规范进行维护。三是部分日常工作的承接。负责“12366”北京呼叫中心转来的咨询类问题的答复,省地税局网站“你问我答”、“在线咨询”的答复,省地税局直属局的“12366”话务,以及国家税务总局每月热点问题和典型案例的上报,省地税局网站“每日热点问题解答”的维护。（张海珍）

（责任编辑:梁晓玲）

耕地占用税和契税管理所

概　述 2013年是江苏省南京地方税务局耕地占用税和契税管理所(以下简称契税所)创新管理、整合优化的一年,是稳步推进税收征管改革、社会管理创新、税务文化建设“三大工程”的一年,更是全面提升、争先进位的一年。一年来,契税所深入贯彻落实中共十八大精神,团结一心、开拓进取,以建设“执行力文化”为抓手,深入开展党的群众路线教育实践活动,在组织收入、税收征管、规范执法、纳税服务、队伍建设等方面实现新的提升,较好地完成了全年工作任务。

强化执行意识,文化建设奏新曲。以“抓落实、促执行”为主线,开展“我身边的好榜样”先进典型评比活动,并开展“幸福契税”思想状况问卷调查,及时了解干部思想动态,举办心理辅导讲座,帮助干部进行疏导。由主要负责人为全体干部做“执行力之有效表达”系列培训,促进干部思想文化建设上台阶。把廉政文化建设纳入执行力文化建设体系中,按照规划逐步推进廉政内控机制建设、廉政文化建设等系列主题工作,并成功创建“市级廉政文化示范点”。

强化服务民生,税收征管结硕果。深入巩固优质服务窗口建设,落实“休息日”办税制等为纳税人办实事计划共 10 项。简化部分减免(不征)业务办税流程,将调解、裁定类等案件审批权限下放到窗口,积极落实企业改制减免、夫妻间房产转移不征、经济适用房集中拆迁减免便民惠民政策。全年,共办理契税减免 57871 笔,减免税额 10.07 亿元,其中,办理经济适用房拆迁减免税 2194 份,契税改制减免 93 户,累计减免税款 0.62 亿元。

强化教育培训,队伍建设展新颜。深入开展群众路线教育实践活动,进一步深化班子建设,强化中层干部队伍建设,全面加强一般干部队伍建设。丰富制式特色教育培训,内容上注重实用性,增加税收新政、法律案例分析课程;课程设置上结合教育活动,举办系列专题培训。加强干部岗位成才教育,针对科所长、业务骨干、全体干部、注税考试人员等不同对象,进行分类分层针对性培训,加大培训督促和考核力度,提升干部学习动力。全年有 1 人取得了研究生学历及硕士学位,1 人通过了注册税务师考试,1 人通过了人力资源师考试。

(丁兴)

机构设置及负责人

办公室

主　任　　丁　兴

副主任　　曾李炜

综合管理科

副科长　　徐　雷(主持工作)

副科长　　王　平 (2013 年 12 月任)

第一税务所

所　长　　戴道贵

副所长　　陈春骏

副所长　　董　天 (2013 年 12 月任)

第二税务所

所　长　　王守江

(丁兴)

开展群众路线教育实践活动　开展党的群众路线教育实践活动,从工作实际出发,突出解决基层群众和纳税人反应强烈的突出问题,建立健全长效机制。一是深入基层,征集意见。通过召开“半年思想分析会”和分批走访,认真听取各部门负责人、业务骨干和一线干部代表意见,了解部门实际情况,听取干部合理诉求。二是查摆问题,开展批评。召开好班子专题民主生活会和班子民主生活会通报会,明确摆出“四风”问题,深刻剖析问题根源,提出改进措施。对照“为民务实清廉”要求,全所党员干部针对“六大突出问题”撰写自我剖析材料;在全体中层干部和党员干部中召开专题生活会,以整风精神开展批评和自我批评。三是整改落实,建章立制。针对基层实际问题和群众反映的突出问题,研究制定全所教育实践活动的整改行动计划方案。走访苏商集团、秦淮区国资中心等重点企业,帮助企业协调解决涉税问题,落实好为改制企业、拆迁公司和纳税人“解难事、办实事、做好事”计划。

(丁兴)

组织收入 60.58 亿元　一是做好税收分析及预测。按季建立税收分析通报制度,从宏观经济走势、税收政策变动、征管措施落实等多视角全方位透视收入走势,增强组织收入的前瞻性和主动性。二是加强与相关部门协调。通过与房产部门、土地部门、拆迁部门的信息交换,定期收集数据信息,建立常态化联系机制。三是强化重点税源监控。建立土地及大面积房源数据档案,及时跟踪并掌握应纳税情况,通过强化税收征管力度,做到组织收入应收尽收。全年契税所共组织各类税收 60.58 亿元,较 2012 年同期增长 18.05 亿元,增幅 42.44%。其中,组织契税收入 32.29 亿元,较 2012 年同期增长 11.15 亿元,增幅 52.74%;二手房转让方税收实现 14.92 亿元,较 2012 年同期增长 5.58 亿元,增幅 59.81%;委托代征房产租赁税收实现 13.37 亿元,较 2012 年同期增长 1.32 亿元,增幅 10.95%。

(丁兴)

应对复杂困难局面　一是按照省地税局工作部署,全省大集中税收管理信息系统契税模块 3 月份集中上线。该所集中人力物力,多次组织培训,做好系统上线前的各项准备工作。二是集中业务骨干多次参加封闭会议,研讨房地产有关税收政策,并与市住建委协调建立相关工作机制,配合完成房地产有关税收政策研究工作。三是3月国家五项加强房地产市场调控的政策出台后,契税所业务量持续激增,人力资源加剧紧张。迅速制定应急工作预案,将所有科室人员下派到窗口进行增援,并且要求所有干部停止调休假。加班加点、超负荷工作数月,保障中心工作总体平稳,未出现重大负面舆情。（丁兴）

落实纳税服务责任制 一是明晰岗位工作服务职责,强化纳税服务责任制落实,提升各岗位纳税服务能力。二是落实值班长服务制、首问负责制、集中申报制、限时办税制、延时服务制、周六休息日办税制等便民服务工作要求,并开设午间服务窗口。三是与房管部门协调,建立排队叫号系统,设立导税服务窗口服务,优化办税环境。四是完善投诉处理应对机制,畅通纳税人维权渠道。借助"12345"和"12366"工单系统,及时处理纳税人诉求,反馈纳税人意见,开展纳税投诉情况通报、典型情况分析,提高投诉处理满意率。全年累计收到"12345""12366"等投诉案件78起,投诉处理满意率90.41%。（丁兴）

提升计税价格评估管理水平 进一步做好契税计税价格核定工作,健全计税价格评估体系,严格监督、管控计税价格核定、评估、执行等内部各工作环节,提升计税价格核定工作质量。一是完善现行房产交易计税价格管理模式,重点加大对土地、非住宅类房产及其他大宗税源的计税价格核定管理力度,重点对核定、执行等环节进行过程监管。二是进一步落实房产交易计税价格争议处理机制,发挥受托评估机构协税作用,妥善处理征纳矛盾。三是适时分析、研究计税价格核定工作中出现的各种问题,针对问题,做好内部管理各环节间的协调、沟通工作。（丁兴）

窗口作风建设 一是深入开展政策调研。围绕纳税人关心的"家庭唯一住房证明"开具问题、存量房交易中有关交换和赠与等行为的涉房税收征管等问题,开展专题政策研究。二是强化纳税服务。推行个性化、差别化、贴近式纳税服务,落实相关惠民政策。三是开门纳谏。向窗口纳税人发放行风建设征求意见表,并通过组织中介机构开展座谈、邀请行风监督员参加会议、对重点纳税人进行走访等活动,对外征集并落实解决各类意见11条。四是树立正面典型。开展"我身边的好榜样"先进典型评比活动,宣传窗口优秀干部先进事迹,在干部中加强为民服务、爱岗敬业的正面引导。（曾李炜）

坚持依法治税 一是坚持依法行政。进一步明确依法行政工作的目标和措施,履行依法行政工作小组职责。有序开展"重大案件"审理工作,实行集体研究决定。提高制度建设质量,严格执行规范性文件管理办法,加强对制度实施效果的分析评估。二是坚持税收执法检查、监察。加大税收执法检查监察力度,做到按季开展税收业务检查,狠抓执法风险环节,深度挖掘检查要点,提高执法监察针对性。贯彻落实税收执法责任制考核评议及过错追究办法,结合契税所工作特点,制定具体实施意见,提高法制意识、责任意识。三是坚持对房地产交易税收减免、退税的核查。完善核查工作机制,加大对税收减免、退税等工作中存有疑点办理资料的核查力度,提升查办能力。四是打造综合治税体系,维护房地产交易税收征管秩序。加大对社会上少数不法分子相互勾结、提供虚假材料、瞒报成交价格等违法乱纪行为的打击力度。（丁兴）

为纳税人办实事 研究制定为纳税人办实事各项计划,各项为纳税人办实事举措得到有效实施。一是周六正常办税。为方便纳税人,克服困难坚持周六为纳税人提供办税服务。二是简化部分办税流程。为减少纳税人往返奔波,将部分审批权限下放至办税服务厅,缩短办税时间。三是设置"集中申报窗口"。集中为纳税人办理大批量涉税申报,减少纳税人等待时间。四是推广纳税人刷卡缴税。为使纳税人办税便捷、资金安全,在各办税服务厅安装了POS机,为纳税人提供刷卡缴税服务。五是发放税收宣传提示单。为帮助纳税人一次性了解申报纳税有关事项,避免重复排队,减少往返奔波,将办税流程、提交资料、开具唯一住房证明等纳税须知,印制成税收宣传提示单,在纳税人交易过户时委托房管部门提前发放,便于纳税人申报纳税。

六是优化审批流程。将企事业单位改制转让方税收减免税审批环节前置，统一转让方税收与承受方税收减免税申报、审批环节，提高工作效率，方便纳税人。 （丁兴）

夯实征管基础 一是每月定期召开业务例会，组织业务骨干开展典型业务案例分析、业务知识培训，适时研究、明确各类征管问题。二是研究并汇报转让方税收相关征管建议，就旧房转让中土地增值税业务问题和旧房转让中转让方原始发票遗失涉及营业税等问题，研究征管建议并专题向市地税局相关处室汇报。三是进一步加强了税收票证、发票的管理，严格落实领取、发放、使用、缴销制度。四是巩固并加强与房管、国土、拆迁等部门协作，严格落实“先税后证”等制度，建立“定期沟通”等常态化联系机制。五是加大房产租赁税收委托代征管理力度，督促代征单位遵守落实《委托代征协议》，全面掌控委托代征税收收入。 （丁兴）

简政放权提升服务效能 研究创新各类税收业务行政审批方式，制定相关业务整合优化方案，方便纳税人办税。一是审批事项集中到办税服务厅办理。按照“窗口受理、内部流转、限时办结、窗口出件”的要求，对于各类由纳税人发起税收审批类减免事项（含退税业务），统一由窗口先行受理，核验相关资料无误后移交后台，后台完成审核报批后，及时传递给窗口为纳税人办理申报。二是优化办税服务厅窗口建设。重新梳理各类办税服务事项，按照即办事项实行窗口审批的要求，改进工作流程，拓展办税服务厅功能，将原来须转至上海路办理的土地契税业务和涉税证明类业务等即办事项，归并至华侨路直接办理，避免纳税人往返奔波。三是集中申报类业务更加灵活。为充分利用各征收厅的办税服务资源，减少纳税人等待时间，集中申报类业务由原来上海路征收厅单独办理改为由各征收分点结合工作量，灵活安排办理。

（颜国彬）

（责任编辑：梁晓玲）

直属第一税务局

概 述 2013年，江苏省南京地方税务局直属第一税务局（以下简称直属一局），全面贯彻中共十八大和十八届三中全会精神，紧紧围绕税收征管改革、社会管理创新、税务文化建设“三大工程”，以组织收入为中心，在征管质效、依法治税、纳税服务、队伍建设、改进作风和行政效能六个方面寻求突破，全面完成了年度各项工作任务。

组织收入质量取得新突破。通过落实“一个坚持，四个完善”工作机制，即：坚持组织收入原则，完善目标考核机制、收入预测机制、收入分析机制、沟通协调机制，加强征管措施落实和税种管理力度，在收入总量、结构、进度等方面，全面提高组织收入工作质量。2013年，累计组织税收收入203.54亿元，其中，省级税收29.44亿元，市县级公共预算收入140.25亿元。全年征收社保费42.79亿元，当期征缴率达99.9%；征收教育费附加21.51亿元；征缴基金费8428万元，完成总任务的100.45%。

税收征管质效取得新突破。根据市地税局统一部署，围绕税源专业化管理要求，进行了名称变更和税户调整，合理设置三类岗位，完善规模加行业的税源分类管理体系，逐步形成“风险导向机制、团队管理机制、个性化服务机制”的大企业管理机制，精细化、集约化水平明显提升。深入推进专业化管理改革，规范风险应对工作标准，探索风险工作团队化应对和复审机制，全年，共完成评估任务299户次，入库税款5.28亿元，风险应对贡献率2.83%，高于全市平均水平。探索开展大企业税务审计，开展委托代征单位检查，规范委托代征行为，完善保险业车船使用税代征工作。

依法行政水平取得新突破。推进“12万个税申报”工作，受理申报41585人次，占全市地税系统1/3。受理多处以上取得工薪所得个人申报1643人，占全市申报人数的26%；补征税款316万元，是2012年的21倍，占全市补税金额17%。探索引入中介机构参与企业所得税复审工作；通过完善项目跟踪、团队复审、定期例会和集体合议等制度，强化土地增值税清算和风险管理，探索土地增值税扣除办法。全年完成清算申报房地产项目 10 个，累计申报入库清算税款 15.2 亿元，平均税负率 5.65%，最高税负率达 12.84%，三项指标均位居系统前列。

纳税服务水平取得新突破。建立办税服务厅岗前情景模拟训练法，适应专业化分工要求。推进维权服务，完善投诉处理应对，全年办理各类举报投诉 89 件，满意率 100%。认真落实税收优惠政策，全年办理各类税收减免 1.18 亿元。运用“纳税人之家”平台，加强税企互动，举办行业、税种专题政策培训 18 场。

干部队伍建设取得新突破。推进班子建设，深入学习贯彻中共十八大精神，出台班子建设意见，提高领导干部管理水平。结合省局大规模考试开展春训工作，组织参加各类考试，取得较好成绩。贯彻党风廉政责任制，与秦淮区检察院签订预防职务犯罪共建协议。开展争创廉政文化示范点活动，营造浓厚的廉政勤政氛围，荣获市级机关“廉政文化示范点”称号。加强作风建设，自觉接受社会监督，通过科所长督导、行风监督员明察暗访收集问题和意见，认真落实整改，强化干部作风建设意识。深化团队文化建设，提高干部积极性和能动性，营造良好组织文化。

行政效能取得新突破。贯彻落实中央八项规定，加强部门统筹力度，减轻基层工作负担，规范会议管理，严格落实“周三无会日”。开展工作调研，向上级政府反映重点企业的经营状况、政策问题和建议，多篇政务信息被上级采。其中，7 篇信息被中办、国办采用，3 篇信息专报被国务院领导批示，新闻信息工作位居全市地税系统前列。强化预算编制执行管理，坚持厉行节约，严控“三公”经费支出，规范“三公”经费及大额度资金管理。

（杨翔）

机构设置及负责人

办公室

主　任	程松敏（2013 年 8 月免）
	张红兵（2013 年 8 月任）

人事监察科

科　长	邱　蔚

征管科技科

科　长	刘　伟
副科长	王一骁
副科长	郘一鸣

税政法规科

科　长	张红兵（2013 年 8 月免）
副科长	孙　鲲

第一税务所

所　长	鲁世君（2013 年 12 月免）
副所长	王进军

第二税务所

所　长	赵　红（2013 年 12 月免）
副所长	杨　远

第三税务所

所　长	姚丽杰

第四税务所

所　长	夏继云
副所长	戴旭峰

（杨翔）

组织收入 203.54 亿元 直属一局完善管理手段，提高组织收入工作主动性，加强与市地税局和各属地税务机关沟通协调，形成组织收入工作合力。2013 年，累计组织税收收入 203.54 亿元（含耕地占用税），同比增长 9.73%，占全市税收收入 32.20%；省级收入 29.44 亿元，同比增长 32.49%，占全市省级收入 81.11%；市县级收入 174.1 亿元，同比增长 6.65%；市县级公共预算收入 140.25 亿元（剔除成品油收入 7.67 亿元），同比增长 8.64%；区县级公共预算收入 105.86 亿元，同比增长 2.54%。全年征收社保费 42.79 亿元，当期征缴率 99.9%。征缴基金费 8428 万元，完成总任务的 100.45%，其中，工会经费及工会筹备金 4964 万元，残疾人就业保障金 2422 万元，防洪保安资金 1042 万元。

（刘伟）

税检携手共建廉政“防火墙” 为进一步做好预防职务犯罪工作，建立科学的职务犯罪协作机制，直属一局与秦淮区检察院开展深入合作，举行了预防职务犯罪共建活动签字仪式，并会签了《共同开展预防职务犯罪工作的实施意见》，确立在“法律互助、信息互通、执法互援、教育培训、联合调研和监督合作”等六个方面开展共建工作。双方从建立完善联席会议制度着手，在执法互援、监督合作等方面进一步加强合作。同时，直属一局加入秦淮区预防职务犯罪协会，从行业系统出发强化和完善预防网络体系，以协会为载体，开展不同形式、不

同内容的共建活动，全面推进预防职务犯罪工作体系建设。 （潘爱和）

加强发票网开限额管理 严格审核所辖纳税人网开发票资格,规范审批要求。对全部使用网络开票纳税人进行经营规模核查，分析纳税人经营情况和入库营业税额，参考行业标准确定网上开具发票限额。立足发票管理工作实际,落实超标准设定网开限额的分级审批制度。在纳税人提出调整网开限额时，对于确属经营需要且调整幅度在标准范围之内的,在核实情况属实后即时调整限额,当场生效,方便纳税人使用。对确属经营需要设定高于发票限额或行业标准限额的纳税人，报管理科室审批确认，其中年限额超过一亿元的由科室进一步报分管局长审批。筛选限额较大税户清册,在风险应对时一并核查,防范执法风险。 （朱炟倩）

开展处分规定学习活动 利用腾讯通备忘录功能，将处分规定相关内容宣传教育日常化，结合团队文化建设,加强办公楼内廉政文化的宣传。选择与干部日常岗位契合度较高的 8 个行为,通过动漫、卡通人物等形态,制作“典型违法违纪行为”动漫图片展。鼓励干部在工作中主动联系实际,做到学习入脑、入心。开展“学规定、葆廉洁、促发展”警醒教育会,干部职工通过自编自演,以情景剧、天津快板、三句半、PPT 等形式,生动演绎了一个个违法案例行为。加强干部对违法违纪行为及其处分结果的学习教育,使干部在掌握规定内容的同时,自觉坚守岗位职责、防范廉政风险，做到廉洁从税。 （潘爱和）

健全风险管理评价体系 在风险应对岗位单独设立后,组织修订原有风险绩效专项考核办法,从应对户数、有效性、贡献率、单户评定税款、完成及时性、应对规范性、参与风险工作积极性等七个方面细化考核标准。引导基层税务所重视单户评定税款,提升单户风险应对工作质量。按月开展税源风险讲评，定期组织风险评估岗人员进行应对案例讲解,由参会人员参与点评,共同学习提高,发挥风险讲评工作作为全局交流风险管理经验的平台作用。健全应对复审机制，定期开展风险复审工作,每季度抽取 20 户风险卷宗,对风险任务的应对时效、质量及规范性进行检查,提高风险管理质效。 （王一骁 苟红萍）

探索大企业税务审计工作方法 组织调研小组在高校教师团队指导下,编写《直属一局税务审计理论探索》一文,分析税务审计工作的意义、背景,从理论上进行研讨。制定大企业税务审计工作推进方案,将工作分解为试点应用、培训交流、全面推进、总结讨论、深化提高五个阶段,做到边推进、边总结,在过程中优化提高。在全面推广前,抽取一户集团企业进行全流程试点，结合试点户审计经验,召开面向全体风险应对岗的业务培训会,紧扣市地税局审计工作规程和试点户案例进行业务培训。由试点审计的人员开展经验交流,对下一步工作中面临的问题和困难进行全面讨论。考虑到纳税人对税务审计这一创新工作了解不够，易产生抵触情绪，直属一局确定在首次审计时由分管局长带队,面对面向纳税人做好解释,化解纳税人抵触情绪。 （王一骁 戴旭峰）

完善大企业税收管理与服务格局 以涉税信息采集、分析、应用为主线,疏通大企业税源信息渠道,在对大企业基础信息、申报信息、预警信息、第三方信息分析利用的基础上,延伸到大企业管、供、产、销等信息的分析利用,提高对大企业税源变化的掌控能力。依托涉税信息和预警指标、评估模型,通过人机结合的方式,对申报纳税进行案头审核,并进行相应处置;变事后处置为事前防控,减少预警发生,逐步建立以事前预防、事中发现和事后管理相结合的税收风险管理机制。按照“宏观分析找问题、微观分析查原因、实地调查重落实”的思路开展税源监控分析，宏观上分析政治、经济、政策变化给企业发展带来的影响；微观上分析大企业税负变化原因,建立实地调研报告制度,对入库税款较大、财务状况变动异常的企业,通过评估实地调查,组织有针对性的风险应对。 （景锦）

开展办税厅应急事项演练活动 针对办税服务过程中经常出现的问题,确定应急演练的场景主题,并自行编写剧本,设计编排演出。办税服务厅和业务科室工作人员以及局领导参加演练，现场模拟完成办税厅突然停电、办税厅发生网络故障、办税高峰期排队、纳税人故意刁难四个情景。演练历经半个小时,内容全面、过程清晰,汇集多个“难题”浓缩在一个情境里,参演人员各司其职、配合默契,使整个演练过程顺利进行并达到预期效果,充分达到增强办税服务大厅全体人员应对突发事件的处置能力和安全防范意识的目的。为下一步相关人员做好本职工作,提升纳税服务水平,构建和谐税企关系发挥有力推动作用。 (邬一鸣)

开展党的群众路线教育实践活动 一是把自己摆进去,消除与己无关的模糊认识。通过座谈使干部认识到,群众路线是党的生命线,每个党员都应该积极响应、认真参与,不应该只是听别人谈问题,自己也要主动地查毛病。二是把“架子”放下来,端正自身的思想态度。该局班子和科所长自觉带头发言,勇于剖析自己,敢于触及敏感话题,体现在组织生活中无论职务高低、资历深浅,都是平等一员的组织原则。剖析中干部都敞开心扉、踊跃发言,大胆讲真话,诚恳道实情,活跃了气氛、增进了互信。三是把业务工作联系上,力戒空谈和务虚。通过践行群众路线,凝聚集体智慧,发挥团队力量,以对税收事业高度的责任感去思考和研讨,以主人翁的姿态出智谋、划良策,共同推动制度的完善和问题的解决。四是把目标定位好,明确改进的方向。针对税户纳税数额大、社会关注度高、管理服务要求高的特定性,着眼于政策变动快、企业经营状况变化大等征管实际,把党员干部工作目标定在业务更强、服务更好、执法更准上,充分发挥好党员的模范带头作用。 (覃跃峰)

强化基础数据质量管理 充分利用新上线的数据管理学习测评系统,分征收、管理两个系列分岗位进行数据质量管理手册、数据审计规则等理论知识学习,多次开展指定人员数据质量操作能力测试。针对数据完整性、及时性、逻辑性产生的相关问题,分税务登记、税种鉴定、税源登记等不同业务模块开展讨论会。统一数据登记口径、查找审计关联规则、纠正错误数据发生,确保相关涉税信息全面、真实纳入信息系统。征收部门统一数据采集方式、及时传递数据变更信息;征管部门统筹税收业务数据质量管理,对本岗位管辖范围内的数据质量负责,在明确各自职能的基础上,建立数据保障流程,减少人为出错。 (李玥姣)

土地增值税清算税款超15亿元 全面梳理房地产项目,及时跟踪项目管理,了解项目详细进度和情况,及时更新相关管理台账,为项目管理和清算工作夯实基础。针对土地增值税预征率调整,做好政策宣传,通过涉税信息月报、腾讯外联等方式,将政策及时通知到各房地产企业,做好项目的重新分类和预征税款的计算与统计。及时维护土增值税鉴定,保证申报期纳税人正常申报。在日常项目管理过程,及时根据企业的项目情况,核查项目是否正常申报应预征的土地增值税税款,对符合预征要求的项目,严格按规定预征税款。为及时解决土地增值税清算和评估中的政策问题,召开清算工作例会,多次邀请市地税局领导现场指导,对清算项目集中分析,加快清算进度,全年入库清算税款15.2亿元。 (朱功霞)

(责任编辑:梁晓玲)

高新开发区地方税务局

概 述 2013年,南京市高新开发区地方税务局(以下简称高新局)坚持以科学发展观为指导,紧紧围绕“规范提效、创新突破”的年度工作主题,以组织收入为中心,以党的群众路线教育实践活动为推动,积极稳妥推进税源专业化改革,大力加强党风廉政和行风作风建设,突出抓好干部队伍管理,推动各项工作实现新突破、新作为、新发展。

税收任务圆满完成。强化任务目标管理和组织收入精度管理,预计收入形势,跟踪收入进度,按旬召开专项工作小组会议,按月通报讲评,按季召开业务部门收入分析会。全年,属地口径共组织各项收入合计20.94亿元,完成市地税局计划的111.81%。

健全收入管理机制。按税源分类分级管理思路,对30万元以上企业作为重点税源实行集中管理,开展房地产项目尾盘销售专项工作,规范清算后续纳税行为,入库税款4572万元。大力推广网络开票,完成对原有国标税控收款机的改造更新,取消定额发票。加大国地税联合征管力度,强化个体征管的合作与信息交换,做好辖区内8000多户个体工商户的管理、服务工作;加强与建管、国土、房产等部门的数据利用和信息交换。加强税户户籍管理和非正常户、漏征漏管户管理；全年共清理入库陈欠33858.30元，陈欠清欠率达5.02%；全年,完成纳税评估360户,评估有效性100%,评估入库税款4291万元。

提升税种管理水平。优化企业所得税汇算清缴工作方案,开展针对性培训,确保申报率实现两个100%；扎实开展企业所得税复审工作,做好高新技术企业、软件企业等资格认定及复审工作。完善高收入者个人所得税管理机制，加强自然人数据库使用,规范股权转让管理。以房地产、建筑业为重点,强化建筑业项目、房地产预收款、旅店业税基等营业税税源控管。规范土地增值税管理,强化房地产项目的清算力度,搞高复审面；完善“以地控税”管理模式,做好房产税、城镇土地使用税明细申报工作；加强契税、耕地占用税管理,采取措施化解各种矛盾；加强对社保费欠费户的状态认定和管理；认真开展基金、费征收工作。

推进依法治税建设。强化对重点岗位、重点环节及重点事项的税收执法过错责任追究。加强执法风险防范,落实岗位职责和工作规范,全年共追究过错6人次,扣分15分。创新税收执法督察新模式，成立以局领导为主的税收执法督察工作领导小组,制定年度税收执法督察工作方案。积极开展税收优惠政策宣传，使纳税人及时享受优惠政策。

优化实体服务平台。投诉工单第一时间转交、反馈给责任部门，限时办结；全年成功处理“12345”、“12366”转办投诉工单共39件。整合网络服务平台,打造税收“云服务”品牌。依托“纳税人学校”“纳税人之家”,强化政策培训辅导,通过“纳税人学校”针对企业所得税汇算清缴工作开展2次专题培训,参会人数达到300余人；每月和高新国税局联合开展新注册企业的专项培训，全年共培训677户。

提升干部队伍素质。将打造“一流的干部队伍”作为高新局各项工作顺利完成的重要保证。一是加强科级领导干部培训,举办科所长培训班。二是根据要求开展处级领导、非领导职务晋升的推选工作和科级非领导职务晋升工作,1名副主任科员晋升为主任科员,1名科员晋升为副主任科员。三是做好干部培训,创新教育形式,通过抓“培训频度、内容适度和激励力度”,提升培训效果。

营造争先创优氛围。着力打造“以廉洁行政为主线、以心理疏导为特色、以健康关注为基础”的税务文化。积极争创“市级青年文明号”“市级基层满意站所”等荣誉称号,第一税务所被评为“市级青年文明号”、市级群众满意基层站所，2名干部获得“优秀税收业务能手”称号,1人在省局抽考中进入前60名,2人获高新区“行风建设先进个人”称号。

狠抓党风廉政建设。按照“一岗双责”要求,与各部门签订目标责任书,强化责任分解落实。开展“会议讲廉、读书思廉、活动促廉、文化倡廉、典型导廉、网络传廉、制度保廉”的“七廉”活动,全年共有9人次主动上交礼金、有价证券等折合人民币12176元,礼品3件。以多种方式“开门纳谏”,主动接受评议监督；认真做好自查自纠和评议整改；完善作风行风建设督察机制,定期组织明察暗访,加强监督检查。认真落实群众路线教育实践活动要求。

提升行管后勤效能。加大信息、调研工作力度,超额完成任务,其中,2篇信息被国办采用,6篇信息被省委、省政府采用。事务管理高效有序，全力保障办公三号楼装修提前完工，率先装配公车GPS定位监控系统,初步建立起集公务用车、职工食堂、水电气、综合治理等为一体的安全理念。积极参与市地税局档案管理创新项的建设，对人事档案进行全面梳理和电子录入。加强预算管理,规范支出管理,严格落实定额经费管理、费用报销部门负责人审核责任制，强化费用报销的审计和事后监督，参与完成市地税局预算监控管理系统二期建设。

（徐小琴）

机构设置及负责人

办公室

主 任 徐小琴

征管和科技发展科

科 长 陆 军

税政法规科

科 长 王加龙

人事监察科

副科长 丁 勇

第一税务所

副所长	王振宇

第二税务所

所　长	金　东
副所长	沈义林

第三税务所

所　长	汤明明
副所长	刘　烨

第四税务所

所　长	许大青
副所长	肖孙熹

(徐小琴)

组织各项收入 20.94 亿元 2013 年，高新局属地口径共组织各项收入合计 20.94 亿元(含税收、地方教育附加、教育附加、文化事业建设费)；其中，税收收入 19.98 亿元，增幅为 24%，区县级税收 19.92 亿元，增幅为 24%；区县级一般预算收入 17.6 亿元，增幅为 29%，完成市局计划的 111.81%。 (李玮)

清欠、评估入库税款 4294 万元 全年，共清理入库陈欠 3.39 万元，陈欠清欠率达 5.02%元；完成纳税评估 360 户，评估有效性 100%，通过加强风评绩效考核，开展风险应对分局复审，进行应对方式方法交流点评，同时多部门合作推进大项目清算管理，提高风险应对效率，共评估入库税款 4294 万元。 (徐小琴)

实现非正常户清理率 19.86% 坚持生产经营地判别标准，抓好新办户身份证验证系统查验，严格执行上门核查的工作纪律。按要求做好交叉户调整工作，加强非正常户、漏征漏管户管理。通过与国税等部门定期交换信息资料，实现非正常户认定率 0.9% ，清理率 19.86%。 (王波)

开展企业所得税复审工作 采取引进中介机构、组织专家团队与风险管理应对“三管齐下”的复审办法，在纳税 1000 万元以上企业中选择 6 户由中介机构进行复审，其中，制造业(医药生产)1 户，房地产企业 5 户，经审核，1 户无问题，1 户调减亏损额 23.26 万元，4 户补税共 162.83 万元。由法规科牵头组成专家团队，在市地税局风评局第一阶段推送的 41 户中抽取 3 户，评估税款近 37 万元，占复审全部风险应对税款 82.88 万元的 45%。 (丁峰)

强化建筑业项目管理 一是依托行业管理严把项目登记关。依托建筑业代征税收管理系统，采取事前登记的办法，对所有招投标合同先行备案项目登记，后提供登记资料，把住前道关口。二是严把竣工备案关。所有土建项目都要在建设局质检站做竣工备案，备案项目必须到税务部门出具建筑合同税收管理联系单才能办理竣工备案手续，全年共对 34 个项目出具联系单，有效堵住管理漏洞。三是严把项目清算关。重点对建筑项目合同与工程审计报告是否一致、甲供材情况、发票开具情况、各税缴纳情况进行审核，截至 10 月底已做预清算项目 158 个，最终清算项目 274 个，审核项目甲供材补税共 213.23 万元。 (王加龙)

办理税收减免 6710 万元 积极开展“营改增”“321 计划”优惠政策及与其他与人民群众生活息息相关的税收优惠政策的宣传，大力推广税收优惠政策库的使用；局领导带队坚持送政策上门，先后走访企业 40 余家。全年共为 14 户高新技术企业办理资格年审，办理减免税 70 户，减免税款 6710 万元，使纳税人及时享受减免税优惠政策。 (周嫦娥)

打造税收“云服务”品牌 整合网络服务平台，打造高新税收“云服务”品牌。目前，“云服务”日常在线交流记录逾 30000 条，回答问题近 4200 个，粉丝 336 人，博文 1265 篇；第 22 个税收宣传月期间，依托“云服务”平台成功开展了“凝聚‘微’力量，共话税收促和谐”的税收知识有奖问答主题活动，纳税人参与 381 人次，49 人次获奖。 (王波)

开展党的群众路线教育实践活动 集中思想统一认识，以高度的政治责任感全身心投入到实践活动。明确目标把握方向，用“五个贯穿始终”确保实践活动高效开展；对照镜子查摆问题，将边学、边查、边改、边做融入实践活动方方面面；强化领导落实责任，以周密计划系统推进确保实践活动取得实效。活动期间，组织各类学习教育活动 8 次，征求意见 21 条，查找梳理问题 6 项，开展谈心谈

话20余次,落实整改6项。 （马德斯）

开展牵手帮扶行动 以“保民生、促和谐”为宗旨，开展牵手帮扶行动,积极落实领导干部下基层“四解四促”活动。开展“先锋行动——党员干部结对帮扶”主题活动,区局领导班子成员和各部门负责人确定西岗社区12户困难家庭,并进行“一对一”的跟踪帮扶。 （马德斯）

教育培训取得新突破 通过抓“培训频度、内容适度和激励力度”,提升培训效果。激励年轻干部报考注税会计师、注册税务师、律师(以下简称“三师”)执业资格证书,有2人通过“三师”资格考试,3人通过注册税务师多门考试;鼓励干部攻读本科以上学历学位,共选拔2人参加MBA考试。积极参加业务能手竞赛,通过充分准备,有2人获“优秀税收业务能手”称号,1人在省局业务竞赛抽考中进入前60名。 （马德斯）

文化建设明确新内涵 立足“务实创新、追求卓越”的新时期江苏地税精神,围绕税收中心工作,结合广大干部职工思想实际,确立“清正廉洁、争先创优、朴实健康”的文化内涵。狠抓廉洁行政主线,构建廉政文化阵地,开展“七廉”活动,唱响廉政文化主旋律。将EAP项目引入传统思想政治工作领域,突出心理疏导特色。通过“医疗跟踪,优化服务”、“营养帮助、绿色生活”和“开展活动、娱乐身心”等方式,关注干部身心健康。 （丁勇）

公车装配GPS定位监控系统 自5月份起,高新局对所有公车加装运行GPS定位监控系统，管理效率大大提高，有效杜绝公车使用违规违纪现象的发生,公车管理水平走在系统前列。 （陈涛）

参与开发南京地税网上档案室 积极参与市地税局“档案服务民生”创新项目,成功开发南京地税网上档案室,现已投入试运行。南京地税网上档案室设有 “用户权限管理”“系统维护”“用户查询”“资料查询”“查询调阅申请” 等5个功能模块。其中,通过“资料查询”功能,纳税人可实现对已登记存档的税务登记类、征收类、核定类、减免税类、行政处罚类、行政许可类等7类办税资料的查询。 （徐小琴）

参与南京地税预算监控管理系统二期升级工作 与兄弟单位共同承担预算监控管理系统二期升级工作,主要实现三项创新:一是将预算调整、不可预见费使用等环节纳入监控系统，增加查询统计功能,涵盖预算管理的全过程和各环节;二是在项目库管理系统中增加预算编审、执行各个环节的报告模板,实现自动取数和计算,对预算管理环节的报告说明做出统一和规范，有效减轻预算管理的工作量;三是解决原有系统的设计缺漏和故障,对系统界面实施优化和修改，提升系统的可操作性。 （凌洁）

玄武地方税务局

概述 2013年,南京市玄武地方税务局(以下简称玄武局)以中共十八大精神为指导,以“创树特色品牌、提优服务品质、彰显职业品行”为工作定位,紧密围绕“三大工程”,量质并举抓收入,稳中求进推改革,规范执法创品牌,持之以恒强作风,讲求实效开展党的群众路线教育实践活动，较好地完成了年度各项目标任务,先后获得2012年度法治南京先进单位、2012年度南京市无职务犯罪先进单位、区委先进基层党组织等荣誉表彰。

组织收入实现数量、质量“双增长”。克服产业结构调整、“营改增”不断推进、小微企业税收优惠以及部分重点企业税收滑坡的多方影响，认真落实各项促收措施,开展税源摸排,时刻关注收入进度,组织收入实现数量、质量“双增长”。

深化征管改革稳中有进。结合实际人力资源状况，按照适度调优原则，对税源税户进行充分分析,进一步优化岗位设置,理顺工作职能,发挥新征管体制功效；平稳有序地调整税源管理所征管范围以及所内岗位设置，保证核实岗与风险应对岗的相对独立；积极探索提升新型征管体系效率的方法和措施,全面修订制度规程,建立实际需要与操作系统相契合的税收业务制度体系，保证各事项的有效落实。

全面提升干部法治意识和依法行政水平。在2012年获得“法治南京示范单位”称号的基础上，以创建全省地税系统 “依法行政示范单位” 为目标，突出做好依法行政考核达标和示范单位创建的融合，坚持文明执法和规范执法并重，强化税收执法监督，全面提升干部法治意识和依法行政水平。

干部管理实现技能、作风“双提升”。深化“三争三创”，深入学习中共十八大精神，提升班子综合素养，完善“阳光班子”建设。设置“三专阵地”，开设专栏、专讲、专刊，提高春训集训实效，在系统春训抽考中，有3人被表彰。构建微型分类、基层培训和自学自助“三类课堂”，提升干部岗位技能务，在系统业务能手竞赛有13名干部被表彰，其中，2名干部进入前六，取得历史最好成绩；2人全科通过注税考试。凝炼提升“阳光团队”品牌内涵，科学整合文化阵地，深入开展系列主题活动，创新媒介载体，开展“金秋文化艺术汇”活动，发挥文化建设对税收各项工作的引领作用。（张芳）

机构设置及负责人

办公室

主　任　何　晋

副主任　张　洁

人事监察科

科　长　戚宁炫

副科长　张　崴

征管和科技发展科

科　长　庞　敏

副科长　曹　珊

税政法规科

科　长　刘铁军

副科长　范海涛

第一税务所

所　长　徐　黎

副所长　滕宏全(2013年4月任)

陈　东(2013年4月免)

第二税务所

所　长　徐　卫(2013年4月任)

梁　俊(2013年4月免)

副所长　杨　阳(2013年4月任)

徐　萍(2013年5月任)

滕宏全(2013年4月免)

第三税务所

所　长　孙　慧(2013年4月任)

徐　卫(2013年4月免

副所长　高　峰(2013年4月任)

杨　阳(2013年4月免)

高　峰(2013年11月免)

第四税务

所　长　梁　俊(2013年4月任)

孙　慧(2013年4月免)

副所长　陈　东(2013年4月任)

高　峰(2013年4月免)

第五税务所

所　长　朱宝钢

副所长　丁　枫

第六税务

所　长　沈龙兵

副所长　朱　斌

第七税务所

所　长　李良银

第八税务所

所　长　周美林

副所长　张　翔

征收局第二税务所

所　长　于　婧

副所长　刘　锋

徐　萍(2013年5月免)

第九税务所

所　长　周美林(2012年3月免)

副所长　张　翔(2012年3月免)

（张芳）

组织收入24.87亿元　克服产业结构调整、“营改增”不断推进、小微企业税收优惠以及部分重点企业税收滑坡的多方影响，认真落实各项促收措施。加强收入分析预测，不断完善税收预测分析联动机制，对比分析预测和实际入库以及同期的比对，以分析促预测，有效增强税源掌控能力面。充分利用重点税源企业预测管理系统，形成由收入信息、进度分析、重点税源、税种行业分析等部分组成的税收分析体系，有效对重点行业、重点税源进行调研分析和税负比对；加强风险应对管理，严格风险应对操作流程，构建起统一扎口、分类牵头、有序整合、协调处理的风险应对机制，依托大集中系统数据、纳税人补充数据、第三方数据等，在各个环节对各种风险进行动态预警和即时提醒，确保风险应对不留死角；做好第三方数据应用，拓展第三方数据交换部门，与市国土局、市房产局，区工商局、区发改局、区投促局等部门建立制式数据交换联动机制；与工商建立自然人股权转让前置审批、加强外资股权变更核查，对营改增落实情况进行后续跟踪，加强专项清理核查，确保收入应收入尽收。全年，组织入库税收收入248669万元，其中入库省级税收2375万元；入库市区级税收246287万元，同比减收6.61%。征缴各项基金费22.57亿元。（张芳）

税收征管 积极沟通，主动协调，积极做好"营改增"税户核查工作，改回征收营业税纳税人12户，做好37户广播影视服务营改增纳税人确认工作；全面完成2012年度4953户企业所得税汇算清缴，入库税款2.36亿元；完成年所得超过12万元的高收入个人所得税征缴工作，共有8001人办理了自行纳税申报，申报率达107.40%，补缴入库税款97.80万元；开展个人股权转让税务核查前置工作，与区工商局联合，建立个人股权转让信息变更互通机制，明确管理办法和操作流程，对338户次股权转让行为开展核查，查征税款436万元；开展重点税源户房产税、土地使用税登记等基础信息核查，联合区国土局、区房产局等部门，进行房产、土地登记差异信息核查比对，补征房产税12.7万元，土地使用税50.2万元，印花税1.4万元；开展国际税收管理，全面指导外籍教师办理个人所得税减免、退税等相关工作。（张芳）

征管改革 结合实际人力资源状况，按照适度调优原则，对税源税户充分分析，优化岗位设置，理顺工作职能，发挥新征管体制功效；平稳有序地调整税源管理所征管范围以及所内岗位设置，保证核实岗与风险应对岗的相对独立；积极探索提升新型征管体系效率的方法和措施，全面修订制度规程，建立实际需要与操作系统相契合的税收业务制度体系，保证各事项的有效落实。（张芳）

发票监管 大力推广网络开票，在物业管理等特定行业推行手持开票终端，改造现有的税控装置为网络开票模式，共推广网开票和税控票3541户，电子发票推广率100%，国标税控转换率100%；加大对发票异常户的监控与跟踪，重点对领购发票长期不使用、"营改增"后发票月供量过大、发票领购异常等情况进行及时跟踪、加强比对、分类清理；规范旅行社、物业公司等差额征税行业的发票开具、申报管理；对招标代理、监理、公证等行业的发票使用进行全面核查。全年共清理核查4818户发票用户，查补税款254万元。（张芳）

创新风险应对管理模式 严格风险应对操作流程，构建起统一扎口、分类牵头、有序整合、协调处理的风险应对机制，依托大集中系统数据、纳税人补充数据、第三方数据等，在各个环节对各种风险进行动态预警和即时提醒，确保风险应对不留死角，全年共应对风险1223户，入库税款7866万元。将风险复审与执法督察、执法监察相结合，对风险指标反馈工作进行复审，并开展复审讲评，提高风险应对的效果，全年风险应对复审830户，补税9户共21.1万元。进一步加强风险模型建设，依托风险团队，梳结合典型调查及第三方数据采集模型建设所需数据并对数据进行加工分析，形成模型指标，参与软件业、餐饮业以及中介行业模型验证。（张芳）

监控小企业税源 将劳务公司、房产中介、非学历教育全面纳入警戒线管理；娱乐业、住宿业、餐饮业以及理发美容服务业上年度税款20万元以下，以及其他营业税行业上年度税款小于10万元的企业全面纳入警戒线管理；对核定数大于实际申报数的1096户或核定金额小于10元的114户进行重新核定，小企业警戒线核定面达到98.92%；探索新办娱乐业税户警戒线核定办法，初步形成单位纳税人警戒线管理的长效管理机制，通过小企业警戒线模型，提出小企业警戒线风险，全年共推送小企业警戒线模型风险应对29户。（张芳）

规范行政实现 围绕行政执法"零差错"、举报投诉"零查实"、党风廉政"零事故"和行政争议"零败诉"的"四零"争创目标，扎实开展依法行政示范单位争创工作；建立法律知识学习培训的长效机制，定期开展以案说法、案例讲评等活动，提升全员法律知识水平；明确重大税收决策的职能部门和决策形式,优化行政决策程序,建立意见收集和征询机制,广泛收集合理化建议;开展规范执法示范岗建设,在36个执法权力事项中排查梳理196个风险控制点,规范标准化流程22个,自查在执法流程和细节等方面的薄弱点5个,通过节点控制,确保玄武局执法责任层层划分、落实到人。荣获“法治南京先进单位”荣誉称号。 (张芳)

社保费基金费征缴 创新手段,按期考核基金(费)征缴进度,将基金(费)的征缴考核统一纳入《玄武局收入任务考核管理办法》之中,按照征期考核任务完成进度;拓宽通知和宣传渠道,针对残保金全新征缴模式,联合区残联对辖区内4000余户纳税人发放挂号信进行通知,同时通过征收大厅办税窗口、宣传栏等渠道,广泛对纳税人进行宣传;加大欠费户的催缴力度,重点落实对欠费户的催缴和分类管理工作,通过寄发挂号信的方式进行书面催缴,取得良好效果。全年,共计代征社保费22.21亿元,征缴率100.02%,清欠率26.40%;共计征收各项基金3531.62万元,其中,防洪保安资金775.53万元,义务植树统筹费、绿化费122.85万元,工会经费及筹备金764.35万元,残疾人就业保障金1868.89万元。 (张芳)

执法督察 建立督察督办、绩效考核、执法责任追究和外部监督的联动机制。规范办文程序保证行政行为的规范合法,实施事前监督;利用信息化手段,对在处理案件进行过程性控制,防范执法偏差,实施事中监督;定期进行税收执法检查和案件复查,实施事后监督。通过内部执法督察、绩效考核等发现执法过错点16个,有39人次受到过错责任追究,其中,批评教育27人次,经济惩戒12人次,合计金额780元。 (张芳)

创新行政处罚管理流程 一是探索大企业税务审计。从规范文书入手,统一工作标准;从系统信息入手,通过数据比对分析,明确审计重点;从典型问题入手,选取2户典型企业做试点,以点带面提高工作质量;从借鉴经验入手,通过会计制度调查问卷、内控调查问卷等,提升税务审计工作效能;从有效沟通入手,为审计工作开展、审计结论执行创造良好氛围,为后续管理打下基础。全年完成15户三年平均税款500万元以上企业的税务审计,累计自查补税2130万元。二是探索“非诉执行”机制和建立联动合作机制。针对案件执行难等长期存在的问题,对偷税案件、欠税(社保费)“非诉执行”的流程操作进行探索创新,明确对于“非诉执行”案件适用及相关操作程序的要求,同时与区法院建立法院民事案件涉税信息通报和案件执行相关税款扣缴等联动合作机制。三是拓宽案件移送渠道。加强与区公安分局的沟通,提供税收征管中违法犯罪线索,共同研究证据采集要求,拓宽税收违法案件的移送渠道;加强与市公安办的对接,对达到税收违法案件移送标准的案件及时移送。 (张芳)

办税服务“4s”化 阳光(Sunny)服务营造办税环境,倡导“满意在地税、阳光在窗口”活动;专业(Skill)服务提升办税效能,注重税务人员专业技能建设,为纳税人提供专业化服务;快速(Speed)服务提高办税效率,整合窗口功能,梳理简化办税流程,实现办税路径快捷化和办税效率最优化;满意(Satisfaction)服务丰富办税品牌,结对东航打造“阳光服务”满意办税品牌,区机关公务员行为礼仪规范发布暨窗口工作推进会在玄武局召开,并做典型示范交流,充分展现品牌服务形象、提升社会影响力。 (张芳)

纳税服务 认真开展纳税人之家活动,结合个体工商户定额调整方法,对辖区内需要定额调整的个体工商户,进行全面的意见征集、税法宣传和涉税指导;结合阶段性工作开展纳税人学校专题培训,其中,劳务派遣企业专题班、汇算清缴专题培训班凸显针对性,增强征纳双方的了解与理解;建立快速应对投诉处理渠道,简化核查取证流程,被投诉人认可事项的,直接进入处理程序,接报各类投诉91件,均妥善处理;有序推进纳税服务“金点子”征集活动,从“两个减负”出发,提出残疾人、军烈属等个人减免一次备案自行减免等精简流程的方案;从服务纳税人普及税法知识增强纳税意识出发,提出结合二维码推广,普及发票查询宣传,个人税款查询、涉税事项税款计算等方案。 (张芳)

维权查处 在具体核查中抓住要点,在事前分析的基础上,根据科室梳理出的核查要点,目标明确开展核查工作;做好回复工作,把握准确与举报人的沟通方式,确保回复的有效性和满意率。全年,共查处举报案件 38 件,查补入库 48.02 万元,罚款 10.5 万元。 (张芳)

开展“税收服务出新招、更新更快二维码”主题宣传活动 4 月 2 日,“税收服务出新招、更新更快二维码”发布会在办税服务厅举行,有 20 家企业的纳税人代表和媒体记者参加。税务人员通过视频和解读的形式向纳税人推介了税收服务二维码,“阳光大使”对二维码的使用进行了现场演示,纳税人代表和媒体记者在体验区用手机体验了税收服务二维码的功能。活动现场还向前来体验的纳税人发放《税收服务二维码使用指导手册—办税流程篇》,里面包含 4 大类 50 个流程信息的二维码,通过手机扫描二维码就能轻松获取税收信息。充分显示税收服务的与时俱进和高效便捷。

(张芳)

开展党的群众路线教育实践活动 一是提前筹划,组织准备周密充分。建立党组织和行政部门两条线齐抓共管的工作机制,分工明确;开展 2 次干部群众座谈会、参加 9 个基层联系点所务会、深入走访 16 户企业;依托非公企业党组织网络,强化与驻区园区、非公产业社区的沟通。二是创新载体,学习教育深入丰富。创立向典型学、向前辈学、向身边学和向基层学“四学”模式;创新教育载体,自主拍摄《服务群众 我们到底应当怎么做》等微讲堂短片,展示干部在教育实践活动中的所学所思。三是开门纳谏,征集意见务实全面。班子带头深入基层,征求意见突出“广、多、实”,扎实做好走访听取意见和上门服务活动,实现街道走访征求意见面 100%、社区走访征求意见 100%、税务干部 100%走进企业、面向社会各界征求意见函询面 100%。四是聚焦“四风”,查改问题扎实有效。坚决贯彻落实中央八项规定、市委十七个“一律”、十一个“一律”和市地税局十项规定等内容,聚焦“四风”,按“三个必谈”要求,谈心交流到位,查摆问题、深挖根源,制定出台 39 项整改行动计划抓好落实,建立 25 项工作制度固化教育实践活动成果。 (张芳)

2013年8月22日,玄武地税开展党的群众路线教育实践活动专题学习会

防范廉政风险 着力构建以微信息、微故事、微杂志、微课堂、微视频、微电影为主要载体的互动式教育,开展微剧本征集大赛,并拍摄《不能说的秘密》《疯狂的石头》和《用清廉守望幸福》微讲堂短片,进行互动式宣传教育。围绕“清风税廉”文化品牌,开展“凝聚阳光、释放阳光、共享阳光”阳光团队系列主题活动。针对局领导、科所长、重点业务岗位等不同系列,分析各大廉政问题高发时有序组织干部观看廉政教育片、组织廉政专题讲座、进行预防职务犯罪专题宣讲、研讨廉政情景案例、参观浦口监狱和参观职务犯罪办案基地等活动,大力开展廉政警示教育。 (张芳)

深化阳光文化建设 推进“阳光团队”品牌内涵的凝炼提升,增强干部对职业的荣誉感、对组织的认同感和对集体的归属感;推进“阳光团队”文化阵地的科学整合,拓宽内部网站“阳光之窗”展现形式,创新媒介载体,全方位系统化展示阳光团队建设的特色阵地;推进“阳光团队”系列主题活动的深入开展,立足全员参与、组织认同、长效推进的目标,继续开展“金秋文化艺术汇”活动,发挥文化建设对税收各项工作的引领作用。 (张芳)

提升行政服务效能 根据变化抓好信息宣传工作,重点针对绩效考核的变化点和加分点,做好省局级以上信息宣传的组稿编写工作,并依托信息调研团队,牵头做好市地税局国际研究会重点课题调研工作,在全省课题评审中取得较好成绩务。完成 2009 年度 1577 卷档案的移交,常规做好 2012 年度档案归档管理推进工作。通过实行项目负责制的创新工作管理办法,对 7 个项目进行项目部

门立项、组建专项团队、分解节点任务、过程专人跟踪、实行阶段评估,平稳推进创新工作的开展。以推进城市标准化管理为契机,全方位做好安全保障,从节能减排、安全保卫、值班管理和环境卫生等方面做出制度规定,规范内部管理,强化工作作风。坚持财务工作制度和原则,把好财务关,管好经济账;做好固定资产盘查工作,规范报废流程;严抓食堂卫生安全管理,做好消毒安全防护;严格驾驶员安全出车制度建设和理念培训,确保行车安全;加强干部服务需求调研,及时调整改进后勤工作。在上半年的城市标准化管理检查中,玄武局高分通过检查验收,并作为样板单位在市地税系统现场交流会上做发言交流,充分展示其标准化管理水平。(张芳)

白下地方税务局

(2013 年 7 月撤销)

概　述　2013 年 1–7 月,南京市白下地方税务局(以下简称白下局)以中共十八大精神为指导,紧扣全市地税系统工作要求,瞄准“提能增效、争先发展”工作目标,坚持“抓好组织收入不放松,优纳税服务不动摇,提升队伍素质不懈怠”三条工作主线,较好地完成了 1–7 月主要工作任务。

强化组织收入核心职能。围绕组织收入中心工作,排除营改增、结构性减税、税源增长乏力等诸多困难,强化内外部协同配合,增强组织程度和合力,上半年该局共组织市区级公共预算收入 103501.90 万元,完成市局年度计划的 17.87 亿元的 57.91%;区级公共预算收入(含重点局)132277.33 万元,完成区政府上半年 12.8 亿元计划的 103.34%。

突出改革转型支撑作用。围绕新一轮税源专业管理改革的要求,以实施税收风险管理为主线,以信息化为支撑,以加强重点税源管理为着力点,进一步理顺职能、优化服务、提能增效。根据市局《关于 2013 年进一步深化征管改革的意见》开展新一轮征管改革,对 4 个管理所的税收管辖行业进行了调整,同时按一般核实岗、特定核实岗、风险应对岗三类岗位细化管理所岗位设置,进一步提升管理效能,构建符合区域发展特点的税源专业化管理新体系。优化风险应对工作,强化风险应对工作日常指导、监督和交流,按周通报风险应对指标,确保推送的疑点信息得到有效应对。共应对完成风险任务 502 户,中等风险应对面 2.47%,应对有效性 99.60%,风险应对入库税款 6643 万元,评估贡献率 5.49%。加强征管质量指标分析与监控,纳入考核的征管指标大部分达到 100%或达标,并得到稳定和固化。夯实征管基础,推进发票综合改革。加强税户基础管理,共办理新办登记 1024 户,跨区变更调出 89 户,调入 45 户。组织完成对达到起征点 875 户个体定额调整工作,达到起征点户增幅 42.08%。

落实依法行政工作要求。围绕精细化、规范化、常态化推进税政建设,加强税收执法责任制落实,提高防范执法风险能力,不断提升依法治税水平。促进税种、行业精细化管理,完成 6581 户查账征收户、2176 户核定征收户完成汇算清缴。开展年收入 12 万元个税自行申报工作,结合年薪制清算及个人独资合伙企业汇算工作,共 9002 人进行申报,补税金额 273.93 万元。加强房地产项目土地增值税管理,清算入库税款 233.78 万元。及时分解落实残保金、工会经费、防洪基金、绿化费等任务计划,共组织入库各项基金 1816.88 万元。组织入库社保费 14.98 亿元,当期征缴率达 99.74%,综合征缴率达 100.56%。

应对纳税服务多元需求。优化大厅功能,重新规划和调整办税服务厅的功能布局,拓展一楼办税厅功能,将一楼办税区扩展为自助办税区、网上办税体验区和集中出件区,安排专人负责管理和指导,落实征收业务运作各项职能。优化投拆处理反应机制,共受理投诉 73 件,均得到了妥善处理。推进标准化办税,对办税所需附报资料进行了规范和统一,并形成一次性告知的内容,切实减轻办税负担。抓好各项税收优惠政策的落实,共办理各类税收优惠减免涉及金额 18570.6 万元。

提升干部队伍综合素质。围绕“三争三创”活动进一步加强领导班子思想政治建设和作风建设,开展“学习型、服务型、创新型”班子建设。突出“学、考、比、评”抓好春训,组织了包括中共十八大精神、税收违法违纪处分规定、小企业会计准则、税收相关法律等内容在内的全员性培训、测试 20 余次,做到“周周有培训,培训必考试”,有效引导干部立足岗位技能提升实现创先争优。完善党员联系服务群众的“网格化”工作架构，开展结对帮扶“牵手行动”“社情民意联系日”等活动，充分发挥党组织的战斗堡垒作用。依托群团组织增强干部凝聚力，先后开展青年志愿者暨团员活动、“荷香六月风聚力和谐行”环湖健步走、“与爱同行”、“巾帼助困”等系列活动，皓爱巾帼志愿服务队被表彰为系统“十佳康乃馨行动巾帼志愿服务队”。贯彻落实党中央改进工作作风，密切联系群众“八项规定”、市地税局“十项规定”等要求，结合全市机关作风建设大会和媒体曝光机关作风反面典型，狠抓干部管理、作风建设各项要求，大力整治“慵、懒、散”现象。

提升行政事务保障水平。加大政务信息和税收宣传力度，开展第22个全国税收宣传月活动，先后组织传统白局税收说唱周、全国道德模范陈光标代言税收宣传、“税收公益微电影周”和税收文化教育征文等活动，其中“提升税宣传播力 传递诚信正能量”全国道德模范陈光标代言税收宣传活动作为市局优秀项目参加省局优秀项目评选。做好2009年业务、文书、照片、声像档案移交江宁核心库工作，共移交各类档案883卷(件)。开展2012年文书、业务档案归档工作。落实安全稳定工作，严格值班工作各项规章制度，加强值班检查。规范车辆管理，保证车辆和人员安全。高度重视食堂管理，确保饮食安全，为干部配备就餐卡，加强就餐管理。迎青奥，抓好城市标准化建设，开展环境卫生专项整治月活动。组织干部参加医疗保险知识讲座，并现场回答干部关心的各类问题，消除干部顾虑，确保新旧医保制度顺利衔接过度。

（张志芳）

机构设置及负责人

办公室

副主任　梁国林

副主任　张志芳

人事监察科

科　长　鲁　新

副科长　赵立扬

征管和科技发展科

科　长　陈　兵

副科长　李　星

税政法规科

科　长　董　麟

副科长　夏亚非

第一税务所

所　长　王　艳

副所长　黄　清

周建国

第二税务所

所　长　刘　勇

副所长　李　洋

胡　亮

第三税务所

所　长　侯冬梅

副所长　赵　滨

第四税务

所　长　陆　菁

副所长　蒋　梅

第五税务

所　长　卜庄海

副所长　范凌华

第六税务所

所　长　黄　华

副所长　刘　涛

范　华

第七税务所

所　长　徐　悦

副所长　王　延

王新德(2013年4月免)

第八税务所

所　长　王宝林

副所长　武丽芬

征收税务局第三税务所

所　长　杨　剑

副所长　洪　盛

姚　剑

（张志芳）

开展“服务零距离 诚信正能量”税法进百企活动

4月11日，与江苏黄埔再生能源有限公司联手举行税收政策互动咨询活动。围绕涉税业务和政策答疑解惑，向现场员工发放税收宣传资料和政策光盘；聘请江苏黄埔再生能源有限公司董事长、全国道德模范陈光标为“义务税收宣传员”，并现场颁发聘书；陈光标向全市企业和广大纳税人发出诚信纳税的倡议，现场领导和嘉宾在活动背板上留下对地税工作的寄语与祝愿。

(张志芳、孙菲菲)

开展“南京白局税收说唱周”活动 3月29日，依托甘熙故居每个周末举行的白局演出，举行“南京白局税收说唱周”活动，将纳税人关心的税收热点信息、税收知识融入到白局表演之中，在传习白局的同时，用说唱传达“税收·发展·民生”的主题。通过白局通俗的说唱以及现场发放的宣传资料，让观众了解纳税人的权利和义务、个人所得税等知识，受到现场观众的欢迎。

(张志芳、孙菲菲)

网络税控机推广置换 一是制定专项工作方案，明确网络税控机升级、置换及减免税备案等工作流程，成立“升级服务点”。健全纳税人、税控机公司和地税部门三级信息交流机制，把关各环节操作流程、注意事项，对升级、置换过程中出现的新问题及时排查原因、及时解决。全年共推广网络税控机1710台，国标税款机转换率达100%。二是利用电子显示屏、宣传资料等多种手段进行宣传推广，对纳税人反映的问题及时记录和反馈，解决用户使用网络税控发票过程中出现的问题，保证纳税人的正常经营。结合辖区餐饮、旅店行业多的特点，详细制定推广实施方案，提高工作合力和工作实效。1–7月，共为682户纳税人置换、升级网络税控机721台。 (朱莹、张雨婷)

春训工作 把政治、业务学习贯穿春训活动全过程，邀请兼职教师围绕税收新政、《税收违法违纪行为处分规定》等内容开展业务培训和学习；加强学习考勤管理，坚持逢训必考，并将部门综合成绩列入季度考核，保障春训工作的顺利开展。开展对标找差，要求干部职工与先进模范比奉献，同志之间比干劲、比表现，部门之间比执法、比成效，并围绕如何提升效能、“创先争优”开展思想大讨论，引导干部立足岗位，更好地履行岗位职责。

(张海珍 张志芳)

纳税服务全面升级 主动开展支持中小企业发展、扶持高新技术企业发展等专题调研，成立白下国地税青年志愿者服务队，联合组织深入高新技术企业调研和联合开展税法宣传活动，共梳理科技创新型企业等税收优惠政策近200条，制作《服务白下区加快建设创新型城区“四大行动”优惠政策》宣传资料等3种450余张。积极做好4大类150条税收服务措施，对纳税人在办税服务厅办理的101项涉税事项所需附报资料形成一次性告知的内容，进行广泛宣传。组织实施原秦淮局、原白下局2个办税服务厅的整合工作，扩容原白下局导税区和办理窗口，窗口数增加到22个，并留有4个应急窗口。增加9台一体机扩容一楼自助办税服务厅，推进标准化办税，对办税所需附报资料进行了规范和统一。推进自助办税机上线，方便纳税人24小时自助服务。改善原自助申报区以及个体发票厅的叫号系统，测试自助办税服务终端，实现导税前置、服务前移、功能升级，切实解决纳税人“多头跑、多头找”的问题。全年，共办理“审批前置”1028户次，同城通办相关事项158978条，免填单177363份，提供预约服务69件。 (洪盛)

提高发票开具效率 针对发票开具投诉骤增，采取措施积极应对：注重受理流程，按照“规范受理、内部流转、过程监控、依法维权、逐一回访、分析整改”的工作思路，最大限度满足市民的维权要求；针对投诉人和被投诉人反应情况不一致的疑难案件，注重调查取证和调解协商，耐心解释维权工作的流程和要求，开展普法宣讲工作；针对热点和常见问题进行深入分析，注重后道整改，加快投诉处理向服务提升的成果转化，提高发票开具效率，促进纳税服务整体水平的提升。 (李星 张志芳)

开展涉税核查联防 与工商部门沟通，主动获取企业变更、转让等涉税信息，构建纳税人信息网络，及时掌握涉税新信息和税源变动情况，防范税源流失。充分利用报纸、网络、宣传材料等新闻媒体和开展税法咨询等形式，大力宣传税收政策法规，敦促转让股权的纳税人进行自行申报。充分依托网上办税厅的告知效果，在网上办税厅首页发布提醒公告，同时鼓励资本市场优化重组、企业转型升级，保障国家税款不流失。 (陈兵)

做好征管改革和区划调整准备工作 坚持思想工作先行，通过班子会、中层干部会、干部大会对干部进行教育引导，做好思想稳定工作，及时消化矛盾、共担责任。合理安排工作任务，力促一季度组织收入达到序时进度，确保所得税汇算清缴、12万元个税自主申报、风险应对、春训等主体业务工作有效落实。深化征管改革，调整管理所税户管辖范围、调优基层岗位设置、突显机关实体化运作。

（张志芳）

征缴股权变更个税逾1000万元 以部门联动、综合治税的工作思路加强股权变更税收管理。5月份，获知辖区内某企业存在股权转让交易行为后，第一时间组织管理所进行核实，做好备案；及时与工商部门进行信息交换，掌握并确认企业申请股权变更登记的情况；按照现行税收法律法规的规定，核算其资产成本和转让价格，并对纳税人申报的相关资料认真评估和审核。由于税款金额高，采取核查与约谈相结合的方式，最终促使纳税人主动申报补缴税款1035.96万元。（陈兵 张雨婷）

加强旅店业税收管理 利用公安系统交换信息数据与大集中系统数据对接，通过旅店业税收管理平台对采集的基础信息进行整合、价格认定和客流量监控。盘实税户信息，展开专项调查，加强与街道税源管理办公室的联合作业，对辖区内旅店经营户进行实地核查，划分不同区域和路段，比对上年经营收入和收费标准等展开典型调查，掌握经营户的第一手情况。加强信息比对，及时跟进管理。利用专项调查的数据与公安部门提供的数据进行比对分析，对申报营业额明显偏低的企业实施纳税评估，形成营业额预警值，实现对旅店业营业税税基的全面监控和行业税收管理。（肖宁宁）

推进数据审计工作长效管理 管理所主抓数审工作的落实把关及对本所人员的指导监督，科室负责日常审计规则的推送、跟踪、答疑，形成横向联动、协同提高数据质量的合力。针对推送的常规及突击数据，排查摸底找症结，分析比对找对策，为征收所、管理所量身定做形式多样的数审专场培训。定期召开数据质量分析会，对常规数据进行通报。按照统一建立的数据采集标准，严把数据入口关，指定专职人员对数据进行日常监控。定期通报数据质量考核情况，实施跟踪问效，将责任落实到部门和人员，确保数据及时整改、问题消除到位。

（朱莹）

助力小微企业发展 着力宣传小微企业优惠政策，提升企业自主规范的内生动力，采取多样形式主动提醒、帮助小微企业建账建制。把优化纳税服务作为支持小微企业的重要抓手，以纳税人之家、街道社区及税务事务所为依托，搭建税收服务综合管理平台，实现税收专业化服务与小微企业需求的有效对接。加强对小微企业的个性化问题跟踪，逐步建立促进税政策落实的动态机制，突出实施结构性减税这个重点，增强政策的操作性和实效性。2012年度，逾千户企业变更所得税核定征收户为查帐征收户，对符合条件的1169家小微企业减免企业所得税税额293.18万元。（肖宁宁）

税收执法督察 完善执法督察组织结构，创新督察方法，提高督察效能。采取"三结合"的方式，即：自查和抽查相结合、机查和实地检查相结合、本级检查和下查一级相结合，自查面达到100%，重点督察面不低于50%。对重大疑点进行实地延伸核查。充分发挥执法督察在规范执法、促进管理、防范风险、服务大局等方面的作用，通过执法督察发现、分析、解决税收执法中存在的问题，制定长效的管理机制。（夏亚非）

秦淮地方税务局

概 述 2013年，南京市秦淮地方税务局（以下简称秦淮局）以原白下地方税务局、秦淮地方税务局两局整合为契机，突出转观念、谋思路、抓收入、推改革、优文化、带队伍、求先行，在挑战多、压力大、任务重的情况下，较好地完成了全年各项工作任务。

组织收入实现攀升。积极把握全区文化旅游、商务商贸、科技创新等产业优势，盘清盘实税源，增强组织程度和合力，采取有效措施，全年共组织各项收入69.57亿元，其中，市区级公共预算收入27.68亿元，完成市局下达任务的107.05%。其中，原白下支库完成20.24亿元，完成市局下达任务的107.79%；原秦淮支库完成7.44亿元，完成市地税局下达任务的105.07%。

新征管格局运行顺畅。根据南京市区划调整,市地税局撤消白下地方税务局、秦淮地方税务局,组建新的秦淮地方税务局。围绕新一轮税源专业管理改革的要求,以两局整合为契机,全力优化新秦淮区税收发展环境。圆满完成自国地税分设以来系统最大的一次机构、人员、业务整合工作,调整中层干部27人,一般干部103人,调整面达68%。做好税种鉴定的维护工作,采取多种手段催报催缴,全年申报率保持在99%以上。设定网开发票实施限额,开展网络税控收款机推广应用工作,全年共推广网络税控机1710台,国标税款机转换率达100%。开展无号票、手持税控机试点工作,推广手持式税控机34家,推广无号票11家。按照数据采集标准,严把数据入口关,日均错误条数大幅下降,差错率控制进入全市前列。成立征管指标应对团队,明确专人负责区局的征管质量指标管理,强化对日常征管质量指标的指导、监督和跟踪。全年共完成1750户风险应对,入库税款9894.89万元,评估贡献率3.44%。

依法治税得到加强。加大政策宣传力度,全年编发税政专刊6期,组织大规模政策培训11场,3400余人次参加。以后续管理为依托,深化企业所得税管理,有序组织9353户纳税人开展企业所得税汇算清缴,补缴税款1.09亿元;开展年收入12万元个税自行申报,补税金额273.93万元;股权转让所得(非上市公司)共入库4795.96万元;新增外籍人员自然人登记520份,清理核对信息2008人次;开展建筑业项目清算工作,以属地化管理为切入点,加强建筑业项目登记,预清算率达97%;强化土地增值税清算,共完成9个土地增值税清算项目,清算应补缴土地增值税2100余万元;做好年销售收入500万元以上企业的房土税清算工作,及时更新项目登记库数据,补缴房土税230余万元。

纳税服务水平提升。组织实施原秦淮局、原白下局2个办税服务厅的整合工作。开展网络税控机推广和置换工作。先后组织321人才计划、高新技术等税收政策对接讲解会,鼓励和支持科技研发,提升企业持续创新能力。抓好各项税收优惠政策的落实,全面落实国家各项税收优惠政策,共办理各类税收优惠减免涉及金额2338.41万元,为全区经济发展和社会稳定做出了贡献。

创新干部队伍管理。确立"税悦情怀"文化主题,在全体干部职工中提炼培育"同舟共济、和谐共进、团结共为"的核心价值观和共同的目标追求,提出未来三年的指导思想、总体目标、具体目标和主要措施。加强教育培训,进行全员性培训20余次。9名干部获得市级能手称号,1名干部在全省地税系统业务大考试中进入前六十名;有13名干部参加注册税务师考试,其中2人通过考试;3名干部报名参加研究生入学考试。以党建群团带动增强凝聚力,成立新秦淮局党总支及各党支部,秦淮局"皓爱"巾帼志愿服务队被表彰为"十佳康乃馨行动巾帼志愿服务队"。大力治理庸懒散现象,参加南京市"新鼓楼杯"廉政杂文、小小说征文大赛和廉政海报设计大赛,2篇作品分获三等奖。

行政事务保障有力。加大政务信息和税收宣传力度,秦淮局百日工作纪实先后被市地税局专题简报和江苏经济报专版头条采用。在第22个全国税收宣传月活动中,组织传统白局税收说唱周、全国道德模范陈光标代言税收宣传等活动。有效化解、处置3起舆情事件。组织2009年业务、文书、照片、声像档案移交核心库工作,共移交各类档案883卷(件)。针对区划调整,共接收原秦淮局业务档案3946卷,文书198件,实物档案101件。作为全系统唯一试点单位开展省局电子档案管理系统试点工作。围绕中心工作开展保障服务,根据两局整合和机构调整要求,做好后勤保障方案与预案,组织好相关科所、人员的搬迁,及时更换办公场所标志牌、楼层示意图、人员通迅录及科所长名片等,确保各项工作无缝对接。全面对照市地税局安全大检查要求,在各楼层重点部位以及外场设置38个电子巡更点,认真做好财务预算和财务决算,严控"三公"经费支出,平稳实施公费医疗改革。

(商进)

机构设置及负责人

办公室

主　任	刘　勇(2013年11月免)
副主任	梁国林
副主任	张志芳

人事监察科

科　长　　鲁　新(2013 年 12 月免)
副科长　　赵立扬

征管和科技发展科

科　长　　陈　兵(2013 年 12 月免)
副科长　　翟小荣
　　　　　姚　剑
　　　　　李　星

税政法规科

科　长　　董　麟
副科长　　夏亚非

第一税务所

所　长　　王　艳
副所长　　黄　清
　　　　　周建国

第二税务所

所　长　　周宏峻
副所长　　李　洋

第三税务所

所　长　　冒慧云
副所长　　胡　亮
　　　　　王　延

第四税务所

所　长　　侯冬梅
副所长　　赵　滨

第五税务所

所　长　　陆　菁
副所长　　蒋　梅

第六税务所

所　长　　徐　悦
副所长　　范凌华

第七税务所

所　长　　刘　勇(2013 年 11 月任)
　　　　　陈荣华(2013 年 11 月免)
副所长　　刘　涛
　　　　　王　萍

第八税务所

所　长　　姜卫宏
副所长　　武丽芬
　　　　　葛建峰

第九税务所

所　长　　黄　华
副所长　　范　华

第十税务所

所　长　　卜庄海
副所长　　郝　平

第十一税务所

所　长　　王宝林
副所长　　何　彦

征收税务局第三税务所

所　长　　杨　剑
副所长　　洪　盛
　　　　　王宇梅

(欧悦)

组织各项收入 69.57 亿元　2013 年，秦淮局组织各项收入共计 69.57 亿元，其中，税收收入 51.9 亿元，同比下降 0.62%。省级税收 6.01 亿元，同比增长 37.64%，市区级税收 45.89 亿元，同比下降 4.11%；市本级公共预算收入 2.64 亿元，同比下降 52.16%；区级税收累计入库 43.28 亿元，同比增长 2.28%，完成区级公共预算收入 34.12 亿元，同比上升 3.56%。社保费 41.35 亿元，各项基金费 5621.36 万元。(王霄霄)

专业服务对接南京“321”人才计划　及时对接区人才办、投促局和科技局等部门，做好辖区内 176 家领军型科技创业人才的信息采集和基础管理工作，积极开展支持“321”人才引进和培养、吸引高端研发机构集聚、推动自主创新、扶持科研机构发展等 6 大方面 24 条地方税收优惠政策的落地服务。将基层行业所作为“321”计划的定点联系所，定期组织深入企业调研和开展税法宣传活动。设立“321”人才税收服务专岗、专线，负责统一接受科创人才的个性化税收咨询，提供点对点服务。通过短信服务即时通，定期发送税收新政、涉税提醒和事项告知，第一时间让科创人才掌握涉税信息。

(张志芳)

建筑业项目管理　定期对财务人员进行专项培训，着重提高总包、专业分包、劳务分包方的协税护税意识，引导纳税人自觉申报纳税。抓住施工登记关键环节，与政府建设部门联办协作，促使建设施工单位主动到地税部门办理项目登记。与国税部门定期通报纳税人企业所得税管理情况，实行《外出经营活动税收管理证明》的双向管理。严把超期限《外出经营活动税收管理证明》缴销重开的关口,杜绝报验缴销滞后和违规续开等现象。督促建设单位在办理工程竣工验收手续前履行相关纳税义务,从清算环节堵塞税收流失。 (肖宁宁)

企业所得税复审 以管理软件为依托,组织后续管理软件的宣传及辅导,对发现的属于后续管理项目的内容及时录入,以保证数据的及时性和真实性。以专业化团队为依托,由税政、征管、数据、管理等部门业务骨干组成企业所得税管理专业化队伍,聘请税务师事务所注册税务师参与复审工作,介绍工作经验和复审方法,供干部交流学习。以风险管理为依托,由专业化团队对推送的所得税风险户开展实地核查,完成风险点的人工分析验证,最终形成风险应对报告,消除风险点。

(夏亚非、卢识)

规范涉税法律文书 根据涉税法律文书使用现状,强调法律文书填制的“五原则”,并对使用频率高的涉税法律文书创制填制模版下发至基层税务所。要求各核实岗位严格按照征管流程的规定核实各类涉税信息,确保法律文书记载的涉税情况的真实性。 (夏亚非)

征管指标水平提升 实行征管工作项目责任管理制度,对征管工作设定重点工作项目,明确具体实施内容。加强数据分析监控和征管指标预警管理。征管、法规等部门采取实时交叉监控,及时通报各项征管数据。认真推行一体化管理系统,强化征管指标考核面。强化数据分析,提高征管质量,每月定期召开税收业务统筹会,加强对重点与异常主体指标的分析,力求数据分析整改工作收到实效。

(朱莹)

打造效能机关 两区合并后及时对现行税收征管工作进行调研,逐项进行分析研究,确定税收基础管理和税源专业化管理两大类管理职责。从设置管理机构、配置人力资源、完善协调机制等方面着手,实现组织结构的最优化和组织效率的最大化。组成多个管理团队(组),科学归集管理事项,明确质量指标,确定工作内容、细化工作标准,建立考核机制。建立健全执法监督机制,推进税收业务、财务、政务、事务“四位一体”风险防控格局建设,形成风险问题项目管理库,建立风险动态预警及防控机制,提高干部风险防范意识和能力。调整建立考核指标体系,统筹确立单位和个人的绩效评价体系,加大税收执法问责力度,实现与新型组织架构的合力共振,有效提高征管效率,展示新局良好风貌。

(张志芳)

加强国际税收信息管理 建立健全协税护税网络组织体系,及时获取股东变更、合同签订、资金支付、外汇支付情况等第三方信息。提高第三方信息的利用率,加强对获取的非居民股权变更、上市公司分红、外籍个人出入境、企业付汇等信息运用,建立电子台账,实现信息管税。完善现有纳税申报制度,督促征纳双方严格按税收法律、法规和相关规定实施与受理纳税申报,并统一非居民申报的税费种类。将国际税收的税务检查纳入征管和检查部门的日常工作内容,对外籍个人、企业付汇、常驻代表机构等实施重点检查,对存在偷、逃、抗、骗税行为的纳税人及其法定代表人采取阻止出境措施。 (夏亚非)

纳税服务品牌提优 延伸导税服务,将原先设在二楼的导税台延伸到一楼,配备3名专职导税员,对于导税服务要求做到“三个主动”,即主动迎上前、主动了解办税需求、主动代为取号并作出正确的指引。强化咨询辅导,把责任心强、业务素质过硬的工作人员充实到咨询辅导的工作岗位上,提高前台办税效率。应对工作增量,增加重点岗位的人员配置、增加非工作时间值班人数,引导整个团队攻坚克难,选择有效便捷的工作方法和办税程序。推行自助办税,让办税更为便捷。自助办税机上线以来,累计接待2200人次,征收税款83.36万元,现金社保89.98万元,出具票证3664张。 (洪盛)

开展“治庸、治懒、治散、治奢”专项活动 各党支部召开专题学习会,组织“我是谁、为了谁、依靠谁”大讨论,引导解决思想平庸的问题。深挖部分党员干部存在的思想懒惰、工作懒惰、工作效率不高的问题,依托大集中系统和权力阳光运行系统,开展专项执法监察,以公开透明促进工作效率的提高。

开展作风建设专项整治，建立每周两次以上局领导带队作风巡查制，加大监督检查结果的放大效应。通过开展廉政教育、发送廉政短信、做出勤廉承诺、主要领导上党课、新提拔干部廉政谈话等活动，打牢党员干部的从政道德基础。召开行风监督员征求意见座谈会，努力形成“内控+外控”的监督制约体系。（赵立扬）

行业风险管理 统筹分析资源，数据资源和第三方涉税信息，打造征管数据分析应用平台，提取各类申报数据，开展系统性分析。选择代表性企业开展典型调查，全面掌握生产经营规律，集中研判可能存在的涉税风险，确定风险应对的方式和手段，建立税情预警机制。依托纳税人学堂进行税法宣传、风险提示和集中辅导，提高纳税人满意度和遵从度。发挥中介机构、行业协会职能，引导企业规范自身经营和纳税行为，实现自查自纠。按月梳理纳税人咨询、投诉中反映的涉及税收遵从风险和税收执法风险的问题，及时总结规范，制订相应行业管理指南，形成体现税源行业分类管理特色的制度体系。（肖宁宁）

提升窗口服务质量 通过办税人员办税体验，查找纳税服务当中存在的一些问题，畅通需求渠道。针对纳税人意见和建议，持续改进纳税服务方式，提高纳税服务水平。统一窗口人员思想，正确处理好执法与服务的关系。加强窗口工作人员业务培训，提高其税收业务技能和服务水平。严格落实导税员制度，首问负责制，一次性告知制度。主动发放相关税收宣传资料，设专人专岗负责处理纳税人的诉求，并协调办理相关税收事项。（杨剑）

推进税收风险内控机制建设 将执法风险点及内控措施植入税收业务工作流程的各环节、各岗位。每月对风险内控情况进行通报，对工作中出现的风险隐患进行分析评价，对今后的风险防范提出建议和意见，形成风险防范的长效机制。对各项风险点逐项分解细化内控责任，使每个风险点都有内控责任部门、责任目标和内控措施。对内控机制不健全、内控措施落实不到位导致工作失误、甚至发生违纪违法案件的，追究相关责任人员及部门领导，保证风险内控措施真正落到实处。（严峻）

税务审计 确定年度重点税源企业税务审计对象，全年税务审计面一般不少于重点税源企业的20%，在五年内对所管辖的重点税源企业开展一次全面税务审计。对纳税人生产经营和履行纳税义务情况的真实性和公允性进行监督。运用审计程序、现代审计技术和相应的审计工作底稿制度，对重点税源企业财务会计资料、交易相关记录、存货等生产经营资料的真实性、合规性进行检查测试，对纳税人申报信息的真实性进行深层次审核，实施深层次税收管理和服务的具体工作手段。（姚剑）

税务举报案件管理 科学调度与加强监督并重，狠抓案件督办落实。举报案件优先查处，限时查结，确保案件公正、快速查结。明确规定税务违法举报工作部门、岗位和职责，制定查办税务违法举报案件的程序、要求和文书，细化处理税务违法举报案件的流程、时限和手续。重视重点举报人疏导工作，根据每一位重点举报人的具体情况，因势利导地做好政策解释工作，严格举报保密纪律，取得举报人的理解和信任。全年共接到各类举报案件229件，投诉案件满意完结率达100%。（张雨婷）

“税悦情怀”文化建设 从地域、历史、人文、发展等角度进行税务文化分析，提出“税悦情怀”文化主题，通过文化手册、格言征集、微视频、文化上墙等方式营造浓厚氛围，以“同舟共济、和谐共进、团结共为”的治局理念增强团队凝聚力，为组织发展提供精神动力和文化支撑。2013年，秦淮局廉政屏保作品《梅兰竹菊松》入选中纪委优秀作品，2篇作品在南京市廉政杂文大赛和廉政海报大赛中分获三等奖，自编自演拍摄微视频“一封来信的背后”和组织“廉政案例宣讲竞赛”。由秦淮局全程策划、撰稿、主导演出的大型音诗画节目被推荐参加市纪委举办的大型汇报演出。（张志芳、赵立扬）

建邺地方税务局

概　述 2013年，南京市建邺地方税务局（以下简称建邺局）深入学习贯彻中共十八大精神，着力推进税收征管改革、社会管理创新、税务文化建设“三大工程”,按照“改革创新、服务发展”年度工作主题,以组织收入为中心,进一步深化税源管理专业化改革,着力建设更高水平“三个一流”,深入落实开展党的群众路线实践教育活动,在率先基本实现税务管理现代化进程中争先进位,较好地完成了各项任务。相继荣获省、市、区文明单位荣誉称号,并被省地税局推荐参加全国税务系统先进单位评选,在区行风评议中,连续十一年位列区行政机关第一名。

以组织收入为中心,提升服务发展能力。紧扣组织收入中心,积极筹谋、主动应对,顺利完成组织收入工作。按照组织收入年度计划,在充分做好调研的基础上,科学合理的做好年度收入计划的分解。全面梳理辖区内建筑业项目,加强建筑业项目登记管理。坚持专人专岗和团队协作原则,进一步加强税收风险管理。进一步夯实税收征管基础。

以征管改革为契机,提升税收征管效能。以税源专业化管理为突破,以提高税收征管质量和效率为核心,以风险管理为引导,夯实征管基础,强化税种管理,全面落实税收管理科学化、专业化、精细化的各项要求。按照适度调优的原则,理顺工作职能,优化岗位设置,进一步深化税源专业化管理。强化劳务派遣行业税收征管。稳慎推进发票综合改革,全面提升基础数据质量管理水平。强化系统运维和信息安全管理。深入开展小型企业税收警戒线管理,积极探索重点企业税务审计管理。

以依法行政为统领,提升税收法治意识。结合税收管理专业化改革,加强税收法制建设,优化执法管理体制、坚持科学民主决策,强化执法监督,开展执法督察,进一步提升税收法治意识和水平。加强税务行政处罚文书规范,构建执法风险防范工作机制,做好主动公开和依申请公开管理工作,积极推进政务公开。加强税收执法督察,按季度开展日常税收执法督察并积极参与市地税局效能督察创新。

以优化纳税服务为举措,提升纳税人遵从度和满意度。围绕纳税服务“集约化、专业化、标准化、信息化”的要求,以落实专业化管理为基础,以纳税人需求为导向,以优化服务为重点,将纳税服务贯穿税收管理各环节,努力构建专业化管理下的纳税服务新机制,打造亚青“税收志愿者服务站”。 (侍玲萍)

机构设置及负责人

办公室

主　任	桂乃耀
副主任	王明静(2013年1月任)
副主任	金　强(2013年1月免)

人事监察科

科　长	金　星
副科长	李秋璟(2013年1月任)

征管和科技发展科

科　长	卜兴耀(2013年12月免)
副科长	王华军
	张　堃

政策法规科

科　长	张　波
副科长	丁　楠

第一税务所

所　长	胡源芳
副所长	赵　兴

第二税务所

所　长	王志勇(2013年3月任)
副所长	米　玲(2013年3月任)

第三税务所

所　长	齐文娟(2013年3月任)
副所长	苏振汉(2013年1月任)

第四税务所

所　长	张　平
副所长	李庆新(2013年1月任)

第五税务所

所　长	陈　建
副所长	沈　洪(2013年3月任)

第六税务所

所　长	夏宏娟
副所长	户丽华

征收局第四税务所

所　长	叶桂玲
副所长	陈　伟

(侍玲萍)

组织收入30.04亿元 围绕“改革创新、服务发展”年度工作主题,以完成组织收入任务作为税务机关服务地方经济发展的核心任务。根据市地税局下达的年度税收目标，提前开展收入计划统筹，实施收入目标管理。强化预测跟踪、偏差率控制及评价分析的过程管理。与各职能部门和街道、代征点的联系协调，逐步构建以税源管理为核心，多部门、多层次、多维度的综合治税网络。全面提升风险应对管理水平，强化税种管理，顺利完成年度收入任务。区地税局2013年全年市县级公共预算预计17.34亿元，完成实际任务的115.97%，超额完成市地税局年初下达的年度目标；完成全年区级公共预算30.04亿元，实际增幅28%。 （侍玲萍）

做好广播影视服务“营改增”工作 落实关于广播影视服务营业税改征增值税政策，“三优化” 全面开展“营改增”工作。一是工作精细。筛选出涉及影视服务的12户，安排管理所逐户核查。二是全面宣传。在做好对影视业务纳税人的辅导培训的基础上，做好后续的政策服务和政策落实情况跟踪；同时，通过电话、办公平台短信呼、办税服务厅张贴公告等方式，向纳税人宣传了新的政策。三是及时解答。办税服务厅安排专人负责“营改增”的相关政策咨询，耐心热情的帮助对于纳税人政策掌握的不够准确或者有疑问的，一事一答，如需到国税办理事项的，细心指引到国税办公地，保证广播影视服务“营改增”工作顺利进行。 （侍玲萍）

加强对外支付管理工作 建立“主动服务、专岗管理、数据分析”三位一体的长效管理机制，强化对外支付管理工作的精细化管理。通过税法公告、纳税须知、专题培训等形式加强政策宣传，对外支付工作实行专人专岗管理。充分利用大集中现有的信息，并结合平时掌握的情况，加强对数据的筛选、分析、整理，积极提供专项治理中的政策疑点。2013年，累计开具对外支付证明119份，其中，不予征税凭证10份，免税凭证3份，征税凭证106份，征收税款金额273.77万元(含无需开具凭证的征收税款)。 （侍玲萍）

打造“城市志愿者服务站” 办税服务厅作为市地税局首个入选南京“城市志愿者服务站”的示范单位，依托由税收人员组成的志愿者，广泛开展各类涉税志愿服务活动，积极促进征纳关系和谐发展，营造良好的税收环境。志愿服务站结合办税服务厅窗口服务功能，为市民、游客、大型赛会人员，提供优质便捷的城市衣、食、住、行、游、医等信息问询、引导等志愿服务；志愿服务站除了提供涉奥服务外还广泛宣传税法以及与青奥相关的税收政策，以电话回访、座谈会等方式听取服务对象的意见与建议，改进纳税服务质量。 （侍玲萍）

加强青奥特许企业税收服务 作为南京地税系统首批入选南京“志愿服务站”示范点单位，联合建邺区国家税务局成立由取得注册税务师、注册会计师、律师等“三师”资质“三师解税”志愿者咨询专家团队。“三师解税”，提供“亮牌式门诊”服务。同时，根据纳税人涉税事项的难易程度和需求的特殊性，提供预约上门“出诊服务”。4月12日，建邺局开展税收志愿者走进青奥产业园活动，为入驻“青奥产业园”的15家青奥特许企业开展“出诊”服务。向企业开展青奥税收新政讲解，接受企业咨询，共收集涉税咨询9件，当场答复解决7件，提出涉税管理建议3条。 （侍玲萍）

依法行政工作 一是强化教育培训，增强依法行政能力。将税收政策学习纳入教育培训内容，通过专家讲课和自主学习等方式加强教育培训，不断增强建邺局干部依法行政的能力。二是强化执法监督，规范税收执法行为。定期开展税收政策法规执行情况检查，加强对税收政策法规执行情况的监督力度，不断改进和规范执法行为；聘请特邀监督员对税收执法情况惊醒外部监督，督促干部坚持依法行政。三是强化责任追究，提升依法行政水平。对相关干部严格按执法责任制追究办法进行处理，严格落实责任追究制度。 （侍玲萍）

参加全国税收资料调查 建邺局采取 “三个一”来保证全国税收资料调查工作的顺利开展：一是召开一次培训宣讲会。6月6日，组织110户填报单位进行了一次税收调查填报培训会。通过PPT图文讲解、外网实际环境操作、现场解答等形式进行宣讲。对于未赶到会场的纳税人，还进行了专门的单独辅导，保证能够顺利按期完成此项工作。设立一部专门解答热线。二是公布一个解答电话专人扎口解答纳税人的各种问题，接到咨询电话已经超过百个。三是建立一个公共交流平台。在外网，设立一个公共邮箱，将纳税人需要的信息进行发布。同时，汇总一些热门问题，整理好后及时更新对外公告。纳税人有一些好的建议或者经验也可以在此邮箱中共享，共同完成此项工作。 (李阳)

开展《税收违法违纪行为处分规定》培训 3月21日，建邺局、重点税源局、秦淮局、雨花台局联合开展《税收违法违纪行为处分规定》学习活动，以春训的形式强化党风廉政教育。会上，扬州税院政治学教研室主任肖泳冰副教授，为全体税务干部进行了题为“学习廉政新规、防范职务风险”的廉政讲座，从调整心态、正确看待；认真学习、把握内容；风险防范、积极应对等三个方面，用鲜活的案例，对《税收违法违纪行为处分规定》进行了全面的分析解读。培训结束会后，参训干部相互探讨学习体会，就如何正确看待、如何学习理解、如何结合本职工作做好风险防范，进行了深入的分析和探讨。 (金强)

网络税控机推广工作 扎实推进网络税控机推广工作，共完成网络税控升级转换415户。一是制定《关于推广应用网络税控机的实施办法》，下发给了所有使用税控收款机纳税人，从新税控收款机的特点、推广范围、时间安排、优惠政策等方面做了全面、详细的解释。二是科室负责工作的统筹推进，制定工作方案并负责政策落实看；管理所及时跟进，积极与纳税人联系，辅导纳税人升级转换流程；征收所扎实做好服务接待工作，及时为纳税人解疑答惑。三是对有税户，积极辅导抵免政策；对无税户，及时审批税控补贴，有效推进了升级转换工作的落实。 (侍玲萍)

强化维权服务 进一步规范“纳税人之家”运作管理。通过纳税人之家为纳税人提供税法宣传、纳税咨询、培训辅导、权益保护服务，吸引纳税人自觉参与维权活动，监督税务机关的执法和服务行为，维护自身的合法权益；建立投诉处理快速反应机制。发挥“12366”平台功能，按季通报纳税服务投诉情况，对典型案例进行讲评分析。做好区司法局、区国税局联合成立的纳税人权益维护中心的相关工作。充分发挥纳税人权益维护中心职能。 (侍玲萍)

税收减免工作 一是加强税收优惠政策宣传。通过纳税人学校、纳税人之家等活动开展税收优惠政策专题培训，针对不同行业，不同税种分类进行培训。在日常管理中，通过走访企业、开展座谈等形式送政策上门，鼓励高新技术产业、现代服务业的发展。二是加强相关部门沟通联系。与区劳动局、区残联加强沟通联系，了解符合税收优惠条件的下岗职工、残疾人情况，认真落实下岗职工、残疾人等低收入群体就业税收优惠政策。三是加强减免税备案审批。认真做好减免税备案审批，严把减免税资格认定管理，坚持日常管理和年度汇算审核相结合的监控机制，严格按照减免税审批管理的要求和流程办理审批，并建立减免税管理台账。2013年，共审批各类减免税225户次，涉及减免税款3479.99万元。 (侍玲萍)

开展党的群众路线教育实践活动 以学习贯彻中共十八大精神为契机，按照党中央“照镜子、正衣冠、洗洗澡、治治病”的总要求，抓住反对“形式主义、官僚主义、享乐主义和奢靡之风”这个要害，精心谋划，大胆探索，着力增强“思想自觉、行动自觉”，强化组织领导，抓好学习教育，认真开展调研，完善纳税服务，扎实开展党的群众路线教育实践活动，进一步凝聚全局上下的智慧和力量，推动税收征管改革、社会管理创新、税务文化建设“三大工程”取得新的成效。 (金星)

作风评议获“十一连冠” 在建邺区机关作风建设大会上，建邺局再次位列全区行政机关第一名，自2002年开始实施区域作风评议以来连续十一年位列区行政机关第一名，也是全市唯一一家实现“十一连冠”的行政执法机关。 (金星)

加强劳务派遣业税收管理 创新劳务派遣业税收管理模式，坚持以票控税，试行“人力资源(劳务)”派遣业项目登记税收管理，强化事前、事中、事后管理。事前开展专项培训，加强宣传辅导。组织对辖区内符合劳务派遣公司资格确认的企业开展专项培训。事中开展实地调查，强化登记审核。管理所开展实地调查，下企业了解企业的实际经营情况、劳务合同签订情况以及社保保险等的缴纳情况，确保各劳务项目应登尽登。事后开展数据比对，坚持以票控税；将劳务派遣公司申报的营业税、个人所得税、企业所得税以及社保保险情况与劳务项目登记中的信息进行数据比对，严格控制发票参数以及用量审批。（侍玲萍）

税收执法督察 一是成立以局长为组长，各业务科室负责人为成员的税收执法督察工作领导小组，负责税收执法督察组织领导工作。二是围绕市地税局确定的执法督察重点，分自查、区局验收、总结和对整改情况验收以及迎接市地税局执法督察四个阶段，同时明确各个阶段的时间进度安排。同时把执法督察作为提高税收执法水平的契机。突出重点行业税收管理等方面内容的督察，增强执法督察工作的针对性。三是与一线督察人员共同分析问题的成因，查找问题根源，就如何进一步完善相关工作制度、规范执法文书填制、提高执法案卷制作水平进行讨论，提出建议。（王明静）

旅店业管理 以南京市旅店业税务管理系统的上线为契机，通过价格认定和客流量监控，切实加强旅店业综合税收征管，实现对旅店业税基的全面监控，将72家旅店纳入管理。一是通过税法公告、纳税须知、专题培训等形式加强政策宣传，并做好政策服务和政策落实情况跟踪，增强纳税人的税法遵循度。二对辖区内的旅店业进行逐户调查，采集旅店业纳税人基础信息，审核后录入系统。并按月更新动态数据。三是对旅店业纳税人进行专项清理、检查和比对，进一步提高旅店业管理水平。四是加强对数据的筛选、分析、整理，按照清查要求提出处理建议，经审核审批后，要求纳税人及时补缴税款和滞纳金，并严格按照规定进行处罚。（陈烨）

廉政风险防范 一是建立领导、部门、岗位“三位一体”的防范工作责任体系，把廉政风险防范与预防职务犯罪、党风廉政建设和税收中心工作紧密结合起来。二是积极引导干部更好地珍惜岗位、敬畏权力。以开展岗位廉政教育实践活动为主要内容，开展形式多样的专题学习教育活动，深入查找岗位廉政风险，剖析问题隐患，积极落实整改。三是建立定期分析检查制度，进一步提高基层科所在廉政风险防控上的责任主体意识和主动作为意识，不断提高源头预防水平。四是严格责任传导，对组织领导不力，工作不负责任，工作任务不落实，违反制度规定出现问题的，要从严查处，绝不姑息。（金星）

基金费征收 积极贯彻落实组织收入工作精神，坚持税费并重，加强各项基金费的征管工作。2013年，共征收社保费13.78亿元，各项基金1276.71万元。加强日常监控，规范基金费鉴定，加强申报管理，强化催报催缴，对未申报缴纳的单位及时催缴，严把注销关，在税务登记注销环节对欠费进行追缴，把基金费的征管融合与日常税收征管之中，做到常态化管理。加强与有关部门的联系和协调，建立起各部门之间良好、诚信、和谐的合作关系，切实为缴费人解决实际问题，努力改善征纳环境，为地方经济建设服务。（侍玲萍）

建筑业税收征管 一是加强税收宣传。充分运用短信平台、纳税人之家活动等形式，多渠道、零距离对建筑企业开展税收宣传辅导，实时解答纳税人提出的建筑业相关税收政策问题。二是加强多方协作。加强与住建、国土、国税、政府、街道等部门的沟通与协调，建立常态化数据交换和共享机制，及时掌握施工项目进展，进行全过程的监督与管理。三是加强税源监管。加强对建筑施工企业的日常管理，全面梳理辖区内建筑业项目，对项目开工情况进行不定期巡查，加强建筑业项目登记管理。发挥建筑业管理平台的税收管理作用加大对重点建筑工程项目税款进度跟踪管理。四是加强税收清算。发挥税源专业化管理团队作用，组建清算小组，落实辅导式汇缴，依托“纳税人之家”开展纳税辅导，严格把控数据比对和项目监控环节对已完成项目进行税收清算。全年入库建筑业营业税2.11亿元，占建邺局营业税入库数的12.15%。（侍玲萍）

探索构建重点税源企业审计新模式 在市地税局的统一部署下，按照“精细服务、以点带面”的总要求，结合实际情况，先典型后个案，分步实施；创新工作思路，从纳税服务、风险管理、机制创新等多角度入手，推进大企业审计工作。2013年，对已进行税务审计的12户重点企业提出了45条涉税管

理建议,针对发现的问题督促纳税人自我纠错,补缴税款合计金额2324.79万元。 (徐越)

强化欠税管理 第一步是加强电话催缴管理。管理员通过大集中信息系统登记的信息及时进行电话逐户核实,告知纳税人本期未缴税金和加收税款滞纳金等内容。第二步是实施实地核查催缴。管理员通过拨打"114"语音信息台查找纳税人的联系方式,或根据大集中系统登记的注册、经营地址主动上门实地核查催缴。第三步是强化部门协作管理。对经实地核查仍无法找到的纳税人,管理员填写"上报公安办协助查户清册"给市公安局驻建邺地税办公室,通过公安找到法人代表和股东的户籍所在地、联系电话、手机等信息进行欠税催缴。第四步是开展欠税日常检查。对经常发生欠税的纳税人,将其列入监控重点,明确专人负责,经常下户了解情况,提出解决方案,最大限度避免"死欠",做到税金和税款滞纳金同时缴纳。2013年共完成欠税清缴1000余万元。 (陈强)

委托河西二手车交易市场代征地方税收 一是审核代征资格。3月与辖区内南京河西二手车交易市场签订了"委托代征协议",明确代征税种、期限、责任和义务,发放了"委托代征税款证书"。二是规范代征流程。从发票开具、计算应纳税额、开具完税凭证、税款解缴入库、提供备案资料等五方面规范代征流程,要求二手车市场要严格按照实际交易价格计征税款,避免因计税价格无正当理由偏低而造成税收流失。三是加强与区国税局联系。每月对二手车市场代征的城建税、教育费附加、地方教育附加与区国税局要求代征的增值税进行比对,看是否存在差异。四是强化监督管理。加大对二手车交易市场发票领购管理和税务核查力度。南京河西二手车交易市场共代征城建税、教育费附加、地方教育附加合计3万余元。 (陈强)

提升单位纳税人警戒线管理质量 一是提高监控的准确性,警戒线取数按全年总额来取数,并按年来进行比对。将管理企业的人员工资、场地租赁费用占经营成本等数据来源列入重要参考参数;二是提高小型警戒线核定质量。按季对出现低风险的小型企业推送给核实岗进行核实,对核定营业额有偏差的企业,及时修正警戒线核定额。三是加强与国税的信息交互。按季取得相关税户的增值税缴纳、发票开具情况作为税收警戒线调整的主要参考。四是加大日常监控。安排专人专岗对纳入警戒线管理的企业实时跟踪,了解企业经营动态信息,以便及时调整警戒线定额,提高警戒线的设定质量。 (张堃)

(责任编辑:阮春芳)

鼓楼地方税务局

概　述 2013年,南京市鼓楼地方税务局(以下简称鼓楼局)围绕"强责任、夯基础、重创新、争一流"的思路定位和要求,积极促收履责,服务发展大局,较好地完成了各项工作任务,为地方经济、社会发展做出了积极贡献。

收入实现逆势增长。面对前所未有的组织收入压力,围绕"抓大不放小,挖潜争外援"的思路,坚持组织收入原则,通过抓服务、涵养税源;抓征管、促进税收;抓协作,形成合力,不断提升组织收入脱负和低位爬升的科学性及有效性,确保收入任务圆满完成。全年,完成市区级公共预算收入32.66亿元,同比增长4.07亿元,同比增幅14.24%。

征管改革稳步推进。贯彻实施省地税局1号文件,将原鼓楼局年纳税额50万元以上的税户及原下关局年纳税额30万元的税户列为重点税源户,加强对规模以上大企业的精细化管理和个性化服务;设置一般核实岗、特定核实岗、风险应对岗三类岗位,落实税源管理责任。坚持"纠错与预防并重"管理思路,落实数据管理责任,狠抓环节管理,强化规则研究,建立数据质量管理长效机制。开展以"电子发票"为核心的发票综合改革,完成定额发票的清理和手持税控收款机的推广运用工作,实现征管状况监控的制度化和常态化,征管指标综合排名始终居于全市第一方阵。

依法治税深入落实。加强制度建设,对8个执法事项工作要求进行统一完善,规范税收执法行为,以案卷评查和"规范执法示范岗"创建为载体,以评查促规范,在市局案卷评查中获评优秀案卷。通过对执法业绩和执法案卷的公开评比,评选"规范执法示范岗"8人,发挥规范执法先进典型的引导作用。创新执法督察工作方法，通过全面自查与重点抽查、纵向检查与横向互查相结合的方式，及时发现问题、消除隐患，建立税收执法督察通报制度和讲评制度。

征纳关系更加和谐。深入推进国地税联合办税大厅建设，两局办税服务厅合并后，调整办税服务厅布局，增加2个窗口、3个侧台，最大限度提升业务受理能力，严格执行办税服务厅工作规范，积极拓展网上办税，为纳税人减负。与区税源办、财政局等经济部门加强经常性沟通，加强税收政策实施与经济协调发展的分析研究，为地方政府提供决策服务。

队伍合力全面激发。把抓融合、提素质、激活力作为队伍建设的重点，组织学习中共十八大和十八届三中全会精神，与栖霞局共同邀请专家辅导《税收违法违纪处分规定》，筑牢思想防线。以省局、市局业务大考试为抓手，开展"中层干部逢会必考、一般干部逢训必考和业务骨干月练季考"，1名干部取得注税资格，选送2名副科级干部参加税务MBA学习，全年共组织各层面测试24次，干部素质显著提升，11名干部入选系统优秀业务能手并代表市局参加省局大考试、1名干部参加省局国际税收考试名列前茅。评选40余人次季度明星，严格按照组织程序和选拔标准开展处科两级非领导职务晋升，13名干部晋升为科级非领导职务。

行政保障规范高效。信息、宣传、调研工作保持领先，全年完成信息总分652分，信息考核分316.5分；完成新闻积分1073分，位列系统第一，2篇文章在《江苏地税》刊用，1篇在《南京社会科学》刊用，获江苏省优秀税收论文三等奖。积极做好涉税舆情的监控收集、分析研判和处置；优化月度通报模式，开展月度办公会点题交流，加强督查督办；稳步推进7项市局层面和5项分局层面的创新工作，加强档案管理。规范后勤服务管理，严格财务制度，行政管理的科学化水平进一步提高。

（唐棣）

机构设置及负责人

办公室

主　任　　翁明祥
副主任　　唐　棣

人事监察科

科　长　　周立红
副科长　　葛健翀

征管和科技发展科

科　长　　张　黎
副科长　　王　彬(2013年7月任)
　　　　　王　晨(2013年7月免)

税政法规科

科　长　　王　蓓
副科长　　王　蓉

第一税务所

所　长　　侯连富
副所长　　吕晓全(2013年7月任)
　　　　　姜　燕(2013年7月免)
　　　　　何旭芳

第二税务所

所　长　　邱　蓓(2013年7月任)
　　　　　丁祥龙(2013年7月免)
副所长　　赵　新(2013年7月任)
　　　　　张文庆(2013年7月任)
　　　　　吕晓莉(2013年7月免)

第三税务所

所　长　　邓志宁(2013年7月任)
　　　　　邱　蓓(2013年7月免)
副所长　　叶华应(2013年7月任)
　　　　　姜　燕(2013年7月任)
　　　　　赵　新(2013年7月免)
　　　　　王　彬(2013年7月免)

第四税务所

所　长　　戴国民
副所长　　范徐林(2013年7月任)
　　　　　王　晨(2013年7月任)
　　　　　丁一宏(2012年7月免)
　　　　　王　蕾(2013年1月免)
　　　　　袁劲松(2013年7月免)

第五税务所

所　长　　丁祥龙(2013年7月任)
　　　　　贾东升(2013年7月免)
副所长　　吕晓莉(2013年7月任)
　　　　　袁劲松(2013年7月任)
　　　　　张　铭(2012年7月免)

第六税务所

所　长　　贾东升(2013年7月任)
　　　　　董　怡(2013年7月免)
副所长　　张　铭(2013年7月任)
　　　　　刘　俊(2013年7月免)
　　　　　孟洁洁(2013年7月免)

第七税务所

所　长　　邓　谦(2013年7月任)
　　　　　戚　谦(2013年5月免)
副所长　　孟洁洁(2013年7月任)
　　　　　张小军(2013年7月免)

第八税务所

所　长　　董　怡(2013年7月任)
　　　　　曹　健(2013年7月免)
副所长　　刘　俊(2013年7月任)
　　　　　李克强(2013年7月免)

第九税务所

所　长　　张翠霞(2013年7月任)
副所长　　丁一宏(2013年7月任)

第十税务所

所　长　　郑拥军(2013年7月任)
副所长　　姚　群(2013年7月任)
　　　　　张小军(2013年7月任)

第十一税务所

所　长　　曹　健(2013年7月任)
副所长　　李克强(2013年7月任)

征收局第六税务所

所　长　　郑　岚
副所长　　王云华
　　　　　杨　红
　　　　　刘新建(2013年7月任)
　　　　　刘　杰(2013年7月任)

(唐棣)

组织各项收入超100亿元　该局克服结构性减税政策效应凸显、现实税源不足、新增税源匮乏以及非即期因素带来的不利影响,完善税源分析管理、税户分类管理、重点税源管理和收入分析预测考核等管理办法,细化分解各项收入指标;坚持旬报月析,每月召开税收分析讲评会,定期对税收形势、税源结构、收入规模进行预测分析,把握税源变动趋势。落实税户分级分类管理,强化重点税源监控,加大对房地产、建筑业等重点行业、重大项目跟踪服务;选取15户重点企业开展重点税源审计,查补税款及滞纳金3355.14万元。全年,组织入库各项收入100.9亿元,其中,完成市区级公共预算收入32.66亿,同比增长4.07亿元,同比增幅14.24%。

(唐棣)

两局整合平稳过渡　7月,根据南京市行政区划调整方案和省地税局1号文件的改革要求,启动原鼓楼局与原下关局机构整合工作。采用团队化运作方式,成立收入组、征管组、纳服组、人事组和后勤组等5个专题工作组,对前期准备、接收工作分阶段重点、应急预案等内容进行谋划。将原两局基层所人员打散重新交叉配置,新增干部52名(其中副局长1名)、新增建制所3个,完成各项资料整理、资产交接和搬迁工作,确保人事、资产、业务等工作对接规范有序。班子、科所长和一般干部开展新划入街道必访、重点企业必访、小微企业必访、困难企业必访活动,减少交接过程中的矛盾和阻力,做到工作不中断、服务不间断,8月5日新机构正式对外运作。

(唐棣)

征缴社保、基金费43.08亿元　强化政策宣传,及时分解工作任务,按月通报入库进度,按季纳入绩效考核,加强催报催缴,加大社保费征缴、清欠力度,联合工会、产业集团等部门开展社保费清欠工作,强化与区绿委、残联、工会等部门的协调联系,推进税费基金的同征、同管、同查,规范征缴行为,全年组织各项基金5477.9万元,同比增长15.59%;征收社保费42.53亿元,同比增长14.45%,清欠1005.11万元,推进和谐社会建设。

(唐棣)

风险应对税款1.44亿元　参与建立房地产中介服务行业税收风险识别模型、上市公司数据模型、非学历教育培训机构模型和建筑行业税收风险识别模型,在提升风险识别能力和风险应对水平上下功夫。规范风险应对,建立健全应对指引,对风险应对各环节提出明确要求;健全应对复审机制,开展专题培训,税收风险应对质量和效率进一步提高,为筹集税源、防控风险提供坚实基础。全年风险应对1382户,应对税款及滞纳金14424.57万元。

(唐棣)

综合治税 深化街道定点联系制度，加大与工商、住建、拆迁办的沟通协调和信息交换，借助街道力量，清查“区内经营、区外纳税”税户和漏征漏管户200余户，落实“守土有责”。发挥社区、街道的护税协税作用，加大对个体、市场、房屋出租、建筑业等零散税源的征管力度。按季召开国地税联席会议，定期与国税进行税户比对，共同开展非正常户清理。加强股权转让个人所得税管理，建立地税工商协作机制，开展工商股权信息与税务登记信息比对，前置核查200余人次，入库股权转让个人所得税1224.57万元，发挥综合治税效能。 （唐棣）

建立非学历教育行业税收风险监控模型 针对目前非学历教育行业存在财务核算不完善、账簿设置不规范、票据管理混乱的现状，按照“科学、实用、有效”的原则，牵头负责了全市非学历教育行业税收风险监控模型的建设工作。该模型的开发与建设，是在对非学历教育行业税收政策及行业发展现状深入学习和思考的基础上，通过对行业定义及特点、行业管理规定、经营规律、涉税管理难点的全面调研和把握，从指标公式、数据来源、风险种类、风险描述、税务机关提示信息、应对策略等多个维度，围绕营业税、个人所得税、房土两税及印花税等主体税种设置风险识别指标，以期达到带动行业税收征管质效大步提升的目标。模型建成后，鼓楼局通过多个试运行案例对指标的有效性进行了验证，该模型已在全市地税系统推广运用。 （王彬）

编写执法督察分类指南 开展执法督察分类要点编写，创新编排方法，运用总、分则结构进行编排，总则介绍通用检查方法和路径，包含时效、文书规范性等10个重点问题，分则对具体督察点及督察案例进行针对性列举，帮助使用者领会督察点的检查方法；创新展现形式，执法督察分类要点的设计上采用活页式，允许在不影响结构的情况下进行内容更新，可对分类要点进行修订，结合每年执法督察的重点，不断补充添加督察点，逐步实现执法督察指南与税收执法行为的全对应；创新作用方式，引导税务干部在日常工作中参阅借鉴，让执法督察分类要点的参考学习体现在执法行为的全过程，进一步规范税收执法行为，规避税收执法风险。 （陈书垒）

税种特色管理 加强税种管理，对营业税税种认定、政策执行进行清查和规范，确保“营改增”企业平稳过度，对差额征税单位和减免税单位点对点辅导营业税申报方法。优化所得税汇缴风险模型监控指标，汇算清缴申报率100%，年度缴纳税款41984万元，同比增长24.4%；加强企业所得税后续管理和复审，复审278户，补征税款429.96万元。加强高收入者个人所得税直接管理，年所得12万元以上自行申报16274人次，受理多处工薪所得补税申报1628人，合计补税508.85万元；落实外籍人员个人所得税的登记、申报、清算管理要求，开展对申报收入偏低者、投资者个人专项核查、海外上市企业高管薪酬的专项管理。多层次开展土地增值税清算培训，完成土地增值税清算项目8个，组织入库税款9912.76万元。加强房产税、城镇土地使用税两税数据监控、分析比对和跟踪核实，共催报、核实入库房产税、城镇土地使用税1196.41万元。建立船舶代征机制，与南京地方海事局签订委托代征协议，9月以来共代征车船税61.29万元。 （唐棣）

减免税款1.31亿元 对区域内拟上市企业、高新技术企业、软件企业建立点对点联系方式，帮助企业规范财务税收工作，支持科技创新成果转化，全年为高新技术企业11户、软件企业4户、研发费加计扣除23户、节能环保企业2户办理减免。关注弱势群体税收优惠政策落实。与民政部门联系，为残疾人及残疾人服务企业分批次送达各项税收优惠政策；加大对下岗再就业优惠政策的宣传审批力度，为下岗失业人员开展就业、创业培训20余场。全年共办理各类税收减免1017户次，办理退税308件，各类减免涉及金额1.31亿元，把国家调结构、惠民生的各项税收政策真正落到实处。 （唐棣）

国家税务总局总会计师汪康一行参观联合办税服务厅 6月21日，国家税务总局总会计师汪康、纳税服务司司长张树学及全国纳税服务工作会议代表近200人在鼓楼区国地税联合办税服务厅进行参观。汪康总会计师一行在办税服务厅了解了国地税窗口设置、办税流程、办税公开以及国地税联合办税特色服务等情况，查看了自助办税区、填单台、咨询辅导区、纳税人学校培训室等功能区域，观看了电子触摸叫号系统、查询系统和自助办税终端的演示，并与一线干部和纳税人交谈，询问办税服务措施及纳税服务满意度等情况。汪康总会计师对鼓楼国地税办税服务厅的联办模式和联办成效给予肯定，提出要不断丰富国地税联合办税内涵，整合自助办税资源，拓展多元化办税领域，促进纳税服务更加便民、高效，为构建和谐征纳关系做出更大贡献。 (唐棣)

全市首家文化产业园税收服务站成立 4月，鼓楼局在南京石榴财智中心文化产业园成立全市首家文化产业园税收服务站，通过建立三大服务基地，推动创新创意产业集聚。建立税收政策库，整理文化产业税收优惠政策指引，通过服务站的定期培训向园区企业解读相关税收政策，做好税收优惠政策落实，为文化产业发展提供税收政策保障。建立办税技术站，优化园区企业涉税事项的受理流程，为入园企业在税务登记、纳税申报、政策辅导等涉税事项开通绿色通道，实行随时办理，提供全程服务。建立“涉税维权营”，开展以风险识别、友情提醒为主的涉税风险防范服务，对企业的内控有效性给予客观评价，帮助和促进企业健全内控机制，指导企业防范涉税风险，维护合法权益，支持和促进文化企业发展。 (唐棣)

2013年3月29日，鼓楼地税局在南京财经大学为应届毕业生开展大学生创业税收优惠政策辅导

打造鼓楼特色服务品牌 结合新鼓楼局税源特点，开展南京市装饰行业协会、南京市钢铁贸易商会和南京市科技广场纳税人之家活动，举办纳税服务开放日活动，依托“纳税人学校”和每月一期的新办户培训，加大纳税人培训力度；走进南京财经大学，为应届毕业生开展大学生创业税收优惠政策咨询辅导。深入推进国地税联合办税大厅建设，全面落实全功能窗口、“一站式”服务等规定，落实各项服务制度和承诺，推广运用影印管理系统，全年共扫描文档254700份，系统排名第一；推广自助办税，率先试点网上办税机，开具各类完税凭证4866份。建立投诉处理快速反应机制，对各类投诉案件认真调查，迅速反馈，做到件件有回音、事事有着落，客观公正地维护纳税人权益。全年共受理投诉190件，处理业务量和满意率均处于城区系统前列。 (唐棣)

“同心文化”三大工程品牌建设 自2012年起，鼓楼局启动“同心文化”工程，该工程以“同心同德、同心同行、同心同创、同心同享、同心同廉”为主题，分为文化植入年、理念落地年和深化提升年三个阶段。2013年，鼓楼局以“丰富、践行与传播”为主题，结合区划调整实际，依托“动力”工程、“能力”工程、“活力”工程、“实力”工程四项载体，推进同心文化“理念落地年”建设。召开同心文化推进会，总结回顾文化建设取得的成果，宣导文化建设重点，同唱《你我同心》《同一首歌》，开展知识竞赛、组织“齐心协力”团队小游戏等，寓教于乐，增强文化渗透力。结合区划调整，组织“发扬优良传统、新起点上勇攀高峰”军转干部座谈会，重塑军人集体意识、奉献意识、进取精神；组织原鼓楼、下关干部共同排练表演小合唱《南京地税，越来越好》，迎接系统建局十九周年；组织“同心同行、迈向新征程”环湖走，增进干部之间相互了解，推动干部感情上融合、思想上合拍、工作上合力。

(唐棣)

探索税收风险、执法风险、廉政风险“三险”同防机制 探索廉政风险防范与税收业务工作的融合，推进“税收风险、执法风险、廉政风险”同步预防。找准“三险”同步排查的出发点，各部门强化对税收业务疑点事项分析，征管部门定期排查在敏感工作事项、产生问题较多的工作事项以及操作流程中存在的税收风险疑点；税政部门结合执法督察和执法检查排查可能存在的税收政策执行上的风

险疑点；人事监察部门结合举报投诉、执法监察、勤廉测评、一案双查等工作定期排查廉政风险疑点，实现三险同步排查。抓住“三险”同步识别的契入点，各部门通过分析，将疑点事项推送其他部门，共同对各类风险着力在职责履行的正确性、审批权限的合法性、执法过程的规范性和执法结果的合理性上实施同步识别。把握“三险”同步防控的关键点，在风险防范过程中，征管部门首先调取基层所已完成风险应对户的卷宗，对税收流程、适用税收征管制度等程序规范性审查；税政部门在收到征管部门传来的同步应对任务后，开展税收政策、执法责任等执法风险审查；人事监察部门在收到税政部门传来的同步应对工作任务后，完成廉政风险审查，做到同步复核、同步监督和同步责任追究，将依法行政和党风廉政的要求贯穿于税收业务管理全过程。（唐棣）

完善绩效考核评价体系 梳理分析税收管理模式由“管户制”变为“管事制”的工作事项，完善机内和机外统计台账，针对一般核实岗、特定核实岗、风险评估岗岗位，按机内与机外、业务事项与公共事项的分类标准，共梳理出各岗位工作事项20大类60余小项，通过测算，合理设定每个工作事项的基准分值。下发《业务所D1级考核的优化指导意见》，根据行业所工作事项性质、工作量大小、难易程度等情况，确定分值浮动范围，给予管理所一定的适用空间。强调考质考量工作要求，在各行业管理所统一组织推进，有效调动干部工作积极性，拉开差距，变“要我干”为“我要干”。（周立红）

群众路线教育实践活动 组织开展党的群众路线教育实践各环节活动。成立教育实践活动领导小组，在规定动作的基础上开展“新鼓楼、新风貌”寄语征集等自选动作，结合自身实际查找作风建设方面存在的“七个问题”，便于整改落实。坚持开门纳谏，采取多部门联动、分类听取意见的办法，通过局长、科所长、一般干部走出去“三级走访”，人大代表政协委员、外部监督员、纳税人代表请进来“三层座谈”，征求意见依托征收大厅窗口、纳税人之家、党支部共建社区“三个载体”，确保意见建议征集准、实、深。召开内外部座谈会10次，征集政府部门、区街道、纳税人意见建议33条，征集内部干部职工反映意见建议23条。开好民主生活会和专题组织生活会，做到谈心交心深、开展批评诚，认真查找问题，深刻剖析原因，明确改进作风、服务群众的差距和不足。聚焦“四风”突出问题，制定15项整改计划，建立完善局长谈心日制度、合理化建议征集制度等18项制度，坚决打好整改落实、建章立制的攻坚战。（唐棣）

“扶困济贫送温暖”公益帮扶活动 鼓楼局党总支认真组织开展公益帮扶活动，引导干部承担社会义务，树立文明新风，促进社会和谐。该局党支部与四个结对共建社区开展经常性活动，与六合区马集镇等开展城乡文明共建活动、扶困济贫送温暖。全年共组织慰问困难家庭60户次，与鼓楼区机关工委联合开展牵手行动，慰问5户定点帮扶对象。积极组织干部参加鼓楼区慈善协会“慈善一日捐、济困送温暖”活动，182名干部合计捐款4.8万元。（周立红）

2013年5月20日，鼓楼局干部走进青春剧场开展“亚青会税收服务青年志愿者”活动

“鼓楼区优化发展软环境竞赛一等奖”九连冠 紧跟地方政府发展战略布局，对区域重点打造的行业、项目、楼宇的相关税收政策进行梳理和宣传辅导，参加区税源经济专项调研；对接区划调整，与街道、税源办加强沟通，参与鼓楼区模范路科技智梦园服务平台、江苏省大学生创业园服务平台和南京工业大学大学生创业园服务平台建设，为区域经济发展提供规范管理建议，参加鼓楼区“321”人才创办企业走访活动，为地方政府提供决策服务，当好参谋助手。连续第九年获得“鼓楼区优化发展软环境竞赛一等奖”称号。（唐棣）

连续第五年获“鼓楼区综合治理先进单位”称号 围绕“平安鼓楼、法制鼓楼”的建设目标,积极参与鼓楼区“破乱整治”相关工作,做好综合执法的保障,主动为拆迁范围中的经营户办理注销和变更手续,做好税法宣传;参与区流动人口管理服务,积极为外来人员从事经营提供服务;参与区域内群访和突发事件的应对和处置,协助做好对邪教法轮功人员的帮助教育工作,为创造和谐稳定的区域环境和建设幸福鼓楼做出积极贡献,连续第五年获“鼓楼区综合治理先进单位”称号。 (唐棣)

(责任编辑:阮春芳)

下关地方税务局

(2013年7月撤销)

概 述 2013年,南京市下关地方税务局(以下简称下关局)深入贯彻落实中共十八大精神,以组织收入为中心,推进税收征管改革、社会管理创新、税务文化建设“三大工程”,聚焦履职促收、效能建设、干部队伍建设、政风作风建设、“扬帆文化”建设等,较好地完成全年各项任务。

组织收入平稳增长。2013年,下关局克服实体经济低迷、区域税源紧张、“营改增”结构性减税等诸多不利影响,通过强化税收分析预测、加大清欠力度、深化纳税评估、提高检查效能、加强社保基金费征管等举措,确保组织收入的平稳增长。上半年累计组织入库市县级公共预算收入(不含重点税源局现管辖户)43284万元,完成市地税局目标任务的53.31%,超序时进度3.31个百分点(2684万元)。

税收征管质效逐步提高。一是发挥专业化管理效能,突出重点税源管理,完善征管制度。二是推进欠税分类管理,上半年陈欠入库1.22万元,新欠月10.31万元。三是强化未申报户管理,上半年申报率均在99%以上,未申报户催报率达到100%。四是推进发票综合改革工作,上半年已推广网开票1377户,发票电子推广率80.23%,个体64.27%,税控机推广使用181台,网络税控推广率达100%。五是推进单位纳税人警戒线管理,将1079户纳入了警戒线管理,核定面为79.3%,处于各局前列。

风险应对成效显著。结合税收专业化改革,优化风险应对人员配置,加强国税、工商、法院等第三方信息采集和应用,明确责任单位、责任人和完成的时限,形成联合应对团队,提高应对质效。上半年累计应对风险任务280户,风险应对入库税款及加收滞纳金846万元,罚款0.23万元。风险应对贡献率1.8%,风险应对有效率100%。

依法治税深入推进。一是深化税务行政审批改革的后续监管。严格按照行政审批制度改革的要求落实前台当场办结和限时办结的各类事项。二是及时梳理流程和政策,依照法定权限和法定程序规范行政处罚。三是提高税收执法督察效能,开展三次内部执法检查,共对15个项目200余份资料实施了检查。

纳税服务不断优化。按照集约化、专业化、标准化、信息化管理要求,规范纳税服务工作,完善纳税服务体系,提高纳税服务水平。一是进一步优化办税服务,提高大厅办税效率。二是加强税法宣传服务,提高政策辅导水平。三是创新服务方式,增加维权服务内容。四是拓展纳税咨询渠道,提高咨询答复水平。

干部队伍素质稳步提升。围绕系统“改革攻坚,创新突破”工作主题,加大教育培训力度,推动基层创建开展,提供高效组织保障。一是做好征管改革人员配置工作,对部门和人员进行了适度调整,共调整了4名科所长和16名一般干部。二是开展春训工作,构建“个人参与、科所研讨、区局引导”三级教育学习模式,干部自主制定“学习菜单”,列出学习专题,各部门根据需求提前点单,下关局统一安排师资力量,专职辅导,由被动变主动,形成“我要学”的运行机制。三是完善党风廉政建设工作责任制,坚持以学习中共十八大为主线,以主题活动为载体,推进廉政文化建设,加强内控机制建设,促进干部廉洁从税。

规范行政管理工作。围绕重点工作加强督察督办,促进各项政务工作的有效落实;围绕税收职能和中心工作开展宣传,突出重点,增强效果;按照市地税局部署做好资产清查工作,规范对物业、维保、食堂等后勤保障的管理;严格执行政府采购管理规定,落实招议标工作和办公用品采购、保障工作;坚持财务纪律,做好预算制定和预算的执行工作。 (王国雷)

机构设置及负责人

局长室

局　长　　马玉宁

副局长　　朱广生

副局长　　尤　克

办公室

主　任　　韩粉英

副主任　　王国雷

人事监察科

科　长　　李　文

副科长　　谷燕舟

征管与科技发展科

科　长　　高黎黎

副科长　　钮　蓉

政策法规科

科　长　　郑拥军

副科长　　张宁泉

第一税务所

所　长　　惠　庆

副所长　　吕晓全

第二税务所

所　长　　刘　青

副所长　　刘　雄

第三税务所

所　长　　邓志宁

第四税务所

所　长　　邓　谦

副所长　　范徐林

副所长　　张文庆

第五税务所

所　长　　戴旭东

副所长　　姚　群

第六税务所

所　长　　赵国堂

征收税务所

所　长　　张翠霞

副所长　　刘新建

副所长　　叶华应

（王国雷）

组织税收收入4.33亿元　2013年，该局紧紧围绕组织收入中心，通过完善税收分析、纳税评估、税源监控、税务稽查“四位一体”的互动机制，跟踪监控重点税源行业，确保了税收收入的平稳增长。上半年累计组织入库市县级公共预算收入（不含重点税源局现管辖户）43284万元。（王国雷）

所得税汇算清缴与12万元个人所得税自行纳税申报　严格根据市地税局工作要求，下关局确保年度所得税汇算清缴申报率均达到100%，查账征收应申报户数1374户，核定征收应申报户数589户，扣除向市地税局申报特例的5户（非正常户2户、非地税征管户1户、注销户2户），均已按照规定的期限进行了汇算清缴申报。同时，按照统筹部署、分步推进、重点突出和注重实效原则积极稳妥地开展自行申报工作，上半年完成年所得12万元个人所得税自行纳税申报2707人。（王国雷）

落实税收优惠政策　2013年上半年，集中落实了对高新技术企业的企业所得税优惠，残疾人工资薪金加计扣除，残疾人、烈属个人所得税减免，小型微利企业优惠政策等税收优惠政策，累计减免上一年度的企业所得税140万元，个人所得税2.5万元；累计办理支持和促进再就业减免税11户，税控机抵扣营业税51户，医疗机构减免3户，残疾人提供劳务减免1户。（王国雷）

深化专业化改革　落实税收管理科学化、专业化、精细化要求，确立信息管税思路：第一税务所管辖辖区内房地产业、建筑业和教育业税户，合计1153户；第二税务所管辖辖区内租赁和商务服务业、住宿和餐饮业税户，合计968户；第三税务所管辖辖区内居民服务、修理和其他服务业、文化、体育和娱乐业、交通运输、仓储及邮政业、信息传输、计算机服务业和软件业、科学研究和技术服务业税户，合计1033户；第四税务所管辖辖区内批发和零售业税户，合计4943户；第五税务所管辖辖区内制造业、农林牧渔业、采掘业、电力及水的生产和供应业税户与其他行业及个体工商户。（高黎黎）

推进发票综合改革　一是大力推广网络发票。限制定额发票，统筹做好网络机打开票和网络税控开票的推广工作。目前全局已推广网开票1377户，发票电子推广率80.23%，个体64.27%。二是积极推广网络税控收款机，在做好辅导工作的同时确保补贴抵税到位。目前税控机推广使用181台,网络税控推广率达100%。三是加强冠名、套印发票管理。对使用通用机打票即可满足经营需要的自印票企业作了清理。对仍保留自印、套印资格的企业,加强管理,严格控制其使用范围。 (郑峻)

强化土地增值税管理 结合新调入房地产企业走访,加强房地产企业相关税收政策宣传讲解;进一步摸清各企业项目、进度、销售等情况,建立健全土地增值税管理台帐;对2012年清算的四个项目进行再审查;对于2013年符合清算条件的项目已经下发清算通知书。加大对建筑业的规范管理,建筑业预清算率位列全市第二。 (王国雷)

推进单位纳税人"警戒线"管理 一是做好"警戒线"管理的扩围，已将增值税户单位全面纳入了"警戒线"管理,实现了"警戒线"管理的扩围。二是做好"警戒线"管理的提质。通过挖掘对中小企业经营具有普遍性、决定性影响的可量化要素,推算成本和经营额。根据行业的特点,采取要素法、增值税数据比对法、发票税款测算法以及动态管理等方法进行核定。上半年将1079户纳入了"警戒线"管理,核定面为79.3%,处于各局前列。 (高黎黎)

纳税服务质量提升 推出办税服务厅"高效服务"十项承诺,对涉税咨询、文明用语进行了明确,对导税服务、"一站式"服务、早午间值班服务、预约服务、延时服务和首问负责制等提出了具体要求。邀请约15户企业代表及通过"12366"投诉的纳税人走进办税厅，拨打"12366"免费电话、体验"12366"在线咨询、应用"12366"知识库查询;介绍纳税服务举措、演示办税服务流程、听取纳税人意见、赠送宣传手册、回答纳税人相关咨询,并发放了活动纪念品。活动结束后上报信息和新闻。

(张翠霞、王琪)

"税收宣传月"活动 在辖区发放《纳税人需求调查问卷》400余份,收集纳税人在宣传地点、宣传内容、宣传形式等方面的需求,通过对问卷的整理归纳,结合纳税人需求,特制了《税收宣传手册》;现场播放了系统推出的"税收公益微电影",从诚信纳税意识培养、税收对于民生发展的意义等视角宣传税收工作;举办了"中小企业科学发展"税收知识讲座,发放了专题《税收宣传手册》和各类宣传资料;结合调查问卷的情况,现场对中小企业提出的优惠政策、涉税热点等方面的问题进行了宣传和解答;结合创业者的需求,安排业务科所与创业者的见面会,介绍了各部门的职责,并由部门负责人现场接受创业者的咨询。 (王国雷)

做好征管改革人员配置工作 结合市地税局有关要求,按照"围绕重点、确保平稳、适度调整"的原则,对部门和人员进行了适度调整配置。调整了4名科所长和16名一般干部，做到人员调整及时、税户调整及时、业务交接及时和资料移交及时。

(王国雷)

强化教育培训工作 扎实开展2013年春训工作,制定全局长期方案,注重落实,班子成员定点参加科所学习讨论,科所长带头学习,全体干部主动学习,着力创新"亮点",赋予新内涵。春训共组织专项测试18次,局内大考5次,专项培训5次,菜单式培训3次,参训人数达1848人次;11个科所部门分别组织集体学习7次。 (董淑艳)

推进党风廉政建设 以紧紧围绕"12345"的工作思路开展工作,一是坚持以学习中共十八大为主线,强化责任意识。二是坚持以主题活动为载体,实现廉政教育的常态化。三是推进廉政文化建设,创建文化建设新亮点。四是加强内控机制建设,抓好风险预警。五是加强行风建设,促进干部廉洁从税。

(谷燕舟)

打造"幸福下关"品牌 下关局紧紧围绕市地税局提出"推进税收征管改革、社会管理创新、税务文化建设"三大工程",确定了"幸福寻找"计划,以5个板块34个主题活动,通过部门"五小"活动,各党支部、各工会小组等群团活动的多层面形式,让干部职工在纳税服务、团结互助、结对帮扶、学习交流、拓展训练中寻找幸福,传递幸福,分享幸福,不断提升"扬帆奋进,励志争先"的精神面貌,激发干部职工的履责促收的正能量。 (黄静娟)

开展"巾帼志愿者"服务社会福利院等活动 为弘扬"奉献、友爱、互助、进步"的志愿服务精神,下关局"滨江之花巾帼志愿者"向下关区社会福利院赠送所需的洗衣机,为老人送来了节日的问候和食品,并开展了力所能及的义工服务。"三八"节前夕,下关局组织"滨江之花巾帼志愿者"的业务能手深入企业,与辖区的"巾帼创业明星"结对,"点对点"的提供税政解读、涉税咨询、跟踪服务,更好的激励女同胞创业、帮助女同胞创业。 (王国雷)

积极推进创新项目 以国家税务总局、省地税局年度党风廉政建设工作要求为抓手,紧密结合税收入中心工作,大胆创新,积极推进廉政教育管理的科学化、制度化、规范化。积极参与廉政教育套餐积分制管理的创新,探索建立廉政教育"365"常态机制,形成覆盖所有岗位、多层次的立体化科所廉政教育模式,按照处级干部、科级中层、普通干部三个层级发布"套餐"。参与编写《南京地税基层廉政教育读本》,有效实现廉政教育融入岗位履职和权力运行的全过程。 (王国雷)

(责任编辑:汪成池)

雨花台地方税务局

概 述 2013年,南京市雨花台地方税务局(简称雨花台局)以"抢抓机遇、争当第一"为目标,大力组织税收收入,深化征管改革,优化纳税服务,调优人力资源配置,圆满完成年度各项工作任务,被评为2013年度江苏省南京地方税务局更高水平"三个一流"工程建设一等奖单位、江苏省文明单位,工会被授予"全国模范职工之家"称号,征收税务所也被授予"全国巾帼文明岗"荣誉称号。全年共组织税收收入241912万元,其中,省级收入完成1244万元;市县级收入完成240657万元,同比增长72242万元,增幅42.9%;市县级一般预算收入完成193349万元,同比增长53825万元,增幅38.58%;区本级一般预算收入完成171059万元,同比增长46807万元,增幅37.67%。2013年,征收入库社保190500万元,入库各项基金1879.12万元。

切实把握组织收入第一职能,组织收入取得新增长。受宏观经济增速趋缓和"营改增"等税制改革对地方税收的不利影响,组织收入面临前所未有的困难和挑战。坚持组织收入第一职能,完善机制,强化责任,努力做到主动性更强、税源状况更清、收入措施更实、重点和针对性更突出,以月保季、以季保年,组织收入取得新增长。

夯实税收征管基础,在征管质效上取得新提升。建立健全"事前、事中、事后"全方位立体的税收征管状况监控机制,二、三季度征管指标监控均排名系统第一,在年初的省地税局"三个一流"实地检查工作中受到上级肯定。

落实依法行政的目标要求,在提升法治水平上取得新突破。在依法行政上形成了"五抓五促"的工作思路,即:抓理念植入,促法治意识强化;抓建章立制,促依法行政机制健全;抓监督考核,促行政行为规范;抓法制服务,促诚信法制深入人心;抓创新创建,促依法行政工作水平提升。

务实推进"和合"税务文化,在文化落地上取得新进展。实施"两项工程"(干部健康提升工程、暖心聚力工程)、"三类活动"(文化宣传活动、文体活动、主题情趣)、"四项体验"("和合"显性塑造体验、治局理念体验、先进引领体验、税月回忆留痕体验),确保文化落地。《中国税务报》在第3686期专版报道了"和合"税务文化,在上半年的省基层工作会上,就"和合"税务文化作了专题交流发言。

充实"人本+能本"的管理理念,在提高干部素质上取得新水平。年初,收集意见3类22条,训后征集反馈12条,改进内容3项,完善措施4条,效果显著。春训测试获得系统团体第五名,1名干部取得全省业务大考试第18名的好成绩,3名干部获得系统业务能手称号,1名干部通过注税考试。扎实开展党的群众路线教育活动,在反对"四风"上取得新成效。扎实做好规定动作,创新自选动作。以"六个结合"(将教育实践活动与税收中心工作相结合;将教育实践活动与税务文化建设相结合;将教育实践活动与党建工作相结合;将教育实践活动与反腐倡廉相结合;将教育实践活动与干部队伍建设相结合;将教育实践活动与作风建设相结合)、"三学"(学理论、学传统、学先进)、"三问"(问我是谁、为了谁、依靠谁)、"四访"(访上级、访基层、访企业、访社区)全力推进党的群众路线教育实践活动。广泛问计问策于民,原汁原味征集各项意见66条。

踏实整合好纳税服务资源，在提升服务成效上取得新发展。以争创“优秀办税服务厅”为目标，强化导税员的作用。探索涉税事项网上办理，涉税资料电子化采集，大力推广网上申报，制定各窗口工作服务规范。

确实执行党风廉政建设的具体要求，在推进廉洁从税上取得新成果。严格落实党风廉政责任制，细化分解廉政建设任务；坚持民主集中制，开门纳谏。随时关注工作中的异常动向，督促和帮助干部纠正风险苗头。坚决落实上级有关要求，做到有案必查，有错必究。（王海敏）

机构设置及负责人

办公室

主　任　李　勇

副主任　瞿建峰(2013 年 9 月免)

　　许　鑫(2013 年 9 月任)

人事监察科

科　长　苏妍红

副科长　曹　波(2013 年 1 月免)

征管科技科

科　长　王　颖(2013 年 5 月免)

　　王　旭(2013 年 5 月任)

副科长　王　旭(2013 年 5 月免)

　　丁　伟(2013年1月任,12月免)

　　葛广银(2013 年 8 月任)

税政法规科

科　长　纪为林

第一税务所

所　长　毕云亮(2013年1月任,12月免)

副所长　赵　鹏(2013 年 9 月免)

　　甘　岳(2013 年 9 月任)

第二税务所

所　长　杨　林

第三税务所

所　长　王　颖(2013年5月任,7月免)

　　焦让春(2013年1月任,5月免)

副所长　丁宗梅(2013 年 1 月免)

　　甘　岳(2013年5月任,9月免)

　　瞿建峰(2013 年 9 月任)

第四税务所

所　长　谢健平

副所长　葛广银(2013年5月任,8月免)

　　赵　鹏(2013 年 9 月任)

第五税务所

所　长　李　琦

副所长　苍　阳(2013 年 1 月免)

　　许　鑫(2013年1月任,9月免)

第六税务所

所　长　毕云亮(2013 年 1 月免)

　　曹　波(2013 年 5 月任)

副所长　曹　波(2013年1月任,5月免)

　　葛广银(2013年1月任,5月免)

征收局第六税务所

所　长　焦让春(2013 年 4 月任)

　　甘　岳(2013 年 4 月免)

副所长　薛　娜(2013 年 1 月任)

（王海敏）

组织税收收入 24.2 亿元　一是合理分解任务，加强过程监控。结合税户结构合理分解收入任务，确保责任落实。按月组织收入分析、按季进行考核，对收入计划的落实情况进行持续跟踪。二是盘清税源状况，实施管理“网格化”。密切与重点税源局、市局的联系，掌握全市组织收入动态；加强与各街道税源办合作，建立“网络化”税源管理体系；加强对岱山保障房项目、板桥新城等商品房建设项目、梅山技改工程项目、高铁南站项目及雨花软件谷基础建设项目五大板块的跟踪。三是加强重点税户跟踪服务。对中兴通讯、华为等重点户，定期上门进行沟通，了解企业生产经营、收入分配等，做好收入的分析和预测，加强税收把控能力。

（王海敏）

入库社保基金费 19 亿元　建立社保、基金费监控长效化管理机制，组织开展费源普查及调查工作，健全较大型单位的费源档案，掌握费源总体状况，分段监控重点企业社保、基金费缴纳情况，根据企业经营收入和基金缴纳状况，定期进行分析，保证税费同步缴纳，2013 年征收入库社保 190500 万元，入库各项基金 1879.12 万元。（王海敏）

建立立体税源监控机制　通过调优人力资源配置，壮大征管专业化团队，进一步建立健全“事前、事中、事后”全方位立体监控机制，充分把握“及时性、协调性、统筹性”原则，对存在关联关系的各个指标统筹把握和监控，各部门间、与市局处室、兄弟局间协调畅通，确保及时发现问题及时解决问题、根治问题，二、三季度征管指标监控均排名系统第一。 （王海敏）

省地税局实地检查“三个一流”工作 指定专人负责数据审计工作，坚持做到数据日结日清；深化发票改革，规范发票开具管理，做到以票控税。统筹年度风险计划，全年共实现风险应对530户，入库应对税款11800万元，应对贡献率达7.5%，在年初的省局“三个一流”实地检查工作中，该局的征管工作受到上级肯定。 （王海敏）

加强小微企业“警戒线”管理 结合市地税局提出的“扩围”“提质”要求，本着“灵活应变、分月推进、先易后难”的原则，该局充分运用综合治税网络，通过与区国税局、街道税源办等实现信息的充分交换与互通，有效杜塞征管漏洞，小微企业“警戒线”管理工作进度与质量一直名列系统前茅。 （王海敏）

发票管理 年初根据市地税局部署，迅速启动网络发票推广工作，对企业户、个体户分类研究，梳理操作流程，仅用2个月的时间便率先全面实现了对全区368户网络税控机的置换升级。发票电子推广率、发票购领预警指标等指标均处于系统前列。 （王海敏）

2013年6月23日，雨花台局地税干部辅导企业使用税控机

重点企业税务审计 组建审计虚拟团队，会同中介机构力量，过程中把握现场审计质量，及时总结经验及思考意见编写简报上报市局，创新开展税务审计工作，2013年全局完成15户税务审计，调增应纳税所得额共计15993.3万元，完成审计入库总税款2167.7万元。 （王海敏）

教育培训 探索建立“滚动式”需求培训、“自荐式”师资选聘、“分级式”能力提升、“互动式”案例教学和“动漫式”教学课件特色培训模式，较好推动了教员用心教、学员用心学，在全局形成了“学习-提高-学习-提升”的良性循环，许鑫参加全省业务大考试位列第18名，张伟娟通过注税全科考试。春训测试中，该局获得系统团体第5名，2名干部获得表彰；在系统岗位能手竞赛中，3名干部获得系统业务能手荣誉称号。 （王海敏）

被评为“江苏省文明单位” 疏理并细化了文明办公、安全保卫、环境卫生、消防管理等工作制度。加大对责任区院落的环境整治力度，开展垃圾分类管理，以高分顺利通过验收，被省文明委评为“江苏省文明单位”。 （王海敏）

工会获得“全国模范职工之家”称号 工会牢固树立“建家就是建业”的理念，积极发动和依靠广大会员，凝心聚力，大力加强工会自身建设，认真履行工会四项职能，切实维护广大干部职工的合法权益，倾力打造“和谐、合作、快乐”为一体的职工之家，获得“全国模范职工之家”称号。 （王海敏）

征收税务所获得“全国巾帼文明岗”称号 雨花台局征收税务所围绕窗口创建，创新“五感”服务法。一是亲切感。在大厅设置印泥、复写纸、老花镜等用品，设置专门咨询辅导区。二是信任感。全面推行“一窗式”服务，拓宽“免填单、审批前置、同城通办”等服务范围。三是效率感。推出午间值班、预约服务、绿色通道等措施。四是自豪感。文明办税、礼貌待人，让纳税人产生自豪感。五是满意感。通过问卷调查等方式，收集纳税人需求改进服务，提升满意感。2013年，荣获“全国巾帼文明岗”称号。 （王海敏）

吕艳被评为“江苏省三八红旗手” 雨花台局副局长吕艳带领女干部深入开展巾帼创建活动，认真执行税务人员岗位行为规范，在征收窗口、税务管理一线，开展争创“巾帼文明示范岗”和“巾帼岗位

明星”活动,发挥女性的特点,做端正行风的表率,身体力行,树立地税机关良好的公众形象,不断提高为纳税人服务的水平。组织妇女干部开展形式多样的活动,有的放矢地做好宣传教育。大力进行先进典型宣传,组织女干部积极参加岗位能手竞赛活动,更好地发挥妇女干部在税务岗位上的作用,2013 年,吕艳荣获“江苏省三八红旗手”荣誉称号。 (王海敏)

2013 年 7 月 17 日,雨花台局地税干部为新办金融企业开展税收政策服务

开展党的群众路线教育实践活动 在党的群众路线教育实践活动,扎实做好规定动作,创新自选动作,提升思想、优化服务,党员干部的群众意识由“淡”变“浓”;聚力整改、自我净化,党员干部“照镜子”能力由弱变强;真抓实干、解决问题,党员干部“钉钉子”行动由少增多。 (王海敏)

“和合”税务文化建设 2012 年 2 月,该局全面启动税务文化建设工作,确立了“和合”文化主题。2013 年以来推进“二项工程”(即干部健康提升工程、暖心聚力工程),开展“三类活动”(即文化宣传活动、文体活动、主题情趣),经历“四项体验”(即和合显性塑造体验、治局理念体验、先进引领体验、税月回忆留痕体验),《中国税务报》第 3686 期专版报道“和合”税务文化,上半年的省基层工作会上,该局就“和合”税务文化作了专题交流发言。 (王海敏)

(责任编辑:阮春芳)

栖霞地方税务局

概 述 2013 年,南京市栖霞地方税务局(以下简称栖霞局)深入贯彻中共十八大精神,全面落实科学发展观,以组织收入为中心,以加快实现栖霞基本现代化发展为己任,以务实、改善、强基、提效为要求,努力推进税收法治建设、征管基础建设、组织文化建设和机关作风建设实现新提升。

组织收入稳步增长。提前开展收入计划,审慎把握收入进度;加强收入组织统筹,按月编制区局收入月报,做好税收收入的计统核算;落实局、所两级收入分析制度,全面掌握税收收入变化动态,按季编制税收分析报告;完善欠税管理,严控新欠发生源头,逐步实现由事后清理向事前预防转变,组织收入稳步增长,全年共组织各项收入 50.11 亿元。

征管效能不断提升。适应财税体制变化、开发区综合改革以及征管改革等新形势要求,全面统筹分析辖区内经济结构及分布特点,强化征管指标管理,坚持风险管理导向,落实《江苏省地方税务局税收数据审计管理办法》,做到日审日清,梳理审计二期平台使用的 193 条省级规则,全部列入日常数据审计管理,清理省、市两级疑问数据 508 条;推进审计平台开发,提升数据维护效率,提前审计清理疑问数据 989 条。

依法行政深入落实。加强税收法制建设,出台《税收执法责任区实施意见》《执法督察及执法责任制工作计划》等文件。规范基础业务,开展对行政处罚、一般税务行政行为等内容的专题培训,提高干部对执法风险认识。统筹部署“六五”普法中期考核,通过栖霞区考核验收。积极推进税收执法风险防范,定期发布风险提示,有效预防和控制税收执法风险。

服务意识不断增强。健全服务机制,延伸服务触角,积极拓展“栖税先锋”品牌影响力,全年组织干部走访创业平台、创新园区等经济载体 18 次,服务企业近 100 家,倾听来自一线企业和纳税人的声音;举办“纳税人学校”新办企业辅导班 12 期,培训 4200 余户次;充分利用区内外各类媒体强化税法宣传,提高纳税人税法遵从度,深化“栖税先锋”品牌形象和内涵。

队伍素质全面提升。深入学习贯彻中共十八大精神,扎实开展党的群众路线教育活动。结合新一轮的征管改革要求,调整优化干部队伍,共调整科所长 8 人、晋升非领导职务 9 人。抓好干部教育培训,全年安排各类培训 12 场次 720 人;在系统抽考中,团体均分位列系统第七,2 人进入系统前 50 名行列;认真落实好市局廉政专题会议精神,制定年度党风廉

政建设责任分解表,确保责任到人。

行政运行顺畅有效。以计划为龙头,强化目标管理,提高行政工作统筹效能;修订信息宣传调研考核办法;稳步推进7项市地税局层面和13项区局层面的创新工作。加强车辆安全管理,完善公车使用制度,优化班车线路。推进节能减排,开展“三公”经费及大额度资金使用专项审计自查,确保全局工作顺畅运行。 (柴逢国)

机构设置及负责人

办公室

主　任　　刘德坤

副主任　　孟　菲

人事监察科

科　长　　刘　颖(2013年7月任)

　　　　　胡　红(2013年7月免)

副科长　　沈家明

征管和科技发展科

科　长　　李　军(2013年7月免)

副科长　　刘立峰(2013年7月任)

　　　　　庄淼亭

税政法规科

科　长　　周国强

副科长　　刘立峰(2013年7月免)

第一税务所

所　长　　王景高

副所长　　陈小林

第二税务所

所　长　　戴小龙(2013年2月任)

　　　　　张军生(2013年2月免)

副所长　　徐振栩(2013年2月任)

　　　　　毛平凡(2013年2月免)

第三税务所

所　长　　金佩光

副所长　　李春林(2013年11月免)

第四税务所

所　长　　张军生(2013年2月任)

　　　　　侯诗松(2013年2月免)

　　　　　胡　红(2013年7月任)

　　　　　张军生(2013年7月免)

副所长　　毛平凡(2013年2月任)

　　　　　张忠安(2013年2月免)

　　　　　毛平凡(2013年11月免)

第五税务所

所　长　　黄峰巍

副所长　　王　玉

第六税务所

所　长　　侯诗松(2013年2月任)

　　　　　戴小龙(2013年2月免)

副所长　　张忠安(2013年2月任)

　　　　　徐振栩(2013年2月任)

第七税务所

所　长　　尹德胜

征收局第七税务所

所　长　　张军生(2013年7月任)

　　　　　刘　颖(2013年7月免)

副所长　　谭清峰

(柴逢国)

组织税收收入22.05亿元　以组织收入为中心,加强组织统筹,强化重点税源监控,严格落实征管举措,开展税收任务基数拆分、测算及税户切分,强化预测跟踪、偏差率控制及评价分析的过程管理,预测误差保持在2%以内;落实局、所两级收入分析制度,全面掌握税收收入变化动态,完善欠税管理,严控新欠发生源头,清理历史陈欠80.69万元;密切关注税源波动情况,加大税收实时监控分析力度,构建以税源管理为核心,多部门、多层次、多维度的综合治税网络,实现了组织收入的既定目标。全年组织市县级公共预算收入22.05亿元,扣除营业税改增值税因素,同比增收2.45亿元,增幅21.82%。 (柴逢国)

征缴社保、基金费31.42亿元　强化对社保、基金费收入日常征缴管理,修订《社保基金征管工作意见》,及时分解工作任务,明确考核指标,按照“落实责任、盘清基数、普遍征收、确保任务”的原则,将社保、基金费与税收同抓统管。开展费源调查,按月通报入库进度,强化对社保、基金费收入日常征缴管理,密切与区绿化委员会、残疾人联合会、工会等部门的协调联系,完善并推广税管员辅助系统“基金费征管模块”,提高基金费征管效能。全年组织各项基金3.06亿元,同比增长0.34亿元,增幅12.49%;征收社保费28.36亿元,同比增长

4.95 亿元,增幅 21.14%,清欠 3198.55 万元。

(柴逢国)

风险应对税款 4388 万元 建立税收风险管理运行机制,以"灵活应变、分月推进、先易后难"为原则,运用综合治税网络,推广应用风险管理软件,有效堵塞征管漏洞,提升征管效能。针对风险应对流程优化和风险应对人员专岗改革的需要,明确流程操作要点、规范文书制作要求,做好风险应对任务分配协调,风险识别能力不断增强。加强发票风险管理,强化网开发票限额设定监管,组织开展劳务公司发票专项治理,补缴税款 44.42 万元。全年完成中等风险应对 639 户,其中,有绩效户 623 户,有效率 97.50%,评定入库税款及滞纳金 4388 万元,风险应对水平进一步提升。(柴逢国)

减免税款 1.34 亿元 落实税收优惠政策,做好小型微利企业、就业再就业、"走出去"企业税收优惠政策的执行,强化对电子制造、节能环保、文化创意等行业的专题税收调研,认真听取企业的意见、建议,及时向上级机关反映,帮助企业解决困难,为政府决策提供参考。关注企业发展需求,支持、鼓励高新技术企业、技术先进型服务企业、软件企业和集成电路企业、资源综合利用企业资格、小型微型企业申请认定,主动提示纳税人办理税收优惠手续,加大对税收优惠政策的宣传、服务和落实,发挥税收政策效能。全年共办理各类减免税 312 户次,减免税款 1.34 亿元。(柴逢国)

动态税源监控管理 探索动态税源监控管理新方法,加强对纳税人常规生产经营活动外的动态税源管理,扎实推进辖区各功能板块内动态税源联动管理。制定《动态税源联动管理实施意见》,建立上下、内外、环节的"三联动"常态化税源管理机制,做好分层次、全方位的税源监控,确保动态税源规范、及时、有效地转化为税收收入,动态税源精细化管理成效显著。全年共排查出股权转让、工业及商业用地转让等 100 多个动态税源点,在手税源 1.5 亿元,合计入库各类动态税收收入 4880 万元;维护房房产税、城镇土地使用税税源登记 35 条,间接实现税收 1326 万元。(柴逢国)

外籍个人所得税管理 以外籍个人自然人登记和日常申报为重点,按照外籍人员申报、税收政策备案管理、离境清算等要求,对外籍个员自然人登记和申报数据进行数据清理,完善基础台账,盘实辖区外籍人员涉税基础信息。梳理外籍人员税收政策 32 条,深入南京经济技术开发区、仙林大学城开展培训。建立联席工作制度,以影印技术为支撑,强化对外籍人员信息源的实时监控,及时获取外籍人员涉外股权变更、利股红分配等动态信息,实现多环节一体化管理。按照"管户到人、人机结合、信息共享"的原则,加强国际税收管理体系建设和跨境税源专业化管理,抓好反避税工作。全年组织入库外籍人员个人所得税 1.7 亿元,占全区个人所得税收入比重 29%。(柴逢国)

房地产业建筑项目联动管理 针对房地产企业税源特点,以建筑项目管理为单位,对 2700 多个 300 万以上的重要在建项目进行梳理,由"以房地产企业为中心"转变为"以房地产项目为中心"。建立"全员管项目"工作模式,加大房地产业建筑项目联动管理;开展在建项目走访,注重对建设方建筑项目进度(竣工时间、付款进度、施工方及联系方式等关键信息)等信息收集,对接施工方,确保项目管理进度与建设方提供信息一致,实现税户管理与项目管理兼容。与区财政、街道、区拆迁办等建立合作运行体系,定期采集政府经济分析会、网上土地挂牌转让、重大工程项目、园区平台招商引资信息等动态税源信息,组织房地产专项核查,构建社会网格化管理。全年联动管理的新项目数 177 个,入库税款 2169 万元。(柴逢国)

特色税种管理 梳理辖区内建筑业项目,不定期巡查项目开工情况,提高项目登记质量,加大对重点建筑工程项目税款进度跟踪管理,促进营业税收入增长,组织入库税款 8.18 亿元,增幅 8.61%。提升企业所得税精细化管理水平,严格所得税优惠政策备案管理的复审工作,提高汇算质量,全年查账征收企业实际应纳所得税额 2.52 亿元,同比增幅 18.54%;核定征收企业实际应纳税所得额为 0.33 亿元,同比增幅 14.67%。提高个人所得税征管质效,自行申报高收入个人 7471 人,同比增长 42.68%,催报催缴多处工薪所得个人所得税补征税款305万元;突出部门联动,挖掘潜在税源,实现财产转让入库个人所得税2731万元,同比增长89.06%;利息股息红利所得入库个人所得税6088万元,同比减收3.39%。夯实房产税、城镇土地使用税两税征管基础,组织入库房产税8466万元,土地使用税7562万元,同比分别增长24%和11%。 (柴逢国)

股权转让所得税监管 搭建工商—地税情报信息数据共享平台,利用税源管理辅助系统,取得工商局传递个人股权变更电子影印件179户次,审核173户次,有问题率3.63%,补缴税款2106万元。关注企业股权变动及发展规划情况,通过对5户拟上市公司股份制改造的跟踪管理,累计入库股利红和财产转让项目个人所得税3556.42万元;通过对1户企业股权收购计划的跟踪管理,入库个人所得税784万元。建立四级风险审议机制,加强对平价、低价以及微利溢价股权转让风险点的审核和评估,对股权转让纳税申报、应纳税额审核、约谈、核定征收等管理环节的征管流程统一政策口径和操作方法,实现从征管到评估检查的关联链条式管理。全年股权转让入库个人所得税2873万元,同比增长2674万元,增幅达到13倍。

(柴逢国)

深化"栖税先锋"服务品牌内涵 以民生诉求为关注点,深化"栖税先锋"服务品牌内涵,提高"一窗式受理、一站式办结、一户式查询、一条龙服务"办税大厅服务水平。针对仙林街道282户个体定额纳税人,673户企业纳税人开展网格化纳税志愿服务,将政策辅导、涉税提醒、网上办税、咨询预约、涉税投诉五大类特定服务事项前置推入街道-社区-纳税人的三级网格体系内,建立社会化纳税服务新机制。开展"栖税先锋"高校绿色税收论坛宣传活动,组织志愿服务队走进街道、走进社区、走进高校,利用区内外各类媒体强化税法宣传,提高纳税人税法遵从度。结合区域特色,组织特色税收政策辅导,分别对仙林大学城高校教师、经济技术开发区涉外企业外籍人员、园区平台321人才引进企业开展专题政策讲座12场次。"栖税先锋"活动被评为系统优秀税收宣传月项目。 (柴逢国)

"地税妈妈"系列活动 2013年,栖霞局以"幸福栖霞·康乃馨同行"为主题,组织"栖税先锋—康乃馨"巾帼志愿服务队开展"地税妈妈"系列活动。开展"大手拉小手,欢乐科技游"活动,为摄山村的留守儿童准备百科图书、地球仪、羽毛球活动器械等物品,同时以家庭的形式,带领孩子们走进科技园,给予留守儿童家庭般的呵护和关爱;在"六一"儿童节组织干部家庭带领摄山村留守儿童,走进电影院观看最新热门的动画大片,引领孩子们了解电影所传达的爱与坚持的主题。 (柴逢国)

群众路线教育实践活动 下半年,成立栖霞局党的群众路线教育实践活动领导小组,制定活动方案,丰富教育形式。组织召开军转干部座谈会,围绕"坚持求真务实,杜绝庸懒散漫"主题进行交流讨论;开展"践行三敢精神,从我做起"征文活动,收集征文19篇;开展"廉洁从税,从点滴做起"演讲比赛。广泛联系群众,开展"开门纳谏"、"走基层、听民声、求良策"专题党日活动;开展现场服务活动,走访194户次,发放各类征询意见表771份,收到四大类意见42条。强化外部监督,重新聘请"两员"(党风联络员、行风监督员),加强座谈交流。贯彻"整改落实、建章立制"活动。针对查找问题,班子坚持边学边改、边查边改,按照整改有目标、推进有措施、落实有责任。 (柴逢国)

"幸福地税"文体活动 组织"幸福地税"系列活动,先后开展了"唱响栖税好声音"主题新春欢庆会、"绿色迎青奥、健康环湖行"徒步行等活动。在栖霞区政府组织"秋栖霞"登山活动取得机关组男子第一名,在系统组织的棋类比赛中勇敢象棋组冠军、围棋组前八好成绩;参加系统"唱响幸福地税"汇演,编演《我是地税人》节目。鼓励干部参加社会性公益活动,十名干部参与义务献血、慰问孤寡老人、参加街道义务扫雪等活动,展现良好社会形象。 (柴逢国)

7篇政务信息被中办、国办采用 全年完成信息总分734分,信息考核分401分,首夺系统第一,重点对辖区内的影视业、房地产业、电子制造业、民营经济等热点行业进行调研,全年共有7篇调研信息被国务院办公室采用,其中3篇得到国务院领导批示;12 篇调研信息被省委、省政府采用,及时准确、全面高效地将企业在发展中遇到情况向上级反馈,为政府出台相关涉税政策制定提供了参考依据。 (柴逢国)

获南京市先进团支部称号 团支部在党总支和区机关团工委的领导下,坚持以中共十八大精神为指导,以科学发展观为统领,以创建先进团支部为目标,紧紧围绕税收中心工作,着力加强区局团员青年的思想政治工作,积极组织开展各项健康有益的活动,充分发挥共青团党的助手和后备军的作用,调动了广大团员青年的积极性和创造性,增强了区局整体的凝聚力和战斗力。区局和区局办公室均被评为南京市先进团支部。 (柴逢国)

获江苏省、南京市三八红旗集体称号 坚持把巾帼文明创建工作与税收实际相结合,鼓励女干部促收履责,强化服务,展示风采,积极投入到地税事业的建设中。联合党青工妇,先后开展以“唱响栖税好声音”为主题新春欢庆会、以“绿色迎青奥、健康环湖行”为主题的徒步行,积极参与栖霞区、地税系统组织的各类活动,在区“秋栖霞”登山活动取得机关组第一名;参加系统“唱响幸福地税”汇演,编演《我是地税人》节目赢得干部欢迎。通过全体女干部职工的共同努力,充分发挥半边天的作用,形成一支文明、规范、优质、高效的巾帼团队,为完成各项工作任务做出积极贡献,分别被江苏省和南京市授予“三八红旗集体”称号。 (柴逢国)

(责任编辑:史忠民)

南京化学工业园区地方税务局

概 述 2013 年,南京市化学工业园区地方税务局(以下简称化工园局)在市地税局党组的正确领导下,深入学习贯彻中共十八大精神,全面落实科学发展观,坚持组织收入为中心,抓好依法行政、税收征管,纳税服务,强化干部队伍和党风廉政建设,各项工作取得了新的成绩。

科学谋划,多措并举,组织收入稳步增长。2013 年,化工园局强化计划执行管理、重点税源管理、重点增收项目管理等措施,确保组织收入稳定增长,共组织各项收入 25.37 亿元,同比增长 18.66%。组织税收收入 14.63 亿元,增幅 0.85%。其中公共预算收入 12.42 亿元,增幅 2.67%。剔除营业税改增值税因素(15871 万元),全年区级公共预算收入同比增幅 18.17%。

夯实基础,优化流程,信息管税水平不断提高。按月开展征管指标通报、督察和考核,推进征管指标系统位次显著提高。探索采取派员进驻国家税务局的模式,在代开增值税发票环节同步征收城市维护建设税等地方各税,进一步健全国地税征管协调机制。建立风险流程标准化管理、强化风险差别化应对,全年,共计开展风险应对 484 户,应对有效率达到 99.58%,应对入库税款 4560 万元,户均应对税款 9.4 万元,中等风险应对贡献率达到 3.4%。采取专人管理和专业化团队相结合的模式,加大数据审计力度,审计规则正确率位于系统前列。

主动税政,精细管理,依法治税能力提档升级。建立税收法制监督员工作机制,发挥其前置监督、精确指导、及时服务、一线保障的职能作用。完善督察面统筹、督察点寻找和督察户定位等三项制度,推行“问诊式”专项执法督察,全年共检查 206 个问题,过错责任追究 107 人次,税收执法水平稳步提高。开展“以地控税”专业化管理调研,推进对集体土地的房产税、城镇土地使用税覆盖式、联动式管理。以行业管理为立足点和着眼点,细分行业税负、区别行业管理,以所得税为主导设置行业管理“税收警戒线”。引入第三方中介机构参与复审,完善个性化与规律化相结合的管理模式,查补税款近 200 万元。

专业标准,提速增效,税收征纳关系和谐发展。纳税服务推进标准化建设,不断创新理念、优化服务。落实“两个减负”(减轻基层负担、减轻纳税人负担)提升服务效能,大力推广网上办税和影印系统运用,扫描业务总量位列南京地税系统前六名。运用公共管理系统科学分析,按月编制“办税忙闲指数晴雨表”,为纳税人办税错峰分流提供参考,纳税人平均等待时间和办理时间分别缩短 7.55 和 2.15 分钟。在今年办税厅神秘客户纳税服务现场检测活动中,化工园局取得满分名列全市第一。

制度管理,文化引领,干部队伍素质全面提

升。坚持严格管理,倾情带队,有效激发干部队伍内生动力。认真开展党的群众路线教育实践活动,群众路线得到深入践行。深化文化内涵,构建税务文化建设多层次运行体系,开展“服务科学发展,地税励志先行”评比等主题活动。以业务骨干为依托,组建“专业化团队”发挥带动作用。2013 年选拔任用 1 名科级正职领导干部,晋升 1 名正科级非领导干部。修订绩效考核体系,规范考核内容和标准,优化单项先进评比办法,丰富考核形式。深化“先锋行动”品牌建设,开展“红旗飘飘,地税在行动”系列活动,党支部获化工园区先进基层党组织荣誉称号。

规范管理,优化服务,办公行政效能明显增强。加大工作统筹和督察督办力度,开展常态化通报点评。积极推进信息宣传工作,政务信息工作在系统列第三名,科调研论文共有 10 篇获奖。积极贯彻“阳光税务”品牌战略,推广公文系统应用。增强财务管理效能,深入探究预算监控的手段方法和改进方向,推动财务管理手段创新。认真贯彻后勤内控管理机制,扎实推进后勤服务标准化、规范化建设。(王启明)

机构设置及负责人

办公室

主　任　　李　骞

人事监察科

科　长　　张建勋

征管和科技发展科

科　长　　边　伟

副科长　　胡恒辉

税政法规科

科　长　　杨沉璧

第一税务所

所　长　　傅　斌

第二税务所

所　长　　金相许

副所长　　许兴鹏

第三税务所

所　长　　何栋章

第四税务所

所　长　　叶　飞

第五税务所

所　长　　乔文平

第六税务所

所　长　　黄志宝　　(王启明)

重点税源管理　一是健全重点税源监控管理机制,对税收占比达 40%以上的 52 户重点税源户组织联系走访,及时掌握重点税源信息。二是建立区域重点行业税源监控机制,开展区内制造业、重点项目建筑安装业、拆迁业等专题调研,摸清行业特点并提出有效的征管建议,为组织收入提供支撑。三是开展重点工程项目税收调查,采取调查核实、跟踪走访等措施,对重点工程开工进度、税收情况实时把握,切实掌控重点项目动态。四是增强个性化服务力度,加强与重点税源管理局的沟通对接,及时获取石化、钢铁等区级收入重点企业相关征管信息,形成组织收入合力。(边伟)

组织收入管理　一是完善责任传导机制,对收入计划目标进行分所分行业差异化分解,充分调动基层所组织收入的能动性。二是加大对重点建安项目、区域融资平台、股权转让个人所得税以及拆迁复建房税收等重点项目的跟踪管理,入库税款 8800 万元。三是对占地较大的房地产开发公司、制造业、物流等企业开展房产税、城镇土地使用税清查。四是开展国税增值税缴纳数据、工商企业股权变更、增资扩股数据以及国土局土地出让等数据的交换采集,对疑点数据采取措施进行应对处理。五是强化收入分析预测管理,结合征管改革将 472 户重点企业列入预测直报户,直报户税收占比达 74.3%,为准确判断收入形势提供决策支撑。(边伟)

征管基础工作　一是按月开展征管指标通报、督察和考核,提升日常征管工作质量。二是推广应用网络发票和网络税控收款机,集中培训、集中推广、集中置换,7 月末提前完成税控机升级和电子发票推广的全年任务。三是选取 5 户重点税源企业开展重点税源税务审计,查补税款 380 万元。四是加强国地税联合征管,落实定期联席会议、定期信息传递等要求,派员进驻国税办税厅,在营业税改增值税户代开发票环节同步征收地方各税。五是开展个体营业税户定额典型调查,针对涉及 13 个行业 120 户,制定新定额标准,下半年总体户数调增面达 32%,定额调增率为 15%。六是深化纳税人预警管理,做好已核定的小型微型企业警戒线调整及新增户的核定维护,年度核定户核定率达 99.31%。 (边伟)

2013 年 9 月 10 日,化工园局地税干部为企业办税员解释办税流量曲线图

风险管理 一是建立风险流程标准化管理,对风险疑点模型、风险应对指引、文书制作规范等方面实施标准化建设。二是强化风险差别应对,在日常的风险管理和风险应对过程中,各行业税务所根据管户特点,分析推送疑点,加大数据比对力度。全年共开展风险应对 484 户,应对有效率达到 99.58%,应对入库税款 4560 万元,户均应对税款 9.4 万元,中等风险应对贡献率达到 3.4%。三是按季组织风险应对复审,针对文书规范性、疑点消除合理性、执法责任落实有效性三个方面,复审面达 13.2 %,同时大力开展案例剖析讲解,提高风险应对质量。 (边伟)

数据质量管理 一是开展税务登记、征管鉴定、税源登记等功能模块的培训,提升干部数据管理技能。二是加大数据审计力度,专人定期开展人机结合数据审计,分析错误数据,明确各个规则的数据质量环节控制点,审计规则正确率指标明显提高。三是抽取业务骨干建立数据质量专业化团队,开展数据集中处理,提高数据处理的质量和效率。四是细化税务登记、税种鉴定、税源登记操作流程,发现问题及时讲评纠正。 (边伟)

所得税管理 一是以"新时点、新落实、新提醒、新培训"的四新模式开展所得税汇缴工作,汇算清缴准期率 100%,受理所得税减免备案 1407.82 万元,审批税前扣除项目 2544.6 万元。二是加强企业所得税行业税负管理,针对查帐征收企业实际税负水平偏低的状况,引入中介机构参与企业所得税复审,查补税款近 200 万元。三是继续深化常设机构外籍个人核查工作,纠正企业不规范行为,做好税收政策宣传解释工作,提高纳税遵从度。四是加强自然人投资者、外籍人员等高收入个人所得税管理工作,接收公安传递外籍常住人口信息,全面清理整顿辖区内外籍人员登记情况。

(杨沉璧)

营业税管理 一是推广房地产、建筑业"两业"同管同查跟踪管理,结合两个行业关联特点进行组合管理,前三季度建筑业和销售不动产入库营业税 24840.36 万元,占比达 64%。二是建立和推行旅店业营业额风险预警机制,通过实际调研、税源分析、数据对比等举措,梳理行业税收特点和预警管理指标,强化旅店业营业税税基管理。三是落实结构性减税各项政策,对涉及减免的纳税人进行提前优惠提示,对批量减免的纳税人实施专项审批,对残疾人纳税人提供个性化服务,全年累计为 93 户纳税人办理营业税减免业务,2700 户企业享受营业税起征点调整优惠,减免金额总计 1478 万元。 (杨沉璧)

地方各税管理 一是狠抓以地控税专项治理工作,借助外部信息比对排疑,全面完成 61 户企业房产税、城镇土地使用税核实工作,夯实两税税基。二是关注营业税改增值税户的城市维护建设税风险防控工作,主动获取 1034 户企业的增值税数据,进行城市维护建设税比对,做到地方税风险"早发现、早预警、早控制、早处置"。三是实现税种联动管理,完成历史项目清算,落实土地交易行为管理,调整关联企业定价,全年共完成 9 个项目的清算工作,入库税款 561 万元。四是加强社保基金费管理。建立社保费分类管理机制,落实催报催缴,全年累计清理往年社保欠费 109.12 万元,清欠率达 22.38%,提前完成全年清欠任务。 (杨沉璧)

纳税服务标准化建设 一是优化办税服务厅功能布局,牢固树立办税服务厅是纳税人主动办理地

税业务唯一场所的理念，落实档次办结事项。二是强化对税务人员教育督导，实施“周三培训日”制度，落实晨会、早午间值班的工作制度，规范纳税服务人员管理。三是运用公共管理系统科学分析，按月编制“办税忙闲指数晴雨表”，为纳税人办税错峰分流提供参考，纳税人平均等待时间和办理时间分别缩短 7.55 和 2.15 分钟。四是完善对纳税人培训内容，全年共组织新办企业培训 12 场，培训纳税人 600 余人次，组织 2 次纳税服务开放日活动，受到纳税人好评。（傅斌）

2013 年 3 月 1 日，地税化工园局税务干部为企业职工解答税收政策

提升服务效能 一是强化“12366”、涉税信息月报、纳税人权利与义务知识宣传，印制包括 12366、涉税信息月报、纳税人权利与义务、实收资本印花税申报提醒等内容的“税务登记小贴士”，从细节处强化宣传。二是大力推广网上办税，全年办理各类网上涉税事项申请 1905 项(不含网上申报)。三是大力推进影印系统运用，实现扫描业务 17034 余项，扫描业务总量位列系统前六。四是积极引导纳税人使用自助办税机。全年累计开具个人所得税完税证明 352 份、企业税票 145 份。在 2013 年全市办税厅神秘客户纳税服务现场检测活动中，取得满分名列全市第一。（傅斌）

人力资源管理 一是着力加强“学习型、服务型、创新型”班子建设，在全局开展“啄木鸟在行动暨金点子征集”等活动，优化领导班子科学决策机制。二是优化人力资源配置。开展税源专业化模式下的人力资源适应性分析，以骨干为依托，组建“专业化团队”发挥带动作用；选拔任用 1 名科级正职领导干部，晋升 1 名正科级非领导干部。三是修订绩效考核体系，规范考核内容和标准，优化单项先进评比办法，丰富考核形式。四是加强辅助用工管理，完善辅助员工进出机制，优化考核管理办法。（张建勋）

干部在岗培训 一是认真组织春训工作，采取“个人自学、组织帮学、以考促学”的模式，依托内部兼职教师开展 3 期专题知识讲座，外邀专家教授开设 2 次“进取讲堂”。二是依托网络学习推进岗位练兵，按照“训前教育、训中跟踪、训后回访”组织好制式轮训，依托网络学习推进岗位练兵，规定年度网教平台学习积分任务，定期通报、按季考核，同时下载、购买网络教育优秀课件，帮助、辅导干部进行自学。三是鼓励参加资格考试，2013 年共有 9 名干部参加国家注册税务师等资格考试，近两年有 4 名干部取得注税资格。四是组织参加系统业务竞赛，有 4 名干部在系统业务能手竞赛中进入前 100 名，7 名干部参加省局业务大考试。（张建勋）

党风廉政建设 一是通过中心组、局务会、分局大会形式，组织开展大讨论，将系统党风廉政建设会议精神贯彻到每位干部。二是从注重预防入手，逢重大节日前，通过手机短信、家属助廉信、廉政贺卡等形式加强廉政提醒，重申廉政纪律规定，努力把教育引导融入各种活动和载体之中，提升教育效果和针对性，三是学习贯彻《税收违法违纪行为处分规定》，邀请外部专家教授开办专题讲座。四是通过组织观摩案件庭审、创办“e 路清风”廉政手机报等形式，丰富廉政教育宣传的传播载体。五是开展《廉政风险防控指南》专题学习测试和对照自查，加深干部对岗位廉政风险的认识和防范。（张建勋）

开展党的群众路线教育实践活动 一是在各个层面开展“我是谁、为了谁、依靠谁”主题大讨论；通过个人自学、集中培训、专家辅导、研讨交流、视频观看“五位一体”形式学习党章等相关内容；组织“走基层、听民声、求良策”专题党日、“啄木鸟行动”、“金点子征集”等主题活动，邀请“外部两员”召开座谈会，多种形式征集干部群众、社会各界对班子、党员作风建设方面的意见建议。二是查摆问

题,开展批评环节。采取“一对一、面对面”的形式,广泛开展谈心活动;班子成员和党员科所长认真撰写了对照检查材料,分小组召开组织生活会,全体党员认真开展了批评与自我批评。（张建勋）

文化建设 一是深化文化内涵,开辟“我为文化创建献一策”的建议渠道,不断拓展进取文化的品牌内涵和外延。二是构建税务文化建设多层次运行体系,开展“服务科学发展,地税励志先行”“纳税服务明星”评比等主题活动;深化“先锋行动”品牌建设,开展“红旗飘飘,地税在行动”系列活动,该局支部荣获化工园区先进基层党组织荣誉称号。三是开展“创先争优”活动,深化“先锋行动”品牌建设,开展“红旗飘飘,地税在行动”系列活动,发挥党员干部先锋模范作用。局党支部获化工园区先进基层党组织称号,并做交流发言。四是推进精神文明创建活动。积极开展“标兵科所”“党员示范岗”“青年文明号”“巾帼文明岗”等精神文明创建活动。（张建勋）

丰富党工团活动载体 一是拓展工会活动形式,组建乒乓球兴趣小组,开展好书推荐、环湖健走、“驴友寻秋”等业余文体活动;推进摄影俱乐部建设,组织培训交流,举办“中国梦、美丽家园”摄影展,印制《影海拾贝》期刊,打造系统工会阳光家园品牌。二是充分发挥工会参事会作用,积极参政议政,推进工会民主建设,落实“五必访”等制度,关注干部职工身心健康,积极解决实际困难,增强组织凝聚力。三是丰富党团活动内容,开展“主题党日”活动,参观浦口廉政教育文化基地,组织党员干部大走访,与19户困难家庭进行牵手帮扶。（李骞）

政务管理 一是加大工作统筹和督察督办力度,开展常态化通报点评,公布督办通报和当月计划,加大督察督办工作力度,推动各项工作顺利开展。二是推进信息宣传工作,积极破解税收宣传工作难题,政务信息工作在系统名列前茅,科调研论文共有10篇获得系统奖项,组织开展“注册税务师在行动”系列活动等税收宣传月活动。三是积极贯彻“阳光税务”品牌战略,认真落实政务公开有关要求,及时做好政务公开相关平台的信息维护,巩固政务公开建设水平。四是扎实做好日常档案归集工作,认真落实安全保密制度,积极推广公文系统应用,推进政务工作常态管理建设。（李骞）

（责任编辑:史忠民）

江宁地方税务局

概　述 2013年,南京市江宁地方税务局(以下简称江宁局)落实“全市领先,全省前列,全国一流”工作要求,紧扣“改革创新、服务发展”工作主题,依托征管改革、管理创新、文化建设“三大工程”载体,强化组织收入核心职能,推进税源专业化改革,坚持依法行政,优化纳税服务,加强队伍建设,使全局四项建设取得了新成绩。组织各项收入163亿元,其中,地方税收107.41亿元,较上年增长16.61%。被江苏省精神文明建设指导委员会授予“江苏省2010–2012年度文明单位”称号,被市地税局授予“2013年度更高水平‘三个一流’工程建设”一等奖。

深化税收征管改革。结合税源分级分类管理、“营改增”试点工作,调整重点税源管理分局管辖范围,将全局管辖的总局、省局定点联系企业成员单位调整至重点税源管理分局管辖;在一般税源管理分局中设置重点税源管理岗,管辖年纳税额100万元以上的税户。在税源管理分局设置一般核实岗、特定核实岗、风险应对岗三类岗位,并保持分离,不得兼岗。重点税源管理岗不再承担重点税源户风险应对工作,重点税源户风险应对由风险应对岗承担。同时,根据管理分局管户数量、人力资源、风险应对工作任务量等情况,确定全局设一般核实岗28个、特定核实岗11个、风险应对岗34个。

构建和谐征纳关系。强化纳税人需求管理系统运用,定期分析纳税人需求和税情,改进纳税服务。推广自助办税机使用,规范影印系统应用,拓展网上办税内容,增设自助办税区体验项目,增加自助办税辅导人员,推进电子化办税。明晰岗位服务标准,规范窗口标准化建设。推行发票配送等举措,为纳税人及办税厅前台服务工作减负。规范纳税人学校和纳税人之家运作,开展纳税人关注热点、难点培训辅导。开展税收文化进校园、进社区、进企业,以及“税收动漫宣传周”、“税收微电影宣传周”、“税收助力美丽乡村建设”税收宣传月主题宣传活动，与区教育局联合开展税收征文活动，税收征文获市地税局优秀组织奖。做好“12345”政府服务热线和“12366”纳税服务热线转交服务工单的处理工作，全年办理各类涉税服务工单177件，纳税人满意率（含基本满意率）达100%。

构建组织文化体系。解析税收实践过程，总结江宁局文化特点与内涵，形成“正文化”体系，确立“全市领先，全省前列，全国一流”的组织愿景、“务实求进，奋勇当先”的组织精神、“明德修心，守正立行”的核心价值观，以及“忠诚履职，执法为民，聚财为国，服务发展”的组织使命，并强化以“崇先进，勇担当，树标杆”为指向的激励文化理念、以“乐学向上，勤学增智，善学致用”为目标的学习文化理念、以“知向，知学，知责，知廉”为标准的领导文化理念、以“公正执法，廉洁从税”为核心的廉政文化理念、以“言必行，行必果，果必优”为目的的执行文化理念、以“同心同行，有爱有情”为重点的情感文化理念，打造“正气·创新·高效”组织形象。推进税收法治建设。细化依法行政考评体系，优化税收执法考核评议机制，建立执法督察反馈责任制度，优化考评指标和考评结果运用。开展“规范执法示范岗”创建活动，深化税务行政审批改革后续监管，完善税收执法案卷评查长效管理机制。按季开展行政处罚、稽查案卷和税务文书送达等方面税收执法督察工作。深化中介机构介入稽查工作实践和审计式税务检查工作底稿制，完善大要案检查快速反应机制，开展税收专项检查和分类分级稽查，全年查处各类涉税案件79宗，查补收入1.68亿元（含以查促收税款），查补税款入库率100%。

加强干部队伍建设。制订年度教育培训计划，抓好春训、制式脱产培训、在岗培训和网络教育培训，深化“一月一训一考”培训，鼓励干部参加“三师”等执业资格考试和相关专业学历学位学习，建立“逢训必考、全员参与”考核评价机制。完善绩效考评体系，创新考核方式，优化绩效管理。构建岗位廉政教育管理模式，推行廉政教育积分制管理，开展廉政文化建设和勤廉测评活动，落实勤廉监督联系制度，推行风险预警防范机制建设，制定风险防范指南，强化内控机制运行，推进预防职务犯罪工作。落实服务承诺常态机制，发挥行风监督员网络作用，强化责任传导和问责追究，推进行风建设长效管理。

（李洪进）

机构设置及负责人

办公室

主　任　　张学银
副主任　　邢　彦

人事监察科

科　长　　张京宁
副科长　　朱士祥

规划财务科

科　长　　经　波

征管和科技发展科

科　长　　戴祖祥
副科长　　徐　志

税政法规科

科　长　　盛晓根
副科长　　韩　云

数据管理科（与税收风险评估分局合署办公）

科　长　　陈　军

第一税务分局

分局长　　蒋松荣
副分局长　　欧小浩

第二税务分局

分局长　　潘家贵
副分局长　　孙　毅

第三税务分局

分局长　　潘国义
副分局长　　罗友明

第四税务分局

分局长　　陶家祥

第五税务分局

分局长　　邹玉宝
副分局长　　王力生（2013年2月任）

第六税务分局

分局长　　潘中伟
副分局长　　周　俊

第七税务分局

分局长　　张　志
副分局长　　王力生（2013年2月免）

第八税务分局

分局长　　沈　勇
副分局长　　王　强

征收税务分局(与纳税服务局合署办公)

分局长　　余风琴(2013 年 7 月免)
副分局长　　梁明霞

稽查局

局　长　　张　健
副局长　　周帮金

耕地占用税和契税管理所

所　长　　卢毓炎

(李洪进)

党的群众路线教育实践活动 下半年,根据市地税局统一部署,组织开展党的群众路线教育实践活动。成立领导小组,制定了工作方案、每阶段工作计划及局党组成员定点联系制度和联络员制度,人手一套学习材料、一本学习记录本,每周一次情况沟通交流和跟踪督导。加强理论和税收业务学习,分层次召开内部和外部座谈会 17 场次,围绕“融入江宁大发展,实现更高水平‘三个一流’”主题,交流学习体会;开展“我为江宁地税献一策”活动,组织“我是谁、为了谁、依靠谁”大讨论,与区级机关部门联合举办微型党课活动。通过走访调研、座谈讨论、发征询函等形式,征求各类意见建议 282 条,梳理归纳为 68 条。领导班子开展广泛谈心活动,听取各方对领导班子评价意见,找准班子成员本人具体问题,撰写班子和班子成员对照检查材料。召开班子成员民主生活会,开展批评和自我批评。针对查摆问题,制定 18 条整改行动计划,明确责任部门及责任人、制定任务书和时间表,坚持边学边整边改,68 条群众意见建议在年底前整改到位。 (李洪进)

年所得 12 万元以上个人所得税自行申报补税 622.15 万元 2013 年,江宁区年所得 12 万元以上个人所得税自行申报工作中,共有 16894 人自主申报,占市地税局下达目标的 101.90%,补缴税款 622.15 万元。该局一是实时跟踪年所得达到 12 万元以上纳税人自行申报情况,对未申报者做好提醒服务和催报工作。二是取定期通报自行申报进度办法,关注申报进度,并对申报过程中发现问题,及时做好解答和处理工作。三是将年度内有多处取得收入的个人相关信息推送到基层管理分局,并结合纳税人自行申报情况抓好质量审核把关,提高申报质量和数据的准确性。四是加强 12 万自助申报软件和企业代自然人申报软件的推广应用,提高年所得 12 万元以上个人所得税自行申报的效率。 (李洪进)

应用外籍人员个人所得税征管软件 2 月起,根据省地税局要求,在有外籍员工的企业中推广应用外籍人员个人所得税征管软件。一是分类组织培训。以基层管理分局为单位,以小班化培训方式对涉及外籍个人的企业进行软件操作应用培训。二是强化信息维护。及时梳理外籍个人信息,分批推送基层管理分局核实,对需要注销和变更的企业交征收分局进行处理,对无自然人登记的外籍个人通过新软件进行补充登记。三是做好运行保障。对软件应用过程中发现的问题,迅速核实具体原因,并加强与市地税局主管部门联系,及时予以应对处理,保证软件正常运行。四是加强过程监控。对有外籍个人的企业若未按规定使用该软件申报的情况,立即反馈给相关管理分局,督促纳税人通过该软件进行补报。全年,有 358 户企业使用新软件进行外籍人员个人所得税扣缴申报,其中,282 户企业在外网自行申报,76 户企业通过上门申报方式进行补报。 (李洪进)

健全综合治税部门合作机制 2013 年,江宁局通过构建层次分明、分工明确的部门合作机制,加强部门联合,推进综合治税。一是构建工作协调机制。将重要经济部门以及街道、园区纳入江宁区政府综合治税平台。为加强信息沟通、及时协调解决综合治税过程中出现的困难和问题,建立定期财税工商联席会议制度,变临时有事召集研究为定期调度部署。二是构建数据交换机制。制订数据交换管理办法,明确交换内容、交换频率及责任主体,通过建立部门外网邮箱、QQ 群方式,及时获取其他经济部门涉税经济数据,实现与财政、发改、规划、国税、工商、公安、交通、文广、国土、住建等部门经济数据由临时零散交换向定期制式上传转变。三是构建科学考核机制。争取江宁区政府支持,将综合治税配合度列入江宁区政府对街道、园区及区直单位“年度科学发展考核”内容,对未按联席会议制度上传的有关单位明确扣分标准。 (李洪进)

开展“纳税人学校”税收宣传 4月9日，江宁局依托“纳税人学校”平台，会同江宁区国家税务局联合开展税收宣传活动，向120位新办企业财务人员开展征管规定和政策法规宣传。活动中，针对新办企业纳税人需求，详细说明税务登记后续管理的工作事项，具体讲解普通发票、专用发票领购、开具、作废、红冲等发票管理规定，重点介绍网上申报、网上出票等网上办税事项等。此外，公布了涉税问题的咨询电话、服务电话、维权电话等，并发放了《新办企业应知应会》《办税指南》《12366热点问题集》等税法宣传材料。（李洪进）

2013年1月24日，江宁地税局组织干部为大学生村官提供涉农税收政策宣传辅导服务，支持大学生村官带领农民发展现代农业、创业致富

开展“税收助力美丽乡村建设”专题宣传活动 4月10日，江宁局组织巾帼志愿者税收宣传服务队，深入江苏省四星级乡村旅游示范点——横溪街道石塘社区，开展“税收助力美丽乡村建设”涉农惠农税收政策专题宣传活动。活动中，巾帼志愿者税收宣传服务队在社区商业街设置税收宣传咨询台，向社区干部和居民及前来休闲旅游的游客宣传税收知识，解答涉税问题，发放宣传资料；以主动上门服务方式，深入商户发送税收宣传资料，告知税收优惠政策；在农家乐张贴税收宣传画，向农家乐业主提供税收政策咨询和纳税服务，并在规模较大的农家乐设置税收宣传窗口，摆放税收宣传资料，以自助方式向游客免费赠阅税收资料。此外，还在社区旅客活动中心大型电子显示屏和有条件的农家乐滚动播放税收宣传动漫片和微电影。（李洪进）

征收税务分局获“全省公务员职业道德模范集体”称号 3月，江宁地税局征收税务分局被中共江苏省委组织部、江苏省人力资源和社会保障厅、江苏省公务员局联合授予“全省公务员职业道德模范集体”称号，成为全省20个公务员职业道德模范集体单位之一，也是全省地税系统唯一获此荣誉的单位。在公务员职业道德教育实践活动中，该分局一是围绕“弘扬职业道德、展现地税风采”主题，推进“先锋工程”建设，做到爱岗敬业、诚信服务、公正执法、廉洁奉公的税务职业道德与社会公德、家庭美德、个人品德有机融合，以干部个人职业道德提升带动职业道德模范集体创建。二是坚持党内带党外、党员带群众，开展共产党员“亮身份、亮职责、亮承诺”活动。三是合理设置办税服务厅各功能区间，健全公开办税、首问责任、服务承诺、午间值班等系列制度，以及纳税人需求分析机制、纳税服务考评机制和过错责任追究机制等，推行一窗式全能化服务、同城通办贴近式服务、“免填单”人性化服务、涉税事项预约式服务。四是突出“服务零距离，满意在地税”、纳税服务明星评比主题活动，开展“为民服务创先争优”活动。（李洪进）

重点项目税收管理服务 推行重点项目税收管理服务横向合作、纵向联动管理机制，以优质服务助推项目建设增速、管理增效、税收增收。全年征收重点项目税收1.56亿元。一是在外部建立与区发改、建工、住建等部门联系合作机制，在内部建立以职能科室牵头、各管理分局参与的齐抓共管联动机制。再按属地对项目进行划分，落实责任主体，提前介入做好税收政策的宣传服务工作。二是根据重点项目明细数据和管辖区域，将重点项目税收管理细化分解到相应的管理分局、责任领导和责任人，并根据纳税人项目立项、施工、投产等不同阶段，开展全过程跟踪管理服务。三是制定重点项目税收服务管理办法，就重点建设项目税收管理的主要内容、部门职责分工、重点项目管理具体要求、税收管理的原则等进行明确，将重点项目税收服务纳入规范化管理轨道。（李洪进）

全省地税系统主题邮展活动在江宁地税局启动 4月23日，由江苏省地税局主办、南京地税局和江苏省集邮协会协办的全省地税系统“廉洁从税 勤政为民”主题邮展活动启动仪式，在江宁地税局举

行。此次主题邮展持续一个月时间,在南京、宿迁、苏州进行巡回展出。展出的60幅邮票展品中,“中国共产党一大会址”“嘉兴南湖”“井冈山”“延安”“西柏坡”“开国大典”等“红色邮票”浓缩了中国共产党的奋斗史;“常州三杰”的风骨让人肃然起敬;林则徐“不扰民、严禁收受馈赠”和陶行知“捧着一颗心来、不带半根草去”、“爱满天下”的操守和信念,暗合了地税干部的追求;“中国长城图印花税票”开启了税史画卷。展出的60幅邮票作品共分为39个主题,其中,“完善制度体系、强化监督制约”“岁寒三友松、竹、梅,从税三要廉、正、清”等主题,生动地展现了全省地税系统深入推进廉政文化建设的成果,以及地税干部爱岗敬业、公正执法、诚信服务、廉洁奉公的精神风貌。 (李洪进)

国家公务员局副局长卢雍政调研指导 6月25日,国家公务员局副局长卢雍政一行4人,在江苏省公务员局负责人陪同下,到江宁局调研指导公务员职业道德教育工作。调研期间,卢雍政一行参观了江宁局公务员职业道德教育活动成果展览,视察了办税服务厅,与办税服务厅窗口工作人员进行了面对面交流,询问涉税事项办理业务流程、办税服务宗旨和如何让纳税人满意,以及窗口人员职业道德教育的具体做法等。此外,江宁局就坚持把注重公务员职业道德教育作为加强干部队伍建设的核心内容,与组织文化建设有机融合,与地税工作实际有机结合等方面,向卢雍政一行汇报了开展公务员职业道德主题教育实践活动的具体做法和成效。 (李洪进)

试点通用机打发票票号改革 7月1日起,江宁局作为全市地税系统唯一试点单位,正式对通用机打发票实施票号管理改革试点工作。此次票号改革的基本内容包括:一是发票代码和发票号码(简称票号)不再印制在纸质发票(发票专用纸)上,但纸质发票(发票专用纸)的式样、适用范围、防伪措施暂时保持不变。发票名称为江苏省地方税务局通用机打发票(电子)。二是税务机关依据纳税人申请,由全省税收征管信息系统(即大集中系统)向纳税人进行票号网上分配,纳税人调用税务机关分配的票号即可开具发票。税务机关代开发票时,由系统自动分配票号。三是适度放宽纸质发票(发票专用纸)供应量,除特殊情况外,统一改为按季发放。纸质发票(发票专用纸)的保管按《中华人民共和国发票管理办法》和实施细则有关规定执行。此次改革的实施范围为税务机关代开发票、网络税控收款机开具发票、网络开具发票。(李洪进)

2013年3月1日,江宁地税局组织人员到物流设备生产企业,就物流企业“营改增”后对物流设备生产企业产生影响开展涉税调研,支持物流产业规模化发展

推行“六心”服务 8月起,推出“六心”服务举措:一是办税过程“舒心”。严格落实纳税服务责任制等制度,统一着装、礼仪用语、服务标准,以饱满热情为纳税人提供舒心服务。二是准确执法“放心”。定期组织窗口人员业务测试,以考促学,确保税政法规执行到位,让纳税人放心。三是细节服务“贴心”。完善预约服务、值班服务、延时服务、提醒服务、自助办税机服务等个性化服务措施。四是信息化管理“省心”。利用公共管理系统实时监控排队等候情况,在高峰期及时增开窗口,并通过快速通道和自助办税机分流,减少等待时间。五是服务承诺“诚心”。严格落实首问负责制,对所有涉税事项“一次性告知”,为纳税人真诚提供“一站式”服务。六是维权通道“顺心”。借助纳税人之家、现场受理、政府热线等多平台维护纳税人权益,建立投诉处理快速反应机制,并做到专人负责。 (李洪进)

降低纳税人涉税风险 一是深入企业开展调研走访服务,对高风险行业提供涉税风险专题上门服务,帮助纳税人提升申报正确性,减少错误信息。二是优化筛选程序,科学筛选信息,主动响应基层在数据质量管理中遇到难点请求,提供个性化菜单式数据审计,形成上下互动。三是对风险应对岗人员进行税收风险专项培训,从应对流程、应对规

范、文书制作、资料归档等方面进行规范管理。四是发挥部门联动机制作用，定期交换信息，特别是加强对住建、国土、公安等部门第三方数据的采集加工和分析利用，增强疑点信息的鉴别力。全年推送中等风险任务 1317 户次，查补税款 1.17 亿元，消除风险点 1602 个。 (李洪进)

健全党风廉政建设体系 一是健全不想腐败的自律体系。加强干部权力观教育，打牢思想政治基础，筑严思想道德防线和法纪防线。二是健全不能腐败的约束体系。强化干部廉洁自律工作，着眼事前预防，推进关口前移，规范干部从税行为。三是健全不易腐败的防范体系。注重对"两权"监督制约，健全执法有依据、操作有程序、过程有监控、责任有追究的权力制衡机制。四是健全不必腐败的保障体系。以人民群众满意为评价标准，在加强作风建设、提高文明服务质量、为纳税人和基层办实事以及绩效管理上下功夫，推进党风廉政建设和反腐败工作。五是健全不敢腐败的惩戒体系。适应新形势下党风廉政建设和反腐败斗争需要，加强督察内审工作。 (李洪进)

开展"结对百村万户 共建美丽江宁"活动 9 月起，响应江宁区委、区政府号召，组织全局党员干部与谷里街道谷里社区和亲见社区的 80 户贫困户结成帮扶对子，开展"结对百村万户 共建美丽江宁"活动。活动中，以"一户一策、一户一项目"方法，采取就业帮扶、创业帮扶、救济帮扶、智力帮扶、政策帮扶、情感帮扶等多策并举，帮助低收入农户解决实际困难，理清脱贫思路，共同寻找发展突破口，做到扶贫到户、责任到人、措施到位，通过实行定人定责、三年不变帮扶计划，促进低收入农户增收致富，密切党员干部与群众的血肉联系。(李洪进)

引入专业团队开展企业所得税汇缴复审鉴证 在 2012 年度企业所得税汇缴复审中，江宁局发挥专业团队的技术、人才、资源优势，在全省地税系统率先引入中介机构参与复审。在中介机构选择上，严格准入制度，选择同时具备"具有从事涉税事项的法定资质，且通过专业机构上一年度年检合格；具有较丰厚的涉税鉴证业务业绩，熟悉精通企业所得税汇算清缴鉴证工作的相关政策；拥有的鉴证专业人员比例符合法定要求，且不得少于 5 人；专业鉴证人员必须全程参与"条件的 16 家中介机构参与。在中介机构审核的基础上，税务人员对中介机构提交的复审报告及证据、证明资料进行再分析，并与纳税人进行沟通确认后，对相关台账和纳税人信息进行登记和维护。通过中介机构复审 299 户，其中：222 户企业所得额有新的调增，调增额 7.88 亿元，扣除调减额后净调增 3.51 亿元，调增面达 81.6%；需补缴企业所得税 135 户，应补缴税款 3765.14 万元；审核前 92 户亏损企业申报亏损 4.24 亿元，审核后确认亏损 1.44 亿元，调减亏损 2.8 亿元。 (李洪进)

加强国地税协作 一是 9 月起，立足加强开具门临发票涉及地方税收的源头控管，在全市地税系统率先委托国家税务局在开具门临发票时代征相关地方税收。结合国家税务局办税服务厅设置及代开门临发票特点，签订代征协议，共同确定实施方案，制订操作规程和实施流程，在明确责任主体和时间要求的同时，从增值税发票开具流程、地税代征税种、税率、税票领取、税款解缴等方面规范税收代征管理。二是 11 月 1 日起，在全市地税系统率先试点运行南京国地税联合征管平台。该平台集个体定额户申报、委托代征通用申报、门临征收、户籍管理、税款结报等功能于一体，实现国、地税统一户籍、联合征管。其主要功能包括：联办税务登记、个体联合代征和国地税数据交换等功能。该平台在全区所有国、地税联合代征点及各大市场运行。 (李洪进)

获"江苏省 2010-2012 年度文明单位"称号 11 月，江宁局被江苏省精神文明建设指导委员会授予"江苏省 2010-2012 年度文明单位"称号。该局在文明创建活动中，坚持促收履职，大力组织税收收入，为全区经济发展建设提供财力支撑。同时，深化"主动型税政"建设，全面落实各项税收优惠政策，支持产业结构优化升级和软件业、现代服务业、高新技术企业等活动发展。此外，以文明共建、结对帮扶、三级联创、党员进社区和党员帮带贫困户、地税春蕾班等活动为载体，投身社会主义新农村建设。在服务纳税人方面，建立健全与纳税人双向沟通机制和新办户纳税辅导中心、纳税人维权中心、纳税人之家,履行服务承诺、定期走访和上门服务等制度,畅通下岗再就业、纳税维权等绿色通道,实施向纳税人免费发送涉税资料等"免费套餐"服务,开展纳税评估、网上涉税、节假日预约服务、"免填单"服务和和全功能窗口服务等。(李洪进)

经营性房地产模拟评税 10月,财政部和国家税务总局部署开展2013年度经营性房地产模拟评税工作,南京市江宁区被选定为实施模拟评税的区域之一。该局11月1日启动,一是以拥有自有房产和国有土地使用权的单位为重点,租赁、占用集体建设土地建房的单位为补充,通过对2012年度和2013年度房产税、城镇土地使用税的申报缴纳信息进行检索,确定评税对象1530个。二是在采取集中培训、纳税人外网申报界面下载、公共邮箱发送等方式发放调查表格,以基层管理分局为单位,做好模拟评税调查表格填写辅导工作。三是建立两级信息采集质量审核机制,在基层管理分局对调查表格审核基础上,机关责任科室再对上报的表格以抽样方式进行质量抽查,确保信息采集准确性和模拟评税工作有序开展。(李洪进)

单位纳税人税收警戒线管理 2013年,江宁局深化税源分类分级管理办法实施,推行小型企业纳税人警戒线管理工作。一是在纳税人自报经营情况基础上,采取上门实地核实方式,掌握收费标准、场地大小等成本费用情况,并结合发票开具情况和水电气等第三方数据,摸清行业规律,科学核定纳税人年度警戒线数据。二是组织企业召开警戒线管理推广动员会,解读税收警戒线管理具体政策规定,帮助纳税人理解通过警戒线管理可以提前知晓是否存在涉税风险等意义,降低纳税成本。三是构建餐饮业、娱乐业、广告业、旅店业、美容美发业、非学历教育机构等重点行业风险模型,对纳税人警戒线设定数据、发票开具数据及纳税人申报数据进行分析比对,产生税收风险点,根据风险类型进行集中应对工作。共对符合条件的2602家企业进行了警戒线核定,核定率100%,月核定税款604.6万元,较核定前增长140.6%。

(李洪进)

税收评定优秀案件评比 围绕"深入推进税源专业化改革、促进各应对单位强化环节控制、细化应对要求、不断提高风险应对质量和效能"目标,根据省、市地税局税收风险管理暂行办法和税收风险应对复审管理暂行办法,制定税收评定优秀案件评比活动方案和办法,开展年度税收评定优秀案件评比活动。评比活动坚持客观评价与现场评比相结合,客观评价主要围绕归档资料完整性、文书填写规范性、证据采集充分性、案例格式和内容等方面查看资料的符合性,现场评比则在考虑案头审核、约谈举证、实地核查方法和技巧,以及应对结果及处理情况的基础上,视现场演示表现情况、演讲时间控制、案件处理准确性、案例典型性及指导价值与风险指标应对等情况,对每个上报案例进行综合评价打分。最终确定4篇案件为优秀案件,并推荐2篇案件参与全市地税系统评比活动。

(李洪进)

土地增值税清算 2013年,江宁局按照土地增值税清算业务规程规定的条件,对辖区内尚未清算的房地产开发项目112个项目进行全面梳理,确定2013年度应清算项目5个,可清算项目21个。由基层管理分局根据年度清算计划,落实提醒服务措施,对相关企业进行催报催缴,督促其自行申报。同时,对土地增值税重点清算项目实行全过程跟踪督察督办。对部分房地产企业已申报项目,安排中介机构进行上门审核。全年清算入库土地增值税1.48亿元。(李洪进)

(责任编辑:史忠民)

浦口地方税务局

概 述 2013年,南京市浦口地方税务局(以下简称浦口局)紧紧围绕组织收入中心工作,全面加强班子队伍建设、党风廉政建设、精神文明建设和机关建设,努力提高征收管理、行政执法、税收收入和内部管理质量,全局干部职工发扬艰苦奋斗的作风,同心协力,真抓实干,"单项工作争第一,全面工作创一流",圆满完成全年各项工作任务。

组织收入稳步增长。2013年,全局上下坚持组织收入原则,加强分析预测,强化重点税源监管,落实15条促收措施,较好地完成了组织收入任务。

全年组织各项收入33.46亿元，其中，税收收入22.52亿元，一般预算收入19.26亿元，完成市核计划的100%；各项基金(费)收入10.94亿元(不包含市本级社保)。

税收环境进一步优化。以创建“依法行政示范单位”工作为主线，狠抓依法行政工作。结合每季度工作重点开展执法检查，强化税收督察过程控制，牵头组织江北四个局开展联合督察，税收执法行为得到进一步规范，被省局评为“依法行政示范单位”。稽查职能发挥充分，税收秩序得到有效整顿。全年稽查组织收入4639万元，其中查补收入1742万元，稽查选案准确率、查补收入入库率、偷税处罚率均为100%。全面宣传和落实税收政策，通过“地税直通车”节目、《涉税信息月报》、办税服务厅电子屏发布税收优惠政策、设立综合咨询台等宣传方式，解答有关问题，使纳税人掌握各项税收优惠政策，并将税收政策落实到位，营造有利于税收工作开展的舆论环境。全年共为185户纳税人减免税约6000万元。

征管改革进一步深化。制定《高新开发区扩围征管优化调整方案》，完成基层分局税源系统切换、税户切分、机构岗位设置、金库配置等工作。理顺岗位职能，建立科、分局、岗组织收入“三位一体”的有效机制，从机构上保障组织收入稳定运行。

征管质量进一步提高。强化征管状况监控分析，形成月度通报、季度分析考核工作机制，各项考核指标在全市排名靠前。通过互助式集中定点开票，在系统内率先取消定额发票，解决和防止各单位开具发票和接受发票的随意性。调整清算工作思路，由追求收入的贡献度改为对税种精细化管理，采取严格清算条件、自主申报、纳税评定、集体合议等措施，对历史项目进行全面清理。全年共完成6个清算项目自主申报，入库土地增值税税款3243万元。改变往年建筑业项目年底集中清算的做法，逐月关注建筑业项目管理，提升登记率和清算率指标，对纳入建工部门管理的项目登记率达100%，完成建筑项目清算341个，项目清算率81%。狠抓基金费收入任务，全年社保费征收入库12.17亿元，征收其他基金(费)1.22亿元。

征纳关系进一步融洽。推进办税服务厅职能转型，将办税服务厅建成集办税、咨询、辅导和维权为一体的服务平台，凡依纳税人申请办理的各类涉税事项，除涉及实地到户核查外，统一由办税服务厅前台办理。落实局长接待日、领导干部走访纳税人、纳税人座谈会等制度，开展“纳税服务开放日”，邀请纳税人体验“12366”热线咨询等活动。创新“纳税人学校”办班模式，按“基础班、专题班、提高班”三个层次对纳税人开展纳税辅导，满足纳税人的需求。全年办班89期，培训辅导23300余人次。受理办结举报投诉58起，满意率达100%。

队伍素质进一步提升。结合自身实际，建立完善了浦口局《2013年C级绩效考核实施办法》《2013年D级绩效考核办法》《局长绩效奖励基金分配方案》和《绩效考核争创项目激励方案》4个文件，形成了规范运作、讲求质量、重视效率的考评导向。采取“每日一课，每周一练，每月一测”的培训模式开展教育培训，干部业务素质进一步提升，7名干部被系统评为“税收业务能手”。深入开展“创先争优”实践活动，有力推动精神文明建设，1名干部获全省地税系统“江苏地税精神”主题演讲比赛第二名，1个科室获市级“五一巾帼标兵岗”，3名干部被评为“系统先进个人”。区局职工书屋被评为江苏省“职工书屋”。围绕税务管理现代化、组织文化、绩效管理、纳税服务等课题开展调研，发挥辅助决策作用，3篇信息被国务院办公厅采用，21篇信息被省委、省政府采用，12篇信息被市委、市政府采用，2篇调研文章分别被《江苏地税》《江苏税苑》采用。其中，“南京市船企克服当前困难的主要措施”信息得到省政府领导批示。

党风作风进一步加强。按照“条块结合，齐抓共管，党组抓党建”的工作思路，把党风廉政建设和税收工作同部署、同安排、同落实、同考核，层层签订《党风廉政建设责任书》，形成人人有责任，各部门上下相互监督、制约的管理机制。加强支部制度建设，推进党务公开，强化党内监督，开展民主评议、廉洁自律和警示教育活动，筑牢党员干部思想防线。浦口局党组被江苏省党务公开工作领导小组办公室授予“江苏省党的基层组织党务公开示范点”称号，党总支被区委授予“先进基层党组织”称号。在党的群众路线教育实践活动中，浦口局党组成员带头走访8个政府部门，5个街道，深入200余户企业征求意见，制定整改措施18条，建章立制7项。严格贯彻落实中央“八项规定”、省委、市委和市地税局有关要求，精简办会办文办事,压缩日常办公经费开支,严格公务接待标准,压缩车辆费用开支,降低行政成本。

内控机制建设进一步完善。深入贯彻落实中央“八项规定”、省委“十项规定”、市委“十一个一律”精神,开展岗位廉政风险防范教育活动,通过党组书记上党课、支部主题学习活动等多种形式,统一思想,提高认识,促使干部树立尊廉崇洁的思想道德情操。围绕重点领域、重点环节,加大监督管理力度,建立对基建工程、政府采购等重点事项的监督管理机制,与区检察院开展共建,做好职务犯罪预防工作,全年无一例违规违纪现象发生,被浦口区预防犯罪指导委员会授予“争创预防职务犯罪先进单位”称号。 (徐瑶)

机构设置及负责人

局长室

局　长　　曾　翀

副局长　　孙　猛

沈永惠(2013年8月免)

魏军波(2013年8月免)

莫增华(2013年8月任)

周进达(2013年8月任)

纪检组长

周进达(2013年8月免)

佘风琴(2013年8月任)

办公室

主　任　　周　棣

人事监察科

科　长　　龚维健

规划财务科

副科长　　王　莉(主持工作)

征管科技发展科

副科长　　肖　巍((主持工作))

税政法规科

科　长　　刘世佐

数据管理科

科　长　　许　军

副科长　　张小红

稽查局

局　长　　朱海平

副局长　　孙贤明

征收分局(纳税服务局)

局　长　　李　君(2012年3月任)

一分局

局　长　　陈德虎

副局长　　邓　悦(2013年1月8日任)

二分局

局　长　　李荣松

副局长　　戚　杰

三分局

局　长　　刘宏荣

副局长　　蒋　华

四分局

局　长　　高　宏

副局长　　刘克林

五分局

副局长　　陈宗兵(主持工作)

副局长　　孙启红

(徐瑶)

推进征管改革　制定《高新开发区扩围征管优化调整方案》,理顺岗位职能。对税源管理分局的税源管理岗位进行重新设置，设置一般核实岗及特定核实岗20人,设置风险应对岗12人。根据管辖税户2012年实际入库税款情况,优化调整了重点税源管理分局的管辖范围，调出重点税源分局企业户43户，调入重点税源分局49户。对税款超过100万元历史交叉管户进行了跨区变更调整。强化风险应对规范化管理,提升风险应对质效。全年推送中等风险应对622户、风险应对补缴税款约4832万元,税收贡献率2.70%。 (许军)

重点税源监控　对年纳税额30万元以上的税户全部纳入重点税源企业预测管理系统,实施按户、按税种预测跟踪管理。及时将重点税源入库数额与预测平台的预测数额进行比对，掌握漏征漏管和欠税情况,做好堵漏增收工作。针对辖区内的重点税源,落实人员,明确责任,加强对房地产开发业、建筑业等重点行业的监控。建立与企业之间经常性的交流沟通制度,对重点税源进行跟踪管理,确保及时足额入库。全年重点税源入库税款9.67亿元,占全年税收收入的43%,保证了税收任务的顺利实现。 (王莉)

规范税收执法行为 2013年,该局以创建"依法行政示范单位"为主线,全面规范税收执法行为。认真贯彻落实省局《税务行政处罚实施办法》,规范行政处罚自由裁量权运用。开展行政执法案卷评查,对行政执法风险点、易错点专题讲评,推广执法文书模板,加强对规范执法的指导。积极开展"百日执法无差错"竞赛活动,在每个分局树立1名"规范执法示范岗",发挥先进典型的示范带头作用。认真贯彻《预防和化解税务行政争议实施办法》,建立投诉处理快速反应机制,加强沟通协调,增强纳税人对税收工作的理解和支持,化解税务行政争议。全年共受理各类举报投诉34起,纳税人满意率达100%。 (刘世佐)

开展"迎接亚青会、税收来助力"活动 该局携手获得第一届中国大学生垒球锦标赛冠军的南京工业大学江苏省女子垒球队队员,共同组建一支助力亚青会税收志愿者队伍,开展一系列税收政策和亚青会知识宣传活动。梳理了一系列鼓励亚青会承办过程中涉及有关地方产业的税收优惠政策,将其汇编成册并进行现场解读,与企业进行了面对面的交流互动,听取了企业的纳税服务需求,现场解答了企业在税收政策方面的疑问。同时在办税服务大厅设立"亚青会纳税服务绿色通道",开通"亚青会税务服务直通车",增设助力亚青会双语纳税服务窗口。对涉及亚青会的项目简化办事流程,缩短审批时限,拓宽联系通道,推广网上办税服务。 (周棣)

率先取消定额发票 该局在系统内率先取消定额发票,通过创新互助式集中定点开票方式,划定地理范围对纳税人实行"各个击破",全部取消536户纯定额发票户。对辖区内1269户网开发票纳税人的限额设定情况全面核查,逐户重新认定和设定了单票限额、月限额和年限额。对辖区内有领票记录的83户劳务公司进行专项治理,取消发票资格22户,涉及补税及处罚3户,补缴税款共计47283.09元。 (张伊)

征管机制创新 认真贯彻落实系统税政和法规工作会议精神,规范税种管理,做好政策服务,强化执法责任,防范执法风险。创新股权转让个税前置管理,在2012年的基础上探索新的计税依据核定办法,规范文书应用,改革与工商部门的内部周转、衔接,加强税务部门对股权转让过程的把控。参加市地税局组织的重大建筑项目软件管理系统开发和软件行业风险管理模型设计,提出了若干建议和思路,目前2个项目已经推广试用。

(刘世佐)

社会管理机制创新 按照"做大前台服务、做专税源管理、做强风险应对"的思路,将传统的税收管理职能在不同机构和岗位间进行科学分工,重置税收管理员岗责体系,提高征管资源配置效率。一是做大前台服务。凡依纳税人申请办理的各类涉税事项,除涉及实地到户核查的,统一由前台办理,同时引导纳税人网上办理各项涉税业务。二是做专税源管理。按照机构扁平化和专业化管理要求,设置税源分类管理岗、风险评估岗和风险应对岗,全面推行"管事制",深化机关实体化,重要或复杂税源事项的管理职能,由该局机关进行实体化运作、专业化应对。三是做强风险应对。低度风险纳服应对,发挥其集约处理的优势;中度风险交由税源管理部门专业岗位应对;高度风险由稽查应对,充分发挥税务稽查对偷税、逃税等不法行为的威慑和打击效能。 (徐瑶)

党的群众路线教育实践活动 严格按照市地税局教育实践活动领导小组的统一部署和要求,加强领导,制定方案、精心组织,着眼于提高能力、增强党性,牢记全心全意为人民服务宗旨,认真解决领导班子和党员在"四风"方面存在的突出问题,认真解决关系群众切身利益的实际问题,先后开展了上一堂讲座、搞一次形势报告、组织一次体会交流、举办一次演讲、开展一次警示教育、进行一次向先进典型学习的"八个一"活动,通过召开座谈会、个别谈话、设立意见箱、发放征求意见书、公开热线电话、上门征求意见等多种形式,广泛征求各界意见,使教育实践活动更加注重质量、讲求实效,完成了教育实践活动各个阶段的任务,达到了活动提出的目标要求。 (徐瑶)

强化文明创建活动 制定年度文化建设推进方案,对接系统组织文化核心理念,深化"浦廉文化"品牌建设,不断深化“进取文化”内涵,形成“品牌链”。围绕市局“追求卓越,共同发展”的核心价值观,不断坚持文化建设核心发展,推进具有浦口局特色的“正和”文化理念,完成了“县有一室”的税务文化创建任务。结合“先锋行动”,开展“讲党性、重品行、作表率”活动,在征收局开辟“践行‘三争一创’,争当先锋示范”服务窗口、“先锋示范岗”、“学习雷锋窗口”,深入开展“牵手行动”,组织“最佳党日”“最佳党员示范岗”等活动,在全局内营造学习先进、崇尚先进、赶超先进的良好氛围。我局职工书屋被江苏省总工会授予省级“职工书屋”称号,该局干部汪莉莉参加省局组织的“弘扬新时期江苏地税精神”主题演讲比赛荣获二等奖。(徐瑶)

被省地税局授予“依法行政示范单位”称号 2013年,该局在贯彻依法治税、从严治队上下了很大功夫,并初见成效,被省局评为“依法行政示范单位”,排名第一。全年以创建“依法行政示范单位”为主线,规范税收执法行为。认真贯彻落实省局《税务行政处罚实施办法》,规范行政处罚自由裁量权运用;开展行政执法案卷评查,对行政执法风险点、易错点专题讲评,推广执法文书模板,加强对规范执法的指导;开展“百日执法无差错”竞赛活动,在每个分局树立1名“规范执法示范岗”,发挥先进典型的示范带头作用;认真贯彻《预防和化解税务行政争议实施办法》,建立投诉处理快速反应机制,加强沟通协调,增强纳税人对税收政策的掌握,对税收工作的理解和支持,圆满化解税务行政争议。全年共受理各类举报投诉34起,满意率达到100%。2013年被授予“依法行政示范单位”称号。(刘世佐)

被授予“江苏省党的基层组织党务公开示范点”称号 按照“条块结合,齐抓共管,党组抓党建”的工作思路,围绕税收抓党建,抓好党建促税收,加强支部制度建设,推进党务公开,强化党内监督,开展民主评议党员活动,组织党员进行重温入党誓词宣誓活动,接受革命传统教育,充分发挥党组织在税收中的战斗堡垒作用和党员的模范带头作用。该局党组被江苏省党务公开工作领导小组办公室授予“江苏省党的基层组织党务公开示范点”称号,党总支被浦口区级机关工委授予“先进基层党组织”称号,4人被区工委授予“优秀共产党员”称号。(龚维健)

税种精细化管理 在征管范围调整后,该局调整清算工作思路,由追求对收入的贡献度改为对税种精细化管理,严格清算条件、自主申报、纳税评定、集体合议等措施,对历史项目进行全面清理,加强税种环节管理。全年共完成6个清算项目自主申报,入库土地增值税税款3243.09万元。改变往年建筑业项目年底集中清算的做法,从年初开始,逐月关注建筑业项目管理,提升登记率和清算率指标。全年对纳入到建工部门管理的项目登记率达100%,完成建筑项目清算341个,项目清算率81%。(徐瑶)

信息调研宣传工作 围绕税务管理现代化、组织文化、绩效管理、纳税服务等多个课题搞调研,抓信息,同时在浦口区打造江北新区的背景下,紧紧关注造船、医药、苗木等行业的税收发展态势开展信息报道,较好地发挥了辅助决策作用。2013年,共有3篇信息被国务院办公厅采用,21篇信息被省委、省政府采用,12篇信息被市委、市政府采用。与高淳局合作的《南京市船企克服当前困难的主要措施》信息受到省政府领导批示。调研文章《完善纳税服务体系借鉴国际经验的研究》《提升税收风险指标建设有效性的思考》分别在《江苏税苑》第2期、《江苏地税》第4期刊用。(徐瑶)

强化征管状况监控分析 深入推进征管状况监控分析,形成月度通报、季度分析考核的工作机制,强化整改和跟踪问效管理,保持征管状况在全市靠前。一是创新税源监控方式方法。结合监控考核指标类型,明确责任部门,落实分级分类的监控制度。按季度召开税源与征管状况监控分析工作会议,研究分析指标口径,探索指标应对方法,确定各阶段风险控管重点。二是强化税源监控过程管理。做好事前防范、事中提醒、事后限改,关注指标的过程控制,将年度指标按月按季度分解落实,严格按照序时进度完成,强化跟踪问效。三是突出税源监控导向作用。针对监控反映出的疑点问题和薄弱环节,及时做好整改,深入分析查找原因,进一步强化征收管理、优化业务流程,不断夯实征管基础。四是严格税源监控绩效考核。按月通报征管指标，并根据市地税局季度考核情况，对各分局进行考核，按季度通报排名及得分情况，列入C级绩效考核。（肖巍）

推进办税服务厅职能转型 结合税源专业化管理的新要求，以“减负提效、深化创优”为主题，坚持为纳税人提供优质高效的纳税服务，营造法治、公平、文明、和谐的税收环境。一是服务亚青促发展。在办税服务大厅设立“亚青会纳税服务绿色通道”，开通“亚青会税务服务直通车”，增设助力亚青会双语纳税服务窗口；对涉及亚青项目的江北大道、青奥体育公园、纬三路隧道等项目简化办事流程，缩短审批时限。二是拓展网上办税业务。以纳税人为中心，逐步实现“网上受理、网上出件”的无纸化办税，网上办税服务厅与实体办税服务厅业务同化，形成以网上申报为主体，上门申报、电话申报等方式为补充的多元化申报体系。纳税人办税实现“足不出户”，做到“外网受理、内网流转、限时办结、外网出件”。2013年，共实现网上办税2334件。三是开展自助机试点运行。参加纳税服务局牵头的自助机创新项目，负责做好自助机规范编写。目前该局两台自助办税机已具有缴纳基金、缴纳社保费、打印完税证、打印个税完税证、查询涉税信息、查询发票等功能。（李君）

（责任编辑：付宪国）

六合地方税务局

概 述 2013年，南京市六合地方税务局（以下简称六合局）致力于党委政府、纳税人、干部职工“三个满意”，全力推进税收征管改革、社会管理创新、税务文化建设“三大工程”，不断深化“责任、活力、幸福”地税建设，较好地完成全年各项任务，获得市地税系统2013年度更高水平“三个一流”工程建设先进单位一等奖。

税收收入稳定增长。2013年，六合局努力克服实体经济低迷、区域税源偏紧、“营改增”结构性减税等诸多不利影响，攻坚克难，主动作为，组织收入实现稳定增长。全年累计组织各项收入27亿元，其中，税收收入19.81亿元，同比增长12.93%；征收社保费6.04亿元，征收各类基金费1.15亿元。税收收入中，省级税收0.78亿元，区县级税收收入19.03亿元，同比增长13.08%；公共预算收入16.3亿元，同比增长11.55%。

征管质效持续提升。根据深化税收征管改革的总体安排，及时出台1个综合方案，6个实施方案和9个配套措施，优化税源管理和岗位设置模式，着力建设符合区域发展特点的税收征管新体系。狠抓税源与征管状况监控分析，建立业务一体化工作机制，实现监控工作制度化、常态化、规范化管理，征管指标排名位居市地税系统第一方阵。推进发票综合改革，进一步压缩定额发票。实施数据质量分类分级管理，加强数据日常审计，数据质量位居市地税系统前列。加强税种管理，抓住典型案例，1户所得税复审补税2200万元，1人核定股权转让价格补税965万元，1名外籍个人征税1519万元。

依法行政再上台阶。加强税收法制建设，编制行政处罚等规范化工作手册和典型执法案例，开展执法案例讲评和警示教育活动，规范税收执法行为，执法风险防范能力有效提升。定期开展执法督察，严格落实责任追究，扣减责任部门和人员绩效分值50分。推进权力阳光运行，严格落实政务公开职责，向社会公众公开文件5件。加大稽查力度，实施税收专项检查、系统异地互查，查结案件34户，查补收入2219万元。强化风险管理，建成“以地控税”“建筑业”等3项风险模型，推送787户中度风险企业，入库税款及滞纳金7309万元，中等风险贡献率排名市地税系统第一。

纳税服务创新优化。推出“茉莉靓影”窗口服务，开通“六合地税”官方微博，推进影印系统应用，简化37项涉税事项资料报送要求。印发《涉税微簿》1700余本，建立“税企E线通”平台，为500多户纳税人提供在线咨询服务；开设“茉莉流动课堂”，为995户纳税人提供“一对一”涉税业务辅导，在37家社区设置税法宣传专栏。建立“12345”“12366”举报投诉快速调查处理制度，组织“十佳纳税人”“十佳办税员”评选，实现国地税联合当场出证和联合代征沪江商贸城税收，进一步巩固和谐征纳关系。

作风建设取得实效。按照市地税局的统一部署，认真组织开展党的群众路线教育实践活动，圆满完成“三个环节”工作任务。活动中，六合局班子成员带队走访9个街镇(园区),深入基层和纳税人一线,征集各类意见和建议190余条。班子带头开展对照检查、谈心谈话等活动,认真撰写对照检查材料,严格按程序召开民主生活会,梳理出班子存在的14个突出问题,研究制定服务纳税人、服务街镇(园区)、服务基层(干部)3项制度40条具体整改措施,反对"四风"取得成果,获得六合区2013年度"两评议"执法类第二名。

干部队伍团结向上。创新实施干部综合积分制管理,推动干部管理规范化、科学化建设。出台《业务主办制度》,明确部门业务主办,组织"当一天值班长"轮岗锻炼,加快人才培养。建立"日题、周学、月训、季考、年赛"常态化竞赛机制,举办"一站到底税务知识擂台赛",加强常态化培训。2013年,参加市地税系统中层干部业务测试,获均分和入围表彰人数两个第一,3名干部通过注册税务师考试,1名干部通过注册会计师考试,1名干部通过ACCA考试,8名干部获市地税系统业务能手,3名干部入围省地税局考试表彰。

组织创建获得佳绩。加强"茉莉花·源"税务文化品牌建设,制定组织文化建设深化年活动方案,丰富"责任、活力、幸福"地税内涵,推进税务文化落地。实施党建标准化建设,组建摄影、太极拳等7支俱乐部,定期开展活动,提升干部活力、动力和凝聚力。2013年,六合局先后荣获"江苏省文明单位""南京市文明单位"江苏省"模范职工之家"等荣誉称号,连续五年荣获市地税系统更高水平"三个一流"工程建设先进单位一等奖,连续八年被评为六合区"人民满意单位"。

综合保障不断提升。加强创新工作管理,1个创新项目获得省地税局一等奖,3个项目获得市地税局三等奖。加大工作调研力度,承办市地税局重点课题,《税收促进新型城镇化发展的政策研究》一文在《中国税务》、省地税局《研究报告》上发表,并在南京经济高层论坛和中国税务学会"宏观经济与税收政策研究"研讨会上作交流。加快推进新大楼建设,目前已经全面开始内装。深入开展综合治理和平安创建工作,年内未发生一起安全事件,实现了安全稳定目标。 (史成娟)

机构设置及负责人

办公室

主　任　董承斌

副主任　王小永

人事监察科

科　长　谢寒生(2013年7月免)

徐维荣(2013年7月任)

副科长　陈国芳

规划财务科

科　长　路　清

征管和科技发展科

科　长　王海啸

副科长　胡　东

税政法规科

科　长　杨永志

数据管理科

科　长　徐维荣(2013年7月免)

副科长　唐　昕(2013年7月任)

第一税务分局

局　长　陈宏楼

副局长　许开勇

张　萍(2013年4月免)

第二税务分局

局　长　方可松

副局长　戴红军(2013年7月免)

第三税务分局

局　长　王传正(2013年7月免)

阮峻峰(2013年7月任)

第四税务分局

局　长　高　山

副局长　张　萍(2013年4月任)

第五税务分局

局　长　仇家福

第六税务分局

副局长　唐　昕(2013年7月免)

戴红军(2013年7月任)

征收税务分局

副局长　黄宝琴

仇远龙

稽查局

局　长　阮峻峰(2013年7月免)

王传正(2013年7月任)

耕地占用税和契税管理所

所　长　黄宝琴 (史成娟)

组织各项收入 27 亿元 一是强化收入质量管理。加强收入形势研判，强化税源分类监控和税收专题分析，严格收入质量考核，构建组织收入长效机制，推进组织收入工作科学化发展。二是强化重点税源管理。加强重点工程、重点税种管理，深入推进以地控税管理，开展房产税、城镇土地使用税的税源核查，增加税款 758 万元。深化房地产建筑业项目一体化管理，开展项目清算 148 个，入库税款 1000 多万元。三是强化风险应对管理。统筹年度风险计划，开展风险情形调研，建成“土地出让”“建筑业”和“物业管理”3 项风险模型，推送 787 户中度风险，入库税款 7308.54 万元。四是强化国地税联合征管。深化国地税联合征管，建立联席会议制度，规范 7 个合作事项。运用联合征管平台，联合代征区沪江商贸城税收。 （朱海龙 史成娟）

税源专业化管理 一是提高组织收入能力，工作重心从侧重于日常组织征收向全面加强税源管理转变。准确把握不同层面的税源变化格局，最大限度地使数据变为信息，信息变为税源，税源变成税收，增强组织收入的主动权。二是提高税收征管质效，税务资源配置方式由集约型向精细型转变。重新审视定位当前税务资源布局，以纳税遵从风险防范和控制为导向，合理配置税务资源，突显专业化管理的巨大优势。三是提高风险管理水平，税收征管由单项评估向风险类别管理、系统防范转变。加强风险分析识别，定位管理中的薄弱环节，实现提前预警、关口前移，降低税收执法风险。四是提高纳税服务品位，服务由浅层次向深层次转变。掌握不同类型税源的管理规律，针对不同纳税人的需求提供个性化服务，提高纳税人的税法遵从度，促进征纳和谐。 （李海燕）

税源与征管状况监控 一是落实指标监控管理责任机制。按照“指标分解，专人专管”要求，将指标监控分组，工作细化到人，严格谁监控、谁负责原则，最大限度提高指标监控准确性。二是落实指标监控风险预警机制。建设风险预警管理模型，实现指标监控的风险管理。实行指标监控分级管理，做到保持优化指标、提升中等指标、突破薄弱指标。三是落实指标监控监督抽查机制。建立监控指标抽查制度，加大对指标监控的监督检查力度，定期和不定期对相关指标进行监督检查，发现问题及时纠正。四是落实指标监控绩效考核机制。实行指标监控和绩效考核挂钩评议，量化数据分析，把指标监控作为评优评先的重要依据，调动干部积极性，有效促进征管质效的整体稳步提升。

（李海燕 王锐）

税源风险化管理 一是强化数据分析。结合税收分析预警系统，对重点企业进行风险扫描，对重点行业和享受税收优惠政策的企业等风险等级较高的企业开展专项分析，对企业的风险等级进行排序，分类确定监控重点、评估重点行业。二是增强评估质效。运用税收风险管理模型，对纳税评估的各个环节进行质量控制，提升评估的规范性。对评估效果进行以风险复审、复查、复判为内容的“三复”工作，确保评估效果。三是加强税源监控。根据税源专业化管理的要求，结合区域税源特点，级别明确税源监控的标准、范围、要求和措施。针对薄弱环节，完善管理措施，研究制定具体整改方法和管理措施，提高税源管理水平。 （王锐）

征管基础数据质量管理 一是严把采集关。对纳税人的信息采集录入工作从严要求，利用综合治税平台，定期交换共享第三方信息，不断拓宽信息采集渠道。二是严把核实关。加强数据核实，尤其是对开业登记、发票管理、纳税申报、税款征收等重点数据核实，建立事前监督、过程控制、事后复核的管理机制，严防异常数据生成。三是严把变动关。企业各项涉税数据发生变动时，及时进行系统维护，定期进行查漏补缺，将征管系统内的征管数据由静态数据变为动态数据。四是严把监控关。充分利用大集中系统数据审计软件，定期对系统中征管数据进行审计，剖析问题数据产生原因，提出改进建议，督促整改。五是严把分析关。建立涉税信息分析机制，通过税收分析和风险应对，发现征管薄弱环节和疑点问题，采取有针对性的措施加强征管。 （王小平）

推进稽查工作“四化”建设 一是以绩效管理促稽查工作精细化。围绕稽查选案的全面性、针对性、准确性、差异性，以“四率”绩效指标为导向，科学设置考核事项和指标，强化分类分级检查。二是以风险控制促稽查工作规范化。围绕稽查每一个环节控管，规范稽查工作流程，强化日常制度落实，严格稽查证据收集、工作底稿编制、稽查报告编制和案件复核要求，从源头防范执法风险。三是以综合治税促稽查工作网络化。对外，建立起以政府为领导，以财政为牵头主体，覆盖全区的综合治税体系；对内，狠抓信息挖掘利用，积极依托全省统一的信息化网络平台，加大征、管、查等信息的互通、互补、互用。四是以素质提升促稽查工作专业化。积极开展稽查业务培训、典型案例交流、稽查技能比拼等活动，提高稽查干部的业务技能，提升稽查工作的专业化水平。（穆丽萍）

建筑业税收管理 一是建立多方协作机制。加强与区建工局、住建局等项目主管单位的联系，成立建筑业联合管理小组，加强信息沟通，保持沟通畅通，提升管理及时性和准确性。二是建立日常巡查机制。针对建筑业项目周期长、程序复杂的特点，建立定期巡查制度，做好建筑项目从立项到竣工结算的税收管理工作。三是建立绿色申报机制。根据建筑业开票数量大，涉及材料多的实际情况，开设建筑业涉税办理绿色通道，做到“特事特办，大项快办，保证质量，优先办理”，切实方便纳税人，提高办理申报效率。四是建立分析报告机制。发挥房地产业建筑业一体化管理优势，注意行业间数据比对，落实行业无缝衔接管理，制作专题《分析报告》，提高信息交互水平，提升管理准确性和征管质效。（王小平）

打造立体式土地增值税清算模式 “点线面”结合，打造土地增值税清算模式。“点”，即打造清算团队。抽调业务骨干组成土地增值税清算团队，在政策和执行两个层面做好人才支持，对重点和难点项目实施集中清算，加强土地增值税清算工作中的热点、难点问题的调研。“线”，即打造协作链条。与住建部门、土地部门和相关中介机构密切配合，形成高效畅通的协作链条，突破土地增值税税源控管的瓶颈，堵塞纳税人虚增开发成本偷逃土地增值税的漏洞。“面”，即打造精细管理。对辖区内需要清算的企业进行逐个排查，科学拟定清算工作计划，准确掌握清算申报制度，加强指标分析比对，实施警戒线指标管理，对各项可能影响土地增值税税款的科目逐项审计，加强对清算质量的把控。（王锐）

减免税优惠政策落实 一是加大政策宣传，强化政策研究引导力。组织开展涉税优惠政策、办理减免税程序等有关政策的宣传讲解活动，让企业负责人及办税人员熟知最新税收优惠政策。二是强化上下联动，加大审批程序精简力。根据减免税工作要求，优化流程，确保业务人员及时、全面掌握。建立限时办结服务制度，对资料齐全、符合条件的纳税人，确保在规定工作日内审批完毕。三是加深走访互动，凝聚税企长期联动力。结合日常检查辅导，开展定期巡查走访。对申请减免税的企业，在实行实地核查的同时，加强与工商、劳动保障等部门联系配合，确保企业资料准确无误。四是落实税费减免，加强后续管理持续力。实施减免税资料专人专管、定期更新，保证减免税档案连续性、完整性。对已办理减免税审批的企业进行梳理，及时提醒即将到期企业，对已到期企业按时恢复征税，确保减免税工作执行无误。（刘杨、高强）

向总局“税收基层行”汇报依法行政工作 国家税务总局办公厅新闻办携《人民日报》《经济日报》等中央主流媒体到省地税局了解依法行政工作，该局作为省地税系统基层代表接受了媒体现场采访。一是完善法治工作机制。实施税源专业化管理改革，构建符合区域社会经济发展要求的专业化管理新体系。二是优化行政决策程序。组建7个税收专业团队，出台《纳税服务及作风行风回访制度》，维护纳税人合法权益。三是规范税收执法行为。汇编执法事项工作手册，定期发布《涉税风险提示》，规范税务行政处罚自由裁量权，提升执法工作水平。四是提升税收执法能力。编印《法律知识学习专刊》，开展“案例式、互动式、研讨式”培训，提升干部业务水平。编印《税收执法风险提示》，梳理岗位风险点，提升干部风险防范能力。五是强化税收执法监督。建立“四级执法督查”体系，定期开展执法督察，完善内外监督体系，严格责任追究，全面推动依法行政工作。（杨永志、史成娟）

开展税收宣传“六进”活动 一是开展“税企共成长，和谐税收行”税收宣传进企业活动。成立“专家服务团”服务区内重点纳税人,开通“税企 E 线通”,提供在线咨询辅导服务。二是开展“春风送税法,服务惠民生”税收宣传进市场活动。联合六合区国税局,向沪江商贸城入驻商户宣传税法、解读税收政策。三是开展“播种希望”税收宣传进校园活动。联合六合区教育局在各中小学普及税法知识。四是开展“税法就在你我身边”税收宣传进社区活动。依托社区公共宣传橱窗等载体,宣传下岗再就业税收优惠政策等与民生密切相关的税收政策。五是开展“法制广场,和谐家园”税收宣传进广场活动。借助区“18”法制广场,开展现场法律知识抢答和现场政策咨询活动。六是开展“携手治税,共建和谐”税收宣传进机关活动。以座谈会、宣讲会等形式,主动宣传区域产业结构转型升级、招商引资及个人工资薪金等方面的税收政策。

(王小平)

提高服务街镇质效 一是强化税收征管。加强税源监控,优化零散税源管理,对异常情况的重点户提供预警服务;建立税收收入执行情况定期通报机制,方便街镇及时掌握收入情况。二是强化政策研究。贴近各街镇产业特色,做好税收政策调研,提供针对性的政策指导;加强政策宣传,提高街镇税收政策掌握程度,服务街镇产业转型升级和新兴产业发展。三是强化综合治税。按季交换推送股权、房土、建筑项目等涉税信息,适时与街镇共同分析税源情况、区域税户增减变动情况,及时排查税源疑点,盘实税户信息,堵塞税收漏洞。四是强化税收服务。为街镇招商引资、重大项目引进论证等提供服务,提前介入做好税收服务,提供专业化政策指引;简化办理手续,调优登记服务,为街镇发展提供良好的税收环境。 (史成娟)

“纳税人之家”内涵拓展 一是整合资源。按行业设置,优化整合房地产业商会、餐饮业商会、服装业商会“纳税人之家”,开通纳税人之家 QQ 群,搭建行业沟通交流平台。二是注重宣传。充分利用《涉税信息月报》、电子显示屏、网站,及时告知纳税人活动的时间、地点及主题,定期宣传活动成效,吸引纳税人积极参与。三是提醒风险。依托“纳税人之家”平台,拓宽服务渠道,采取“以案说法”等形式进行涉税风险提示,对纳税评估、税务稽查、违章案件中发现的问题,及时发放“纳税提醒函”友情提醒。四是接受监督。推行《纳税服务需求诉求征询工作制度》,建立常态化分析、反馈机制,主动接受纳税人和社会各界的监督,对涉及纳税人切身利益和社会关注的热点涉税问题,及时回应、及时办理。 (方久军)

春训工作创新 一是创新组织形式。训前组织开展全员培训需求调查,使春训方案更贴近实际,培训内容更贴近岗位需求,培训形式更贴近工作现况。二是创新学习形式。结合春训工作,推出“日题、周学、月训、季考、年赛”常态化干部在岗教育培训机制。即坚持做到每日一题、每周一学、每月一训、每季一考、每年一赛,多渠道开展在岗培训工作。三是创新培训形式。采取全员集中培训、分类专题培训、互动交流学习、“流动课堂”上门培训等多种形式相结合,提高春训的针对性和实用性。四是创新效果评估形式。模拟电视节目,举办“一站到底”税务知识擂台赛,将春训内容融入到每道答题中,通过选手之间激烈的竞答,巩固春训培训内容。

(李欣)

党的群众路线教育实践活动 一是切实把握好“一个总体要求”。组织开展系列专项行动,号召干部主动对照相关要求,对存在的突出问题进行自查自省和专项整治。二是切实把握好“一个目标任务”。引导干部充分认识“四风”的危害性和顽固性,结合实际剖析问题,制定对策,使党员干部思想进一步提高,作风进一步转变,党群干群关系进一步密切。三是切实把握好“一个有力武器”。运用批评和自我批评,开展积极健康的思想斗争。对作风方面存在问题的党员干部,及时进行教育提醒,问题严重的严肃处理。四是切实把握好“一个明确规定”。通过“一把手”带头学习、带头听取意见、带头整改,发挥领导干部率先垂范作用。五是切实把握好“一个长效机制”。梳理现有制度,研究制定新制度,强化制度执行,用严明的制度、严格的执行、严密的监督,形成加强作风建设的长效机制。

(史成娟)

(责任编辑:付宪国)

溧水地方税务局

概　述　2013年，南京市溧水地方税务局(以下简称溧水局)紧紧把握“夯实基础，打造品牌，提升质效”的工作主题，夯实征管基础，深化征管改革，创新社会管理，加强文化建设和团队建设，积极打造溧水地税品牌特色，为全面、正确履行好各项职责而努力。

践行群众路线。围绕“为民、务实、清廉”主题，采用听讲座、看光盘、上党课、写征文、大讨论等“八个一”工作法，加强学习教育。对内征集意见建议79条；对外征集意见单位296家，座谈人数150人，征集意见建议67条。落实中央八项规定、省市相关规定，坚持“三谈三不谈”“五个必谈”，梳理43条整改行动计划。出台《关于进一步加强收入质量管理》等11项制度，从队伍建设、纳税服务、征管基础等方面完善工作机制，明确措施，力求实效。

大力组织收入。进一步完善《加强税收收入质量管理办法》和税金账户管理等制度，坚持组织收入原则，明确“四保”(保质量、保目标、保序时、保进度)要求，强化税收分析和税源监控。2013年组织收入工作实现“四个突破”：各项收入实现41.74亿元，突破40亿元，增幅达29%；区县级税收实现30.17亿元，突破30亿元，增幅达40%；公共预算收入实现23.39亿元，突破20亿元，增幅达28%；征缴社保费10.72亿元，突破10亿元。

坚持依法治税。围绕风险应对、行政处罚等开展执法督察。做好广播影视服务“营改增”工作，应用存量房交易评估系统增加税款279万元。清理保险费往年欠费529万元，清欠率60.32%。所得税汇算清缴入库税款突破1亿元。加强“房土”两税核查，增加税款921万元。办理减免税备案21户次，减免企业所得税3079万元，落实小微企业、高新技术企业等税收优惠政策，减免税额4066万元。稽查结案43户，稽查收入4750万元，完成市局计划的107.15%。查处100万元以上大要案2件，2篇稽查案例分获省、市局优秀案例。

提升征管质效。合理划分岗位、事项，强化培训，全年风险应对715户，应对税款1.2亿元，贡献率4.41%。出台《关于加强征管基础的指导意见》明确了税户、发票等8方面48条管理措施。建立督察、评价、考核“三位一体”推进机制，3个季度征管质量居系统前五。实施《关于加强个体税收征管的意见》，试点个体分类管理。出台《加强数据管理实施意见》，坚持“日审日清”，在市地税局税收数据查询技能测试中荣获团体第一。

优化纳税服务。创办“两报一刊”，积极为区域经济发展建言献策。加强办税服务厅规范化建设，发挥公共管理系统效能，压缩办理时间，纳税人满意率达99.99%；推进网上办证，网办登记比率达38%；完善投诉处理办法，受理“12366”“12345”工单37件，满意率达98.89%，无不满意工单。规范“纳税人学校”建设，优化《今日溧水》税务专版宣传。强化与国土等部门的信息交换，获取数据761条；加强建筑业“一站式”管理，征收税款2.08亿元。

强化队伍建设。提高工作标杆，强化督察、评价、考核，提升中层干部的责任意识和履职能力。大力开展“三争一创”活动，继续深化“两级五线”思政工作格局。制定《进一步加强干部交流谈心实施意见》，加强党务、行政系列和工、青、团、妇条线的协同联动，开展“七一”专题党日等主题实践教育。开展“分类分层”培训，7人次进入市地税局中层干部抽考前50名。

加强作风建设。通过组织学习《税收违法违纪行为处分规定》、主要领导讲党课、开展“微”系列廉政活动，提升“清风税廉”品牌辐射力。制定税收、执法、廉政风险“三险”同步应对办法和《联合防控表》，组建应对小组，调取数据、实地核查同步应对。完善日常检查、外部“两员”明察暗访，认真整改问题，做好“政风行风热线溧水直播”及万人评议活动，开展“作风纪律整顿月”活动，严明日常工作纪律。

提升行政效能。推动新办公信息系统平稳运行，拟定《进一步加强工作统筹的实施意见（试行)》。开展苏皖六市(县)税收协作成果展、公益微电影周和税收征文，有效应对舆情风险，完成2012年度各类档案1348卷。分31个大项、118条细目全面加强安全管理。一次性高分通过市政府城市管理标准化考核验收。　(文生超)

机构设置及负责人

办公室

主 任　　万 镔
副主任　　潘小保

人事监察科

科 长　　张显美
副科长　　邢学好

规划财务科

科 长　　张 川
副科长　　许青凤

税政法规科

科 长　　虞国龙
副科长　　孙雪峰

征管和科技发展科

科 长　　吴永生
副科长　　陈 岚
曾 辉

风险评估分局(数据管理科)

局 长　　吴永生
副局长　　曾 辉

征收税务分局(纳税服务局)

局 长　　邢华清
副局长　　倪雨春

稽查局

局 长　　朱杏宝
副局长　　周和英

第一税务分局

局 长　　徐生林
副局长　　陈源忠
尹莹莹

第二税务分局

局 长　　张才保
副局长　　魏信民

第三税务分局

局 长　　丁太平
副局长　　陈水筛

(文生超)

组织收入实现"四突破" 围绕组织收入中心工作，按照保质量、保目标、保序时、保进度的递进要求，深入分析把握区域税源，强化重点税源管理，落实税源精细化管理、行业风险应对、纳税评估和税务稽查，征管评查促收入，组织收入工作实现"四个突破"：各项收入实现41.74亿元，首次突破40亿元，增幅达29%；区县级税收收入实现30.17亿元，首次突破30亿元，增幅达39.65%；公共预算收入实现23.39亿元，首次突破20亿元，增幅达27.68%；作为全市唯一自行征缴社保费的地税机关，征缴社保费10.72亿元，首次突破10亿元，征缴率、清欠率名列全市前茅。 (许青凤)

党的群众路线教育实践活动 对内开展"问题查摆、意见征集"座谈会、民意代表会及老干部支部会议，征集意见建议79条；对外开展"服务百企、三送三问"活动，征集意见单位296家，座谈人数150人，征集意见建议67条。坚持"三谈三不谈""五个必谈"，召开专题民主生活会、专题组织生活会，以整风精神开展了批评和自我批评，提出43条整改行动计划。梳理出台《关于进一步加强收入质量管理》等11项制度，完善工作机制，明确整改意见、方向、措施、牵头领导、主要责任部门和完成时限，跟踪检查，讲评问效，力促整改项目落在实处。 (张显美)

联合举办苏皖税收紧密协作成果研讨会 4月1日，联合区国税局共同举办苏皖两省六县(市)(溧水、溧阳、高淳、当涂、郎溪、芜湖)税收紧密协作成果研讨及展示活动。通过展板的形式，向纳税人代表展示苏皖两省六县(市)7家税务部门"十一五"规划以来区域经济及组织税收的总量及增速，重点突出惠民生情况。苏皖两省六县(市)7家税务部门与纳税人代表共同探讨当前"两项核心业务"征管改革和纳税服务模式，交流创新举措在惠民生、助发展、促公平上的成效。本次活动，共有来自苏皖两省六市的税务机关、溧水区政府、纳税人代表及相关媒体代表近70人参加，为促进边界地区经济发展和社会文明营造和谐税收环境。 (潘小保)

土地使用税税源管理 加强土地使用税税源管理，排查摸清土地使用税税源情况。逐户深入企业，将税收征管信息系统登记占用土地面积与企业实际占用情况进行比对分析，对登记不全、不实的按实际情况进行确认重新登记维护，并督促企业如实申报。做好集体租赁土地的实地调查，对具体租赁土地座落地点、区域范围、纳税情况逐一核对，租赁土地申报税款超5000万元。同时与国土部门开展信息交换,对国土部门1995年来出让土地情况进行测算。据统计1995-2012年出让土地(不含房地产)2343.58万平方米,其中,一类地1636.05万平方米,二类地707.54万平方米,按照现行土地使用税税额测算可实现土地使用税8000万元。

(许青凤)

与公安联手侦破假发票"案中案" 与公安部门密切配合,成功侦破了一起假发票"案中案"。该案补缴税款、滞纳金近100万元,当场擒获3名犯罪嫌疑人,收缴4000余张假发票,其中地税服务业及建筑业假发票440份、涉案金额800余万元,收缴一批笔记本电脑、短信群发器等作案工具。

(潘小保 周和英)

多处工薪所得个税管理 通过邮寄信件、短信平台、电子显示屏、咨询辅导区、地方报纸以及上门走访等形式宣传多处取得工薪收入个人所得税自行纳税申报政策,开通绿色通道,安排专人辅导纳税人填写申报表,正确办理涉税事项。分行业对个人收入进行分析评估,排查出存在多处所得的重点行业,尤其是对建筑业、金融业、社会服务业等特殊行业进行监控管理。建立个税申报明细台账,对申报系统进行认真比对,对身份证号码相同、重复申报等情况进行核实,完善信息数据;对纳税人更换单位后原任职单位仍进行代扣代缴申报的,提醒企业限期改正,并做好记录;对虚假申报以及没有按规定申报的企业对照相关税收管理规定进行处理,并调整企业所得税,切实提高多处收入者个税申报质效。 (郑月侨 夏明炜)

提升稽查质效 推动稽查服务"零距离",落实查前自查、查中辅导、罚前告知、查后回访等举措,优化稽查服务。实施稽查程序"零过错",规范稽查文书的使用,严格稽查程序,全面落实执法过错责任追究,认真执行稽查案件分级审理,促进稽查人员依法行政、秉公执法。力争稽查定案"零投诉",对纳税人违法事实的认定和处理,认真听取纳税人的申辩和陈述,及时沟通,使当事人认同,避免行政复议和诉讼案件的发生。坚持稽查执法"零干扰",在稽查工作中坚持以选案、检查、审理、执行四环节的有机分离,严格执行案件集体审理等监督制约制度,同时加强稽查人员廉洁教育,确保稽查队伍廉洁自律。

(周和英)

个体定额调整 依据典型调查个体定额标准体系的要求,结合辖区实际情况,制定个体定额调整方案,做好政策公告和宣传解释工作,同时积极做好与区财政部门的沟通协调,强化委托代征单位的协同和配合,确保工作平稳推进。按照规模、地域、行业、上年开票收入等因素确定典型调查面,梳理纯营业税个体户2206户,最终确定典型调查对象110户,开展实地典型调查。整理收集个体典型调查数据,形成新的定额标准体系,并依托"纳税人之家"组织召开个体定额调整意见征集会,及时将征求意见后的新定额标准体系报送市地税局审批。根据市地税局审批意见,修订完善个体新定额标准、地段系数、经营能力系数,按定期定额操作规程做好过程管理,逐户送达定额调整通知书,登记定额调整台账,及时做好定额核定的公告和公示工作。 (潘小保 陈岚)

重点税源企业服务 定期组织重点税源企业财务人员进行集中授课,宣讲最新税收政策,同时就重点税源企业TRAS报表的填报操作进行讲解;主动提供预约服务、上门回访、现场答疑等服务,协助重点税源企业做好研发费用加计扣除等专项工作,促进企业自主创新能力的提高。建立税企RTX"通讯互联组",强化税企沟通机制。利用重点税源直报软件在线交流平台BBS论坛等,随时解答纳税人提出的各种疑难问题,并实时公告税务部门的相关工作要求,有效拉近重点税源企业与地税部门的距离。到重点税源企业走访调研,期出具相关调研报告,对企业生产经营情况、税款缴纳情况进行分析,为企业发展出谋划策;同时,以"企业大走访"活动为契机,先后对铁路配件制造业、食品加工业、房地产业等区域经济支柱行业中20余户重点企业进行调研,形成综合性调研报告3篇,积极向上级政府争取政策扶持,帮助企业解决实际困难。

(许青凤 夏明炜)

广播影视服务"营改增"管理 从8月1日起,广播影视服务将纳入"营改增"扩大试点范围,溧水局结合实际,强化政策执行,同时积极与国税部门协作，拟定交接方案和手续，倒排时间表，做好相关“营改增”工作。针对辖区税源情况，特别是江苏未来影视产业园内广播影视企业较多的情况，开展行业盘查，共计排出89户广播影视企业。逐户开展上门调查，核实具体的经营情况，拟定各类税源户交接清单及具体信息，确保移交税源信息数据完全、准确。强化后续管理，一方面对涉及购领发票37户企业收缴发票，另一方面催缴移交企业欠税入库，同时开展调查摸底、测算，评估其对组织收入造成的影响。（潘小保、陈岚）

2013年7月25日，溧水局地税干部走访辖区企业，了解企业生产经营情况

税收风险应对管理 健全复审工作机制，强化税收风险应对管理，从税政、征管等部门选拔专业素质过硬、管理经验丰富、税收分析能力高的业务骨干组成风险应对复审成员，从廉政风险、执法风险、管理风险、税收流失风险等多方面进行审核，验证风险疑点应对消除的工作质量。根据日常风险应对工作中搜集到的信息，做好案头审核；发现有推送疑点消除理由不够充分或证据不确凿等情况，上门到实地应对核查，将疑点问题查全、查细、查深，确保风险应对的准确性。在复审过程中，强化对风险应对人员公正执法、徇私舞弊、存在问题原因等方面的审查，增加对税务登记信息内容真实性、税源登记信息修改准确性等方面的审核，提升征管基础质量。结合日常工作发现存在的问题，对风险复审情况进行深入分析，撰写复审工作报告，提出风险规则优化建议和工作改进措施；同时严格复审考核机制，对应对工作中存在不作为行为、应对结果不符合实际的，限期重新应对，并追究相关人员责任。全年累计应对715户，应对税款1.2亿元，贡献率4.41%，户均中等风险应对税款达18万元，各项指标位列南京地税系统前列。（吴永生）

拆迁户税收征管 结合溧水撤县设区城市化进程，以及南京市“动迁拆违治乱整破”专项行动推进，积极与拆迁部门联系，了解拆迁范围和拆迁户情况，梳理拆迁范围内的纳税人，摸清其经营情况和纳税申报情况，重点对应纳的房产税、土地使用税情况进行清查。与国税部门分工协作组成宣传小队，深入拆迁户宣传税收政策，与纳税人达成依法纳税的共识，得到纳税人的支持，并督促其限期清缴税款。组织召开部门联席会议，定期向溧水区政府汇报拆迁户税款清缴进度和情况，确保税款足额入库。（陈岚）

“三险”同步应对 创新开展“三险”（税收风险、执法风险、廉政风险）同步应对，提升工作质效。由监察部门牵头，与税政、数据部门沟通协作，制定“三险”同步应对管理办法，制作《税收风险、执法风险、廉政风险联合防控表》及“三险”同步应对考核细则。从各职能科室抽调骨干组成工作小组，通过调取电脑数据、实地检查资料及相关记录、下户实地核对数据等检查方式，实施税收执法督察、执法监察及风险应对复审工作，对检查发现的问题汇总分析，并依据执法督察、执法监察、风险应对复审等专项工作流程要求，做好完结及后续管理。从三个管理分局各选取了一户注销检查资料，组织相关岗位人员对注销检查情况进行全面会审，对发现的问题开展风险提醒。同时组织开展“防范执法廉政风险、预防职务犯罪”征文竞赛活动，进一步增强风险防范意识。（潘小保）

完善投诉处理机制 明确纳服局扎口负责全局投诉处理工作，成立由相关业务科室组成的投诉处理小组，对发生的投诉事件，做到快速查办、快速答复，难题由每周的局长办公会统一确定后，及时答复解决。由责任部门重点分析投诉产生的原因，换位思考，强化内部流程办理，提高工作效率；同时与投诉部门强化沟通，诚恳说明情况，尽量提高满意度。改变过去产生投诉就扣分方法，对及时解决处理、达到满意效果的，进行加分，提升相关单位对投诉处理的积极性。全年受理“12366”“12345”维权工单37件，整体满意率达98.89%，

无不满意率。(邢华清)

规范基层党建 将提升党建水平作为“三争一创”的着力点,明确党建工作总体要求,制定全局和支部党建年度计划,通过“两规范、一强化、一严格”推进基层党建工作,提升党建水平。利用网络建立电子台帐,实现基层党组织规范建设的电子化管理。梳理制定26项台账资料、管理表格,序时登记、日常检查、按季考核,进一步规范日常管理。建立党总支委员挂钩支部建设的《党建联系点制度》,指导基层党建工作开展,同时以“春训”为契机,组织开展党务干部专题培训班,进一步提高党建工作规范管理水平。将党建工作纳入全局月度工作安排,制定《党支部基础建设规范化要求》,并采用“督察、评价、讲评”三位一体的方式强化过程管理。制定党建工作专项考核工作办法,采用定性评价、定量考核等方式分别从职责履行、争创成果、综合评价三个维度进行考核,设立包括组织发展、学习宣传、纪律检查、综合评价、争创成果等3类5项17个指标。(张显美 潘小保)

建立春训“四联动”机制 利用春训,积极规划年度教育培训工作,继续开展“比学习、赛技能、强素质”专项活动,实施“月训季考”,按月培训、逢训必考,按季统考,列出各月具体培训内容,建立培训常态机制。紧扣工作实际要求展开学习,侧重强化对基础岗位职责及工作要求的培训,将日常检查、绩效考核等渠道发现的问题列入专项培训内容;在培训对象上分年龄段分别开设学习小组,通过灵活学习形式、强化成效激励等提升参与意识。建立“集中培训、日常培训、自主培训、个人自学”四联动培训机制,集中开展全员培训,通过领导领学、干部自学、专题辅导、座谈讨论等多种形式进行学习;同时各部门通过“小班教学”“轮流授课”“一帮一”“部门学习小助手”等多形式开展自学;实施“团队学习小组”自学模式,开展分类教学,继上年“青年干部学习班”的基础上,建立分年龄段学习小组、“注税学习小组”,增强春训实效。

(封世雄)

加强干部交流谈心 制定《关于进一步加强干部交流谈心实施办法》,完善干部思想沟通、交流谈心机制,关心干部的工作学习、身心健康和生活成长,营造风清气正、团结实干、快乐互助、勤廉高效的工作氛围。落实局长(内部)接待日、局长室联系基层、民意代表、部门谈心、党群共建等制度,进一步畅通谈心渠道,广泛征集群众意见。通过党政、群团谈心会、接待日等必访必谈活动载体,主动呼应干部心声,实现干部的思想脉搏、工作实绩、学习取向、身心健康及家庭生活“五知晓”;部门的目标计划、组织建设、工作推进、团结协作和困难不足“五掌握”。对收集的各类意见建议做好收集、整理、分析,确认责任主体,督办责任部门明确整改事项、目标和时限,细化整改措施、办法和要求,对需即时整改的问题,立即反馈;对个性化问题,点对点反馈;对共性问题,面上答复,统一反馈。

(张显美)

荣获“人民满意单位”称号 将服务经济发展作为工作第一要务,以组织收入为中心,克服经济形势压力,提升组织收入成效;深入推进税源专业化管理改革,夯实征管基础,强化税种管理大力开展“阳光稽查”、行业检查和国地税联合检查;强化干部业务技能的提升,开展“学业务、赛技能、强素质”专项活动,成立“青年先锋队”,同时重点强化窗口录入员的业务提升,采用“晨课夜校”等方式开展急训,规范仪表言行,提升服务水平;对新办纳税人依托“纳税人学校”实施初始培训、对现有纳税人依托月度“提高班”实施常态培训、对偏远纳税人采用“流动税校”实施贴近培训;积极组织“送政策,解难题,走进纳税人”系列活动切实提升服务纳税人水平。2013年,溧水局连续第十次被评为区“人民满意单位”称号。(张显美)

(责任编辑:朱旭)

高淳地方税务局

概　述 2013年,南京市高淳地方税务局(以下简称高淳局)以“调整完善、进位争先”为工作主题,大力组织各项收入,深入推进依法治税,不断深化征管改革,倾力打造文化品牌,扎实开展学教活动,各项工作取得了较好成绩。在全区综合考评中,高淳局被评为“全区综合考核优胜单位”。

学教活动扎实开展。按照“起点要高、标准要高、人员要强、工作要实、效果要好”的要求,扎实开展党的群众路线教育实践活动。通过发放征求意见表、召开座谈会等渠道和途径,共征求建议和意见60条。领导班子主动开展对照检查,共找出班子“四风”问题18条,班子成员“四风”问题81条,针对查找出的问题和意见,深刻剖析思想根源,积极制定整改措施,形成整改行动计划30条,整改意见32条,改进制度16个,解决了一批干部职工和纳税人关心的问题。

征管改革持续完善。以风险管理为抓手,突出风险管理的引擎作用,全年开展风险应对979户次,应对入库税款4500多万元。以提高税法遵从度和降低税收流失率为目标,主动夯实征管基础,完成了16户大企业税务审计,审计税款1533万元。对全区89个重点市政项目、20个重点工程项目及18个房地产项目进行了专项核查,形成税收4183万元。全年共清理非正常户52户,清理零申报户159户。在四季度“税源与征管状况监控指标考核”中,区局获得系统排名第一,征管质量和水平进一步提升。

服务水平不断提升。围绕“三个满意”,以“减负提效”为目标,创新服务举措,提升服务效能。开展支持电子商务发展、软件企业发展、涉农企业发展等专题调研,办理各项减免税1356户次,减免税收8707万元。举办各类税收宣传活动12场次,培训纳税人800多人次。处置纳税人投诉10余起,投诉回访满意率100%。简并征期,简并报表,为近1500户增值税纳税人减负。积极推广应用自助办税机、推出下班延时服务、开展办税服务厅“查摆问题、总结经验”活动,服务质量和服务水平提升。

依法治税深入推进。获得“六五普法”中期考核先进单位和“法治高淳建设先进单位”等荣誉称号。以“规范执法示范岗”创建为抓手,强化税收执法督察,全年开展各类督查6次,发现过错行为8人次,并按规定进行责任追究。以风险管理为导向,全面加大税务稽查力度,全年查处百万元以上重大案件2起,处理涉税举报案件10起,全年入库查补收入4690万元。

队伍建设展现新貌。全局干部、职工思想进一步解放,干劲进一步激发,大局意识、责任意识得以增强。2013年,先后获江苏省职工书屋示范点、南京市创业工作先进集体、2010-2012年度高淳县文明单位、“2010年-2013年高淳区群众体育先进单位”等荣誉称号。全局24名中层干部进行了职级晋升,42名干部晋升科级非领导职务。2名中层干部在市局抽考中受到表彰,5人获市局“优秀税收业务能手”,1人获注册税务师资格。

文化重塑绽放特色。确立“淳和税悦”文化品牌,形成了蕴含“服务、廉政、法治、人文、地域、争创”等6个不同文化主题的楼层文化。同时以“窗口驿站”为平台,开展“微笑文化”建设。全局文化建设形成一体两翼格局,营造了良好的“大家庭文化”氛围。

行政保障彰显成效。改进文风、会风,科学简并考核评比项目。倡导勤俭节约,“三公”经费支出明显下降,办公用房清理得到有序开展。加强工作纪律的监督检查,作风建设和环境卫生得到持续改进。车辆和驾驶员管理得到有效增强。食堂推出“光盘行动”和“电子菜单选择”机制,浪费现象得到有效控制。加强政务信息、税收宣传和涉税舆情监控,24篇信息被省级以上部门采用,3篇论文在省部级以上刊物上发表。3起舆情被及时发现并妥善处置。严格执行财经纪律,主动加强财务管理,规范财务收支行为,后勤保障水平进一步提升。

(杨丽华)

机构设置及负责人

办公室

主　任　　陈玉才

副主任　　钱志英

人事监察科

科　长　　陈月影

副科长　　李小兵

征管和科技发展科

科　长　　陈树华

副科长　　杨剑龙

税政法规科

科　长　　孔华梅

副科长　　吕志浩

规划财务科

科　长　　孔令海

数据管理科(税收风险评估分局)

科　长　　章　玲

副科长　　　　王红华

稽查局

局　长　　　　赵华龙

副局长　　　　刘晓鸽

征收税务分局(纳税服务局)

分局长　　　　邢建顺

副分局长　　　魏玲燕

第一税务分局

分局长　　　　史天桢

副分局长　　　赵洁如

副分局长　　　李爱彬

第二税务分局

分局长　　　　雍冬林

副分局长　　　赵小明

副分局长　　　陈昆恒

第三税务分局

分局长　　　　金淳生

副分局长　　　韩炳新

副分局长　　　朱红华

(杨丽华)

组织各项收入 31.39 亿元 2013 年，共组织各项收入 313958 万元,同比增长 23.96%;组织税收收入 256594 万元,同比增长 33.73%;其中,省级税收 7028 万元，同比增长 21.47%，区本级税收 249566 万元,同比增长 34.11%;组织公共预算收入 169282 万元,同比增长 17.63%(剔除“营改增”因素增长 30%)，分别完成市局和区政府计划的 109.6%、104.4%。组织社保费入库 48451 万元;组织各项基金费入库 1178 万元，同比增长 3.6%。

(杨丽华)

春训工作 “点、线、面”有针对性地开展培训活动,做到区局干部不分岗位、不分服务范围,争作全面型人才。一是从面上广泛开展全员培训,针对一年来的税收新政、工作中常出现的错误及小企业会计准则采用集中授课的方式培训，聘请财务专家为大家解读小企业会计准则疑难。二是从线上由各部门牵头组织,结合工作实际,以分局和科室为单位,通过小班教学“一帮一”、部门学习小助手等形式自主培训,建立“集中学习日”制度,实现“工作学习化,学习工作化”。三是从点上鼓励和引导干部开展自学,结合每个人的实际情况,制定好学习目标、学习计划和学习重点,并确保落实到位。强化网络助学，依托互联网优质资源和内部网教平台,充分发挥网络助学的功能。要求区局干部网络教育积分一季度不得少于 60 分,积分考核依据以春训相关内容的学习为主。

(魏巧云)

房产税、土地增值税“两税”专项清理 按照“信息比对、实地核查、内外互动、规范管理”的思路,着力“三个比对”开展专项清理,全年入库房产税、土地增值税 9298 万元。一是与税源登记信息数据比对细拾遗，梳理出已登记税源和入库税款有差异的企业清册,确保两税数据登记的有效性。二是与历史数据比对勤补缺,梳理出少缴税户清册,对于土地坐落地、应税土地面积、房产原值等基础信息确有变化的,彻底摸清税源底数,确保两税基础数据的真实性。三是与第三方信息比对巧增收,调取土地、房产、地方政府等部门的相关数据信息,摸清房产和土地具体用途、拥有面积、实际拥有人和使用人等情况，对涉税情况复杂或税企双方存有争议的,及时转入评估或稽查流程,确保房产税、土地增值税入库的时效性。

(朱红华)

开展“支部进社区,党员进百户”活动 一是精心组织、主动作为。通过转作风、走基层,征集群众意见。结合实际、找准载体、突出特色,将“支部进社区,党员进百户”作为这次活动的自选动作。通过“大走访”践行党的群众路线,依靠“接地气”促进作风转变。二是因地制宜、注重实效。根据各乡镇特点及企业情况,成立 4 个工作小组,分别走访全区八镇两区及其所属社区和村，以及部分重点企业。通过调研、实地查看、走访农户、与企业座多种形式了解民意,坚持边走访、边调研、边服务、边整改。三是及时反馈、抓好落实。通过走访各乡镇及红太阳集团、红宝丽股份有限公司等重点企业,征集意见和建议近 10 条,及时梳理反馈意见,积极抓好整改落实,切实帮助乡镇、企业协调解决涉税问题,对本局征管和服务中存在的不足不断完善。

(邢景琮)

企业所税汇算清缴 一是加强组织勤练兵。制定工作方案,明确责任人、工作内容和工作时限,同时开展岗位练兵活动，提高税收管理人员业务工作水平，为汇算清缴工作的开展提供保障。二是广泛宣传重辅导。通过举办所得税法培训班、上门辅导等形式，为纳税人提供面对面、点对点有针对性的辅导服务，帮助纳税人正确进行纳税调整和企业所得税年度申报表。三是科学梳理细排查。采取上下联动方式，由分局自行梳理和科室梳理相比对，确定最终汇缴户数。四是强化政策严审核。按照“核实税基”的要求，重点审核企业有无违反规定减少收入、增大成本和费用等情况；重点审核各项费用支出、是否按税前扣除规定执行，严格审批程序。五是规范减免重管理。加强企业所得税减免税备案和后续管理，明确减免税后续管理备案项目，统一减免税管理流程，规范减免税管理文书，并认真落实后续管理的相关规定，实现备案和评估检查的有机结合。共汇算清缴入库企业所得税 5520.16 万元，较 2012 年同期增长 3607.48 万元，同比增长 188.61%。 (吕志浩)

人大代表税收知识专题辅导 邀请全区 40 多名人大代表走进地税局，参观指导地税工作。在参观完服务厅后，区局局长、党组书记殷璧峰为各位人大代表作了一堂内容丰富的税法知识专题讲座：一是税收基本知识。从税收概念特征、我国税收发展历史、我国现行税制以及我国现行税收管理体制等多方面阐述了税收基本知识。二是近年来高淳局组织收入情况。详细介绍了高淳局近三年来组织收入增长情况，围绕收入特点解读了重点行业发展情况，并分析了“营改增”对收入的影响。三是高淳税源结构及总部经济发展情况。对高淳税源结构存在的问题进行分析和探讨，并对高淳大力发展总部经济提出了意见和建议。 (杨丽华)

案源管理优化 把案源管理作为关键来抓，共组织查补收入 4690 万元，完成市局下达收入任务的 144%，有效促进了税务稽查效能的提升。一是立足风险管理，加强高风险应对主动性。建立风险数据二次筛选协作机制，通过与历史数据、行业总体状况及纳税人实际经营情况等多纬度进行对比，对风险数据的有效性和准确性进行甄别，避免由于基础数据不准确带来的无效风险。二是加强部门沟通，及时掌握税收异常信息。将科室日常业务管理及中心工作开展过程中发现的异常信息及时纳入案源信息，主动与税源管理分局进行沟通，了解管理相对薄弱及需要税务稽查协助的信息，结合本地经济及税户特点，筛选出有价值的案源信息。三是拓宽信息渠道，增强外部门信息敏感性。实施多部门多渠道合作，加大与外部门的沟通和数据交换，有针对性地开展重点行业和重点区域的假发票联合整治，提高整治效果。四是注重经验积累，建立长效案源管理机制。剖析选案工作中的不足，掌握区域或行业特点，积累行业或区域稽查经验，同时逐步建立长效案源管理机制，提高稽查选案的针对性。 (赵华龙)

税收宣传月主题活动 4 月 18 日，与区国税局共同举办“国地税联合共议营改增、征纳方互动同绘发展梦”主题活动。邀请来自交通运输、广告设计、咨询服务等行业 8 位纳税人代表共同参与，通过面对面座谈交流，共同探讨“营改增”过程中企业的难题和需求，以及企业对税务机关的意见和建议，活动中还发放了国地税联合编印的“营改增”税收热点问答宣传手册。通过举办此次座谈，一方面搭建了征纳双方沟通桥梁，将纳税人在实际工作中遇到的问题和困惑及时进行了沟通收集，为税务机关下一步工作指明了方向；另一方面通过座谈，共绘发展梦，增强了企业的信心，也进一步融洽了征纳关系。 (钱志英)

“学习先进典型、弘扬正能量”主题演讲比赛 11 月 28 日，举办了以“学习先进典型、弘扬正能量”为主题的演讲比赛。此次演讲比赛有 9 名选手围绕主题，紧贴税收工作实际，用朴实生动的语言，感悟身边人、身边事，讴歌了地税干部甘于奉献的感人事迹，充分展示了高淳地税干部良好的精神风貌。经过近 2 个小时的紧张角逐，最终评出一等奖 2 名、二等奖 3 名、三等奖 4 名。此次演讲比赛，是一堂生动活泼的思想教育课，也是对全体干部职工争先意识、团队精神和爱岗拼搏的一次检阅，展现了该局广大干部职工的良好精神风貌，收到了良好的促进和宣扬效果，营造了一种全局上下“学习先进、比学赶超”的良好氛围。 (李小兵)

劳务、人力资源公司税收征管专项治理 针对各类劳务公司、人力资源公司开票异常的现象,高淳局通过“四个强化”对该行业开展专项治理,有效堵塞发票管理漏洞,降低税收征管风险。一是强化税户梳理。结合大集中登记数据和发票管理数据,梳理涉税户 146 户,其中领票户 56 户,将相关数据推送分局造册管理,对于发生增减变动情况的,及时更新。二是强化实地核查。比对领票户实际开票与税款入库信息差异,筛选 16 户疑点户推送管理分局,对企业资格、开票抵扣、经营地址等情况开展实地核查,共计核查发票 1477 张,涉票金额 6.62 亿元,核查疑点税款 50 万元。三是强化发票限额管理。按照上级规定的标准及流程,设定发票限额参数,对确有特殊情况需要超标准开具发票的,实施报批手续,对发票准购票种、数量以及限额设定等情况单独登记台账备查。四是强化纳税服务。发放《高淳局对发票使用规范的通知》,对实名制开票、项目明细开具、限额重新设定、差额抵扣管理等政策进行详细宣传和解读,提高纳税人对政策的知晓度和理解力,规范企业用票管理。(杨剑龙)

落实税收优惠为中小微企业减负 在落实各项税收优惠政策的基础上,进一步优化纳税服务,帮助中小微企业和个体工商户减轻负担,全年共申报、备案、审批各类减免税 1356 户次,减免金额 8707.28 万元。通过编发《涉税信息月报》、办税服务厅电子屏公告,重点宣传支持中小微企业发展的税费优惠政策,并结合税收宣传月活动,组织税务干部深入小微企业开展纳税辅导,对符合条件的小微企业及时进行备案登记;继续开展和落实各项个性化及便民服务措施,对税费优惠政策的落实效果,推行服务跟踪问效办法;加大监督检查力度,及时通报各部门政策执行情况,并将政策落实情况作为税收执法综合督察的重要内容,纳入干部绩效管理考核。(邢亮头)

强化委托代征管理 对辖区 14 家委托代征单位及 8 个个体代征点开展全面检查,并针对检查中发现的问题及时进行辅导和整改。一是严查代征管理制度,确保正确履行代征义务。审核委托代征单位的资格条件和财务制度,重点检查是否按照代征协议的要求履行代征义务,审查代征人员管理是否到位、代征工作流程是否规范、代征信息系统是否应用到位、代征税款申报是否符合要求。二是严查代征税款账户,确保税款入库准确及时。查看代征税款是否存入代征专用账户,是否按规定期限解缴税款,结息账户的利息是否按期上交,是否有违规挪用或将代征税款转入其他账户的现象。三是严查票证质量,确保票据开具真实准确。对代征单位及个体代征点开具的税票进行抽样检查,同时对开具的税票、发票和纳税人提供的申请资料进行联合交叉比对。四是定期辅导督察,确保代征质量日趋提高。对发现的问题及时落实整改,对不符合委托代征条件的严格按规定取消委托代征资格。1–5 月,共委托代征税款 2.12 亿元,较 2012 年同期增长 8.2%。(魏巧云)

个体私房零散税收征管 一是推进联合征管。整合国地税共管个体户征管工作流程,实现办理新办共管个体户登记、清理核查、税务检查、税收定额、税款征收、注销稽核工作、委托代征、典型行业调查工作等八个方面的联合征管。二是明确责任分工。规范委托代征管理,进一步明确代征人员和税务人员的工作职责,杜绝职责不清和越权行为发生,加强委托代征制度的落实,发挥护税协税网络优势。三是强化部门配合。加强与公安、房产、工商、商贸等部门之间协作关系,与多部门配合做好房屋租赁业税收管理工作;建立相应工作协调制度,定期交换房屋租赁信息,协调处理工作中出现的问题。四是规范办公管理。实行国地税个体征管合署办公。对共管个体户采取共同委托代征、征管信息互补等联合征收形式,对单管个体户,积极推进对国税门临征收个体有证户税收相关地方税收的征收工作。(韩炳新 金淳生)

党的群众路线教育实践活动 一是创新组织推动,激发工作活力。围绕“三动”,加大推进力度,即:教育引导带动、党群、干群互动、深入调研推动;在大厅悬挂横幅,制作实践活动宣传展板,领导带队认真开展基层走访调研活动。二是创新学习方式,强化群众观念。倡导“四学”,即:集中学习、结对联学、到基层学、向身边学;在方式上建立“四个一”,即:组织一次讲座、组织一次集体学习、组织一次讨论,做一件改进作风、服务群众的具体事项。三是创新教育载体,加强实践锻炼。通过开展“局领导基层一日”“支部进社区(村)、党员进百户”等活动,广泛征求基层一线干部群众及社会各界的意见和建议;围绕“实干清廉转作风,提效惠民促发展”这一载体和抓手,开展“先锋创绩我先行”活动;开展“我承诺、我服务、我快乐”活动,在干部中选树典型。 (陈月影)

改进作风 一是真学真做求深入。加强正面宣传引导,实行“三动”,即教育引导带动、党群、干群互动、深入调研推动,营造活动氛围。把“学习教育”环节细化为 11 项活动,局领导班子成员实施“基层一日”活动征求意见,开展“群众当师傅、领导当学徒”岗位实践活动等;做好“先锋创绩我先行”活动,以“出一块展版、编一本册子、做一次演讲”来全方位选树 16 名干部典型,激发正能量。二是真查、真摆广纳谏。实施“支部进社区(村)、党员进百户”活动,开展“听民意、惠民生、提效能、促发展”专题大走访活动。开展“人大代表进地税”活动,广泛征求意见和建议。区局主要负责人“每月一日”接待基层干部群众反映困难和问题。多方位、多层面、多形式开门搞评议。三是立说立行促整改。建立“领导沉下去,基层走上来”沟通机制,开展“访贫问苦解忧”干部职工家庭走访活动,建立并开展班子与干群经常性的沟通谈心机制。 (陈月影)

打造“淳和税悦”文化品牌 结合自身特质和地域特色,着手打造“淳和税悦”税务文化品牌建设:一是外化于形,创新物态化税务文化载体。构架“楼层文化”,根据楼层分布,将一至六楼分别赋予不同的文化主题;设计“桌面文化”,将年度提出的工作目标制成桌卡;撰“读本文化”,设计税务文化手册,编制《岗位廉政教育读本》等,通过外在物态表现让文化在税务干部中能入眼、入手、入脑、入心。二是内化于心,拓宽行为化的税务文化载体。开展岗位能手竞赛、岗位练兵等活动,开展“找先进、树先进、学先进”活动,提出“大家庭文化”的理念,组织干部参加爱国主义和革命传统教育等活动,培养干部的归属感、责任感和团队精神。依托党群组织和工会平台,开展形式多样的文体活动,增强职业幸福感。实施“党员群众结对共进”,开展扶贫帮困等活动,增强社会责任意识。三是固化于制,挖掘主题化的税务文化载体。坚持科学民主决策,实施重大决策、重点工作干部“参议制”,建立以风险管理为导向的内部管理机制,开展“岗位廉政教育实践活动”等主题活动,促收履职。 (钱志英)

(责任编辑:朱旭)

重要会议材料

深入贯彻落实党的十八大精神 凝心聚力开创南京地税科学发展新局面

——柏鹏同志在南京地方税务工作会议上的讲话
(2013年1月25日)

这次会议的主要任务是，深入学习贯彻中共十八大精神，认真落实总局、省局会议要求和市委、市政府决策部署，回顾总结去年工作，研究部署今年任务。下面，我代表市局党组，讲三点意见。

一、2012年工作成效显著

过去的一年，是南京地税发展进程中不寻常、不平凡的一年。全局上下围绕"改革攻坚、创新突破"的工作主题，突出转观念、抓收入、推改革、带队伍，在挑战多、压力大、任务重的情况下，各项工作取得了新的成绩，集中表现在"九个新"上。

(一)组织收入实现新增长。去年，组织收入形势严峻，挑战和压力前所未有。我们始终坚持组织收入原则，加强分析预测，强化重点税源管理，落实33条促收措施，通过充分挖潜增收，较好地完成了组织收入任务。全年组织各项收入902.87亿元，增长15.6%，首次突破900亿元。其中，税收收入564.86亿元，剔除"营改增"因素，增长12.1%；市县级公共预算收入437.25亿元，剔除"营改增"因素，增长16.9%；组织社保费收入291亿元，增长21.9%，地税收入占全市公共预算收入的比重达59.7%，财力保障作用进一步增强。

(二)服务大局取得新成效。围绕全市综合改革、筹办青奥、产业转型、民生保障等重大决策部署，梳理300多条服务政策。全年办理减免税70亿元。其中，促进和改善民生，为19.7万户企业和个人办理减免税39.3亿元；服务转型发展，为5100户企业减免税收12亿元；落实科技创新政策，为1000多户企业减免税收10多亿元。向市委、市政府报送《透过税收看经济》11期，受到市领导的充分肯定和高度重视。去年，我局工作10次受到市委、市政府主要领导的批示肯定，党委政府的满意度进一步提升。

(三)征管改革迈出新步伐。稳慎推进税源专业化改革，4月1日，新征管体制正式运行。充分发挥风险管理的中枢地位和任务引擎作用，利用综合治税信息平台，加强第三方数据交换，全年推送风险任务1.5万户，实现应对收入18亿元，税收贡献率达3.2%。夯实征管基础，深化发票综合改革，税源与征管状况监控工作在全省排名第1。加强信息化建设，做好大集中升级改造对接工作，开发应用"税务通"移动办公平台，信息化支撑作用进一步凸显。

(四)纳税服务获得新殊荣。在去年全国纳税人满意度调查中，我局以综合得分90.21分，位居26个省会城市国地税第1名。加强办税厅规范化建设，网上办税达到580万人次。12366咨询量达122.7万人次，受理12345政府转办单952件，综合考核列全市53个职能部门第一。网站访问量突破4000万人次，被评为江苏省文明网站。完成30集"税税通"动漫片制作，受到总局表彰并在全国推广。依托全市20个纳税人之家，开展活动49次，纳税人权益得到进一步保障。

(五)依法行政取得新进展。加强税收法制建设，我局被认定为2012-2013年省级依法行政示范点，2家基层单位被省局授予依法行政示范单位称号。强化税收执法监督，开展税收执法专项督察，建立"突出重点、风险预防、动态优化、持续改进"的税收执法责任制体系，对8家基层单位开展经济责任审计。加大稽查力度，全年查处100万元以上案件79件。严厉打击发票违法犯罪活动，查处发票违法案件145起，破获发票犯罪案件158件。全年查补收入12亿元，增长108%，以查促管职能进一步发挥。

(六)税种管理得到新加强。加强营业税管理，营业税收入突破200亿元，积极稳妥做好"营改增"试点工作。加强所得税汇算清缴及后续管理，汇算应缴税款52亿元，增长11.5%。做好高收入者个人所得税直接管理创新工作，12 万元以上自行纳税申报人数突破 10 万人，我局开发的自然人数据库系统，在全国会议上受到总局王力副局长的表扬。构建国际税收工作新机制，非居民税收收入比上年增长 4.7 倍。加大土地增值税清算力度，清算项目 182 个，补征税款 20.1 亿元，增长 24%。加强房土两税税源普查，全年房土两税入库 39 亿元，增长 20%。契税、耕地占用税征管进一步加强。

（七）干部队伍呈现新面貌。加强领导班子和干部队伍建设，开展“三争三创”主题活动。获得省局 2011 年度“三个一流”考核第一名。全年有 255 人次获得市以上荣誉称号，85 人次受到总局、省局发文表彰表扬。晋升 195 名科级非领导职务，建立系统综合管理、行政执法、专业技术 3 大类人才库，我局人才工作经验做法被省局和市委简报专题刊发。加大教育培训力度，举办 24 期脱产培训班，培训科以下干部 1472 人，干部培训学校被评为全国“职工教育示范点”。深化“先锋行动”党建品牌，机关党委被表彰为全省创先争优先进基层党组织。加强党风廉政建设，3 家基层单位获市级“廉政文化示范点”称号，强化廉政风险防范，打造“清风税廉”廉政文化品牌。推进作风行风建设，地税形象进一步提升。

（八）文化建设绽放新亮点。推进文化创新，岗位文化建设经验做法在全省地税系统会议上作了大会交流。文化教育基地接待参观 7000 余人次。深入开展精神文明创建活动。打造“幸福地税”，实施“干部健康提升工程”，新出台 12 项服务举措，为干部群众办实事。推进工会“阳光家园”、妇联“康乃馨行动”、共青团“青春铸税”品牌建设，依托 12 个文化俱乐部，开展各项活动 230 余次，获得市以上文体比赛奖项 110 个，组织向心力进一步凝聚。

（九）行政效能得到新提升。加强创新工作管理，全年实施创新项目 58 个。顺利通过全省五星级档案验收。政务信息工作被省局表彰为 2011 年度先进单位，得分名列全市 89 个被通报部门第 1 名。组织“税收宣传月”活动，加强涉税舆情监控，全年处置涉税舆情 79 件。规范财务管理，坚持预算从严，审批从紧，控制支出。按照省局打造“三个中心”的要求，对汤山干部培训学校实施全面改造出新。建立机关后勤内控管理机制，加强固定资产、政府采购、基建、车辆、安全管理，后勤服务保障水平进一步提升。

回顾过去一年的工作，成绩来之不易，令人振奋。这是省局和市委、市政府正确领导的结果，是社会各界和广大纳税人大力支持的结果，是全体干部职工辛勤工作的结果。在此，我代表市局党组，向全系统广大干部职工，表示衷心的感谢和崇高的敬意！

在肯定成绩的同时，我们也要清醒地看到工作中存在的不足：一是改革创新还要进一步巩固、完善和深化，各单位在推进改革的过程中，还存在发展不平衡、协作不紧密的问题，基层负担过重问题没有得到根本缓解。二是税收在服务发展、改善民生方面，作用还要进一步发挥，在服务纳税人方面，工作还要进一步细致，实效性还要进一步增强。三是干部队伍素质能力还要进一步提高，人力资源配置、考评激励机制有待进一步完善，少数干部主动学习不够、责任意识不强、业务技能欠缺、履职状态不佳。对于这些问题，我们要认真研究，切实加以解决。

二、以中共十八大精神引领地税工作

认真学习贯彻十八大精神，关键要紧密联系地税工作实际，坚持学以致用、用以促学、取得实效。全局上下要坚持“四个牢牢把握”，落实到地税工作“四个实践”中去：一是牢牢把握科学发展观的历史地位，落实到推动地税发展的实践中。要以科学发展观统领税收工作全局，贯穿于地税事业发展全过程。在价值取向上，坚持以人为本，牢记为国聚财、为民收税的神圣使命；在工作主题上，坚持服务科学发展、共建和谐税收，促进经济社会全面协调可持续发展；在目标定位上，始终瞄准省内领先、全国一流，不断开创地税事业发展新局面。二是牢牢把握“五位一体”的总体布局，落实到服务发展民生的实践中。要进一步增强促收履职的责任感，把握好筹集财政收入与调控经济、调节分配职能作用的平衡点，既要保持税收收入平稳增长，又要为经济健康发展提供有效政策支持；把握好发挥税收职能作用的着力点，在促转型、调结构、惠民生以及服务文化大发展大繁荣、加强生态文明建设等方面发挥重要作用；把握好依法行政与维护公平的结合点，进一步规范税收秩序，关注弱势群体，维护社会公平正义。三是牢牢把握深化改革开放的目标要求，落实到推进改革创新的实践中。要坚定不移地把改革创新摆在更加突出的位置，更深层次激发干部活力、释放内在潜力、增强发展动力。进一步深化税务重要领域、关键环节的改革创新，在推进征管改革上有新举措，努力降低税收流失率和征纳成本；在创新社会管理上有新方法，努力提高纳税人满意度和税法遵从度。四是牢牢把握党的建设新的伟大工程，落实到加强队伍建设的实践中。要围绕执政能力建设、先进性和纯洁性建设这条主线，努力造就一支政治坚定、业务精湛、作风优良、勤政廉政、团结和谐的高素质、专业化干部队伍；围绕提高能力素质和关心关爱干部，充分调动干部的积极性、主动性和创造性；围绕干部清正、政府清廉、政治清明，全面加强党风廉政建设，促进干部廉洁从税。

展望2013年，挑战与机遇并存，困难与希望同在。一方面，我们要正视新挑战。一是国际经济形势错综复杂，我国发展仍面临不少风险和挑战，不平衡、不协调、不可持续问题依然突出。二是今年是南京“三大攻坚战”的关键年，面临的任务非常艰巨。市委、市政府提出，今年各项主要经济指标要好于去年、快于去年，对我们组织收入工作提出了更高要求。三是今年结构性减税有加大趋势，“营改增”扩围预计新增减收因素50亿元，地方税收总量和增幅将逐步收窄。四是外部监督、执法风险越来越大，对干部的思想观念、能力素质、工作作风带来了新的考验。另一方面，我们更要看到新机遇。一是我国发展仍处于重要战略机遇期，经济发展企稳向好的局面不会改变。中共十八大明确提出加快完善地方税收体系，为培育地方税源提供了契机。二是市委、市政府提出，要坚持“稳中求进、以进促稳”主基调，今年南京各项投入5000多亿元，有助于税收可持续增长。三是我们的工作基础实、改革意识浓、法制建设好、创新能力强，尤其是经历了去年前所未有的困难挑战，倒逼着我们开拓思路、找到办法、积累经验、提升能力、锤炼队伍，这是我们做好今年工作的重要基础。只要我们永远保持逢山开路、遇河架桥的精神和气魄，因势利导，克难奋进，一定能够化挑战为机遇，变被动为主动，有效降低不利因素的叠加影响，不断放大积极因素的乘数效应，凝聚正能量，发挥新优势，把握主动权。

2013年，全局工作的总体要求是：深入贯彻落实中共十八大精神，坚持以科学发展观为指导，以组织收入为中心，着力推进税收征管改革、社会管理创新、税务文化建设“三大工程”，努力实现管理效率、服务质量、执法水平、队伍素质、地税形象“五个提升”，以新的作为、新的业绩，赢得党委政府的认可、纳税人的满意、干部职工的拥护。

做好今年工作，在工作推进层面必须做到聚焦大事、聚焦重点，齐心协力推进“三大工程”：

*一是积极稳慎推进税收征管改革工程。*今年改革的总体要求是，理论探索要超前，先行先试要积极，全面推行要稳慎。目标是，勇当全省地税系统改革的主力军，全国副省级省会城市改革的排头兵。要围绕“四项内容”完善提高。认真总结经验，查找梳理问题，采取相应措施，着力在“优化办税服务、理顺工作职能、提高数据运用效能、深化大企业管理”上完善提高。要围绕“四个重点”有效作为。进一步突出风险管理的中枢地位和任务引擎作用，以风险管理为导向，重点围绕“强化过程控制、完善指标体系、加强第三方数据交换运用、建立健全应对指引”等方面，全面提升风险管理水平。要围绕“四大领域”积极探索。依据总局改革方向，结合南京实际，超前研究，大胆探索，着力在“事先裁定、税收流失率估算、重点企业税务审计、提高数据有效性”等领域探索实践。

*二是主动作为推进社会管理创新工程。*税务部门在加强和创新社会管理中肩负重要职责。今年要重点在优化纳税服务，促进征纳和谐上主动作为，始终保持全国税务系统一流的位次。要以理念为先导。树立“以纳税人为中心”“执法、管理、服务三者并重相融”等理念，在制度、流程设计和服务工作中，处处体现从纳税人角度出发，更加尊重纳税人的平等主体地位，更加注重保护纳税人的合法权益。要以服务为根本。通过对纳税人需求的多渠道收集、科学化分析、多元化处理，以及基于标准化的服务细分策略，及时、主动地呼应纳税人需求，进一步拓展服务内容，创新服务举措，更好地为纳税人服务。要以满意为标准。从纳税人最关心、最直接、最现实的问题入手，不断优化纳税服务。高度重视纳税人满意度调查中暴露的问题，切实抓好问题整改，完善投诉处理应对，持续提升纳税人的满意度和遵从度。

三是彰显特色推进税务文化建设工程。进一步加深对税务文化的理解认识,深入实践、精心提炼、全面提升,推进税务文化建设向更高层次发展,始终保持全国税务系统领先的地位。要构建富有特色的文化体系。从地税组织的职能定位出发,从税务工作的行业特点出发,从队伍管理的基本要求出发,凝聚广大税务干部在长期工作实践中形成的共同价值观和行为规范,构建具有南京地税特色的文化体系。要建设富有特色的文化载体。加强税务文化阵地建设,创新税务文化载体,利用微博、飞信等载体,展示、传播、弘扬地税文化,不断增强文化创新活力。要打造富有特色的文化品牌。在整合系统文化资源的基础上,打造特色鲜明、具有标识性作用的文化品牌,使广大干部职工和纳税人对管理品牌、服务品牌形成明确的归属感和稳定的聚合力,增强品牌的影响力。

三、2013 年主要工作任务

新的一年,全局上下要咬定目标,创新举措,以更大力度狠抓工作落实,全力以赴实现“六个新进展”。

(一)更大力度发挥职能作用,在提升服务成效上取得新进展。一是抓收入。今年,市政府下达的市县级公共预算收入任务是 474 亿元,剔除“营改增”因素,增长 16%。全局上下要严格依法组织收入,既要防止有税不收,又要防止收过头税和虚增税收,努力实现税收可持续增长,为经济社会发展提供更加可靠的财力保障。要充分利用重点税源企业预测管理系统、收入质量监控系统和“四联动”管理平台,提高税收预测准确性,强化收入质量跟踪监控,加大组织收入工作统筹力度,确保完成收入任务。二是促发展。认真抓好高新技术企业认定、科技研发费用加计扣除政策落实等工作,引导市场主体科学发展。积极创新税收政策服务举措,全力支持南京“1+8”政策体系、“科技九条”、“创业七策”的细化落实,支持战略性新兴产业发展、生态文明建设,助推地方经济发展。三是惠民生。重点落实好支持中小企业发展、促进就业创业、社会保障和民生发展的各项税收优惠,加大对困难企业的税收扶持力度,放大政策效应,促进和改善民生。

(二)更大力度加强税收征管,在提升征管质效上取得新进展。一是完善税源管理。按照专业化管理要求,科学划分岗位,优化岗位设置。推行大企业税收管理平台,探索建立重点税源企业实时监控分析机制。推进小型微型企业警戒线管理,加强个体及零散税源的社会化管理,落实管理职责,提高税源管理的针对性。二是夯实征管基础。推进以“电子发票”为核心的发票综合改革,实现由“以票控税”向“以信息控税”转变。加大国地税联合征管力度,开发并推广国地税联合征管平台。全面推进征管质量管理,重点要提高税务登记信息的准确率,加强对零申报、未申报纳税人的监控,强化对非正常户、预警异常户管理。三是加强税种管理。密切关注国家“营改增”、房产税等税制改革动向,开展完善地方税体系课题调研。加强旅店业、金融保险业营业税管理,强化企业所得税汇算清缴工作,推进高收入者个人所得税直接管理,深化国际税收管理,积极推进房地产一体化管理,严格落实“以地控税”管理举措,完善房、土两税风险指标,加强契税、耕地占用税管理。四是强化信息管税。加强数据质量管理,将纳税人基础信息的审核与确认,全面纳入税源监控体系,落实到流程与岗位。巩固综合治税信息平台成果,加强第三方数据交换应用。完善信息化管理工作机制,提高信息化对税收管理各环节的支撑。

(三)更大力度推进依法行政,在提升法治水平上取得新进展。一是加强法制建设。研究构建专业化管理条件下的执法责任制体系,加大执法问责力度。在全面下放审批权限、实行当场办结、限时办结的基础上,规范和统一涉税事项后续管理内容。加强税务行政裁量权管理,进一步完善行政处罚裁量基准。开展“依法行政示范单位”和“规范执法示范岗”创建,促进公正公平执法。二是强化执法督察。针对执法风险环节、征管薄弱环节,围绕税务行政审批、企业所得税核定征收、风险应对等内容,重点检查是否存在虚增税收、收过头税、擅自减免税、应收不收等行为。配合征管改革,将风险应对质量、结构性减税、免税政策执行、所得税税前扣除等方面作为重点进行专项督察。对外部监督检查和内部执法督察发现的问题,严格按照相关规定进行责任追究。三是加大稽查力度。实施差别化应对,将稽查资源优先用于重大税收违法案件及重点税源企业查处上。严厉打击发票违法市场,认真做好虚假发票“买方市场”整治。组织开展税收专项检查,完善分级分类稽查管理。力争年内查处一批大要案,提升稽查威慑力,促进税收秩序进一步好转。

(四)更大力度优化纳税服务,在提升征纳和谐上取得新进展。一是改进纳税服务。强化纳税服务工作统筹,加强跟踪问效。规范需求管理,深入开展需求和税情分析。创新服务评估,开展现场服务检测。建立电子化档案管理中心,全面应用影印系统。打造功能全面的网上税务局,引导纳税人网上办税。优化办税流程,大力推进“两个减负”,简化、统一涉税资料报送,探索采取设置自助办税机、实施发票配送等多项举措,分流办税厅柜面业务。加强税法宣传,优化门户网站。细分辅导对象,依托纳税人学校、纳税人之家加强辅导。拓展12366热线服务功能,做好升级省级呼叫中心工作,承担好全省知识库维护、咨询员培训等工作。规范窗口建设,加强人文关怀,提升办税服务能力。二是推进政务公开。以公开为原则、不公开为例外,进一步规范公开的形式、时限、渠道及内容。积极探索政务微博、手机媒体、网络平台等信息手段,畅通群众诉求渠道。巩固和扩大权力阳光运行的成果,做到依法确权、科学分权、公开示权、有效控权。三是加强涉税舆情管理。完善新闻发布机制,把握涉税舆情的特点和规律,加强对涉税舆情的引导、应对和处置,进一步突出源头治理,切实增强舆情管理的前瞻性、针对性和实效性,营造良好税收环境。

(五)更大力度加强队伍建设,在提升干部素质上取得新进展。一是加强领导班子建设。推进领导干部交流制度化,探索建立领导班子和领导干部任期目标责任制,加大任中经济责任审计和巡视检查力度。开展“三争三创”活动,大力推进“学习型、服务型、创新型”班子建设,完善理论教育、知识教育、党性教育和实践锻炼“四位一体”培养体系,激发班子建设活力。二是推进人才队伍建设。研究修订干部选拔办法,加快优秀年轻干部成长。明确用人导向,呼应各层面干部合理诉求,探索人才多元化培养机制。搭建干部发展平台,积极向市区县推荐输出优秀干部,年内组织3~5批干部开展跨地区、跨部门挂职锻炼、交流任职。以技能培训为主线,以能手竞赛为载体,以高端培训为补充,组织全员轮训、业务骨干培训,拓展对台交流培训,分期分批派人到台顶岗学习、专业考察、交流互动。加大以考促学力度,着力解决实际工作中的岗位胜任能力。三是加强党风廉政建设。认真落实党风廉政建设责任制,深入推进惩防体系建设。严格执行述职述廉、诫勉谈话等党内监督制度,推进领导干部廉政承诺制管理,促使各级领导干部习惯在监督的环境下工作、在法制的轨道上用权,把权力关进制度的笼子里。着眼于防范,强化与专业化管理相适应的内控机制,推行风险预警防范机制建设。完善反腐倡廉各项制度,加大对制度执行情况的检查和问责力度。以学习贯彻《税收违法违纪行为处分规定》为抓手,推行廉政教育积分和套餐式管理,坚决查处各种为税不廉行为,有效预防职务犯罪。四是加强党的建设。深入开展“三争一创”实践活动,推进“先锋行动”品牌建设,积极推进机关党建工作创新,充分发挥工、青、妇群团组织作用,深化“幸福地税”建设,增强组织凝聚力和向心力。

(六)更大力度改进工作作风,在提升组织形象上取得新进展。一是提高思想认识。税务部门是国家重要的经济管理和行政执法部门,直接面对广大纳税人,税务部门的作风状况,关系党和政府的形象。全局上下要把加强作风建设摆在更加突出的位置,认真贯彻落实市局党组“改进工作作风、密切联系群众”的十项规定,切实增强改进作风的自觉性。二是突出改进重点。对基层请示和反映的问题要限期答复,针对基层的各种检查、考核和评比,能减则减、能并则并,切实减轻基层负担。规范会议管理,落实“周三无会日”,今年市局会议要比上年减少三分之一,尽可能采用视频会议形式,提倡开短会、讲短话,力戒空话、套话。改进文风,精简文件简报,少发文、发短文、发有用的文,避免重复发文。规范财务管理,从严控制经费支出。三是领导干部带头。各级领导干部要以身作则、率先垂范。要深入基层,深入一线,加强调查研究,认真总结实践经验,及时发现和解决问题,切忌走过场。要坚持科学民主决策,按照“集体领导、民主集中、个别酝酿、会议决定”的原则,完善和规范决策程序。要自觉接受群众监督、舆论监督、社会监督,塑造为民务实清廉的良好形象。四是抓好督促检查。纪检监察部门要加大检查监督力度,执好纪、问好责、把好关,要以踏石留印、抓铁有痕的劲头抓下去，善始善终、善做善成，防止虎头蛇尾，对违反规定的要严肃处理。职能部门要围绕重大决策、重要部署和中心工作抓好日常督察，确保工作任务布置一件、落实一件，确保全系统政令畅通、有效执行。

同志们，新的一年，工作繁重，责任重大，使命光荣。让我们在省局和市委、市政府的正确领导下，深入贯彻落实中共十八大精神，团结拼搏，锐意进取，努力开创地税事业科学发展新局面，为建设美丽新南京做出新的、更大的贡献！

柏鹏同志在党风廉政建设暨作风建设工作会议上的讲话

（2013 年 2 月 20 日）

今年加强党风作风建设的重要意义非比寻常，从某种意义上说，这项工作牵一发而动全身，全局上下要把党风作风建设作为今年工作的重中之重，摆在一个非常重要的、突出的位置加以对待。如果说去年我们主要精力是抓收入，今年，我们要花更大力气带队伍。当前，从中央到地方，改进作风要求之高、力度之大、问责之严，前所未有，这才刚刚开始，用习近平总书记的话说：八项规定既不是最高标准，更不是最终目的，只是改进作风的第一步。全系统上下务必要引起高度重视，采取强有力举措，确保党风作风建设不出问题。刚才，军辉同志作了总结和部署讲话，我完全同意，大家要认真抓好落实。下面，我讲三点意见。

一、2012 年党风作风建设工作回顾

过去的一年，全系统上下围绕中心、服务大局，外树形象、内强素质，在党风作风建设上取得了新的成绩，有两组数据足以印证。

去年我们荣获了“三个第一”。一是在全国纳税人满意度调查中，我局以综合得分 90.21 分，位居 26 个省会城市国地税第一。二是在全省地税系统 2011 年度“三个一流”考核中，我局以 1133.57 分，排名全省第一。三是在全市万人评议机关活动中，我局以 94.28 分，位列所有参评部门第一，荣获“人民满意单位”称号。这三个第一，含金量非常高，是全局上下通过一年实实在在工作取得的成果，让我们倍感振奋，倍受鼓舞，需要倍加珍惜。

去年我们实现了“三个没发生”。一是把“保稳定”作为压倒一切的大事来抓，全年没发生一起安全稳定事故。二是党风廉政建设取得显著成效，全年没发生一起涉税违纪案件。三是涉税舆情得到有效防控，全年没发生一起重大涉税舆情事件，全局上下以实际行动维护了和谐稳定的大好局面。

在肯定成绩的同时，也要清醒地看到，全系统在党风作风方面还存在一些问题，主要表现在：

在党风建设方面：一是为税不廉。少数干部廉洁自律意识不强，以权谋私，“吃、拿、卡、要、报”等行为屡禁不止，损害纳税人利益的问题时有发生。二是人情执法。个别干部执法不严，尺度不一，滥用职权、不作为、乱作为的苗头仍然存在。三是铺张浪费。个别单位艰苦朴素、勤俭节约不够，公款消费、浪费现象没有得到根本遏制。

在作风建设方面：一是推诿扯皮。有的单位、部门“你的”“我的”分得十分清楚，工作中缺乏沟通、配合意识，对基层反映的问题，明确答复不够及时。二是作风飘浮。表现为坐而论道，浮躁不实。个别干部存在庸、懒、散现象，上班混日子，出工不出力，忙私活、糊公事，迟到早退，作风涣散。三是畏首畏尾。少数单位精气神不足，对工作部署缺乏执行力，有畏难情绪。少数领导干部习惯于做“老好人”，抓工作怕得罪人，对矛盾问题不敢管、不愿管，工作打不开局面。四是不思进取。少数干部安于现状，得过且过。学习氛围不浓、钻研业务不够，不能适应专业化管理要求，为纳税人服务技能欠缺。

对于以上问题，大家要引起高度重视，认真对照检查，切实加以整改。

二、当前党风作风建设面临的新形势

加强党风作风建设是一个老话题，也是一个永恒的主题。但与往年相比，今年有其特殊背景，面临着新的形势。

*首先，要求越来越高。*习近平总书记在十八届中央政治局第一次集体学习时就指出：大量事实告诉我们，腐败问题越演越烈，最终必然会亡党亡国！中国社科院一份报告显示：中国社会的总体信任度已跌破 60%底线，民众对基层政府、政法机关的信任度不高，很大原因是由于一些政府官员的不作为、乱作为和腐败造成。对新一届中央领导集

体来说,党风作风建设到了非抓不可的时候了。为此,中共十八大闭幕不久,从中央到地方,相继出台了关于改进工作作风、密切联系群众的规定,传递出的信号之强烈让人警醒。习近平总书记在中纪委全会上严厉指出,有腐必反、有贪必肃,坚持“老虎”“苍蝇”一起打,既坚决查处领导干部违纪违法案件,又切实解决发生在群众身边的不正之风和腐败问题,总书记的讲话振聋发聩。

其次,监督越来越严。一是据统计,南京地区有中央新闻机构及省、市主办的不同层次的报纸44家、期刊125家、电视频道20个、广播频率15个、新闻单位驻宁机构101家。在这样的“全媒体”时代,地税工作完全处于“聚光灯”下,一举一动,一言一行,都受到来自方方面面的监督。二是去年,我局共监测到85起负面舆情,其中高风险舆情11起。虽然都得到了较好处置,但集中暴露了一些干部在作风上存在的问题,需要引起我们高度关注。三是当今“税感时代”,税务机关、公务员特别是领导干部,都是社会关注的焦点,两者叠加,注定成为舆论关注的重点,但凡有新闻,几乎一边倒遭到网民“拍砖”“吐槽”。在这个只要一部手机,每个人都可以随时随地制造新闻的时代,大家一定要谨言慎行,要有如履薄冰,如临深渊之感。

第三,联系越来越紧。税收涉及千家万户,关系百姓民生。老百姓对税收,以及由税收所引发的税制、税负、税收用途等,关注度都非常高,没有哪个部门象税务部门这样,与老百姓在经济联系这么紧密。一方面,税务部门的工作性质是收税的,从别人口袋里掏钱,让人说好很难。另一方面,税务部门与老百姓接触面最广,目前,我们直接服务对象包括18.2万名企业纳税人、16.7万个体纳税人、383万名个人所得税纳税人、310万社会保险费缴费人。平均每个工作日有4000多户次纳税人到大厅办税,有1.5万户次纳税人进行网上办税,有4600多人次打进“12366”咨询热线。由于这两个因素,使我们始终处在社会关注、百姓评判之中,稍有不慎,就会引发矛盾,造成工作被动。

三、今年加强党风作风建设的要求

新的一年,全系统上下要充分认识到加强党风作风建设的重要性,以更大力度抓党风、促行风、转作风,从以下四个方面“突出重点、营造氛围”:

(一)突出以机制建设为重点,营造强力推进的良好氛围。要围绕教育、制度、监督、惩治、预防、创新“六大要素”,以“三项机制”为抓手,既架设“高压线”,又通上“高压电”,形成防腐“隔离带”。要建立健全不敢腐的惩戒机制。以更加坚决的态度、更加有力的措施,保持狠抓党风作风的高压态势,进一步加大惩戒机制建设力度。今年要重点查处“吃、拿、卡、要、报”等损害纳税人利益的不正之风,严肃查处各种为税不廉行为和违纪违法案件,发现一起、查处一起,绝不手软、绝不姑息。要建立健全不能腐的防范机制。深入开展理想信念宗旨教育和廉政法规教育,筑牢思想防线。大力开展廉政文化创建活动,深化“清风税廉”文化品牌。结合专业化管理,加强内控机制建设,去年我们梳理了249个风险点,涉及140个权力点,拿出了相关制度,今年要全面推行。在此基础上,内控机制要从廉政建设向作风建设延伸。这里要特别强调的是,税务干部要多从老百姓、从纳税人的角度审视自己,有些事看似习以为常,大家不以为然,实际上换个角度经不起推敲。这方面,年前相关部门已排查出一些风险点,关键要抓好整改,有效防范,消除隐患。要建立健全不易腐的保障机制。党风作风建设是一项长期的、复杂的、艰巨的任务,要经常抓、长期抓,切实抓出实效。要加强监督,拓宽渠道,做到上下结合、内外结合,开展经常性的明察暗访,正确对待、主动应对舆论监督。党风作风职能部门要加强自身建设,知责思为、知任图进、知德守正,敢动真格、敢于碰硬,秉公执纪、严格问责。

(二)突出以责任落实为重点,营造齐抓共管的良好氛围。一是分级负责。落实“一岗双责”,严格责任制。市局由我负总责,郑局长、刘书记具体抓,其他局领导协同配合。在市局—分局(处室)—科所“三个层面”,形成市局局领导—分局长(处长)—科所长——般干部“四个层级责任链”,实行“责任捆绑”。二是齐抓共管。党风作风不是一个孤立的问题,不只是条口上的工作,不光是“一把手”的事。“一把手”作为第一责任人,责无旁贷,要负总责;副职要有明确的责任和任务,承担分管责任。分局班子成员要联系科所,处长、副处长要联系岗位,一旦出问题,除了追究当事人责任外,整个“责任链”都要承担相应责任，形成“问事必问人、问人必问责、问责问到底”的问责追究责任制。三是层层落实。从责任分解、承担、落实到监督、考核、追究，都要一一明确，具体到部门、具体到人、具体到事，加强责任传导，人人有责任，形成一级抓一级，层层抓落实的工作格局。

（三）突出以狠抓落实为重点，营造创新实干的良好氛围。要以良好的党风作风，确保全年8大类33项工作任务、“三大工程”建设、市局各项重大决策部署，不折不扣得到有效落实。狠抓落实必须弘扬新风。要以厉行节约为突破口，在全系统上下劲吹“六股新风”，以“精练、质朴、高效”为核心，改进学风、会风和文风，力戒空谈；以“为民、务实、清廉”为准绳，改进党风、政风和行风，力行实干，要让“讲实话、干实事，敢作为、勇担当，言必行、行必果”在南京地税蔚然成风。狠抓落实必须治庸治懒。要坚决治理工作中的庸、懒、散现象，以治庸提能力、以治懒增效率、以治散正风气。要严格落实领导干部问责办法，紧紧抓住“不落实的事”，督查“不落实的人”，对执行不力、工作失职，造成重大不良影响的，要严厉问责。狠抓落实必须实干为民。要采取切实有效措施，确保党风作风建设有一个更大的变化、质的提升。要以人民满意为标准，民有所呼、我有所应，民有所盼、我有所为，把更多的精力用在联系群众、服务群众上，有效解决纳税人反映强烈的热点、难点问题，在为民服务上拿出更好的办法，取得更大的实效。

（四）突出以严明纪律为重点，营造政令畅通的良好氛围。面临的形势越复杂、肩负的任务越艰巨，就越要加强纪律建设。严明纪律要做到执纪守正。认真贯彻落实省局八项规定，市委“两个一律”，执行好市局党组出台的“十项规定”，严格遵守“十条禁令”。对敢于顶风违纪的，一经发现和查实，一律先免职后处理。党员领导干部要以身作则、率先垂范，自觉接受群众监督，要求别人做到的自己先要做到，要求别人不做的自己坚决不做。严明纪律要确保政令畅通。全系统上下要牢固树立大局观念和全局意识，在思想上、政治上、行动上自觉与市局党组保持高度一致，对市局的工作部署，要认真贯彻，坚决执行，决不允许“上有政策、下有对策”，决不允许有令不行、有禁不止，决不允许在工作上打折扣、做选择、搞变通。严明纪律要着力锻造铁军。打铁还需自身硬，加强党风作风建设，关键在领导，关键在干部。要以锻造铁军为目标，坚持铁腕治队，以铁的纪律加强干部队伍建设，在全系统培育风清气正、廉洁奉公的干部生态，真正建立起一支“干事有激情、做事高标准、遇事敢负责、处事能坚韧”的干部队伍。

同志们，今年党风作风建设任务艰巨，责任重大。希望全系统上下以今天的会议为新的起点，迅速行动起来，进一步开拓进取，真抓实干，以新风貌、新作为、新形象，努力开创地税事业发展新局面！

深入开展党的群众路线教育实践活动
凝心聚力推进南京地税事业科学发展

——柏鹏同志在南京地税系统党的群众路线教育实践活动动员大会上的讲话

（2013年7月11日）

这次会议的主要任务是，贯彻落实中央、省、市会议精神，对地税系统党的群众路线教育实践活动进行动员部署，进一步凝聚全局上下的智慧和力量，推动税收征管改革、社会管理创新、税务文化建设“三大工程”取得新的成效。中央和省、市对教育实践活动高度重视。习近平总书记多次作出重要批示，中央政治局带头开展活动，为我们作出了表率。省委、市委专门召开动员大会对教育实践活动进行部署。市局党组坚决贯彻落实中央和省、市部署，先后多次召开党组会、局长办公会，学习贯彻习近平总书记重要讲话精神和省、市有关要求，研究安排相关工作，成立了教育实践活动领导小组，制定了实施意见，为全系统开展教育实践活动奠定了良好基础。下面，我代表市局党组，讲四点意见。

一、统一思想认识，以高度的政治责任感认真抓好教育实践活动

6月18日，中央召开党的群众路线教育实践活动工作会议，习近平总书记发表重要讲话，从全局和战略的高度，深刻阐述了全党深入开展教育实践活动的重大意义，明确提出了开展教育实践活动的指导思想、目标任务和总体要求。7月1日和7月3日,省委、市委分别召开了动员大会,罗志军书记、杨卫泽书记对江苏省、南京市开展教育实践活动进行了动员部署,提出了明确要求。我们要认真贯彻落实中央和省、市部署要求,切实把开展教育实践活动、反对“形式主义、官僚主义、享乐主义和奢靡之风”,作为当前和今后一个时期的重大政治任务,作为推动“三大工程”建设的重要抓手,摆在突出位置抓实抓好,抓出成效。

(一)深刻认识开展教育实践活动的全局性、战略性意义。中央明确指出“群众路线是我们党的生命线和根本工作路线”“党的根基在人民、血脉在人民、力量在人民”“加强和改进党的作风建设,核心问题是保持党和人民群众的血肉联系”。我们要深刻认识到,开展中共群众路线教育实践活动,是实现中共十八大确定的奋斗目标的必然要求,是保持党的先进性和纯洁性、巩固党的执政基础和执政地位的必然要求,是解决群众反映强烈的突出问题的必然要求。要通过深入开展教育实践活动,把广大干部职工的智慧力量更好地凝聚起来,把地税文化、地税精神更好地提振起来,同心同德、攻坚克难,以作风建设的新成效,全面推进“三大工程”建设,汇聚起推动地税事业科学发展的强大动力。

(二)充分认识开展教育实践活动的现实必要性、紧迫性。当前,世情、国情、党情发生深刻变化,形式主义、官僚主义、享乐主义和奢靡之风“四风”严重损害党的纯洁性和战斗力。习近平总书记在讲话中深刻剖析了作风方面存在的突出问题,强调全党都要警醒起来,如果任由这些问题蔓延开来,后果不堪设想。南京地税这支党员干部队伍的状况总体上是好的。但也要看到,与形势和任务不适应、不符合的问题十分突出,作风不实、为税不廉的问题仍然存在。开展教育实践活动就是要坚持党要管党、从严治党,以思想作风建设促进党的各项建设,净化干部队伍,始终保持党的先进性和纯洁性。

(三)切实增强投身教育实践活动的自觉性、主动性。从我们了解的情况看,我局少数党员干部还存在一些思想认识问题:有的对当前作风方面存在的问题严重性认识不够,对有些问题见怪不怪,甚至觉得理所当然,缺乏解决问题的紧迫性、自觉性;有的对解决问题的信心不足,认为作风问题积习难改,存在畏难情绪;有的存在矛盾心理,不严格执行怕“撞到枪口上”,严格执行又怕得罪人;还有的担心影响工作,认为搞活动牵扯精力、增加负担,弄不好会顾此失彼。这些轻视的思想、观望的心理、敷衍的态度、担心的情绪,都要切实扭转。大家要明白,中央态度是严肃的,决心是坚定的,要求是明确的。全系统教育实践活动的成效如何,取决于每一个党员干部的积极参与,只要我们下决心、动真格,认认真真抓,就能抓出成效,达到预期目的。

二、把握目标要求,确保教育实践活动扎实推进、不走过场

按照中央和省、市要求,我局这次教育实践活动的指导思想是:高举中国特色社会主义伟大旗帜,坚持以马克思列宁主义、毛泽东思想、邓小平理论、“三个代表”重要思想、科学发展观为指导,紧紧围绕保持党的先进性和纯洁性,以为民、务实、清廉为主要内容,以处级以上领导班子和领导干部为重点,切实加强全体党员马克思主义群众观点和党的群众路线教育,把贯彻落实中央八项规定、市委十七个“一律”和十一个“一律”、市局十项规定作为切入点,坚决反对形式主义、官僚主义、享乐主义和奢靡之风,对作风之弊、行为之垢进行大检查、大检修、大扫除,切实解决基层群众和纳税人反映强烈的突出问题,团结带领广大干部职工,全面推进“三大工程”建设取得新的成效,为建设更高水平“三个一流”,率先基本实现税务管理现代化提供坚强保证。

具体来说,这次活动要解决的根本问题是:党和人民群众的关系问题。教育党员干部特别是领导干部,强化宗旨意识,树立群众观点,密切党同人民群众的血肉联系。采取的重要方法是:坚持“三个始终”“三个互动”,即坚持把学习、评议、整改贯穿始终;做到党内上下互动、党内和党外互动、机关和基层互动。大体安排半年时间,集中教育不少于3个月。重点抓好处级以上领导班子和领导干部,突出抓好直接联系群众和纳税人的执法部门和窗口单位,把“四解四促”“三个服务”作为贯穿教育实践活动全过程的重要载体。聚集的突出问题是:形式主义、官僚主义、享乐主义和奢靡之风。要坚决反对“四风”,切实改进党风政风。基本的规定动作是:学习教育、听取意见;查摆问题、开展批评;整改落实、建章建制。不分阶段、不搞转段。达到的目标要求是:党员干部思想进一步提高,作风进一步转变,党群干群关系进一步密切,为民、务实、清廉形象进一步树立。

全系统参加的部门、单位共37家,处级以上领导干部135人,其中副局级以上13人。党组织132个,其中,市局和基层党组6个、机关党委1个、党总支11个、党支部114个,党员1437名。参加单位要准确把握每个环节的主要任务和工作要求,采取有力措施,切实抓好工作落实,确保教育实践活动扎实推进、不走过场。在部署和推进过程中,要坚持"五个贯穿始终":

一是要把总体要求贯穿始终。习近平总书记在讲话中全面阐述了"照镜子、正衣冠、洗洗澡、治治病"的深刻内涵,强调这"四句话"是解决作风方面存在突出问题的总要求。"照镜子"要对照党章、廉政准则、改进作风要求、群众期盼和先进典型,多方位征求意见,多角度审视自我,认真查找宗旨意识、工作作风、廉洁自律方面存在的问题。"正衣冠"端正的是思想、摆正的是位置、匡正的是行为,维护的是形象。"洗洗澡"要多洗冷水澡,坚持以整风精神清洗思想和行为上的灰尘,既解决实际问题,又解决思想问题。"治治病"重点是治作风病,本着惩前毖后、治病救人的方针,对不正之风和突出问题进行专项治理,实现自我净化、自我完善、自我革新、自我提高。

二是要把反对"四风"贯穿始终。习近平总书记强调,教育实践活动必须设定一个合适的目标,抓住反对"四风"这个要害,努力在解决作风不实、不正和行为不廉上取得实效。"四风"是严重影响党群干群关系的大问题,抓住了反对"四风",就抓住了干部群众的关注点,抓住了活动的着力点。我们要充分认识"四风"的危害性和顽固性,联系地税部门实际,找准突出问题,深刻剖析根源,拿出可行办法,真正解决问题,实现作风明显改进。

三是要把整风精神贯穿始终。中央反复强调,这次活动要贯彻整风精神。我们要拿起批评和自我批评这个有力武器,开展积极健康的思想斗争,体现"认真"二字,敢于揭短亮丑,让党员干部出出汗、排排毒。自我批评,要真正触及问题、挖到思想深处,防止避重就轻;相互批评,要敢于指出问题、真诚帮助提高,防止好人主义。对作风方面存在问题的党员干部,要及时教育提醒,问题严重的要严肃处理。

四是要把领导带头贯穿始终。习近平总书记强调,作风建设一定要从上头抓起,领导班子和领导干部要把自己摆进去,带头转作风。"一把手"要带头学习、带头听取意见、带头谈心、带头开展批评与自我批评、带头进行整改。要自觉把自己摆进去,摆思想、摆作风、摆工作、摆措施。领导干部要从自己做起、从现在做起,推动形成上级带头、领导示范、上行下效的生动局面。

五是要把制度建设贯穿始终。要梳理现有制度。对贯彻群众路线的已有制度,经实践检验行之有效的,长期坚持下去;不适应新形势、新任务要求的,抓紧修订完善。要研究制定新制度。从活动一开始,就要重视研究出台一些加强作风建设的具体制度和规定,为反对"四风"提供政策依据。注重总结经验做法,上升为制度规范。要严格落实制度。坚持一手立规矩、定制度,一手抓整改、抓落实。强化制度执行力,用严明的制度、严格的执行、严密的监督,形成加强作风建设的长效机制。

三、联系地税实际,在着力解决"九个突出问题"上下功夫

联系实际才能取得实效,解决问题才能达到目的。开展教育实践活动,一定要抓住关键、找准要害,把查找问题、剖析问题、解决问题作为出发点、落脚点。习近平总书记在讲话中深刻指出了党员干部在"四风"方面的"24个突出问题",省委书记罗志军对江苏干部提出要突出抓好"四查四治"。我们必须清醒地看到,这些突出问题、主要表现,在我局党员干部中以不同形式、不同程度或多或少存在。按照洗洗澡、治治病的要求,首先要找准病症、深挖病根,才能对症下药。结合地税实际照镜子,市局党组认为,当前在党员干部中存在以下"九个突出问题":

一是学风不正,学用脱节。有的领导干部忽视理论武装,学习氛围不浓、钻研业务不够,缺乏向书本学习、向群众学习的热情,学习不认真、不扎实、不深入,浅尝辄止、不求甚解,学而不思、学而不信,学而不用、学而不行。有的学用严重脱节,不结合税收工作实际,不适应专业化改革要求,说起来头头是道,做起来还是老一套,用科学理论指导实践、解决问题的能力不强,碰到具体问题无所适

从,遇到突发事件束手无策。

二是脱离群众,服务缺失。有的公仆意识淡薄,群众感情淡漠,服务基层、服务群众的责任感不强。调查研究缺乏经常性和系统性,对基层情况了解得不深、不准,以致一些工作部署或制度措施不贴近基层实际。工作部署提要求多,指导督促少,问计于基层、求教于实践,及时总结、提炼、推广基层创造的新鲜经验不够。有的干部官不大架子不小,盛气凌人,妄自尊大,作风简单粗暴,对纳税人缺乏感情,与纳税人不联系不交流,所想所为非纳税人所盼所愿。

三是坐而论道,作风漂浮。有些干部浮躁不实,言语上狂风暴雨,行动上微风细雨,甚至只说不做,缺乏韧性。有的虽然工作起步早,但推进慢、力度小、实效差。一些干部习惯以会议落实会议、以文件落实文件、以讲话落实讲话,不问群众意愿,不顾群众诉求,不求实际效果。抓工作不怕群众不满意,就怕领导不满意,想问题不出办公室,拍着脑袋作决策,事情才开始干就想着写汇报、出经验,以为写的好就是做得好,说的好就能出成绩。

四是推诿扯皮,表里不一。有的干部“你的”“我的”分得十分清楚,工作中缺乏沟通、配合意识,对基层反映的问题,能推则推,推不掉就避重就轻,敷衍了事。有的言行不一,阳奉阴违,台上台下两个形象,人前人后两种表现,不遵守政治纪律,热衷于传播小道消息,想说什么就说什么,口无遮拦、毫无顾忌,显示自己所谓的“能耐”。有的领导班子成员把分工当作分家,虽然同在一个屋檐下,却井水不犯河水,有的还背地里相互指责埋怨,同台共事却相互拆台。

五是重权轻责,人情执法。有的领导干部把权力和责任割裂开来对待,能带来好处的就紧紧抓在手中,对与权力相对应的责任却不愿承担。有的领导干部本位思想严重,只想做官不想做事,在位不在岗,在岗不尽责,见到荣誉抢着要,碰到难题往外推,遇到矛盾绕着走。有的干部法律意识不强,执法不严,尺度不一,滥用职权,不作为、乱作为的苗头仍然存在,收人情税,执人情法的现象屡禁不止。有的对工作人员发现的问题多次汇报,无动于衷,置之不理,甚至明知企业有违规行为,还帮企业说情,麻木不仁。

六是畏首畏尾,不敢担当。有的干部精气神不足,对工作部署缺乏执行力,有畏难情绪。有的领导干部奉行“好人主义”,习惯于明哲保身,回避矛盾,是非不分,把批评和自我批评变成了表扬和自我表扬,貌似批评,实则表扬。有的遇事“难”字当头、“退”字当先,抓工作怕得罪人,对矛盾问题不敢管、不愿管,碍于情面,怕丢选票,上捧下拉,左右逢源,甚至对出了问题的干部包庇纵容、姑息迁就。

七是心浮气躁,追逐名利。有的干部工作稍有起色或者任职年限稍微一长,就急着要提拔、要改善,向组织讲条件、提要求,一个位子还没坐稳,就开始琢磨下一个目标。有的干部总觉得地税系统发展空间小,不如区县发展空间大,自己晋升受限制,自感怀才不遇,不时发牢骚、有抱怨。有的干部斤斤计较个人待遇,工作多做一点就觉得吃亏,待遇稍差一点就觉得委屈。还有的干部为了达到升迁的目的,千方百计跑领导、搞关系、拉选票。

八是庸懒散漫,不思进取。个别干部存在庸、懒、散现象,作风涣散,安于现状,得过且过,上班混日子,出工不出力,忙私活、糊公事,没心思考虑工作,更无心思服务群众。一有加班加点就喊苦叫累,一到喝酒掼蛋却精神百倍。有的干部取得一点成绩就沾沾自喜,做事只求过得去、不求过得硬。有的按部就班,墨守成规,工作怕苦怕累,不愿到基层一线和服务窗口,习惯于当“甩手掌柜”,把编外人员当主力,当拐棍,少不了,离不开。

九是铺张浪费、为税不廉。有的领导干部存在享乐主义和奢靡之风,热衷攀比,比升迁快慢、比待遇高低、比酒量大小,忙于吃喝应酬、迎来送往,今天你请我,明天我请你,以各种名义拉拉扯扯,常常醉醺醺、昏沉沉、轻飘飘,把吃点、要点、拿点不当回事。少数干部廉洁自律意识不强,以权谋私,“吃、拿、卡、要、报”等行为以及损害纳税人利益的问题时有发生。还有的因家庭矛盾、经济纠纷、违反社会公德而引发矛盾和问题,道德缺失,自损形象。

这“九个突出问题”,是人民群众反映强烈的问题,是需要认真解决的问题。各部门、各单位在活动一开始就要带着问题抓学习、带着问题找问题、带着问题搞剖析,认真对照检查,彻底加以整改。当然,随着活动的不断深入,其他突出问题也会一一浮出水面，要一条一条梳理分析，让“四风”问题看得见、摸得着，便于党员干部调好焦、聚好光，一项一项整改落实。

四、加强组织领导，扎实有序推动教育实践活动深入开展

开展党的群众路线教育实践活动，任务和要求十分明确，关键是要抓好贯彻落实。

（一）加强领导，落实责任。抓好教育实践活动，关键在领导，责任在班子。为了加强对活动的组织领导，市局成立了教育实践活动领导小组，由我任组长，领导小组下设办公室，由郑良同志、刘军辉同志具体负责。各部门、各单位“一把手”要切实履行第一责任人职责，亲自抓、主动抓、靠前抓，既当指挥员，又当战斗员，做到认识到位、组织到位、措施到位、工作到位，保证各项任务要求不折不扣贯彻落实。要加强宣传，正面引导，教育广大党员干部严格遵章守纪，不要成为反面典型。各级党员领导干部要以身作则，率先垂范，做到“认识高一层、学习深一步、实践先一着、剖析解决突出问题好一筹”，努力在教育实践活动中带好头、作示范。

（二）立足实际，讲求实效。各部门、各单位要结合地税工作实际，制定好实施方案，精心策划，组织好教育实践活动。要把握方法步骤，坚持把学习、整改、评议贯穿始终，既要保证基本环节不减少、不变通、不走样，把“规定动作”做到位，又要灵活安排各个环节的工作，创新思路和方法，探索务实管用的载体，使“自选动作”有特色，确保我局教育实践活动高标准、有亮点、见成效。

（三）严格要求，强化督导。这次活动是在贯彻中央改进作风各项规定的大背景下进行的，基层群众和社会各界十分关注。必须把督促检查贯穿到整个教育实践活动之中，进一步严明纪律，严格把关，避免查找问题蜻蜓点水、剖析原因隔靴搔痒、整改落实“雷声大雨点小”。根据地税系统垂管特点，我们将实行机关和基层联动，同步开展，压茬推进。市局将派出3个督导组，全程督导各单位活动开展。督导组要本着高度负责的态度，严格把好每个环节的关口，坚持以每一个环节的严要求，确保整个活动的高质量。

（四）统筹兼顾，抓好结合。要把开展教育实践活动同地税工作紧密结合起来，以“省内领先、全国一流”的工作追求，提振党员干部的精气神，激发不甘落后、勇攀高峰的开拓锐气，营造“创先争优”、比学赶超的生动局面。当前，各项工作十分繁重，要把教育实践活动与转观念、抓收入、推改革、促发展结合起来，与聚焦“三大工程”结合起来，特别是要与当前区划调整、机构改革、干部选拔、人员分流结合起来，统筹兼顾，合理安排，相互促进。要引导广大党员干部履职尽责、敬业奉献，一手抓教育实践活动，一手抓“三大工程”推进，以“三大工程”的成效体现教育实践活动的成果，以教育实践活动的成效促进“三大工程”建设，做到“两手抓、两不误、两促进”。

同志们，深入开展党的群众路线教育实践活动，责任重大、使命光荣。全局上下要以高昂的政治热情、扎实的工作举措，圆满完成教育实践活动的各项任务，为凝心聚力推进南京地税事业科学发展汇聚磅礴力量、提供坚强保证！

柏鹏同志在正处级领导干部会议上的讲话

（2013年7月16日）

经过前期紧锣密鼓的准备，到今天，这轮处级领导干部选拔和调整工作已经到位。刚才，郑局长宣读了任命决定，开完会后，大家就要走马上任。我代表市局党组向新提拔的同志表示祝贺！希望这次调整的干部，到新的岗位后，尽快转变角色，适应新情况、新要求，有所建树、有所作为、有所成就，不辜负党组的期望和广大干部群众的信任。下面，我讲三点意见：

一、这轮干部选拔调整有关情况

本轮干部选拔调整工作，既是区划调整、机构改革、征管改革的必经环节，也是在新形势下加强领导班子建设的必然要求。市局党组十分重视，站在组织长远发展的高度，综合考虑班子建设各方面情况，本着对组织发展的重视和对干部的关心，最大限度地争取职数资源，一次性推出了6个正处级领导职数、14个副处级领导职数。按照干部选拔有关程序和综合积分办法，经过民主推荐、业绩考核、面试、组织考察、党组票决、公示等环节，目前选拔工作已全部结束。从结果来看，选拔出的干部总体素质较高。其中,后备干部10人,占晋升人数的50%;40岁以下干部13人,占65%;女干部9人,占45%。晋升的14名副处级领导干部中,有8名同志获得过“地税标兵”称号,充分说明群众公认度是高的。选拔后,全系统共有122名处级领导干部,其中,研究生学历26人,比例由19.3%上升到21.3%,提高了2个百分点;40岁以下29人,比例由16.7%上升到23.8%,提高了7.1个百分点;女干部27人,比例由18.5%上升到22.1%,提高了3.6个百分点。应该说,处级领导干部的知识结构、年龄结构、性别结构得到进一步优化,年轻化、知识化和专业化得到进一步体现,基本上实现了老中青梯次配备。总的来说,通过这一轮干部选拔,使一批实绩突出、群众公认的优秀干部走上了正处、副处领导岗位,进一步提高了干部选拔工作的公信度,在系统上下形成了选准干部、用好干部的思想共识,营造了有利于推进地税工作的良好氛围。

结合干部选拔,市局党组对处级领导干部作了一轮调整,共涉及46人,其中,正处13人、副处33人,调整面达38%。这次调整有三个特点:一是加强班子配置,有利于基层建设。这次调整面向基层,重心向下,为基层输送了新的血液。5个全职能局班子配置为“1+4”,其他局为“1+3”,增加了领导职数,配强了班子。二是加强职能优化,有利于征管改革。按照进一步深化征管改革的意见,对稽查系列、风评部门进行了调优,强化了信息化支撑,新设了档案管理中心,为征管改革的深入推进提供了保障。三是加强交流锻炼,有利于人才培养。这次新提拔干部不在原部门、原单位任职,全部进行交流,没有基层经验的绝大多数下到基层,把两个局级后备充实到基层任职,增加了干部的岗位阅历和锻炼。

回顾这次干部选拔调整工作,大家反映职位之多、力度之大、范围之广是近年少有的,同时工作之有序、进展之平稳、反响之良好也是令人满意的。总体上看,市局党组在这次干部选拔调整工作中所确定的预期目标、工作原则得到了充分体现。

二、关于这轮调整的安排和要求

这次区划调整、机构改革、干部选拔和人员调配,是一项综合性工作,也是一个错综复杂的工程。前期,市局成立了机构人事、税收业务、政务事务三个工作组,分别按职责分工研究制定了推进方案,目前已进入全面实施阶段。总体时间要求,调整工作到8月5日全部结束,具体来说,要确保“四个到位”:

*一是确保处级干部调整到位。*从今天宣布结束后,到7月18日前,我们要求所有调整的处级干部全部到位。涉及这次新鼓楼、新秦淮、稽查系列的调整,新老班子要加强衔接,不折不扣执行好市局的各项要求,切实做好人、财、物、事的移交,妥善做好相关事宜。特别要积极稳妥地做好干部调配工作,加强统筹安排,及时沟通疏导,确保工作不断、队伍不散、秩序不乱。

*二是确保一般干部调配到位。*这次调整涉及到约230名干部,人数还是非常多的。要按照以人为本、统筹兼顾、整体配置的原则,以科所为单位进行整体配置。对原下关局、原秦淮局的人员切分,要综合考虑岗位需要和人员状况,保持同一口径,进行科学合理配置。时间安排上,7月19日,宣布调动人员名单;7月26日前,人员全部调配到位;7月30日前,各单位完成内部人员配置工作;8月1日,新机构对外正式运作。在调整过程中,大家要有针对性地做好干部思想工作,保持思想稳定,衔接有序,工作顺畅,不受影响。同时强调一下纪律:对干部不服从组织安排的,科所长就地免职,一般干部实行待岗。

*三是确保征管业务衔接到位。*按照市局的征管业务推进方案,在完成业务事项和信息化内容梳理的前提下,7月31日,暂停在大集中系统受理所有涉税事项,在信息系统内完成机构名称调整;8月1日,完成办税服务厅整合;8月5日前,完成业务资料档案交接和大集中系统切换工作。涉及单位要加强与工作组的互动,按照时间节点和工作要求做好对接,保证业务和信息化工作衔接到位,平稳过渡。

*四是确保后勤服务保障到位。*要按照系统机构调整和干部调配时间节点,妥善处理好办公场所调整、固定资产交接、财务事项清理、设备配置等事宜。7月25日前,完成资产调配交接和计算机网络保障工作,确保人员调配后及时开展工作

三、几点要求

这次调整幅度较大,不少同志要到新的岗位,

有的是新提拔，有的是新调整。大家要切实担当起责任，深入调查研究，尽快熟悉情况，转换工作角色，全面融入新的环境，扎实有序推进各项工作开展。

一是要在新的岗位上履好责、有作为。职务的晋升代表着担子更重，新岗位意味着新责任、新任务、新要求。这次选拔调整受到了全系统干部群众的关注，大家走上新岗位后的作为和表现，同样也会受到干部群众的关注。希望大家能够把这次职务晋升当作新的起点，把新的职责视为新的考验，加强学习，勤于思考，开拓创新，以更高的标准严格要求自己，以加倍的努力投入到新的工作，以一流的业绩回报党组的信任和群众的支持。新班子要尽快熟悉工作环境，理清工作思路，打开工作局面，凝心聚力推进各项工作顺利开展。

二是要在教育实践活动中带好头、作表率。上周，市局召开了动员大会，对群众路线教育实践活动进行了部署安排。后面，郑局长还要就有关工作提要求、作部署。各部门、各单位要以高度的政治责任感，切实把教育实践活动作为当前和今后一个时期的重大政治任务来抓，按照市局要求，认真研究实施方案，及时向督导组汇报，精心组织好教育实践活动。“一把手”要切实履行第一责任人职责，亲自抓、主动抓、靠前抓，做到组织到位、措施到位、工作到位。要把教育实践活动与转观念、抓收入、推改革、促发展结合起来，与聚焦“三大工程”结合起来，特别是要与当前区划调整、机构改革、干部选拔、人员调配结合起来，统筹兼顾，合理安排，相互促进，做到“两手抓、两不误、两促进”。

三是要在带好队伍上下功夫、有实招。面对新的工作岗位，各级领导干部，尤其是新任领导干部要认真履行岗位职责，潜心研究如何带好队伍，保持队伍稳定。善于带队伍是水平、是能力，带好队伍是党性、是责任，对干部失教、失管，就是工作失察、失职。要传导压力，明确责任，在加强干部队伍管理上，拿出一些看得见、摸得着的实招。比如，稽查新的机构拉起来后，要尽快建立工作衔接制度，加大干部培训力度，使各项工作在最短时间内高效顺畅运转。新鼓楼、新秦淮要把干部队伍稳定，尽早、尽快融合作为当前干部工作的重要内容来抓，高度重视干部思想建设，加强沟通交流，让干部职工以饱满的精神状态投入到工作中去。

四是要在班子建设上多协作、多支持。一流的队伍要有一流的班子，一流的班子要有一流的班长。要进一步加强领导班子建设，切实增强班子团结协作意识，充分发挥集体领导作用。班子成员要提高思想认识，切实把思想统一到市局党组的决策部署上来，做到不利于团结的话不说，不利于团结的事不做。“一把手”要切实承担起责任，以身作则，做好表率，抓好班子，带好队伍，对副职要传帮带，交任务，压担子，支持副职放手工作。副职要按照分工，切实履行好职责，敢抓敢管，大胆开展工作。大家在一起共事，要互相尊重、相互信任、互相支持，要运用好批评和自我批评的武器，大事讲原则、小事讲风格，在坦诚交流中凝聚共识，形成心齐、气顺、风正、劲足的良好局面。

五是要在廉洁自律上站得正、过得硬。廉洁勤政，是对领导干部的基本要求。要正确对待权力和地位的变化，严格贯彻落实中央、省、市和市局的各项规定，坚决反对形式主义、官僚主义、享乐主义和奢靡之风，切实改进工作作风。要严格遵守廉洁自律各项规定，时刻规范自己的言行，做到自重、自省、自警、自励。要讲党性、重品行、作表率，堂堂正正做人、干干净净做事、清清白白为官。这里要特别强调的是，这次调整交接期间，不要搞所谓的接风和欢送吃请，要以实际行动来落实八项规定。

反对“四风” 改进作风
打造为民务实清廉的地税干部队伍

——柏鹏同志在专题党课上的讲话

(2013 年 8 月 14 日)

在全党深入开展以为民务实清廉为主要内容的群众路线教育实践活动之际，市局举办专题党课，主要目的是通过重温历史，教育我们始终自觉地站在人民群众的立场上，时刻把人民群众满意作为最高标准，立党为公、执政为民，确保我们的党、我们的事业永葆青春与活力。借此机会，我谈一些认识和想法，供同志们参考。主要讲三个问题：

第一个问题，如何认识开展教育实践活动的

战略意义

深入开展党的群众路线教育实践活动，是中共十八大作出的重大决策部署。习近平总书记从党和国家发展全局的战略高度，深刻指出开展党的群众路线教育实践活动，是实现中共十八大确定的奋斗目标的必然要求，是保持党的先进性和纯洁性、巩固党的执政基础和执政地位的必然要求，是解决群众反映强烈的突出问题的必然要求。这“三个必然要求”高度概括了开展教育实践活动的重大现实意义和深远历史影响。对此，我们可以从“三个准确把握”上来进行理解和认识：

(一)准确把握群众路线的历史传承。纵观古今，凡开明盛世，其“盛”的重要原因，便是官民和谐，以及自上而下大多数官吏的正派清廉之风。再观我们党90多年的革命史，其煌煌战果，皆缘自于我党绝大多数党员干部勤俭的作风，以及与百姓的鱼水深情。我们党明确提出“群众路线”这个概念，是在1929年，中央给红四军前委的“九月来信”中表述的，毛泽东在“古田会议决议”中采用了这个概念。在艰苦卓绝、风云变幻的战争时期，我们党得到了人民群众的支持和拥护，战胜了各种艰难险阻，实现了红旗不倒。解放后，毛泽东同志有个人民就是“上帝”的故事，讲的是他有次在调研过程中问身边的陪同干部：“你们信不信‘上帝’？”大家鸦雀无声。毛泽东对大家说：“你们不信，我信！”大家惊呆了，没人敢吱声。毛泽东看看大家，深情地说：“这个‘上帝’就是人民，谁惹怒了‘上帝’，‘上帝’是不留情面的，他必定垮台！”我们党虽然走过不同历史阶段，但“群众观点”始终是党不变的宗旨，“群众路线”始终是党不变的要求，“群众立场”始终是党不变的坚守。一部中国共产党的历史，就是一部不断获得人民群众支持的历史，一部动员群众、组织群众、服务群众、引导群众的历史。历史风云变幻，政坛党派流转，我们党没有衰、没有倒，靠的是什么？靠的就是有牢固的人民群众根基，有坚定的人民群众立场。紧紧地同人民群众站在一起，全心全意为人民服务，这个政治立场始终不能变，这个思想方法始终不能改。

(二)准确把握群众路线的科学内涵。1945年，刘少奇在党的七大所作《论党》的报告中，把群众观点的内涵概括为四条：一切为了人民群众、全心全意为人民群众服务的观点；一切向人民群众负责的观点；相信群众自己解放自己的观点；向人民群众学习的观点。“群众路线”怎么表述？我认为，就是四句话，“从群众中来，到群众中去，一切为了群众，一切依靠群众”。“群众路线”作为党的工作路线，集中体现了马克思主义的科学世界观、唯物史观和科学的方法论、认识论。这个认识论在毛泽东的两论之一《实践论》中，用人民大众喜闻乐见的语言表示出来了，就是“实践、认识、再实践、再认识”。群众路线思想作为我党一个多层面的伟大创造，在1943年毛泽东写的《关于领导方法的若干问题》中，他将“从群众中来，到群众中去”的过程，升华为“实践到理论、再回到实践”的过程，赋予了群众路线以马克思主义认识论基础，使之成为马克思主义哲学理论的一大飞跃。1981年，十一届六中全会通过的《关于建国以来党的若干历史问题的决议》，在重新概括毛泽东思想理论体系时，将群众路线同实事求是、独立自主一起，作为毛泽东思想的三个基本点。随着改革开放和现代化建设的不断深入，党的思想理论也在发展。中共十八大根据新的实践要求，对中国特色社会主义理论体系作了新的界定。这样，群众路线思想，毫无疑问地成为中国特色社会主义理论体系活的灵魂。

(三)准确把握群众路线的现实挑战。国际共产主义运动的历史昭示我们，如果有什么能把我们的事业毁掉，脱离群众必定是罪恶之源。著名经济学家黄苇町写过一本书，叫做《苏共亡党十年祭》，对苏联解体作了深刻反思。苏共20万党员时夺取了政权，200万名党员时战胜了德国法西斯，而接近2000万名党员时却亡了党。其重要原因，就是一些党员领导干部由“人民的公仆”蜕变成“人民的主人”，官员腐败、政权腐败、社会腐败问题盛行，领导干部变成特殊群体、特权阶层，形成既得利益集团，与广大群众越来越疏远，党群关系、干群关系越来越紧张，使苏共渐失人心，成了自己的掘墓人。我们党最大的政治优势是密切联系群众，我们党长期执政后的最大危险是脱离群众。当前，随着经济体制深刻变革、社会结构深刻变动、利益格局深刻调整、思想观念深刻变化，党的建设和群众工作形势发生了新的变化，呈现出许多新的特点：首先，党的群众基础发生了深刻变化。一是群众对党的认同已经从过去的感情认同，转变为法理认同和利益认同；二是经济转型导致社会利益多元化、格局复杂化，群众划分为多个不同利益群体；三是社会价值观多元化、利益诉求碎片化，党的群众基础发生了深刻变化。其次，党的自身建设也发生了重大变化。一是党员社会身份复杂化，社会上有多少利益群体，党员的社会身份就来自多少利益群体；二是党的干部队伍发生重大变化，党员干部的价值观、生活方式、工作方式与老一辈党的干部相比有很大变化。第三，党的领导方式发生了较大变化。党的领导内容是随着党面临的形势、任务和各种条件的变化而变化的，所以党的领导方式也必然要随之不断地调整和转型。由于有了这些变化，持续保持和谐的党群关系，面临的挑战前所未有。尤其是“四风”问题的存在，将对党造成致命的伤害。面对新情况、新问题，加强和改进党的群众工作显得尤为迫切、尤为重要。在工作中树立正确的群众观点，贯彻正确的群众路线，将有助于我们的决策更科学，工作更务实，更能得到群众的支持。

新世纪以来，党中央先后组织开展了“三个代表”重要思想、保持共产党员先进性、科学发展观和创先争优等系列教育活动，在全面提升我们党的执政能力方面发挥了重要作用。中共十八大提出开展群众路线教育实践活动，集中一年时间，分批次对全党集中进行教育实践活动，可以达到日常教育难以实现的目标，实现党性修养正一正、党员义务理一理、党纪国法紧一紧的目的。任何时候，只有理论的清醒、认识的统一，才有行动的坚定、实践的先进；只有在重大部署和深刻背景上有一个比较全面的认识，才能更加自觉地投入到教育实践活动之中。

第二个问题，如何认识南京地税走群众路线转作风的现实问题

群众路线教育实践活动，落脚点是“治治病”。为此，党员干部应当敢于揭短亮丑，把病灶挖出来。由于我们党长期处在执政地位，手中掌握着权力，一些党员干部、特别是领导干部容易淡化群众观念，产生脱离群众的危险；容易好大喜功，做表面文章，产生形式主义作风；容易滋长骄傲自满情绪，产生官僚主义作风；容易滋生腐化、腐败，产生享乐主义和奢靡之风。形式主义、官僚主义、享乐主义和奢靡之风这“四风”，就是不良风气侵入党的肌体后的顽症。“治病”要先确诊，要找准病症、深挖病根，才能对症下药、有的放矢。在我局开展教育实践活动伊始，我们就对照习近平总书记指出的党员干部在“四风”方面的“24个突出问题”，对照省委罗志军书记对江苏干部提出的“四查四治”，对照市委书记杨卫泽历数的南京部分党员干部在作风问题上的“十个主要表现”，结合地税实际照镜子，查找了当前在党员干部中存在的“九个突出问题”，让广大党员干部弄清楚自己在作风上、对待群众上的缺点和错误。这样，才能有针对性地加以整改。

地税从成立之日起，就是群众路线的忠实执行者，身处服务为民的第一线。多年来，我们始终坚持“为国聚财、为民收税”的神圣使命，体现税收取之于民、用之于民、造福于民的本质要求，致力于加强党风作风建设，锻造为民务实清廉的干部队伍。这固然与方方面面的要求分不开，也是地税部门自身属性和所处位置决定的。我感到，与其他政府部门相比，地税部门有以下三个显著特点：首先，地税是窗口部门。透过这个窗口，老百姓可以感受到政府部门的作风和形象。没有哪个部门象税务部门这样，与老百姓联系这么紧密。我们的服务对象面广量大，要与政府部门、街道、乡镇、社区、纳税人进行全方位联系，直接服务对象包括19.5万名企业纳税人、17万名个体纳税人、383万名个人所得税纳税人和310万名社保费缴费人。我们的目标是党委政府满意、纳税人满意，我们才满意，但往往前面两个满意难以统一，期望与要求不一样，众口难调。其次，地税是执法部门。在老百姓眼里，执法部门的干部手中或多或少、或大或小都掌握着一定的权力。税务部门的工作性质又是收税的，从别人口袋里掏钱，要别人说好很难。在当今“税感时代”，老百姓普遍有“税收焦虑”，再加上税收法制相对滞后，老百姓怨气较多。地税工作完全处于“聚光灯”下，始终处在社会关注、百姓评判之中，稍有不慎，就会引发矛盾。地税部门的党员干部如何规范行为，如何行使权力，这方面的任务更重，责任更大。第三，地税是垂管部门。一方面，人员分布点多面广，我们有17个处室、20个基层单位，211个科所、1893名干部，地税干部尤其是基层一线干部直接与企业、与纳税人、与钱打交道，受到诱惑颇多，加上干部自身诉求较多、思想活跃，如何带好这支队伍面临的挑战非常大。另一方面,作为条口管理单位,我们既受省局领导,又受地方党委政府领导,两者都下达任务,但往往价值取向不同。如何处理好这些矛盾,对我们来说,工作的难度更大、要求更高。

正是基于这样的特点,坚持群众路线、加强作风建设显得更为重要。国家税务总局王军局长最近在部分纳税人代表座谈会上说:“纳税人所盼、税务人所向”。这充分体现了“始于纳税人需求、基于纳税人满意、终于纳税人遵从”的服务理念。地税部门要按照王军局长的要求,牢记立党为公、执政为民的宗旨,把为纳税人服务作为一切决策的出发点,把让纳税人满意作为一切工作的落脚点,把主要精力放到研究促进地税事业改革发展的重大问题上,把更多力气使在多谋惠民之策、恪守为民之责、办好利民之事上。我们的所作所为,特别是决策部署、税收政策实施之前,首先要从立场、方法上进行自我拷问、自我审视。我觉得,必须先问“四个有没有”:一是有没有在思想上站稳群众立场。群众立场是决定我们党的性质的根本政治问题。我们讲全心全意为纳税人服务,我们在思考“我是谁、为了谁、依靠谁”这个重大问题,但在实际工作中,我们有没有更多地从纳税人的角度想问题、办事情?有没有更多地站在纳税人立场上做决策、定政策?我们在出台某一项涉及纳税人的重大税收政策、制定某一个加强税收管理的意见时,有没有充分考虑纳税人的情绪和需求?如果我们都能自觉地站在纳税人的立场,设身处地为纳税人着想,类似“月饼税”“馒头税”“加名税”这样的事件就不会发生。二是有没有在行动上密切群众联系。广大纳税人是我们的衣食父母,没有纳税人的理解和支持,税收就是无源之水、无本之木。在平时的接触中,我们有没有真正倾听他们的心声,解决他们的需求?真正做到用“亲情”“真情”温暖他们,用“友情”“感情”抚慰他们?我们只有尊重纳税人,才能走进纳税人;只有相信纳税人,才能了解纳税人;只有牵挂纳税人,才能服务好纳税人,才能不断加深与纳税人的“鱼水深情”,构建和谐的税收征纳关系。三是有没有在手段上创新工作方法。正确方式方法是做好群众工作的保障。随着时代的发展,我们的工作对象更加多样化、工作内容更加丰富、工作环境越来越复杂,许多传统的工作方式逐渐失灵。因此,我们不能仅仅把走群众路线停留在会议上、文件上、口头上,要思考如何用创新的思路和手段来破解难题,要在总结运用成功经验的基础上,运用信息化技术,创新工作方法,提升工作能力,不断增强服务纳税人的本领,提高纳税服务的针对性和实效性。四是有没有在标准上坚持群众满意。纳税人满意不满意,是检验我们一切工作的最高标尺。我们说纳税人利益无小事,要求我们一切从纳税人根本利益出发,坚持从群众中来、到群众中去的根本工作方针,问政于纳税人、问需于纳税人、问计于纳税人,真心诚意为纳税人谋利益,多做打基础、利长远的事,多做让纳税人得实惠的事,多为纳税人做好事、办实事、解难事。要紧紧围绕影响纳税人满意的问题,抓好工作落实,真正使我们的工作受纳税人监督、让纳税人满意。

第三个问题,如何发挥广大地税党员干部作用,确保走在全市教育实践活动前列

我局作为南京市第一批开展教育实践活动的单位,要以“省内领先、全国一流”的一贯追求,提振广大党员干部的精气神,激发不甘落后、勇攀高峰的开拓锐气,营造“创先争优”、比学赶超的生动局面,确保教育实践活动走在全市前列。为此,我认为,广大地税党员干部起码要做到“四个带头”:

(一)要带头勤奋学习、学以致用。勤于学习、善于学习是领导干部提高素质、增强本领的重要途径。习近平同志指出:“领导干部应该把学习作为一种追求、一种爱好、一种健康的生活方式,做到好学乐学。有了学习的浓厚兴趣,就可以变‘要我学’为‘我要学’,变‘学一阵’为‘学一生’”。在平时工作中,我们也发现这样的现象:两个干部工作一样辛苦、一样努力、一样付出,但让他们做总结、讲打算、提建议时,一个没有话说,一个善于归纳总结,高人一筹,先人一步。两者之间的差别,就在于平时是否善学习、勤思考。有时大家按部就班工作,可能还看不出学习和不学习的区别,但一旦碰到工作棘手问题,一旦工作范围和内容需要拓宽,一旦上级需要你拿主意、出思路,一旦干部笔试面试竞争上岗的时候,平时注重学习、知识积累多、眼界宽的干部往往能脱颖而出。俗话说,学到用时方嫌少,就是这个道理。

这些年来,我们在推进地税事业又好又快发展上,实践比较多,做得比较实,进步也比较大。但在地税事业更好地推动地方经济发展的形式、途径、规律等方面,还有许多问题需要我们去解决。比如,如何着力构建稳定协调的收入增长机制,更加注重为政府履行职能提供税收保障?如何着力构建积极有效的税收调节机制,更加注重发挥税收促进地方经济发展的杠杆作用?如何着力构建便捷高效的服务机制,更加注重提高税收征管的质量和水平?如何着力构建严格规范的税收执法机制,更加注重营造公平公正的治税环境?应该说,我们对这些问题研究还不深,办法还不多。事实上,解决问题的手段少,往往是认知能力不够造成的。知不足而思学,才能增强与时俱进、攻坚克难的能力。

当前,作为地税部门的党员干部,首先,要以《党章》为镜鉴,把深入学习马克思列宁主义、毛泽东思想和中国特色社会主义理论体系放在首位,全面理解、准确把握党的路线方针政策。要做到真学、常学、深学,勤于思考,善于运用。只有弄明白了,才能在工作中自觉运用理论来指导实践。按照党的理论每前进一步,理论学习就要跟进一步的要求,我们要及时地学习新理论,掌握新知识,不断提高战略思维、理论思维和创新思维的能力。其次,要认真学习总局、省局和市委、市政府关于地税事业和社会经济发展的各项重大决策与战略方针。我希望广大地税党员干部、特别是领导干部不仅能干好上级交办的工作,也要对总局、省局和市委、市政府的工作重点与发展战略说出个一二三来,不做心中没数的领导,不做拍脑门办事的干部。第三,在加强理论学习的同时,还要根据自身岗位职责的要求,广泛学习相关领域的知识。要注意完善知识结构,学习现代经济知识、科技知识、社会管理知识、法律知识、历史知识等等。要认真研究和吸收一切有益于地税工作的先进经验,开阔视野,拓宽思路,真正通过学习,解决存在的“信仰危机”和“本领恐慌”,以学习上的领先,保证思想上的先进,以信念上的坚定,保证实践上的自觉。

(二)要带头践行宗旨、执政为民。全心全意为人民服务,是我们党的根本宗旨,也是我们一切工作的根本出发点和立足点。在新的历史时期,我们尤其要强化全心全意为人民服务的宗旨意识,牢固树立群众观点,增强公仆意识,努力做到在感情上贴近群众,思想上尊重群众,行动上深入群众。

中国共产党诞生以来,我们的干群关系、党群关系总体上看一直是比较好的。在改革开放的发展过程中,新情况、新问题不断出现,各种不正之风及腐败现象,是影响党群关系、干群关系的重要因素。就目前的干群关系看,主要有四种表现:一是“鱼水关系”。大多数党员干部坚持党的全心全意为人民服务的宗旨,密切联系群众,想群众所想,急群众所急,帮群众所需,深受群众的信任和拥戴,与群众结成了一种亲密无间的关系。二是“蛙水关系”。青蛙是一种两栖动物,忽而跳到水中游一游,忽而又跳到岸上脱离了水。如实地说,部分党员干部与人民群众的关系就是这种“蛙水关系”。你说他脱离了群众吧,他又有不少时候联系了;你说他联系群众了吧,他又在有的时候脱离了。三是“油水关系”。油和水由于质量比重不一样,油是浮在水面上的,两者基本不交融,处于两不相干的状况。有的党员干部对党和人民的事业不负责,对人民群众漠不关心,缺乏感情,一心只考虑个人和小团体利益,基本上脱离了群众。四是“水火关系”。水和火是两种相克的东西,绝不相容。极个别横行霸道的或腐败堕落的党员干部,他们同人民群众的关系,就成为了这种水火不相容的关系。习近平同志担任党的总书记后的所说所为,处处充满着对广大百姓的真情实意。中央的八项规定,就是习近平同志任总书记后,针对人民群众反映最强烈的问题而制定的;群众路线教育实践活动,就是习近平同志任总书记后,针对一些党员干部严重脱离群众而开展的。在他的讲话中,谈及最多的是民生问题,担忧最深的是干群关系。对于新形势下的干群关系,习近平同志有一个十分形象的说法,就是“跟着群众跳火坑”。他说:“如果群众不听(党的政策),你就先跟着群众走,群众跳火坑,你也跟着跳下去。群众觉悟了,从火坑爬出来,最终还是要跟你一起走”。一个“跳火坑”的比喻,可谓振聋发聩。

征纳关系说到底是一种干群关系。只有贴近纳税人实际,倾听纳税人呼声,了解纳税人需求,才能为纳税人提供更富实效的纳税服务。近两年来,我们在为纳税人服务方面采取了不少措施,取得了明显效果,在纳税人中及社会上树立了良好的形象。特别是去年,我们在全国纳税人满意度调查中,以综合得分 90.21 分,位居 26 个省会城市国地税第一;在全市万人评议机关活动中,以94.28分,位列75个参加排序部门单位第一,荣获“人民满意单位”称号。但由于长期以来受传统的税收管理理念的束缚,在为纳税人服务方面还有许多不足,主要表现为“三重三轻”:一是重微观、轻宏观,我们往往比较重视对纳税人具体办税事项的优化服务,而忽略了从宏观上为纳税人营造公平、公正、公开的大服务环境。二是重表层、轻内涵,我们往往把服务更多地体现在硬件环境、微笑服务、热情接待这些表层上,而缺少渗透于税收征、管、查的全过程、全方位、各环节的税收服务。三是重局部、轻全员。我们有时一讲为纳税人服务,不少干部就认为是办税大厅的事,个别部门的事,与己无关,而很少去想纳税服务其实是个综合工程,需要全员参与,人人有责。面对这些问题,我们要以这次群众路线教育实践活动为契机,进一步改进为纳税人服务的各项工作,切实把纳税人的需求作为改进工作的第一信号,把纳税人满意作为衡量工作的第一标准,从保护纳税人权益、提高纳税人遵从度、方便纳税人等方面,进一步宣传政策、简并程序、优化流程、减轻负担,一言一行改进作风,一点一滴优化措施,积极主动为纳税人提供实用、方便、快捷、低成本的服务。

(三)要带头真抓实干、狠抓落实。落实是一件艰苦、困难和琐碎的事情,它一头连着决策,一头连着作风,十分重要。当前,影响我们抓落实的突出问题主要有三个方面:一是工作中讲得多、做得少,一般号召多、具体措施少;重形式、轻内容,重叫得响、轻实际效果的问题还不同程度存在。二是对新情况、新问题还缺乏研究,观念上停滞不前,工作上墨守陈规。现在有一种现象,开会如果布置的是老要求、老规定、老办法,大家都没有不同意见,一旦提一些新要求、新规定、新办法,就有人说这也不行,那也会出问题。三是工作标准不高,工作不深入、不切实、不扎实。下决心解决这些问题,就要大力弘扬求真务实之风,坚持真抓实干、埋头苦干,下更大功夫抓落实,使广大干部静下心来谋事、扑下身子干事,全身心投入到地税工作、服务纳税人中去。

各级干部的责任说到底,就是一级对一级抓落实。开会的本事、传达上级要求的本事、布置工作的本事,每一级干部都会。但是抓落实的本事、脚踏实地干的本事、最终出成果的本事、把纸上写的、嘴上说的真正办好的本事,并不是每个干部都能做到的。干工作重在落实,贵在落实,也难在落实。近年来,从总局、省局到市局,都制定了不少加强队伍和税收业务建设的制度与规定,有的还搞了便于量化和操作的细则,但检查工作时,问题仍然不少。反思一些问题,大家都有一个同感:一些工作抓不好,不是制度、规定上的纰漏,也不是领导强调和要求不够,而是在抓落实的环节上出了问题。实践证明,只开会不落实、只布置不检查等于零。抓落实是比开会、定制度更重要、更关键的工作。落实,凝聚着心血和责任,体现着作风和意志,反映着能力和水平。要在广大地税党员干部中大力倡导“要么不说,说到做到;要么不做,做就做成;要么不成,成必优秀”的工作作风,坚决克服和反对一切侥幸取胜、懒汉懦夫和无所作为的思想,使我们的干部想干事、能干事、多干事、干成事,切实达到力戒虚名,注重实际;力戒漂浮,注重实践;力戒空谈,注重实干;力戒“形式”,注重实效,依靠自己扎扎实实的工作,谋求单位和个人实实在在的发展。

把工作切实落到实处,我认为,要在“四抓四重”上下功夫:一是要抓调研、重实际。调查研究是做好工作的基本功,没有调查就没有发言权,也没有决策权和工作的主动权。管一行、干一行,必须要了解一行、钻研一行,熟悉和掌握本部门、本系统的情况,提高做好本职工作的能力。要经常深入基层,深入纳税人,及时了解新情况,发现新问题,提出新思路,确保我们的决策和措施更加符合发展规律、更加符合客观实际、更加符合纳税人意愿。二是要抓创新、重突破。要始终坚持把创新作为地税事业发展的不竭动力,着力转变不适应、不符合地税科学发展的思想观念,着力解决影响和制约地税发展的突出问题,着力构建有利于地税发展的体制机制。要善于把上级精神与本部门、本单位实际结合起来,创造性地开展工作,在挑战和困难面前勇于创新突破,增强工作的主动性、创造性,加大思路创新、工作创新、体制机制的创新力度,努力用创新的思路和办法破解工作难题,增强发展活力。三是要抓具体、重责任。抓落实必须强调抓紧、抓具体。抓而不紧等于不抓,抓得不具体,再好的措施也会落空。要大力精简会议、文件,特别是要取消那些浪费精力、劳民伤财、干扰落实的各种活动,保证各级干部集中精力、一心一意抓落实。要建立健全抓落实的责任机制和长效机制,把每项工作任务分解到部门单位,责任落实到人,实行目标管理、绩效考核,做到有布置、有督促、有检查、有成果。四是要抓执行、重实效。地税机关作风好不好,工作抓得实不实,关键要看基层和纳税人是否满意、是否得益。要把维护好、实现好纳税人的根本利益,作为想问题、办事情、作决策的根本依据,作为抓落实的出发点,作为衡量抓落实成效的第一标准,坚决防止和克服表面上看起来热热闹闹、轰轰烈烈,就是落实不到基层、落实不到纳税人、见不到实效的现象。每一位党员干部都要树立强烈的责任意识,提升标杆,务实苦干,以“踏石留印、抓铁有痕”的劲头来抓执行、抓推进、抓落实。

(四)要带头秉公用权、清正廉洁。如何对待权力,是每个领导干部时刻要面对的课题。我们必须清醒地看到,权力具有两重性,是把“双刃剑”,既可以“成就人”,也可以“毁灭人”。权力给领导干部提供了施展才能的机会和舞台,也给其带来了压力和风险。作为一名地税领导干部,要经常想一想自己手中的权力是从哪里来的,应该为谁所用?始终保持艰苦奋斗的政治本色和高尚的精神追求,养成良好的生活作风和廉洁自律的人生习惯。

如何正确行使权力、用好权力?我认为,一是用权要受百姓拥护。我们想问题、作决策、干工作,要把群众的利益放在首位,把人民群众拥护不拥护、赞成不赞成、高兴不高兴、答应不答应作为工作和决策的衡量标准。二是用有权要受制度约束。要严格遵守国家法律和各项制度,严格遵守中央和省、市关于廉洁自律的各项规定,明晰法律与纪律的“高压线”、公与私的“警戒线”,防止手中的权力商品化、庸俗化。一些领导干部走上违法犯罪的道路,主要是因为没有树立正确的权力观,把手中的权力作为谋取私利的工具,教训是深刻的。大家要时常算算账,时刻提醒自己,自觉做到一身正气,一尘不染。这样做,从大处说,对得起党,对得起人民;从小处说,对得起家庭,对得起自己。三是用权要受群众监督。权力要廉洁运行,监督非常重要,不受监督制约的权力必然导致腐败。能不能自觉接受群众监督,是一名领导干部政治觉悟、政治素质和政治修养的体现。只有自觉接受党内监督、社会监督和群众监督,才能不断提高自我的约束力,防患于未然。

每一名地税党员干部、特别是领导干部,一定要头脑清醒,警钟长鸣,防微杜渐,慎独慎微。一定要牢记“两个务必”,自觉抵御拜金主义、享乐主义、奢靡之风的侵蚀。一定要坚持勤俭立税,珍惜人民创造的财富,当好家,理好财,“一粥一饭当思来之不易,一丝一缕恒念物力维艰”。地税事业越是发展,越要发扬艰苦奋斗的精神。社会再变,灵魂不能浮躁;诱惑再多,步子不能乱套。在任何时候、任何情况下,都要耐得住清贫,抗得住诱惑,守得住气节,永葆共产党人的政治本色,坚守共产党人的精神家园。

1945 年 7 月,在抗战胜利前夜,著名民主人士黄炎培先生向毛泽东同志坦诚进言,提出了著名的历史“周期率”。他说:“我生 60 多年,耳闻的不说,所亲眼见到的,真所谓‘其兴也勃焉,其亡也忽焉’。一部历史,‘政怠宦成’的有,‘人亡政息’的也有,历朝历代都没能跳出这兴亡周期率。”毛泽东满怀信心地回答:“我们能够跳出历史‘周期率’的支配,我们找到了新路,就是人民当家做主。”历史和现实都表明,决定一个政党、一个政权兴亡的根本性因素是人心向背。得民心者得天下,失民心者失天下,这是对中外政党兴亡规律的一个重要经验总结。我们党的根基在人民、血脉在人民、力量在人民,人民拥护和支持是党执政的最牢固根基。面对人民的信任和重托,面对新的历史条件和考验,开展党的群众路线教育实践活动,责任重大、使命光荣。全局上下要以高昂的政治热情、扎实的工作举措,全身心投入到群众路线教育实践活动中去,圆满完成教育实践活动的各项任务,为凝心聚力推进南京地税事业科学发展,汇聚磅礴力量、提供坚强保证!

柏鹏同志在 2013 年半年工作会议上的讲话

(2013 年 8 月 14 日)

这次会议的主要任务是:深入贯彻中共十八大精神,认真落实省局和市委、市政府工作要求,总结上半年工作,部署下半年任务,动员全局上下,以开展群众路线教育实践活动为动力,凝心聚力、开拓创新、咬定目标、奋发有为,推动“三大工程”建设取得新的成效,确保完成全年各项目标任务。下面,我代表市局党组,对上半年工作作一小结。

今年上半年,市局党组总揽全局、统筹各方,带领全局上下创造性地贯彻落实上级决策部署,主动适应宏观环境的新变化,准确把握发展阶段的新情况,突出转观念、抓收入、推改革、带队伍,科学决策、加强指导,有效组织、狠抓落实,全力以赴推进“三大工程”建设,各项工作扎实推进、成效明显,重点体现在以下四个方面。

一、抓收入、促发展,税收职能作用有效发挥

今年以来,我国经济保持总体平稳发展态势,经济运行处于合理区间,组织收入既面临难得机遇,也面临挑战和压力。全局上下采取有力措施,征、管、评、查各种手段齐上,充分挖潜增收。上半年,共推送风险任务6884户,实现应对收入8亿元;开展税务检查532户,查补入库税款3亿元;实现企业所得税汇算清缴38亿元、土地增值税清算16亿元。在全局上下的共同努力下,顺利实现“双过半”目标。全系统共组织各项收入511.8亿元,增长12.5%。其中,税收收入332.1亿元,增长10.6%,剔除“营改增”基数17.7亿元影响,增长17.5%;市县级公共财政预算收入247.8亿元,增长10%,剔除“营改增”影响,增长19.4%,完成市政府目标的52.3%,超过序时进度2.3个百分点;组织社保费收入154亿元,增长18.4%。组织收入的稳定增长,为南京经济社会发展提供了可靠的财力保障。同时,我们坚持“一手抓收入、一手促发展”,围绕市委、市政府重大决策部署,认真梳理税收政策,充分发挥税收在促发展、调收入、惠民生中的作用,上半年共办理减免税80亿元。其中,促进和改善民生,为20多万户企业和个人办理减免税50多亿元;服务转型发展,为5000多户企业减免税收15亿元;落实科技创新政策,为1万多户企业减免税收10多亿元,税收职能作用进一步发挥。

二、调职能、优配置,机构改革工作圆满完成

按照省局和市委、市政府要求,积极稳妥地推进区划调整、机构改革、干部选拔和人员调配工作。一是结合省局征管改革、稽查改革的要求和我局工作实际,最大限度地争取资源,完成机构改革。鼓楼、下关合并组建新鼓楼局,白下、秦淮合并组建新秦淮局,溧水、高淳两局县改区,升格为正处级局,实现稽查局升格并拉出3个正处级稽查分局,重点税源局更名为直属一局,新设立档案管理中心。通过这样的调整、优化,为组织未来发展保住了资源,预留了空间。二是结合机构改革,从对干部实施有效激励的角度,一次性选拔了6名正处、14名副处级领导干部。其中,后备干部10人,占晋升人数的50%;40岁以下13人,占65%;女干部9人,占45%。选拔后,全系统处级领导干部研究生比例由19.3%上升到21.3%,40岁以下比例由16.7%上升到23.8%,女干部比例由18.5%上升到22.1%。处级领导干部的知识结构、年龄结构、性别结构得到进一步优化。总的来说,通过这一轮干部选拔,使一批业绩突出、群众公认的优秀干部走上了处级领导岗位,在系统上下形成了选准干部、用好干部的良好氛围。三是结合干部选拔,对46名处级领导干部作了调整,调整面达38%。通过调整,进一步加强了班子配置,增加了领导职数,有利于基层建设;加强了职能优化,对稽查系列、风评部门进行了调优,有利于征管改革;加强了交流锻炼,新提拔干部全部异地交流,有利于人才培养。同时,按照以人为本、统筹兼顾、整体配置的原则,对230名一般干部进行了调配,整个过程做到队伍不散、工作不乱、思想稳定、衔接有序,取得了比较好的效果。

三、推改革、抓创新,“三大工程”建设稳步推进

今年,我们提出在工作推进层面要聚焦大事、聚焦重点,齐心协力推进“三大工程”。一是按照“理论探索要超前,先行先试要积极,全面推行要稳慎”的总体要求,深化征管体制改革。制定了《关于贯彻落实省局1号文的工作意见》,明确相关征管业务工作的调整意见。充分发挥风险管理的中枢地位和任务引擎作用,完成了重点税源局管辖范围优化调整,对城郊区局基层税务所的行业税收管辖、全职能局重点税源管理分局管辖税户作了适应性调整。二是按照社会管理创新的要求,不断创新服务举措,优化纳税服务。选聘48名办税人员为“神秘客户”,开展纳税服务现场检测。规范办税厅标准化建设，在全市推广应用综合申报表，提升工作效能。完善咨询平台建设，上半年12366咨询总量达62.2万次，受理“12345”政府转办工单688件，综合满意率在全市53家职能部门中名列第一。三是积极宣传新时期江苏地税精神，导入文化建设专家机制，提炼税务文化核心理念和品牌。制定文化建设三年规划，修订岗位文化手册，开展示范点争创活动，落实“文化兴税”战略。加强党、团、工、妇各类品牌建设与活动开展，深入推进“道德讲堂”“志愿服务”等精神文明创建活动，市局及8家基层单位荣获“南京市文明单位”称号。

四、转作风、反“四风”，教育实践活动扎实开展

我局作为南京市第一批开展教育实践活动的单位，涉及37家部门和单位、135名处级以上领导干部、132个党组织、1437名党员。按照市委和督导组的要求，重点做了四件事：一是召开了全局动员大会，对照“四风”问题和市委提出的“十个主要表现”，结合自身实际，查找了“九个突出问题”，让“四风”问题看得见、摸得着，便于党员干部抓好整改落实。二是实行机关和基层联动，同步开展，压茬推进。市局派出3个督导组，由3名副巡挂帅，全程督导20个基层单位活动开展。目前，各基层单位都已召开了动员大会，教育实践活动在全系统全面展开。三是贯彻落实中央八项规定和南京市“十七个一律”、“十一个一律”要求，改进工作作风。深入开展“转作风、走基层、贴民心、解民忧”“四解四促”以及“大走访”“大调研”“大监督”等活动，主动开门纳谏，全系统共走访企业735户，收集问题、意见和建议共364条，形成调研报告及案例10余篇。四是广泛征求意见，主动向省局和市委、市政府汇报工作，征求意见。向市、区机关寄送征求意见函154封，走访了42个部门，收集政府部门的意见建议20多条。组织召开行风监督员座谈会、分层面召开基层局长、机关处长、离退休干部等多个座谈会，充分听取内外部意见，教育实践活动扎实有序推进。

总体上看，今年上半年是多项任务交织、多重压力叠加、多种挑战并存的半年，我们在促进组织收入平稳增长的同时，精心做好区划调整、机构改革、干部选拔、人员调配工作，取得圆满成功；认真贯彻中央八项规定，切实改进作风，取得良好成果；全力以赴推进“三大工程”建设，取得突破性进展；全面推进依法行政、加强内部建设和管理工作，取得明显成效。全局上下呈现出你追我赶、“争先创优”的良好局面，广大干部表现出团结拼搏、攻坚克难的良好状态，地税事业在新的征程上取得了新的发展。

下半年，我们处在重要时期、特殊时期、敏感时期，肩负着光荣使命、面对着艰巨任务、承受着巨大压力。全局上下要树立坚定的信念和必胜的信心，坚持以科学发展观为指导，扎实开展群众路线教育实践活动，做到教育实践活动与地税工作两手抓、两不误、两促进，最终要出成果、见成效。具体来说，就是要实现“三个确保”：

一是要确保全年目标任务圆满完成。各部门、各单位要对照年初确定的8大类、33项工作，认真梳理，找准薄弱环节，把握好工作推进的重点、力度和节奏。特别是组织收入工作，要把它作为中心工作、核心任务来抓，坚持组织收入原则，坚持依法组织收入，不收过头税，坚持把质量放在重要位置，加强税收分析预测，及时跟踪收入进度完成情况，保持组织收入的均衡和可持续发展。全局上下要以强大的工作动力和执行力，统筹兼顾，突出重点，迎难而上，真抓实干，确保完成全年目标任务

二是要确保“三大工程”建设取得重要成果。在税收征管改革工程上，要按照改革“三步走”战略，在拉开框架、构建体系的基础上，不断完善，持续深化，进一步理顺关系，使改革的功效得到初步体现。在社会管理创新工程上，要进一步深化纳税服务，创新服务举措，全面推广应用自助办税机，深入推进网上办税服务，实现网上办税厅和实体办税厅的规范化达标，构建起高效、集约、协调、顺畅的纳税服务体系。在税务文化建设工程上，要深入实践、精心提炼，打造南京地税知名品牌，建立领先型税务文化指标评价体系，构建起市局、基层“一体多样”的税务文化格局，推进税务文化建设向更高层次发展。

三是要确保“万人评议机关”取得优异成绩。今年的“万人评议机关”，与以往相比有着不同的背景。从某种意义上说，“万人评议机关”的结果是对教育实践活动的重要检验。因此，各单位要高度重视，按照市局的部署，加强领导，全局动员，全力以赴抓好各项工作的落实。这段时间，不允许出现

任何闪失,不允许出现任何负面新闻,不允许出现任何问题,大家务必要谨慎再谨慎、小心再小心,看好门、管好人、守好责。哪个单位、哪个干部出现问题,将严格按照相关规定,追究责任。要通过全系统上下的共同努力,确保评议结果名列前茅。

同志们,下半年工作任务繁重,责任重大,希望全局上下进一步认清形势,理清思路,抓住机遇,锐意进取,高水平、高质量完成全年各项目标任务,以教育实践活动的成果,促进“三大工程”建设取得新的成效。

柏鹏同志在处级领导干部培训班开班仪式上的讲话

(2013年9月3日)

这在党的群众路线教育实践活动推进的重要时段,结合年度培训安排,从今天开始,我们分两批举办系统处级领导干部培训班。在培训开始之前,我代表市局党组讲三点意见:

一、关于这次办班的基本考虑

今年的处级领导干部培训班,培训主题非常明确,就是以群众路线教育为主线,精心组织、集中开展专题学习,将其作为教育实践活动的一项基本要求和重要内容。目的在于通过集中学习和交流,进一步深化和巩固近期“学习教育、征求意见”的成效,加深系统处级领导干部对党的群众路线、群众观点的深刻理解,引导大家更加自觉地投入教育实践活动,为转入“查摆问题、开展批评”环节,做好思想准备、奠定理论基础。具体来说,通过这次培训,努力实现“三个再提升”:

一是要实现思想认识的再提升。当前,群众路线教育实践活动逐步在深化,越往纵深发展,要求就越高,需要我们在前一阶段学习的基础上,不断跟进、提高认识、加深理解,通过集中学习等方式,继续将学习教育引向深入并贯穿始终。领导干部不仅要深入学、持久学,而且要带头学、认真学,一级带着一级学,一级学给一级看。通过扎扎实实的学习教育,促进思想认识的进一步提高、工作作风的进一步转变、群众路线的进一步落实,把学习上的收获,转化为推进地税工作的具体措施和自觉行动。

二是要实现查改成效的再提升。教育实践活动即将从“学习教育、听取意见”环节,转入“查摆问题、开展批评”环节,要进一步加大边学边改、边查边改力度,不等不靠、立说立行,为下一阶段开展民主生活会打好基础。最近,市局学教办汇总梳理了131条内外部意见建议,推送给了相关责任部门,明确了完成时限。各牵头部门要迅速抓好整改,具备条件的立即整改,暂时不具备条件的,要做好解释、及时反馈。确实意见提的不够准确、不尽合理的,也要做分析,说清楚,表明态度。上周五,我们已在媒体向社会公布了7条承诺,系统内部也要及时答复,让群众在活动过程中,时刻感受到我们作风的新变化。在此基础上,认真做好建章立制工作。

三是要实现表率作用的再提升。近期,省、市在改进作风,主动回应群众关切上,动作力度很大,省委常委会、市委常委会相继就反对“四风”,面向社会作出公开承诺。上周,市委、市政府出台了《关于认真贯彻落实省委作风建设十项制度规定和三项清理工作的通知》等一系列文件,以实际行动取信于民。省、市领导做出了榜样,我们务必自觉跟进,把领导带头示范贯穿改进作风始终,自觉当好实践群众路线的表率,学在先、走在前,一级做给一级看,更好地带动本单位、本部门党员干部牢牢把握正确方向,以教育实践活动的新成果,推动地税工作取得新成效。

二、关于培训班的安排

这次培训分两批进行,每批安排两天半时间。今天上午的开班动员和听讲座,所有处级干部一起参加,从下午开始,局领导和各单位、各部门主要负责人共51人,作为第一批开展培训,其他副处级领导干部参加第二批培训。考虑到这次培训行程主要在市区进行,因此,培训地点就安排在市局。

在课程设置方面,以群众路线教育为主线,虽然时间较短,但内容丰富、形式活泼、比较务实。主要有“听、看、思、讲”四个部分:“听”就是马上要听红旗出版社前副总编辑、《求是》杂志研究员黄苇町为我们作专题报告;“看”就是观看影片《周恩来的四个昼夜》,参观雨花台烈士陵园,接受革命传统教育;“思”就是边学、边听、边看、边思考;“讲”

就是我们安排了学习交流会，各位学员包括局领导都要发言，谈体会、讲心得。大家都要认真听、仔细看、深入思、如实讲。尤其是“讲”的部分，要把自己摆进去，结合“我是谁、为了谁、依靠谁”，重点是围绕“依靠谁”，开门见山谈体会，直截了当说问题，开诚布公讲整改，要言之有物、言之有理、言之有情。

三、几点要求

为保证这次培训班达到预期目的，取得实实在在的成效，我提三点要求：

*一是要珍惜机会，认真学习。*市局党组高度重视此次培训，在当前工作任务非常繁重的情况下，分两批把大家组织起来进行集中学习，非常不容易。大家务必要珍惜这次难得的学习机会，全身心地投入到学习中去，集中精力、认真听讲、深入思考、互动交流、相互启发，确保在理论上有明显进步，在认识上有新的提高。

*二是要遵守纪律，安心学习。*这次培训班时间短，内容多，又安排在市区。希望大家处理好工作和学习的关系，遵守学习纪律，排除一切干扰，充分利用好这有限的两天半时间，圆满完成培训任务。特别强调下，这次培训原则上不得请假，如确有特殊情况要请假，主要负责同志跟我请假，其他同志跟郑局长请假。工作人员要做好后勤保障，组织好外出参观等活动，为基层同志安排好就餐和午休场所。

*三是要联系实际，学以致用。*学习的目的在于运用。希望大家做到边学习、边思考、边受教、边提高，真正在牢固树立群众观点、践行群众路线等方面学有所获、学有所成。回去后，要把学习成果落实到行动上、体现在工作中，确保在推进“三大工程”上有新的作为，共同为完成全年目标任务而努力。

最后，预祝此次培训班取得圆满成功！祝大家学习愉快！

柏鹏同志在2013年务虚会结束时的讲话

（2013年12月27日）

每到年底，我们都要召开务虚会，研究来年工作思路、目标和重点，用以指导下一年度工作开展。在一天的时间里，大家结合实际，各抒己见、畅所欲言，站位较高、内容较实、思考较深，听了以后很受启发。下面，结合大家的发言，我讲两个方面问题。

一、分析明年工作形势，充分认识“四个特殊性”

*（一）经济形势的特殊性。*一是从宏观性因素分析，国际环境依然进行着深刻而复杂的变化，现在评价是延续了缓慢复苏态势，但也存在不稳定、不确定因素。而我国经济增长呈现放缓态势，进入“换档期”，由“高速档”换为“中速档”，中央经济工作会议定调明年要“稳中求进”。可以预见，国家不会出台新的重大经济刺激政策。二是从结构性因素分析，传统动力模式已经难以适应发展要求，而新的持续增长动力机制尚未有效构建。就是说，老机制已经不能适应发展要求，新的机制尚未平稳接续，处在一个空档期，调结构、促转型面临很大挑战。从税务部门来讲，新的经济增长点在哪里，现在很难分析判断。三是从区域性因素分析，刚刚结束的市委第十三届七次全体（扩大）会议，对明年经济工作指标和目标做了安排，分成了预期性、调控性、约束性三类指标，把GDP、财政预算收入放在了预期性指标，不再进行简单向下分解和考核。但是，虽然全市GDP、财政预算收入增长指标安排都放在10.5%，但在苏、锡、常、宁四个市中间还是最高的，明年的收入任务仍然很重。另外，不再进行简单分解和考核，会带来什么影响，目前是个未知数。总之，经济形势的不确定性和复杂性，要求我们必须看清形势，转变思路，顺势而为，谋定而动。

*（二）改革背景的特殊性。*一是从社会改革来看，以前的改革，为的是解决温饱；今天的改革，更加注重全面发展，追求社会公正，关注百姓民生，改革追求的目标更为全面。以前的改革，最大阻力主要是思想观念的束缚；今天的改革，更多的是利益格局的博弈，改革更需要自我革命的勇气和魄力。二是从税制改革来看，三中全会决定指出，“财政是国家治理的基础和重要支柱，科学的财税体制是实现国家长治久安的制度保障”，把财税地位上升到前所未有的高度。同时，国、地税体制长期并存的格局已经形成。决定还提出了有关税种的改革发展方向，为地方主体税种尽快形成指明了

方向。三是从自身改革来看。当前,改革已进入“深水区”。虽然我们经过不断探索与实践,专业化改革取得了初步成效,但仍然存在“三个不适应”:我们已经推进的改革,基层特别是一线干部还存在不适应;我们的改革与省局的要求不适应;国、地税机构设置、征管模式不一样,纳税人也不适应。改革背景的特殊性,决定了改革面临的困难和挑战非常艰巨,需要我们把握方向,明确目标,胆子要大,步子要稳。

(三)社会环境的特殊性。社会组织快速孕育,社会结构深刻变动,思想观念更加多元,信息传播快速无序,总而言之,我们处在变革的过程中。这种社会环境的特殊性,决定了社会公众情绪燃点非常低,群众诉求与社会现实之间的落差大,稍有不慎就会擦枪走火,小事酿大祸,很简单的一件小事。很容易转化升级为社会矛盾。税务部门作为窗口部门、执法部门、垂管部门,处在这样的社会环境之中,特别是工作性质又是收税的,从别人口袋里掏钱,因此,始终处在风口浪尖。今年以来,我们处置了100多件涉税舆情,几乎每天都能监控到全国各地的涉税舆情,花样百出,涉及窗口服务、滥用职权、干部选拔、作风问题、奢侈浪费、收受礼品等各个方面,税务和公安、工商成为曝光度最高的三大部门。我们始终处在矛盾焦点,处在“聚光灯”下,处在各种力量挤压之下。这就要求我们,要更多地考虑社会环境的特殊性,更加主动倾听群众呼声,积极响应群众期盼。

(四)反腐动向的特殊性。新一届中央领导集体上任伊始,就释放出切实加强反腐倡廉的强烈信号,以八项规定作为切入点和动员令,打出了一系列“组合拳”。现在我们深有感触,力度之大,问责之严,前所未有。有三个明显特点:一是“老虎”“苍蝇”一起打。中共十八大以来,已先后有17名省部级高官落马,平均一月一到两只“老虎”甚至更多,此外各地还有一批厅以下干部落马,处理的频率不断加快。二是大事小事一起管。办公用房、个人住房、公车使用、工资福利以及休假等算大事。月饼、贺卡、鞭炮、追悼会等,在传统认为的人情往来、习以为常的事情,都变成反腐的明确要求,大小通管,不留死角。三是教育惩治一起抓。这次群众路线教育实践活动,与反腐肃贪是相辅相成的。反腐肃贪是以树立反面典型的办法,引导官员引以为戒;教育实践是树立正面标准,引导官员洁身自好。面对这样的新动向,希望大家要高度警醒,不要以为存在的都是合理的,切实要脱胎换骨,回归到本来面目。现在,平安稳定不是低标准了,一个单位队伍纯洁、平安稳定是一个挑战和比较高的要求。

二、把握明年工作重点,思考研究“四个问题”

明年工作在这么一个特殊环境下开展,我们要更加深入地分析,要认真地把握,要确确实实看看我们明年的重点在哪里。前面,各位局长讲得都很好,把分管工作的重点都拎了出来,有观点、有理论、有明确的要求。我就不全面地说了,重点讲“四个问题”。

(一)税制怎么改?明年,我们要密切关注税制改革的走势,提前做好研究、预判,多花精力、多下力气。为什么这样,是因为“营改增”步伐会进一步加快,明年1月1日,铁路运输和邮政业要改。接下来,明年一季度要做准备,上半年可能要启动生活类服务业的“营改增”。2015年是“营改增”结束之日,我们今年总收入首次突破1000个亿,税收收入630多个亿,其中营业税收入228个亿,占税收36%以上,三分之一强。2015年这块税收为零,税到哪里去要,是我们很直接很迫切需要解决的问题。我们相信中央在加快“营改增”之后,会尽快地把地方主体税种培育起来。现在的判断是,房地产税要先立法,然后再择机推开,速度会慢一点。可能性最大的是,消费税有可能首先成为地方主体税种。在这种情况下,我们要关注三个方面:一是对税制改革的动向要全面了解。要加强与总局、省局的联系,密切关注税制改革,对相关税改何时启动、具体时间表、具体内容、政策点都要及时掌握。二是对涉及的税种要全面了解。对有可能划归地方税的消费税、房地产税等几个主要税种要深入研究,既要研究现有政策,又要了解征管流程,掌握税收总量,看能不能抵消“营改增”带来的减税影响,做到心中有数。三是对带来的影响要全面了解。争取影响政策,至少影响结果。比如说,现在消费税是按特定税目进行征收的,范围比较窄。能否改为销售税?将所有商品都纳入?虽然这个可能性较小,但也不是不能把声音发出来。影响结果是什么概念?我们今年营业税收到228个亿,国税今年消费税收到220个亿,大体上看是相抵的,但要深入分析。比如对石化行业征收消费税,去年南京国税部门征收了87个亿,但这是在生产环节,如果改为销售环节,收入可能只有10个亿不到。如果在政策不变情况下,简单地把税种接收过来,有可能87个亿就变成8.7个亿。因此,我们要超前研究征管流程、征管政策,主动向地方党委政府建议,采取强有力措施把税收留在南京,留在地税。

(二)改革怎么推?应该说,全局上下对改革高度重视,改革在不同意见不断碰撞中向前推进。按照省局1号文要求,我们在突出风险管理导向、实施税源分类管理、落实税源管理责任、调整部分机构职能等方面已经基本到位,但在征收人财物集中、打破属地管理、契税全面纳入征管体系等方面还没有到位。前不久,省局又来督办。在这样的情况下,我们怎么办?下一步到底怎么走?我想,有几个事情要强调下:一是专业化改革的方向,特别是以风险管理为导向的专业化改革方向是正确的,我们必须要坚持。我们改革的态度要坚决,步子要稳慎,考虑要周全。我们提出要争当全省地税系统改革的主力军、全国副省级省会城市改革的排头兵,这个口号继续提。二是对我们已经迈出去的改革要走扎实,打牢基础。省局要成立征管改革领导小组,对前段的改革做一些梳理、做一些完善、做一些加强。这次群众路线教育,在基层反映的意见建议中,有很多希望改革进一步完善方面的建议。比如,希望征管流程、政策和要求要保持相对稳定,不要经常变化;建议构建全市层面的数据共享机制,扩大第三方数据信息采集面,提高第三方数据的应用效率;建议优化整合风险指标,提高数据质量,加强任务推送统筹,适当下放风险计划推送权限;建议加强大集中系统运维管理,帮助基层及时协调、回复大集中系统造成的各类问题,在大集中系统有重大调整时,给基层留有应对时间,等等。这些是大家在适应改革过程中提出的若干问题。对基层提出的问题,属我们自身的,要立即整改;属于省局层面的,要及时反映,明确提出改进的意见和建议。只有巩固了改革成果,我们才能解决思想不统一、部门不协调、操作层面不到位的问题,才能扎扎实实迈出坚实一步。三是要把握好改革的关联性、系统性和协同性。没有哪个经济部门像地税系统与社会联系这么广泛,改革牵一发而动全身。下一步改革,要把党委政府的要求、纳税人的期盼、面临的环境条件以及南京的实际结合好。但是讲改革难,也不是说就维持现状。要在风险防范、信息管税、促进遵从、提高效能的原则下,积极走出改革新的一步。我们讲省局的统一模式与南京实际不相适宜,那么和南京实际相适宜的南京模式在哪里?一定要拿出一套方案,这个方案要风险应对更好,更切合南京地税实际,这样,我们才能据理力争。相关部门要加紧研究,一季度要首先提出思路想法,如果得到省局的支持,要把方案做出来,要与全省的方向一致,工作上能协调,信息化也能匹配。

(三)服务怎么抓?明年又是两年一次的全国纳税人满意度调查,这次调查的范围、内容、方式都发生了比较大的变化。我们前两次都获得第一,明年能不能三连冠,对我们是个重大考验。大家要从以下三个方面把握:一是理念要先行。总局王军局长强调,要“相信纳税人,切实转变‘管着纳税人’的思想,构建基于相信纳税人的新型征纳关系”。厦门地税提出纳税人“无过错推定”原则。在税收评估、政策执行特别是稽查环节,强调税务部门必须举证纳税人存在的涉税问题,否则,即使有怀疑也不行。明年,我们要加快推进纳税信用体系建设,把纳税人遵从行为的记录,作为对纳税人评价和分类管理的重要依据,从而构建起新型的征纳关系,从不相信纳税人到相信绝大多数纳税人,充分尊重纳税人平等主体地位,税务机关执法理念要有深刻转变。这件事,请纳服局、征科处一起研究下,从行为记录、评价管理角度进行入手。二是内涵要延伸。纳税服务不仅是窗口的事,已经涉及到税收执法、税源管理、作风建设等方方面面,是贯穿于征、管、评、查全过程的服务。因此,我们要树立“全心、全程、全员”的服务观念,“一把手”要亲自抓,分管领导具体抓,要统筹推进,各个处室都要支持纳服工作。三是工作要创新。要运用大数据的理念和方法,进一步完善需求分析机制;深入推进“神秘客户”现场检测,拓展“神秘客户”招募范围,“神秘客户”可以拓展到科室机关进行检测;完善现场服务检测指标;要把办税厅服务标准、业务标准“两个标准化”做实、做精。总而言之,创新社会管理只有更好,没有最好。

(四)队伍怎么带?总体上看,目前干部队伍比较稳定,主流是好的,工作是不错的。虽然我们“没有刑事案件、没有职务犯罪、没有重大违纪”的记录没有被打破,但是暗流涌动。很多问题因为早发现、早处置,控制在我们手上。有的事情的发生有偶发性,有的事情因为发现迟已经引起媒体和网络的关注,我们通过舆情管理控制住了。如何带好这支队伍?四句话:用机制激励人、用培训提升人、用文化凝聚人、用制度约束人。一是用机制激励人。要尽快修订领导干部、非领导职务两大系列的选拔管理办法。对领导干部要重在人才培养,将人才培养与后备干部培养合二为一。要把有培养前途的干部安排到基层、偏远、艰苦的岗位锻炼,我们也在考虑,今后提拔到处级领导干部的,原则上要有基层科所长的岗位经历,哪怕是科所的副职。现在我们提拔的干部都很优秀,但有的对基层不了解,带队伍没有经验。这种情况我们要想办法,要做调整。领导干部系列,还是要重点培养年龄相对年轻、有基层实践经验、有创新精神、有口碑、有绩效这样的同志。对非领导职务,要重点考虑工作年限长、工作阅历丰富、默默无闻但在本岗位做出很大贡献的干部,对他们组织要予以尊重和认可。最近与基层同志在一起交流,他们也提了一些意见和建议,建议用量化的办法来做考量,也是可以采纳吸取的。总而言之,要让不同年龄层次、不同成长经历的同志,大家都有进一步的发展空间。二是用培训提升人。现阶段,培训还是干部重要的福利。对内,要充分利用汤山干部培训学校资源,依托税收 MBA 中心加强培训,从教材编写开始,与联合办学单位各个环节上加强合作,要从年轻有培养前途的,特别是标兵、能手、优秀公务员中选拔人才,加以培养。鼓励干部取得“三师”资格,采取各种积极有效的手段,让我们的干部能够激发内生的动力和活力,让他们的学习和取得的资质得到组织的认可,有关部门要尽快提出意见。培训要注重专业性、实效性,注重成果应用,坚持分层次、分类别、有计划地采取出境、出省的方式,加大培训力度。三是用文化凝聚人。昨天党组会原则同意将“卓越同行”作为新时期核心文化理念。文化建设我们一直坚持一体多样,文化的创新深深植根于我们基层的土壤之中,各基层分局文化建设各具特色。我们不强求一致,我们非常希望基层这种结合实际的文化创新枝繁叶茂。当然,在更高层面上要用“卓越同行”来统领,希望各基层单位把文化创建工作作为明年的重要工作抓在手上。同时,要研究文化如何落地,把文化建设与党团工妇建设结合起来,活动一定要丰富多彩、一定要深入人心、一定要喜闻乐见、一定要大家参与,这样大家才有归属感、才有凝聚力。有关部门要赶快抓紧研究,广泛开展健康向上、符合国家相应规定的活动。四是用制度约束人。第一,风险防范要动态化管理。我们现在风险防范的制度很厚一大本,好像风险点梳理了多少多少,我们都有办法来治理。但实际上有一条,请监察室高度重视,凡是税务尤其是江苏税务在征管查评过程中出现的违法违纪案例,都要作为新的工作任务来检查。看到底有没有制度、制度有没有漏洞、有制度有没有落实,没有立刻打补丁。上次讲的契税所的案例,抓了 9 个,到底风险点在哪里?我们现在应对的怎么样?是不是我们制度很健全,是不是做到了有制约的权力机制。这种事情,我们所在单位领导要重视,责任处室一定也要有这样的意识,有漏洞立刻打补丁。第二,督察要到位。光有制度不落实,没有人去查,没有人盯住,出事就大了。有基层单位跟我讲,别的基层单位出了件事,然后他们派有关科室下去查,一查果真发现本单位也有这样的情况,因为是自己查出来的,能够控制住、处理掉,这样就算有政治敏感性了。那么能不能形成一种常态化的管理机制?比如说查一下迟到早退,轰轰烈烈搞了一次,现在是什么情况,我也不知道。这种检查应该是明察暗访,是随机的、多样的、出其不意的,在这种检查过程中间,大家习以为常形成的麻木才会受到刺激,才会警醒。这件事情不是仅仅讲的市局层面,各个基层单位都要有这样的意识。以后日常查的情况,要排名、要考核。这个事情,事关我们整个队伍形象的问题,不能一阵风,要常抓才能不懈。

2014年

大　事　记

1月

1月1日　正式开通@南京地税发布新浪(腾讯)微博,作为市地税局在新浪(腾讯)微博中的唯一官方微博。开通微信公众账号“金陵税收微讯”,作为市地税局唯一官方公众微信号。

1月7日　授予纳税服务局宣传科等20个基层科所“2013年度江苏省南京地方税务局更高水平‘三个一流’工程建设标兵科所”称号,授予王海啸等10人2013年度江苏省南京地方税务局“地税标兵”称号并记三等功一次。

1月14日　浦口局、玄武局被省地税局授予2013年度“依法行政示范单位”称号。

1月21日　全市地方税务工作会议在干部培训学校召开。

1月　建邺局被人力资源和社会保障部、国家税务总局表彰为全国税务系统先进集体。

1月　组织开展市地税系统年度绩效考核工作。授予江宁局等7个单位“2013年度更高水平三个一流”工程建设一等奖。

1月　市地税局对“网上办税服务厅”52个功能模块在全市范围内推广应用。

1–4月　市审计局审计组对市地税局2013年度市级地方税收计划执行情况开展审计。

1–6月　全市地税系统向外推荐局级、处级干部共计7名。

2月

2月　市地税局被总局党校确定为现场教学基地。

2–6月　市地税局以税收知识竞赛、读书会、案例交流会等形式开展年度春训工作。

3月

3月18日　市地税局召开机关党员代表大会,选举新一届机关党的委员会和纪律检查委员会,并分别召开了第一次全体会议,选举新一届机关党委会书记、副书记、纪委会书记。

3月25日　微电影《棋》在省地税系统举办的廉政文化优秀作品征集活动中,被评为省地税系统廉政文化优秀作品,并被国家税务总局推荐入围中央纪委全国优秀廉政文化重点作品。

3月　市地税局再次蝉联全省地税系统“三个一流”工程考核第一名。

3–9月　围绕局庆20周年,开展“追忆历史卓越同行”活动征文及实物征集活动,拍摄制作《卓越同行二十年》口述历史纪录片,组织开展“心怀梦想、卓越同行”演讲比赛,精心制作《卓越同行二十年》笑脸墙视频短片,成功组织系统建局二十周年纪念大会。

4月

4月　市地税局出台《各级领导班子挂钩联系企业制度》,市局及基层局领导对挂钩联系企业开展上门实地走访。

△　开展第22个全国税收宣传月活动。结合南京青奥盛会,组织了“我与青奥一路同行”和“美丽南京、感谢有您”微系列宣传主题活动。

△　六合局征收局被江苏省总工会表彰为江苏省工人先锋号。

4–5月　组织2014年能级评定工作,共有510名干部职工报名参加,参加笔试433人,201人评定能级,其中高能级81人。

5月

5–11月　总局党校处级领导任职培训班及税务文化建设实务高级研修班三批学员共147人,先后到市地税局开展2014年税务文化管理现场教学活动。

5–12月　以“税收评估”“税收征管”和“纳税服务”为专题,组织3期共69人赴台湾实施高层次人才交流培训。

6月

6月1日　江宁局被省总工会表彰为江苏省“职工书屋”。

6月4日　市地税局对2011–2013年连续三年考核优秀等次的63人给予记功表彰。

6月25日　全省公务员考核交流现场观摩会在市地税局召开。

7月

7月1日　在市政务大厅实现了税务登记证件的多证联办并联审批。

7月9日　南京市税收文化教育基地在全国第十六次社会科学普及工作经验交流会上，被评为“全国人文社会科学普及基地”。

7月21日　在全省地税系统举办的“江苏地税好声音”歌唱比赛活动中,市地税局选送选手取得全省第一名的好成绩。

8月

8月4日　江宁局、六合局被表彰为江苏地税20周年建功集体,钟武斌被表彰为江苏地税20周年建功个人，李璐等7人被表彰为江苏地税岗位标兵。

8月　省文物局批复同意南京市税收文化教育基地在原有基础上设立并更名为南京税收博物馆。

8–9月　市国税局、市地税局联合开展2012–2013年度A级纳税信用等级纳税人评审工作,共评定A级纳税人963户。

9月

9月5日　市地税局“地税直通车”品牌通过市前三批服务品牌复查考核;“12366税收百事通”被市精神文明建设指导委员会命名为南京市第四批服务品牌。

9月12日　税务MBA中心2014年研究生开学典礼在干部培训学校举行，全国首家税务MBA中心正式开班。

9月23日　王冬明任市地税局稽查局局长(南京市副局职)；乔彤、曹晓扬任市局副巡视员(南京市副局级)。

9月30日　夏恒志、余凤琴被江苏省地税局表彰为“最美江苏地税人”。

△　市地税局组织40名干部参加“江苏省暨南京市各界公祭烈士及向雨花台烈士纪念碑敬献花篮”活动。

9月　编印下发新版《税务文化手册》,对南京地税20年文化发展历程进行了系统总结。

10月

10月1日　经市国税局、市地税局共同研究制定的《税务行政处罚自由裁量基准操作标准》正式开始施行。

△　在全市房地产、建筑和金融保险业纳税人中推广使用无号发票。

10月28日　组织开展系统2014年度“优秀业务能手”竞赛。1人被市总工会等单位授予“南京市五一劳动奖章”称号,6人被授予“南京市技术能手”“南京市创新能手”称号,53名青年选手被授予“南京市青年岗位能手”称号。市地税局获南京市职工技能大赛优秀组织奖。

10月　全系统选拔76名科级后备干部。

△　南京市房土两税申报功能优化上线。

△　市地税局组织开发的“税务稽查模拟实训平台”通过全国税务系统培训机构实训平台建设评审,被评为总局特色培训项目。

10-12 月　分三期组织全系统处以上干部开展脱产培训。

11 月

11 月 18 日　市地税局参加全省地税系统第四届羽毛球比赛并取得团体第一名。

11 月　组织 25 个支部共 447 名党员干部，走进 8 个社区开展在职党员到社区报到“奉献社区、服务群众”活动。

△　将标准化认证理念引入“12366”咨询服务、诉求响应和日常管理，获得中国合格评定国家认可委员会(CNAS)和国际认可论坛(IAF)联合颁发的 ISO9001 标准化认证证书。

△　全系统推广应用含综合事项管理、软件项目管理、硬件项目管理、运行维护管理和规章制度管理为五大功能模块的信息技术管理平台。

12 月

12 月 1 日　市区社保费三方联网正式上线运行。

12 月 25 日　市地税局以 94.8 分的高分通过省 4A 数字档案室验收，成为南京市首批数字档案室。

12 月　印花税自 1988 年开征以来，入库税款首次突破 10 亿元。

(王杉杉)

概　况

工作概况

概　述　2014年,市地税局坚持以组织税收收入为中心,紧紧抓住基础管理、依法行政、队伍建设、行政效能等重点,深入推进"三大工程"建设,开拓创新,安全履职,完成全年各项目标任务。

组织各项收入1138.7亿元,税收职能有效发挥。全系统坚持组织收入原则,克服困难挑战,注重质量管理,充分挖潜增收,保证了组织收入稳定增长。全年,累计组织各项收入1138.7亿元,增长11.7%。其中,税收收入703.1亿元,增长11.2%;市县级公共财政预算收入529亿元,增长9.7%(剔除上年超额完成的8亿元,增长11.6%),增幅位居苏南城市第一。牢固树立大局意识,认真落实各项税收政策,为促进民营经济发展制定并梳理23条服务举措、58条优惠政策,全年办理减免税92亿元。其中,促进和改善民生,为30万家企业和个人办理减免税60亿元;服务转型发展,为7000户企业减免税收10多亿元;落实科技创新政策,为400多户企业减免税收6亿多元。加强税收分析,通过税收反映经济运行状况和产业、行业特点,积极向市委、市政府提出意见建议,上报材料多次受到市领导批示肯定。

深化"三大工程",改革创新取得实效。聚焦大事、把握重点,深入推进税收征管、社会治理、税务文化"三大工程"建设,提升了征管效能,促进了征纳和谐,增强了组织凝聚力,改革创新取得新成效。

一是大力加强税收征管。稳慎推进征管改革,优化征管机制,夯实征管基础。突出风险管理导向,全年完成风险应对12661户,实现风险应对收入21.5亿元。推行税源管理事项清单制,修订税收业务操作规程,明确7类778项涉税业务事项。与工商、国税等部门一道推进登记制度改革,在市政务大厅实现多证联办、并联审批。实施分级分类管理,推进发票改革,构建征管智能检测信息系统,做好税源与征管状况监控分析。优化运维机制,加强信息安全,发挥信息化支撑作用。规范业务档案管理,通过数字档案室验收。强化税种管理,贯彻落实营改增工作,加强房地产、建筑业营业税控管;所得税汇算清缴入库税款72.1亿元,12万元以上自行申报达15.7万人;开展境外上市企业税收调查,入库税款4.3亿元,占全省的53.4%;积极参与总局房地产税改革的调研和论证,加强房土两税管理,土地增值税清算入库税款23.4亿元。

二是深化社会治理创新。认真组织第四次全国纳税人满意度调查迎查工作,位列全国省会城市和计划单列市第三。开展便民办税春风行动,建立领导班子成员挂钩联系企业制度,走访761户次,帮助企业解决问题259个。创新宣传方式,通过微博、微信等手段提供涉税解答1万多条。与国税联合开展纳税信用等级评定工作,评定A级纳税人967户。贯彻落实《全国县级税务机关纳税服务规范》,推进办税服务厅标准化建设。"12366"全年咨询量112万次,在全国率先通过ISO9001认证。转办政府"12345"工单1815件,综合满意率达97.3%,列全市千单以上职能部门第一。

三是推进税务文化建设。推广卓越同行文化品牌,编印下发《税务文化手册》,建立健全税务文化指标评价体系,构建一体多样文化格局。以局庆20周年为契机,开展"追忆历史·卓越同行"征文演讲等系列文化活动,扩大品牌宣传。总局党校先后四次到市地税局开展税务文化现场教学活动,授予市地税局现场教学基地称号。加强思想政治工作,组织开展道德讲堂、志愿服务、结对共建等活动,深化文明创建,建邺局获全国税务系统先进集体称号,税收文化基地入选全国人文社会科学普及基地。

抓好"三项建设",各项工作扎实推进。着力推进"三项建设",促进依法行政,激发队伍活力,提升行政效能,确保各项工作扎实有效开展。

一是抓好税收法制建设。深入开展依法行政示范单位创建工作,市地税局被省地税局评为依法行政考核优秀单位，直属一分局、溧水局被省局授予依法行政示范单位称号。探索建立税务争议案件提前介入和联动机制，成功化解20多起争议案件。深化行政审批制度改革，梳理4项行政审批权力、46项行政确认权力，形成行政权力目录清单。与国税部门联合发布行政处罚裁量基准，保持执法口径和尺度一致。加强与司法机关合作，做好行政听政、复议、应诉工作。开展专项执法督察和重点执法督察，创建“执法督察疑点规则库”。依法查处涉税违法行为，严厉打击发票违法犯罪活动，全年实施稽查1091户，查补收入6亿元。

*二是抓好干部队伍建设。*加强领导班子建设，修订完善领导干部选拔任用、非领导职务晋升、后备干部管理三个办法，构建有效管用、简便易行的选人用人机制。积极与省局和市、区协调，推荐输送2名正处级、5名正科级优秀干部到市级机关、徐州地税和区里担任更高一级职务。探索干部综合积分管理和有效激励机制。修订完善能级评定制度，有201人晋升能级。做好离退休干部工作。优化绩效管理办法和指标体系，完善绩效分析评价和交流制度，连续八年获省局综合考核第一名。加大教育培训力度，开展“一站到底”“最强税官”等春训活动，在全国首创税务MBA人才培养模式，完成第一届学员招生并开班学习，全年举办制式培训38个班次，培训科以下干部1678人。全局“三师”比例达24.5%，位居全国税务系统前列。加强党风廉政建设，全面落实“两个责任”，制定《党风廉政建设领导责任追究办法》，推进“三险”同防，着力构建风险同步应对机制。抓好先锋行动、党务公开等党建示范点建设，开展微型党课活动。加强工会、妇联等群团组织建设，组织开展“阳光杯·与青奥同行”系列活动。贯彻八项规定，聚焦四风问题，推动作风建设常态化、长效化。

*三是抓好行政效能建设。*坚持以创新的思路推进工作，全年有11个创新项目在总局、省局交流并推广。加强工作统筹，切实为基层减负，去年全局性会议减少10%。强化涉税舆情管理，全年监控和处置涉税舆情68件。政务信息、科调研工作继续保持全省领先。加强内部审计，规范预算管理，认真执行厉行节约、节能减排、公务接待、公务用车等各项规定，全年“三公”经费减少39%。推进后勤管理改革，后勤服务保障水平进一步提升。　（楚天佑）

人员机构概况

中共江苏省南京地方税务局党组成员名单

党组书记　柏　鹏
党组副书记　郑　良
党组成员　左　明
唐　跃
蔡建勋
刘军辉
王　超
陈　奇
钱家俊

中共江苏省南京地方税务局党组纪检组负责人

纪检组组长　刘军辉

江苏省南京地方税务局机构设置和负责人

局　长　柏　鹏
副局长　郑　良
左　明
唐　跃
蔡建勋
纪检组组长　刘军辉
总经济师　王　超
总会计师　陈　奇
总经济师　钱家俊
稽查局局长　王冬明(2014年9月任)
副巡视员　蔡金华
胡平华
乔　彤(2014年9月任)
曹晓扬(2014年9月任)
杨　华(2014年8月退休)
苑爱国(2014年7月退休)

办公室

主　任　乔　彤
副主任　黄　昀
沈向民
调研员　查贵成
汪炼炼
副调研员　楚天佑
李南晔(2014年6月退休)

政策法规处

处　长　罗志刚

副处长　陈娟娟(2014 年 4 月任)
　　臧桂芹(2014 年 4 月免)
副调研员　朱玉梅

营业税处

处　长　陈　云
副处长　卓　越
副调研员　奚　雷
　　陈珊艺

所得税处

处　长　郭智华
副处长　张建强
副调研员　孙建忠

财产行为税处

处　长　赵建华
副处长　王佩福
调研员　戴礼萍(2014 年 3 月退休)

规划财务处

处　长　张祖贤
副处长　洪　斌
　　卞立群
副调研员　叶　红

征管科技处

处　长　曹晓扬
副处长　杨霆钧
　　钟智宏(2014 年 5 月挂职鼓楼局副局长)
　　姜　进
副调研员　张　军
　　王琪玮

数据管理处

处　长　徐惠华
副处长　戴文新
顾长元
副调研员　明　靖

督察内审处

处　长　黎　凡
副处长　王　勇

基层工作处

处　长　季志春
副处长　张连静

人事处

处　长　张金发(2014 年 2 月免)
副处长　黄晓兰
　　高永峰
调研员　王　震
　　马圣莲
副调研员　秦有富

离退休干部处(与人事处合署)

处　长　张金发(兼)(2014 年 2 月免)
副处长　黄晓兰(兼)
副调研员　王浴宁

监察室

主　任　席宝庆
副主任　王　勇
调研员　李玉芳(2014 年 2 月退休)
副调研员　朱淮民
　　金　泓

机关党委

书　记　郑　良(2014 年 3 月任)
　　杨　华(2014 年 3 月免)
专职副书记　汪义娟
调研员　华森林
　　王　芊
副调研员　吴　红

电子税务管理中心

主　任　薛剑秋
副主任　朱　岚
　　周建伟
副调研员　张　斌

干部培训学校

校　长　沈　勇
副校长　洒荣汶
副调研员　周卫国

机关后勤服务中心

主　任　朱中元
副主任　梁　钰
　　孔志刚
副调研员　任　军

档案管理中心

主　任　王　俊
副主任　承　蕾

耕地占用税和契税管理所

所　长　马雪玲(2014 年 4 月任)
　　黄纬东(2014 年 4 月免)
副所长　王　辰

	张　捷

稽查局(南京副局级建制)

局　长	王冬明(2014年9月任南京市副局职)
副局长	马雪玲(2014年4月免)
调研员	朱剑秋
副调研员	朱基全

稽查一分局

局　长	费明华
副局长	朱广生
	程松敏
副调研员	李文军
	鞠晓翔(2014年1月退休)

稽查二分局

局　长	姜　健
副局长	吴跃发
	董晓庆

稽查三分局

局　长	张元年
副局长	全　晓
	纪耀录
副调研员	徐春林
	匡翠光

征收税务局(纳税服务局)

局　长	钟武斌
副局长	何　欣
	魏军波
	张　锋
调研员	缪新民
副调研员	郑晓慧
	高善平
	姜志才

直属第一税务局

局　长	胡连强
副局长	沈永惠
	陈卓兵
	朱育刚(2014年2月免)
副调研员	鲁世君
	赵　红

高新局

局　长	谢海航
副局长	王德春
	周　薇
	任梦华

玄武局

局　长	马学民
副局长	虞　华
	戴迎新
调研员	林　斌
副调研员	鲍　平
	王　玲
	来振春
	王小洪
	魏　玮
	步劲柏(2014年9月任)

秦淮局

局　长	朱　延
副局长	王桂祥
	王英姿
	丁晓军
调研员	孙爱萍
副调研员	王　波
	闻　华
	祁寅龙
	陈旭东
	张　铭
	陈　兵
	鲁　新

建邺局

局　长	徐贻璧
副局长	郝永宁
	高文莉
	王　颖
副调研员	张金川
	岳有铭
	卜兴耀

鼓楼局

局　长	罗　斌
副局长	尤　克
	周　斌
	钟智宏(2014年5月挂职)
	周　妍
副调研员	吴　兵
	潘祥云
	夏　莉

柳　峰
颜月平
吴汉平(2014 年 9 月退休)
林碧婴(2014 年 4 月退休)
李相权(2014 年 2 月退休)

雨花台局

局　长　王桃之
副局长　吕　艳
邵龙喜
郭智怡
副调研员　夏恒志
周正华
郭菊霞
毕云亮

栖霞局

局　长　王晓苏
副局长　万利明
许晓燕
谢寒生
调研员　陶京茂(2014 年 4 月退休)
副调研员　周纪祺
陈　东
戴小龙
张兴才(2014 年 9 月任)

化工园局

局　长　吴春高
副局长　许　辉
丁厚祥
贾　婷
副调研员　许帮炎

中共江宁地税局党组

党组书记　马玉宁
党组成员　陆晓民
业德瑞
陶向武
周　密

江宁局

局　长　马玉宁
副局长　陆晓民
业德瑞
陶向武
纪检组组长　周　密
副调研员　王　平
朱培银(2014 年 10 月退休)

中共浦口地税局党组

党组书记　曾　翀
党组成员　孙　猛
莫增华
周进达
佘风琴
浦口局
局　长　曾　翀
副局长　孙　猛
莫增华
周进达
纪检组组长　佘风琴
副调研员　吴玉华

中共六合地税局党组

党组书记　王火生
党组成员　汪临清
刘明祥
李　军
魏　明

六合局

局　长　王火生
副局长　汪临清
刘明祥
李　军
纪检组组长　魏　明
副调研员　王成亮
单晓东

中共溧水地税局党组

党组书记　戴世敏
党组成员　臧桂芹(2014 年 4 月任)
陈步荣
喻召双
彭聿新
陈娟娟(2014 年 4 月免)

溧水局

局　长　戴世敏
副局长　臧桂芹(2014 年 4 月任)
陈步荣
喻召双
陈娟娟(2014 年 4 月免)

纪检组组长　彭聿新
调研员　曹祖文

中共高淳地税局党组

党组书记　殷壁峰
党组成员　刘德才
张登明
诸培苗
丁建华

高淳局

局　长　殷壁峰
副局长　刘德才
张登明
诸培苗
纪检组组长　丁建华
调研员　陈桂华

（徐伟）

南京地方税务局2014年正式人员基本情况统计表

表1

单位：人

项目	总计	女	少数民族	学历						政治情况				年龄									
				研究生	大学	大专	中专	高中	初中及以下	共产党员	共青团员	民主党派	无党派或群众	30岁以下	31~35岁	36~40岁	41~45岁	46~50岁	51~54岁	51~54岁 女	55~59岁	55~59岁 女	60岁
市局机关	195	65	6	36	142	16			1	174		1	22	10	41	44	38	29	14	2	19	2	
稽查局	60	29	2	2	54	4				55			5	2	10	15	12	13	6	2	2	1	
稽查一分局	45	17		4	34	7				35	1		9	3	4	10	11	10	7				
稽查二分局	48	22	1	3	42	3				33		2	13	1	3	12	11	12	9	2			
稽查三分局	55	26	1	1	47	7				42		2	10	1	7	9	8	16	9	1	5		
纳服局	39	20	1	10	24	5				37	1		1	3	6	13	9	5	1		2	1	
契税所	33	14	3	3	27	3				21			12	7	6	7	5	3	5	2			
直属一局	59	30	2	6	51	2				46	2		11	10	11	13	7	16	2				
高新局	51	17		15	34	2				42	3		6	10	6	11	8	8	5	1	3		
玄武局	125	61	1	8	102	15				91	1	4	29	9	20	22	15	35	15	4	9		
秦淮局	181	85	3	9	145	27				142	3	2	34	8	19	27	26	55	36	11	10	1	
建邺局	98	42	3	15	71	11		1		77	2	3	15	10	14	17	17	18	16	1	6		
鼓楼局	182	78	2	19	134	29				136	2	3	41	11	17	27	34	56	25	8	12		
雨花台局	80	31	2	7	64	7	1	1		56	3		21	8	14	12	11	24	5		6		
栖霞局	94	27	1	10	78	5		1		74	2	1	17	7	12	16	15	35	5		4		
化工园局	52	19	1	4	44	4				34	1	1	16	10	9	8	4	17	3	1	1		
江宁局	143	50	1	8	124	9		2		107	7	2	26	18	17	30	22	37	12	2	7		
浦口局	89	39	4	6	73	10				73	4		12	22	9	18	7	18	10	1	5		
六合局	97	25		9	77	11				86	7		4	21	12	20	12	13	9	2	10		
溧水局	94	33		2	74	17		1		65	1		30	16	8	10	18	25	11	1	6		
高淳局	104	28			91	11	1	1		63	7		34	14	2	22	28	19	12		7		
合计	1924	758	34	177	1532	205	2	7	1	1489	47	21	368	201	247	363	318	464	217	41	114	5	

南京地方税务局2014年正式人员职务情况统计表

表2　　　　单位：人

单位	合计	公务员														事业编	行政附属编
		小计	局长	副局长	副巡视员	处长（局长）	调研员	副处长（副局长）	副调研员	科长	主任科员	副科长	副主任科员	科员	试用期（军转）		
市局机关	195	178	1	8	4	14	6	25	17		55		42	6		9	8
稽查局	60	57				1	1		1	6	19	8	15	6		1	2
稽查一分局	45	42				1		2	1	7	12	5		9	5		3
稽查二分局	48	47				1		2		7	19	6	10	1	1		1
稽查三分局	55	51				1		2	2	7	18	7	11	3		2	2
纳服局	39	37				1	1	3	3	5	5	6	7	5	1	1	1
契税所	33	7				1		1		1		1		3		25	1
直属一局	59	58				1		2	2	9	14	6	14	10		1	
高新局	51	47				1		3		8	9	6	13	4	3	2	2
玄武局	125	116				1	1	2	6	13	43	13	19	16	2	1	8
秦淮局	181	164				1	1	3	7	16	76	22	25	12	1	5	12
建邺局	98	90				1		3	3	11	34	13	15	10		2	6
鼓楼局	182	170				1		3	5	16	76	20	32	15	2	5	8
雨花台局	80	74				1		3	4	10	24	9	12	10	1	1	5
栖霞局	94	87				1		3	4	11	31	8	15	10	4	5	2
化工园局	52	49				1		3	1	8	13	4	7	10	2	3	
江宁局	143	130				1		4	1	15	33	12	36	24	4	7	6
浦口局	89	82				1		4	1	13	21	10	9	16	7	4	3
六合局	97	91				1		4	2	13	25	9	11	19	7	2	4
溧水局	94	88				1	1	3		10	2	12	37	16	6	4	2
高淳局	104	101				1	1	4		11	6	13	39	22	4	1	2
合计	1924	1766	1	8	4	34	12	79	60	197	535	190	369	227	50	81	77

江苏省南京地方税务局机构职能

一、内设机构及职能

1.办公室

承担机关文电、机要、信息、会务、督办、信访、保密、保卫和政务公开等工作；拟订有关工作制度;组织起草和审核重要文稿;承担全系统税收宣传计划的编制和面向社会的税收宣传、新闻发布工作;承办内部网站运行与管理工作;负责税收理论及内部研究性资料的采编管理工作；承担创新管理工作;承担机关财务管理等行政事务工作。

2.政策法规处

拟订依法行政、依法治税工作方案并组织实施;参与起草有关地方税收法规、规章和规范性文件;组织协调涉及多税种、综合性税收政策文件的起草和贯彻落实工作；承办较大税收案件的审理工作和行政处罚管理工作；承担本系统有关规范性文件的合法性审核和备案备查工作；组织有关规范性文件的清理、评估、反馈和汇编工作;承办税务行政复议、行政诉讼工作;组织涉税反补贴案件的应对工作;承担本部门职责范围内风险管理、信息管税、数据管理及特殊事项专业化应对等工作。

3.营业税和基金管理处

组织实施营业税和法律法规规定及省市政府指定的基金(费)的税政管理工作;按照税收管理权限,制定具体征收管理办法,处理执行税收政策中的有关事项;参与有关税种的纳税服务工作;承担本部门职责范围内风险管理、信息管税、数据管理及特殊事项专业化应对等工作。

4.所得税管理处(国际税收管理处)

组织实施企业所得税、个人所得税的税政管理工作;按照税收管理权限,制定具体征收管理办法,处理执行税收政策中的有关事项;组织实施反避税调查;承担有关国际税收的综合协调工作;参与有关税种的纳税服务工作；承担本部门职责范围内风险管理、信息管税、数据管理及特殊事项专业化应对等工作。

5.财产和行为税管理处

组织实施财产与行为各税种(含房产税、城镇土地使用税、城市维护建设税、印花税、资源税、土地增值税、车船税、耕地占用税和契税)及教育费附加的税政管理工作;按照税收管理权限,制定具体征收管理办法，处理执行税收政策中的有关事项;参与有关税种的纳税服务工作;承担本部门职责范围内风险管理、信息管税、数据管理及特殊事项专业化应对等工作。

6.规划财务处

编制地税收入中长期规划,编制、分配年度税收计划；组织开展税收收入分析预测和重点税源监控管理;管理和应用税收收入数据;承担税收会计统计、票证管理和基金费核算工作;监督检查税款缴、退库情况;承担全市地税系统财务、经费管理和财务会计核算工作；承担全系统固定资产财务管理工作;承担本部门职责范围内风险管理、信息管税、数据管理及特殊事项专业化应对等工作。

7.征管和科技发展处

组织落实综合性税收征管法律、法规、部门规章及规范性文件,拟订具体操作办法;研究制定税收征管规程;牵头负责委托代征管理工作;组织协调综合治税工作;组织税务登记、纳税申报、普通发票管理、税控器具推广应用等工作;统筹协调税收状况监控分析,承办征管质量考核工作;组织实施定点联系企业、个体和集贸市场的税收管理工作;承担信息化建设规划、制度建设;承担项目立项、需求论证和项目验收;承担本部门职责范围内风险管理、信息管税、数据管理及特殊事项专业化应对等工作。

8.数据管理处(税收风险评估局与其合署)

制定涉税数据管理办法；涉税数据的日常管理、应用和运行维护；承担数据标准化和质量管理,涉税数据信息的采集、交换、专项应用分析和查询服务等工作；承担对涉税信息应用状况的测评和跟踪反馈工作；承担风险管理、风险应对管理、牵头负责风险指标和风险识别模型的建设;牵头负责第三方数据管理工作；负责实施外部门数据交换协调工作；牵头负责纳税人基础信息推送的发起、纳税人确认信息的校验审核;承担数据加工、数据整备、风险归集、风险识别、风险等级排序、风险推送、风险应对的复审和结果评价等工作。

9.督察内审处

组织实施税收法律法规、规章及规范性文件

执行情况的监督检查；承担地税系统税收执法检查工作；组织开展财务、基建、大宗物品采购审计和领导干部经济责任审计；配合开展巡视检查工作。

10.基层工作处

组织实施本系统思想政治工作、精神文明建设、税务文化建设；组织指导本系统机关作风建设；承担本系统年度考评工作；组织开展本系统先进集体、先进个人的评选表彰和基层队伍建设等工作；拟订人员培训、学历教育管理工作规划并组织实施；指导、检查地税系统教育培训。

11.人事处

拟订人事制度及人才队伍建设规划并组织实施；承担本系统机构编制、人事管理、劳动工资等工作；按照干部管理权限，承担机关、直属单位和系统有关干部管理工作；承担本系统各级领导班子建设工作；承办本系统工作人员出国(境)审查工作；组织开展巡视检查工作。

12.监察室

承担本系统党的纪律检查和行政监察工作；承担本系统党风廉政建设工作；组织查处地税机关和工作人员违法违纪案件，办理有关人民来信来访；承担执法监察和行风建设工作。

党组纪检组与监察室合署办公。

13.机关党委

承担所辖党组织的管理和党员的教育管理工作；承担市地税局机关思想政治工作、精神文明建设、作风建设和机关干部教育培训、绩效考评工作；承担系统工会、系统妇委会、机关团委、关工委等群团组织工作。

14.离退休干部处(与人事处合署)

承担本系统离退休干部的管理、服务工作。

二、直属事业单位及职能

1.电子税务管理中心

负责项目建设资金管理；建设项目招投标、应用软件的开发和运维工作，配合软件推广；参与项目立项、需求论证和项目验收；承担主机、网络、安全设备、机房等系统建设与维护工作；承担系统安全管理控制、网络安全、数据存储安全及防病毒工作；提供软硬件设备采购与调拨的指导意见；承担机关计算机设备维护和代维管理工作。负责全系统计算机类设备的采购、更新、报废及处置工作；负责审核各单位报送的计算机类固定资产购置计划和报废、处置申请；负责实施计算机类设备政府采购工作，保证全系统计算机类固定资产的高效运转和有序更新；负责对计算机类设备资产购置、变更、报废与处置情况进行资产信息的登记、维护管理；负责对系统计算机类固定资产实物实施日常管理工作。

2.干部培训学校

承担全系统干部职工初任培训和各类专业培训、更新知识、提高工作能力的在职培训的实施工作；承担系统兼职教师管理工作；承担本单位的内部经费、资产管理、后勤服务等行政事务。

3.机关后勤服务中心

承担全系统基本建设、固定资产实物和着装管理工作；承担系统车辆、食堂、物业管理和物资保障工作；承担机关办公用品、接待服务管理工作。

4.档案管理中心

承担全系统税收纸质和电子档案管理职能，负责全系统档案管理规划及制度体系建设；负责对全系统进行档案管理业务指导，组织开展档案法律法规宣传教育及档案业务培训；接受上级税务机关和地方同级档案行政管理机关档案管理工作的指导与监督。负责接收、保管全系统各门类档案；负责系统综合档案库的日常管理工作，做好库房“八防”，维护档案安全；负责系统综合档案库库存档案的数字化工作；提供系统综合档案库的查询、借阅服务，做好档案保密工作；组织系统综合档案库库存档案的鉴定及销毁工作；按地方同级档案行政管理机关要求做好档案移交工作；做好库存档案的开发与利用工作；负责机关档案管理工作。

5.耕地占用税和契税管理所

承担市区范围内耕地占用税和契税的征收管理和税源管理工作；承担市区范围内存量房、租赁房的税收征管工作。

三、直属行政机构及职能

1.江苏省南京地方税务局稽查局(副局级建制)

指导、协调和管理全市地方税务稽查工作；组织落实税务稽查法律、法规、规章及规范性文件，拟订具体实施办法；组织监督检查全市地方税务系统征管对象执行地方税收法规、政策及制度情况；负责全市稽查风险管理计划的汇总及编制工作；组织全市稽查高风险任务的应对，承担全市范围内一定规模以上税源户及上级督办、交办案件等其他案件的查处；组织全市地方税收专项检查、分级分类稽查、区域性地方税收专项整治工作；受理税务违法案件的举报，承担案件的转办、查办工作；负责市地税局稽查局第一、二、三分局一定税额标准案件的审理工作；协调公安、检察、审判等机关处理税务稽查有关工作；承担本部门职责范围内信息管税、数据管理及特殊事项专业化应对等工作。

根据工作需要，设置三个稽查分局。

(1)江苏省南京地方税务局稽查局第一分局

负责监督检查指定的高新、化工园区、鼓楼区范围内征管对象（除由市地税局稽查局管辖的对象外）的执行地方税收法规、政策及制度情况；负责编制本区域税收风险管理计划；负责承担税收专项检查、分级分类稽查、区域性地方税收专项整治等各项工作任务；负责管辖范围内的高风险应对以及上级督办、交办案件的查处；承担本区域内案件的转办工作；承担本部门职责范围内信息管税、数据管理等工作；承担交办的其他稽查工作。

(2)江苏省南京地方税务局稽查局第二分局

负责监督检查指定的玄武、栖霞区范围内征管对象(除由市地税局稽查局管辖的对象外)的执行地方税收法规、政策及制度情况；负责编制本区域税收风险管理计划；负责承担税收专项检查、分级分类稽查、区域性地方税收专项整治等各项工作任务；负责管辖范围内的高风险应对以及上级督办、交办案件的查处；承担本区域内案件的转办工作；承担本部门职责范围内信息管税、数据管理等工作；承担交办的其他稽查工作。

(3)江苏省南京地方税务局稽查局第三分局

负责监督检查指定的秦淮、建邺、雨花区范围内征管对象(除由市地税局稽查局管辖的对象外)的执行地方税收法规、政策及制度情况；负责编制本区域税收风险管理计划；负责承担税收专项检查、分级分类稽查、区域性地方税收专项整治等各项工作任务；负责管辖范围内的高风险应对以及上级督办、交办案件的查处；承担本区域内案件的转办工作；承担本部门职责范围内信息管税、数据管理等工作；承担交办的其他稽查工作。

2.江苏省南京地方税务局征收税务局(纳税服务局)

组织、协调和指导本系统各部门、各税种、各环节的纳税服务工作；组织实施纳税服务体系建设；组织全局纳税服务的规划、制度建设、组织管理和考核评价工作；拟订并组织实施面向纳税人的纳税服务工作规范和操作流程；管理纳税服务平台；组织实施面向纳税人的税法宣传、辅导咨询、办税服务、权益保护和税收法律救济(不含行政复议和行政诉讼)、社会协作等工作；承担市地税局外部网站、专版专栏宣传工作；组织实施纳税信用体系建设；受理纳税人有关纳税服务的投诉，指导税收争议的调解；负责注册税务师管理；承担全系统网上办税推广应用、办税厅同城通办实施工作；承担税种(基金、费)认定、税款(基金、费)的征收工作；承担税务登记，纳税申报，涉税审批、发票资格认定、申领、缴销、核销等涉税事项的受理和办理工作；承担集中管理征收税务所涉及的地税发票和其他税收票证的计划管理工作；承担税款催报催缴、初次纳税鉴定、建筑房地产项目登记、低等风险任务应对、在纳税服务环节涉及的简易处罚工作；承担系统办税服务厅涉税业务事项的协调管理工作；承担本部门职责范围内风险管理、信息管税、数据管理及特殊事项专业化应对等工作。

3.江苏省南京地方税务局直属第一税务局

原江苏省南京地方税务局重点税源管理税务局更名为江苏省南京地方税务局直属第一税务局。

贯彻执行税收法律、法规、规章和规范性文件；承担南京市行政区域内(除溧水、高淳外)南京市政府明确作为固定市本级收入并正常申报纳税的市本级税收保留税户，从事金融保险业并正常申报纳税的金融保险企业，江苏省南京地方税务局统一协调建立的全市行业性委托代征单位（房地产市场受托代征单位除外），总部设在南京且在江苏省南京地方税务局年缴纳税额达到一定规模以上的企业集团及其在南京地区设立的独资和财务报表实行并表统计的控股分支机构，国家税务总局、省地税局定点联系企业的成员单位、年缴纳税额三年平均数达到一定规模以上的重点企业和江苏省南京地方税务局明确税收管辖企业的地方税收、基金、费的管理工作；承担纳税服务机构和风险评估部门推送的有关涉税事项的调查、确认和处理以及中等风险任务的应对工作；组织实施纳税服务工作；承担协税护税的相关工作任务。

4.南京市江宁、浦口、六合、溧水、高淳地方税务局

贯彻执行税收法律、法规、规章和规范性文件；承担辖区范围内纳税人的地方税收、基金、费的征收管理和相关涉税事项的管理工作；管理地税发票和其他税收票证；组织实施纳税服务工作；承担辖区税源管理工作，编制、分配和下达税收计划并组织实施，承担税收会计、统计核算工作；承担税收稽查工作（除A级纳税人外），负责税务违法案件的查处；承担辖区范围内的税收风险管理工作；承担协税护税的相关工作任务。

四、派出机构及职能

南京市高新技术产业开发区、玄武、秦淮、建邺、鼓楼、雨花台、栖霞、化学工业园区地方税务局贯彻执行税收法律、法规、规章和规范性文件；承担辖区范围内纳税人（除明确由直属第一税务局管辖的纳税人外）的地方税收、基金、费的管理工作；承担纳税服务机构和风险评估部门推送的有关涉税事项的调查、确认和处理以及中等风险任务的应对工作；组织实施纳税服务工作；承担辖区税源管理工作，编制、分配和下达税收计划并组织实施；承担协税护税的相关工作任务。

（徐伟）

各项收入概况

概　述　2014年，市地税局共组织各项收入1138.73亿元，同比增长11.74%。其中，税收收入703.1亿元，同比增长11.22%；社保费收入376.97亿元，同比增长12.67%；其他非税收入58.66亿元，同比增长12.11%。

1.各级次收入完成情况

税收收入中，中央级税收125.79亿元，同比增长18.49%；省级税收39.42亿元，同比增长8.43%；市县级税收537.88亿元，同比增长9.83%；市县级公共财政预算收入529.02亿元，同比增长9.75%。全面完成省局和市政府的各项目标要求。

2.主要税种收入完成情况

营业税完成250.87亿元，同比增长8.11%；企业所得税完成81.03亿元，同比增长33.47%；个人所得税完成128.23亿元，同比增长10.84%；城建税完成72.19亿元，同比增长11.31%；房产税完成24.15亿元，同比下降1.6%；城镇土地使用税完成12.79亿元，同比下降14.51%；土地增值税完成66.51亿元，同比增长4.42%；契税完成46.35亿元，同比增长20.77%。

3.其他非税收入完成情况

教育费附加完成31.31亿元，同比增长11.65%，文化事业费完成0.12亿元，同比下降27.58%；地方教育附加费完成21.24亿元，同比增长13.61%；预算外基金完成5.99亿元，同比增长10.56%。

（张震）

税源概况

概　述　截至2014年年底，市地税局在册登记户446393户，比2013年增长15.09%，净增加58545户。从企业注册登记类型看，有限责任公司、私营企业和个体经营所占比重较大，户数分别是75332户、137813户、211449户，比重分别为16.88%、30.87%、47.37%。从行业来看，制造业、批发和零售业、建筑业、住宿餐饮业、租赁和商务服务业所占比重较大，户数分别是35684户、229242户、23337户、25533户、43505户，比重分别是8%、51.35%、5.23%、5.72%、9.75%。从税户状态来看，正常户有428964户，非正常户有15969户，比重分别是96.10%，3.58%。从税户分布来看，鼓楼、秦淮、江宁、栖霞、玄武税户总量较大，税户分别是62690户，73867户，77581户，37469户和34586户，比重分别是14.04%，16.55%，17.38%，8.40%，7.75%。

（张恒）

（责任编辑：楚天佑）

南京区域收入完成情况表—税种、级次(含省直属局)

表 3 (2014 年 12 月) 金额单位:万元

时期 税种	月度累计				年度累计				
	本年	上年	同比±(%)	占税收收入比重(%)	本年	上年	同比±额	同比±(%)	占税收收入比重(%)
各项收入总计	1266816	1104436	14.70		13828109	12481145	1346964	10.79	
一、税收收入	698470	614932	13.58		8141101	7385811	755290	10.23	
(一)分级次完成情况									
省直属	44989	40854	10.12	6.44	1110143	1063921	46222	4.34	13.64
中央级	88753	73688	20.44	12.71	1257941	1061641	196300	18.49	15.45
省级	8754	7123	22.90	1.25	394231	362898	31333	8.63	4.84
高县级	555974	493267	12.71	79.60	5378786	4897351	481435	9.83	66.07
(二)分税种完成情况									
营业税	280447	244847	14.54	40.15	3019900	2805075	214825	7.66	37.09
企业所得税	49793	26759	86.08	7.13	1120540	934035	186505	19.97	13.76
个人所得税	129519	118130	9.64	18.54	1497520	1343795	153725	11.44	18.39
资源税	654	687	–4.80	0.09	7033	7072	–39	–0.55	0.09
城市维护建设税	72267	53125	36.03	10.35	766857	688732	78125	11.34	9.42
房产税	16566	16456	0.67	2.37	258033	258655	–622	–0.24	3.17
印花税	14040	10697	31.25	2.01	125516	106843	18673	17.48	1.54
城镇土地使用税	1612	1505	7.04	0.23	129731	151508	–21777	–14.37	1.59
土地增值税	99850	57693	73.07	14.30	665709	638427	27282	4.27	8.18
车船税	5827	7324	–20.44	0.83	58430	50761	7669	15.11	0.72
契税	26056	75003	–65.26	3.73	463462	383750	79712	20.77	5.69
耕地占用税	1839	2705	–32.01	0.26	28370	17158	11212	65.35	
其他税收	0	0	—	0.00	0	0	0	—	—
(三)公共财政预算收入完成情况									
省直属	26096	27519	–5.17		794222	755074	39148	5.18	
市县级	547429	490794	11.54		5790174	4820225	469950	9.75	
市本级	58333	59181	–1.43		720830	676319	44512	6.58	
区县级	489097	431613	13.32		4569344	4143906	425438	10.27	
二、社会保险基金收入	504917	443418	13.87		5058205	4531356	526849	11.63	
三、非税收入	63429	46086	37.63		628803	563978	64825	11.49	
教育费附加	31562	23209	35.99		332388	297680	34708	11.66	
地方教育费附加	21839	15399	41.82		225303	198500	26803	13.50	
文化事业费	105	130	–19.23		1195	1660	–465	–28.01	
其他非税收入	9923	7348	35.04		69917	66138	3779	5.71	

收入完成情况表—税种、级次

(2014年12月)

表4　　金额单位:万元

税种 \ 时期	月度累计				年度累计				
	本年	上年	同比±(%)	占税收收入比重(%)	本年	上年	同比±额	同比±(%)	占税收收入比重(%)
各项收入总计	1106917	955824	15.81		11387340	10190966	1196374	11.74	
一、税收收入	653481	574078	13.83		7030958	6321890	709068	11.22	
(一)分级次完成情况									
中央级	88753	73688	20.44	13.58	1257941	1061641	196300	18.49	17.89
省级	8754	7123	22.90	1.34	394231	362898	31333	8.63	5.61
高县级	555974	493267	12.71	85.08	5378786	4897351	481435	9.83	76.50
(二)分税种完成情况									
营业税	269910	229157	17.78	41.30	2508728	2320544	188184	8.11	35.68
企业所得税	34067	18607	83.09	5.21	810317	607125	203192	33.47	11.52
个人所得税	113833	104180	9.27	17.42	1282349	1156953	135396	10.84	18.24
资源税	654	687	-4.80	0.10	7033	7072	-39	-0.55	0.10
城市维护建设税	70241	51377	36.72	10.75	721852	648500	73352	11.31	10.27
房产税	16080	15703	2.40	2.46	241537	245468	-3931	-1.60	3.44
印花税	13114	10206	28.49	2.01	115861	98023	17838	18.20	1.65
城镇土地使用税	1602	1487	7.73	0.25	127887	149586	-21699	-14.51	1.82
土地增值税	100258	57642	73.93	15.34	665133	636951	28182	4.42	9.46
车船税	5827	7324	-20.44	0.89	58429	50760	7669	15.11	0.83
契税	26056	75003	-65.26	3.99	463462	383750	79712	20.77	6.59
耕地占用税	1839	2705	-32.01	0.28	28370	17158	11212	65.35	0.40
其他税收	0	0	—	0.00	0	0	0	—	
(三)公共财政预算收入完成情况									
市县级	547429	490794	11.54		5290174	4820225	469950	9.75	
市本级	58333	59181	-1.43		720830	676319	44512	6.58	
区县级	489097	431613	13.32		4569344	4143906	425438	10.27	
二、社会保险基金收入	392968	337228	16.53		3769739	3345806	423933	12.67	
三、非税收入	60468	44518	35.83		586643	523270	63373	12.11	
教育费附加	30695	22459	36.67		313093	280436	32657	11.65	
地方教育费附加	21261	14901	42.68		212448	187000	35448	13.61	
文化事业费	105	129	-18.60		1192	1646	-454	-27.58	
其他非税收入	8407	7029	19.60		59910	54188	5722	10.56	

财政、国税、地税收入完成情况表

表 5

(2014 年 12 月)

金额单位:万元

2014 年南京市县级公共财政预算收入完成情况表

	本年			上年		
	实绩	增幅(%)	比重	实绩	增幅(%)	比重
全市	9034890	8.7	100.0	8313076	13.4	100.0
财政	1458163	-0.4	16.1	1464288	12.9	17.6
国税	2286553	12.7	25.3	2028563	22.2	24.4
地税	5290174	9.7	58.6	4820225	10.2	58.0

2014 年南京市本级公共财政预算收入完成情况表

	本年			上年		
	实绩	增幅(%)	比重	实绩	增幅(%)	比重
全市	1340587	7.2	100.0	1250701	-27.2	100.0
财政	568541	7.7	42.4	527734	-3.1	42.2
国税	51216	9.8	3.8	46648	-76.8	3.7
地税	720830	6.6	53.8	676319	-30.4	54.1

2014 年南京区县级公共财政预算收入完成情况表

	本年			上年		
	实绩	增幅(%)	比重	实绩	增幅(%)	比重
全市	7694303	8.9	100.0	7062375	25.8	100.0
财政	889622	-5.0	11.6	936554	24.4	13.3
国税	2235337	12.8	29.1	1981915	35.8	28.1
地税	4569344	10.3	59.4	4143906	21.9	58.7

税收收入完成情况表—地区、级次

（2014 年 12 月）

表 6　　金额单位：万元

单位名称	合计			中央级			省级			市县级		
	本年	上年	同比±(%)	本年	上年	同比±(%)	本年	上年	同比±(%)	本年	上年	同比±(%)
全市总计	7030958	6321890	11.22	1257941	1061641	18.49	394231	362898	8.63	5378786	4897352	9.83
城郊区小计	4394115	4025456	9.16	829755	692923	19.75	331550	311078	6.58	3232810	3021456	7.00
直属	165806	205866	−19.46	25898	30846	−16.04	66645	95284	−30.06	73264	79736	−8.12
玄武	495119	452399	9.44	103584	82431	25.66	108590	80066	35.63	282944	289902	−2.40
秦淮	569453	519083	9.70	123824	107813	14.85	69311	59190	17.10	376318	352080	6.88
建邺	723626	643896	12.38	119509	70357	69.86	11390	5524	106.21	592727	568015	4.35
鼓楼	746209	667619	11.77	161728	141272	14.48	59011	52611	12.17	525470	473736	10.92
化工园	243346	247345	−1.62	43036	34033	26.45	4493	4538	−0.99	195817	208774	−6.21
栖霞	661073	577862	14.40	102367	100044	2.32	5629	7156	−21.34	553077	470662	17.51
其中：栖霞	342406	306673	11.65	48144	59239	−18.73	900	1042	−13.69	293363	246391	19.06
新港	318667	271189	17.51	54223	40805	32.89	4729	6113	−22.65	259714	224271	15.80
雨花	487084	437006	11.46	114834	92284	24.44	5889	5941	−0.89	366361	338780	8.14
高新	302399	274380	10.21	34974	33841	3.35	593	768	−22.73	266831	239771	11.29
契税所	253028	199483	26.84	0	0	—	0	0	—	253028	199483	26.84
五区小计	2383813	2096951	13.68	428186	368718	16.13	62681	51820	20.96	1892948	1676413	12.92
江宁	1222456	1074128	13.81	205280	166134	23.56	27611	22862	20.77	989565	885132	11.80
浦口	309985	259762	19.33	44844	27041	65.84	10274	7495	37.09	254866	225226	13.16
六合	214144	198081	8.11	25289	27302	−7.37	8592	7798	10.18	180263	162981	10.60
溧水	347456	308385	12.67	67292	67956	−0.98	7968	6637	20.04	272196	233792	16.43
高淳	289774	256594	12.93	85480	80285	6.47	8236	7028	17.19	196058	169281	15.82

税收收入完成情况表—地区

(2014 年 12 月)

表 7　　　　金额单位:万元

单位名称	合计			直属局			属地局		
	本年	上年	同比±(%)	本年	上年	同比±(%)	本年	上年	同比±(%)
全市总计	7030958	6321890	11.22	2231997	2047641	9.00	4798961	4274249	12.28
城郊区小计	4394115	4025456	9.16	2005222	1898727	5.61	2388893	2126729	12.33
直属	165806	205866	–19.46	165806	205866	–19.46	0	0	—
玄武	495119	452399	9.44	222812	203791	9.33	272307	248608	9.53
秦淮	569453	519083	9.70	177856	157942	12.61	391598	361142	8.43
8.43 建邺	723626	643896	12.38	432316	428855	0.81	291310	215041	35.47
鼓楼	746209	667619	11.77	321181	229486	39.96	425028	438133	–2.99
化工园	243346	247345	–1.62	101649	101711	–0.06	141697	145634	–2.70
栖霞	661073	577862	14.40	341220	301918	13.02	319852	275944	15.91
其中:栖霞	342406	306673	11.65	175188	157679	11.10	167218	148994	12.23
新港	318667	271189	17.51	166032	144239	15.11	152635	126950	20.23
雨花	487084	437006	11.46	162505	194119	–16.29	324579	242887	33.63
高新	302399	274380	10.21	79876	75040	6.45	222522	199340	11.63
契税所	253028	199483	26.84	0	0	—	253028	199483	26.84
五区小计	2383815	2096951	13.68	226774	148914	52.29	2157040	1948037	10.73
江宁	1222456	1074128	13.81	167601	100848	66.19	1054855	973280	8.38
浦口	309985	259762	19.33	46696	36272	28.74	263288	223490	17.81
六合	214144	198081	8.11	5715	7136	–19.91	208429	190945	9.16
溧水	347456	308385	12.67	2035	3312	–38.54	345420	305074	13.23
高淳	289774	256594	12.93	4726	1346	251.08	285048	255248	11.67

中央级税收收入完成情况表—地区

（2014 年 12 月）

表 8　　金额单位：万元

单位名称	合计			直属局			属地局		
	本年	上年	同比±(%)	本年	上年	同比±(%)	本年	上年	同比±(%)
全市总计	1257941	1061641	18.49	326928	261641	24.95	931012	800000	16.38
城郊区小计	829755	692923	19.75	301955	254058	18.85	527800	438865	20.26
直属	25898	30846	−16.04	25898	30846	−16.04	0	0	—
玄武	103584	82431	25.66	31887	22549	41.42	71697	59883	19.73
秦淮	123824	107813	14.85	27123	26061	4.07	96702	81753	18.29
建邺	119509	70357	69.86	66566	27562	141.52	52942	42796	23.71
鼓楼	161728	141272	14.48	45883	35003	31.08	115844	106269	9.01
化工园	43036	34033	26.45	15118	12682	19.21	27918	21351	30.76
栖霞	102367	100044	2.32	34837	44728	−22.11	67530	55316	22.08
其中：栖霞	48144	59239	−18.73	19028	34202	−44.37	29116	25037	16.29
新港	54223	40805	32.89	15810	10526	50.20	38141	30279	26.87
雨花	114834	92284	24.44	42757	44011	−2.85	72077	48274	49.31
高新	34974	33841	3.35	11885	10617	11.94	23089	23224	−0.58
契税所	0	0	—	0	0	—	0	0	—
五区小计	428185	368718	16.13	24973	7583	229.32	403213	361135	11.65
江宁	205280	166134	23.56	16768	4897	242.41	188511	161237	16.92
浦口	44844	27041	65.84	7541	1841	309.61	37303	25200	48.03
六合	25289	27302	−7.37	371	836	−55.61	24918	26465	−5.85
溧水	67292	67956	0.98	113	9	1206.33	67176	67947	−1.13
高淳	85480	80285	6.47	180	00	—	85300	80285	6.25

省级税收收入完成情况表—地区

(2014年12月)

表9　　　　金额单位:万元

单位名称	合计			直属局			属地局		
	本年	上年	同比±(%)	本年	上年	同比±(%)	本年	上年	同比±(%)
全市总计	394231	362898	8.63	310608	294509	5.47	83623	68389	22.27
城郊区小计	331550	311078	6.58	310326	294182	5.49	21224	16896	25.62
直属	66645	95284	-30.06	66645	95284	-30.06	0	0	——
玄武	108590	80066	35.63	105099	77706	35.25	3492	2360	47.94
秦淮	69311	59190	17.10	66760	56493	18.17	2550	2697	-5.43
建邺	11390	5524	106.21	10174	4717	115.67	1216	806	50.84
鼓楼	59011	52611	12.17	53079	46331	14.56	5932	6280	-5.53
化工园	4493	4538	-0.90	2546	3888	-34.53	1947	649	199.86
栖霞	5629	7156	-21.34	3683	4943	-25.48	1945	2213	-12.10
其中:栖霞	900	1042	-13.69	432	658	-34.36	468	384	21.75
新港	4729	6113	-22.65	3251	4285	-24.12	1478	1829	-19.21
雨花	5889	5941	-0.89	2276	4708	-51.65	3612	1233	192.91
高新	593	768	-22.73	64	111	-42.06	529	657	-19.47
契税所	0	0	—	0	0	—	0	0	—
五区小计	62681	51820	20.96	282	326	-13.68	62399	51494	21.18
江宁	27611	22862	20.77	159	188	-15.76	27453	22674	21.08
浦口	10274	7495	37.09	68	76	-10.50	10206	7419	37.57
六合	8592	7798	10.18	55	62	-11.23	8527	7736	10.35
溧水	7968	6637	20.04	0	0	—	7968	6637	20.04
高淳	8236	7028	17.19	0	0	—	8236	7028	17.19

市县级税收收入完成情况表—地区

(2014年12月)

表10　　　　金额单位:万元

单位名称	合计			直属局			属地局		
	本年	上年	同比±(%)	本年	上年	同比±(%)	本年	上年	同比±(%)
全市总计	5378786	4897352	9.83	1594460	1491492	6.90	3784326	3405869	11.11
城郊区小计	3232810	3021456	7.00	1392941	1350487	3.14	1839869	1670969	10.11
直属	73264	79736	-8.12	73264	79736	-8.12	0	0	0
玄武	282944	289902	-2.40	85826	103537	-17.11	197118	186356	5.77
秦淮	376318	352080	6.88	83973	75387	11.39	292345	276693	5.66
建邺	592727	568015	4.35	355576	396576	-10.34	237151	171439	38.33
鼓楼	525470	473736	10.92	222219	148152	49.99	303251	325584	-6.86
化工园	195817	208774	-6.21	83985	85141	-1.36	111832	123633	-9.55
栖霞	553077	470662	17.51	302700	252247	20.00	250377	218415	14.63
其中:栖霞	293363	246391	19.06	155729	122818	26.80	137634	123573	11.38
新港	259714	224271	15.80	146971	129429	13.55	112743	94842	18.87
雨花	366361	338780	8.14	117471	145400	-19.21	248890	193380	28.70
高新	266831	239771	11.29	67927	64312	5.62	198904	175459	13.36
契税所	253028	199483	26.84	0	0	—	253028	199483	26.84
五区小计	1892948	1676413	12.92	201519	141005	4.92	1691429	1535408	10.16
江宁	989565	885132	11.80	150674	95763	57.34	838891	789369	6.27
浦口	254866	225226	13.16	39088	34355	13.77	215779	190871	13.05
六合	180263	162981	10.60	5289	6238	-15.21	174974	156743	11.63
溧水	272196	233792	16.43	1923	3303	-41.79	270273	230489	17.26
高淳	196058	169281	15.83	4546	1346	237.72	191512	167935	14.04

公共财政预算收入完成情况表—地区、级次

(2014年12月)

表11　　金额单位:万元

单位名称	市县级			市本级			区县级		
	本年	上年	同比±(%)	本年	上年	同比±(%)	本年	上年	同比±(%)
全市	5290174	4820225	9.75	720830	676319	6.58	4569344	4143906	10.27
城郊区小计	3144198	2944329	6.79	467802	476836	-1.89	2176396	2467493	8.47
直属	73264	79736	-8.12	73264	79736	-8.12	0	0	—
玄武	282944	289902	-2.40	33076	27182	21.68	249869	262760	-4.89
秦淮	376318	352080	6.88	29582	26499	11.6.	346737	325581	6.50
建邺	592727	568015	4.35	126438	178743	29.26	466289	389272	19.78
鼓楼	525470	473736	10.92	113765	67078	69.60	411706	406658	1.24
化工园	173164	188822	-8.29	0	0	—	173164	188822	-8.29
栖霞	487118	413487	17.81	52954	40338	31.28	434164	373150	16.35
其中:栖霞	293363	246391	19.06	52954	40338	31.28	240408	206054	16.67
新港	193755	167096	15.95	0	0	—	193755	167096	15.95
雨花	366361	338780	8.14	38724	57261	-32.37	327637	281519	16.38
高新	266831	239771	11.29	0	0	—	266831	239771	11.29
契税所	253028	199483	26.84	253028	199483	26.84	0	0	—
五区小计	1892948	1676413	12.92				1892948	1676413	12.92
江宁	989565	885132	11.80				989565	885132	11.80
浦口	254866	225226	13.16				254866	225226	13.16
六合	180263	162981	10.60				180263	162981	10.60
溧水	272196	233792	16.43				272196	233792	16.43
高淳	196058	169281	15.82				196058	169281	15.82

市县级公共财政预算收入完成情况表—地区

表 12

(2014 年 12 月)

金额单位:万元

单位名称	合计			直属局					属地局				
	本年	上年	同比±(%)	年度考核计划	本年	完成进度(%)	上年	同比±(%)	年度考核计划	本年	完成进度(%)	上年	同比±(%)
全市	5290174	4820225	9.75	1527600	1505848	98.58	1414365	6.47	3762400	3784326	100.58	3405860	11.11
城郊区小计	3144198	2944329	6.79		1304329		1273360	2.43	1831200	1839869	100.47	1670969	10.11
直属	73264	79736	−8.12		73264		79736	−8.12		0	0	0	0
玄武	282944	289902	−2.40		85826		103537	−17.11	198400	197118	99.35	186365	5.77
秦淮	376318	352080	6.88		83973		75387	11.39	294900	292345	99.13	276693	5.66
建邺	592727	568015	4.35		35576		395676	−10.34	195600	237151	121.24	171439	38.33
鼓楼	525470	473736	10.92		222219		148152	49.99	348900	303251	86.92	325584	−6.86
化工园	173164	188822	−8.29		61332		65189	−5.92	132600	111832	84.34	123633	−9.55
栖霞	487118	413487	17.81		236741		195072	21.36	244200	250377	102.53	218415	14.63
其中:栖霞	293363	246391	19.06		1555729		122818	26.80	0	137634	0	123573	0
新港	193755	167096	15.95		81012		72254	12.12	0	112743	0	94842	0
雨花	366361	338780	8.14		117471		145400	−19.21	217800	248890	114.27	193380	28.70
高新	266831	239971	11.29		67927		64312	5.62	198800	198904	100.05	175459	13.36
契税所	253028	199483	26.84		0		0	—	219100	253028	115.49	199483	26.84
五区小计	1892948	1676413	12.92		201519		141005	42.92	1712100	1691429	98.79	1535408	10.16
江宁	989565	885132	11.80		150674		95763	57.34	876300	838891	95.73	789369	6.27
浦口	254866	225226	13.16		39088		34355	13.77	213600	215779	101.02	190871	13.05
六合	180263	162981	10.60		5289		6238	−15.21	172800	174974	101.26	156743	11.63
溧水	272196	233792	16.43		1923		3303	−41.79	259800	270273	104.03	230489	17.26
高淳	196058	169281	15.82		4546		1346	237.72	189600	171512	101.01	167935	14.04

市本级公共财政预算收入完成情况表—地区

(2014年12月)

表13　　金额单位:万元

单位名称	合计			直属局			属地局		
	本年	上年	比上同±(%)	本年	上年	比上同±(%)	本年	上年	比上同±(%)
全市	720830	676319	6.58	319163	343908	-7.20	401668	332411	20.83
城郊区小计	467802	476836	-1.89	319163	343908	-7.20	148640	132928	11.82
直属	73264	79736	-8.12	73264	79736	-8.12	0	0	—
玄武	33076	27182	21.68	9563	12587	-24.02	23513	14596	61.10
秦淮	29582	26499	11.63	6405	4707	36.08	23176	21792	6.35
建邺	126438	178743	-29.26	87677	159638	-45.08	38762	19105	102.89
鼓楼	113765	67078	69.60	89881	30148	198.13	23883	36929	-35.33
化工园	0	0	0	0	0	0	0	0	0
栖霞	52954	40338	31.28	33895	22608	49.93	19059	17730	7.49
其中:栖霞	52954	40338	31.28	33895	22608	49.93	19059	17730	7.49
新港	0	0	0	0	0	0	0	0	0
雨花	38724	57261	-32.37	18477	34484	-46.42	20247	22777	-11.11
高新	0	0	—	0	0	—	0	0	—
契税所	253028	199483	26.84	0	0	—	253028	199483	26.84
五区小计									
江宁									
浦口									
六合									
溧水									
高淳									

区县级公共财政预算收入完成情况表—地区

(2014 年 12 月)

表 14　　　　金额单位:万元

单位名称	合计			直属局			属地局		
	本年	上年	比上同±(%)	本年	上年	同比±(%)	本年	上年	同比±(%)
全市	4569344	4143906	10.27	1186686	1070457	10.86	3382658	3073449	10.06
城郊区小计	2676396	2467493	8.47	985167	929452	5.99	1691229	1538041	9.96
直属	0	0	0	0	0	0	0	0	—
玄武	249869	2627120	-4.89	76263	90950	-16.15	173605	171770	1.07
秦淮	346737	325581	6.50	77568	70680	9.74	269169	354601	5.60
建邺	466289	389272	19.78	267900	236938	13.07	198390	152335	30.23
鼓楼	411706	406658	1.24	132338	118003	12.15	279368	288654	-3.22
化工园	173164	188822	-8.29	61332	65189	-5.92	111832	123633	-9.55
栖霞	434164	373150	16.35	202845	172464	17.62	231318	200185	15.26
其中:栖霞	240408	206054	16.67	121833	100211	21.58	118575	105843	12.03
新港	193755	167096	15.95	81012	72254	12.12	112743	94842	18.87
雨花	327637	281519	16.38	98994	110916	-10.75	228643	170603	34.02
高新	266831	239771	11.29	67927	64312	5.62	198904	175459	13.36
契税所	0	0	—	0	0	—	0	0	—
五区小计	1892948	1676413	12.92	201519	141005	42.92	1691429	1535408	10.16
江宁	989565	885132	11.80	150674	95763	57.34	838891	789369	6.27
浦口	254866	225226	13.16	39088	34355	13.77	215779	190871	13.05
六合	180263	162981	10.60	5289	6238	-15.21	174974	156743	11.63
溧水	272196	233792	16.43	1923	3303	-41.79	270273	230489	17.26
高淳	196058	169281	15.82	4546	1346	237.72	191512	167935	14.04

税收收入完成情况表--注册类型

(2014 年 12 月)

表 15　　　　　　　　　　　　　　　　　　金额单位:万元

项目 \ 时期	月度累计				年度累计				
	本年	上年	同比±(%)	比重(%)	本年	上年	同比±(%)	同比±(%)	比重(%)
总计	653481	574078	13.83		7030958	6321890	709068	11.22	
(一)国有企业	163473	206520	-20.84	25.02	2007182	1849456	157726	8.53	28.55
其中:营业税	76892	65598	17.22		783264	744294	38970	5.24	
城建税	16655	10029	66.07		198467	185157	13310	7.19	
房产税	14616	13522	8.09		126351	110928	15432	13.90	
个人所得税	25940	24433	6.17		306775	297729	9046	3.04	
(二)集体企业	2344	4520	-48.14	0.36	50508	31168	19340	62.05	0.72
其中:企业所得税	249	523	-52.39		7023	5729	1294	22.59	
(三)私营企业	94773	72335	31.02	14.5	908134	821727	86407	10.52	12.92
(四)个体经营	18734	18181	3.04	2.87	140055	136653	3402	2.49	1.99
其中:个人所得税	6767	13891	-51.29		45988	52859	-6871	-13.00	
(五)联营企业	213	222	-4.05	0.03	3344	3059	285	9.32	0.05
(六)股份公司	298591	217592	37.23	45.69	3137189	2749134	388055	14.12	44.62
(七)涉外及涉港澳台企业	74909	54448	37.58	11.46	774999	723251	51748	7.15	11.02
其中:外商投资	50538	35246	43.39	7.73	487826	420867	66959	15.91	6.94
港澳台投资	24371	19202	26.92	3.73	287173	302384	-15211	-5.03	4.08
个人所得税	18605	11820	57.4		191934	154271	37663	24.41	
营业税	24883	19239	29.34		208561	215981	-7420	-3.44	
(八)股份合作企业	4444	260	70.77	0.07	9547	7442	2105	28.29	0.14
(九)其他企业	0	0	—	0.00	0	0	0	—	0.00

税收收入完成情况表——产业

(2014年12月)

表16　　　　金额单位：万元

项目＼时期	月度累计				年度累计				
	本年	上年	同比±(%)	比重(%)	本年	上年	同比±(%)	同比±(%)	比重(%)
总计	653481	574078	13.83		7030958	6321890	709068	11.22	
第一产业	53	15	253.33	0.01	371	250	121	48.40	0.01
第二产业	173842	129990	33.73	26.60	1900437	1718035	182402	10.62	27.03
采矿业	917	964	–4.88	0.14	11523	13884	–2361	–17.01	0.16
制造业	67192	46313	45.08	10.28	881472	821400	60072	7.31	12.54
电力、热力、燃气及水的生产和供应业	3166	4246	–25.44	0.48	54327	55026	–699	–1.27	0.77
建筑业	102567	78467	30.71	15.7	953115	827725	125390	15.15	13.56
第三产业	479586	444073	8.00	73.39	5130150	4603605	526545	11.44	72.97
批发和零售业	23354	19903	17.34	3.57	292303	275707	16596	6.02	4.16
交通运输、仓储和邮政业	5008	5205	–3.78	0.77	59717	64919	–5202	–8.01	0.85
住宿和餐饮业	9963	9492	4.96	1.52	124267	116716	7551	6.47	1.77
信息传输、软件和信息技术服务业	11662	9979	16.87	1.78	178768	156733	22035	14.06	2.54
金融业	35329	37539	–5.89	5.41	723770	715302	8468	1.18	10.29
房地产业	320100	271932	17.71	48.98	2781117	2376711	404406	17.02	39.56
租赁和商务服务业	29224	33966	–13.96	4.47	368821	311995	56826	18.21	5.25
科学研究和技术服务业	7151	6360	12.44	1.09	108395	88357	20038	22.68	1.54
居民服务、修理和其他服务业	17960	23656	–24.08	2.75	270400	268215	2185	0.81	3.85
教育	4537	3076	47.5	0.69	49040	41626	7414	17.81	0.70
卫生和社会工作	1683	1080	55.82	0.26	19207	14679	4528	30.85	0.27
文化、体育和娱乐业	2490	2287	8.88	0.38	38915	37913	1002	2.64	0.55
公共管理、社会保障和社会组织	7730	19283	–59.91	1.18	80336	130976	–50640	–38.66	1.14
其他行业	3395	315	977.78	0.52	35094	3756	31338	834.35	0.50

营业税收入完成情况表--行业

(2014 年 12 月)

表 17　　金额单位:万元

时期 项目	月度累计				年度累计				
	本年	上年	同比±(%)	比重(%)	本年	上年	同比±(%)	同比±(%)	比重(%)
各项收入总计	269910	229157	17.78		2508728	2320544	188184	8.11	
(一)建筑业	74014	60581	22.17	27.42	643456	559400	84056	15.03	25.65
(二)交通运输业	6	816	-99.26	0.00	843	5579	-4736	-84.89	0.03
交通运输业	-2	59	-103.39	0.00	149	770	-621	-80.65	0.01
仓储业	8	16	-50.00	0.00	89	323	-234	-72.45	0.00
邮政业	0	741	-100.00	0.00	605	4486	-3881	-86.51	0.02
(三)信息传输、软件和信息技术服务业	160	2733	-94.15	0.06	28768	43219	-14451	-33.44	1.15
(四)住宿和餐饮业	8536	8468	0.80	3.16	95816	90746	5070	5.59	3.82
住宿业	2337	2278	2.59	0.87	24805	21822	2983	13.67	0.99
餐饮业	6199	6190	0.15	2.30	71011	68924	2087	3.03	2.83
(五)金融业	8754	7123	22.90	3.24	393642	362319	31323	8.65	15.69
(六)房地产业	153147	121316	26.24	56.74	1031912	972209	59703	6.14	41.13
(七)租赁和商务服务业	10309	6498	58.65	3.82	91243	68697	22546	32.82	3.64
租赁业	2172	1521	42.80	0.80	20650	17932	2718	15.16	0.82
商务服务业	8137	4977	63.49	3.01	70593	50765	19828	39.06	2.81
其中:广告业	-1	2	-150.00	0.00	1	243	-242	-99.59	0.00
知识产权服务	2	-18	-111.11	0.00	45	1029	-984	-95.63	0.00
旅行社服务	220	200	10.00	0.8	2481	2250	231	10.27	0.10
(八)科学研究和技术服务业	934	1023	-8.70	0.35	12050	11467	583	5.08	0.48
(九)居民服务、修理和其他服务业	12829	19357	-33.72	4.75	197634	191704	5930	3.09	7.88
(十)教育	0	0	—	0.00	0	0	0	—	0.00
(十一)卫生和社会工作	0	0	—	0.00	0	0	0	—	0.00
(十二)文化、体育和娱乐业	1221	1242	-1.69	0.45	13364	15204	1840	-12.10	0.53
(十三)其他行业	0	0	—	0.00	0	0	0	—	0.00

营业税收入完成情况表——税目

(2014 年 12 月)

表 18　　　　金额单位：万元

项目 \ 时期	月度累计				年度累计				
	本年	上年	同比±(%)	比重(%)	本年	上年	同比±(%)	同比±(%)	比重(%)
各项收入总计	269910	229157	17.78		2508728	2320544	188184	8.11	
(一)建筑业	74014	60581	22.17	27.42	643456	559400	84056	15.03	25.65
其中:建筑	67722	52238	29.64	25.09	596232	502253	93979	18.71	23.77
安装	2374	2604	-8.83	0.88	16845	23491	-6646	-28.29	0.67
(二)交通运输业	-2	59	-103.39	0.00	149	770	-621	-80.65	0.01
(三)邮电通信业	-1	2154	-100.05	0.00	21562	41935	-20373	-48.58	0.86
邮政	0	741	-100.00	0.00	605	4486	-3881	-86.51	0.02
电信	-1	1413	-100.07	0.00	20957	37449	-16492	-44.04	0.84
(四)金融保险业	8629	7123	21.14	3.20	393480	362263	31217	8.62	15.68
金融	5727	4643	23.35	2.12	359775	336590	23185	6.89	14.34
保险	2902	2480	17.02	1.08	33705	25673	8032	31.29	1.34
(五)娱乐业	196	248	-20.97	0.07	2599	3058	-459	-15.01	0.10
(六)服务业	39845	43432	-8.26	14.76	461438	417173	44265	10.61	18.39
代理业	5020	2942	70.63	1.86	42069	23937	18132	75.75	1.68
旅店业	2337	2278	2.59	0.87	24805	21822	2983	13.67	0.99
饮食业	6199	6190	0.15	2.30	71011	68924	2087	3.03	2.83
旅游业	220	200	10.00	0.08	2481	2250	231	10.27	0.10
仓储业	8	16	-50.00	0.00	89	323	-234	-72.45	0.00
租赁业	9694	8482	14.29	3.59	80670	69614	11056	15.88	3.22
其中:房屋租赁	7522	6961	8.06	2.79	60020	51682	8338	16.13	22.39
广告业	-1	2	-150.00	0.00	1	243	-242	-99.59	0.00
其他服务业	16368	23322	-29.82	6.06	240312	230060	10252	4.46	9.58
(七)转让无形资产	116	1682	-93.10	0.04	2984	6129	-3145	-51.31	0.12
其中：转让土地使用权	114	1700	-93.29	0.04	2939	5100	-2161	-42.37	0.12
(八)销售不动产	145511	112655	29.17	53.91	968953	915427	53526	5.85	38.62
(九)文化体育业	1025	994	3.12	0.38	10765	12146	-1381	-11.37	0.43
(十)税款滞纳金罚款收入	577	229	151.97	0.21	3342	2243	1099	49.00	0.13

表 19

营业税收入完成情况表—地区

(2014 年 12 月)

金额单位:万元

单位名称	合计				直属局				属地局			
	本年	上年	比上同±	比上同±(%)	本年	上年	比上同±	比上同±(%)	本年	上年	比上同±	比上同±(%)
全市总计	2508728	2320544	188184	8.11	874807	855793	19014	2.22	1633921	1464751	169170	11.55
城郊区小计	1650852	1572579	78273	4.98	782364	775580	6784	0.87	868488	796999	71489	8.97
直属	101402	134506	–33105	–24.61	101402	134506	–33105	–24.61	0	0	0	—
玄武	212328	211594	733	0.35	129631	123055	6576	5.34	82697	88539	–5842	–6.60
秦淮	232320	221389	10931	4.94	94790	85372	9418	11.03	137531	136017	1513	1.11
建邺	249949	211839	38110	17.99	120741	117850	2891	2.45	129208	93988	35219	37.47
鼓楼	254862	258476	–3614	–1.40	116806	104353	12453	11.93	138056	154123	–16067	–10.42
化工园	66976	80494	–13518	–16.79	17365	23358	–5993	–25.66	49611	57136	–7525	–13.17
栖霞	229355	181833	47522	26.14	127490	94926	32563	34.30	101865	86907	14959	17.21
其中:栖霞	173986	136615	37372	27.36	96887	69677	27209	39.05	77100	66937	10162	15.18
新港	55369	45218	10151	22.45	30603	25249	5354	21.20	24766	19969	4797	24.02
雨花	184328	165001	19328	11.71	46421	65167	–18746	–28.77	137907	99834	38073	38.14
高新	119332	107447	11885	11.06	27719	26992	726	2.69	91614	80455	11159	13.87
五区小计	857876	747965	109911	14.69	92443	80213	12230	15.25	765433	667752	97681	14.63
江宁	411914	397775	14139	3.55	65700	54103	11597	21.44	346214	343673	2542	0.74
浦口	135747	117366	18381	15.66	22162	21220	942	4.44	113585	96146	17439	18.14
六合	103593	89127	14466	16.23	1586	2881	–1295	–44.96	102007	86246	15761	18.27
溧水	108727	67225	41502	61.74	291	1936	–1645	–84.97	108436	65289	43147	66.09
高淳	97895	76472	21423	28.01	2704	73	2631	3608.14	95191	76399	18792	24.60

企业所得税收入完成情况表--行业

(2014年12月)

表20　　　　金额单位:万元

项目＼时期	月度累计				年度累计				
	本年	上年	同比±(%)	比重(%)	本年	上年	比上同±	同比±(%)	比重(%)
总计	34067	18607	83.09		810317	607125	203192	33.47	
(一)采矿业	57	86	-33.72	0.17	1174	2645	-1471	-55.61	0.14
(二)制造业	8997	6124	46.91	26.41	109318	92833	16485	17.76	13.49
(三)电力、热力、燃气及水的生产和供应业	128	28	357.14	0.38	3326	3973	-647	-16.28	0.41
(四)建筑业	7852	3573	119.76	23.05	127995	117819	10176	8.64	15.80
(五)批发和零售业	1805	2418	-25.35	5.30	54696	54768	-72	-0.13	6.75
(六)交通运输、仓储和邮政业	1060	1598	-33.67	3.11	16986	16779	207	1.23	2.10
(七)住宿和餐饮业	347	53	554.72	1.02	11632	9048	2584	28.56	1.44
(八)信息传输、软件和信息技术服务业	-8	375	-102.13	-0.02	7377	8927	-1550	-17.36	0.91
(九)金融业	134	153	-12.42	0.39	14263	13565	698	5.15	1.76
(十)房地产业	9096	1604	467.08	26.70	330186	166893	163293	97.84	40.75
(十一)租赁和商务服务业	3058	1060	188.49	8.98	82656	61359	21297	34.71	10.20
(十二)科学研究和技术服务业	459	160	186.88	1.35	19007	17613	1394	7.91	2.35
(十三)居民服务、修理和其他服务业	740	201	268.16	2.17	21907	29099	-7192	-24.72	2.70
(十四)教育	23	12	116.67	0.08	2192	1688	504	29.86	0.27
(十五)卫生和社会工作	30	1	2900.00	0.09	485	368	117	31.79	0.06
(十六)文化、体育和娱乐业	65	23	182.61	0.19	3444	2218	1226	55.28	0.43
(十七)公共管理、社会保障和社会组织	221	1138	-80.58	0.65	3673	7530	-3857	-51.22	0.45
(十八)其他行业	0	0	—	0.00	0	0	0	—	0.00

企业所得税收入完成情况表—地区

(2014 年 12 月)

表 21　　金额单位:万元

单位名称	合计				直属局				属地局			
	本年	上年	比上同±	比上同±(%)	本年	上年	比上同±	比上同±(%)	本年	上年	比上同±	比上同±(%)
全市总计	810317	607125	203192	33.47	237307	158411	78896	49.80	573010	448714	124296	27.70
城郊区小计	530508	389020	141488	36.37	203387	152162	51225	33.66	327120	236858	90262	38.11
直属	12095	24160	-12065	-49.94	12095	24160	-12065	-49.94	0	0	0	—
玄武	49475	39341	10134	25.76	9294	3705	5590	150.87	40181	35636	4545	12.75
秦淮	69741	55994	13747	24.55	6660	8047	-1387	-17.24	63081	47947	15134	31.56
建邺	130662	52772	77891	147.60	87574	24130	63444	262.92	43089	28642	14447	50.44
鼓楼	81811	59777	22034	36.86	33458	17219	16239	94.31	48352	42558	5795	13.62
化工园	22341	16198	6142	37.92	3515	2707	808	29.84	18826	13491	5334	39.54
栖霞	73453	67265	6188	9.20	32468	40744	-8276	-20.31	40985	26521	14464	54.54
其中:栖霞	35678	47406	-11728	-24.74	17392	32886	-15494	-47.11	18286	14520	3766	25.94
新港	37775	19859	17916	90.21	15076	7859	7217	91.84	22699	12001	10699	89.15
雨花	75844	54488	21355	39.19	15932	26684	-10752	-40.29	59912	27804	32108	115.48
高新	15086	19024	-3938	-20.70	2391	4765	-2374	-49.82	12695	14259	-1564	-10.97
五区小计	279808	218104	61705	28.29	33919	6248	27671	442.85	245890	211856	34032	16.06
江宁	164354	125658	38696	30.79	22750	4015	18735	466.60	141604	121643	19061	16.41
浦口	47383	21163	26220	123.90	11006	2187	8819	403.16	36377	18975	17401	91.71
六合	21247	24537	-3291	-13.41	3	46	-43	-94.23	21244	24492	-3248	-13.26
溧水	13797	13146	651	4.96	10	0	10	—	13787	13146	641	4.88
高淳	33028	33600	-572	-1.70	150	0	150	—	32878	33600	-722	-2.15

个人所得税收入完成情况表--行业

(2014年12月)

表22　　金额单位:万元

项目＼时期	月度累计				年度累计				
	本年	上年	比上同±(%)	比重(%)	本年	上年	比上同±	比上同±(%)	0比重(%)
总计	113833	104180	9.27		1282349	1156953	125396	10.84	
(一)采矿业	74	54	37.04	0.07	1030	1565	-535	-34.19	0.08
(二)制造业	18007	12487	44.21	15.82	221875	185983	35892	19.30	17.30
(三)电力、热力、燃气及水的生产和供应业	1592	1636	-2.69	1.40	19781	19181	600	3.13	15.54
(四)建筑业	10472	8913	17.49	9.20	108541	88441	20100	22.73	8.46
(五)批发和零售业	9367	7903	18.52	8.23	115118	98501	16617	16.87	8.98
(六)交通运输、仓储和邮政业	2680	1633	64.12	2.35	22946	21169	1777	8.39	1.79
(七)住宿和餐饮业	458	348	31.61	0.40	6142	5211	931	17.87	0.48
(八)信息传输、软件和信息技术服务业	8608	4315	99.49	7.56	104300	74550	29750	39.91	8.13
(九)金融业	23494	22792	3.08	20.64	256501	258209	-1708	-0.66	20.00
(十)房地产业	8626	6487	32.97	7.58	90898	83515	7383	8.84	7.09
(十一)租赁和商务服务业	10221	9651	5.91	8.98	114338	100376	13962	13.91	8.92
(十二)科学研究和技术服务业	4293	4203	2.14	3.77	62876	47958	14918	31.11	4.90
(十三)居民服务、修理和其他服务业	3553	3087	15.10	3.12	33139	35134	-1995	-5.68	2.58
(十四)教育	4320	2946	46.64	3.80	45612	38859	6753	17.38	3.56
(十五)卫生和社会工作	1646	1345	22.38	1.45	18539	1402	4515	32.19	1.45
(十六)文化、体育和娱乐业	971	786	23.54	0.85	18863	17246	1617	9.38	1.47
(十七)公共管理、社会保障和社会组织	5398	15579	-65.35	4.74	41479	66781	-25302	-37.89	3.23
(十八)其他行业	0	0	—	0.00	0	0	0	—	0.00

个人所得税收入完成情况表--税目

(2014 年 12 月)

表 23

金额单位:万元

项目 \ 时期	月度累计				年度累计				
	本年	上年	比上同±(%)	占总收入比重%	本年	上年	比上同±	比上同±(%)	占总收入比重%
总计	113833	104180	9.27		1282349	1156953	125396	10.84	
(一)工资、薪金所得	63707	61942	2.85	5.97	810707	680305	130402	19.17	63.22
(二)个体工商户生产、经营所得	2550	1925	32.47	2.24	38781	30825	7956	25.81	3.02
(三)企事业单位承包、承租经营所得	6652	5132	29.62	58.84	64632	51507	13125	25.48	5.04
(四)劳务报酬所得	1824	1226	48.78	1.60	20356	19085	1271	6.66	1.59
(五)稿酬所得	121	66	83.33	0.11	1024	911	113	12.40	0.08
(六)特许权使用费所得	0	3	-100.00	0.00	246	267	-21	-7.87	0.02
(七)利息、股息、红利所得	11290	11231	0.53	9.92	107297	104239	3058	2.93	8.37
(八)财产租赁所得	222	81	174.07	0.20	1960	1604	356	22.19	0.15
(九)财产转让所得	26498	21260	24.64	23.28	232414	257983	-25569	-9.91	18.12
(十)偶然所得	370	749	-50.60	0.330	2354	8629	-6275	-72.72	0.18
(十一)其他所得	0	7	-100.00	0.00	0	79	-79	-100.00	0.00
(十二)滞纳金、罚款	599	558	7.35	0.53	2578	1519	1059	69.72	0.20

个人所得税收入完成情况表—地区

(2014年12月)

表24　　　　金额单位:万元

单位名称	合计				直属局				属地局			
	本年	上年	比上同±	比上同±(%)	本年	上年	比上同±	比上同±(%)	本年	上年	比上同±	比上同±(%)
全市总计	1282349	1156953	125396	10.84	306100	273187	32913	12.05	976250	883767	92483	10.46
城郊区小计	850401	761120	89281	11.73	298397	266796	31600	11.84	552004	494324	57680	11.67
直属	31068	27250	3819	14.01	31068	27250	3819	14.01	0	0	0	—
玄武	123118	98037	25081	25.58	43851	33876	9975	29.45	79267	064161	15106	23.54
秦淮	136267	123220	13047	10.59	38267	34940	3326	9.52	98000	88280	9720	11.01
建邺	68430	64490	3940	6.11	23370	21806	1564	7.17	45060	12684	2376	5.57
鼓楼	187573	175551	12022	6.85	43014	41120	1894	4.61	144559	134432	10128	7.53
化工园	49387	40522	8865	21.88	21682	18429	3253	17.65	27705	22093	5612	25.40
栖霞	97047	99459	-2412	-2.43	25556	33802	-8246	-24.39	71491	65657	5834	8.89
其中:栖霞	44488	51311	-6823	-13.30	14321	24118	-9797	-40.62	30167	27193	2974	10.94
新港	52559	48148	4411	9.16	11235	9685	1551	16.01	41324	38464	2860	7.44
雨花	114306	95213	19094	20.05	54171	42643	11528	27.03	60135	52570	7566	14.39
高新	43205	37378	5827	15.59	17418	12930	4487	34.70	25787	24448	1340	5.48
五区小计	431948	395833	36115	9.12	7703	6390	1312	20.54	424245	389443	34802	8.94
江宁	177617	151123	26494	17.53	5197	4147	1050	25.32	172420	146977	25444	17.31
浦口	25836	23622	2215	9.38	1562	881	681	77.31	24274	22741	1534	6.74
六合	20902	20965	-63	-0.30	616	1348	-732	-54.30	20286	19617	699	3.41
溧水	98153	99914	-1761	-1.76	178	14	163	1134.75	97976	99900	-1924	-1.93
高淳	109439	100208	9231	9.21	150	0	150	—	109289	100208	9081	9.06

资源税收入完成情况表—地区

(2014年12月)

表25　　金额单位:万元

单位名称	合计				直属局				属地局			
	本年	上年	比上同±	比上同±(%)	本年	上年	比上同±	比上同±(%)	本年	上年	比上同±	比上同±(%)
全市总计	7034	7071	−37	−0.52	960	844	116	13.77	6075	0	−153	−2.45
城郊区小计	4143	3801	342	9.00	960	844	1160	13.77	3184	0	226	7.64
直属	0	0	0	—	0	0	0	—	0	0	0	—
玄武	0	0	0	—	0	0	0	—	0	0	0	—
秦淮	0	0	0	—	0	0	0	—	0	0	0	—
建邺	0	0	0	—	0	0	0	—	0	0	0	—
鼓楼	0	0	0	—	0	0	0	—	0	0	0	—
化工园	0	0	0	—	0	0	0	—	0	0	0	—
栖霞	1648	1529	119	7.81	960	844	116	13.77	689	685	3	0.47
其中:栖霞	0	0	0	0	0	0	0	—	0	0	3	—
新港	1648	1529	119	7.81	960	844	116	13.77	2495	685	0	0.47
雨花	2495	2271	224	9.86	0	0	0	—	0	2271	3	9.86
高新	0	1	−1	−100.00	0	0	0	—	2891	1	224	−100.00
五区小计	2891	3270	−379	−1158	0	0	0	—	1377	3270	−1	−11.58
江宁	1377	1565	−187	−1196	0	0	0	—	542	1565	−379	−11.96
浦口	542	487	55	11.36	0	0	0	—	546	487	55	11.36
六合	546	587	−40	−6.88	0	0	0	—	409	587	−40	6.88
溧水	409	577	−167	−29.02	0	0	0	—	16	577	−167	−29.02
高淳	16	55	−39	−71.38	0	0	0	—		55	−39	−71.38

城市维护建设税收入完成情况表—地区

表 26

(2014 年 12 月)

金额单位：万元

单位名称	合计				直属局				属地局			
	本年	上年	比上同±	比上同±(%)	本年	上年	比上同±	比上同±(%)	本年	上年	比上同±	比上同±(%)
全市总计	72185	648500	73353	11.31	325890	302231	23659	7.83	395963	346269	49694	14.35
城郊区小计	507406	466074	41332	8.78	313054	290597	22457	7.73	194352	175477	18875	10.76
直属	13310	14161	–851	–6.01	13310	14161	–851	–6.01	0	0	0	—
玄武	29064	29494	–430	–1.46	9688	9643	45	0.46	19376	19850	–474	–2.39
秦淮	36920	36528	392	1.07	8053	7800	254	3.26	28867	28728	138	0.48
建邺	119330	110899	8431	7.60	102166	96986	5179	5.34	17165	13913	3252	23.37
鼓楼	45564	43828	1736	3.96	14425	13295	1130	8.50	31139	30533	606	1.98
化工园	55185	49313	5871	11.91	39479	34037	5443	15.99	15705	15277	428	2.80
栖霞	136040	120835	15204	12.58	98808	88816	9992	11.25	37232	32019	5213	16.28
其中：栖霞	19712	16645	3066	18.42	7036	4914	2122	43.18	12675	11731	944	8.05
新港	1162328	104190	12138	11.65	91772	83902	7870	9.38	24556	20288	4268	21.04
雨花	44997	37900	7097	18.73	18497	15959	2538	15.90	26500	21941	4560	20.78
高新	26996	23116	3880	16.78	8628	9901	–1273	–12.86	18369	13216	5153	38.99
五区小计	214446	182426	32021	17.55	12836	11634	1202	10.33	201610	170792	30819	18.04
江宁	154884	133373	21511	16.13	9582	8836	756	8.45	145320	124538	20764	16.67
浦口	20701	16921	3779	22.34	1906	1737	169	9.76	18795	15185	3610	23.77
六合	15568	13823	1745	12.63	1143	949	194	20.42	14425	12873	1551	12.05
溧水	13538	10159	3380	33.27	17	109	–92	–84.24	13521	10050	3472	34.54
高淳	9755	8150	1605	19.70	188	4	184	5043.40	9567	8146	1422	17.45

房产税收入完成情况表—地区

(2014年12月)

表27　　金额单位:万元

单位名称	合计				直属局				属地局			
	本年	上年	比上同±	比上同±(%)	本年	上年	比上同±	比上同±(%)	本年	上年	比上同±	比上同±(%)
全市总计	241537	245468	-3931	-1.60	34529	43762	-9234	-21.10	2077009	201706	5303	2.63
城郊区小计	183755	186971	-3216	-1.72	33486	43078	-9592	-22.27	150269	143893	6376	4.43
直属	4059	4243	-184	-4.33	4059	4243	-184	-4.33	0	0	0	—
玄武	25190	25549	-359	-1.41	2760	4158	-1398	-33.62	22430	21391	1038	4.85
秦淮	37577	36434	1142	3.14	3397	4214	-817	-19.39	34180	32221	1959	6.08
建邺	15546	16656	-1110	-6.67	2363	3833	-1470	-38.35	13183	12823	360	2.80
鼓楼	37394	38445	-1051	-2.73	6981	8638	-1657	-19.18	30413	29807	606	2.03
化工园	11932	13790	-1857	-13.47	6046	7385	-1339	-18.13	5887	6405	-519	-8.10
栖霞	22159	24775	-2615	-10.56	2987	3366	-380	-11.28	19173	21408	-2236	-10.44
其中:栖霞	7234	8005	-771	-9.63	245	409	-164	-40.04	6989	7596	-607	-7.99
新港	14925	16769	-1844	-11.00	2741	2957	-216	-7.31	12184	13812	-1628	-11.79
雨花	19633	18313	1320	7.21	3913	5984	-2071	-34.61	15720	12329	3391	27.51
高新	10265	8766	1499	17.10	980	1258	-277	-22.03	9284	7508	1776	23.65
五区小计	57782	58498	-715	-1.22	1042	684	358	52.31	56740	57813	-1073	-1.86
江宁	37928	37797	132	0.35	809	539	270	49.99	37119	37257	-138	-0.37
浦口	5279	4927	352	7.14	176	73	97	121.85	5103	4848	255	5.26
六合	4189	4932	-742	-15.05	58	66	-8	-12.51	4132	4866	-734	-15.08
溧水	6694	6124	570	9.31	0	0	0	—	6694	6124	570	9.31
高淳	3693	4719	-1027	-21.76	0	0	0	—	3693	4719	-1027	-21.76

印花税收入完成情况表—地区

(2014 年 12 月)

表 28　　　　金额单位:万元

单位名称	合计				直属局				属地局			
	本年	上年	比上同±	比上同±(%)	本年	上年	比上同±	比上同±(%)	本年	上年	比上同±	比上同±(%)
全市总计	115861	98023	17837	18.20	40793	30839	9954	32.28	75068	67185	7883	11.73
城郊区小计	84710	69938	14772	21.12	39182	29383	9799	33.35	45528	40555	4973	12.26
直属	2813	1167	1646	141.10	2813	1167	1646	141.10	0	0	0	—
玄武	6835	7156	-321	-4.49	2058	2756	-698	-25.33	4777	04400	377	8.57
秦淮	17915	9787	8128	83.05	11146	3639	7508	206.33	6769	6149	620	10.09
建邺	7052	5843	1209	20.69	2240	2004	236	11.79	4812	3839	973	25.33
鼓楼	19783	18643	1140	6.12	10982	9701	1281	13.21	8001	8942	-141	-1.57
化工园	8090	7383	707	9.58	3916	3799	117	3.08	4174	3584	590	16.47
栖霞	11276	9722	1554	15.99	2158	2198	-40	-182	9118	7523	1594	21.19
其中:栖霞	3716	3394	322	9.48	776	874	-98	-11.18	2939	2520	419	16.64
新港	7560	6328	1233	19.48	1382	1324	58	4.35	6178	5003	1175	23.48
雨花	6896	6581	315	4.79	2743	3066	-323	-10.53	4153	3515	638	18.15
高新	4050	3657	393	10.74	1126	1054	72	6.83	2924	2603	231	12.33
五区小计	31150	28085	3056	10.91	1610	1455	155	10.65	29540	26630	2910	10.93
江宁	17629	17430	198	1.14	1047	1012	35	3.43	16582	16418	164	1.00
浦口	3810	3434	377	10.97	483	398	85	21.31	3327	3035	292	9.61
六合	2987	2171	816	37.59	51	24	26	106.26	2936	2146	790	36.81
溧水	3843	2417	1426	58.98	1	20	-19	94.46	3842	2397	1445	60.29
高淳	2882	2633	249	9.44	29	0	29	0	2853	2633	220	8.35

城镇土地使用税收入完成情况表—地区

(2014年12月)

表29 金额单位:万元

单位名称	合计				直属局				属地局			
	本年	上年	比上同±	比上同±(%)	本年	上年	比上同±	比上同±(%)	本年	上年	比上同±	比上同±(%)
全市总计	127886	149588	-21702	-14.54	23109	31261	-8151	-26.08	10477	118328	-13551	-11.45
城郊区小计	62300	80098	-17798	-22.22	22233	29854	-7621	-25.53	40068	50244	-10176	-20.25
直属	403	380	24	6.21	403	380	24	6.21	0	0	0	—
玄武	4217	5733	-1516	-26.44	1249	2038	-788	-38.69	2968	3695	-728	-19.69
秦淮	3993	5368	-1375	-25.62	817	1049	-232	-22.16	3176	4319	-1143	-26.46
建邺	3047	3985	-939	-23.55	1152	1576	-424	-26.91	1895	2410	-514	-21.35
鼓楼	6437	7282	-844	-11.60	1456	1551	-95	-6.13	4981	5730	-749	-13.08
化工园	14736	19099	-4363	-22.85	8456	10845	-2388	-22.02	6280	8254	-1975	-23.92
栖霞	15740	20000	-4260	-21.30	4244	5516	-1271	-23.05	11495	14484	-2989	-20.63
其中:栖霞	4474	5358	-885	-16.51	455	555	-100	-18.10	4019	4803	-784	-16.33
新港	11266	14641	-3375	-23.05	3790	4961	-1171	-23.61	7476	9681	-2204	-22.77
雨花	8691	11400	-2710	-23.77	3028	4953	-1925	-38.86	5662	6447	-785	-12.17
高新	5037	6851	-1814	-26.48	1427	1947	-520	-26.72	3610	4903	-1294	-26.38
五区小计	65586	69491	-3905	-5.62	877	1407	-530	-37.68	64709	68084	-3375	-4.96
江宁	25769	33773	-8005	-23.70	479	606	-127	-21.01	25290	33167	7879	-23.75
浦口	6924	8090	-1166	-14.41	374	772	-398	-51.49	6549	7318	-768	-10.50
六合	5453	7430	-1977	-26.61	23	28	-5	-17.93	5430	7402	-1972	-26.65
溧水	23660	15621	8039	51.46	0	0	0	0	23660	15621	8039	51.46
51.46 高淳	3781	4577	-796	-17.39	0	0	0	0	3781	4577	-796	-17.39

土地增值税收入完成情况表—地区

(2014 年 12 月)

表 30　　金额单位:万元

单位名称	合计				直属局				属地局			
	本年	上年	比上同±	比上同±(%)	本年	上年	比上同±	比上同±(%)	本年	上年	比上同±	比上同±(%)
全市总计	665133	636951	28182	4.42	320412	301732	18680	6.19	344721	335219	9502	2.83
城郊区小计	420526	414013	6513	1.57	256456	271082	–14626	–5.40	164096	142931	21139	14.79
直属	656	0	656	—	656	0	656	0	0	0	0	—
玄武	25733	18687	7047	37.71	5218	7757	–2629	–33.89	20605	10929	9676	88..53
秦淮	25580	20525	5055	24.63	5589	3049	2540	83.30	19991	17476	2515	14.39
建邺	123391	174645	–51254	–29.35	86525	157948	–71423	–45.22	36866	16697	20169	120.79
鼓楼	107312	59741	47572	79.93	88409	28533	59877	20985	18903	31208	–12305	–39.43
化工园	7324	9076	–1751	–19.30	21	165	–144	–87.51	7304	8911	–1607	–18.04
栖霞	50553	43066	7487	17.38	34590	29371	5219	17.77	15963	13695	2267	16.56
其中:栖霞	41161	34854	6307	18.09	26121	21916	4205	19.19	15040	12938	2101	16.24
新港	9392	8212	1180	14.37	8469	7455	1014	13.60	923	757	166	21.91
雨花	27538	42199	–14660	–34.74	15449	28137	–12689	–45.09	12090	14061	–1972	–14.02
高新	52437	46075	6362	13.81	20089	16123	3966	24.60	32348	29953	2396	8.00
五区小计	244608	222938	21669	9.72	63956	30650	33306	108.67	180652	192289	–11637	–6.05
江宁	135472	106666	28806	27.01	57298	23613	33686	142.66	78173	83053	–4880	–8.88
浦口	34106	25769	8337	32.35	66580	7037	–379	–5.39	27448	18732	8716	46.53
六合	22473	17709	4764	26.90	0	0	0	—	22473	17709	4764	26.90
溧水	37298	62426	25129	–40.25	0	0	0	—	37298	62426	–25129	–40.25
高淳	15259	10367	4892	47.19	0	0	0	—	15259	10367	4892	47.19

车船税收入完成情况表—地区

(2014年12月)

表31 金额单位：万元

单位名称	合计				直属局				属地局			
	本年	上年	比上同±	比上同±(%)	本年	上年	比上同±	比上同±(%)	本年	上年	比上同±	比上同±(%)
全市总计	58427	50760	7667	15.11	58330	49583	8747	17.64	97	1176	–1079	–91.74
城郊区小计	45835	40240	5595	13.90	45941	39350	6591	16.75	–106	890	–996	–111.92
直属	0	0	0	—	0	0	0	—	0	0	0	—
玄武	19159	16808	2351	13.99	19152	16802	2350	13.99	7	5	1	19.47
秦淮	9140	9838	–697	–7.09	9138	9832	–694	–7.06	2	5	–3	–55.47
建邺	6218	2766	3452	124.81	6186	2721	3465	12.32	33	45	–12	–27.10
鼓楼	5472	5877	–405	–6.89	5649	5078	572	11.26	–177	799	–977	–122.14
化工园	1182	994	188	18.87	1168	987	181	18.36	14	8	6	85.78
栖霞	2764	2357	407	17.24	2754	2334	419	17.97	10	23	–13	–55.74
其中：栖霞	2751	2346	406	17.30	2750	2330	419	17.99	2	15	–14	–88.72
新港	12	121529	1	6.58	4	4	0	3.45	9	8	1	8.14
雨花	1800	71	270	17.68	1795	1525	269	17.65	5	4	1	33.11
高新	99	10519	29	40.56	99	70	29	41.20	0	0	0	–100.00
五区小计	12592	4221	2073	19.70	12389	10233	2156	21.07	203	286	–83	–29.04
江宁	4922	1963	701	16.60	4740	3978	762	19.14	182	243	–61	–25.00
浦口	2371	1811	407	20.75	2369	1961	408	20.81	2	3	–1	–23.31
六合	2244	1234	433	23.92	2236	1793	443	24.74	7	18	–10	–58.37
溧水	1542	1290	308	24.97	1538	1232	306	24.87	4	2	2	82.36
高淳	1514		223	17.31	1506	1269	236	18.62	8	21	–13	–62.31

教育费附加收入完成情况表—地区

表 32　　(2014 年 12 月)　　金额单位：万元

单位名称	合计				直属局				属地局			
	本年	上年	比上同±	比上同±(%)	本年	上年	比上同±	比上同±(%)	本年	上年	比上同±	比上同±(%)
全市总计	313093	280432	32661	11.65	139739	129055	10684	8.28	173354	151378	21977	14.52
城郊区小计	217386	199210	18176	9.12	134161	124055	10105	8.15	83226	75155	8071	10.74
直属	5704	6068	-364	-6.00	5704	6068	-364	-6.00	0	0	0	—
玄武	12453	12567	-114	-0.91	4151	4068	83	2.03	8302	8498	-197	-2.32
秦淮	15816	15583	233	1.50	3451	3283	168	5.12	12365	12300	65	0.53
建邺	51137	47409	3729	7.86	43785	41449	2336	5.64	7352	5959	1393	23.37
鼓楼	19516	18645	871	4.67	6183	5561	623	11.20	13332	13084	248	1.90
化工园	23648	21133	2516	11.90	16920	14587	2333	15.99	6729	6546	182	2.79
栖霞	58293	51829	6464	12.47	42342	38127	4216	11.06	15951	13702	2249	16.41
其中：栖霞	8444	7218	1227	17.00	3016	2191	824	37.63	5429	5026	402	8.00
新港	49849	44612	5237	11.74	39327	35936	3391	9.44	10522	8676	1846	21.28
雨花	19256	16088	3169	19.70	7927	6685	1242	18.58	11330	9403	1927	20.49
高新	11562	9889	1674	16.93	3698	4228	-530	-12.54	7865	5661	2204	38.93
五区小计	95707	81222	14484	17.83	5578	4999	579	11.58	90129	76223	13906	18.24
江宁	66407	57138	9269	16.22	4181	3787	395	10.42	62225	53351	8875	16.63
浦口	8869	7339	1531	20.86	817	744	73	9.76	8052	6594	1458	22.11
六合	6760	6026	7342	12.18	490	408	82	20.10	6269	5617	652	11.61
溧水	8114	6081	2033	33.43	9	58	-49	-84.97	8105	6023	2082	34.57
高淳	5557	4640	918	19.78	81	2	79	3607.41	5476	4637	839	18.09

契税、耕地占用税完成情况表—地区

（2014 年 12 月）

表 33　　　　金额单位：万元

单位名称	契税				耕地占用税			
	本年	上年	比上同±	比上同±(%)	本年	上年	比上同±	比上同±(%)
全市总计	463462	383749	79713	20.77	28371	17158	11213	65.35
城郊区小计	49416	36052	13364	37.07	4263	5550	-1287	-23.19
直属	0	0	0	—	0	0	0	—
玄武	0	0	0	—	0	0	0	—
秦淮	0	0	0	—	0	0	0	—
建邺	0	0	0	—	0	0	0	—
鼓楼	0	0	0	—	0	0	0	—
化工园	5482	8196	-2714	-33.11	711	2279	-1568	-68.80
栖霞	19151	6282	12869	204.86	1887	739	1148	155.35
其中：栖霞	7320	0	7320	-	1887	739	1148	155.35
新港	11831	6282	5549	88.33	0	0	0	—
雨花	0	0	0	—	556	2112	-1556	-73.67
高新	24783	21574	3209	14.87	1109	420	689	164.05
契税所	253028	199483	53545	26.84	0	0	0	—
五区小计	161018	148214	12804	8.64	24108	11608	12500	107.68
江宁	82019	59732	2287	37.31	8571	5014	3557	70.94
浦口	21942	33377	-11435	-34.26	5344	2644	2700	102.12
六合	12852	13056	-204	-1.56	2090	1933	157	8.12
溧水	35135	29539	5596	18.94	4660	4	4656	116400.00
高淳	9070	12510	-3440	-27.50	3443	2013	1430	71.04

社会保险费、其他非税收入完成情况表

(2014年12月)

表34　　金额单位:万元

社保费地区			社保费险种			其他非税收入	
单位	本月	累计	险种	实缴数		种类	金额
总计	392968	3773772411		本月	累计	全市合计	59910
社保费合计	392968	3769739	全市合计	392968	3769739	一、全省开征基金费	36396
市本级小计	264985	2931950	养老保险	229794	2316755	地方教育基金	0
市区	255284	2823228	其中:滞纳金			防洪保安基金	15100
省直属局(代征)	9701	108722	医疗保险	128586	1118474	人防建设资金	0
县级小计	127983	837789	其中:滞纳金			残疾人就业保障金	21291
江宁	82413	463484	失业保险	19172	198545	其他收入	5
浦口	17706	120514	其中:滞纳金			二、本市代征基金费	23514
六合	6977	72416	工伤保险	7739	60814	绿化费、义务植树统筹费	0
溧水	13782	126411	其中:滞纳金			老干部医疗统筹金	20842
高淳	7105	54964	生育保险	7677	75151	工会经费	2672
离休干部医疗统筹	0	2672	其中:滞纳金			其他综合基金	0

石化、钢铁、卷烟企业税收完成情况表

（2014年12月）

表35　　　　金额单位：万元

纳税人名称	税收合计			营业税			城建税			个人所得税		
	本 年	上 年	增幅%	本 年	上 年	增幅%	本 年	上 年	增幅%	本 年	上 年	增幅%
中国石油化工股份有限公司金陵分公司	86476	77924	10.97	30	38	-22.14	83443	75203	10.96	2217	1880	17.97
中国石油化工股份有限公司江苏南京石油分公司	706	746	-5.35	15	22	-31.85	356	389	-8.34	91	116	-20.94
扬子石化-巴斯夫有限责任公司	15476	13691	13.04	171	574	-70.29	4267	5059	-15.66	8590	5090	68.76
中国石化扬子石油化工有限公司	33705	27182	24.00	1409	1771	-20.43	28220	21233	32.90	2302	2380	-3.27
中国石化集团资产经营管理有限公司扬子石化分公司	5175	6707	-22.84	383	532	-27.90	649	785	-1732	367	398	-7.87
中国石化集团金陵石油化工有限责任公司	6507	7781	-16.38	1331	1427	-6.70	957	1392	-31.25	1390	1346	3.24
石化小计	148045	134031	10.46	3339	4364	-23.49	117892	104061	13.29	14958	11210	33.43
南京钢铁集团有限公司	1273	362	251.84	737	148	398.93	52	10	3.8.93	334	4	7637.70
南京钢铁股份有限公司	3524	3074	14.62	272	713	-61.87	21	66	-68.18	1057	640	65.19
南京钢铁有限公司	780	872	-10.57	1	2	-63.58	170	170	0.19	156	127	223.30
南京钢铁联合有限公司	1504	2476	-39.26	276	917	-69.89	128	64	98.69	11	8	49.46
南京南钢产业发展有限公司	5133	7095	-27.65	124	567	-78.17	849	1489	-43.01	1901	1893	0.45
南京金腾钢铁有限公司	288	407	-29.28	0	0	153.44	90	199	-55.03	50	33	49.69
上海梅山钢铁股份有限公司	12622	12982	-2.78	150	391	-61.74	4212	889	373.73	2021	1693	19.34
钢铁小计	25124	27269	-7.87	1560	2738	-43.04	5521	2888	91.17	5530	4398	25.75
中国烟草总公司江苏省公司(江苏省烟草公司)	1269	1535	-17.34	0	14	-100.00	0	1	-100.00	1100	1277	-13.90
江苏中烟工业公司南京卷烟厂	95571	90108	6.06	0	0	—	93241	87743	6.27	1682	1387	21.25
江苏省烟草公司南京市公司	4059	4063	-0.11	0	0	—	2479	2412	2.76	1156	1060	9.05
江苏中烟工业有限责任公司	1733	1526	13.57	0	0	—	0	0	0	1637	1398	17.10
卷烟小计	102632	97233	5.55	0	14	-100.00	95719	90156	6.17	5575	5123	8.83
总计	275801	258534	6.68	4899	7116	-31.16	219132	197105	11.18	26063	20730	25.72

全省地税税收收入完成情况表—地区

（2014 年 12 月）

表 36　　　　金额单位：万元

地区	税收收入				中央级				省级				市县级			
	月度累计		年度累计		月度累计		年度累计		月度累计		年度累计		月度累计		年度累计	
	金额	增幅%	金额	增幅%	金额	增幅%	金额	增幅%	金额	增幅%	金额	增幅%	金额	增幅%	金额	增幅%
全省合计	5489624	9.5	51702759	10.3	658885	12.5	7626840	10.6	99583	1.3	3542839	13.1	4731156	9.3	40533080	10.1
省直属局	44989	10.1	110143	4.3	18893	41.7	315921	2.3	26096	−5.2	794222	5.2	0		0	
南京市	653481	13.8	7030958	11.2	88753	20.4	1257941	18.5	8754	22.9	394231	8.6	0555974	12.7	5378786	9.8
无锡市	648836	8.5	5439755	6.3	90821	19.4	931064	7.5	10910	11.5	396760	14.6	547105	6.8	4111931	5.4
徐州市	490149	39.9	3604203	12.8	25510	43.8	242715	7.2	3182	36.3	109982	26.3	461457	39.8	325106	12.8
常州市	495555	13.5	3402501	6.3	87748	99.5	617049	5.6	7605	14.4	219224	17.3	400202	3.7	2566228	5.6
苏州市	891487	4.6	10307868	8.7	149277	14.6	1718877	10.7	22301	29.8	791231	13.4	719909	2.1	7797760	7.8
南通市	487551	1.4	4790142	17.8	52682	−20.2	906479	32.3	77097	−39.4	218749	14.7	427772	6.2	3664914	14.9
连云港市	227985	26.0	1994152	9.5	10186	13.4	130136	18.4	1366	54.4	60603	14.9	216433	26.5	1803413	8.7
淮安市	219166	−15.5	2459508	13.1	13385	−32.0	180845	−6.9	1204	5.4	64145	30.3	204577	−14.2	2214518	14.6
盐城市	383188	−4.8	3273693	12.0	28531	−24.3	313980	1.8	2548	−16.9	96911	26.0	352109	−2.7	2862802	12.8
扬州市	321278	12.9	224447	10.7	31977	−35.7	277493	−7.5	2642	−28.1	112408	19.0	286659	24.0	1854546	13.6
镇江市	291307	25.5	2179677	11.4	26630	47.7	253936	24.4	1965	14.1	108697	18.5	262712	23.7	1817044	9.5
泰州市	225452	3.0	2019341	9.8	17600	−15.3	234006	1.6	2669	−32.9	118283	24.9	205183	5.7	1667052	10.1
宿迁市	109200	6.3	1846371	10.8	16892	71.8	246398	−5.8	1244	−19.4	57393	27.5	91064	−0.3	1542580	13.4

全省地税主要税种收入完成情况表—地区

(2014年12月)

表37 金额单位:万元

地区	营业税				企业所得税				个人所得税			
	月度累计		年度累计		月度累计		年度累计		月度累计		年度累计	
	金额	增幅%	金额	增幅%	金额	增幅%	金额	增幅%	金额	增幅%	金额	增幅%
全省合计	2627919	16.5	20838654	11.5	265719	13.4	5039415	3.8	832698	12.3	7658072	15.7
省直属局	10537	–32.8	511172	5.5	15726	92.9	310223	–5.1	15686	12.4	215171	15.2
南京市	269910	17.8	2508728	8.1	34067	83.1	810317	33.5	113833	9.3	1282349	10.8
无锡市	361591	6.8	2102863	3.4	28665	–21.2	588886	1.3	123293	36.4	961020	11.6
徐州市	249831	36.5	1661235	15.9	11645	–6.2	170066	–9.4	30875	79.9	234460	23.7
常州市	199436	20.9	1174721	14.7	20193	2.8	421357	–6.6	126057	134.9	606291	16.1
苏州市	362004	10.8	3641848	5.5	65924	10.8	1024762	5.8	182777	–1.4	1835890	13.7
南通市	233139	4.4	1821983	8.1	8794	–52.3	462880	6.5	78972	–13.8	1046515	48.3
连云港市	135318	49.5	971970	10.4	4965	8.5	94332	22.4	12012	15.5	122432	15.3
淮安市	135829	17.4	1081884	20.6	5313	–47.1	112833	–24.9	16997	–25.4	188574	8.6
盐城市	172484	13.0	1559707	24.5	17109	–35.7	234996	–1.0	30446	–15.9	288306	4.2
扬州市	148164	22.2	959357	20.3	18349	61.1	205804	7.2	34850	–51.3	256121	–16.7
镇江市	151258	28.4	1080632	15.6	9542	–32.4	164547	2.0	34842	118.6	258681	44.6
泰州市	138924	11.5	935392	18.7	9648	–41.8	194484	–5.8	19683	9.0	195526	10.1
宿迁市	59494	16.6	827162	16.0	15779	175.4	243928	–10.6	12375	16.1	166736	2.3

全省市县级公共财政预算收入完成情况表—地区

(2014 年 12 月)

表 38　　金额单位：万元

地区	财政、国税、地税收入合计						地税收入					
	月度累计			年度累计			月度累计			年度累计		
	本月累计	增减度	增幅%	本月累计	增减度	增幅%	本月累计	增减度	增幅%	本月累计	增减度	增幅%
全省合计	727823	582736	8.78	66208407	6083247	10.12	4722611	395509	9.14	40444468	3690097	10.09
省直属局	0	0	0	0	0	0	0	0	0	0	0	0
南京市	869682	98913	12.83	9034890	721814	8.68	547429	56635	11.54	5290174	469950	9.75
无锡市	922676	83907	10.00	7680077	570933	8.03	547105	34977	6.83	4111931	209040	5.36
徐州市	535045	77609	16.97	4723279	494838	11.70	461457	131248	39.75	3251506	369059	12.80
常州市	630559	30223	5.03	4338800	250000	6.11	400202	14361	3.72	2566228	135798	5.59
苏州市	1263366	45455	3.73	14438174	1127920	8.47	719909	14882	2.11	7797760	564464	7.80
南通市	714668	11963	1.70	5500019	641201	13.20	427772	24788	6.15	3664914	474637	14.88
连云港市	283542	44441	18.59	2617723	284693	12.20	216433	45327	26.49	1803413	144707	8.72
淮安市	286247	−7747	−2.64	3085130	370935	13.67	204577	−33880	−14.21	2214518	282493	14.62
盐城市	567496	25142	4.64	4180231	512559	13.98	352109	−9572	−2.65	2862802	325701	12.84
扬州市	396453	68753	20.98	2951918	359312	13.86	286659	55534	24.03	1854546	221863	13.59
镇江市	323503	59965	22.75	2777648	232490	9.13	262712	50393	23.73	1817044	157024	9.46
泰州市	306474	48757	18.92	2779543	266731	10.61	205183	11079	5.71	1667052	153387	10.13
宿迁市	118112	−4645	−3.78	2100975	249821	13.50	91064	−263	−0.29	1542580	181974	13.37

全国副省级城市地方税收收入及相关税种完成情况表

表 39 (2014 年 12 月) 金额单位:万元

序号	城市名称	税收收入			营业税			城建税			企业所得税			个人所得税		
		本年	上年	增幅%	本年	上年	增幅%	本年	上年	增幅%	本年	上年	增幅%	本年	上年	增幅%
	合 计	107351782	99606579	7.78	35436692	35479801	–0.12	8402458	7866471	6.81	14820204	13002445	13.98	17806734	15256481	16.72
1	深圳市	17123924	14627218	17.07	4747974	4190745	13.30	1057651	980144	7.91	3878592	3359728	15.44	4163985	3419426	21.77
2	广州市	13503558	12567493	7.45	4373185	4471803	–2.21	1125143	1058212	6.32	1635604	1566110	4.44	2795522	2422270	14.46
3	杭州市	8302222	7615548	9.02	2507718	2555096	–1.85	693943	660037	5.14	1256383	997292	25.98	1703622	1433063	18.88
4	宁波市	6670519	6250905	6.71	1897187	1887296	0.52	668860	631832	5.86	1113991	107474	9.49	1079637	996884	8.30
5	成都市	9694324	8936619	8.48	3633124	3854372	–5.74	633835	602976	5.12	1060602	1005235	5.51	1228668	1074122	14.39
6	南京市	7030958	6321890	11.22	2508728	2320544	8.11	721852	648500	11.31	810317	607125	33.47	1282349	1156953	10.84
7	大连市	5732187	6419310	–10.70	1818416	1869796	–2.75	424494	388939	9.14	593864	619361	–4.12	662642	571986	15.85
8	武汉市	7858063	6853017	14.67	2798186	2634675	6.21–15.70	717607	615531	16.58	991874	755348	31.31	891167	792083	12.51
9	沈阳市	5129809	5770700	–11.11	1649354	1956634	3.77	361262	362234	–0.27	396129	452785	–12.51	533859	493940	8.08
10	青岛市	5990339	5317215	12.66	2057076	1982425	–0.88	499643	470715	6.15	895880	715681	25.18	754138	621349	21.37
11	厦门市	4081100	3637096	12.21	1260951	1272205	0.24	291571	249879	16.68	588716	453865	23.10	584269	496078	17.78
12	济南市	3915523	3509333	11.57	1523596	1519894	–7.03	303483	272416	11.40	406437	315488	28.83	523620	439174	19.23
13	西安市	5384150	5084110	5.90	2282845	2455583	–2.84	320143	302746	5.75	374893	293921	27.55	697802	554156	25.92
14	哈尔滨	3370635	3123385	7.92	1219950	1255623	–7.56	220223	202922	8.53	475693	409242	–2.97	403279	342181	17.86
15	长春市	3564471	3572740	–0.23	1158402	1253110		362748	419418	–13.51	371229	352809	5.22	502175	422816	18.77

南京市经济运行主要指标

(2014 年 12 月)

表 40　　金额单位：万元

指标名称	月度		年度			指标名称	年度		
	本月	增长率(%)	本年	上年	增长率(%)		本年	上年	增长率(%)
规模以上工业总产值	1221.69	7.6	13239.73	12573.34	5.3	全社会固定资产投资	5460.3	5265.22	3.7
1.轻工	209.45	8.8	2708.19	2571.88	5.3	1.第一产业	34.87	23.54	48.1
重工	1012.24	7.3	10531.54	10010.97	5.2	2.第二产业	2180.71	2492.24	−12.5
2.国有及国有控股企业	418.92	1.34.2	4383.20	4305.70	1.8	工业	2152.36	2508.58	−14.2
规模以上工业销售产值	1199.00	−5.5	13017.56	12397.68	5.0	3.第三产业	3244.45	2758.89	17.6
出口交货值	155.64		1831.36	1716.36	6.7	房地产开发投资			
规模以上工业企业经济效益(上月数)						1.房地产开发投资额	1125.49	1119.89	0.5
1.企业个数(个)	**	**	2668			2.土地购置费	345.83	223.84	54.5
2.主营业务收入	**	**	11606.28	11138.46	4.2	3.按工程用途分			
3.利润总额	**	**	661.64	673.77	−1.8	住宅	796.27	773.83	2.9
4.亏损企业亏损额	**	**	87.39	61.46	42.2	办公楼	71.98	73.75	−2.4
5.应收帐款净额	**	**	1765.54	168.28	9.1	商业用房	146.83	123.76	10.6
6.产成品存货	**	**	368.36	340.44	8.2	其他	110.41	139.58	−20.9
社会消费品零售总额	**	**	3957.97		13.0	4.房屋建筑面积			
1.批发零售	**	**	3656.65		14.2	施工面积(万平方米)	6540.23	6405.71	2.1
2.住宿餐饮	**	**	301.32		0.2	新开工面积(万平方米)	1217.34	1989.12	−38.8
海关进出口总额(按经营单位)(亿美元)	51.06	0.4	572.21	557.71	2.6	竣工面积(万平方米)	967.40	1039.10	−6.9
1.出口总额(亿美元)	29.79	0.9	326.28	322.73	1.1	5.商品房屋销售面积(万平方米)	1207.58	1222.25	−1.2
2.进口总额(亿美元)	21.28	−1.2	245.93	234.89	4.7	住宅(万平方米)	1124.73	1143.02	−1.6
财政收入	141.04	10.7	177.85	1591.96	11.3	6.商品房屋销售额(万平方米)	1352.20	1404.15	−3.7
1.中央收入	69.48	15.8	868.36	760.39	14.2	住宅(万平方米)	1233.20	1266.12	−2.6
2.公共财政预算收入	71.57	6.1	903.49	831.18	8.7	全社会用电量(亿千瓦时)	470.50	462.64	1.7
3.公共财政预算支出	77.93	9.7	920.90	851.11	8.2	工业用电量(亿千瓦时)	289.02	286.73	0.8
国内生产总值	**	**	8820.75	80011.58	10.1	邮电业务收入	174.39	157.82	10.5
1.第一产业	**	**	223.96	216.39	3.5	城市居民人均可支配收入(元)	42567.80	39124.82	8.8
2.第二产业	**	**	3671.45	3374.49	8.8	城市居民人均消费支出(元)	25854.67	24118.16	7.2
工业	**	**	3165.78	2896.41	9.3	金融机构本外币存款余额(月度数)	20733.39	18413.31	12.6
3.第三产业	**	**	4925.34	4417.35	11.5	居民储蓄本外币存款余额(月度数)	5135.67	4957.21	3.6
金融业	**	**	958.81	847.75	13.1	城市居民消费价格指数(%)	101.8(本月)	102.6(累计)	
房地产业	**	**	587.96	573.62	2.5	商品零售价格指数(%)	100.9(本月)	102.0(累计)	

税 政 管 理

流转税管理

概　述　2014年,市地税局加强流转税管理,发挥税政职能作用,全年营业税收入250.87亿元,同比增长8.11%,占全部税收收入的比重35.68%,对全部税收增量的贡献率为26.54%。加强房地产行业营业税收入控管,制定《南京市房地产业营业税收入控管办法》,提出具体风险管控措施。深化建筑业项目管理,新立建筑业预清算指标,实现建筑业预清算率的实时监控;开发完善重点项目工程税收控管系统,实现项目进度、项目开票、项目税收的全方位数据监管。加强营业税风险应对,推送营业税风险指标57个,对2289户2403个风险点进行风险评估,补征营业税13860.74万元。依托营业税申报管理办法推行,对纳税人的营业税申报数据采集分析,生成1298个风险疑点,涉及27个指标项1265户纳税人,评估入库营业税税款7121.21万元。围绕着总局发布的小微企业优惠政策,组织开展小微企业营业税政策落实检查,确保政策执行到位,全年减免企业营业税494811户次,减免个体工商户5931户,减免营业税3779.38万元,其中,企业减免2911.13万元,个体工商户减免868.25万元。稳步推进铁路运输、邮政业、电信业"营改增"试点工作,根据筛选的试点纳税人名单,开展实地核查,点对点沟通和确认,做好营改增纳税人发票清缴、欠税清理,共涉及纳税人426户,影响全年税收3.1亿元,其中营业税2.77亿元。　(宋昕)

加强房地产行业营业税收入控管　市地税局针对当前房地产企业通过采取不开票、延迟开票的方式少申报、延迟申报营业税等问题,围绕房地产收入构成的25个监控点,研究制定《南京市房地产业营业税收入控管办法》,梳理当前房地产业营业税相关政策、日常管理关注要点,完善风险监控指标,提出7条具体风险管控措施,进一步强化了房地产行业营业税计税收入控管力度,提高房地产行业营业税计税收入质量。　(王冬)

深化建筑业项目管理　市地税局加强对建筑业预清算工作监管,在税源与征管状况分析平台中新立建筑业预清算指标,实现对建筑业预清算率的实时监控,推进建筑业项目清算。围绕重大项目工程,开发完善重点项目工程税收控管系统,以市区重点项目工程为主要关注对象,实现项目进度、项目开票、项目税收的全方位数据归集、分析,构建税务机关、代征单位、护税协税组织多方协作的税源监管网络,及时掌控重点项目工程税收控管情况,提高税收征管效率。　(王冬)

落实营业税申报管理办法　2014年,市地税局依托营业税申报管理办法推行,对纳税人营业税申报数据进行详细采集,为营业税风险评估提供基础数据,提升营业税差额征税抵扣管理、营业税优惠政策落实管理、营业税计税收入与报表收入配比等风险指标的运作成效。年度风险评估中,通过申报数据的采集分析,共计涉及27个指标项面向1265户纳税人,生成了1298个风险疑点,评估入库营业税税款7121.21万元。　(王冬)

劳务派遣行业营业税管理　2014年,市地税局对劳务派遣、劳务中介营业税政策落实过程中存在的问题开展调研,出台《关于劳务派遣及劳务中介营业税政策适用及发票开具有关问题的通知》。开展劳务派遣行政审批与行业管理的衔接调研,明确劳务派遣政策执行口径,规范劳务派遣营业税差额征税中关于劳务派遣资质要求,从7月1日起,全面按照《中华人民共和国劳动法》的要求对劳务派遣按规定提供劳务派遣经营许可证,同时明确新旧合同执行的衔接处理,细化了扣缴社保费、公积金的执行要求。　(王冬)

开展税收支持我国社会养老服务体系建设课题研

究 2014年，市地税局开展税收支持我国社会养老服务体系建设课题调研，研究制定调研工作方案，对现行税收政策和各级政府规划进行梳理，确定调研提纲，选取公立公办、公立民办、民间投资等不同类型的养老院进行实地调研，了解税收政策落实情况；研究政府养老机构建设规划与养老院税收政策对接中的疑难问题，进行归纳分析，形成调研报告。（宗慧）

落实小微企业等税收优惠政策 2014年，市地税局积极扶持小微企业发展，认真落实各项营业税税收优惠政策，跟踪政策落实实效。组织开展小微企业优惠政策执行情况专项检查，确保优惠政策贯彻准确到位。围绕总局发布的小微企业优惠政策，积极做好政策落实，全年减免企业营业税494811户次，减免个体工商户5931户，涉及营业税共计3779.38万元，其中，企业减免营业税2911.13万元，个体工商户减免营业税868.25万元。做好营业税减免税工作，全年营业税审批类减免税89户，减免营业税款589.68万；备案类减免税59479户，减免营业税28.6亿元。其中，个人销售普通住宅2013年全年减免营业税20.6亿元，占备案类营业税减免税总金额72%。（王冬）

“营改增”试点 2014年，铁路运输、邮政业、电信业纳入“营改增”试点范围，根据省地税局对“营改增”试点工作的统一部署，市地税局认真贯彻，积极应对，根据筛选出来的试点纳税人名单，开展实地核查，做好点对点沟通、确认，确保移交国税部门数据的准确性；将“营改增”纳税人纳入风险管理，做好发票清缴和欠税清理。全年“营改增”试点涉及纳税人426户，影响2014年地方税收3.1亿元，其中营业税2.77亿元。（王冬）

营业税风险应对 2014年，市地税局加大营业税风险应对，全年推送营业税风险指标57个，对2289户2403个风险点进行风险评估，通过风险评估补征营业税13860.74万元，其中，省级指标28个，补征营业税6985.23万元，市地税局设计指标29个，补征营业税6875.51万元。从行业来看，围绕房地产、劳务派遣、餐饮住宿、旅游、物业管理、建筑、金融、租赁、担保、勘察设计、教育等11个行业开展风险识别和推送，其中，房地产行业推送8个指标项目，评估入库营业税10952.89万元。（王冬）

（责任编辑：唐棣）

所得税管理

概 述 2014年，市地税局深入贯彻落实省地税局所得税和国际税收管理的有关要求，以改革创新为主题，以依法治税为灵魂，深化主动型税政建设，完成了全年所得税、国际税收的各项工作任务。优化企业所得税专业化管理，完成2013年度所得税汇算清缴工作，申报率100%。深化企业所得税后续管理，完成全省地税企业所得税后续管理系统升级改造工作，得到国家税务总局所得税司充分肯定。加强重大事项后续管理，做好外部数据与内部优惠政策比对及相应风险点的筛选。加强企业所得税优惠政策备案管理，落实国家出台的扶持小微企业发展、加速折旧等税收政策，10278户企业申报享受了企业所得税减免25.48亿元，其中，464户企业办理股权投资股息红利免税收入53.04亿元；186户企业享受高新技术企业减征税款3.45亿元；加大环境保护、综合资源利用力度，7家企业减计收入2092万元；鼓励企业研发投入，对221家企业的研发费用实行加计扣除，共加计扣除8.34亿元。加强专家团队管理，建立省、市、区三级专家团队，应对企业所得税户2800多户，补缴入库企业所得税2.09亿元。强化个人所得税精细管理，稳步推进个人所得税12万元申报工作，全市15.7万名纳税人自行申报，补缴税款2293万元，完成省地税局下达工作目标；完善自然人股权转让价格调整面的考核机制，全市共征收股权转让所得4.1亿元，共计调整1507人股权转让价格，调整面为13.59%；深化自然人数据库应用，加强对外籍个人申报风险应对和质量监控，对200多名外籍个人进行风险推送，应对有效率超70%；开展多处工薪所得个人所得税补税工作，共计12468人办理多处工薪所得申报手续；简化残疾人个人所得税减免手续和减退合一台账，共574人次办理残疾人减退合一手续，减免个人所得税80.87万元。开展年金递延纳税工作，对358户企业进行年金备案。深化国际税收管理。

加大非居民管理力度,组织非居民收入 2.4 亿元;开展境外上市企业调研,组织研读上市公司报表,加强对海外上市公司高管收入和企业股权结构监管,完成 11 户境外上市企业调查,入库税收 4.26 亿元,占全省入库税款 7.98 亿元的 53.38%。(徐瑛辉)

落实小型微利企业优惠政策 依托网站、“金陵税收微讯”“南京地税发布”微博、办税服务厅公告栏等载体,专题向社会公开小微企业扩围优惠政策的具体内容,提高政策知晓度。开展点对点宣传,对部分政策需求迫切的企业组织人员上门宣传辅导,让企业第一时间了解国家对小微企业的政策扶持力度。调整网上纳税申报系统,对初步符合条件的企业由自动预判并提醒,保证企业及时享受优惠政策。及时关注并解决小微企业享受优惠政策过程中存在的问题,帮助企业理解消化小微优惠政策。2014 年,全市 11478 户企业享受小微优惠政策 2589.92 万元。(孙建忠)

完成 2013 年度企业所得税汇算清缴工作 2014 年,市地税局进一步加强所得税汇算清缴管理,采取小班化培训和特色宣传,开展税户清查,提高汇算清缴质量和效率。2013 年,全市企业所得税汇算清缴户共 53022 户,其中,查账征收户 35914 户、核定征收户 16572 户、参与汇缴分配税款的分支机构 536 户。汇缴应纳所得税额总计为 72.11 亿元,其中,查账征收为 65.96 亿元、核定征收为 6.15 亿元。汇缴应补退税额总计 24.64 亿元,其中,查账征收为 17.91 亿元、核定征收为 5.78 亿元、参与汇缴分配的分支机构分摊征收 0.95 亿元。(徐瑛辉)

开展企业所得税汇缴复审 市地税局加大企业所得税汇算清缴后续管理力度,对 2013 年度 35914 户查账征收汇缴企业进行风险筛选,选取 2800 多户企业进行所得税汇缴复审。通过合理科学安排,分批分类推送,对风险任务工作量、任务推送形式和任务处理方式进行集约化管理,共风险应对企业所得税户数 2800 多户,补缴入库企业所得税 2.7 亿元,其中,专家团队指导会审 373 户,团队评估补缴税款 1.68 亿元,占本年企业所得税总评估税款 62%。(徐瑛辉)

企业所得税专家团队运作 2014 年,根据国家税务总局、省地税局企业所得税专家团队试点工作要求,组建市局、分局两级专家团队,着重对企业所得税重组、搬迁、优惠政策执行等重大事项、高风险事项分类成立专题研究和实际操作指导小组,通过以案说法形式,形成专业化管理意见,进一步固化管理流程、方法和案例。运用专家团队开发企业所得税相关模型和指标共 13 项,构建 9 类后续管理台账申报数据比对模型,据统计,识别弥补亏损指标疑点户 252 户、涉及调整应纳税所得额 2.8 亿元,广告费、业务宣传费指标疑点户 18 户,涉及调整应税所得额 2814 万元。(徐瑛辉)

开展个人所得税综合分类征管机制调研 市地税局成立专题组,对个人所得税综合分类征管机制开展调研并形成研究报告。报告从“税收信息管理系统、税收监控体系、强烈的纳税服务意识”三个方面对个人所得税征管机制进行了国际借鉴,从“信息系统支撑、双向申报制度保障、高素质的工作人员、税收法律依据、和谐的税收环境”五个角度分析了个人所得税制对征管能力的要求,针对我国个人所得税征管现状提出三方面问题,最后对个人所得税征管机制改革提出“加快全国统一的个人所得税征管信息系统建设、引入夫妻联合申报制度、完善预扣预缴与自行申报相结合的征收制度、建设自然人诚信纳税信用体系、建立第三方征管保障制度、优化税收征管综合环境”六方面建议。该调研文章获得 2014 年度全省地税系统优秀税收科调研成果一等奖。(张健)

开具个人所得税完税证明 275 万份 市地税局通过与市邮政局合作,一次性向全市两百多万名纳税人寄送 2013 年度个人所得税完税证明 275 万份。工作中,事先对涉及投递的 5.4 万多户企业进行地址、邮编梳理,对投递人数超过 500 人的企业 280 户安排上门服务,提前获取职工分部门的具体信息,确保投递到位;梳理打印明细,将垃圾数据事先予以剔除,节省成本。针对高校做好服务,对因财政分割制度而导致高校分开明细申报的情形,进行手工数据合并,确保完税证明信息完整。向媒体发出通告,为有需求的企业和纳税人提供个性化服务。(张健)

自然人数据库系统得到国家税务总局认可 省级自然人数据库系统由市地税局具体承接，于2014年1月1日正式上线运行。6月，国家税务总局所得税司司长刘丽坚到市地税局现场调研，并对江苏及南京的工作给予高度评价。在9月召开的全国所得税工作会议上，省地税局就自然人数据库工作进行了专题发言，得到国家税务总局表彰。截至2014年年底，通过省地税局自然人数据库系统，实现对全省3300万名纳税人(其中有税人数约1800万名)的信息归集和日常监控，并对其中183万名自然人投资者、近10万名外籍个人、近50万名年所得12万元的个人、102万名多处工薪个人实施重点监控。 (张健)

承担国家税务总局三期相关工作获表彰 2014年，市地税局做好国家税务总局三期相关工作。一方面，代表江苏地税承担国家税务总局税务标准基地的具体工作，先后组织了“总局管理决策一包代码审核集中工作”“总局纳税服务代码审核集中工作”两项工作；另一方面，派遣专业骨干参加总局三期项目，得到总局发文表彰，市地税局获单位表扬，郭智华、张健等6人获个人表扬，这也是该局从2009年参加总局金税三期项目工作以来，连续第六年获得总局表扬。 (张健)

12万元以上个人自行纳税申报15.6万人 2014年，市地税局做好12万元以上个人自行纳税申报工作，制定详尽方案，深入开展宣传，跟踪申报进度，加强质量管理。1月1日至3月31日，共受理2013年度年所得12万元以上自行纳税申报15.6万人，比2012年度增加2.8万人，超额完成省地税局下达指标。纳税人申报年所得总额达到461亿元，应纳个人所得税62.5亿元，补缴税款2331万元；人均申报年所得30万元；年所得12万元个人缴纳的税款占个税总收入的比重达到54%。 (张健)

年金递延纳税备案358户 自2014年1月1日实施企业年金、职业年金个人所得税递延优惠政策以来，市地税局参与省地税局企业年金职业年金省内税收政策实施意见的制定调研工作，在企业年金职业年金个人所得税有关管理事项明确后，利用“12366”热线、税务网站、各类媒介等宣传平台，广泛宣传企业年金职业年金的政策变化点。完成省地税局大集中系统年金备案事项模块业务需求，提交修改个人所得税明细申报客户端年金申报业务需求，全年共进行年金备案358户企业。 (史伟莹)

简化残疾人个人所得税减免手续 2014年，市地税局通过收集外部意见，简化残疾人个人所得税减免手续，主动帮助纳税人用足、用好税收优惠政策。对以往需按年申请的残疾人员等个人所得税减免实行一次性资格减免审批。在残疾人证件或孤老人员、烈属身份证明有效期内，纳税人可携带有效证件直接到主管税务机关办税服务厅办理个人所得税退税申请。2014年，全市共有574人次办理了残疾人减退合一手续，减免个人所得税80.87万元。 (史伟莹)

海外上市企业调研 市地税局在全省率先开发境外上市风险管理信息平台，将境外上市企业涉税管理事项纳入长效管理。该平台主要实现以下功能：一是收集境外上市企业公开信息，关注其中股权激励信息、大股东持股信息等重大涉税信息；二是整合各途径获得信息（包括公开信息和实地调研获取信息）建立境外上市企业风险管理台账，实现对境外上市公司涉税事项进行信息化管理；三是建立有效规则，对台账信息加工，并进行风险提示与风险应对。2014年，查补税款约1.7亿元，其中，个人所得税3896万元，其他税种13168万元。某境外上市公司高管通过离岸公司减持案例获得省地税局好评，在全省会上进行交流。 (林大蓼)

全省地税系统单笔最大非居民企业所得税入库 市地税局加大非居民企业股权转让税收管理力度，多渠道宣传税收政策，对非居民股权转让行为实施针对性服务；成立专业国际税收风险应对团队，对股权定价、管辖权等容易引起争议的涉税事项提前介入；充分利用第三方数据挖掘涉税信息，实施事前、事中、事后“全程跟踪式”管理。2014年入库非居民企业股权转让单笔税款1.879亿元，为省地税系统非居民税收单笔入库最高纪录。其中，非居民企业所得税1.866亿元、印花税129.766万元。该案例为全国非居民股权间接转让再转让第一案,入选全省国际税收优秀案例。

(林大蓼)

关注外籍高管股票增值权个人所得税管辖权 2014年,市地税局加强非居民享受税收协定待遇管理,围绕外籍高管取得境外上市公司股票增值权且费用不在境内公司列支的情形,就是否征税、如何征税进行研究,通过个人所得税相关法律法规、《中德税收协定》以及《OECD税收协定范本及注释》探寻问题答案,补征该公司外籍高管2009-2014年个人所得税合计3636.66万元。该案例参加全省国际税收案例评选,入选优秀案例。

(林大蓼)

探索中外合作办学税收征管 市地税局探索对中外合作办学项目非居民税收管理,开展政策梳理,通过栖霞局及时对相关学校及老师进行政策宣传,2014年对南京某学校与美国合作办学项目多次上门辅导、沟通政策,涉及补税外籍个人20余人,入库个人所得税50万元。同时,通过对辖区学校逐户调查,发现类似合作办学涉及6个学校约10个项目,积极探索中外合作办学专项清理。该案例参加全省国际税收案例评选,入选优秀案例。

(林大蓼)

运用国家税务总局反避税立结案系统完成转让定价案件 市地税局积极开展反避税调查,完成一户转让定价纳税调整企业的税款入库工作。对纳税人进行特别纳税调整,对其2001-2006年应补缴的营业税以及地方教育附加进行立案、结案调整方案录入,并依法征收入库,入库营业税102320.96元、地方教育附加1023.20元。这是南京首次通过国家税务总局特别纳税调整立结案系统完成转让定价案件。(林大蓼)

(责任编辑:唐棣)

财产行为税管理

概　述 2014年,市地税局加强财产行为税管理,探索财产税和行为税风险管理机制,建立地方税税种管理制度,推进工作创新,提升税种管理成效,全年组织入库财产行为税收入242.96亿元,同比增长8.60%。一是落实税收优惠。对现有的税收优惠政策进行系统梳理,对涉及减免税的执行口径、操作方法、减免流程及时统一和明确,备案14条内部掌握政策,保证全市范围内政策执行一致,全年办理财产行为税各项税收优惠共计37.89亿元。二是注重税制研究。密切关注国家税制改革动向,了解改革基本精神,分析税制变化对南京区域经济发展的影响;积极参与总局房地产税改革的调研和论证,认真做好调查、分析,及时完成分配工作任务。三是强化税种征管,加强土地增值税征管开展房地产项目前期管理,加大对清算进度的监控;制定土地增值税扣除办法,完成土地增值税复审工作。2014年,征收土地增值税67.2亿元,其中土地增值税清算入库税款20.63亿元。完善存量房评估信息系统,建立存量房评估价格管理体系,扩充评估系统内涵,将非普通住宅纳入到估价系统,实现估价系统住宅类房地产和地理范围的全覆盖;建立系统数据维护机制,做到定期维护与日常维护相结合,每季定期调整更新系统内的基准价;上线省局大集中版存量房评估系统并建立了存量房评估价格管理体系。强化房产税和城镇土地使用税的日常风险管理,完成土地使用税、房产税困难性减免;完善风险指标,稳步推进土地使用税、房产税申报功能优化工作。开展城建税信息比对,强化国税代开票城建税征管工作,通过整合第三方国税数据,根据"增值税、消费税、营业税"入库税额确定城建税与教育费附加风险疑点进行核查分析。规范车船税管理,配合国家税务总局、省地税局开展单位内部用车拥有单位车船税征收的调研工作,获得上级好评。(张海霞)

财产行为税收入242.96亿元 2014年,市地税局加强城建税、教育费附加、印花税、土地增值税、车船税、契税、耕地占用税、资源税、房产税和土地使用税"九税一费"管理,全年组织入库财产行为税收入242.96亿元,比上年223.73亿元增长8.60%,强化房产税、土地使用税、城建税日常风险管理,加强数据对比,与国土、国税等部门交换信息,促进税款征收。进一步规范城建税和印花税委托征收工作,加强房地产项目土地增值税清算,清算房地产项目86个,清税土地增值税15.6亿元,清算税负为 5.04%，比 2013 年清算税负 4.69%提升 0.35 个百分点，清算质量进一步提高。全面上线省级大集中契税评估系统，将房地产评估类型从普通住宅拓宽到非普通住宅及商业地产，计税价格调整面普遍提高，存量房交易税款明显增加。（朱国生）

土地增值税清算复审 2014 年，市地税局对土地增值税清算的房地产项目进行清算复审，确定 17 个销售价格高、开发成本异常、增值率高但清算税负偏低的房地产项目作为复审对象，挑选业务骨干和税务师事务所人员组成 3 个复审小组，对销售价格合理性、开发成本合法性、成本分配准确性、公共配套成本扣除合规性等方面开展清算复审，全年共完成 12 个房地产项目的清算复审，补征土地增值税 7000 多万元，在堵塞税收漏洞的同时，纠正了土地增值税清算中错误的政策观点，规范了税收政策执行。（朱国生）

土地增值税骨干团队培训 2014 年，市地税局组织开展土地增值税业务骨干团队培训，聘请由参与土地增值税政策制定的专家，在一线组织领导清算工作的专家，精通房地产运营业务和财会业务的上市公司财产主管组成的国家税务总局土地增值税培训专家团队为师资，开展土地增值税政策、土地增值税清算风险点分析、土地增值税清算实务和房地产开发营运、财务核算和工程结算业务培训。此次培训期为 5 天，参加培训的人员 95 人，提高了土地增值税清算的实战能力。（朱国生）

房产税、城镇土地使用税申报功能优化上线 2014 年，市地税局采用先试点后推广的方式，分两批稳步推进房产税、城镇土地使用税申报功能优化上线工作。制定上线工作方案，召开视频会议专题布置，对工作职责、目标、要求和时间节点等进行明确。分 4 次组织申报系统专项培训，由开发公司全面介绍，详细演示，编制《房土两税申报系统上线提醒》在市地税局网站发布，编制《房土两税动态管理软件上线注意点及操作指南》。利用报纸、12366 热线及办税大厅电子显示屏等多种媒介，对纳税人进行全方位、立体式宣传，让广大纳税人尽快了解和掌握新系统，确保登记工作顺利进行。截至 9 月 30 日，房产税、城镇土地使用税应纳税户登记率 100%，完成了房产税、城镇土地使用税申报功能优化上线工作。（严志敏）

存量房评估系统二期商业类上线 2014 年，市地税局启动存量房评估系统二期项目，围绕江苏省地方税务局对非普通住宅类房产评估的工作要求和南京市的实际情况，将南京市范围内非普通住宅及商业类房地产纳入到存量房评估系统中，实现对该类房地产进行系统自动评估的功能。项目建设历时将近一年时间，于 2014 年 11 月成功上线运行，弥补了存量房评估类型不全的缺陷，有效降低了人工评估的执法风险。（张海霞）

完善价格争议处理机制 2014 年，市地税局会同市物价局共同发文，对在南京市范围内各级地方税务机关部分税收征收管理活动中的价格鉴证明确可以委托物价局价格认证中心进行，包括采取扣押、查封、拍卖、变卖涉税财产等税收保全和强制执行措施，依法要求纳税人提供纳税担保，调整关联企业之间业务往来涉及的价款和费用、核定应纳税额中的计税价格核定等所涉及的动产、不动产、无形资产的价格鉴证等，由税务机关作为价格认证委托方，物价部门出具价格认证报告。此项工作机制进一步规范了涉税财产价格鉴证行为，保护国家、公民、法人和其他组织的合法权益，保证了涉税财产价格认定工作的准确性和公信力。（张海霞）

存量房评估系统调增税款达 1.23 亿元 2014 年，市地税局不断丰富和完善房地产交易批量估价技术，以房地产交易信息数据库和房地产市场计税价格库为基础，尝试建立并完善外部数据交换和共享处理机制，统一加强和规范全市存量房交易环节各税种管理。6 月上线省级大集中存量房评估系统，并将评估类型拓宽到非普通住宅及商业类房地产，有效防范了存量房交易“阴阳合同”所形成的税收风险，堵塞了税收漏洞。2014 年，全市共完成存量房评估评估存量房交易 59859 笔，调增 16453 笔，调增税款 1.23 亿元。（张海霞）

船舶车船税委托代征税款 725.21 万元 2014 年,市地税局根据省地税局工作要求,加强与地方海事部门联系与合作,规范船舶车船税委托代征工作,理清税款申报流程,制定对不愿意当场缴纳车船税纳税人的管理办法;同时,加强与国家海事部门沟通,了解船舶登记及年检情况。2014 年,通过委托代征方式共征收船舶车船税 1419 笔,入库税款达到 725.21 万元。 (李丹)

城建税风险应对入库税款 2549 万元 2014 年,市地税局加强城市维护建设税风险应对管理,开展城建税信息比对,强化国税代开票城建税征管工作,通过整合第三方国税数据,根据"三税"入库税额确定城建税与教育费附加风险疑点进行检查分析,2014 年通过风险监控平台向基层推送城建税差异风险疑点户数 2549 户。经过比对、核查,补缴税款总额 2529 万元。 (李丹)

印花税首次突破 10 亿元 2014 年,市地税局多举措加强印花税税收征管,规范委托代征单位印花税征收管理,委托代征印花税 14782 万元,同比增长 85.63%;税务稽查部门加强对于印花税的税收稽查,查补税款 1159 万元,同比增长 202.61%;做好印花税风险评估工作,通过风险应对入库税款 4354.03 万元,同比增加 133 万元。全年实现印花税收入 11.59 亿元,首次突破 10 亿元,同比增长 18.2%。其中,印花税税目中产权转移书据、购销合同、建筑安装合同、财产租赁合同、财产保险合同涉及的印花税分别增加了 7331 万元、3860 万元、2105 万元、1255 万元、177 万元,同比增长分别为 53.8%、8.71%、22.35%、46.35%以及 30.16%。

(李丹)

(责任编辑:唐棣)

社会保险费、基金费管理

概 述 2014 年,市地税局以"税费并重、税费同管"为原则,认真履行征收职能,围绕制度落实,规范基金费征缴工作,积极推进制度化、规范化、信息化建设,全年组织入库社保费 376.97 亿元,同比增幅 12.67%;入库各项基金费 27.36 亿元,同比增幅 12.67%。认真贯彻落实省地税局《关于进一步加强和规范基金、费征收工作的意见》,按照清单制思路,做好基金费征收项目清理,确保代征的基金费征收项目合法、合规。加强与残联、工会、财政等部门的密切协作,强化基金费政策、资金用途等宣传,重点做好残疾人就业保障金、工会经费、防洪保安资金的代征工作。按照省地税局要求,对 260 户企业开展基金费费负调查工作。结合大集中系统社保费征管软件上线,落实社保费管理办法,开展社保费欠费户分类认定,针对重度风险欠费户开展风险应对。推进社保费三方联网工作,12 月 1 日市区社保费三方联网正式上线。应用信息化手段建立地方教育附加、文化建设费常态风险应对机制。通过风险管理平台向基层局推送疑点数据,通过风险管理征收地方教育附加 3101.7 万元,征收文化事业建设费 25.12 万元。 (宋昕)

征收社会保险费 376.97 亿元 2014 年,市地税局坚持依法治费,推进规范化、制度化、信息化建设,结合大集中系统社保费征管软件上线,做好社保费管理办法的落实工作,对大集中系统中社保费升级改造相关业务模块、业务流程进行培训,完成相关岗位人员的角色配置,开展社保费欠费户分类认定工作,针对重度风险欠费户开展风险应对工作。全年组织入库社保费 376.97 亿元,全年征缴率达 99.61%,同比增长 42.39 亿元,同比增幅 12.67%,其中,清欠社保费 3.31 亿元,清欠率达 46.55%。 (陈珊艺)

征收基金费 27.36 亿元 2014 年,市地税局立足于服务民生,加强税费同管,做好基金费征缴工作。突出重点费种征缴管理,通过强化宣传、加强协调、任务分解、跟踪指导、做好服务等举措,确保基金费收入稳步增长。全年共征收各项基金费 27.36 亿元,同比增长 3.08 亿元,同比增幅 12.67%,有力支持南京地方经济的发展。

(宋昕)

社保费三方联网 市地税局按照省地税局要求,积极推进社保费三方联网工作,理顺内部工作机制,成立三方联网工作领导小组,制定工作方案,从业务、技术、信息等各方面有序推进;建立外部协调机制,定期与社保管理中心、财政部门召开联席会议，共同研究探讨三方联网工作进展情况，按时间节点有序推进工作；编写业务需求，按照与社保管理中心确定的三方联网模式、工作机制及数据交换平台应用情况，结合省地税局三方联网业务需求和南京实际，编写提交南京三方联网需求说明。12 月 1 日，市区社保费三方联网正式上线。

（陈珊艺）

贯彻省地税局基金费工作意见 贯彻落实省地税局《关于进一步加强和规范基金、费征收工作的意见》，加强基金费征缴。按照清单制工作思路，做好基金、费征收项目清理，确保代征的基金、费征收项目合法、合规。梳理基金、费征管情况，对存在问题进行分析，提出工作建议。加强与残联、工会、财政等部门的密切协作，强化基金、费政策、资金用途等的宣传，重点做好残疾人就业保障金、工会经费、防洪保安资金的代征工作。按照省地税局要求，对 260 户企业开展基金费费负调查工作。

（宋昕）

（责任编辑：唐棣）

征 收 管 理

概 述 2014年，市地税局以推进征管转型为目标，进一步优化征管机制，强化分类管理，深化发票改革，探索智能征管，全面提高税收征管效能。一是推进改革探索，征管机制不断优化。学习贯彻省地税局深化改革要求，结合工作实际，提出市地税局贯彻落实的意见建议。结合南京城市区域特点，在巩固完善前期改革成效的基础上，按照“基础管理属地化、纳税服务客服化、征纳互动网络化、风险应对专业化”的改革思路，对改革内容涉及的相关数据进行深入、细致的分析测算，确定深化征管改革的方案并呈报省地税局获得批复。落实《关于税源管理机构税源管理岗位设置及配置意见》文件精神，对基层单位的税源基础管理岗位、中等风险应对岗位及审核认定岗位等三类岗位情况进行调研，针对基层所内设组和兼岗的情况进行通报。对4大类、32项涉税业务事项进行简并，对涉税业务事项进行全面梳理。经汇总省地税局和市地税局业务事项，最终明确7大类778项涉税业务事项，为下一步改革的实施奠定基础。二是强化分类管理，税源管理更加科学。加强大企业的互动式管理，抽调人员梳理编写大企业税收管理和服务配套制度规程，为大企业管理提供制度保障。成立工作团队参与苏宁环球集团等大企业税务审计及税收风险管理工作，过程中加强对大企业的个性化服务。推进小型企业警戒线管理，在广泛开展基层调研和数据分析的基础上，确定年度警戒线管理的目标和范围。完善警戒线管理信息平台功能，提高平台的简便性和易用性。截至2014年年底，全市警戒线管理推广面达到99.98%，纳入警戒线管理企业入库税款同比增长11.88%；推送警戒线管理企业风险应对84户，应对入库税款30.95万元。加强个体及市场的税收管理，全面实施个体工商户分类管理，将全市89户符合条件的个体工商户列入A类管理，并建立起个体A类纳税人风险管理指标。推广使用大集中个体委托代征系统，已在所有个体税收代征点全面上线运行新系统。对全市具有代表性和影响力的八家大市场进行国地税联合调研，进一步明确大市场联合管理要求。规范委托代征管理，组织开展对部分委托代征单位的专项检查。同时，加大对委托代征单位代征情况的信息化监控力度，2014年全市性委托代征单位共代征税款37.39亿元，较上年同期增长6.51%。三是推进发票改革，发票电子监控程度进一步提高。继续压缩企业纳税人定额发票使用，截至2014年年底，全市定额发票领购户从年初的3000余户下降到945户。根据试点情况和“营改增”工作进程，自10月1日起在房地产、建筑和金融保险业纳税人中推广使用无号发票。在小额零星和分散收费的纳税人中推广使用手持式网络税控机，全市全年共推广手持式税控机1156台。开发建设发票监控平台二期，应用发票开具数据，实现对发票信息的动态监测和预警，加强发票数据管理。利用平台提供的关键指标数据，按季发布发票监控分析报告，及时发现内部管理中存在的问题，为基层管理提供指引。进一步推广网开发票明细设置，对建筑、销售不动产业网开发票和税控网开发票进行明细设置规范。制定《劳务行业发票管理意见》和《旅游行业发票管理意见》，开展劳务和旅游行业发票专项治理。进一步规范门临开票管理，按月对开具金额100万元以上的门临开票进行监控分析，全年对42067笔发票进行监控。四是加强信息化建设，征管转型成效明显。在广泛调研、分析、讨论、听取内外部专家意见的基础上，初步构建以征管智能监测平台为主体，发票监控平台和征管质量监控平台为两翼，涵盖9个征管平台的征管智能检测信息系统。分两次组织业务骨干培训124人次。开展年度信息化项目计划拟定、需求收集、需求评审、项目推进等工作，全年立项信息化项目27个，截至2014年年底，除4个项目未实施外，其余23个项目均顺利完成开发任务。根据省地税局最新要求，修改完成软件项目管理办法，进一步规范项目管理。五是夯实征管基础，征管质效稳步提升。深入推进税源与征管状况监控分析，对税源监控平台功能进行完善,对平台中所有指标进行梳理。加强指标的日常监控和分析,按季发布税源与征管状况分析通报,强化考核,加强对基层的引导。继续加强税户管理,按照税源属地管理要求,对1930户跨区变更户进行调整,其中百万元以上税户45户,涉及2013年税款1.24亿元。根据市政府工商制度改革要求,在7月1日市政务大厅实现多证联办的基础上,组织相关基层税务机关在规定时间完成相关区政务大厅的多证联办。组织开展非正常户法人代表多头注册行为清理清查工作,共清理非正常户法人代表多头注册户754户,清理率达到94.25%。对前三季度180户注销户开展税务登记注销集中复审,提高注销管理质量。加大申报征收规范管理力度,明确降低零申报户的处理意见,全市营业税零申报率由83.32%下降至67.80 %。加强欠税管理,探索重大欠税部门协作机制。深化国地税联合征管,全面梳理出国地税联合征管事项28项,对国地税之间管理状态存在差异的税户进行清理,探索国地税联合清理工作新机制。开展国地税联合督导,加大基层单位联合协作的工作力度。 （梁晓玲）

拟定新一轮深化税收征管体制改革方案 2月,结合国务院税制改革、国家税务总局金税三期推进、省地税局改革要求、南京区域特点以及基层普遍反映的问题等综合因素,市地税局初步设计拟定征管改革草案的初稿,并进行广泛的基层调研。6月,市地税局梳理贯彻落实文件中的突出难点问题,于7月14日向省地税局领导进行专题汇报。11月,市地税局成立由征管科技处和人事处参与的征管改革工作组,对征管改革工作进行研究论证。12月1日,就征管改革中的重点问题与相关区局分管领导和处室进行专题商研,在共同分析论证的基础上提出建议方案。12月12日,向省地税局征管科技处初步汇报改革相关内容,并根据省地税局征管科技处要求对方案进行修改完善,最终形成征管改革方案并于12月26日向省地税局呈报。 （肖湘）

梳理涉税业务工作事项 结合省地税局印发的《税源管理事项清单》文件要求,在省地税局明确的涉税业务事项基础上,市地税局对所有涉税业务事项进行全面梳理,新增税源管理事项7类255项,汇总省地税局和市地税局业务事项,最终明确7类505项税源管理事项。根据国家税务总局、省地税局简化涉税业务事项工作的要求,市地税局对4大类、32项涉税业务事项进行简并。同时,根据省地税局的信息系统调整情况,市地税局对催报催缴、非正常户认定等业务流程进行修订。

（肖湘）

规范税源管理岗位设置 落实省地税局关于税源管理岗位设置及职能配置的相关要求,市地税局明确税源管理岗位划分标准及配置要求,要求各基层税务局所辖税源管理机构按照一般核实岗、特定核实岗、中等风险应对岗等三类岗位进行规范设置。同时,对各基层税务局税源基础管理、中等风险应对及审核认定等三类岗位设置情况进行实地调研,针对在省级大集中信息系统中内设管理组和相关岗位兼岗的情况进行通报,督促相关单位按照要求进行整改,并在综合信息平台中对内设管理组和兼岗情况进行实时监控,以信息化的方式规范税源管理岗位设置。 （肖湘）

编写大企业税收管理和服务配套管理制度规程 根据国家税务总局《大企业税收服务和管理规程(试行)》和省地税局大企业管理相关制度规定,结合市地税局大企业税务审计工作探索试点开展情况,梳理编写大企业税收管理和服务配套管理制度规程,形成了《大企业税收服务和管理办法》《大企业名册管理办法》《大企业个性化纳税服务工作管理办法》《大企业涉税需求管理办法》《大企业工作团队管理办法》《大企业税务风险管理指引》《大企业税收风险应对服务管理办法》《大企业税收联络员制度》等一系列大企业税收服务管理制度。

（肖湘）

单位纳税人税收警戒线管理 按照税源分类管理的总体要求,继续对符合条件的中小型税源纳税人全面、科学落实税收警戒线管理,以达到堵漏增收、公平税负、提升征管质效的税源管理目标。在广泛开展基层调研和数据分析的基础上,确定年度警戒线管理的目标和范围,首次将连续三年亏损企业纳入税收警戒线管理范围。继续完善税收警戒线管理信息平台,做好风险识别和推送工作,并加强警戒线工作的过程跟踪,将相关工作质量指标纳入征管质量监控通报中。全年全市警戒线管理推广面达到99.98%,纳入警戒线管理企业入库税款同比增长11.88%;全年推送警戒线管理企业风险应对84户,应对入库税款30.95万元。

(张恒)

个体委托代征系统上线 2月份开始,在全市地税系统范围内全面使用省地税局大集中系统委托代征系统(包括通用版和个体代征版),并停止使用原“金力四期”委托代征系统。根据《南京国地税联合征管信息系统上线方案》有关要求,市地税局拟订下发《关于进一步做好大集中委托代征系统上线有关工作的通知》,部署大集中委托代征系统上线切换相关工作。要求各基层税源管理分局在1月底前全部完成上线准备工作,从2月(征收期)开始对所有符合上线范围内的代征单位全面使用大集中委托代征系统,原金力四期委托代征系统于2月停止办理代征业务。经过充分准备,自2月开始实现所有个体税收代征点全面上线运行新系统。

(肖湘)

实施个体税源分类管理 根据“轻税负、重规范、求公平、促发展”的总体原则,市地税局拟订《个体工商户分类管理工作意见(暂行)》。明确全市范围内个体工商户分类等级,从事营业税经营行业的个体工商户按照税源规模和管理特点分为A/B/C/D四类;从事增值税经营行业的个体工商户按照税源规模和管理特点分为A/D两类。按照分类管理的要求,将全市89户符合条件的个体工商户列入A类管理,建立个体A类纳税人风险管理指标。建立个体工商户税源分类管理办法,明确A/B/C/D四类个体工商户具体管理要求。落实个体工商户起征点调整政策,全市个体起征点以上户数从调整前的10243户下降至调整后的4312户,年减免税款8575万元。

(肖湘)

税源信息分类管理平台建设 为进一步加强对税源分类管理的信息化支撑,提高税源管理工作质效,市地税局组织开发税源分类管理平台,并成为智能征管信息系统的一个组成部分。平台通过对来源于生产系统、各外沿系统、委托代征系统、第三方数据交换系统等各类信息系统的基础数据进行提取整合,在进行合理、清晰分类的基础上,经过加工、分析对税源分类管理信息以不同经度、纬度加以展现,同时适度增加个别操作性功能,最终满足管理要求和用户需求。平台建设规模较大,业务需求超过10万字,开发功能点超过300个。于7月份通过立项招标手续,顺利通过测试和验证,于12月份在全市推广上线。

(张恒)

推进发票电子化进程 根据省地税局的工作部署,市地税局进一步深化发票综合改革,推进发票电子化的进程。压缩定额发票使用,扩大机打发票使用范围,全面压缩企业纳税人定额发票,控制新办购票户定额发票供应,基本实现以网络开票为主,税控开票为辅的发票电子化目标,配合发票电子化开具,同时实现网络版和手机版的在线实时发票查询。截至年底,全市网上开票户达33171户,使用定额发票户仅945户。在推进发票电子化的进程中,为满足小额零星、分散收费的纳税人的网络开票需求,推广使用手持式网络税控收款机,并落实手持式网络税控收款机的抵税及补贴政策。截至年底,全市网络税控收款机已推广10255台。

(李静静)

发票监控分析 开发建设发票监控平台二期,应用发票开具数据,实现对发票信息的动态监测和预警,加强发票数据管理。基于发票监控平台,针对发票管理及发票应用过程中的重点指标和疑点,按季度发布《发票监控分析报告》,全年共发布4期。报告包含发票管理基础数据展示、管理风险疑点汇总、发票管理执法风险防范以及综合点评要求等内容,针对发票管理的全过程全环节进行监控分析,并对给基层的发票日常管理工作和风险防范工作进行指导。在发布每季度发票监控分析报告后,通过发票监控平台实时跟踪基层对相关问题的处理应对状况,并接受各单位对风险疑点的核实处理反馈。

(徐楹弢)

劳务及旅游行业发票管理 在全面实现网络开具发票,实时监控全市网络发票开具数据的基础上,后台分析比对发票开具信息。通过全市各行业营业税税负的比对分析，针对全市营业税税负率最低的劳务行业和旅游行业，进行专项的发票管理。建立劳务行业和旅游行业的发票开具规范和专项管理意见等长效管理机制，并对全市的劳务行业和旅游行业的发票管理开展专项的治理。为提高发票监控的针对性和有效性，根据劳务和旅游行业营业税差额征税的纳税特点，在网络开具发票的基础上，实施网开发票和税控网开发票的开具项目明细设置和发票开具限额设置，从而预防代开、虚开发票，提高行业税负率。 （李静静）

发票票号改革 在前期试点推广的基础上，立足于方便纳税人，进一步推广实施发票票号改革，先行在整体户数不多、但行业特征较为明显的房地产、建筑和金融业纳税人中进行推广应用。在推广模式的布置上，对直接在外网开票的纳税人，进行渐进式发票转换；对委托代征单位，协调公司辅助做好发票接口升级并进行发票转换；对使用代理服务器开票的纳税人，给出升级时间，对其中确实短期内无法升级的，继续供应有号发票。在推广阶段的安排上，本着节约纳税成本的原则，对纳税人手中已有的有号发票，实行自然过渡；对更换使用无号发票后的纳税人，适度放宽纸质无号发票的用量，降低纳税人往返购票的成本。截至年底，已在实际领票自开的770户房地产业纳税人、158户建筑业纳税人和部分金融业纳税人中推广使用无号发票，推广面近100%。 （梁晓玲）

免征普通发票工本费逾1200万元 根据财政部、国家发展改革委《关于公布取消和免征部分行政事业性收费的通知》（财综〔2012〕97号）要求，市地税局继续对在该局办税服务厅领购普通发票的所有纳税人免征税务发票工本费。为节约纳税人的办税时间，市地税局统一在征管信息系统中根据纳税人的电子信息资料，对所有符合条件的纳税人做了免征发票工本费的标识，并在发票领购手册上加盖“免征发票工本费”章戳，确保纳税人无一遗漏、方便地享受到该优惠政策。已做认定标识的纳税人可直接免费领购发票，该局不再提供发票工本费收据。由于“营改增”工作的推进，领购地税发票的纳税人逐年减少，因此全年享受到该项税收优惠的地税纳税人较2013年有所降低，免征金额有所减少，但仍免收普通发票工本费逾1200万元。 （梁晓玲）

推进税户属地化管理 根据市委、市政府《关于调整市区财政管理体制的通知》文件精神，市地税局继续严格贯彻税户属地化管理要求，在核实清楚税户生产经营地址的基础上，确定税收管辖权归属。全年对全市127户实际经营地址有争议的税户，组织原主管税务机关和争议地税务机关实施双向核实，对核实后仍有争议的32户纳税人，由市地税局派出工作组实地核实并判定税收管辖权。配合市财政部门，对各区上报的818户争议户进行分析梳理，组织逐户进行实地核实。对南瑞集团及其附属企业核实相关情况，并向市政府进行专题汇报。全年共对1930户跨区变更户进行调整，其中，百万元以上的涉及45户，涉及2013年税款1.24亿元。 （张恒）

非正常户多头注册户清理 为进一步加强非正常户管理，规范税收秩序，阻止纳税人走逃等违法行为，根据国家税务总局、省地税局关于非正常户管理的工作要求和市地税局《关于加强非正常户分类管理的意见（试行稿）》相关规定，市地税局集中开展非正常户法人代表多头注册行为清理清查工作，并制定分类清理措施。其中，为进一步加大非正常户多头注册清理力度，由市地税局统一对同一法人代表注册的非正常户税收管辖权调整到正常户主管局，相应的清理责任由正常户主管局承担，并将清理情况形成指标纳入征管质量监控通报中。全年共清理754户，清理率达到94.25%。 （张恒）

多证联办并联审批 根据市政府工商制度改革要求，在全市各政务大厅分步推进多证联办并联审批服务。7月1日，在市政务大厅首次实现多证联办并联审批。纳税人在政务大厅一个窗口提交资料，就可以办理工商执照、组织机构代码证和国地税税务登记证等证件。从8月开始，按照市政府《关于企业设立多证联办并联审批业务向区（园区）延伸部署的实施方案》有关要求，在全市各个区政务大厅推进多证联办并联审批工作。截至年底，已在浦口区、雨花台区、六合区、高淳区、南京化学工业园、江宁区、溧水区、鼓楼区、秦淮区、玄武区、南京经济技术开发区政务大厅完成推广工作,共实施多证联办税务登记900余户。(张恒)

新办户风险应对 为解决税务登记环节取消登记信息核实工作后带来纳税人登记信息不实的问题,根据省地税局《关于贯彻执行省局2013年1号文件有关问题的通知》的有关要求,市地税局将每年新设立的非个体工商户纳税人以及跨区变更纳税人全部纳入风险管理。其中对于年纳税额5万元以上的新办户且存在风险点的,按照规定进行风险识别和推送。对于有地税发票领购资格和发票领购记录的纳税人,按非风险管理事项发起基本信息核实任务,每半年推送一次。全年共对符合条件的45户新办户经过风险识别推送进行中等风险应对,应对税款28.73万元;对符合条件的1373户新办户推送人工核实任务,核实相关登记信息。(张恒)

征管质量监控分析 完善税源税征管状况监控分析平台功能,共新增和优化功能12项,平台全年访问量达到95643人次,比2013年增长33.13%。完成征管监控指标的梳理,共停用指标19个、新开发上线指标45个。结合省地税局考核重点和大集中系统变动情况,分析省、市地税局指标的差异,及时调整和优化加工口径,确保数据加工更加准确。加强指标日常监控和分析,按季发布税源与征管状况分析通报,通过对综合排名靠后单位的督导和提醒,帮助基层税务局查找薄弱环节,及时改进和完善。从省地税局征管状况监控分析报告中通报的各项指标来看,市地税局各项指标均排名靠前。(李清彬)

委托代征单位清理检查 组织各基层税务局完成委托代征单位的清理,共与9家受托代征单位终止委托代征关系、与166家单位签定年度委托代征协议。在组织委托代征单位开展自查的基础上,市地税局抽调业务骨干组成两个检查小组,选取23家委托代征单位开展实地检查,将检查情况进行汇总分析形成报告,在全系统内进行通报,对检查中发现的问题明确整改时间及要求。加强委托代征单位的信息化建设,开发上线建筑业重大项目管理平台及建筑业辅助管理平台,在建筑业代征单位成功试行无号发票的使用。全年,共代征全市性税款37.18亿元,较2013年同期增长5.90%。(李清彬)

探索税收征管预警(流失率)管理 历时两年开发的"南京地税税收征管预警(流失率估算)系统"上线运行,该系统由流失率估算和税收征管预警两部分组成。流失率估算模块通过收集各项宏观经济数据,运用现金需求法的计量经济模型,对全国15个主要城市(地区)的税收流失率进行测算,以地图和表格形式展示最新税收流失率研究成果,通过横向和纵向的税收流失率数据对比,对南京市进行税收流失率情况进行分析,提醒管理者从宏观层面对税收流失情况的警觉和重视。税收征管预警是对全市房地产业、旅游业、娱乐业、餐饮业、房地产中介业、劳务派遣业等六个行业,按照行业管理规律,设立监控指标,运用统计学原理分析确定标准值,在全市范围内对行业税户定量分析税收遵从度,为各级税务机关分类分级管理提供重要依据。在系统试运行期间,通过该系统发现了劳务派遣行业税收存在异常,通过开展针对劳务派遣行业的专项治理,降低行业管理中存在的风险。(李清彬)

国地税联合征管 市地税局和市国税局进一步深化和加强国地税的交流协作。一是对市国、地税局管辖税户状态存在差异的税户进行梳理,分别由玄武区国税局和玄武地税局承担差异状态户清理试点工作,明确差异户处理意见,探索建立国地税状态差异税户联合清理工作机制。二是联合推进"营改增"工作,市国地税局就"营改增"工作推进过程中涉及的相关工作内容,双方积极协商,明确一致意见,确保相关工作顺利衔接。三是联合开展对国地税基层分局工作协作督导,及时研究解决基层征管协作中存在的问题,对协作项目未达到推进要求,或国地税区域协作存在困难和问题的,实行现场实地督导。(肖湘)

智能征管平台专题培训 为提高智能征管平台的应用效能,市地税局分两次组织专题脱产培训班。培训对象涉及全系统各局基层科所的业务骨干,培训内容包含税源与征管状况监控平台、分类管理信息平台、建筑业预管理平台、发票监控平台、综合信息平台和岗位平台等的使用和操作，以及发票综合改革和税源专业化改革等征管业务政策。在培训方式上采取将平台操作使用和基层平时工作中遇到的问题以及实际案例相结合的方式，从实务角度对一线干部进行全面培训。培训结束后，对参训人员进行上机考试，模拟实际平台操作，同时打乱考题顺序，以一人一卷的形式保证考试的公正透明，全年累计参与培训达 124 人次。

（徐楹弢）

信息化项目立项管理 市地税局根据省地税局的最新信息化管理办法，修改完成市地税局软件项目管理办法，颁布并实施《南京市地方税务局信息化软件项目管理办法》。按照年度工作计划和新的软件项目管理办法要求，开展年度信息化项目计划拟定、需求收集、需求评审、项目推进等工作。经过前期收集、整理，归并相关软件项目需求，并报省地税局同意，全年共立项信息化项目 27 个，其中拟立项项目 24 个，择机开发项目 3 个。截至年底，除 4 个项目因故未实施外，其余 23 个项目均顺利完成开发任务。在完成开发的 23 个项目中，8 个项目完成项目验收，其余项目处于测试完善试运行阶段。

（徐楹弢）

（责任编辑：羊猛）

法 治 建 设

概 述 2014年,市地税局坚持以科学发展观为指导,紧紧围绕改革创新的工作主题,加强法治工作统筹管理,突出依法行政示范引领,规范税收执法行为,提高重大案件审理效能,提升综合税政服务质效,提升依法行政水平和服务地方经济发展的能力。

开展依法行政示范单位创建。市地税局被确认为2013年度全省依法行政考核优秀单位,溧水局、直属一局分别被授予全职能县(区)局序列、税源管理分局序列“依法行政示范单位”称号。开展市级“依法行政示范单位”创建,直属一局、秦淮局、建邺局、溧水局和稽查一分局等5家单位被确认为2014年度市级示范单位。探索建立行政审批目录清单制度。深化行政审批改革,取消非行政许可类行政审批,改为行政确认和自行申报、备案,做好行政审批改革后续管理,明确权力事项和非权力事项的管理要求。加强规范性文件制定管理。全年共制定税收规范性文件4件。做好税收规范性文件的定期清理。对单独制定或与其他部门联合制定的税收规范性文件(2012年度以前)进行全面清理,共清理部分废止或失效文件28件,全文废止或失效文件45件,保留继续有效文件79件,对清理结果制定规范性文件并向社会公告。规范行政处罚行为。制定市国税局和市地税局统一的贯彻实施意见和自由裁量基准的操作标准,推动行政处罚规范化建设,组织行政处罚案卷评查。做好重大案件审理,探索无纸化审核和案件审理信息化建设及重大证据电子化建设,加强重大案件审理的序时进度跟踪,做好重大案件情况跟踪反馈。2014年,重大税务案件审理委员会受理并审理重大税务案件30件,审理涉案金额约5亿元。预防化解税收争议,探索建立税收争议案件提前介入和联动工作机制,规范现行执法文书,全面梳理执法争议点,建立税收强制执行、涉税争议提前介入工作机制、税收争议案件联动管理机制,做好对基层单位争议案件的提前介入和指导。开展行政听证、复议、诉讼等纳税人权益工作,预防和化解税务行政争议10余起。提升综合税政管理服务质效。制定综合改革工作方案,明确在促进民营经济发展、深化人才管理改革、加快服务业创新发展的工作举措,落实国家结构性减税政策及其他各项税收优惠政策。建立税收政策内部执行口径备案制度,对现行有效和2010年以来失效的内部政策进行梳理。密切关注综合税制改革,制定税制改革跟踪研究工作方案,组建税制改革专家组,做好相关产业的调查研究,全面掌握税源状况,提出应对措施。整理编写3期《税制改革动态快报》,完成4篇调研课题。贴近南京市委和市政府重大决策,围绕江北新区规划的总体要求,做好政策调研和效应分析。对重点产业、重点行业的发展梳理12个政策专题。按照南京市委和市政府关于国企退出商品房的要求,梳理制作市属和区属110家房地产企业的联系单,走访奥体建设、城开集团等20多家涉退企业,跟踪服务企业20多家。开展以“促进民营经济发展”为主题的税收服务,研究制定促进民营经济和混合所有制经济发展的23条工作举措与58条地方税收优惠政策。 (吴立亚)

规范行政处罚自由裁量权 深入贯彻实施江苏省地方税务局《税务行政处罚实施办法》和《税务行政处罚裁量基准》。全面梳理新旧办法、基准的变化点,调研基层处罚情况,广泛征求基层建议和意见。与市国税局共同制定发布《税务行政处罚自由裁量基准操作标准》,对省地税局裁量基准中32个具体处罚行为的处罚标准进行细化,主要涉及的条款有征管法第60条、61条、62条、63条、64条、71条,发票管理办法第35条、36条、37条、38条、39条,涵盖税务登记、纳税申报、税务检查、发票管理等方面。 (秦蓓蓓)

建立行政审批目录清单制度 市地税局深入贯彻落实行政审批改革工作,取消、下放一批行政审批权力,建立行政审批事项目录清单制度。根据上级机关的工作要求,将市级行政审批权力全部下放到区级行使。不再保留非行政许可审批事项类别，上级明确要求取消的行政审批事项，坚决予以取消不再实施审批，同时加强已取消事项的后续管理。将正在实施的行政审批事项进行梳理归类，建立行政审批事项目录清单并对外公布。目前，列入清单的审批事项共有行政许可、行政确认两个类别共49项。根据行政审批改革的推进情况，审批目录清单可进行动态调整、实时更新，并及时将调整、更新情况对外公布。 （陈睿祺）

开展“促进民营经济发展”主题税收服务活动 为深入贯彻落实市委十三届八次全会精神，进一步推动南京市民营经济和混合所有制经济发展，市地税局研究制定促进民营经济和混合所有制经济发展的23条工作举措和58条地方税收优惠政策。进一步拓展税收政策空间，释放减税效应，拓宽办税服务渠道，简化办税工作流程，为促进民营发展奠定政策基础。9月，开展“民营经济企业优惠政策宣传月”活动，借助网站、报纸、电视、电台等各类宣传平台以及纳税人之家等渠道，加强优惠税收政策宣传。并与南京市工商联建立工作联席制度，开展民营经济税收政策专题培训会。

（徐浩波）

市级依法行政示范单位及规范执法示范岗创建活动 坚持将“依法行政示范单位”和“规范执法示范岗”创建工作作为依法行政工作的新机制和新平台，以创建工作作为重要抓手，通过加强组织领导，建章立制，拓展活动载体，创新工作方法，极大地推动了依法行政工作深入开展。通过各基层单位自主申报，机内考核，现场评估等程序，公开公正评选，评选出5家市级“依法行政示范单位”，33名“规范执法示范岗”，并从中推荐2家单位争创省级依法行政示范单位。 （徐浩波）

建立税收政策执行口径备案工作制度 为进一步规范内部政策管理，按照全面梳理不遗漏的原则，市地税局各业务处室对现行有效和2010年以来失效的内部政策进行梳理。根据各政策的制定原因、执行口径和原文件规定相比较，分为上级机关明确执行口径、从宽掌握口径、细化执行标准三类。同时制定《税收政策执行口径备案管理办法》，明确备案的内部政策执行口径范围，对备案的内部政策执行口径进行分类，对备案工作流程作出要求，对所有政策口径进行动态管理。

（徐浩波）

税制改革跟踪研究 为密切关注税制改革动向，及时分析税制改革对南京市的影响，市地税局制定《税制改革跟踪研究方案》，按照“统一管理、团队支撑、分工负责、规范运行”的要求，组建三个业务组，研究明确各组重点课题，定期发布调研信息，加强对税制改革的分析和研判，供领导决策参考。各业务处室积极参与国家税务总局税制改革相关工作，全年完成3期《税收改革动态快报》和4篇调研课题。 （徐浩波）

纳税人权益救济 2014年，市地税局共收到行政处罚听证3起，其中，1起经听证后改变拟作出的处罚决定；1起当事人撤销听证申请；1起经听证后维持了拟作出的处罚决定。开展税务行政复议，共收到行政复议申请9起，其中，1起经审查后未予受理；1起经责令限期补正后未补正视为放弃申请；6起维持原具体行政行为；1起申请人在复议审查中主动撤回复议申请。做好行政诉讼工作。江宁局、稽查局发生行政诉讼案件2起，经法院审理，1起驳回原告起诉，1起原告主动撤诉。

（吴立亚）

建立税收争议案件提前介入和联动机制 对现行执法文书进行规范，梳理8大类119种文书，对29种文书权利救济告知事项进行修改，对涉及减免税等文书实体内容进行重点修改，并向省地税局作专题汇报。梳理执法争议点，涵盖政策执行、征管措施等4大类43项，提交职能处室研究解决。建立涉税争议提前介入工作机制，明确需要提前介入的案件范围，提请程序、职责分工等。建立税收争议案件联动管理机制，成立税收争议案件处理委员会，并对听证案件、复议案件、诉讼案件的联动处理流程和文书进行明确。 （吴立亚）

重大税务案件审理 探索无纸化审核和案件审理信息化建设。指导稽查一分局探索重大证据电子化，在审理环节同时推送电子证据，缩短审理周期。配合稽查局参与省地税局稽查局案件审理信息化建设,提出针对性业务需求。保证市地税局重大案件审理的序时进度,规范集体审理流程,提升审理效能。加强重大案件情况跟踪反馈。认真做好审结案件的分析，个案问题通过稽查建议反馈给属地管理局；对普遍存在的问题责任处室研究具体措施；连续性问题将稽查结果及时告知相关属地管理局，确保政策执行的统一和征管的无缝对接。2014 年,稽查局、稽查一、二、三分局和全职能局共发生案件数 1069 件,市区两级重大税务案件审理委员会共审理重大案件 85 件,其中,市地税局重大案件审理委员会审理重大案件 30 件,审定金额约 1.2 亿元。 (李晶)

(责任编辑:于群)

计划会计统计管理

概 述 2014 年，市地税局围绕年度工作总体部署，勇于面对错综复杂的宏观经济状况以及日益趋紧的外部管理要求，着力突出组织收入与财务管理职能，强化规划财务工作有序开展。

优化机制、创新管理。统筹确定收入目标，合理分配收入计划，严格把控收入节奏。优化“收入质量监控平台”，实时监控 22 项质量指标；完善“税收预测管理系统”，实现预测数据实时交互；制定《收入质量监控评价实施办法》，促进收入管理质量型转变。收入质量管理工作，在全省 2013 年度收入质量监控评价通报中，获得第一名。定期牵头组织召开组织收入领导小组会议、“四联动”部门联席会议、系统各基层单位收入分析讲评会议，及时掌握信息，解决问题，强化落实。

开拓思路、创新方法。加强税收收入执行情况分析，对下期税收走势进行预判；细化和深化重点行业税收分析，从行业税收与经济指标的关联性着手，揭示税收增减的影响因素。紧跟全国和全市宏观经济运行热点问题，全年完成《南京市总部经济及地方税收发展状况分析》《从地税角度看南京与其他副省级城市的经济发展》等多篇税收专题分析报告。强化内部合作，调动各方工作积极性，加强对企业的实际调研力度；拓展外部合作，分享有关数据，与国税合作完成税收分析《纳税百强揭示南京发展密码》。

夯实基础、加强监管。参与省局重点税源新任务分析表及审核公式的编写；完成 2014 年度重点税源监控报表的填报；制定《江苏省南京地方税务局重点税源企业监控管理办法(试行稿)》；编写了重点税源监控风险模型需求。完成纳税人税收资料和减免税统计调查，2013 年享受税收减免的单位全部被纳入调查范围，共计 17.53 万户，并利用调查数据形成分析报告。抽查五个基层单位退税和票证管理情况，抽查比例达 33.3%。对于发现的问题，已督促各单位及时加以整改。积极争取省局支持，探索“网银缴税”创新项目，预计年底将完成全部开发工作并试运行。

积极应对，稳步推进。重新划分基本与项目支出以及对应的功能科目，重新修订 2014 年、2015 年预算定额指标。多渠道了解预算公开要求，搜集已公开单位信息，做好支出规模与结构分析；加强内部财务管理，着力调整支出结构，合理安排资金，压缩经费开支规模，为预算公开做好准备。以“突出重点，统筹兼顾”为原则，按照规范的程序，完成了 2014 年系统预算编制工作；加强预算执行监督，做好绩效跟踪，根据实际进行年终预算调整，同时完成了 2015 年市本级部门预算编制相关工作。

认真贯彻，扎实过渡。为实现新旧《行政单位会计制度》的顺利衔接与过渡，根据省局工作要求，结合单位实际，制定相关工作方案，组织业务培训，并会同相关部门，共同完成全系统往来款、固定资产等国有资产清查工作，为新会计制度实施做好了准备。

完善制度，防范风险。积极贯彻落实中央八项规定等精神，坚持“依法理财、厉行节约”，加强对财务开支审核力度，并根据上级规定，对招待费等 5 项费用的开支拟定了新的管理制度。根据新的形势和新的要求，修改完善了 7 个专项财务规定，增强财务操作的规范性。全面梳理了财务风险点，共筛选出 8 个风险环节，20 个风险点，制定相应的防范控制措施，并针对风险点，对各基层单位的现金管理、财务重大事项报告、固定资产管理等事项，开展专项审核，切实提高财务风险防范能力。

(周 益)

组织收入突破 1100 亿元大关 2014 年，市地税局面对宏观经济增速下行，实体经济复苏缓慢，房地产市场低位徘徊，政策性减收影响集聚等困难，认真贯彻落实组织收入原则，深入推进依法治税，切实加强税收征管，持续优化纳税服务，圆满完成了年度税收收入和公共预算收入任务，组织收入突破 1100 亿元大关。全年共组织各项收入 1138.73 亿元，同比增长 11.74%。其中，税收收入 703.1 亿元,同比增长 11.22%;社保费收入 376.97 亿元,同比增长 12.67%;其他非税收入 58.66 亿元,同比增长 12.11%。 (张震)

税收收入质量提高 2014 年, 市地税局采取一系列扎实有效的措施, 构建科学规范的收入质量控管体系,切实有效地提高税收收入质量,在省地税局的 4 次收入质量通报中获得 2 次第一、1 次第二和 1 次第三的好成绩。健全互动联动机制,加强非正常性收入管控。完善"四联动互动机制"管理办法,积极落实互动机制管理实效,税收管理统筹力度不断提高,非正常性收入管控得到有效加强。优化信息应用平台,科学提升收入质量。积极利用信息化手段, 不断强化信息化与专业化的深度融合,优化收入质量监控、收入预测和四联动管理等平台, 对科学提升收入质量管理效能奠定良好基础。完善相关制度办法,有效落实收入质量管理。制定收入质量监控评价实施办法; 建立门临和报缴期后申报异常税款审批制度;建立内控机制,对大额税款入库层层把关, 从入口关堵塞违规税款申报入库;建立工作例会制度,按期召开组织收入领导小组会议或收入分析讲评会议, 对组织收入及税收收入质量情况进行分析评价, 对存在问题提出管控措施及改进建议。 (张震)

税收分析专业化能力提升 以税收计划执行情况分析为抓手,提高税收分析业务水平。分析当期重点税源户纳税情况,揭示当期税收运行的规律,并对下期税收走势进行预判; 细化和深化重点行业税收分析, 针对性反映经济运行状况和企业实际经营状况。以加强经济税收关联性分析为突破口,提升服务地方经济发展能力。紧跟全国和全市宏观经济运行热点问题, 从服务全市经济发展大局出发,运用税收数据反映经济运行,从税收角度提出针对性的对策和建议,完成《南京市总部经济及地方税收发展状况分析》《从地税角度看南京与其他副省级城市的经济发展》 等多篇税收专题分析报告。以加强协同合作能力为途径,提高税收分析工作的全面性和预见性。加强市地税局与基层局间协作,调动基层局工作积极性;加强各处室之间协作,加大对结构性减税政策影响、特定节点税收征管行为的分析力度;加强与外部门合作,借助外部门经济数据,分析税收征管工作成效,并对后续经济和税收发展的走势进行详细分析和预测,与市国税局等部门合作,完成《纳税百强揭示南京发展密码》等。 (南冰峰)

纳税人税收资料调查 在全市范围内开展税收资料调查工作,调查对象共 1397 户,其中,重点调查户为 872 户,抽样调查户为 196 户,即是重点调查户又是抽样调查户为 329 户。另外,有 7 户企业被作为集团企业调查。被调查企业实际缴纳营业税共计 118 亿元,占全市 2013 年度营业税入库总额的 50.86%。在省地税局对各地税收调查工作进行的考核评比中, 市地税局被评为税收调查综合先进单位。 (彭胜胜)

减免税统计调查 在全市范围内开展减免税统计调查,共调查企业户 17.53 万户,通过调查,基本摸清全市减免税的总量规模、主要减免项目以及减免税在地区、企业类型和行业上的分布情况,进而分析研究减免税的政策执行效应, 不断提高减免税政策管理水平。同时,规范减免税申报制度,并通过告知纳税人税收优惠政策, 接受减免税咨询,做好纳税服务工作。 (张明)

减免税核算管理系统推广应用 4 月,省地税局在全系统推广应用减免税核算管理系统, 同时出台减免税核算管理办法, 完善税收优惠政策落实保障工作机制。市地税局及时对该项工作进行周密布置,并组织系统内的专题培训,基层积极响应,做好历史数据的核实清理和对纳税人的宣传与辅导。减免税核算管理系统正式上线后,市地税局密切跟踪系统运行情况,与省地税局保持密切联系,及时协调解决各基层单位反映的各类问题。

(张明)

获得南京市第三次全国经济普查市级先进集体称号 市地税局认真组织学习《中华人民共和国统计法》和《全国经济普查条例》,积极支持和协助南京市第三次全国经济普查领导小组办公室, 认真做好本部门的经济普查工作, 积极整理并及时提供全市范围内的全部法人单位、产业活动单位和个体经营户名录, 保障全市经济普查工作的顺利进

行，被评为南京市第三次全国经济普查市级先进集体。 (张明)

国有资产清查 为全面实施财政部新颁布的《行政单位会计制度》,进一步贯彻落实省地税局相关工作要求,切实做好新旧会计制度的衔接与过渡,市地税局成立工作组，于 2014 年 6 月–8 月在全系统内部开展国有资产清查工作。在各单位完成自查清理的基础上,工作组遵循“一科两所,征收必查,问题延伸”的原则,对所有单位的国有资产情况进行抽查。通过国有资产清查,一方面进一步盘清家底,为新旧制度的顺利衔接做好准备;另一方面进一步了解各单位的资产管理状况，纠正国有资产管理中存在的问题。 (周益)

预算执行监督管理 做好日常预算跟踪工作。通过财务月报分析，及时发现一些日常开支指标执行的不到位,督促其分析情况,找出原因。做好季度会议通报工作。在三季度局长办公会上进行预算执行情况的通报，同时对四季度预算执行工作要求做了布置。做好年终预算调整工作。结合当年预算执行情况和变化情况,进行预算指标调整;积极跟踪省局绩效项目的执行情况，落实省局资金以及绩效考核资料要求。 (叶红)

制定 5 项费用财务处理意见 为积极落实中央八项规定、《党政机关厉行节约反对浪费条例》以及中央、省、市有关招待费、会议费、培训费、差旅费、出国费等管理规定和办法，市地税局依据有关规定,制定了 5 项费用的财务处理意见,对 5 项费用的开支范围、开支标准、报销单据以及开支审批手续进行规范，同时明确财务附件的管理要求和管理部门。 (叶红)

年度财务决算和年终决算 做好资金清理工作,及时结清当年的经济业务;做好收入的确认、对账工作;进一步清理往来事项。在做好前期准备工作的前提下,市地税局召开会议,布置 2014 年年终决算工作。在会上下发《关于做好 2014 年财务决算工作的通知》,并对各单位的决算工作提出了具体要求。 (吕忠云)

税收票证检查 2014 年，市地税局在全市范围内开展税收票证专项检查，各基层单位从票证的领发、保管、填用、结报缴销、作废、停用、损失核销、销毁等各环节进行自查，并对检查中发现的问题进行整改。市地局对基层单位的税收票证工作进行抽查，对于检查发现的问题督促各单位及时加以整改，通过此次检查也进一步理清未来管理的思路和方向。 (蔡玉娟)

新版税票投入使用 市地税局按照国家税务总局和省地税局有关规定,从 2014 年 1 月 1 日起(除个人所得税完税证明外) 停用全部老版税票,一律使用新版税票；同时组织各基层单位对老版税票进行清理并做停用和销毁处理,清理过程中,客服老版税票数量大、时间长，清理工作量较大的困难,最终完成老版税票的清理销毁工作。

(蔡玉娟)

(责任编辑:于群)

信息化建设

概　述　2014年,市地税局继续坚持“优化管理与服务,提升质量与效能”的原则,强化内控运行管理机制、硬件基础设施建设、软件开发管理、信息安全体系建设及运维管理体系建设,进一步发挥信息化支撑作用。强化运行机制,持续提升信息化建设水平。完善以内控指引为基础的各类制度规范和标准化管理体系,加强法律遵从、制度遵从、责任分派,形成横向对接、上下贯通的责任体系。建成信息技术管理平台,作为信息化内控运行管理信息系统,向全系统推广应用。统筹信息化建设进程管理,针对信息化工作量持续高位增长形势,有序部署信息化重点创新工作,对预算安排、招标实施、督察督办、实施推广等全过程进行精确把控和系统推进,最大程度降低工期和工作量等变动因素产生的影响。面向人员结构性短缺以及项目管理深度不足问题,对项目管理模式进行创新,建立引进江苏海外、南京市质监院等第三方管理机构联合开展项目合作与咨询,以开展项目造价评估来规范项目成本,以全面委托招标来规避招标随意性,以严格过程管控来保障项目质量。调优资产结构,加强硬件基础设施项目管理。加大对硬件基础设施的统筹工作,根据目前硬件系统的计算能力和存储能力,优化硬件架构,为信息化建设提供资源保障。在不断增长的业务数据量对回流时间提出更高要求的压力下,通过充分的技术调研,完善回流机制,不断提高数据回流效率。在全力保障会议召开的基础之上,不断提升视频会议功能,优化视频会议平台,简化调试工作,规范视频会议管理,打造功能丰富、使用灵活的视频会议服务平台。制定并施行《计算机设备使用管理规定》,核定计算机设备配置标准,在全系统范围内开展固定资产实物盘查工作,做好计算机设备更新、管理工作。提升平台建设,加强自主软件开发管理。全面推广并应用南京局《应用软件项目开发管理办法》《应用软件项目开发规范》等标准文件,完善软件开发机制。推广和应用睿剑业务平台,作为市地税局开放的、标准的业务中间件技术平台,开展系统一体化集成开发。引入安全机制,开展软件项目安全测试工作,采用专业性较强的安全设备和一流的安全评估系统,完成安全评估和测试工作,保障各软件系统安全使用。进一步优化税务通平台建设,完善系统功能,提高办公效率。

优化运维机制,加强技术服务保障。落实上门运维新举措,建立一体化运维新模式,通过定期走访分局,主动为基层解决日常工作中出现的运维问题。保障重点项目运维工作,全年完成全市契税大集中上线、营业税新报表上线、营业税3万元减免、RTX升级、税务通改造等重大系统运维项目的实施。落实省地税局运维工作要求,按规定实行大集中运维情况月报制度和热点问题上报制度。加强人员培训,在当年的业务制式培训班中增加信息化培训内容,并牵头实施信息化系列制式培训。

创新安全体系建设,加强安全管理水平。抓好网络准入管理,实现身份认证的试点使用,限制身份冒用、非授权操作等违规行为。完善信息安全等级保护管理体系,根据等级保护的标准,有针对性地采取安全防护措施,弥补安全漏洞。加强网络安全应急管理,修订网络安全应急预案,并组织应急演练,提升网络安全事件的应急处理能力。(张斌)

建成信息技术管理平台　2014年,市地税局面向信息化建设的有效性和规范性,以信息化管理所涉及的人、财、事、物等四个方面为核心,以信息化管理规范和规章制度为框架,开展信息技术管理平台建设工作,形成集综合事项管理、软件项目管理、硬件项目管理、运行维护管理和规章制度管理为五大功能模块的、全方位的信息技术管理框架。系统充分借鉴并采纳业界先进管理体系的核心理念、方法,结合省地税及及市地税局相关管理体系、规范和多年来的实践经验,使信息化工作规范化、流程化和管理可持续化、自动化,将相关管理制度以系统的方式固化并落地,形成长效管理机制,保障各类流程能够得到持续化执行并改进,从而使得各类规章制度得到有效遵守,为信息化各项工作的持续改进提供更专业的管理平台。

（周凌宇）

开展分局定期上门走访活动 以提升服务素质和服务渗透为目的，及时捕捉基层信息化需求，建立对口服务基层的工作机制，形成首问负责与点对点服务指引。开展基层对口服务调研，深入各局科所一线现场询问，2014 年共组织 240 余人次，对 20 家分局逐一进行实地调研，共搜集 5 大类 397 条问题，对调研服务情况进行及时答复、分析、总结、汇总和共享。对基层信息化相关工作加大指导力度，针对固定资产管理、政府采购监督、绩效评价评估等方面加强培训和信息推送服务。结合基层培训需求及处室意见征集，继续巩固和加深信息技术培训成效，实施业务条线普及型软件应用培训与信息条线技术专题性培训等年度制式培训共计 19 期。（张斌）

建设网络安全保护系统 2014 年，市地税局按照“加强技术防护、保障业务数据安全、风险管理持续有效”的原则，以 2013 年“信息安全管理平台”项目的开发为基础，不断加大信息系统安全建设提升风险管控能力。通过构建税务数据安全保护系统，以“保证业务数据安全、防止泄密”为目标，对数据安全保护领域进行探索，不断提升风险管控能力，保障内外网安全、可靠地运行。该项目基于复杂的网络和业务环境进行构建，涉及身份认证管理、数据源头控制、流转过程加密、数据利用追溯等多领域技术的综合利用，涵盖自有应用系统以及省级大集中系统数据的全面保护。2014 年该系统已启动安全边界防护和终端用户身份认证两大体系的建设，将进一步进行身份认证、数据源头控制等信息安全体系的完善和优化。（周凌宇）

开发完成 23 个软件项目 2014 年，市地税局以满足和贴近用户实际需求为开发目标，依照内部制定的《应用软件项目开发管理办法》和《应用软件项目开发规范》，围绕需求用户和最终用户最关心、最现实的问题，完善软件开发方法、健全软件开发机制、遵循软件开发规范，提升软件开发整体水平，全年完成 23 个项目的试点、推广或验收工作。加强省地税局有关项目的承接和开发。大力推进与税收业务紧密相关，对税收工作具有较强支撑作用的软件项目，完成各项省地税局委托项目的开发。统筹推进自主软件项目开发。结合信息管税需求，探索新的管理领域，拓展、完善现有平台功能，全面完成并推广国地税联合征管平台二期、税源与征管质量监控指标三期等市级自建软件项目。（周凌宇）

对全系统固定资产进行实物盘查 2014 年，市地税局围绕省地税局对于计算机类固定资产管理的文件要求和管理制度规范，优化对计算机设备采购、管理、处置等各个环节的管理。制定并下发《计算机类设备使用管理规定》，在实际工作中加强对基层的指导，使计算机类固定资产管理做到标准化、常态化。加大日常管理、考核力度，对全系统计算机类固定资产的管理以案头稽核与实地核查相结合的方法进行全面清查，对发现的问题及时进行反馈并要求限期整改，资产核查率达到 60%以上，问题整改率达到 90%以上。加大基层服务，针对固定资产软件流程与实体管理上存在的偏差，定期搜集全系统对于固定资产软件提出的改进意见，编制《固定资产软件优化开发需求》，强化软件对固定资产管理的支撑作用。

（周凌宇）

引入第三方专业团队进行项目管理 创新项目管理，通过借助和发挥第三方专业团队的智库作用，对项目进行动态化管理。建立双轨制预算评估机制，按照“全面考量、合理评估、比照前期、切合实际”的原则，委托第三方项目监理公司，严格控制项目预算成本。委托第三方机构对市地税局自主邀标、招标的项目进行招议标，建立约束监督机制，全面规范招标采购管理。推进项目进度监控合作，优化项目前期、中期和后期等各个阶段管理。聚合业务需求方、建设方、内部管理方和外部监理方等四方之力，对各类项目进度进行实时监控，定期出具阶段性评审报告。全年共形成专题监理报告 26 份，编制和出具工作量与预算评估报告 96 份，委托第三方实施预算评估 57 项，采纳 55 项目，节约项目成本 92.711 万元，全面形成“四方联动”项目管理模式。（张斌）

优化视频会议平台功能 2014年，市地税局在已经建成的高清视频会议平台的基础上，尝试开发平台新功能,探索更加完善的视频会议管理机制。完成与省地税局视频会议系统的对接,于2014年年年初对系统进行改造，实现两套系统的互联互通,全年使用状态良好。启动建设网真会议室和专用视频会议室，提升视频会议功能，简化调试工作,规范视频会议管理,至2014年年底已完成会议室环境与硬件设备的设计方案。全年共计召开视频会议40余场,其中,转发国家税务总局、省地税局视频会议10场，召开市地税局内部培训类、工作布置类等视频会议30余场。 (周凌宇)

完成硬件设备更新改造工作 市地税局调优硬件设施配置标准,推进硬件设备更新改造,加强硬件资源对信息化开发建设的支撑保障。规范计算机类设备配置。在系统层面按照“自上而下、统一流程、分类分批、集中采购”的原则,统筹制定设备采购实施计划，有序组织各基层单位完成年度设备更新、配置工作。全年共计更新台式机402台,笔记本42台,打印机219台。更换各办税大厅公共管理系统视频监控硬件。依据“突出重点、同步实施”的原则,利用长假和非工作日时间对各办税大厅监控设备进行更换。建设多证联办业务配套系统。按照“统一设计、分步实施”的工作思路,对15个政务大厅的线路和设备配置进行统一设计、统一选型、统一采购,并按照不同的上线时间分步进行设备采购、配置、线路开通。

(周凌宇)

(责任编辑:羊猛)

数 据 管 理

概 述 2014年,市地税局围绕“数据管理筑基础、风险管理出成效”的工作思路,强化质量监控,优化服务运用,统筹计划管理,规范应对操作,全市风险管理和数据管理效能得到显著提升。

协调年度风险计划,统筹风险任务推送。以风险管理对组织收入的支撑作用为原则,形成由22项主题组成的年度风险计划,分季度、分重点组织实施应对,全年实现任务推进率100%。完善“风险监控平台”,加强对任务规划、执行及监督的管控。推行中等风险任务推送“2+1”双向互动机制,逐步实现风险任务的动态均衡。

深化指标动态管理,强化各类风险识别。拟定工作规范,建立常态化指标评效、分级应用及退出机制,定期评估论证、优化完善指标,区分指标等级。固化“一主两辅”风险识别策略,区分年度性指标、汇缴性指标、征期性指标,进行批量识别,全年风险指标应对综合有效率68.2%,应对贡献税款1.34亿元。

引导两级风险复审,提升风险应对质效。细化中等风险应对标准,制定贯彻新应对管理办法的落实意见及案头审核、询问约谈、实地核查工作指引,以培训会、汇编案例、推广风险管理评价平台运用等形式,提升风险应对质效。坚持市区两级应对复审机制,2014年全市复审762户,复审面6%。深入调研并推进“集团化企业风险管理”创新项目,取得初步成效。2014年,实现风险应对12657户,应对收入21.87亿元,贡献率3.11%。

强化数据质量监控,落实数据标准管理。强化数据质量监控,按季通报数据审计情况分析,全年累计推送省规问题数据9173条、市规问题数据32696条,基本实现准期整改。完善数据审计规则体系,为业务工作质量提升提供指引。跟踪2014年新立项目需求编写和论证情况,对信息化项目采取数据标准分类管理,推进信息化项目数据标准达标整改。

推进第三方数据交换与整合。开发完成第三方数据管理平台,汇总并集中存储第三方数据,数据直接可利用率为67.34%。通过市综合治税平台实现9个部门27个数据指标的交换,获取交换数据近559万条,按进度与国税交换对外付汇、企业所得税征收数据等信息。配合完成南京市企业法人信息库建设前期准备。开展主动数据服务,保障数据查询运维。编制市地税局《重点业务事项数据服务办法》,开展重点业务工作事项涉及基础数据的统计、分析、查询服务、查询运维等,实施营改增专题、纳税人满意度调查专题等多个专题查询服务。修订下发新版《数据运维指南》和《数据查询指南》,举办机关干部数据查询培训,完成“法院司法查控系统”地税端系统业务需求编制和开发测试工作。 (羊猛)

税收风险计划管理 组织制订年度风险计划。以组织收入为基础,以固化完善、效率优先、强化统筹为原则,深入分析以8个风险指数为基础的分行业、分税种风险状况,并在广泛征求意见、反复研究论证基础上,经税收风险管理工作领导小组审议,形成由22项主题组成的年度税收风险计划。加强年度风险计划统筹。在年度风险工作推进中,注重与风险任务发起部门间的互动,强化与风险应对机构间的联动。全年22项风险计划均按序时进度完成。加强风险计划执行管控。对风险计划的“应对方式、应对规模、应对周期”提前做好研究,合理规划,并通过风险监控平台加强对税收风险的任务规划、任务执行、任务监督三项内容的管控。 (羊猛)

风险指标识别 一是实施风险识别动态质量管理。拟定《税收风险指标分级审核验证工作规范》和《税收风险指标动态管理工作规范》,建立常态化指标评效、分级应用及退出机制,定期评估论证210个指标,优化完善50个指标,将市地税局在用指标区分为28个一级指标和64个二级指标。二是固化“一主两辅”风险识别策略。对年度性指标、汇缴性指标、征期性指标进行批量识别,2014

年利用194个市地税局风险指标，针对规模以上户(5万元以上)识别出所属期2013年度的疑点11.97万个,涉及2.42万户,其中5万元以上有风险点户占比79.5%。风险指标的应对综合有效率68.2%。利用省地税局下发的141个指标识别出2010-2013年度的风险点268987条；收集77户税收风险情报,应对贡献税款1.34亿元。（羊猛）

税收风险分析 一是做好案头审核指引完善与应用培训,提高风险应对人员对指标的理解能力。征集案头审核指引181条、辅助查询功能意见建议21条,摸清优化完善的方向和内容;组织全系统90名专业从事风险管理和风险应对工作的人员进行培训,推进工作的同时形成一定师资力量;理论与实践相结合，完成包含省地税局指标在内的126个风险指标的案头审核指引编写与完善工作。二是编写微观税源风险智能报告需求。针对目前税收风险应对效率与质量难以兼顾的矛盾,通过对特定行业涉税经济行为类别和税收风险特征的梳理,编写微观税源风险智能报告,规范税收风险应对的思路和方法,有助于提升风险应对质效。三是编撰完成省地税局房地产行业风险状况分析报告。根据省地税局要求,市地税局对房地产行业的税收风险进行调查、分析,形成制式的房地产行业风险状况分析报告，这将对全省房地产行业税收风险应对起到示范作用。（羊猛）

构建风险监控管理体系 一是完善税收风险监控平台,建立高效的风险监控管理体系。通过优化税收风险监控平台，在制度流程和平台支撑两个层面实现工作支持、过程跟踪、成效评价、分析支撑四个方面的功能融合,满足操作层、管理层和辅助决策层三类人员的需要，初步形成以大集中风险管理为基础，风险监控平台为补充的税收风险闭环管理。 二是开发风险应对学习测评系统。根据年度工作计划,组织基层人员参与,开发一套风险应对的学习测评系统。目前该系统已经初步完成部署,将在培训后对风险应对人员进行测试。该系统完全模拟省级大集中系统中的风险应对场景，通过案例练习体现对案头审核质量的要求，帮助一线应对人员提高税收风险应对的规范性。

（羊猛）

统筹税收风险任务推送 一是统筹任务结构。围绕中心工作,紧扣年度风险计划,编制风险任务季度推送计划,以“一主两辅”为思路,做好各发起处室、各等级风险任务的统筹,逐步形成风险导向引擎驱动。二是整合应对资源。每批任务推送前,根据应对力量匹配情况,适时调整任务结构,在中等风险任务中推行“2+1”双向互动机制,逐步实现风险任务的动态均衡。三是突出任务重点。集中全市应对力量突出重点税源任务应对，实现效能地最大配置。2014年,市地税局共推送风险任务12657户次,任务完成率为98.55%,入库风险应对收入22.43亿元(其中税收收入21.87亿元),风险应对贡献率为3.11%，重点税源监控及风险应对成效显著。

（羊猛）

提升风险应对质量 一是规范操作要求。下发《市地税局转发省地税局风险应对管理办法的通知》及案头审核、询问约谈、实地核查3个工作指引，下发《关于税收风险应对管理办法中风险任务终结的补充规定》等,对应对质量要求进行细化和明确。二是深化调研反馈。3次召开风险应对单位座谈会，深入9家基层单位实地调研，先后下发文件,细化应对要求,指导基层实践。同时与省地税局及相关部门沟通，解决基层在实际应对中的各类问题600余次,保证基层应对的效率。三是强化培训交流。围绕新税收评定程序及风险应对管理办法的贯彻落实，组织开展两次全系统风险应对视频培训、“案头审核”典型案例分析会、优秀案例交流会等，并将风险应对的制度要求及优秀案例材料等汇编成册下发基层；组织两期风险专题培训班,对系统近80名风险业务骨干进行封闭式专题培训,推进应对技能提升。（羊猛）

强化风险应对复审 一是坚持市区两级应对复审机制。推行复审工作常态化,按月重点抽取3-4家深入开展复审，对所发现的问题面向所有应对人员进行讲评,说清情况、提出要求、促进提高。全年复审843户，复审面达7%，复审收入2000余万元。二是坚持发布风险应对月度通报与季度分析。定期分析风险工作情况，完善和推广风险管理评价系统，针对决策层、管理层和应用层的不同需求,部署16个“省地税局管理情况分析指标”、建立31个"风险管理评价指标",实现各种过程性、结果性数据的多纬度明细查询,实现风险管理质效的科学评价和智能分析,为基层跟踪督办及市地税局监控分析提供有力支撑。全年在应对户数同比下降近10%的情况下,应对收入及贡献率等绩效均超去年。 (羊猛)

探索集团化企业风险管理 为深入推进风险管理机制的完善,突出重点税源风险监控,市地税局创新性地探索尝试"集团化企业风险管理"。旨在打破单个企业的"点"式应对,通过对跨行业、跨区域经营的集团企业间资本构成、资源分布、资金使用、关联交易等的深入分析,做综合性风险识别与比对,突破现有单户识别应对方法,逐步实现集团企业统一识别、统一应对、统一分析的"面"式应对,以提升集团化企业风险管理成效。团队应对主要包括团队案头审核(全成员单位综合审核)、企业提交相关资料、指标再加工(对从企业取得数据合并进风险指标再次加工)、集中约谈、形成结论并补税等几个方面。通过试点的3个集团近20户的统一应对,已初步实现应对收入400万元,促进风险管理的纵深发展。 (羊猛)

数据质量监控 一是加强数据质量监控。全年累计通过省地税局数据审计平台向各基层局推送9173条省级审计规则问题数据和32696条市级审计规则问题数据,准期整改率超过99.97%;按季统计、分析、通报数据审计情况,对重点审计规则和易错审计规则逐条进行解读及发布提醒;定期梳理、汇总在用省市两级数据审计规则的修改、停用信息,及时推送给基层,提升基层局主动参与数据质量管理的能力。二是推进信息化项目数据标准达标整改。总结分析2013年信息化项目数据标准验证工作,查找数据标准验证符合度不高的原因,提出改进措施;跟踪2014年新立项目需求编写和论证情况,对信息化项目采取数据标准分类管理,对标的项目及时进行数据符合性验证,并提出相应整改要求。 (羊猛)

完善数据审计规则体系 一是整理省级新审计规则。逐条梳理省地税局于2014年1月发布的第3批778条数据审计规则,涉及税务登记类323条、委托征收类49条、项目管理类82条、证明管理类17条、核定管理类29条、认定管理类5条和财务报表类274条,形成初步应用意见。二是完善市级现有审计规则。结合营改增等税收政策和征管改革等业务要求的变化,调整、优化现行市级数据审计规则49条;结合税收风险应用的需求,梳理企业所得税汇缴申报表与财务报表间关联数据项的逻辑关系,形成49条财务报表类审计规则。三是拓展市级数据审计范围。关注优惠类、减免税类和处罚类数据质量管理,提出审计规则90余条,经审计形成数据质量分析报告,为业务工作质量提升提供指引。 (羊猛)

第三方数据管理 一是开发完成第三方数据管理平台。汇总并集中存储第三方数据,将市信息中心综合治税平台、国地税交换平台、房产局交换平台、建管处交换平台以及EXCEL前台导入的第三方数据一并归口到该平台中,进行统一匹配。目前已匹配数据248万条,完全匹配167万条,数据直接可利用率为67.34%。二是多渠道获取第三方数据。以需求为导向,通过市综合治税平台实现9个部门、27个数据指标的交换,获取交换数据近559万条,按进度与市国税局交换对外付汇、企业所得税征收数据等信息,直接应用于税收风险识别和风险应对。三是配合完成南京市企业法人信息库建设前期准备。根据市信息中心建库的需求,就全市范围内建立企业法人信息库工作提出相应的建议,对机构纳税人信息进行更新并增加相应的字段。 (羊猛)

数据查询服务 一是创新服务方式,提升主动服务能力。编制市地税局《重点业务事项数据服务办法》,开展重点业务工作事项涉及基础数据的初步统计、质量分析,以及过程中的数据查询服务、进度分析、数据质量监控和运维管理,完成有关工作成果的统计分析与反馈等,加强主动服务。二是严格查询流程,提升查询服务效果。对查询流程各环节实行精细化管理,严格规范表证单书,加强审核管理,确保查询需求的数据来源、查询统计口径、计算公式、输出结果项等符合要求。全年共计受理116个不重复事项的数据查询服务,其中,受理机关处室、纳税服务局和稽查局等所申请的查询共

113 个事项,受理公、检、法等外单位查询并提供结果数据 3 个事项。 (羊猛)

严格数据运维 在突出“风险意识”“执法意识”的基础上,加强数据运维单的审核。一是加强运维单的业务审核,强化数据修改的合法、必要性。对于重要数据的修改,严格按照流程规定,要求分局上报相关业务处室审核批准后方可运维;对于无需从后台进行数据修改的,指导分局自行完成;对于不符合业务要求的,说明原因,予以退回。二是加强数据修改完整性、一致性、正确性的审核。通过与分局及公司方的沟通,对运维事项可能涉及的问题、可能牵涉其他地市数据的问题进行分析、研判,避免修改不该改的数据。三是加强运维的时效性。对于时间要求比较急的运维护单,加强与省地税局的联系,在保证质量的前提下,满足基层的时间要求。全年,共受理运维护单 590 笔,上报省地税局运维护单 552 笔,主要集中在申报征收约 120 笔、个税 47 笔、稽查 43 笔、登记 47 笔、系统字典 41 笔等,修改记录 450 余万条。 (羊猛)

(责任编辑:楚天佑)

行　政　管　理

政务管理

概　述　2014年，政务管理紧紧围绕市地税局中心工作，强化统筹，完善机制，突出服务，提升效能，保证机关各项工作高效运转。

工作统筹能力不断提高。加强计划管理，科学制定全局工作要点。优化月计划编制，各处室每月计划中涉及基层单位的原则上不超过3项，切实为基层减压；严格督察督办，实行日常工作定期督办、重点工作跟踪督办、领导交办事项全程督办，做到按月有计划、有总结、有通报，推动全局工作平稳有序开展。着力精简会议，涉及三分之一以上基层单位参加的会议必须报批，计划外会议不得随意召开，切实做到减负提效。做好与省局、市委、市政府和机关各部门的沟通衔接，协调落实各类会议安排，保证政令畅通。

信息调研工作成效明显。优化信息考核制度，修订完善政务信息管理计分和考核办法。加大综合组稿，鼓励报送调研类信息，加大基层对新政反响、政策反馈和建议、行业税收分析等信息报送。如《科技小微企业融资难的财税政策建议》引起省银监局高度重视，在市政府的牵头下市地税局协助市金融办组织小微企业与银行的面对面现场会，当场解决了12户企业的融资难问题。全年审阅报送信息稿件1200余条，在省局、市委、市政府以上信息刊物采用稿件约600条。其中，被中办、国办采用约14条，4篇被国务院领导批示；省委、省政府采用100余条。荣获省局政务信息工作先进集体称号，在市委、市政府政务信息工作评比中均荣获先进单位。做好《江苏地税》组稿，《江苏地税》全年采用市地税局稿件36篇。做好科调研成果转化。46篇市地税局重点课题已全部实现成果转化，在省部级以上指定刊物上发表论文约20篇。做好国际税收研究会工作，被省国际税收研究会评为2013-2014年度先进研究会，被市社科联评为2014年度先进学会。

宣传舆论管理更加扎实。适应新形势，进一步改进税收宣传方式，开通微博、微信平台。累计发布资讯3000多条、回复纳税人问题上百条。宣传月期间，结合南京青奥盛会，策划了“美丽南京、感谢有您”——微系列宣传主题活动，借助微博、微信等新兴传播手段，提高税法宣传效果，吸引11.7万名网友参与，共征集摄影作品122幅、微语录430多条。强化涉税舆情管理。建立了由“被动式”转为“主动式”的舆情管理机制，共监控处置涉税舆情68起，同比下降33%，编发《涉税舆情专（快）报》47期。在《扬子晚报》《现代快报》等各都市报刊发“热点”稿件50篇，在龙虎网刊发稿件300余篇。同时，结合新媒体传播方式，制作《绿色税收》等5条税收动漫，拍摄《印记》等4部税收微电影，努力形成宣传精品，增加社会影响力。

创新工作管理有效提升。修订《创新工作管理办法》，优化创新立项流程，强化过程管理，改进绩效考核，突出创新经验推广及成果实效性。组织召开2014年创新工作立项动员会，邀请局领导、各单位主要负责人、外部专家及纳税人代表等系统内外评委进行可行性评审，确定30个项目作为系统创新项目。实行从立项到评审的全流程跟踪管理，采取月度督办、季度跟踪的方式进行全程跟进。组织开展优秀创新目评审，最终确定15个项目作为市局2014年度优秀创新项目。

档案管理工作更加规范。进一步规范和加强档案业务管理。组织开展2010年度历史档案迁移工作，共移交文书档案2016件，业务档案15064卷。开展档案销毁试点工作，在全市范围内率先对档案销毁工作做出积极探索和尝试。完成省4A级数字档案室创建，进一步提升档案数字化程度，提高档案整体利用效率。完成省档案局科技项目。结合档案管理组织及内容的重大变化，对与南京大学信息管理系合作研究的科技项目—“地税档案工作理论与实践研究”注入新阶段实践成果并顺利结项，该项目通过省档案局审核确认。2014年，市地税局获得“2013年度全市文件材料归档工作先进单位”称号,并获得了“2013-2014年度全市档案宣传工作先进集体”。

综合行政水平全面提升。认真抓好综治治理、安全保密、年鉴、财务工作。稳步推进政务公开工作,认真落实有关要求,进一步规范政务公开流程,明确各部门工作职责,对公开的信息做好保密审核。开展市地税局网站政府信息公开专栏与市政府网站政府信息公开专栏的实时同步系统研发工作,提高政府信息公开工作效率。2014年,全市地税系统主动公开各类信息2031条,受理依申请公开20件。做好信访维稳工作。规范办理流程,突出督察督办,对信访件进行分类管理、分层次沟通,针对访民特点,主动开展疏导,倾听访民心声。2014年,市地税局共收到信访件201件。做好建议提案办理工作。主动加强与建议提案人的沟通联系,做好相关政策解释说明,提高办理工作针对性,保证办理工作满意率。2014年,市地税局共承办建议提案15件,均按要求办结回复。(王杉杉)

召开全市地方税务工作会议暨党的群众路线教育实践活动总结大会 2014年1月21日至22日,市地税局召开全市地方税务工作会议暨党的群众路线教育实践活动总结大会。会议的主要任务是深入学习贯彻党的十八届三中全会精神,认真落实总局、省局会议要求和市委、市政府决策部署,总结2013年工作,部署2014年任务,动员全局上下,以组织收入为中心,以改革创新为主题,以“三大工程”为重点,以安全履职为保障,坚持依法治税、服务大局、强化管理、倾情带队,树立科学、规范、高效、廉明的部门形象,努力开创地税工作新局面,为南京经济社会发展做出新的、更大的贡献。市地税局党组书记、局长柏鹏作了题为《改革创新,奋发有为,谱写南京地税事业发展新篇章》和《南京地方税务局党的群众路线教育实践活动总结》的报告。省地税局局长江建平、市政府副市长徐锦辉到会并讲话。(丁伟)

《透过税收看经济》获市领导批示3次 2014年3月,市地税局办公室制发《关于进一步加强〈透过税收看经济〉办刊工作的意见》,强化组织领导,明确年度内容安排,为办刊工作提供制度保障。强化考核导向,将该项工作纳入年度绩效考核。全年共组织撰写《透过税收看经济》11篇,上报市委、市政府7篇,获市领导批示3次。刊物自2011年11月正式创刊以来,累计编发26期,获市领导批示十余次,较好地发挥了辅助决策作用。(丁伟)

《市地税局建局20周年工作汇报》获市领导批示 2014年8月18日至25日,市地税局抽调人员搜集整理建局20年来各条线情况,撰写《市地税局建局20周年工作汇报》。汇报内容整体呈现建局20年来组织收入、征管税户、干部队伍三个维度的跨越发展,列举获得的重要荣誉,从“六个坚持、六个促进”的角度,分别展现市地税局在治局理念、为国聚财、服务发展、依法治税、纳税服务、队伍建设等方面取得的成绩,提出将在市委、市政府和省地税局的正确领导下,进一步提高站位,积极作为,努力把南京地税打造成为“纳税人满意、社会认可、全国一流,具有现代化税收治理能力的地税组织”,具体做到“四个服务、一个保障”,即:以队伍建设为保障,服务发展、服务民生、服务纳税人、服务决策。报告获市领导批示。(丁伟)

综治管理 2014年,市地税局在社会治安综合治理工作中紧密结合实际,围绕青奥安保维稳工作重点,把握关键、抓好基础,进一步强化目标责任和考核机制,健全综治网络,细化安全保卫工作部署,各项综治措施得到较好落实。围绕青奥会市地税局先后开展了青奥会安保维稳大防控行动、“迎青奥”环境整治和安全稳定工作大检查、加强迎青奥执法服务保障工作等一系列工作。全市地税系统按照多层次、全覆盖、动态化的要求,深入排查可能影响安全稳定的各类问题隐患,全面进行“兜底翻”,做到底数清、情况明、掌控严,确保安全稳定各项措施有效落实,严防各类安全事故发生。不断提升突发事件应急处置能力,从源头预防,排查化解各类矛盾纠纷,全年系统无刑事案件发生,无集体上访,未发生重大问题或事故。开展偷逃税查处、刑释解教人员安置、流动人口管理、出租房管理、拆迁等综治工作。开展联系点活动,有效促进挂钩单位各项工作开展。2014年,市地税局办公室被市综治委评为“综治先进处室”。(叶婷)

信访维稳工作 2014年,市地税局针对来访人数多、重访缠访现象明显等新情况，加强主动沟通，积极做好疏导，确保信访工作稳定有序开展。一是加强责任落实。认真落实国家、省市等上级机关对信访工作的相关要求，规范信访件办理流程，明确答复时限及要求。加强对基层单位信访工作的指导服务，积极跟进信访事项办理过程，强化督察督办，确保信访工作有效开展。2014年，市地税局共处理各类信访件224件，其中，来信196件，来访28次。同比增加37件，增幅为19.8%。二是突出工作重点。结合青奥安保维稳工作，梳理排查重点信访人群，做好青奥期间的疏导服务，缓解矛盾。强化重点信访件的督办跟进，及时做好处室、信访人的双向点对点沟通，把握办理进度，保证信访办理成效。三是加强沟通督办。主动加强与省地税局、市政府相关部门及系统各部门的工作对接，强化信访工作分层次沟通，对信访件进行分类，将老访户信访情况集中管理。认真倾听访民诉求，及时将相关情况反馈承办部门。积极引导访民采取正确方式反映情况，按时回复访民诉求，避免闹访、缠访。对于重点来访人员，做好情况说明，缓和访民情绪，力争化解矛盾。（付宪国）

保密工作

概　述　以打好定密、网络、涉密人员管理“三大攻坚战”为抓手，着力强化保密工作规范化建设，发挥保密工作保障和服务作用。一是落实责任机制，强化保密工作组织领导。落实保密工作责任制，贯彻落实《党政领导干部保密工作责任制的规定》，切实履行保密工作领导责任。坚持保密领导小组议事制度，全年召开2次保密工作例会，解决工作中重难点问题。将保密问责纳入绩效考评，首次将保密工作管理作为绩效指标，强化对保密工作开展情况的督促考评。二是强化规范管理，提升保密工作法制化水平。组织信息公开保密审查，全年主动公开信息171条，确保公开信息的安全保密。抓好密级媒介管理，做好涉密文件资料和涉密计算机、移动存储介质等各类涉密载体的全过程管理。抓好政务内网建设，按照南京市电子政务内网分级保护测评要求，制定管理制度，明确保密管理员、信息安全员、信息审计员“三员”的工作责任分工。三是夯实基础管理，提升保密工作规范化水平。开展保密普查，完成2013年度全系统保密普查专项工作。抓好保密专题教育，组织开展《保守国家秘密法实施条例》学习宣讲，保密委主任为党员干部讲保密专题党课活动，为基层订阅《保密工作》杂志，组织4名新上岗人员参加保密干部培训。落实保密检查制度，完善自查工作机制，规范内容和程序，组织开展保密自查。（黄静娟）

开展保密专题党课教育　2014年9月17日，市地税局按照市保密委《关于切实做好保密委主任讲保密专题党课工作的通知》精神，组织开展保密专题党课。局长柏鹏先行为党组成员上了一堂保密党课，市地税局保密委副主任钱家俊按照局保密委会议要求，为局机关116名党员干部上了一堂保密工作专题党课。该次党课结合工作实际，围绕新时期保密工作提出了“五个强化”：一是强化保密工作领导和组织落实；二是强化职业道德教育，树立为纳税人、扣缴义务人和检举人保密的观念；三是强化保密教育经常化，面上保证全员性，点上突出领导干部；四是强化保密审查，对公开信息明确审查程序和责任；五是强化信息化条件下保密技能提升。（黄静娟）

（责任编辑：付宪国）

事务管理

概　述　2014年，后勤服务工作围绕税收中心工作，坚持求真务实，精细管理，优质服务，不断增强服务意识，努力提高服务质量，为各项工作的顺利开展提供保障。

做好后勤服务保障工作。严格执行《固定资产管理办法》及其他相关规定，进行资产清理盘点、类别划分、信息维护；完成省局固定资产审计及专项资产审核工作。根据省、市关于党政机关办公用房清理工作新的要求，制定了详细的工作方案，对市地税局副处以上干部及相关办公人员办公室按严格要求完成调整工作。重点强化落实三项保证措施。结合2014年新的形势，及时修订服务保障工作规范。把接待、会议保障工作作为服务地税建设和机关运转的有效手段，树立过紧日子的思想，注重把握尺度，掌握标准。一是严格流程。接待、会议工作把握及时汇报、领导审批、协调安排的原则。订餐有客情、有审批，月底有统计、有登记。严格履行接待流程。二是严格标准。不随意更改或提高标准，认真落实中央及省市的各项规定。三是严格监督。在严格把关的基础上每月呈报一次接待情况，及时分析客情。及时与相关部门沟通，忙而不乱，手续齐备，程序规范、协调顺畅工作关系，共同做好接待、会议保障工作。按照中央和省、市关于加强公车管理的要求，以及即将实施公车改革的主要精神，强调重申了车辆管理规定，尤其对公车私用、车辆外出停放地点、车辆入库等，进一步细化要求，加强监督检查；在停止购买车辆和借用车辆的情况下，对现有车辆做好维修和保养，为车改工作奠定良好基础；为加强车辆安全，机关每位驾驶员签了安全责任书，全年出车 1770 台(次)，安全行驶 13.6 万公里。

开展城市标准化综合治理建设工作。以南京市委、市政府提出的“提升市容环境，提升城市品质，提升人居质量”和“建设现代化国际性人文绿都”为目标，进一步完善制度，巩固已有成效，参与开展城市标准化综合治理，着重抓住标准化管理体系中七个子体系开展工作，推动城市标准化建设工作取得成绩。在接受市城治办“回头看”检查中，取得了总分 91.5 分的好成绩，进入南京城市标准化建设“第一阵营”。

做好节能减排工作。根据市政府节能减排数据统计要求，创建南京地税节能减排数据申报系统，督促、指导南京地税系统各单位对水、电、油汽等数据进行收集整理及上报。期间，由市地税局和外部专家对全系统进行了二次业务培训，使系统各单位较好地掌握了节能减排数据的申报工作，增强全员节能减排意识。为做好节能宣传工作，在《南京日报》税务专版头条发表了节能减排专题文章。由于工作出色，2014 年建邺地税局被推荐为“江苏省节能减排示范创建单位”。南京市级机关事务管理局对市地税局节能减排工作给予充分肯定，首次决定与南京地税局联合发文，对市地税局基层单位节能减排先进单位进行表彰奖励。

开展全系统食堂厨艺竞赛。南京地税系统 3 家单位参加了有 60 多个单位参与的南京市机关食堂厨艺竞赛，进入前十名，并获组织奖。同时，机关食堂参加了全省地税系统食堂厨艺竞赛，获得一等奖。

单车核算软件上线试运行。结合工作实际，对原有信息平台进行优化完善，构建成为全面涵盖车辆管理事项的智能化信息平台。该平台在车辆管理上进一步明确责任主体，简化审批流程，在手段上突出技术管控。主要特色是新增了“单车核算管理”模块，用于查询统计单位车辆的运行成本，分月度、年度、期间，以及车辆预警四个子模块，其中，车辆预警子模块通过后台对当月和累计的油耗、维修费发生情况进行自动运算，并按照预警设置值推送预警信息，进行预警处理。

(王静靓)

(责任编辑：楚天佑)

政务信息工作

概　述　2014 年，全市地税系统继续加大政务信息工作力度，全年审阅报送信息稿件 1200 余条，被省地税局、市委、市政府以上信息刊物采用稿件约 600 条。其中，被中共中央办公厅（以下简称中办）、国务院办公厅(以下简称国办)采用约 14 条，《江苏省十大行业龙头企业负责人对 2014 年经济形势的分析和建议》、《江苏反映部分小微企业暂免征收两税政策落实情况》《存在的主要困难及建议》《南京节能环保服务企业经营困难和问题》和《上半年江苏部分行业骨干外贸企业出口情况、面临的困难问题及建议》4 篇被国务院领导批示；省委、省政府采用 100 余条，“我省十大行业龙头企业 1—9 月生产经营情况调查” 被省政府领导批示。荣获省地税局政务信息工作先进集体称号，在市委、市政府政务信息工作评比中均荣获先进单位称号。全年编印《南京地方税务简报》44 期。一是突出组织管理。修订完善政务信息工作管理计分办法和考核办法；实施信息约稿制度，及时落实省局和市委、市政府信息选题，组织基层单位合作组稿，加大综合加工力度；注重信息日常指导工作，对报送稿件提出修改意见，组织全系统政务信息培训。二是突出辅助决策职能。鼓励报送调研类信息，以为中央、省、市和省地税局领导决策为己任，加大基层对新政反响、政策反馈和建议、行业税收分析等信息报送。如“定向降准”政策出台后及时组织调研，撰写的《‘定向降准’难解中小企业融资难》获国务院副总理马凯批示。《科技小微企业融资难的财税政策建议》一文被省政府信息刊用后，引起省银监局高度重视，由市政府牵头，市地税局协助市金融办组织了小微企业与商业银行开展面对面现场会，当场解决12户企业的融资难问题。三是突出协调沟通力度。坚持每日与省地税局和市委、市政府联系，定期做好基层信息上报协调工作，着重抓好重要信息推荐，确保报送路线畅通；坚持与省委、省政府、市委、市政府主管部门做好协作沟通，着重抓住中办国办等重点选题，确保及时准确报送；坚持按周向基层推送信息上报情况，主动帮助落后单位，平衡基层信息报送数量和质量。四是突出内部刊物编发质量。坚持政务信息质量要求，做好各单位工作交流；在专题信息编辑中严格要求，用心指导，帮助各处室和基层单位提高专题写作水平。（汪树强）

宣传工作

概　述　2014年，市地税局根据国家税务总局《关于进一步做好税收宣传工作的通知》精神和省地税局的相关要求，牢固树立“人人都是宣传员，月月都是宣传月”的理念，进一步改进税收宣传方式，积极拓展“微媒体”宣传平台，提升税收宣传“微动力”。

突出重点，提高税收宣传针对性。一是抓好议题设置。加强对中心工作和舆论动态的研究，经常性地设置宣传议题，宣传税收政策，反映思路意图，展示工作成效，引导公众视线。2014年，重点围绕实现税收现代化主题，宣传税务系统提升站位、依法治税、深化改革、倾情带队的亮点工作，突出抓好“便民办税春风行动”、“营改增”扩大试点、新出台的税收改革和政策措施，以及税收热点问题的宣传策划报道，集中展示税收工作成就和税务部门形象。二是突出针对性宣传。把学习贯彻十八届三中全会精神作为当前和今后一个时期宣传报道的首要政治任务，主要做好群众路线教育实践活动、“三争一创”实践活动、“清风税廉”品牌、“服务零距离、满意在地税”作风品牌等活动的宣传报道。抓好深化财税体制改革新精神的宣传。加强税收“取之于民、用之于民、造福于民”的性质和作用宣传。按照国家税务总局、省地税局深化改革要求，突出风险管理导向，加强税收征管质效和税收法治建设宣传。以纳税人需求为导向，强化征纳互动，宣传深化纳税服务、保障纳税人权益的亮点举措。三是完善税媒沟通机制。按季度向媒体通报地税工作动态，主动掌握媒体报道需求。开展上门走访媒体活动，加强与媒体间的沟通交流。重大活动前，邀请主流媒体介入地税工作，借媒体力量做好相应的宣传策划。拓展与主流媒体协作发稿形式，发挥主流媒体的传播优势，做好舆情引导。

打造精品，提升税收宣传影响力。一是开展好税收宣传月活动。4月，全系统以“便民办税春风行动”为主题开展一系列税收宣传活动。宣传月期间，全市地税系统开展各类宣传活动20余项，在各类新闻媒体刊登和播出稿件近200篇。各基层局结合区域特色，响应纳税人需求，开展形式多样宣传。秦淮局依托老门东街区特色，开展“3D灯光秀税收”“德云社听相声说税收”等宣传活动；鼓楼局成立全省首家盲人税收宣传服务站；江宁局成立江苏省首个大学生纳税服务实践基地和首家准纳税人学校；化工园局举办以税收为辩题的高中生辩论赛。二是继续开展“税法送万家”活动，为纳税人解答疑问。重视百姓关注热点，以外行看得懂、内行说得清的文字音像，通俗易懂地解读报道“营改增”扩大试点、个人所得税、服务“三农”、促进技术创新、扶持小微企业发展、支持就业再就业等税收政策。三是开展税收宣传咨询活动。围绕提高税收宣传针对性，重点组织企业家、税务人员、专家座谈，了解各方面意见建议，完善改进税收宣传措施。围绕提升税收宣传影响力，加强税务机关与网络名人的互动，建立沟通机制，借力推动税收网络宣传。

拓展阵地，扩大税收宣传覆盖面。一是巩固固定宣传阵地。充分发挥《南京日报》“税务专版”的宣传主渠道作用，加强统筹策划，创新宣传模式，开展“贴近式”税收宣传。继续办好《地税直通车》电视专栏节目，优化电视表现形式，贴近市民生活，打造电视宣传精品。围绕听众需求，丰富电台专栏宣传形式，加强税法新政宣传及时性和系统性，提高听众参与度。2014年，《南京日报》税务专版出版50期，南京电视台《地税直通车》专栏制作播出节目26期，南京人民广播电台制作播出节目105期。开展的“促进民营经济发展”“扶持小微企业发展”等多个专题宣传活动，取得良好宣传效果。二是加强外部媒体协作。加强与都市报、网媒等社会化媒体的协作,根据媒体关注焦点,加强税收"热点话题"收集分析,将纳税人较为关心的税收"热点"不定期对外发布,及时将热点税收话题向大众进行宣传,有效引导外部舆论。在龙虎网网站首页虎眼位置设置"南京地税税务专题",通过地方门户网站扩大税收宣传影响。2014年,在《扬子晚报》《现代快报》等各都市报刊发"热点"稿件53篇,龙虎网刊发稿件330余篇。同时,结合新媒体传播方式,制作《绿色税收》《税与青奥》等5部税收动漫,拍摄《印记》《父与子》等4部税收微电影,把老百姓喜闻乐见的税收知识采用动漫、微电影的艺术手法体现出来。三是外部网站建设稳步推进。按照省地税局统一部署,对网站进行系统升级优化,实现门户网站、网上办税和网络发票系统三网合并,提高网站系统应用效能。2014年,网站更新信息量近2000条,点击量186.66万次,网站累计点击量超4500万次,开展网上在线访谈2次,向省地税局、江苏省政府、国家税务总局网站报送新闻信息稿件100余篇,其中,省地税局网站采用11篇,江苏省政府网站采用16篇。

(于群)

开通微博、微信新媒体平台 1月,开通"@南京地税发布"新浪(腾讯)微博,作为江苏省南京地方税务局在新浪(腾讯)微博中的唯一官方微博。开通微信公众账号"金陵税收微讯",作为江苏省南京地方税务局唯一官方公众微信号。全年累计发布资讯3000多条,回复纳税人问题近百条。在2014年宣传月期间,结合南京青奥会,立足地税职能,策划"我与青奥一路同行"和"美丽南京、感谢有您"微系列宣传主题活动,将税收宣传同青奥主题挂钩,借助微博、微信等新兴传播手段,提高税法宣传效果。开展"微系列"作品创作活动,共创作微电影、微视频、微讲堂、微小说、微信息等多种形式的微作品753件,较好地发挥了"微媒体"的"微动力"作用。"@南京地税发布"发布的企业年金出新政,个税扣除须仔细等7条微博信息被"@国家税务总局"官方微博转发并推广。 (于群)

"税收动漫宣传周"活动 4月,推出《榴莲租房记》《三国外传》《税与青奥》《绿色税收》4部税收动漫片和《盗税空间》《爱的税言》《印记》《父与子》4部微电影,将税法宣传与精彩故事紧密结合,寓教于乐。利用市地税局外部网站、办税服务厅、税收文化教育基地以及地铁、公交移动视频等,滚动播出《榴莲租房记》《税与青奥》《冰棒缴税记》等11部税收动漫片,并将部分动漫片在市地税局外部网站、龙虎网挂网宣传,供网民点播。 (于群)

"美丽南京 感谢有您"微系列宣传活动 利用高新局、雨花台局和六合局的政务微博,与市地税局"@南京地税发布"微博联合开展微系列宣传活动。开展"税收知识有奖问答"活动,每天发布5道税收题目,让网友参与答题,平均每条阅读量2000人左右,转发互动50次左右。开展"寻找我的税收记忆"摄影作品征集活动,有308名网友参与作品征集,共发表税收摄影作品122幅。开展"微时代·话南京税收"微语录征集活动,共收集到430条税收微语录,每日选出的10条优秀微语录,平均每条转发100多次,其中单条转发量最高的达到629次。 (于群)

参加全国税收动漫和全国税收好新闻大赛 2014年,市地税局积极参加全国税收动漫和全国税收好新闻等大赛,取得较好成绩。《人在税途》获"2012年度全国税收好新闻——税收公益好广告优秀奖";《纳税信用开创融资新模式》获"2012年度全国税收好新闻广播电视专题三等奖";微电影《人在税途》《幸福人间》获"2013年度'全国公益微税收'宣传推广活动优秀奖";税收动漫片《车车同学会》获"第九届全国税收动漫大赛税收动漫宣传片三等奖",《蒲公英》获"第九届全国税收动漫大赛税收动漫公益短片优秀奖"。 (于群)

涉税舆情管理 2014年,市地税局建立由"被动式"转为"主动式"的舆情管理机制,全市地税系统上下主动疏、正确引,攻守转换,通过舆情引导,共监控处置涉税舆情68起,较2013年下降35%。全年共编发《涉税舆情专(快)报》47期,处置市政府网络问政26起,接受媒体采访21次,有效做好了涉税舆情监控处置工作。一是坚持跟踪管理。进一步强化门户网站、官方微博、微信、贴吧、论坛等网络信息发布平台管理。严控干部职工私自开设带有“地税”“税务”等字样的微平台。教育引导干部职工通过“局长信箱”等内部渠道反映情况、建言献策，禁止散布影响地税工作和形象的不实信息。二是完善引导机制。通过官方网站、微博、微信等渠道，及时发布税收政策，更新涉税信息，拓展解答涉税问题，畅通沟通渠道的舆论空间。做好信访和矛盾排查等工作，把问题消除在萌芽状态，从源头上预防化解矛盾纠纷，防止涉税负面舆情发生。三是完善考核机制。结合省地税局考核办法，进一步完善涉税舆情考核机制。在做好常规涉税负面舆情应对的同时，实行专题通报和季度通报。加大涉税负面舆情日常监控工作考评力度，不断提升涉税负面舆情应对质量和水平。四是规范舆情管理运作。进一步扩大涉税舆情监测范围，覆盖省、市新闻网站和主要商业网站的贴吧、论坛，及时收集涉税舆情信息，强化掌控能力。落实新闻发言人制度，突出新闻发言人作用。加强与市委网宣中心协作，提升涉税舆情监控、搜集、编报能力。（于群）

档案管理

概 述 2014年，市地税局推动税收档案工作规范运作，创新发展，档案管理及服务水平进一步提升，多项工作获得上级机关的肯定和表彰。完成江苏省4A级标准数字档案室创建，获2013年度全市文件材料归档工作先进单位，获2013-2014年度全市档案宣传工作先进集体称号。一是规范基础工作。3月，组织召开年度工作布置会议，明确各类档案归档内容、装订标准、时限要求等。归档过程中加强节点控制和业务指导，遇到业务变化导致归档范围变化时，及时与分管处室协调，统一要求，便于基层单位操作。10月，组织档案质量现场会，开展业务档案抽检，收集整理发现的问题，及时督促整改。全年全系统共归档文书档案2627件、业务档案35497卷，12月，在市档案局组织的市级机关2013年度档案年检中获得高度肯定，并被评为文件材料归档工作先进单位。二是提升移交工作质量。合理安排系统2010年档案移交时间表，明确流程，梳理上年移交过程中的常见问题并下发，组织各单位做好前期核对自查、修正完善工作。针对上年移交过程中出现的部分单位到核心库之后返工量较大现象，采取了预验收服务措施，由完成自查工作的分局提出申请，档案中心上门先期进行检查指导，以提高移交工作效率和一次成功率。对移交工作发现的一些共性问题及时进行归纳分析，提醒尚在整理过程中的单位注意避免。2014年，全系统共移交2010年度文书档案2016件，业务档案15064卷。三是优化SEAS软件系统。联合电税中心对SEAS档案软件进行了功能优化。完善了借阅流程，根据岗位职责配置了各单位的权限，增加了借阅清单、借阅统计以及“查询统计”模块中的接收统计、保管统计、利用统计功能模块。完善公文数据接口。主动与省局办公室、征科处沟通协调2013年8月启用总局综合办公系统后的公文数据导入工作，与电税中心共同与双方软件公司反复协调，克服困难完成数据迁移至SEAS系统的工作，从而确保2013年文书档案归档工作的顺利进行。四是完善管理制度。对近5年来核心库档案借阅情况分类进行统计分析，重新明确了档案借阅利用规定，区分档案的门类、存放地点、密级等，明确了借阅的审批层级和利用权限，由借阅单位填写统一制式的借阅申请审批表，规范了档案管理。五是完成省档案局科技项目结题。对与南京大学信息管理系合作研究的科技项目——“地税档案工作理论与实践研究”注入新阶段实践成果并顺利结项，通过省档案局科技项目结题审核确认。（郑峻）

群众路线教育实践活动档案归档 根据中共南京市委党的群众路线教育实践活动领导小组和市档案局联合要求，与人事处联合发布通知，在全系统明确归档内容、期限、归档方法，以及档案电子化要求，确定工作完成时限，定期督察，通报情况，并上门检查，确保南京地税系统党支部的群众路线教育实践活动相关文件材料完整规范、归档及时。同时，配合市地税局领导小组做好机关层面文件材料的归档工作。据统计，全年共归档党的群众路线教育实践活动相关文件档案95件。（郑峻）

创建省4A级标准数字档案室 市地税局作为市档案局确定的南京市首批数字档案室建设试点单位，围绕提升档案数字化程度、提高档案整体利用效率目标，根据《江苏省数字档案室等级评估办法》4A级数字档案室建设测评标准,进行自评,针对尚不满足要求的项目,逐项列出改进办法;多次与市档案局沟通协调,上门寻求业务指导。在市地税局电子税务中心的配合下,按照4A级标准数字档案室建设要求,对SEAS软件进行全面适应性改造。做好2006–2008年已扫描档案扩容挂接工作、2009–2013年稽查档案永久、长期案卷扫描工作、2011–2013年声像档案挂接工作,以及温湿度仪采购、完善制度、完善台账、编研统计等基础工作。12月25日,南京地税档案管理中心以94.8分的高分通过省4A级标准数字档案室验收。(郑峻)

省地税局档案软件应用推进 2014年,在秦淮局和稽查局两个基层单位试运行省地税局电子档案管理软件一期基础上,对试点单位业务指导,加强对试点过程中发现问题的研究,并及时向省地税局反馈。8月,省地税局对业务档案管理办法征求意见。市地税局在综合各业务处室和基层单位的意见基础上,形成意见和建议13条上报省地税局,多条意见被地税局管理办法修改稿采纳。跟踪省地税局电子档案系统升级改造工作,主动做好对接,为2015年该软件全面应用打好基础。

(郑峻)

档案销毁试点 为减轻库存压力、提高档案利用效率,2014年开展档案销毁试点工作,选取稽查一分局作为试点单位,明确工作原则、流程及要求,多次现场调研,并邀请市档案局现场指导。组织该分局做好甄别、鉴定、审核、登记清册、编制销毁报告、移送销毁等全过程工作,该分局对合计287卷(1241件、8268页)符合销毁规定的短期文书档案予以销毁。通过现场会的形式在系统内推广,在全市范围内率先对档案销毁工作做出探索和尝试。

(郑峻)

(责任编辑:楚天佑)

理论调研

概　述 一是提高课题研究质量。根据省市重点调研课题,整合税务学会和国际税收研究会课题任务,科学确立课题,合理制定调研提纲,过程中加强各课题组沟通,定期通报完成情况。二是提高课题调研能力。优化课题管理办法,按课题成果转化层次发放课题研究经费,开展基层单位论文评比,组织参与调研培训辅导,提升基层调研能力。三是规范论文评选。对于质量较高的课题研究成果积极向税务学会、国际税收研究会和国家税务总局科研所推荐。科调研成果转化将考核扣分调整为加分,主动与省地税局科研所、省国际税收研究会等沟通协调,帮助基层局完成重点课题任务。专门制定论文评选办法,规范评比工作。全年46篇市局重点课题全部实现成果转化,全市地税系统在省部级以上指定刊物上发表论文约20篇。江苏省社科联立项课题《构建地方税体系的思考》在中国税务学会第三课题组评比中,以最高分被推荐参选年度全国优秀论文,《综合分类个税征管机制研究》在中国国际税收研究会小组评比中获一等奖。

(汪树强)

《完善地方税体系的思考》获一等奖 2014年,全市地税系统税务学会组织的税收调研和群众性税收调研活动丰富多彩,成果丰硕,全年税务学会会员报送各类涉税论文130余篇。一是完成中国税务学会《论我国房产税法改革》课题研究任务。二是完成江苏省税务学会布置的《完善地方税体系的思考》《税务系统行政执法类岗位职责规范建立及应用的思考》《南京国民政府分税制研究》《综合与分类相结合的个人所得税征管机制研究》等重点课题研究任务。其中,《完善地方税体系的思考》一文获江苏省税务学会优秀调研论文一等奖;《税务系统行政执法类岗位职责规范建立及应用的思考》《南京国民政府分税制研究》获省税务学会二等奖;《综合与分类相结合的个人所得税征管机制研究》获省税务学会三等奖。三是完成南京市社科联部分课题调研任务。(查贵成)

2014年南京地方税务局税收科调研成果(省部级以上)统计表

表41

序号	标题	刊物名称	单位	作者	版面或栏目	日期/期数
1	对税务部门实施绩效管理的思考	税务研究	基层处	季志春	工作探索	2014年第10期
2	纳税人权利保护的法理分析与规范研究	中国财政	高新局	任梦华	财税改革	2014年第14期
3	新形势下税务信息安全管理的实践与探索	信息与电脑	电税中心	薛剑秋、刘芝月	–	2014年第12期
4	房地产税立法改革的国际借鉴	中国税务报	财行税处	赵建华、严志敏	B3版(财税理论)	2014年12月10日
5	综合与分类相结合的个人所得税征管机制研究	中国税务报	所得税处	柏鹏、钱家俊、郭智华	理论研究7版	2014年12月19日
6	应进一步明确个人股权转让个税申报主体	中国税务报	江宁局	马玉宁 李洪进	B3版(财税理论)	2014年5月7日
7	多处取得全年一次性奖金宜合并计税	中国税务报	江宁局	杨建勤	B3版(财税理论)	2014年10月15
8	促进中小企业发展的税收政策还需完善	中国税务报	溧水局	马伟红、潘小保	B3版(税务研究)	2014年11月12日
9	农村土地流转税收政策:应立足于提高土地使用效率	中国税务报	高淳局	刘德才	B3	2014年3月5日
10	拆迁补偿所得税税负应一致	中国税务报	高淳局	王红华	B4	2014年9月3日
11	构建税务部门绩效管理体系的实践与思考	省地税局《研究报告》	基层处	季志春	专刊	2014年第2期
12	税收与产业结构的相关性分析	省地税局《研究报告》	规财处	张祖贤、张明	专刊	2014年第26期
13	地税机关廉政风险联合应对工作研究	省地税局《研究报告》	监察室	刘军辉、席宝庆、王勇	专刊	2014年第27期

2014 年调研论文选登

《税务研究》2014 年第 10 期发表:

对税务部门实施绩效管理的思考

季志春

【内容提要】党的十八届三中全会明确提出绩效管理是转变政府职能、创新行政管理方式的重要改革举措。对税务部门来说，全面引入绩效管理理念,有效开展绩效管理是紧迫的任务。本文总结了江苏省南京地方税务局在实施绩效管理方面的探索和实践，对税务部门全面实施绩效管理提出了相关建议。

【关键词】税务部门　绩效管理　南京地税

党的十八届三中全会审议通过的《中共中央关于全面深化改革若干重大问题的决定》明确提出“严格绩效管理，突出责任落实，确保权责一致”,把绩效管理作为转变政府职能、创新行政管理方式的重要改革举措。江苏省南京地方税务局(以下简称南京地税)自成立以来,一直坚持科学发展的思想,通过导入现代绩效管理体系,为南京地税事业发展营造出新动力、新活力。

一、南京地税实施绩效管理的实践

1995 年以来,南京地税建立和推行以“三级岗考”为主体内容的绩效考核体系,按照一级考目标、二级考任务、三级考行为的要求,对岗位设置、岗位考核标准、考核办法及结果运用等展开了多方面的探索，使全体成员逐步接受和习惯绩效管理的基本理念和运作方式。从 1999 年开始,南京地税以“建设服务型税务,实现税务管理现代化”的战略目标为引导,开展“二次创业”,先后实施税收征管、干部人事、行政管理三大改革和信息化建设,推行“能级管理”和“管理标准化”,探索了一种以战略导向和持续改进为主线的绩效管理体系通过对原有考核体系的诊断调查，以现代绩效管理理念为指引,确立了“1(全面质量管理体系)+1(绩效管理)”的管理框架,重新界定工作业绩的衡量标准，把组织绩效目标与干部个人的绩效指标有机结合在一起,将个人利益与组织绩效、个人绩效更紧密地挂起钩来,进一步强化团队与合作,注重过程管理，注重组织绩效的持续提升。主要做法是:

一是倡导以能为本绩效价值观。南京地税积极探索实践对干部的能级管理，将人的能力作为管理对象和管理核心,以干部的实际输出能力(即业绩)作为判断干部、使用干部、评价干部、加强干部培训的基本依据和出发点，从理念和政策导向上促进个人价值与组织发展目标的融合与统一，逐步建立起适应税务事业需要的能力阶梯，为组织发展提供有效的人力资源保障。通过对个人能力发挥与工作绩效进行量化考评，客观公正地反映出被考评者所取得的岗位成绩与贡献，为公务员考核中“德、能、勤、绩”的评价要求提供了可行的方法。

二是建立四维度绩效指标模型。南京地税综合应用了战略管理、标杆管理、价值管理、质量管理、项目管理和信息技术管理等理论方法,采用平衡计分卡(BSC)的方式,遵循国家公务员考评规定和上级部门的要求，建立了四个维度的绩效指标模型,按照年度绩效计划实行千分制考核:1.职能行使类指标,衡量组织履行职能的实际成效,主要是一些关键结果型指标;2.管理运作类指标,衡量组织为保证其战略目标的实现而对其重要管理过程加以控制的水平，主要是一些重要过程型指标;3.外部评价类指标,衡量组织外部对组织从事业务过程和结果的认可程度、满意程度,也是衡量组织对社会贡献的重要依据之一，主要是一些相关的事后评价型指标;4.创新发展类指标,衡量组织在运作过程中所表现的应变能力、创新能力、可持续发展能力,主要是一些评估型指标。

三是对考核对象分类分级管理。南京地税以绩效模型为基础,运用 KPI(关键绩效指标)等管理技术,遵循充分性、适应性和有效性的原则,分四个层级构建了一套符合税务工作实际的绩效评价指标体系,确保了绩效考评指标的目标导向。主要包括:市局级核心绩效指标(是整个组织的核心目标,也是进行指标分解的源头,侧重于量化的结果指标);一级绩效指标(主要是指基层局和市局机关的指标,其中,税收业务以量化指标为主,另外还有政务公开类、专项管理类、投诉处理类和行风评议类等共性指标）；二级绩效指标（主要是指基层科所分解市局机关或基层局主要任务的指标）；三级绩效指标（主要是衡量个人在具体工作任务、工作流程和规范、工作行为准则等方面的关键指标）。在个人绩效指标的设计上，还针对不同职级干部的考评要求，以不同维度加以区分，有效提高了考评工作的针对性和可操作性。

四是优化和改进绩效考评方式。南京地税根据不同时期的考评内容和要求，不断调整和完善考评方式。2010 年，南京局改变过去对考核指标完成情况采用单一扣分的方式，采取扣分与加分相结合，不仅重视考核指标的完成情况，更加关注重点指标完成的差异程度，通过加分鼓励被考核单位力争更高的绩效标准和要求。同时，在考核中引入双向评价机制和重大违法违纪问题“一票否决”机制。2012 年，考虑到征管改革后各基层单位职能差异，南京局引入平均加分率法，并实行一、二、三等奖评选，进一步提升考核的科学性和公平性。2013 年，在职责履行类指标中，对应征管改革要求，按照“征、评、管、查”及综合进行分类调整，保证绩效考核方式与税收实际工作紧密结合、同步推进。

五是做好绩效指标优化工作。每年年初，南京地税都要按照年度税收工作要求优化关键考核指标、考核权重、考点数量和考核要求，进一步突出考核导向和目标。2013 年，南京地税积极落实总局、省局减轻基层负担要求，推动群众路线教育实践成果转化，扎实开展考核优化专项工作，特别是简并与中心工作关联不大和低价值、事务性工作的考核指标，调减市局 B1 级绩效 46 个考核指标点，调减比例为 28.22%。调减后绩效指标更加突出税收职能考核，提高了考核工作效率，减轻了基层负担，受到基层普遍欢迎。

六是注重强化过程控制和管理。南京地税的绩效管理在组织机构上，按照委员会、考评组、自评者三个层级展开，实行“考、评分离”和“以自评为基础，平时考评与抽样相结合”的考评组织原则。在考评方法上，针对不同考评指标的要求，综合运用了自查法、平时检查、相关方反馈、测评/评议法、计算机自动生成数据、统计法、问卷调查法、集中抽查等多种考评测量方法。在年度工作目标、指标制定、工作指导、绩效考评、绩效改进的各个环节，都要进行充分的沟通，共同制定解决问题的办法，实现经验共享。建立通报预警机制，市局各处室及直属单位就重要工作指标对基层单位按季度或月进行预先通报和分析指导，改进和提升基层单位日常工作水平。优化系统半年绩效通报方式，调整考核通报内容，加大量化指标反馈力度。加强对基层单位年终绩效自查工作的指导，完善年终绩效通报方式，加强工作措施和成果的经验交流，提高考核反馈的科学性、针对性和借鉴性。在解决绩效考评争议上，南京地税设置了申诉程序，并对争议进行制式的核查，确保考评的公正、公平。

七是不断完善信息化支撑手段。南京地税先后进行了金力三期、金力四期、局长效能监控系统、税收业务岗位绩效分析系统等一系列行政和业务系统的开发应用，强化了绩效信息的采集、传递、分析和使用功能，基本实现了对组织整体绩效、个人工作业绩等重点情况的实时、连续的跟踪和监控。通过采取“机考”和“人考”相结合的方法，提高了考评效率，增强了客观性、时效性和规范性。

八是综合运用绩效考评结果。南京地税始终把改进和提升作为导入和实施绩效管理体系的主要目的，坚持按照 PDCA（计划、实施、检查、改进）闭环管理的要求，对通过绩效考评发现的问题，作为创新思路、改进方法、提高质量的基本依据，突出持续改进，追求长远发展。考评结果运用不仅仅局限于绩效奖励发放，更作为领导班子和领导干部考评、年度公务员考核、评优评先、能级评定、职位变迁、岗位调配、能力培训与职业发展等方面的重要依据，从而有效发挥绩效管理在强化干部队伍建设上的激励、约束和导向性作用。

二、对税务部门全面实施绩效管理的思考

一是要进一步加强文化引领，强化干部的思想认同。要结合践行社会主义核心价值观，不断优化完善文化理念，确立“文化兴税”发展战略，培育税务精神，推进文化建设的创新发展，切实建立起与组织愿景相适应的税务文化体系，形成一致的精神追求和价值导向，传播积极向上的正能量，凝聚税务力量。要加强绩效管理工作研究和理论创新，及时总结宣传绩效管理的创新经验、有效做法，凝聚共识，增强信心，营造持续改进工作氛围，

确保绩效管理与税收工作融会贯通，与其它管理工具综合应用。要切实强化组织领导，坚持“坚定不移地搞、积极稳妥地推、持续不断地改”的总要求，树立全局“一盘棋”思想，注重“一体化”推进，打造激发活力、增强动力、“人人向上共树税务形象”的管理品牌。要建立健全绩效管理领导体制和工作机制，成立领导机构，设立办事机构，配齐配强绩效管理工作人员，强化业务操作技能培训，培育一支具有专业素养的绩效管理干部队伍。

二是要将绩效管理工作与《中华人民共和国公务员法》的精神进行有机融合，不断探索公务员分类管理的新思路。要实施人才强税战略，完善干部梯次成长机制，加强税务领军人才的培养，进一步优化后备干部的选拔、培养、考核和使用机制，积极探索领导干部选拔积分制，不断推动领导干部选拔的民主化、科学化进程。要加强干部的交流换岗，探索开展跨系统、跨部门、跨地区的挂职锻炼，强化与系统外的干部交流，拓展干部培养的渠道。探索公务员管理的新途径，根据税务系统岗位的性质、任务和要求，完善能级管理制度，逐步建立健全主体明确、责权统一、层级清晰、奖惩分明的岗位职责规范体系，合理设置职位及其能力素质标准，严格考核竞聘，调动和发挥广大税务干部投身税收事业和实现自我价值的积极性。

三是要进一步加大绩效管理的激励约束力度，积极探索建立干部综合评价机制。要坚持争先进位、奖勤罚懒的激励导向，积极探索不同形式的公务员奖励举措，把精神奖励、物质奖励、待遇奖励等纳入奖励范畴，丰富奖励层次和内容，有效调动干部争先创优的积极性。面对税务部门干部管理中“能上不能下”“能进不能出”的问题，要以绩效管理为基础，积极探索建立干部综合评价机制，把好用人关，有效解决“干与不干一个样、干多干少一个样、干好干坏一个样”的“大锅饭”问题，全面提升税务干部职业道德水平、工作能力、敬业精神和执行力，打造一支干事有激情、做事高标准、遇事敢负责、处事能坚韧的税务干部队伍。

四是要不断优化绩效指标体系和考评机制，推动税务组织科学发展。在层级管理上要做到简政放权、释放活力、突出重点、科学考评，不层层加码，不越俎代庖，给基层留有空间，构筑“一级抓一级，一级对一级负责”的责任体系。要处理好重点与一般、共性与个性、稳定与动态的关系，进一步提炼考核要素，突出考核重点，简约考评方法，优化考评指标，完善绩效指标体系。要强化重点工作、税收业务工作的考核权重，弱化对低价值、事务性工作的考评，不断提高业绩评价的科学性和准确性，防止急功近利和弄虚作假，防止“考评抗拒效应”的产生。要强化科技支撑，增强绩效管理信息化程度，不断提高绩效管理工作质量和效率。要真正把“以人为本”的思想引入绩效管理之中，强化绩效沟通和绩效帮助，全面推行绩效的分析评价和交流反馈制度，培育共同提升绩效的良好组织氛围。要纠建并举，坚持将持续改进、提高效能作为绩效管理的落脚点，把绩效改进纳入整体的改进机制加以管理，做到“有不足就一定会改进、有改进就一定有结果”，建设创新、法治、廉洁、服务型税务机关，强有力地推动绩效的不断提升和税务组织的科学发展。

参考文献

[1]王军.解放思想 改革创新 全面推进税收现代化 [EB/OL] (2013-12-27) [2014-07-0].http://www.ctax.org.cn/ttxw/201312/t20131227 -756238.shtml.

[2] 国家社会科学基金项目组.南京地税绩效管理实证研究[M]:河海大学出版社,2005

[3] 戚鲁.税务组织绩效管理理论与实践[m].北京:中国税务出版社,2004

《中国财政》2014年第14期发表:

借鉴台湾经验 完善我国纳税人权利保护制度

任梦华

【摘要】长期以来，我国对纳税人问题的研究过多的强调纳税人的义务，而忽视了纳税人所拥有权利，这不仅制约着我国依法纳税的进程，也不利于纳税人形成纳税的主人翁意识，更加威胁到我国社会的长期稳定与经济的可持续性发展。本文通过分析目前我国纳税人权利保护已取得的成绩及存在的不足，并借鉴纳税人权利保护的台湾经验，提出了完善我国纳税人权利保护制度的政策建议。

【关键字】纳税人权利;纳税人权利保护;政策建议

税收是一个国家财政资金的重要来源、是国民收入再分配的重要手段，而纳税人则是国家税收的唯一承担者。因此,纳税人是否能够切实履行自己的义务,其权利又是否得到有效的保护,这直接关系着一国财政收入的稳健运行，更关系着该国经济与社会可持续性地快速发展。长期以来,相对于纳税人的权利保护问题，我国对纳税人问题的研究更重视于义务。伟大的政治家、思想家马克思曾提出:“没有无义务的权利，也没有无权利的义务。”因而,我们更应用唯物主义辩证法的思想正确看待纳税人的权利与义务，片面强调任何一方都将不利于我国经济的可持续发展与社会的长期稳定。

一、纳税人权利的概念及其保护的意义

(一)纳税人权利的内涵

所谓纳税人权利,是指作为纳税人在纳税前、纳税后以及纳税过程中所享有的权利。在我国,纳税人又称为课税主体、纳税义务人。纳税人按所缴纳税种类的不同可以划分为不同的纳税主体,因而所承担的纳税义务也并不相同,但究其本质,都是因为纳税人因承担纳税义务而所享有的相应权利,因此,在法律地位上纳税人的权利与义务应该享有同等地位。我们还可以从广义和狭义两个角度进一步理解纳税人权利。从广义上讲,纳税人权利是指纳税人从政治、经济、文化等各个方面所享有的权益,从狭义上,纳税人权利是指纳税人从税法的确认和规范上，在履行其应尽纳税义务的过程中,可以依法作出一定行为或不作出一定行为,以及要求征税机关作出或抑制某种行为，从而实现其自身合法权益的可能性。在税收征管过程中,纳税人的权利具体表现为:知情权、无偿获得专业服务及帮助权、保密权、陈述与申辩权、城市推定权、礼遇权、申请减免退权、申请复议与提起诉讼权以及损害赔偿权。这些权利就构成了纳税人权利的内容。

(二)纳税人权利保护的意义

随着全球税制改革的不断发展，如何有效制定与实施征税机关的征税权力，如何促进纳税人自愿遵从税收法律，如何加强纳税人权利保护工作，已然成为了各国税收制度发展与完善工作中亟需探索和解决的新任务。因而,纳税人权利保护的意义尤为突出。

首先，纳税人权利保护有利于实现纳税人权利与义务的和谐统一。在国家税收工作中,代表国家执行征税权的征税主体与纳税人之间体现了一种管理与被管理的不平等地位。这是因为,征税主体通常依托国家政治权利而执法，他们的工作是国家意志的体现，具有强制性和无偿性。与此相比，没有国家政治权力为依托的纳税人则处于被动地位,最终导致义务与权利的不对等关系。如果纳税人意识到自己缺乏权利的保护，必将会强化纳税人付出与回报不对等的思想认识，这势必降低了纳税人的纳税观念与纳税主体的主人翁意识,打击了纳税人依法纳税的积极性。从长远看，这会增加纳税人偷税漏税的几率，严重影响了我国税收工作与税收制度的运行，更加威胁到整个社会与经济的稳定性与可持续发展性。因此,完善我国纳税人权利保护工作，有助于平衡纳税人权利与义务之间的关系，促进纳税人权利与义务的和谐发展，为我国国民经济快速且稳定的发展营造一个良好的环境，实现我国社会经济的稳定与可持续性发展。

其次，纳税人权利保护有利于深化我国税收工作的法治化建设。在我国,法治讲求的是平等的理念,这不仅适用于人与人之间的法律平等地位,也适用于人民与政府之间的平等地位。法治化的理念决定了纳税人的权利与义务需要均衡保护,执法机关不得随意剥夺纳税人的权利与家中纳税人的义务及负担。加强纳税人权利保护工作,有利于促进纳税人对执法机关行为的监督与约束,增强税务机关执法的透明度，有利于我国税收制度的发展与完善,促进我国税收工作的法治化进程。纳税人权利保护不仅是我国税收法制化建设的重要内容,也是当今我国宪法的重要体现。我国宪法规定了公民的权利主要有人身权与财产权。税收是一个国家剥夺一个公民财产权的重要方式,这就使得加强纳税人权利保护首先就是一个充分体现宪法的工作。

再者，加强纳税人权利保护有利于降低税务的征纳成本。从经济学的角度分析,当纳税所产生

的回报大于不纳税所付出的成本，则纳税人会选择自愿纳税，反之，纳税人就会选择以偷税、漏税或是抗税等方式逃避纳税。目前，我国的税收制度更偏重体现了纳税人的纳税义务，使得纳税人难以看清纳税人权利保护所带来的利益。因而，众多纳税者就选择了铤而走险的办法为自己节省高额的纳税成本。因此，加强纳税人权利保护能够充分体现纳税人的权利，让纳税者切实感受到依法纳税以及行使纳税人权利为其带来的收益，从而提高了纳税人的纳税意识，减少了征税机关与纳税人之间的冲突，直接降低了税收的征纳成本。

二、我国纳税人权利保护取得的成绩与存在的不足

(一)我国纳税人权利保护取得的成绩

随着依法治国的全面推进，我国不断完善补充有关的税收法律规定，纳税人权利保护制度也得到了巨大的进步，初步建立了符合我国当代国情的纳税人权利保护制度。以下内容将从纳税人权利保护的立法与执法方面分析纳税人权利保护工作中取得的成绩。

首先，在立法层面上取得的成绩。自 1992 年第一部税收征管程序法《中化人民共和国税收征收管理法》颁布以来，税收征管制度的不断健全、人们法律意识的提高，不断推动纳税人权利保护工作的发展。2009 年 12 月，国家税务局总局发布《国家税务总局关于纳税人权利与义务公告》，明确规定了我国纳税人所拥有的十四项权利与十项义务。公告中所规定的纳税人拥有的十四项权利包括：1.知情权；2.保密权；3.税收监督权；4.纳税申报方式选择权；5.申请延期申报权；6.申请延期缴纳税款权；7.申请退还多缴税款权；8.依法享受税收优惠权；9.委托税务代理权；10.陈述与申辩权；11. 对未出示税务检查证和税务检查通知书的拒绝检查权；12.税收法律救济权；13.依法要求听证的权利；14.索取有关税收凭证的权利。(国家国税总局：<纳税人权利与义务公告>解读。)该公告的颁布拉开了全国性的保护纳税人权利工作的序幕，其所产生的积极意义毋庸置疑。第一，该公告明确了纳税人在纳税过程中享有的权利，加强了纳税人在纳税过程中的维权意识与能力；第二，该公告体现了纳税人权利与义务的对等关系，保护了处于弱势地位的纳税人的利益；第三，强化了税务执法机关的纳税服务意识，规范了税务执法机关的税收管理工作与行政执法行为。此外，国税总局发布的《纳税服务投诉管理办法(试行)》(国税发[2010]11 号)、新修订的《税务行政复议规则》等等举措都表明了我国在纳税人权利保护的立法工作中已经取得了较大的进步。

其次，在执法层面上取得的成绩。第一，改革开放以来，我国税务系统建立了逐级的纳税服务中心，专门负责纳税人权利保护与纳税服务工作。第二，我国税务系统现实行政务公开工作，将各岗位职责、税收政策法规、办理税务工作的程序及结果、办税时限、税务服务标准以及税务工作的处罚标准、依据和结果向社会公开，加强了纳税人权利保护工作的透明度。第三，简化与规范了税务程序。例如，实行定期定额纳税的纳税者可以实行简易申报；对于多缴的税款及其利息，纳税人可以得到及时退还；如果纳税人能够出示相应的纳税担保，则不再需要以缴清税款作为前置条件，而直接可以申请行政复议等。此外，我国国税总局还先后下发了一系列的部门规章制度，以保障纳税人权利的实现。这些工作无疑都体现了我国税务执法机关对纳税人权利保护工作的日益重视。

(二)我国纳税人权利保护制度中存在的缺陷

尽管，我国纳税人保护工作已经取得了一定的成效，但是我国现行的纳税人权利保护制度中仍然存在一些不足，这与纳税人日益增长的需求还差较远，我国纳税人权利保护工作依然是任重而道远。

第一，纳税人权利的立法保护不足。首先，在我国《宪法》中仅规定了“公民有依法纳税的义务”，而缺乏对纳税人权利保护的规定，没有确立纳税人权利在我国宪法中应有的法律地位。其次，在我国的税收立法工作中较少广泛征求纳税人的意见，纳税人往往是在新税法出台后才得以知晓有关规定，导致了纳税人立法参与权和监督权的缺失。再次，目前的税收法律中很少规定纳税人对税款支出的监督权利。例如，在国家国税总局颁布的《纳税人权利与义务公告》中，仅将纳税人对税款支出的知情权与监督权限定在征税环节，而纳税人在纳税后的知情权与监督权也应该受到相应的法律保护。

第二，纳税人权利欠缺有力的司法保护。首

先，我国纳税人的诉讼资格与诉讼范围均受到了限制。例如，《税收征管法》中规定，仅征税行为、税收保全与强制执行行为以及税务行政处罚行为可以提起税务行政诉讼，而隐私权受到侵害的纳税人难以通过司法途径获得帮助。其次，纳税人对我国司法保护的信赖感并不强。这是因为涉税诉讼的专业性较强而需要较高素质的法官来审判，加之，我国行政案件数量庞大，导致当纳税人权利收到侵害时得不到及时的审理与判决。此外，地方党政机关对税收工作的过多干预，影响了司法权力的公正性。

第三，纳税人权利保护意识的淡薄。长期以来，在我国税务征收过程中过于强调纳税人的义务，而忽略了对纳税人权利的宣传，以致于在税收实践工作中纳税人对自身所拥有权利的认识模糊，法制观念淡薄，甚至出现了“纳税人只有纳税义务而无权利”的错误观念。从而导致当纳税人权益受到损坏时纳税人不知如何维护自身权益的情况。长此以往，这必将制约了我国纳税人权利的实现，阻碍我国税收法律制度的发展与完善，甚至不利于社会的稳定与经济的发展。

三、台湾地区纳税人权利保护的经验做法

随着祖国与台湾地区经济贸易合作的不断深化，同属于大陆法系的海峡两岸在税法制度的总体风格上也越来越具有可比性。台湾地区在纳税人权利保护工作上的经验也十分值得内地的借鉴。

（一）台湾地区的纳税人权利受到了宪法的保护。在台湾地区若干次“税捐稽征法”修订中，有两次十分重要的修订工作。其中，2010 年台湾地区“税捐稽征法”的修订正式将纳税人权利保护以立法的形式明文规定，纳税人权利从此受到了宪法的保护，这无疑成为台湾地区税法领域中划时代的重要里程碑。2010 年 1 月 6 日，台湾地区“税捐稽征法”新增规定“第一章之一 纳税义务人权利之保护”，并增订了第十一条之三至第七、第二十五条之一条文以及修正了第四十四条。这些新增规定不仅明确了纳税人权利保护的原则，而且还对税捐稽征机关执法的公正性提出明确的要求。第十一条之三，在没有法律依据的情况下，税务机关不得恣意增加或减免纳税人的法定纳税义务，以维护所有纳税人纳税负担的公平。第十一条之六也规定，税务机关故意以不正当方法取得之自白且与事实不相符者，不得作为课税或处罚的依据。而我国的 2009 年颁布的《关于纳税人权利与义务公告》，虽然也明确了纳税人权利的保护，但是，并不是完整意义上的总览性原则。

（二）台湾地区十分注重纳税人权利的司法保护。在台湾地区，发达的司法判决强化了当地税务机关在执法过程中的正当性与合理性，强制化和实效化了纳税人权利保护原则，从而有效维护了纳税人的权利。而且，台湾地区的纳税人权利的保护条款在执行过程中更为直接，例如，明确规定了税式支出必须经过评估而且须符合比例原则；不正当方法取得的非真实的自白不得作为课税与处罚的依据等等。与此相比，内地的涉税案件司法化程度相对不高就弱化了内地区纳税人权利保护工作的发展。

（三）台湾地区明确规定了纳税人不应受到过度的处罚。在世界上法治化发达的国家，当地的法律法规严厉禁止执法部门对公民滥施罚款。中国台湾地区，乃至美国，包括我国大陆地区在内都明确禁止双重的处罚行为。在我国台湾地区 1989 年 12 月 30 日修订的《所得税法》中的第 114 条中还对已依法扣缴税款但未按规定期限按时填发扣缴凭单的纳税人的行为设定了必要的限制，目的是通过行政处罚措施来实现和谐的社会秩序，而并非单纯地重罚。此外，台湾地区还对轻微过失责任实行减轻处罚措施。例如在我国台湾地区《纳税人权利保护法（草案）》中第 17 条就明确规定了，如果纳税人不是因为故意或者是重大过失而导致违反规定的，则可减轻对其的处罚。在减轻对其的处罚时，裁处的罚金不得超过法定最高罚金的三分之一，也不得低于法定最低罚金的三分之一。除法律或自治条例另有规定外。

（四）台湾十分重视优化纳税服务。台湾各级国税局都设置服务科，专门负责纳税服务工作。台湾采取灵活多样的申报形式，如网络、电话、传真申报和所得税快递申报；ATM 自动柜员机缴税、信用卡缴税、委托便利商店缴税(税额 20000 元新台币以下) 等便捷多样的缴税途径大大减轻了纳税人缴税的负担。政府认为合理避税是纳税人的权利，体现了宪法信赖保护的原则，在加强纳税人义务宣传的同时，也强调纳税人的权利，税务宣传

册上专门设置了教纳税人如何节税的板块，税务局网站上也设有类似栏目，如台北县政府税捐处的网站的设有“节税E学院”版块,对不同税种的节税方式进行了说明。台湾地区建立了相对完善的沟通机制，保证纳税人的合理诉求能正常沟通和表达。设立专门的约谈室、成立民众抱怨小组，受理各类民众抱怨案件，并对案件的处理结果在网站上予以公示,鼓励对税务人员不廉行为举报，强化对税务人员规范执法的监督，所举报案件一经查实,对举报人予以一定的奖励。

除此之外，台湾地区众多涉税事务方面仍有许多值得大陆地区借鉴之处。例如,在反避税规定中，台湾地区注重防止在避税案件中滥用实质课税措施，以期平衡政府税收与纳税人权利之间的利益冲突,从而可以有效保护纳税人的权利。而大陆地区仍使用审慎且适度的国库主义，其目的更多是保障及时足额地征收税款。又如,在税务争议越来越多、举证责任日益重要的今天,台湾地区在税务实践工作中更倾向于通过协力义务的适当设置以实现税法程序上的公平公正，而大陆地区依然采用比较直接的推定课税的方式以约束纳税人的程序义务。

四、完善我国纳税人权利保护制度的政策建议

(一)完善我国纳税人权利保护的立法工作

第一、加快对宪法的修订与补充。在我国,与纳税人权利保护有关的法律大多是散布于税法、《行政诉讼法》或是《行政复议法》等,却没有在具有最高法律效力的《宪法》明确规定纳税人的权利。而美、英、法、澳、加等西方发达国家以及我国台湾地区都十分重视纳税人的权利问题并将纳税人的权利写进宪法，以明确纳税人权利与义务的对等关系。因此,我国在制定纳税人权利保护的立法工作中应明确我国纳税人所享有的宪法权利。

第二、进一步完善纳税人权利保护的法律体系。首先,在一些发达国家的税法中,把税务征管者与缴纳者平等的权利与义务作为重要内容予以规定,从而制定专门的纳税人权利保护法律,正如澳大利亚最新修订的《纳税人权利宣言》、美国的《纳税人权利法案》、英国的《纳税人权利宪章》、澳大利亚的《纳税人宪章》、西班牙的《纳税人权利法》等法规文件。然而至今,我国税收领域的税收基本法依然空缺，以至于我国税法体系的整体结构不够完善。因此,制定全面规范我国税法体系基本内容的税收基本法是我国发展与完善税收法律制定的必然选择。其次,台湾地区在具体的技术规则上经验对大陆地区法律法规的完善也具有一定的借鉴意义。尽管,台湾地区的“税捐稽征法”及其施行细则的条款数量远不足大陆地区的《税收征收管理法》及其实施细则,但前者在税收稽征流程的功能结构健全上更能体现效率与公平。因此,大陆地区的《税收征收管理法》还可以进一步优化。如,大陆地区可以在核课期间与征收期间、税款保全与限制出境、不依规定期限缴纳应纳税款等方面借鉴台湾地区的经验。

第三、合理划分与界定税收的立法权限。由于政府机构通常是一个国家行使税收行政权力的主体，如果将税收行政立法权与解释权再过多交予政府手中，则难免发生滥用行政权力的恶果。因此，世界上众多国家都对税收的立法权与行政权进行了合理的划分。如美国,税务机关只负责执行税收法律法规,无权解释税法,由财政部门负责颁布解释性法规。而对于税法尚未成型的我国而言,合理发划分与界定税收的立法权限更为重要。

(二)完善我国纳税人权利保护的执法工作

第一,加快转变税务工作人员的执法理念。长期以来，我国对纳税人重义务轻权利的思想根深蒂固,即使税法明确规定了纳税人的权利,现实的种种障碍也难以真正实现纳税人的权利。要改变此现状,首先要转变税务机关的执法理念。对税务机关的所有人员就纳税人服务工作进行专门的岗位培训,并将税务人员的职业规范、服务态度等职业素养方面作出明确规定，使之具有较强的职业道德约束,以实现税收征管者能够公平、公正地对待纳税人，使执法机构真正树立起平等与服务的意识。其次,要在立法过程中,将税收监管转变为税收服务的观念。例如在行政救济方面,台湾地区的税务行政救济程序主要包括复查、诉愿以及行政诉讼等三个主要程序，且这三程序为递进式程序,纳税人应该循先后次序进行。而在大陆地区,其行政救济程序仅包括行政复议与行政诉讼两个程序，并且根据争议事项的不同赋予纳税人救济程序的选择权。

第二，建立完善的纳税人服务机制。长久以

来，我国税务机关缺乏明确统一的纳税服务标准，使得纳税机关的服务工作存在较大的随意性，有时甚至因此而损害了纳税人的权利。因此，明确指出税务机关工作人员的行动准则、指导思想，并规定其提供服务的内容与方式建立全国性统一的服务标准，实行严格的执法责任制，并以法律法规的形式公告于全社会，不断提高税务征收人员的执法透明度，通过提升行政方式来保障纳税人的合法权利。

第三，建立专门的纳税人协调机构，用以处理纳税人遇到的税务纠纷。如中国香港的税务上诉委员会、新西兰的纳税人服务办公室、美国的税务法庭等等。

（三）提升我国纳税人权利保护的意识

第一，通过多种形式宣传普及纳税人的权利与义务。以往，我国“取之于民、用之于民”的抽象宣传方式没有使纳税人切实感受到自己权利的真实性。而在美、英等发达国家，政府机构通过新闻媒体、税务出版物等方式对纳税人的权利进行宣传。许多国家还强制要求税务机关在执法时及时告知纳税人其权利，使纳税人清楚自己拥有什么以及如何有效运用自己的权利，从而能够维护自己的合法权益不受侵害。我国则可借鉴发达国家的宝贵经验，正所谓“它山之石可以攻玉”。

第二，在制定统领全局的税收基本法中要明确规定纳税人在立法与司法方面的民主参与权与监督权。目前，《纳税人权利与义务公告》中纳税人的权利仅仅被局限在税收征收管理过程当中，而对于有关税收的立法和司法环节，纳税人的权利却不曾被提及。而关于纳税人在立法和司法环节的民主参与，则可以通过建立听证制度以实现公众对税收的立法与司法的知情权、发言权与建议权，并要保证公众代表在税收的立法或司法环节的发言权或表决权不会受到法律的追究，从而提高我国纳税人的主人翁意识。

（四）完善社会体系建设，优化我国纳税人权利保护的外部环境

第一，发展与完善我国的税务代理制度。税务代理不仅能够有效弥补税务机关与纳税者在专业与技能之间的差距，使纳税人避免不必要的行政处罚；而且，税务代理人员能够利用自己的专业知识加强对税务机关的监督，从而有助于纳税人权利的实现。在众多发达国家中都存在着一些十分规范的税务代理机构。这些税务代理机构不仅为纳税人提供了优质的社会化服务，他们逐渐也成为税务机关管理工作的重要辅助手段。世界上最早实行税务代理制度的国家是日本，而我国的税务代理业务起步较晚，因此，可以结合我国的实际国情，参照发达国家成功的经验，建立一套适合我国的、完善的税务代理制度。

第二，建立规范的纳税人自治组织。为了保障纳税人的合法权益，许多国家都建立了纳税人协会。它是一个维护纳税人权利的自治组织，可以为纳税人提供税务咨询服务，也可以及时掌握纳税人对税收方面的法律法规的意见，并反馈给税务机关，还可以对纳税人在纳税过程中的权利实时保护。目前，我国纳税人权利保护工作滞后于国际发展，因此建立规范的纳税人协会对保护我国纳税人权利工作起到了积极作用。

参考文献：

[1]庞凤喜.我国纳税人权利问题研究[J].税务研究,2002,2.

[2][日]北野弘久.税法学原论[M].陈刚,杨建广译.北京:中国检察出版社. 2000,17.

[3]于婷.从《纳税人权利公告》谈我国纳税人权利保护的立法完善[J].特区经济.2010,8.

[4]李若谷.纳税人权利保护思考[J].人大建设,2013,1.

[5]台湾地区“税捐稽征法”检讨与借鉴,http://www.dfdaily.com/html/8762/2013/6/25/1019937.shtml.

江苏社科界第八届学术大会学会专场应征论文；2014年12月19日《中国税务报》第7版发表：

综合与分类相结合的个人所得税征管机制研究

江苏省南京地方税务局课题组

【摘　要】任何一种税制模式的选择必须考虑税务机关的征管能力。个人所得税号称“世界第一难”征管税种，其对征管能力的要求更高。我国现行分

类个人所得税制在调节居民收入分配和公平税负等方面明显乏力，需要创造条件向综合与分类相结合的税制模式转型。2013年十八届三中全会再次明确提出，“逐步建立综合与分类相结合的个人所得税制。”历经十余年时间，我国个人所得税制改革迟迟未能取得实质性进展，税收征管能力的制约是一个重要因素。本文借鉴国外个人所得税征管先进经验，剖析了综合与分类相结合的个人所得税制对征管能力的要求，并结合南京市的情况对我国个人所得税征管现状进行分析，进而提出六方面个人所得税征管改革的具体建议。

【关键词】

综合与分类相结合 个人所得税 征管机制

一国选择何种个人所得税税制模式，与其经济发展状况、税收征管水平等有着直接的联系。早在2003年，十六届三中全会公布的《中共中央关于完善社会主义市场经济体制若干问题的决定》中就提出，“改进个人所得税，实行综合和分类相结合的个人所得税制”。2013年，十八届三中全会公布的《中共中央关于全面深化改革若干重大问题的决定》中再次明确提出，“逐步建立综合与分类相结合的个人所得税制”。个人所得税制的改革，和每个人息息相关，也一直是社会关注的热点，历经十多年时间，我国的个人所得税实行的仍然是分类制。在经济快速发展的今天，分类个人所得税制在调节收入差距、公平税负等方面的弊端日益显露，而制约其向综合与分类相结合的税制模式改革的一个重要因素，是当前相对薄弱的税收征管能力。因此，如何有针对性地提高税收征管能力，建立起适应综合与分类相结合的个人所得税制的征管机制，是我国个人所得税制改革中亟需研究解决的重要问题。

一、个人所得税征管机制国际经验借鉴

从世界各国个人所得税制发展情况来看，完全实行分类税制模式或综合税制模式的国家很少，大多数国家实行的是综合与分类相结合的税制模式。各国在税制模式选择上的主要区别在于，有的以综合制为主，有的以分类制为主。较之单纯的分类所得税制，综合与分类相结合的税制模式对征管能力的要求更高，国际上个人所得税征管机制的先进经验值得我们学习借鉴。

(一)完善的税收信息管理系统

信息化是现代税收工作的基础，信息化水平的高低决定着税收征管工作的成效。综观西方发达国家，其信息化管理水平都非常高，很多国家建立了涵盖税源监控、纳税申报、税款征收、违法处罚等各环节的全国联网的税务信息系统。

1.推行税务代码制度。税务代码制度是税务信息化的基础。各国根据自己的国情采用了不同的号码作为个人所得税的税务代码，通过该代码，税务部门可以随时查阅纳税人的缴税情况以及个人信用记录，掌控纳税人的收入来源、经济活动情况和财产状况。如瑞典公民一出生就拥有一个10位数字的终身税务号码，这个号码用于税务申报、银行开户、社会保险缴费等其他一切经济活动，管理十分严格。美国也实行税务编码制度，公民的社会保障号码与税务代码合二为一。美国人一出生就可以获得这一代码，即使外国人到美国工作也要申请这样一个代码，代码终生不变。德国采用的是税卡制度，税卡是一种纳税凭证，凡有收入者需要先将税卡交给雇主，然后由雇主依法申报纳税，税务机关也可根据申报进行核查，税卡制度的应用提高了税务机关的征管和检查效率。

2.实行交叉稽核制度。西方发达国家依托其先进的计算机信息系统，通过纳税人代码归集纳税人、扣缴义务人申报的信息以及从社会其他部门采集的该纳税人信息，并将这些信息进行比对分析，交叉稽核。税务机关只需对交叉稽核软件设定一些标准值，即可通过软件自动对比生成稽核结果。简单的比对往往不够准确，通过进一步对软件进行设定，对各种数据进行分类，从不同角度提高交叉稽核的准确性。对于申报异常的，再进行重点稽核。对稽核发现问题的，严厉处理，并记入个人信用体系。依托发达的信息系统，税务机关能够对纳税人的涉税信息进行高效管理。

(二)严密的税收监控体系

个人所得来源多样，在综合与分类相结合的个人所得税制模式下，各国都建立了较为严密的税收监控体系，以促使个人准确计算申报其所得。

1.强化税源扣缴或预缴制度。各国普遍重视税源扣缴或预缴，主要有两种方式：一是以源泉扣缴为主，辅之以纳税人自行申报，即对于工资收入等采取源泉扣缴方式，对于自主经营所得等收入

采用自行申报的方式；二是实行完全的自行申报，即不对收入进行源泉扣缴，纳税人自行申报所有收入，对于自行申报的纳税人，各国普遍规定需要预缴税款，在纳税年度结束后进行结算，多退少补。美国、英国、荷兰、日本、挪威、瑞典等对税源扣缴或预缴都有明确的规定。如美国法律规定,扣缴义务人必须预扣税款，如果没有履行源泉扣缴义务,则会受到相应的处罚。工薪所得除法国和瑞士外,其他国家主要采取源泉扣缴的征收方式。对于股息和利息所得,OECD 成员国大多数国家采用源泉扣缴；而劳务所得和特许权使用费所得实行源泉扣缴的国家相对较少。对于不适用源泉扣缴的各类所得,一般都设置了累进征收制度,纳税人在取得收入的同时有义务分期向税务局预缴税款。OECD 国家在预扣税款的税率设计上比较巧妙，往往使得预缴的税款稍稍大于全年应该缴纳的税款,让纳税人主动申报申请退税。

2.实行严格的第三方报告制度。第三方信息报告义务，减少了税务机关相对纳税人的信息劣势,有利于加强对纳税人特别是高收入者的监控,促进税收遵从度的提高。如美国、英国、德国等国家的税法明确规定哪些单位和个人负有向税务机关报告信息的义务、报告何种信息以及对不提供信息者给予何种处罚。瑞典、挪威、丹麦和芬兰北欧四国,雇员办理税务登记后,税法规定,纳税人必须将自己纳税代码和可以扣除的项目提供给雇主或法律规定的其他有义务向税务局报送自己信息的第三方，扣缴义务人和获得纳税人信息的第三方必须将获取的信息报告给税务机关。OECD 国家通过法律规定了第三方的信息报告义务，对信息报告的所得类型、类别、纳税人本人的信息项目以及信息报告义务的程序和不履行的处罚等内容都有详细规定，税务机关能够从社会其他部门和组织获取充分信息，从而对纳税人缴纳的个人所得税进行综合评估。

(三)强烈的纳税服务意识

各国个人所得税制设计得都较为复杂，而个人所得税又是直接对个人财富进行征收，为促进纳税人积极主动纳税，各国都十分重视对纳税人的纳税服务工作。

1.通过良好服务促进纳税人遵从。随着经济的迅速发展,纳税人对纳税服务提出了新的要求，各国纷纷建立了完备的纳税服务机构，提供多样化的纳税服务。如美国,不仅从税务登记到纳税申报、税款缴纳再到行政复议,为纳税人提供方便快捷的服务，其服务监督机构还对纳税人的权益进行保护监督。法国税务机关提供免费电话咨询服务以及邮件咨询服务,并且保证电话咨询在 48 小时内答复，普通邮件在 30 日内予以答复，电子邮件在 48 小时内做出答复。同时税务机关还设立公众开放日，接待并处理纳税人提出的各种涉税问题,及时提醒纳税人申报,并为纳税人申报纳税提供有效的帮助。挪威、芬兰、丹麦和瑞典等国则实行“预填制”申报制度,由税务机关根据从各种渠道获取的纳税人信息,填好相关表格,然后发给纳税人核实确认,减轻纳税人申报的工作量,降低其遵从成本。

2.大力推进社会化纳税服务。个人所得税综合计算申报较为复杂，社会化的纳税服务极大地促进了税收征纳工作的发展。如最早实行税务代理制度的日本,目前有税理士 5 万人,雇员 22 万人,大大提高了日本税收的征管效率,使其成为世界上人均税款征收额最高的国家之一。英国成立纳税人协会、推行税务代理、开展“税收志愿者行动”等,帮助纳税人了解税法,履行纳税义务。澳大利亚也充分发挥社会中介组织的作用，形成了由税务部门、税务代理机构和纳税人协会组成的三位一体的纳税服务网络。目前其全国有 2.4 万家税务代理机构,80%的个人都是通过税务代理完成纳税申报和退税，大大减轻了纳税人和税务机关的工作量。

二、综合与分类相结合的个人所得税制对征管能力的要求

税务机关征管能力是选择税制模式一个绕不开的因素。综合与分类相结合的税制模式和分类税制模式相比,所需的征管能力相对较强,成本相对较高。从上述国外的先进经验来看,综合与分类相结合的个人所得税制对征管能力的要求至少包括以下几个方面：

(一)需要强大的信息系统支撑

综合与分类相结合的个人所得税制需要详细了解纳税人的基本情况,包括收入情况、家庭需要抚养和赡养的人口数量、纳税人的健康状况、医疗、教育、保险以及财产情况等等,用来确定合理的扣除项目和扣除标准。这需要建立一个庞大的信息系统,要实现税务部门与银行、工商、海关、公安等部门的联网,对纳税人的收入情况进行有效监控。同时对于纳税人的基本情况要实行“一户式”的电子档案管理,在信息系统中要能够迅速有效地掌握纳税人代扣代缴和年终综合申报的情况,要能够通过信息系统对纳税人的相关信息进行交叉比对稽核,判断纳税人年终综合申报的质量。

(二)需要严格的双向申报制度保障

为防止综合申报造成的税款流失,综合与分类相结合的个人所得税制需要从源头上加强对个人所得税的控制,因此需要有严格的代扣代缴或预缴制度,尤其是对于工资薪金、劳务报酬等纳入综合申报的所得,在支付时也要规定由支付方按一定的税率进行代扣代缴或由纳税人进行预缴,到年终汇总申报时,再扣除已经代扣代缴或预缴的税款。源泉扣缴和自行申报相结合的“双向申报”制度,无论对于个人申报还是家庭联合申报,其在保证税款及时入库和增强纳税意识方面都具有重要的现实意义。

(三)需要高素质的工作人员实施

综合与分类相结合的个人所得税制模式下,有大量的纳税人要进行年终申报,而良好的纳税服务又是促使纳税人主动积极纳税的重要手段,这对税务机关的征管和服务能力都是一个挑战。税务机关必须有集中处理大量数据的征管能力,必须有能及时为纳税人提供优质高效服务的服务能力,这就需要税务机关工作人员具备较高的业务素质和能力,保证税收征管和纳税服务的质量和效率。

(四)需要完善的税收法律为依据

综合与分类相结合的个人所得税征管机制的实施需要以合理的税制设计为前提,并将其以法律形式固化下来,这样一方面有利于规范税收执法,通过有法必依、执法必严、违法必究,从法律层面推动征管能力的提升;另一方面利用法律手段加大纳税人偷逃税的成本,使其违法成本大于违法收益,从而减少其纳税不遵从行为,加强对合法权益的保护。

三、我国个人所得税征管现状分析

我国2005年出台的《个人所得税管理办法》规定,“要建立个人收入档案管理制度、代扣代缴明细账制度、纳税人与扣缴义务人向税务机关双向申报制度、与社会各部门配合的协税制度;尽快研发应用统一的个人所得税管理信息系统,充分利用信息技术手段加强个人所得税管理;切实加强高收入者的重点管理、税源的源泉管理、全员全额管理。”随后,2005、2006年先后制定了《个人所得税全员全额扣缴申报管理暂行办法》和《个人所得税自行纳税申报办法(试行)》,对个人所得税的征管力度有所加强,但受多方面因素影响,目前我国的个人所得税征管仍然存在着诸多问题。

(一)没有建立起科学的个人税务代码制度

西方发达国家普遍实行个人税务代码制度,税务代码与个人信息相关联,在很多经济活动中广泛应用,从而有效监控个人收入状况。我国目前只有在纳税人办理自然人登记时才会产生一个自然人登记号,一则并不是每个纳税人都办理自然人登记,二则即使有自然人登记号的纳税人,该号码也仅仅用于申报缴纳个人所得税,并没有和就业、社保、银行业务等相关联,税务机关无法通过该号码查询到纳税人的收入和财产等经济变化情况,因此其对于个人的收入监控也就作用甚微。

(二)自行申报和全员全额扣缴制度未落实到位

我国纳税人主动纳税意识不强,存在着代扣代缴明细申报不到位、自行申报率低、申报质量不高等问题。以南京市为例,数据表明,目前代扣代缴和自行申报相对较好的领域是工资、薪金所得,而对于高收入人群来说,工资、薪金所得往往只是其收入的一小部分,这就使得个人所得税的收入调节功能大打折扣。

1995 年–2013 年南京市地税局个人所得税各项收入占总收入的比重

表 1

年度	工资、薪金所得所占比重(%)	个体工商户生产、经营所得所占比重(%)	企事业单位承包、承租经营所得所占比重(%)	劳务报酬所得所占比重(%)	稿酬所得所占比重(%)	特许权使用费所得所占比重(%)	利息、股息、红利所得所占比重(%)	财产租赁所得所占比重(%)	财产转让所得所占比重(%)	偶然所得所占比重(%)	其他所得所占比重(%)	滞纳金、罚款所占比重(%)	合计(%)
1995	44.49	7.20	18.04	5.76	1.02	0.31	21.15	0.09	0.95	0.70	0.29	0.00	100.00
1996	52.73	6.63	18.29	4.60	1.00	0.28	11.13	0.06	0.00	0.57	4.72	0.00	100.00
1997	63.58	8.76	14.57	6.69	0.56	0.05	5.17	0.00	0.00	0.61	0.00	0.00	100.00
1998	64.60	10.49	12.27	5.64	0.47	0.04	5.22	0.02	0.00	1.24	0.00	0.00	100.00
1999	67.08	9.73	12.66	3.14	0.58	0.00	4.29	0.25	0.00	1.73	0.00	0.53	100.00
2000	62.89	8.55	11.51	2.07	0.43	0.03	10.61	0.25	0.04	3.09	0.19	0.33	100.00
2001	71.67	3.36	7.06	1.22	0.43	0.05	12.02	0.09	0.14	2.87	0.21	0.88	100.00
2002	73.06	7.57	5.88	1.48	0.42	0.00	9.86	0.06	0.05	1.16	0.00	0.46	100.00
2003	76.24	6.83	5.60	1.55	0.39	0.01	9.15	0.09	0.01	0.11	0.00	0.00	100.00
2004	75.10	7.35	5.67	1.48	0.32	0.05	9.23	0.28	0.14	0.18	0.01	0.20	100.00
2005	74.96	5.38	4.85	1.64	0.27	0.04	11.34	0.45	0.57	0.13	0.00	0.37	100.00
2006	70.89	5.15	5.37	1.75	0.26	0.01	12.69	0.74	1.84	0.96	0.00	0.34	100.00
2007	69.20	4.57	5.96	1.24	0.20	0.00	12.77	0.19	4.51	1.20	0.00	0.14	100.00
2008	58.57	4.50	5.53	1.33	0.17	0.01	14.48	0.15	3.50	1.36	0.24	0.16	100.00
2009	62.83	4.02	5.34	1.16	0.13	0.03	16.32	0.15	7.67	1.91	0.22	0.22	100.00
2010	66.48	4.07	4.82	1.29	0.10	0.02	14.76	0.18	6.67	1.48	0.00	0.14	100.00
2011	60.25	2.93	4.18	1.18	0.08	0.02	15.08	0.17	14.84	1.18	0.00	0.09	100.00
2012	61.76	2.60	4.75	1.73	0.10	0.05	12.81	0.17	13.37	2.54	0.00	0.13	100.00
2013	58.80	2.67	4.45	1.65	0.08	0.02	9.01	0.14	22.30	0.75	0.01	0.13	100.00

从表 1 可以看出,1995 年工资、薪金所得缴纳的个人所得税在全部个人所得税中占比为 44.49%,2013 年达到了 58.80%,而在 2003 年这一比例更是高达 76.24%。相比工资、薪金所得,个体工商户生产、经营所得，对企事业单位的承包经营、承租经营所得,劳务报酬所得,稿酬所得,特许权使用费所得,利息、股息、红利所得缴纳的个人所得税占比均下降明显,而随着经济的发展,收入是越来越多元化的。

2013 年 12 万元以上自行申报税额占总税额的比例

表 2

单位:万元

	工资、薪金所得	个体工商户生产、经营所得	企事业单位承包、承租经营所得	劳务报酬所得	稿酬所得	特许权使用费所得	利息、股息、红利所得	财产租赁所得	财产转让所得	偶然所得
申报数	487947	3102.1	46.4	2446.8	215.0	103.1	80211.6	144.8	23464.2	291.1
征税额	680305	30904	51507	19085	911	267	104239	1604	257983	8629
申报数占征税额的比例	71.72%	10.04%	0.09%	12.82%	23.60%	38.61%	76.95%	9.03%	9.10%	3.37%

表2中,2013年12万元以上自行申报税额占总税额比例较高的是工资、薪金所得和利息、股息、红利所得,分别占到了71.72%和76.95%,而这两项也是代扣代缴比较规范的项目。据统计,12万以上自行申报中有60%~70%都是由企业代报的。

(三)个人所得税征管的配套机制不够完善

一是未建立起全国统一的个人所得税征管信息系统,税务机关对个人所得的信息收集和交叉稽核系统以及银行对个人收支的结算系统尚未建立,税务机关无法快速全面地掌握纳税人收入来源,由此带来较高比例的税收流失。二是我国目前尚未建立居民个人收入的财产申报、登记制度,且多以现金支付个人收入,因而个人收入和财产的隐藏性很强,不利于税务机关掌握控制个人所得税的税源。三是与个人收入相关的第三方信息申报制度还未建立,如对工商管理、文化、广电、出版、证券、房地产、拍卖、外经等部门或行业没有确定申报收入的内容和渠道,税务机关无法对纳税人申报的收入信息进行有效的稽核。四是个人信用约束机制不到位,我国还没有建立起个人纳税信用体系,纳税诚信与否对个人的影响不大,个人所得税征管缺乏良好的社会监督氛围。五是《税收征管法》中许多征收管理办法,如税务登记制度、税收保全措施和强制执行措施等,都明确规定仅适用于"从事生产、经营的纳税人",个人所得税征管中难以充分发挥作用,征管工作缺乏强有力的法律保障。

四、综合与分类相结合的个人所得税征管机制改革建议

个人所得税征管能力的提高对于保证综合与分类相结合的个人所得税模式的实施非常重要。为促进综合与分类相结合的个人所得税制的建立,有必要对我国个人所得税征管机制进行改革完善。

(一)加快全国统一的个人所得税征管信息系统建设

推行纳税人税务代码制度是建立健全个人所得税征管信息系统的基础。根据世界各国的成功经验,建立纳税人识别号并在涉税事务中强制使用,是税收征管规范化和监控税源的有效手段,我国在这方面才刚刚起步,有必要在个人所得税法中作出明确规定,并在个人所得税的征管实践中加速推行。

纳税人识别号在全国范围是唯一的,所有与纳税人取得收入有关的各项活动都离不开这一识别号,个人的所有收入项目都可以通过这一识别号进行汇总和查询。目前,个人的社会保障号码为公民身份证号码,对我国公民,可以考虑以纳税人身份证号为纳税人识别号,并引入公安部身份管理系统校验,确保纳税人对应的身份证号码唯一且真实。对于居民身份证上存在的错号和重号,可以联系公安部门建立统一的纠错机制。如果以家庭为申报单位,用身份证号码做纳税人识别号也有利于为家庭申报创造有利条件。对外籍人员,可考虑由税务机关赋予纳税人识别码,具体设计规则可在现有编码的基础上加以改进。

实施综合与分类相结合的个人所得税制,必然要求纳税人在扣缴义务人预扣预缴的基础上进行年度综合申报,汇算清缴,多退少补。这样必然会出现大量自然人异地年度申报和补、退税处理。税务机关起码要做到:在任何地点都能受理纳税人的年度申报,都能确认纳税人的身份,都能调取纳税人日常纳税记录,并根据纳税人的年度申报信息进行补、退税处理。如此复杂的业务处理,加之自然人的特殊性,只有推广应用全国统一的个人所得税管理系统,实现数据信息的集中和共享,才能实现上述目标。

要推进我国个人所得税征管机制改革,全国税务端必须统一,扣缴义务人端和自行纳税申报端也必须有统一的推荐使用的软件。个人所得税征管信息系统需要涵盖纳税申报系统、财产收入收集系统、代扣代缴系统、汇算清缴系统、补退税系统等系统。税务部门要对纳税人年度申报信息、扣缴单位申报信息以及银行、海关、工商行政管理等社会相关部门提供的涉税信息进行比对分析,从而判断申报的真实性和完整性。

(二)引入夫妻联合申报制度

最基本的纳税单位包括家庭和个人两类。在国外没有单纯的个人申报或夫妻联合申报,而是两者结合,由纳税人自行选择申报方式。当前社会各界对夫妻联合申报寄予了很大预期,认为能考虑赡养老人、孩子抚养教育等家庭性因素,实现个人所得税量能负担的原则。因此,在申报方式上宜引入夫妻联合申报制度。

考虑到现行征管水平，以及中国人口众多、家庭的跨地域性、家庭的差异性和易变形，在制度设计上应以个人申报为主，家庭申报为辅，由纳税人自行选择。对家庭申报要规定一些限制性条件，如完整准确提供家庭各成员收入及纳税情况，各家庭成员支付所得的单位不在同一省级行政区划的暂不适用家庭申报。

在家庭申报的具体设计上，我国的家庭结构较为复杂，建议以核心家庭为基本出发点，即以婚姻关系为基本单位，对于三代同堂等共同生活在一起的家庭，可以采取分拆方式进行纳税申报。费用扣除方面，考虑到夫妻双方共同生活生计费用比单独生活生计费用少的生活事实，夫妻联合申报的费用扣除标准可按单独申报的1.5倍、级距按单独申报的2倍加计计算扣除。附加扣除按照夫妻双方符合条件的人数计算，与单独申报基本一致。

(三)完善预扣预缴与自行申报相结合的征收制度

随着个人收入渠道的多元化和收入形式的多样化，税务机关掌控每一个纳税人的各项收入的难度不断增大，源泉扣缴或预缴已是国际惯用的征收手段，我国在这方面也拥有一的定经验。实行综合与分类相结合的个人所得税制，需要进一步完善目前的双向申报制度。

参考世界各国的经验，为了及时有效组织收入和控管税源，对综合所得必须在支付或取得时预扣、预缴税款；同时，预扣应考虑效率，尽量简单，汇算清缴时考虑公平；结合我国现阶段的征管现状，可以规定对年所得在一定额度下的纳税人不用汇算清缴。此外，为了避免年终汇算清缴时退税面过大，可以规定对不同应税项目采用不同的预扣、预缴办法。

在汇算清缴的时间上，建议给纳税人和税务机关充足的时间汇算清缴，可以考虑以每年3–8月为汇算清缴期，从而方便纳税人安心踏实地度过春节；对税务机关来说，也和企业所得税汇算清缴工作错开一段时间；此外，在暑假还可以聘请大学生、高中生作志愿者参与个人所得税汇算清缴工作，进行个人所得税法宣传。汇算清缴地点方面，可以参照目前年所得12万元以上个人自行纳税申报的地点，夫妻联合申报的可由双方选择一方来确定年终汇算清缴地点。

在扣缴义务人方面，目前个人所得税法规定，“以支付所得的单位或者个人为扣缴义务人”。从征管角度来讲，扣缴制度主要是考虑到对个人的申报控管不易，如果将个人作为扣缴义务人，与个人直接申报并无太大差别，因此可以去除现行税法中将个人作为扣缴义务人的规定。

(四)建设自然人诚信纳税信用体系

目前，国家层面的社会信用体系建设规划即将发布，根据规划，2017年，将建成集合金融、工商登记、税收缴纳、社保缴费、交通违章等信用信息的统一平台，实现资源共享。这无疑将大大推动我国个人所得税征管机制改革。

税收征管层面上，可以将“建立纳税人诚信纳税制度”作为纳税人法律责任的必要补充，征管法中增加针对自然人诚信纳税的专门条款。探索建立纳税人遵从行为记录系统，对于存在违反税收法律法规行为的自然人，核实后将其行为记录在案。加强对个人纳税信用的结果运用，税务机关可在一定条件下对外公布或允许外界查询个人纳税信用情况，对于纳税信用良好的个人，税务机关提供更为全面完善的服务；对于存在过不良记录的纳税人，可以在办理涉税事项时设置更为严格的条件，并作为检查的重点；对有不良记录没有处理的纳税人，规定必须先履行先期的纳税义务，消除不良记录方可办理其他涉税事项。通过守信得益、失信受惩的利益导向促进纳税人自觉履行纳税义务，提高税务机关征管效率。

(五)建立第三方征管保障制度

个人所得税征管是一项复杂的系统工程，需要各有关方面配合。我国《税收征管法》明确规定，“纳税人、扣缴义务人和其他有关单位应当按照国家有关规定如实向税务机关提供与纳税和代扣代缴、代收代缴税款有关的信息”。但目前法律没有具体规定哪些单位有向税务机关提供涉税信息的义务，应该提供哪些信息，怎样提供，如果不提供会有什么后果等。

参考世界上大多数国家的做法，可在个人所得税法中规定“单位和个人有向税务机关提供与纳税人相关的资料信息的义务”。具体需要的第三方信息的内容可由实施条例规定。从目前来看，需要特定所得项目的支付方、交易机构、管理部门向税务机关提交与纳税人的收入、资产和特定支出(税法规定的扣除项目)有关的信息,包括公安部门的个人有效身份信息;储蓄机构的个人存款账户信息、资金流动信息;工商管理部门的股权变更登记信息;拍卖行的拍卖交易信息;二手房转让信息;房屋租赁信息;特许权许可使用备案及特许权转让信息等。完善的第三方征管保障制度可以使税务机关最大限度地掌握纳税人的信息,从而能在纳税人众多、税源分散的情况下,准确判断纳税人申报信息的真实性、准确性,减少个人所得税款的流失。

(六)优化税收征管综合环境

我国是一个大量使用现金交易的国家,而个人财产中最不容易控制的就是现金,税务机关很难通过其他部门查询到纳税人手中掌握的现金,这也是个人所得税征管中的一个难点问题。借鉴国外非现金交易制度的经验,我国一方面要大力推行非现金交易制度,逐步减少和规范现金交易,如要求扣缴义务人健全支付个人收入的方法,推行通过个人银行账户发放工资、报酬等;另一方面,可以规定对超过一定金额的现金交易实行报告制度,这样既能保证经济发展的需要,又能有效控制个人财产的隐匿。

实行综合与分类相结合的个人所得税制,要求纳税人有较强的纳税意识,能主动对其所得进行纳税申报。我国纳税人普遍纳税意识不强,在收入无法全部核实、遵从度低的情况下,个人所得税制的改革迟迟难以进入实质性阶段。而这不是税务机关一个部门可以解决的,需要全社会共同努力,形成良好的护税协税的社会环境,打牢个人所得税征管的基础。当然,在这一过程中,税务部门要发挥主导作用,要树立服务理念,多举措引导纳税人自愿遵从;要加强税法宣传,培养纳税人的纳税意识;要推动税法修订,完善个人所得税改革的法制环境;要推广税务代理,发挥中介机构的专业特长。

参考文献:

1.刘军:《国外个人所得税征管经验及借鉴》,《涉外税务》,2011 年第 3 期

2.李华、朱洁:《建立综合和个人分类相结合的所得税征管制度研究》,《涉外税务》,2011 年第 2 期

3.刘军:《适应我国综合与分类相结合个人所得税制的征管能力研究》,《地方财政研究》,2011 年第 7 期

4.华雅琴、张志忠:《我国个人所得税税制模式转轨需要解决的若干问题》,《涉外税务》,2009 年第 10 期

5.王士新:《我国个人所得税征管若干问题研究》,西南财经大学 2012 年硕士学位论文

6.IBFD 在线数据库 http://online.ibfd.org/kbase/

7.OECD, mental Fundamental Reform of Personal Income Tax, OECD Tax Policy Studies No.13, 2006

8.Tax Administration in OECD and Selected Non-OECD Countries: Comparative Information Series (2010)

9.高培勇、张斌:《个人所得税:迈出走向"综合与分类相结合"的脚步》,中国财政经济出版社 2011 年版

10.贾康:《实施个税综合改革条件具备》,《中国证券报》2010 年 4 月 6 日

课题组组长:钱家俊

课题组成员:郭智华、阮春芳、张健

执笔:郭智华、张健

《中国税务报》2014 年 12 月 10 日发表:

房地产税立法改革的国际借鉴研究

赵建华　严志敏

开征房地产税是财税体制改革的重大举措之一,是理顺中央和地方财政收入分配体系,构建合理的地方税体系,保证地方财政可持续发展的重要保证。十八届三中全会提出:"加快房地产税立法并适时推进改革"。目前很多国家(地区)已形成了较为成熟的房地产税制,虽然不同国家在房地产保有环节征收财产税类税种的背景可能各不相同,税种的称谓不尽相同,如财产税、不动产税等,

具体制度安排、税收立法权划分、税收收入归属等方面也各具特点，但都为政府提供了较为稳定的收入来源，是整个税制体系的重要组成部分。研究国外房地产税的税种设置及税制要素等情况，对于指导我国未来开征房地产税具有重要的现实意义。

一、各国(地区)房地产税征收的基本情况

大部分国家(地区)都对房地产在保有环节征收一般意义上的财产税。有些国家(地区)是将土地与房产合并征税，如美国、德国、加拿大、南非等；有些则是将土地和房产分开征税，如澳大利亚、俄罗斯、波兰、中国台湾等。有的将住宅与其他房地产分开征税，如英国对住宅房地产征收市政税、对工商业等其他房地产征收商业差饷。有的还将法人房产与自然人房产分开征税，如俄罗斯分别设置法人财产税、自然人财产税等。具体来说：

(一)征税范围

大部分国家(地区)都是对所有房地产普遍征税，即便是家庭唯一住房也要征税。但有的国家(地区)有一些特殊规定，如德国对于一定面积以内的居民自有自用的住宅，只就其所占用土地的价值征税，建筑物可免税；意大利对业主自住的第一套住宅不征税(豪华房产除外)，只对第二套及以上的住宅征税。

(二)计税依据

绝大部分国家(地区)是按财产资本价值或租值征税。如日本、韩国、中国台湾、美国、加拿大、南非是按评估的资本价值（某一规定年度的市场交易价值)计征；新加坡、中国香港、中国澳门则是按评估的租值(合理预期的每年租金总额)计征；英国对住宅征收的市政税按资本价值计征，对其他房地产征收的商业差饷则是按租值计征。德国的土地税按统一评估价值计征，而第二套房产税则是按租值计征。澳大利亚的土地税按资本价值计征，市政税的计税依据各州不同，有的州按土地价值、有的州按房地产的资本价值或租值计征。波兰按土地面积和房产使用面积分别计征房地产税。

(三)税率

国家(地区)间差别较大。有的对建筑物和土地分别适用不同的税率，或根据房地产的用途分别确定税率。如韩国财产税规定，别墅适用的税率为 4%，其他住宅适用 0.15%–0.5%的累进税率；非住宅类房地产，其建筑物和土地分别征税，各类用途的建筑物和土地所适用的税率不同。有的根据政府预算确定税率，如美国和加拿大一般根据每年地方政府的预算和税基评估总额计算确定税率，各年度间税率不一。中国香港差饷税税率名义上每年由立法会决定，但实际上从 1999 年起一直是 5%。有的实行固定比例税率，如日本固定资产税的税率是 1.4%，都市规划税最高税率为 0.3%。有的实行累进税率，如新加坡财产税采用 0%–6%的累进税率。

(四)税收优惠

在房地产保有环节，一些国家(地区)在一般财产税中对居民住宅给予税收优惠。如法国的财富税对纳税人拥有并居住的主要住房，在计税时可以扣减 30%的税基。新加坡每个纳税人可就一套公寓享受 4%的优惠税率（一般为 0–6%的累进税率)。韩国规定居民住宅的计税依据为市价的 60%，其他房地产的计税依据则为市价的 70%。不少国家(地区)还对伤残人士、退伍军人、老年人及收入水平很低且住房条件较差的家庭给予一定的税收减免，对政府机关、宗教与慈善机构、学校和医院等房地产不征税。

二、各国(地区)房地产税的政策取向

纵观各国(地区)房地产税的税制安排，可以看到其政策取向有以下两个特点：

(一)主要用于保障地方政府财政收入

房地产保有环节的财产税主要定位于基层政府稳定的收入来源，政策保持长期平稳，不会根据房地产市场变化情况而调整。这是因为，首先，这一税种是对所有保有的房地产征税，政策调整涉及面广，即便是实行差别化税收政策，操作难度也较大。其次，这一税种按年征收，在一年之内税收是恒定的，无法根据市场变化情况及时调整。再次，这一税种是基层政府的主要财政收入来源，税基与政策需要保持相对稳定。此外，房地产是一般居民的最主要财产，不可移动且易于发现，对其征收财产税与纳税人当年的所得不直接相关，但税收负担却与纳税人的切身利益直接相关，调高税额易遭致公众的反感。中国香港、中国澳门、新加坡还将财产税作为财政工具，在金融危机和特殊时期(如 SARS 爆发期间)实行退还与宽免，或采取降低税率的方式减轻财产所有者的税收负担。

(二)房地产税对房地产市场的调节作用。

应当指出,从市场经济规律看,供求关系对价格起决定性作用,房地产价格的涨跌受多种因素影响,征收房地产税,会影响房地产持有人的持有成本,对房地产市场有一定的调节作用。通过增加住房持有成本,可以引导购房者理性地选择居住面积适当的住房,从而促进土地的集约节约利用。同时,对个人住房征税,增强房地产保有成本意识和风险意识,引导投资观念趋于理性,促使部分闲置房产进入交易市场或租赁市场,尽可能盘活存量,提高房产使用效率。此外,理性购买者将根据房地产税制设计原则选择理想中的"税负最低"的房产,从而,间接影响供给方的开发行为,促进房地产市场健康发展。但是税收政策只是调节房地产市场的配套措施之一,税收政策发挥作用的时机很重要,政策运用不及时可能使其效果大打折扣甚至会因时过境迁而起相反作用。

三、我国房地产税功能定位的基本考虑

随着经济的发展,我国现行房地产税制相对滞后,税收的调节作用有限的矛盾已经有所显现。房地产市场快速发展的同时,也出现了住房市场供需结构不合理、保障性住房供给不足、空置房产较多、中心城市房价增幅过快等问题,引发社会各界对房地产税改革的诸多诉求,如筹集财政收入、优化资源配置、调节财富分配、引导住房合理消费、提高地方政府公共服务能力、优化税制结构以及调控房价等。然而,我国的国情决定我们不能完全照搬房地产市场成熟、稳定国家的经验,只能通过进一步完善税制,从考虑基本住房需求免税扣除逐步过渡到普遍性征税,稳步增加收入规模,逐步实现各项目标。综合考虑国际经验和我国实际,我们认为现阶段我国的房地产税功能主要定位于促进房地产市场健康发展、调节居民收入分配和培育地方税主体税种。

(一)促进房地产市场健康发展

现行税制规定,对经营性房地产依据房产原值(或租金收入)和使用面积分别征收房产税和城镇土地使用税。两个税种同时征收存在功能重复问题,且征税范围较窄,按照房产原值计税导致纳税人纳税成本同其实际经营发展不相匹配,税收收入不能随着经济增长和房地产增值而适度增长,不利于有效发挥税收的收入和调节职能。立法后,经营性房地产改按评估值征税,计税依据能够真实反映房地产的实际价值,税收弹性增加。同时,不同区域房地产的评估值有高有低,部分纳税人趋于从中心城区向周边地区转移,从而更好地发挥调节土地级差的作用,促进土地资源集约有效利用,促进房地产市场健康发展。

当前,我国对个人住房没有征税,税收的调节职能未能充分发挥。我国人多地少,需要对居民住房消费进行正确引导,在保障居民基本住房需求的前提下,对个人住房征收房地产税,通过增加住房持有成本,可以引导购房者理性地选择居住面积适当的住房,从而促进土地的集约节约利用。同时,对个人住房征税,增强房地产保有成本意识和风险意识,引导投资观念趋于理性,促使部分闲置房产进入交易市场或租赁市场,尽可能盘活存量,提高房产使用效率。此外,理性购买者将根据房地产税制设计原则选择理想中的"税负最低"的房产,从而,间接影响供给方的开发行为,促进房地产市场健康发展。

(二)调节居民收入分配

当前,我国城乡区域发展差距和居民收入分配差距依然较大,国家统计局公布的我国2012年基尼系数为0.474,已超过国际上公认的0.4容忍红线,收入分配不公,贫富差距加大已成为社会关注的焦点。居民财富主要有两种表现形式:增量财富和存量财富,存量财富中主要是房地产。现行税制对居民增量财富主要靠个人所得税调节,但缺乏对存量财富的调节,不利于资源的合理利用。而且,随着房地产市场的不断升温,房价呈逐年上升态势,在一定程度上更加大了贫富差距。十八届三中全会要求规范收入分配秩序,完善收入分配调控体制机制和政策体系。征收房地产税正符合中央的这一要求。对个人住房在持有环节征税,可以弥补个人所得税在调节收入分配差距方面的局限性,在某种意义上正是对这部分存量财富的再分配。同时,房地产税征税对象是房地产,但用于支付税款的却是纳税人的收入,对房地产征税也可以说是对居民财富再次分配。通过合理的税制设计,对个人住房选择性征税,让占用资源多者多缴税,更能体现出房地产税的调节存量财富分配功能。

(三)培育地方税主体税种

当前财税体制改革的一个总体目标是稳定税负。随着"营改增"的逐步扩围,地方税收占全部税收收入的比重将大幅下降，地方财源受到严重影响,需要培育地方税主体税种,完善地方税体系。房地产税对房屋及土地征税，其征税对象具有不可移动、易于地域划分的特性,而且其税源稳定、税基波动较小，可以为地方政府提供持续稳定的收入来源,具备成为地方税主体税种的良好属性。但我国基本国情决定，房地产税成为地方税主体税种必须经历一个由近及远的渐进过程。

改革初期,要充分考虑目前经济发展形势,须保障经营性房地产税负稳定，并对居民基本住房需求给予免税扣除,收入规模受限,地方税主体税种功能难以显现。

长远看,随着我国经济社会的发展,居民收入水平提高,住房条件改善,以及财政制度改革,公众对房地产税会逐步认同，征税逐步覆盖所有住房,房地产税收入规模将不断扩大,使其成为地方税主体税种。进而促进政府职能转变,逐步建立事权和支出责任相适应的财政制度，引导地方政府改善公共设施建设,提升公共服务能力,促使周边房地产价值的升值,从而吸引更多的投资,带来更为丰厚的税源,形成财政收入、经济发展和社会进步的良性循环。

四、我国房地产税改革的税制要素设计

根据房地产税的功能定位，在制度设计上应保证一定的收入规模，实现多占资源多缴税的目标,体现国家对房地产消费的导向等;同时还要符合"简税制、宽税基、低税率、严征管"的税改方向。从发达国家的经验看,增加保有环节的税收,减少交易环节的税收，更有利于房地产市场的良性发展。因此,在制度设计上也应秉承这种观念。具体在以下几个方面有所考虑：

(一)实行房地合一作为征税对象

首先，我国目前实行的是房屋所有权与土地使用权相结合的房地产权结构，房屋的所有权人与土地的使用权人主体一般是一致的，对房屋的转让和土地使用权的转让要求也是同步的。

其次,"房随地走""房地不分家",房产的升值主要体现在一定时期内对土地使用权的垄断所带来的收益上。

再次,按照当前国际主流的做法,包括英国、美国、新加坡、法国等发达国家和墨西哥、智利、阿尔及利亚等发展中国家，均实行房地统一征税的税制。

(二)工商业房地产与住房税制要素设计有所区别

房地产税作为一种财产税，征税对象是具有实物形态的土地及房产。社会生活中无论是用于经营性的房地产，还是个人生活居住使用的房地产,均属于房地产税的征税范围。房地产税立法是一种顶层设计,须考虑立法的全面性和长效性,必须明确规定出全部的征税对象，应同时包括工商业房地产与个人住房，但这两类房地产的所担负的社会功能、使用方式存在较大差异,我们认为对此两类房地产的部分税制要素设计上应区别对待。

(三)增量、存量住房均应纳入征税范围

增量住房为房地产税开征时点之后新取得的住房。存量住房是房地产税开征时点之前取得的住房。

增量、存量住房均应纳入征税范围,并按统一标准征税。主要基于以下几点考虑：

1.对存量住房征税不违背"法不溯及既往"的原则

"法不溯及既往"是一项基本的法治原则。通俗地讲，就是不能用今天的规定去约束昨天的行为。房地产税对法律明确规定的实施时间之后的持有行为征税,对实施之前的持有行为不征税,因此,不违背"法不溯及既往"的原则。从国际经验看，征收房地产税的国家大多在开征之时即实行普遍征收,不区分存量还是增量住房。遵循这一原则，并不意味着仅能对增量住房征税。从根本来说，是否将存量住房纳入征税范围是由立法目的决定的,与"法不溯及既往"的原则不存在冲突。

2.对存量住房和增量住房统一征税符合税收公平原则

房地产税是一种财产税，征税对象是以房屋或土地形态存在的房地产。存量住房和增量住房虽然存在购买时间的差异，但在自然形态和享受公共服务方面，没有本质性的差别，理应统一征税。如果仅对增量住房征税,实际上是在偏袒既得利益者,对被征税一方不公平。

3.对存量住房和增量住房统一征税有利于充

分发挥房地产税的功能作用

房地产税在保有环节征收，会增加住房所有人的持有成本。对存量住房和增量住房统一征税后,出于对持有成本增加的考虑,部分住房所有人可能会将空置、投资的住房用于出租、出售,或者换购与其纳税负担能力相匹配的住房，从而产生挤出效应,增加市场供给,提高住房的使用效率,促进房地产市场的健康发展。统一征税也更有利于发挥房地产税在调节财富分配方面的作用。

(四)考虑基本住房需求扣除

依据国际经验，绝大多数国家和地区对房地产税都实行普遍征收，房地产税的征收特点应是宽税基、低税率。因此对于征税对象的确定,应按照“普遍征收,由大到小,量能负担”的思路——先将绝大多数房地产纳入征税范围，再通过税收减免优惠等对具体征税对象进行调整。但在现阶段,考虑到我国住房制度改革时间不长，居民收入水平和税负承受能力等国情因素，在开征房地产税的初期,应当给予一定的基本住房需求扣除。

五、我国房地产税改革的实施步骤

《中共中央关于全面深化改革若干重大问题的决定》提出的“加快房地产税立法并适时推进改革”和“落实税收法定原则”,实际上已经对立法先行予以了明确。房地产税改革应当立法先行、统一实施。客观上,先行立法也比继续扩大试点具有优势:一是解决房地产税开征的合法性问题。如前所述,尽管沪渝的房产税扩围试点已经三年多,但是对于试点的合法性仍存在较大争议。对房地产税先立法后推行,充分落实了税收法定原则,避免了房地产税开征是否合法性这一根本问题。二是通过立法可以推进改革的进程。房地产税应当“开门立法”,立法过程也是形成共识的过程,可以增强改革认同,减少改革阻力,协调社会各方的关系,包括国家和纳税人、立法与行政、中央与地方、政府与市场等，唯此才有可能达成被普遍遵守的行动规范，而普遍遵守意味着具备了统一实施的条件,无需再分步实施。

当然,房地产税制改革涉及方方面面,不可能一蹴而就,应该按照现实情况及变化,分别设定近期目标与长远目标,渐进式逐步实施。

就近期而言，一是针对结构性减税和营改增的逐步扩围,作为地方政府收入的重要补充,解决当前财政体制中地方政府“土地财政”的“燃眉之急”和过度依赖财政转移支付造成的低效率。二是针对房地产市场投机、投资需求“挤占”刚性需求的现状，影响居民主观上的消费观念和客观上的预算约束,引导住房理性消费。

就长期而言,一是通过简并现行税种,逐步提高直接税比重，使房地产税成为地方的主体税种之一,不断完善税收制度。二是夯实房地产税作为地方政府的稳定收入来源,为其提供公共服务,转变各项职能,提供充足的财力支持,进而实现事权与支出责任相匹配的财政体制改革总体目标。

基于法律的严肃性、权威性和稳定性,立法工作必然要具有一定的前瞻性,制定、公布和执行之后应在一定时期内保持稳定。具体地,对于改革近期要完成的目标,自然应当在立法当中体现,并应集中各方力量努力实现。而对于改革远期目标,也应该在立法当中有所体现，对于目前尚无法实现的,可通过税收减免等方式暂缓,待条件具备、成熟后再行开征。

如前所述,房地产税制改革涉及方方面面,只能采取逐步推进实施的模式，将改革各阶段的目标与分步实施的进程相统一,相协调,做到循序渐进。

首先是区分征税对象,先经营性房地产,后个人住房。这是因为对于经营性房地产,目前已有房产税和土地使用税,社会接受度较高,征管基础也较为扎实,可在立法伊始由各地分别执行;而对于个人住房征税,从无到有,媒体和民众的关注度极高,且涉及到异地持有房产的情况,应待条件基本成熟后在全国范围内统一实施。

其次，个人住房房地产税的开征也应做好各项前期准备,进行广泛而深入的税收宣传,科学引导社会舆论,用各种方式普及纳税教育;同时做好征管上的各项准备,并给予市场一定的缓冲期,让市场各方能够消化开征房地产税产生的冲击和影响。

江苏省地税局《研究报告》2014年第26期发表:

南京市税收增长、经济发展和产业结构关系研究

郑良　张祖贤　南冰峰

【内容提要】本文应用对数平均D氏指数法(LMDI)和回归分析法,基于2007-2013年数据对南京市税收增长、经济发展和产业结构的定量关系进行了实证研究。结论显示,近年来南京市经济税收发展较为协调,其中,经济发展对税收增长的产出效应最大,结构效应次之,税负效应最小,三产增加值与二产增加值之比每提高1%,能带动总税收、增值税、营业税和企业所得税各增长4%、3.1%、3.5%和4.1%。

【关键词】
税收增长　产业结构　税收弹性　LMDI分解

一、前言

税收增长与经济发展和产业结构的关系研究向来深受学术界重视,经济决定税收,税收反作用于经济的基本关系已被一致认同,近年来,在探索税收高速增长的定性研究中,学术界先后提出"三因素""四因素"及"六因素"等理论,都将产业结构变化看作影响税收增长的重要因素。国内关于三者定量关系的研究多分为两类,一类侧重于对税收弹性、税源结构、行业税负的描述性统计,一类侧重于建模分析。由于分析方法的局限,一般的描述性统计无法解释三者间的深层次关系,建模分析则无法摆脱模型误差造成精确性较差的弊端。本文应用前沿统计分解技术—对数平均D氏指数法(LMDI),基于南京市2007-2013年经济税收数据,对税收增长与经济发展和产业结构的相关关系进行实证分析,探索二者影响税收增长的内在机理并予以量化,进而提出促进经济税收协调发展的对策建议,具有一定的理论和现实意义。

二、南京市经济税收发展现状

(一)经济总量及产业结构发展现状

2007-2013年,南京市地区生产总值由3284亿元增长至8012亿元,年均增长16%,其中,二产增加值年均增长13.6%,三产增加值年均增长18.3%,三产发展速度大幅领先。南京市产业格局也逐渐完成了由二、三、一到三、二、一的过渡,2007年三产增加值首次超过二产,此后领先优势逐渐扩大,三次产业比重逐渐由2.6:48.9:48.4发展到2.5:43.1:54.4。

2007-2013年南京市三次产业比重及增速

表1

年份	第一产业	第二产业		第三产业	
	比重	比重	增速	比重	增速
2007	2.6%	48.9%	18.2%	48.4%	19.4%
2008	3.1%	46.4%	10.2%	50.4%	21.0%
2009	3.0%	45.7%	9.0%	51.3%	12.8%
2010	2.9%	46.4%	20.6%	50.7%	17.1%
2011	2.7%	44.9%	18.6%	52.4%	26.7%
2012	2.6%	44.0%	14.8%	53.4%	19.4%
2013	2.5%	43.1%	8.9%	54.4%	13.3%
平均	2.8%	45.6%	13.6%	51.6%	18.3%

第三产业快速发展对南京市地方经济的带动作用显而易见,这种带动在提升就业方面表现得同样明显,2007-2013年,南京市总就业弹性系数(就业弹性系数是从业人数增长率与GDP增长率的比值。即GDP增长1个百分点带动就业增长的百分点,系数越大,吸收劳动力的能力就越强,反之则越弱。)平均为0.27,即地区生产总值每增长1%,能带动就业率提升0.27个百分点,其中二产就业弹性系数平均为0.14,三产就业弹性系数为0.35,说明二产、三产增加值每增长1%,能分别拉高各自就业率0.14和0.35个百分点。

2007-2013年南京市就业弹性系数

表2

年份	二产就业弹性系数	三产就业弹性系数	总就业弹性系数
2007	0.13	0.38	0.24
2008	0.06	0.14	0.12
2009	1.08	0.85	0.94
2010	0.17	1.18	0.66
2011	0.00	0.26	0.17
2012	0.04	0.21	0.15
2013	0.06	0.38	0.29
平均	0.14	0.35	0.27

(二)税收总量及税负水平发展现状

2007-2013年,南京市总税收由670亿元增长至1668亿元(不含耕地占用税和契税,下同),年均增长16.4%,税收弹性系数(税收弹性系数即税收增幅与GDP增幅之比,是评价经济税收是否协调发展的重要指标,普遍认可的税收弹性合理范围在0.8-1.2之间。)平均为1.03,经济税收发展较为协调。其中,二产税收由398亿元增至933亿元,年均增长15.2%,平均弹性系数为1.12,三产税收由272亿元增至731亿元,年均增长17.9%,平均弹性系数0.98,三产税收增幅领先,但二产税收依然是南京市税收的主要来源。

第二产业中,以“油烟电汽”为代表的传统工业贡献了相当比重的税收总量,2013年此四大行业共入库税收487亿元,占南京市工业税收的52.2%,南京市工业结构偏重的现状可见一斑。第三产业税收弹性系数为0.98,与理想值非常接近,但同时也说明南京市三产税收增幅滞后于其经济增速,南京市第三产业中房地产业和商贸业等传统服务行业占比较高,税收产出的边际效应已呈递减趋势,2013年房产业和批发零售业贡献税收447亿元,占服务业税收的61.1%,商务服务、技术服务等现代服务业税收贡献相对较小,制约了南京市第三产业及其税收的发展。

从行业税负看,2007–2013年南京市平均税负(3、总税负为总税收与GDP的比值,行业税负为行业税收与行业增加值的比值。)为21.5%,其中二产平均税负27.5%,三产平均税负17.2%,第二产业税负偏重,这是因为对工业制造业而言,由于税制设计原因,在生产环节要征收高税率的消费税,在销售环节收增值税,对企业实现的利润征收所得税,共同作用的结果导致第二产业的税负居高不下。造成第三产业税负整体不高的原因是第三产业内部存在大量科教文化和公共管理等非营利性组织,它们创造的大部分增加值是低税甚至是无税的,一定程度上稀释了第三产业的整体税负。

2007–2013年南京市税收弹性系数和税负

表3

年份	GDP增幅	税收增幅	税收弹性系数	总税负	二产税负	三产税负
2007				20.4%	24.8%	17.0%
2008	16.2%	18.2%	1.13	20.8%	25.5%	17.5%
2009	10.9%	18.2%	1.67	22.1%	28.9%	17.2%
2010	18.5%	22.1%	1.19	22.8%	28.9%	18.3%
2011	22.6%	21.5%	0.95	22.6%	29.8%	17.5%
2012	17.2%	8.5%	0.49	20.9%	27.5%	16.4%
2013	11.3%	10.7%	0.95	20.8%	27.0%	16.8%
平均	16.0%	16.4%	1.03	21.5%	27.5%	17.2%

注:为计算税收弹性系数,此处GDP增幅已还原为现价计算。

三、税收增长影响因素的实证研究

(一)研究方法

根据统计分解技术对税收进行分解,总税收为各行业税收之和,先做以下假设:

T=总税收;T_i=行业税收;Y=总加值;T_i=i行业增加值;$S_i=Y_i/Y$,i行业增加值比重;$I=T/Y$,总税负;$I_i=T_i/Y_i$,i行业税负。则以下关系式成立:

$$T=\sum_{i=1}^{n} T_i=\sum_{i=1}^{n} Y\times\frac{Y_i}{Y}\times\frac{T_i}{Y_i}=\sum_{i=1}^{n} Y\times S_i\times I_i \quad (1)$$

显然,总税收可分解为总产出、产业结构和行业税负三种因素影响的综合指标,若研究税收的变动情况,可根据此等式进行税收增速和税收增量的分解。

以R代表税收增速,做乘法分解:

$$R=\frac{T^t}{T^o}\times\frac{\sum_{i=1}^{n} Y^t\times S^t_i\times I^t_i}{\sum_{i=1}^{n} Y^o\times S^o_i\times I^o_i}=R_y\times R_s\times R_i \quad (2)$$

等式(2)将税收增速分解为三部分,其中R_y为经济对税收的产出效应,表示产业结构和行业税负恒定时,GDP变动对税收的影响;R_s为产业结构效应,表示GDP和行业税负恒定时,产业结构变动对税收的影响;R_i为行业税负效应,表示GDP和产业结构恒定时,行业税负变动对税收的影响。同理,税收增量可做加法分解:

$$\Delta T=T^t-T^o=\sum_{i=1}^{n} Y^t\times S^t_i\times I^t_i-\sum_{i=1}^{n} Y^o\times S^o_i\times I^o_i$$

$$=\Delta T_y+\Delta T_s+\Delta T_i \quad (3)$$

ΔT_y、ΔT_s、ΔT_i分别表示加法分解下的产出效应、产业结构效应和行业税负效应,即其他因素恒定时,GDP变动、产业结构变动和行业税负变动带来的税收增量。

本文应用对数平均D氏指数法(LMDI)对上述等式进行分解分析。目前学术研究中常见的指数分解方法有Paasche分解法、AMDI分解法、LMDI分解法、Laspeyres指数分解法等,每种方法都有其优点和适用范围。与其他方法相比,LMDI

分解法具有以下几个优点：一是可以实现完全分解,不产生误差项且解是唯一的,其最终结果说服力和解释力更强；二是乘法分解的结果具有加法的性质；三是乘法分解和加法分解有着一一对应的关系,乘法分解和加法分解之间可以相互转化；四是不同部分效应合计与总效应具有一致性。基于上述优点,本文选用 LMDI 分解作为研究方法,分解结果显示等式(2)的解为

$$R_y=exp(\sum_{i=1}^{n} W_i\, ln\frac{Y_i^t}{Y_i^o});$$

$$R_s=exp(\sum_{i=1}^{n} W_i\, ln\frac{S_i^t}{S_i^o});$$

$$R_i=exp(\sum_{i=1}^{n} W_i\, ln\frac{I_i^t}{I_i^o});$$

$$\text{其中 } W_i=\frac{(T_i^t-T_i^o)/(lnT_i^t-lnT_i^o)}{(T^t-T^o)/(lnT^t-lnT^o)}$$

等式(3)的解为：

$$\Delta T_y=\sum_{i=1}^{n} M_i\, ln\frac{Y_i^t}{Y_i^o}$$

$$\Delta T_s=\sum_{i=1}^{n} M_i\, ln\frac{S_i^t}{S_i^o}$$

$$\Delta T_i=\sum_{i=1}^{n} M_i\, ln\frac{I_i^t}{I_i^o}$$

$$\text{其中 } M_i=\frac{T_i^t-T_i^o}{lnT_i^t-lnT_i^o};$$

(二)数据选取

所选指标和数据皆为南京市 2007—2013 年经济税收数据，数据来源于南京市统计年鉴和南京市国、地税局。税收收入如前文所述不含耕地占用税和契税，且由于我国 2006 年已取消农业税,一产税收和一产增加值并无明显对应关系，二者数字相对二、三产都非常微小,因而本文所取经济税收数据均剔除了一产数据。在行业的选取过程中,根据统计年鉴和税收统计口径，将二产分为工业和建筑业,三产分为交通运输业、批发零售业、金融业和其他行业。

表 4　**数据选取**

年份	项目	第二产业		第三产业			
		工业	建筑业	交通运输业	批零业	金融业	其他
2007	增加值比重	44.2%	6.1%	5.8%	11.4%	6.5%	26.0%
	行业税负	25.9%	16.9%	5.4%	21.0%	9.1%	19.9%
2008	增加值比重	41.5%	6.5%	5.4%	11.6%	8.5%	26.6%
	行业税负	26.8%	17.6%	6.6%	24.2%	10.2%	19.1%
2009	增加值比重	40.0%	7.1%	5.3%	10.9%	8.3%	28.4%
	行业税负	30.8%	18.3%	5.5%	24.6%	11.7%	18.2%
2010	增加值比重	41.2%	6.6%	5.4%	10.6%	8.6%	27.6%
	行业税负	30.7%	17.6%	5.4%	25.6%	10.5%	20.4%
2011	增加值比重	40.0%	6.2%	5.8%	11.0%	9.2%	27.8%
	行业税负	31.5%	18.9%	4.6%	23.4%	10.5%	20.2%
2012	增加值比重	39.2%	6.0%	5.0%	10.7%	10.3%	28.8%
	行业税负	28.7%	19.4%	4.8%	20.5%	11.1%	18.9%
2013	增加值比重	38.4%	5.8%	4.7%	10.6%	10.8%	29.6%
	行业税负	28.1%	20.3%	5.2%	19.9%	11.9%	19.3%

(三)分解结果分析

1. 经济发展是支撑南京市税收快速增长的根本保障。从 LMDI 乘法分解结果看,2007—2013 年,南京市税收增长指数为 2.49,其中产出效应为 2.11,具体到每一年,产出效应也均明显高于结构效应和税负效应(详见表 4)。从加法分解结果看,2007—2013 年，南京市总税收共增加 994 亿元,其中产出效应带来了 840 亿元的税收增量，增收贡献达 84.5%,具体到年,各年度详细情况如表 5 所示,2009 年产出效应贡献较低,仅为 55.6%,当年南京市地区生产总值增长 11%,远低于税收 18.3% 的增幅，结构效应和税负效应共同带来了另外 44.4% 的增量;2010 年产出效应贡献最高,为 102.2%，结构效应和税负效应反而拖慢了税收增速。总体来看,产出效应无疑是促进南京市税收增长的绝对动力,只有保持稳定的经济增速,地方财力才能得到根本保障。

2. 产业结构变化对税收增长影响显著。从乘法分解看,2007—2013 年,结构效应指数为 1.12,除 2010 年结构效应低于 1，也就是制约了税收增长

外,其余年份结构效应都与税收变动保持同向。从加法分解看,2007–2013年,结构效应带来了123亿元的税收增量,增收贡献12.3%,虽远不及产出效应,但对税收增长的贡献依然非常显著。其中2008年结构效应贡献达到33.4%,税收增量的1/3得益于产业结构优化,当年,南京市三产增加值和三产税收分别增长22%和24.4%,为历年最高,第三产业的税收贡献带动了税收的快速增长。

3. 税负的提高并非税收增长的显著原因。从乘法分解结果看,2007–2013年,税负效应指数为1.04,每年的税负效应也都在基数上下徘徊,税负的变动对税收增减的影响比较有限。从加法分解结果看,2007–2013年,税负效应带来了32亿元的税收增量,增收贡献3.2%,远低于产出效应和结构效应的贡献,其中2012年税负效应的贡献为–20.6%,是影响最为显著的一年,当年南京市宏观经济趋于低迷,实体经济和服务业发展都受到很大影响,当年二产税负和三产税负分别由上年的29.8%和17.5%降至27.5%和16.4%,总税负由22.6%降至20.9%。

税收增速乘法分解

表5

年份	总发展速度	产出效应	结构效应	税负效应
2007–2008	1.18	1.11	1.06	1.01
2008–2009	1.18	1.1	1.02	1.05
2009–2010	1.22	1.23	0.98	1.02
2010–2011	1.22	1.17	1.05	0.99
2011–2012	1.09	1.13	1.00	0.97
2012–2013	1.11	1.07	1.01	1.00
2007–2013	2.49	2.11	1.12	1.04

税收增量加法分解

表6

年份	总增量(亿元)	产出效应(亿元)	结构效应(亿元)	税负效应(亿元)	产出效应贡献(%)	结构效应贡献(%)	税负效应贡献(%)
2007–2008	119	72.7	39.7	6.6	61.1	33.4	5.5
2008–2009	144	80	15.9	48.1	55.6	11.0	33.4
2009–2010	205	209.5	-10.3	5.8	102.2	-5.0	2.8
2010–2011	248	198.7	56.4	-7.1	80.1	22.7	-2.9
2011–2012	118	136.7	5.6	-24.3	115.8	4.7	-20.6
2012–2013	160	142	15.2	2.8	88.8	9.5	1.8
2007–2013	994	840	122.5	32	84.5	12.3	3.2

(四)产业结构影响税收增长的再分析

产业结构变化对税收的影响已得到证实,下文对这种影响进行深层次的量化研究,在借鉴前人研究的基础上,构建以三产、二产增加值之比为自变量,税收总量为因变量的回归模型,为消除可能存在的异方差,对各变量取自然对数,以$\ln TAX$表示总税收的对数,$\ln STR$为三产、二产增加值之比的对数,建立模型如下:

$$\ln TAX=a+b\ln STR+\mu$$

此外,本文分别用增值税、营业税和企业所得税替代总税收,分析产业结构变动对不同税种的具体影响,增值税、营业税和企业所得税的对数分别用$\ln VAT$、$\ln BT$、$\ln ET$表示。数据选取依然采用南京市2007–2013年的经济税收数据。

回归模型数据

表7

年份	lnSTR	lnTAX	lnVAT	lnBT	lnET
2007	–0.0106	6.5073	5.3279	4.6540	4.8442
2008	0.0829	6.6708	5.4116	4.7449	5.2417
2009	0.1167	6.8384	5.5797	4.9273	5.0752
2010	0.0879	7.0370	5.7137	5.0562	5.3423
2011	0.1538	7.2342	5.8348	5.1591	5.6560
2012	0.1933	7.3159	5.9428	5.3891	5.6937
2013	0.2331	7.4170	6.0521	5.4467	5.7683

回归结果显示,四个模型仅所得税项的可决系数=0.8438,其余均大于0.9,说明产业结构变动率对税收总收入及各项税收均具有显著性影响。系数b分别为0.04、0.031、0.035和0.041,表示产业结构变动率每变动1%,总税收将同向变动4%、增值税、营业税、企业所得税分别同向变动3.1%、3.5%和4.1%。

对比来看，产业结构变动率对企业所得税增长的促进作用较大，南京市作为省会城市和“长三角”重要增长极，总部经济较发达且多集中于第三产业，总部经济的所得税汇集效应突出，因而三产的占比提高带动了企业所得税的快速增长。营业税受产业结构变动率影响次之，增值税受影响最小，这与税基的构成基本吻合，二产是增值税的主要来源，三产比值的提高自然导致增值税增幅低于营业税和总税收增幅。另外，由于“营改增”的影响已经存在，模型对于增值税和营业税的解释多溯及过往，而不适用以后，对总税收和企业所得税的解释能力则继续具有说服力。

四、结论及建议

本文基于LMDI分解法剖析经济影响税收的内在机理，是研究经济税收关系的一种新探索，主要研究结论有：南京市近年来经济税收发展比较协调，但以油烟电汽为代表的第二产业依然是税收的主要来源，第三产业的发展仍有欠缺；税收增长的影响因素中，经济产出效应最大，行业结构效应比较明显，行业税负变动则对税收的增减影响有限；三产与二产增加值之比每提高1%，能带动总税收、增值税、营业税和企业所得税各增长4%、3.1%、3.5%和4.1%。基于本文的研究成果，提出相关建议：

理论方面，消除了其他效应影响的经济增长、结构优化、税负变化可作为影响税收变动的基本指标，可以根据LMDI分解法建立“税收分解指数体系”，作为税收监测和政策制定的依据。

实践方面:

*一是要高度重视经济税收协调发展。*正确处理好税收与经济增长的关系，根据本文研究，税收收入的增长主要依赖于经济的持续稳定增长，而经济增长存在着上下波动的周期性，税收的增长必然也会受到这种周期性波动的影响。将税收增长有高有低作为一种规律性现象看待，才能够避免一味追求税收高增速的行为。当经济增长回落时，继续对税收提出高要求，将不可避免提高微观企业税负，不利于经济增长的恢复。因此政府及税务机关要牢固树立依法治税、税收与经济相协调、可持续增长三个观念，正确处理好当前需要与长远发展的关系、正确处理好放水养鱼与应收尽收的关系，既不能违背政策、擅自减免，又不能杀鸡取蛋，竭泽而鱼，要形成税源培植的整体规划和策略，提高税收收入质量，保持合理的宏观税负水平，促进全市经济社会科学发展、和谐发展。

*二是加速推动工业结构转型调整。*大力推进产业高端化，以增强核心竞争力为目标，以打造重点产业链高端环节为支撑，紧紧围绕自主创新和技术进步，实施重点突破，加快产业高端化进程，促进制造业向高端环节延伸。引导企业的生产制造体系加快向研发设计和销售服务延伸，主动承接高新产业和高端技术转移，积极引进产业链高端环节，引进研发机构和地区营销总部，提高产业竞争力。有条件的地区要大力发展总部经济，做强做大电子信息、装备制造等支柱产业。推动工业化与信息化融合，推进生产装备信息化，提高工艺水平和生产效率，推进企业管理信息化，促进企业资源优化和管理水平提升，推进产品流通信息化，扩大企业电子商务应用。

*三是大力发展和优化第三产业结构。*在加快第三产业发展的同时，将调整和优化第三产业内部结构摆在突出位置，在稳定税基的基础上，着力解决传统服务业比重过高、现代服务业发展明显滞后和不足的问题。在提高现代服务业市场化水平的基础上，努力促进第三产业多元化，加快发展信息、金融、旅游、休闲、物流、咨询、技术服务等现代化服务业，大力发展文化产业。大力发展生产性服务业，实现生产性服务业与先进制造业和现代农业的融合互动发展，鼓励发展为钢铁、汽车、电子信息、石油化工等支柱产业配套服务的现代物流、信息服务等生产性服务。

*四是充分发挥税收政策引导产业结构升级的作用。*税收政策的调整要契合产业政策的战略方针，税收优惠政策的实施方式要灵活多样，充分利用税收政策的导向作用和杠杆作用，发挥税收在扩大就业规模、改善就业结构、引导传统产业改造升级、促进高新技术快速成长等方面的能动性，不断培育形成新的经济增长点，促进经济发展的同时确保税收自身的健康快速增长。

参考文献：

[1] 万莹、史忠良，《中国地区间税收负担率与产业结构关系的实证分析》，首都经济贸易大学学报，2009(6)。

[2]李波,《宏观税负、产业税负与结构性减税政策》,税务研究 2010(1)。

[3]冯瑜,《产业结构调整与税收增长分析》,税务研究 2011(7)。

[4]武少芬,《我国税收收入与产业结构关系的对接分析》,经济问题,2011(7)。

[5] 贾莎,《税收“超速增长”之谜:基于产业结构变迁的视角》,财政研究 2012(3)。

[6]韩秀兰、王久瑾,《地方税收、经济增长与产业结构—基于对数平均D氏指数方法的分解分析》,税务研究 2013(12)。

省地税局《研究报告》2014 年第 2 期发表:

构建税务部门绩效管理体系的实践与思考

季志春

【内容提要】十八届三中全会明确提出绩效管理是转变政府职能的重要改革举措。对税务部门来说,全面引入绩效管理理念,有效开展绩效管理是紧迫的任务。本文介绍了南京地税局在绩效管理体系建设中的主要做法,总结了南京局在绩效指标建立优化、能级管理、绩效管理过程监控等各方面的优秀经验和成果,突出了以人为本、以能为本的核心思想。在此基础上,对进一步在税务机关中加强绩效管理体系建设提出了建议。

【关键字】绩效管理;绩效指标体系;考评机制

党的十八届三中全会审议通过的《中共中央关于全面深化改革若干重大问题的决定》,明确提出“严格绩效管理,突出责任落实,确保权责一致”,把绩效管理作为转变政府职能、创新行政管理方式的重要改革举措。绩效管理是一个正在不断发展的管理课题,对于税务组织来说,全面引入绩效管理的理念,全面开展有效地绩效管理,也是一项崭新的事物。这需要勇气,需要智慧,也需要耐心地审时度势、顺势而为、因地适宜、与时俱进地把现代绩效管理的理论和方法,应用于税务组织的实际,才能产生预期的效果。江苏省南京地方税务局(以下简称南京地税)自成立以来,一直坚持科学发展的思想,通过导入现代绩效管理体系,为南京地税事业发展营造出新动力、新活力。近年来,南京地税连续两次荣获"全国文明单位"称号,连续两次在全国省会城市国地税纳税人满意度调查中排名第一,连续八年蝉联省局综合考核第一名。2012 年,在全市万人评议机关活动中,以 94.28 分位列所有参评部门第一名。

一、构建科学合理的绩效管理体系的主要做法

绩效管理体系既是一种激励约束机制,更是一种工作导向。从 1995 年以来,南京地税建立和推行以“三级岗考”为主体内容的绩效考核体系,按照一级考目标、二级考任务、三级考行为的要求,对岗位设置、岗位考核标准、考核办法及结果运用等展开了多方面的探索,使全体成员逐步接受和习惯绩效管理的基本理念和运作方式。从 1999 年开始,南京地税以“建设服务型税务,实现税务管理现代化”的战略目标为引导,积极引入外部专家机制,开展“二次创业”,先后实施税收征管、干部人事、行政管理三大改革和信息化建设,推行“能级管理”和“管理标准化”,探索了一种以战略导向和改进为主线、以能力和绩效评价为核心的绩效管理体系(图 1 绩效管理与战略管理的系统整合原理示意图、图 2 南京地税绩效管理体系模型图)。通过对原有考核体系的诊断调查,以现代绩效管理理念为指引,确立了“1(全面质量管理体系 TMS)+1(绩效管理)”的管理框架(图 3 “1+1”管理模式示意图),重新界定工作业绩的衡量标准,把组织绩效目标与干部个人的绩效指标有机结合在一起,将个人利益与组织绩效、个人绩效更紧密地挂起钩来,进一步强化团队与合作,注重过程管理,注重组织绩效的持续提升。该项目受到国家人事部及中国人事科学院有关领导的高度重视,2004 年被列入国家社会基金项目《中国地方政府绩效评估系统研究》的专项研究,并出版《南京地税绩效管理实证研究》《税务组织绩效管理理论与实践》专著。主要做法是:

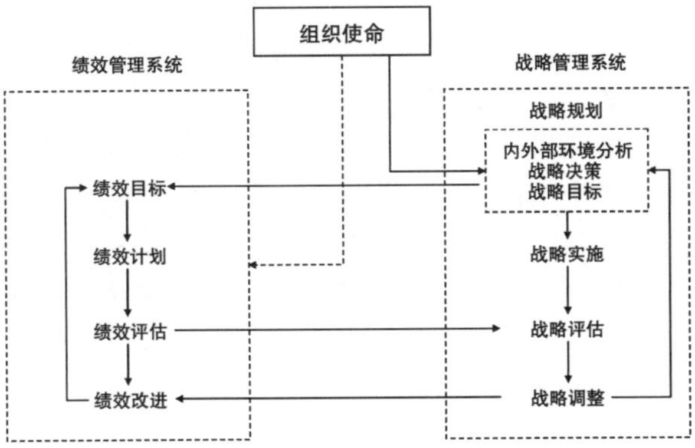

图1 绩效管理与战略管理的系统整合原理示意图

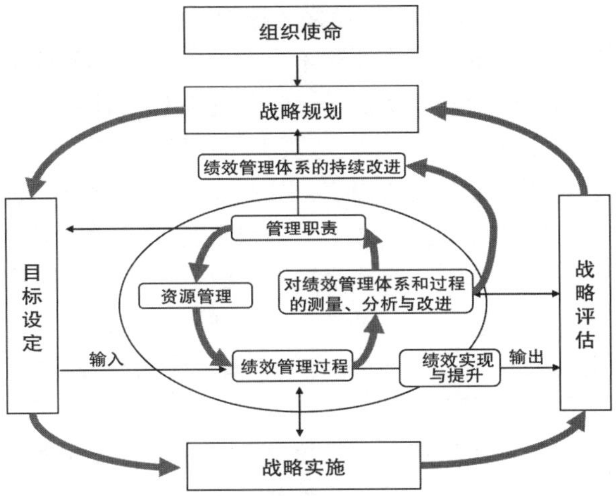

图2 南京地税绩效管理体系模型图

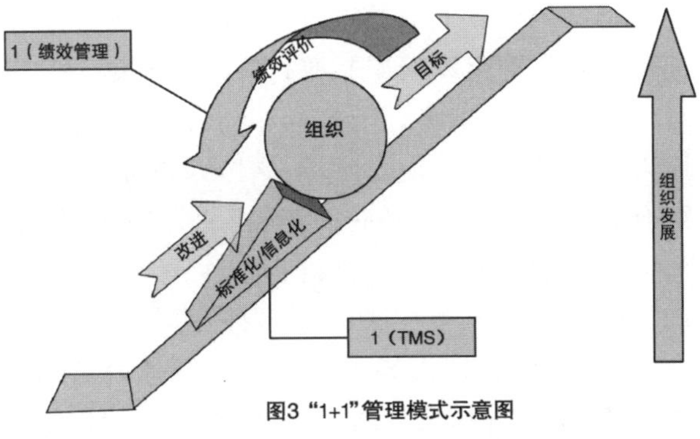

图3 “1+1”管理模式示意图

一是倡导以能为本绩效价值观。1998年以来，南京地税积极探索实践对干部的能级管理（图4能本管理概念图），将人的能力作为管理对象和管理核心，以干部的实际输出能力（即业绩）作为判断干部、使用干部、评价干部、加强干部培训的基本依据和出发点，从理念和政策导向上促进个人价值与组织发展目标的融合与统一，逐步建立起适应税务事业需要的能力阶梯，为组织发展提供有效的人力资源保障。通过对个人能力发挥与工作绩效进行量化考评，客观公正地反映出被考评者所取得的岗位成绩与贡献，为公务员考核中“德、能、勤、绩”的评价要求提供了可行的方法。

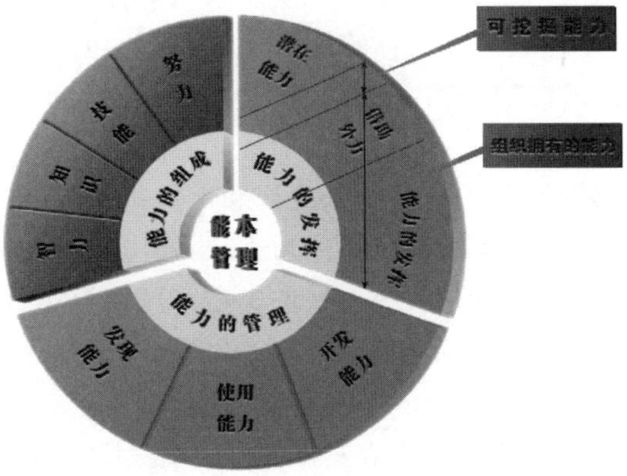

图4　能本管理概念图

二是建立四维度绩效指标模型。南京地税综合应用了战略管理、标杆管理、价值管理、质量管理、项目管理和信息技术管理等理论方法，采用平衡计分卡(BSC)的方式，遵循国家公务员考评规定和上级部门的要求，建立了四个维度的绩效指标模型（图5南京地税绩效指标设计与平衡计分卡原型的对照图）：职能行使类（衡量组织履行职能的实际成效，主要是一些关键结果型指标）；管理运作类（衡量组织为保证其战略目标的实现而对其重要管理过程加以控制的水平，主要是一些重要过程型指标）；外部评价类（衡量组织外部对组织从事业务过程和结果的认可程度、满意程度，也是衡量组织对社会贡献的重要依据之一，主要是一些相关的事后评价型指标）；创新发展类（衡量组织在运作过程中所表现的应变能力、创新能力、可持续发展能力，主要是一些评估型指标）。

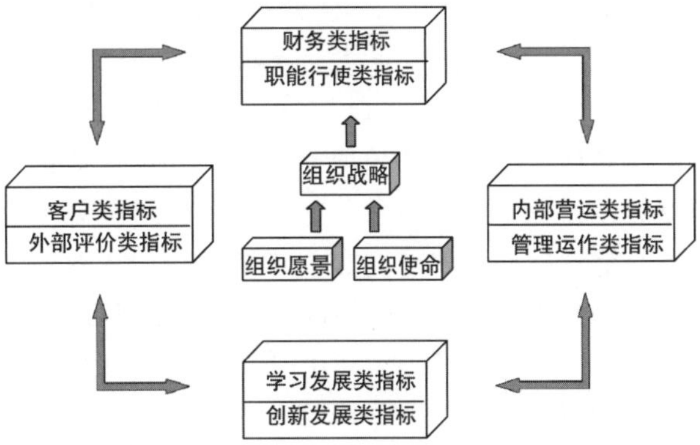

图5 南京地税绩效模型与平衡计分卡原型的对照图

三是对考核对象分类分级管理。南京地税以绩效模型为基础,运用KPI(关键绩效指标)等管理技术,遵循充分性、适应性和有效性的原则,分四个层级构建了一套符合税务工作实际的绩效评价指标体系(图6南京地税绩效指标体系结构),确保了绩效考评指标的目标导向。主要包括:市局级核心绩效指标(是整个组织的核心目标,也是进行指标分解的源头,侧重于量化的结果指标);一级绩效指标(主要是指基层局和市局机关的指标,其中税收业务以量化指标为主,另外还有政务公开类、专项管理类、投诉处理类和行风评议类等共性指标);二级绩效指标(主要是指基层科所分解市局机关或基层局主要任务的指标);三级绩效指标(主要是衡量个人在具体工作任务、工作流程和规范、工作行为准则等方面的关键指标)。在个人绩效指标的设计上,还针对不同职级干部的考评要求,以不同维度加以区分,有效提高了考评工作的针对性和可操作性。

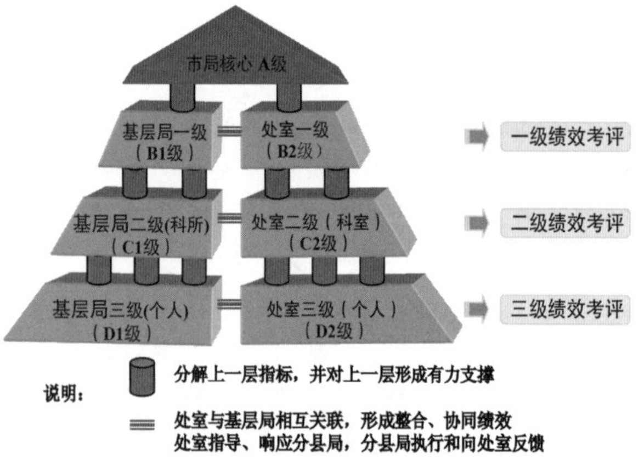

图6 南京地税绩效指标体系结构

四是优化和改进绩效考评方式。考评方式是为考评内容和效果服务的,南京地税根据不同时期的考评内容和要求,不断调整和完善考评方式。2010年,南京局改变过去对考核指标完成情况采用单一扣分的方式,采取扣分与加分相结合,不仅重视考核指标的完成情况,更加关注重点指标完成的差异程度,通过加分鼓励被考核单位力争更高的绩效标准和要求。同时,在考核中引入双向评价机制和重大问题"一票否决"机制,不断提升考核的针对性和有效性。2013年,在职责履行类指标中,对应征管改革要求,按照"征、评、管、查"及综合进行分类调整。在各个考核维度中进一步简并考核指标,突出考核导向,加强对不同税收事项的分类管理,保证绩效考核方式与税收实际工作紧密结合、同步推进。

五是做好绩效指标优化工作。南京地税开展绩效考核工作多年,考核的公平、效能和效率一直是关注和追求的目标。特别是面临不断复杂的考核环境和日益提高的考核要求,增加考核的量化指标、提升考核指标的客观性和可比性显得更加迫切和重要。随着近年来税收工作职能变化和上级考核要求提高,考核内容更加繁杂,考核指标不断增加,不仅影响了考核工作的导向作用,也加重了基层单位的负担。简化考核指标势在必行,特别是简并与中心工作关联不大和低价值、事务性工作的考核指标,从而进一步强化考核的针对性和有效性,切实提高绩效考核工作效率。2013年,南京地税积极落实总局、省局减轻基层负担要求,进一步推动群众路线教育实践成果转化,开展考核优化专项工作,调减市局B1级绩效46个考核指标点,调减比例为28.22%。调减后绩效指标更加突出税收职能考核,提高了考核工作效率,减轻了基层负担,受到基层普遍欢迎。

六是注重强化过程控制和管理。绩效管理是一个系统工程,对绩效管理过程的监控是一项必不可少的管理活动(图7南京地税绩效管理过程模型)。南京地税的绩效管理在组织机构上,按照委员会、考评组、自评者三个层级展开(图8南京地税绩效管理组织构架),实行"考、评分离"和"以自评为基础,平时考评与抽样相结合"的考评组织原则。在考评方法上,针对不同考评指标的要求,综合运用了自查法、平时检查、相关方反馈、测评/评议法、内审、外审、计算机自动生成数据、统计法、问卷调查法、集中抽查等多种考评测量方法。在指标制定、工作指导、绩效考评、绩效改进的各个环节,都要进行充分的沟通(图9南京地税绩效管理的沟通),共同制定解决问题的办法,实现经验共享。建立通报预警机制,市局各处室及直属单位就重要工作指标在半年考核和全年考核前对基层单位进行预先通报和指导,改进和提升基层单位日常工作水平。优化系统半年绩效通报方式,调整考核通报内容,加大量化指标反馈力度。加强对基层单位年终绩效自查工作的指导,完善年终绩效通报方式,加强工作措施和成果的经验交流,提高考核反馈的科学性、针对性和借鉴性。在解决绩效考评争议上,南京地税设置了申诉程序,并对争议进行制式的核查,确保考评的公正、公平。

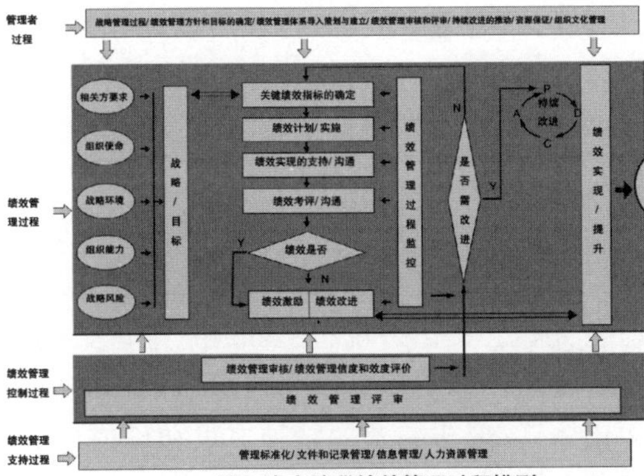

图7 南京地税绩效管理过程模型

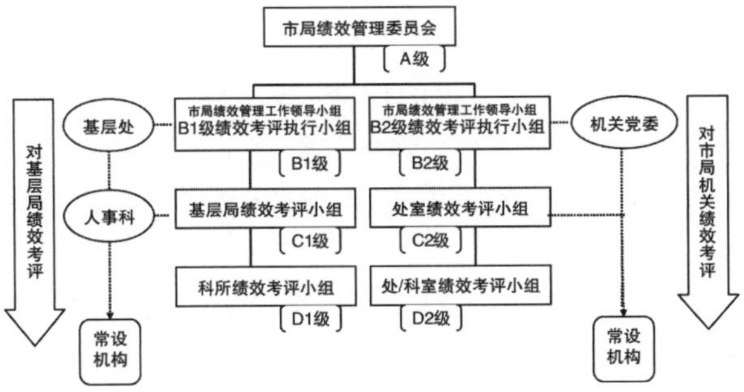

图8 南京地税绩效管理组织架构

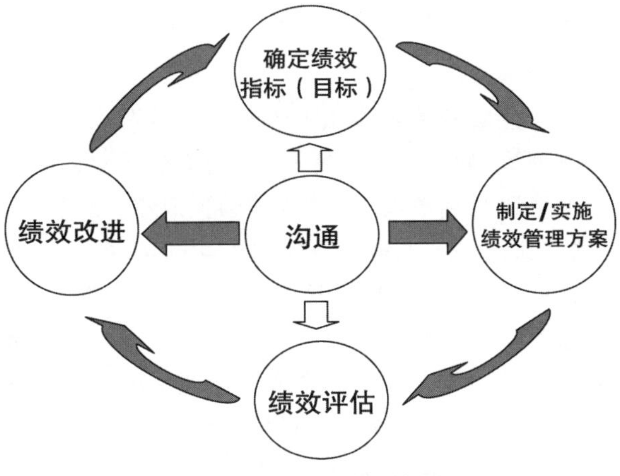

图9 南京地税绩效管理的沟通

七是不断完善信息化支撑手段。南京地税先后进行了金力三期、金力四期、局长效能监控系统、税收业务岗位绩效分析系统等一系列行政和业务系统的开发应用,强化了绩效信息的采集、传递、分析和使用功能,基本实现了对组织整体绩效、个人工作业绩等重点情况的实时、连续的跟踪和监控。通过采取“机考”和“人考”相结合的方法,提高了考评效率,增强了客观性、时效性和规范性。

八是综合运用绩效考评结果。南京地税始终把改进和提升作为导入和实施绩效管理体系的主要目的,坚持按照PDCA(计划、实施、检查、改进)改进过程的要求,对通过绩效考评发现的问题,作为创新思路、改进方法、提高质量的基本依据。考评结果运用不仅仅局限于绩效奖励发放,更作为领导班子和领导干部考评、年度公务员考核、评优评先、能级评定、职位变迁、岗位调配、能力培训与职业发展等方面的重要依据,从而有效发挥绩效管理在强化干部队伍建设上的激励、约束和导向性作用。

二、绩效管理有力地推动了全局工作水平的提升

通过多年的探索和实践,绩效管理在南京地税组织战略目标的实现、日常工作的开展、组织能力的提升等方面起到了强有力的导向、保障和推动作用。

(一)全面完成包括组织收入在内的各项核心指标,税收工作业绩持续攀升

组织收入克难攀升,2013年南京地税组织各项收入突破千亿大关,达到1019.1亿元。征管效能进一步提升,南京地税征管机制和流程不断优化,国地税在联合征管等方面的合作进一步深化拓展,税收秩序进一步规范。通过加强重点行业和重点税源管理,征管质量和效率得到明显提升。不断推进电子办税,成功运用省级大集中系统,涉税信息应用广度和深度进一步拓展,统一的综合税源监控平台逐步建立。依法治税深入推进,南京地税的税收执法行为进一步规范,多家单位被评为“省级依法行政示范点”。2013年,全系统共查补入库税款7.45亿元,较好地履行了以查促收、以查促管、以查促改的职能。权力阳光运行机制逐步建立,政务环境进一步改善,为政府机关职能转型积累了宝贵经验。

(二)优化纳税服务,落实税收政策,服务水平明显提升

南京地税树立“以顾客为关注焦点”的理念,成功打造“地税直通车”品牌,开展以“免填单、审批前置、同城通办”为主要内容的办税服务优化工作。在2012年全国纳税人满意度调查中,南京局以综合得分90.21分,再次位居26个省会城市国地税第1名。加强办税厅规范化建设,大力推进网上办税服务,网上办税率达90.3%,位居全省第一。2013年,12366咨询量141.7万人次,处理“12345”政府热线转办电子工单1865件,综合满意率位列全市1000单以上职能部门第一。网站访问量突破4300万人次,被评为江苏省文明网站。积极打造“主动型税政”,出台了一系列服务“跨江发展”和“五大中心”建设、高新技术企业发展、现代服务业发展、高级人才引进的措施。坚持“一手抓收入,一手抓服务”,积极落实各项税收优惠政策,2013年共办理减免税101亿元,较好发挥了税收调节经济分配、促进地方发展的职能作用。2012-2013年向市委、市政府报送《透过税收看经济》19期,受到市领导的充分肯定和高度重视,党委政府的满意度进一步提升,推进了组织与社会的共同发展。

(三)以人为本,突出岗能建设,干部队伍素质稳步提高

加强领导班子建设,市地税局党组中心组被表彰为全省首届学习型领导班子建设先进集体。坚持从严带队,安全履职,实现了5年“三个没有”:没有一起刑事案件,没有一起职务犯罪,没有一起严重违纪。南京地税在全系统广泛开展“三争三创”好班子争创活动,积极推进干部人事制度改革,分级分层次开展干部教育培训,干部教育培训的针对性和实效性不断提高,全系统干部“三师”(注册税务师、注册会计师、律师)比例达22.8%。深入开展“标兵科所”创建和“地税标兵”评选活动,大力推进党风廉政建设和反腐败工作,扎实开展民主评议政风行风工作,连续十年荣获“市级机关思想作风建设先进单位”称号,被授予“江苏省文明单位”、南京市作风建设“人民满意单位”称号,推进了组织成员与组织的共同发展。

三、对税务部门实施绩效管理的思考和建议

绩效管理是一项长期、复杂、需要不断优化的过程,也是世界各国公认的难题之一,是一个值得管理学界和管理者探索的永恒主题,需要与时俱进、不断创新、规范运作、持续改进。经过多年的探索实践,我们也认识到,现行的税务行政管理体系仍有较大的改进和完善空间,要按照国家税务总局推进税收现代化的工作要求,进一步转变组织职能,创新行政管理方式,坚持顶层设计与基层探索相结合,加快建立具有税务特色的绩效管理模式,让绩效管理在激发干部活力、促进管理创新中发挥重要推进作用。主要体现在:

一是要进一步加强文化引领,强化干部的思想认同。文化是一个组织的灵魂。要不断优化完善文化理念,确立“文化兴税”发展战略,推进文化建设的创新发展,切实建立起与组织愿景相适应的税务文化体系,形成一致的精神追求和价值导向,传播积极向上的正能量。要把绩效管理与构建现代税务组织体系紧密结合,通过培训、研讨、评价、反思等方法教育引导全体干部职工进一步树立现代管理理念,科学思维、创新方式、系统推进、持续改进,确保税务组织的使命、战略愿景、核心价值得以顺利实现。要加强绩效管理工作研究和理论创新,及时总结宣传绩效管理的创新经验、有效做法,凝聚共识,增强信心,营造持续改进工作氛围,确保绩效管理与税收工作融会贯通,与其他管理工具综合应用。要加强组织领导,坚持“坚定不移地搞、积极稳妥地推、持续不断地改”总要求,打造激发活力、增强动力、“人人向上共树税务形象”的管理品牌。强化绩效管理工作人员培训,增强业务操作技能,逐步建立一支具有专业素养的绩效管理干部队伍。

二是要将绩效管理工作与《中华人民共和国公务员法》的精神进行有机融合,不断探索公务员分类管理的新思路。实施人才强税战略,完善干部梯次成长机制,加强税务领军人才的培养,进一步优化后备干部的选拔、培养、考核和使用机制,积极探索领导干部选拔积分制,不断推动领导干部选拔的民主化、科学化进程。加强干部的交流换岗,探索开展跨系统、跨部门、跨地区的挂职锻炼,强化与系统外的干部交流,拓展干部培养的渠道。探索公务员管理的新途径,根据税务系统岗位的性质、任务和要求,完善能级管理制度,逐步建立健全主体明确、责权统一、层级清晰、奖惩分明的岗位职责规范体系,合理设置职位及其能力素质标准,严格考核竞聘,调动和发挥广大税务干部投

身税收事业和实现自我价值的积极性。

*三是要进一步加大绩效管理的激励约束力度，积极探索建立干部综合评价机制。*坚持争先进位、奖勤罚懒的激励导向，积极探索不同形式的公务员奖励举措，把精神奖励、物质奖励、待遇奖励等纳入奖励范畴，丰富奖励层次和内容，有效调动干部争先创优的积极性。面对税务机关干部管理中“能上不能下”“能进不能出”的问题，要以绩效管理为基础，积极探索建立干部综合评价机制，把好进人关，有效解决“干与不干一个样、干多干少一个样、干好干坏一个样”的“大锅饭”问题，全面提升税务干部职业道德水平、工作能力、敬业精神和执行力，打造一支干事有激情、做事高标准、遇事敢负责、处事能坚韧的税务干部队伍。

*四是要不断优化绩效指标体系和考评机制，推动税务组织科学发展。*遵循行政管理的基本规律，围绕税收中心工作和深化改革，加强整体设计和统筹规划，实施分类分级管理，坚持权力与责任、过程与结果相统一，定性与定量、奖励与约束相结合，做到内容科学、体系完备、操作简便，增强工作的前瞻性、科学性、协调性。在层级管理上要做到简政放权、释放活力、突出重点、科学考评，不层层加码，不越俎代庖，给基层留有空间、留有余地，构筑“一级抓一级，一级对一级负责”的责任体系。要处理好重点与一般、共性与个性、稳定与动态的关系，进一步提炼考核要素，突出考核重点，简约考评方法，优化考评指标，逐步完善绩效指标体系。要强化重点工作、税收业务工作的考核权重，弱化对低价值、事务性工作的考评，不断提高业绩评价的科学性和准确性，防止急功近利和弄虚作假，防止“考评抗拒效应”的产生。要强化科技支撑，增强绩效管理信息化程度，不断提高绩效管理工作质量和效率。要真正把“以人为本”的思想引入绩效管理之中，强化绩效沟通和绩效帮助，全面推行绩效的分析评价和交流反馈制度，培育共同提升绩效的良好组织氛围。坚持将工作落实、持续改进作为绩效管理的落脚点，把绩效改进纳入整体的改进机制加以管理，做到“有不足就一定会改进、有改进就一定有结果”，强有力地推动绩效的不断提升和税务组织的科学发展。

（责任编辑：楚天佑）

干部队伍建设

队伍建设

概 述 2014年,南京地方税务局以中共十八届三中、四中全会精神和习总书记系列重要讲话为指导,坚持"20字"(信念坚定、为民服务、勤政务实、敢于担当、清正廉洁)好干部标准,坚持安全履职,坚持创新、创优、创效发展思路,通过抓班子和人才队伍建设,完善干部管理机制制度,规范干部管理,激发队伍活力,为系统建设提供有力的组织和人力资源保障。一是巩固和深化党的群众路线教育实践活动成效。市地税局和基层单位分别召开党的群众路线教育实践活动总结会,总结教育实践活动开展情况及主要成效,就后续整改落实提出要求,当场组织民主评议。二是加强领导班子和领导干部队伍建设。以学习贯彻党的十八届三中、四中全会精神为主线,组织开展12次中心组学习。分三期组织处以上干部开展制式脱产培训。依托南京师范大学"领导干部修养与领导力提升"专题培训班,完成系统新任处级领导干部任职培训。组织22名处以上领导干部参加省、市组织的培训。三是增强人才队伍培养。分3批组织69名业务骨干参加赴台专题培训。四是完善离退休干部服务管理工作。落实服务管理职能和离退休干部的政治、生活待遇。组织学习十八届三中、四中全会精神,开展"我看十八大以来新变化"专题讨论。组织开展走访慰问活动,各级领导带队上门走访慰问420余户。 (秦有富)

党的群众路线教育实践活动后续工作 一是完成教育实践活动总结。周密计划,精心组织,市地税局和各基层单位顺利召开教育实践活动总结会,受到联系点市领导、市委督导组高度评价。二是巩固教育实践活动成果。坚持边查边改、即查即改,以强化问题导向抓整改,严格责任制抓落实,组织开展整改落实清单"回头看",全系统653条整改措施落实到位,共计出台、修订、完善各项制度321项。简并全局性会议30%,简并业务会议48%,削减文件、简报29%,减少考核指标28%,简并评比项目34%,公务接待费减少17%,会议费减少25%。清理办公用房、规范公车管理等方面取得积极成效。三是完成资料归档工作。协同档案中心,拟定档案分类及归档标准,指导基层单位完成系统活动资料归档工作。四是是持续深化作风建设。按要求组织召开"严格党内生活,严守党的纪律,深化作风建设"专题民主生活会,以书面征集、考核谈话、召开座谈会等形式征求意见建议,强化过程组织,顺利召开市地税局党组民主生活会,指导基层开好班子民主生活会,推进问题整改和答复工作,完善党的群众路线长效机制。 (秦有富)

教育培训和监督管理 一是加强中心组学习。以学习贯彻中共十八届三中、四中全会精神为主线,组织开展12次中心组学习,增加领导班子和领导干部思想政治建设。二是强化领导班子管理和建设。认真贯彻落实《关于进一步加强全省地税系统领导班子建设的意见》和《江苏省地税系统贯彻〈税务系统领导班子和领导干部监督管理办法〉实施办法》,强化对领导班子和领导干部的监督管理。以《党政领导干部选拔任用工作条例》为依据,结合系统实际,完成《领导干部选拔任用管理办法》、《非领导职务晋升和管理办法》《后备干部管理办法》的修订工作。按上级要求完成超职数配备、裸官清理、吃空饷、退休领导干部兼职等各类调查清理工作。三是开展干部队伍选拔。指导基层开展科级领导干部选拔工作,共选拔25名正科、36名副科领导干部。重新选拔34名正科、42名副科级后备干部。四是向外推荐输送优秀干部。加强与市、区两级协调,系统1名正处级领导干部晋升市国资委监事会主席,5名正科级领导干部分别选拔担任江宁、六合、溧水区副处职领导干部。配合省地税局领导干部选拔工作,4名正处级领导干部分别选拔担任徐州地税局局长、南京地税稽查局局长、南京地税局副巡视员。 (徐伟)

创新人事管理 一是探索干部综合积分管理和有效激励新机制。以公务员考核管理为视角,优化完善公务员考核管理实施办法，开发完成公务员考核管理信息系统，并在5家基层单位开展试运行和试点工作,被省、市公务员局确定为公务员考核工作联系点，承办全省公务员考核工作现场交流会,人事处、六合局分别作交流发言。二是参与全市公务员考核办法的修订。紧密结合征管改革要求和队伍建设实际,在人员配置、教育培训、交流轮岗、考核奖惩等重点领域,拓展岗位激励方法,创新岗位激励方式,促进岗位责任落实。着重与干部考核管理紧密衔接，积极强化公务员岗位职责规范实践应用,发挥岗位职责规范的刚性约束力,在全市公务员考核工作推进会上作专题培训。

（葛剑翀）

规范人事基础工作 一是完成人事档案工作。按中组部要求完成人事档案改版工作，累计整理改版人事档案1900余卷。抽查20个单位共100卷人事档案改版工作和档案基础信息情况。组织人事档案业务培训。二是做好公务员登记工作。认真落实省市规定,做好单位组团及参团管理工作。根据干部管理权限,严格因私出国境审批,做好证照集中管理。做好人员调配工作。加强系统内人员借用借调管理。（葛剑翀）

激发干部队伍活力 召开全市地税系统干部现状及思想动态分析会,交流人事工作情况,分析干部队伍现状及思想动态,收集整理31条意见和建议并回复。落实干部工资待遇,及时做好新录、离退和晋升人员工资审批。严格假期管理,督促落实带薪休假,按规定兑现干部未休假补偿。组织干部开展健康体检,邀请专家开展现场健康咨询活动,普及健康知识。推荐部分优秀公务员参加市级机关健康休养活动。（徐伟）

优化机构职能设置 配合开展征管改革方案制定工作,调研分析系统机构职能和人力资源状况,就综合处设立、督察内审职能优化、契税耕地占用税纳入综合征管体系、税源管理局基层机构设置等方面统筹研究制定机构职能调整和人员配置方案;广泛听取各方意见,对改革方案进行多轮次的修改完善，为征管改革顺利推进提供组织保障。

（徐伟）

优化干部选拔晋升制度 一是构建新的选人用人机制。以党政领导干部选拔任用工作条例为依据,结合系统实际,研究制定《领导干部选拔任用管理办法》《非领导职务晋升和管理办法》和《后备干部管理办法》三项制度,突出党管干部的原则。修订后的制度体系主要有三个特点:一是突出“20字”好干部标准，树立以德为先、注重基层的用人导向。将民主推荐、工作业绩和资质得分、能力和素质测试结果是选拔任用的重要参考,把人岗相适、重视一贯表现等要求贯穿到干部选拔任用工作的全过程。非领导职务晋升,多维度地反映干部本人的工作表现,强化群众公认、注重实绩、竞争择优的工作导向。二是优化选拔程序,提升机制效率。领导干部选拔方面,完善民主推荐,对副处选拔增加所在单位干部群众推荐比重；改进考察方式方法,增加民意调查、延伸考察等方法等。三是突出从严管理干部原则。相关办法中增加了纪律和监督章节,严明选拔任用纪律、强化责任追究,对领导干部和选拔对象提出了更严格的要求。非领导职务方面,分别从市地税局、基层单位和个人三个层面,进一步明确了相关职责,强化了对非领导职务干部的考核管理。后备干部办法,强调实践锻炼和管理监督。（徐伟）

干部培训 一是开展处级干部脱产培训。分三期组织199名处以上干部培训。依托南京师范大学“领导干部修养与领导力提升”专题班,完成2013年度新任处级领导干部任职培训。全年共22名处以上领导干部参加了省市领导干部制式培训。二是突出能力和素质培训。围绕税收中心工作,分三批组织69名业务骨干参加赴台专题培训。依托干部学校,组织系统人事干部进行干部选拔任用、工资福利、劳动合同和人力资源管理理论与政策培训交流。落实国家税务总局领军人才建设有关要求,安排1名领军人才培养对象到基层单位任职（挂职),新选拔产生1名领军人才培养对象。三是组织赴台专题培训。以“税收评估”“税务征管”和“纳税服务” 为主题组织了3期69人赴台专题培训。培训采取依托台湾政治大学集中培训，加强与台湾税务部门、税务中介机构等部门交流的形式，全面了解台湾地区税收制度、纳税服务、税收审查、税款征收、税务信息化建设等方面的内容，并将涉税事项、涉税工作流程等进行比对，开拓干部工作思路。四是开展人事干部专题培训。依托税务干部学校，集中一周时间组织开展系统人事科科长、人事干部专题培训班，全系统 20 家单位共 40 余人参训。培训围绕干部选拔任用、工资福利、劳动合同和人力资源管理理论以及政策等内容组织开展。 (李玮、葛剑翀)

公务员考核管理创新 一是以岗位职责作为考核基础。应用岗位职责规范研究试点成果，明确岗位是什么(岗位描述)、干什么(岗位职责)、考什么(KPI 指标)、要求什么样的能力素质(任职资格要求)等岗位考核基本问题，在此基础上设计考核指标体系，提升了考核的针对性和有效性。二是融合绩效考核与公务员考核。紧密结合公务员法要求和市地税局实际，对绩效考核和公务员考核办法进行一体化整合。以绩效考核作为平时考核基础，有机融合公务员考核要求，实现了德、能、勤、绩、廉 5 个维度的公务员综合评价，同时避免了多头考核、重复考核。三是科学设定考核评价体系。按照定性考核和定量考核相结合、平时考核和年度考核相结合的方法，重点强化平时考核，并与干部选拔任用、职务晋升、培养教育、管理监督、评先评优、激励约束紧密挂钩，提高考核工作的科学性和实效性。四是优化公务员考核制度。结合系统实际，印发《优化公务员考核工作意见》和《公务员考核实施办法》，较好兼顾绩效考核、公务员全面考核和强化平时考核要求，为考核工作提供制度依据。五是强化考核结果运用。积极争取名额，分批组织系统 36 名优秀公务员参加市级机关健康休养和休学提升。 (徐伟)

岗位激励机制创新 紧密结合征管改革要求和队伍建设实际，在人员配置、教育培训、交流轮岗、考核奖惩等重点领域，拓展岗位激励方法，创新岗位激励方式，促进岗位责任落实，提升人力资源管理效能。一是开展岗位培训激励。指导和依托试点单位编制涵盖征收、管理、稽查、行政及政工各系列的岗系培训指引，按照岗位特点强化岗位人才和继任人才培养，提升岗位培训针对性和有效性。二是开展岗位考核激励。依托试点单位，开发完成税源辅助管理信息系统，准确统计机内和机外事项，科学确定工作事项分值，为强化岗位考核激励提供支撑。三是开展岗位系数激励。指导完成稽查条线岗位职责规范的制定，开展稽查系列一线部门岗位价值测算。加大岗位职责规范应用，强化岗位激励做法受到省公务员局关注，岗位职责规范建立和应用课题获 2014 年度全省税收优秀论文二等奖，课题成果在《中国税务报》上发表。 (徐伟)

公务员考核管理信息系统开发 开发公务员考核管理信息系统，对干部的平时考核和年度考核进行完整、系统记录，并在 5 家基层单位开展试运行和试点工作，提升整个考核工作规范化程度，降低各环节考核工作量，为考核管理和人力资源管理辅助决策提供有力的信息化支撑。该系统主要特点为：一是功能全面。涵盖档案管理、平时考核、年度考核、民主测评、结果运用、查询统计等功能，可开展平时和年度考核、在线测评、考核结果反馈与申诉、考核结果运用等工作。二是动态管理。通过考核管理信息系统，对干部考核工作全程实施动态管理，既能记录某一时点、时期干部的工作表现，又能反映干部综合情况，生成干部在各个时期积分变化趋势，反映干部成长路径，实现了考核过程和目标管理的有机统一。三是拓展灵活。考核管理系统充分兼顾市地税局统一要求和各基层局个性化需求，在大的考核框架下，各单位可结合本单位实际需要和年度工作重点，构建本单位的考核奖惩和激励约束机制，基层单位在岗位职责规范制定，二、三级考核指标设置，分值权重安排等方面都有较大自主空间，最大限度保证了考核管理信息系统的兼容和拓展性。四是多维运用。将公务员考核结果运用到干部管理各环节，实现相互支撑和促进。主要体现为：与选拔晋升紧密衔接。在职务晋升中，采取综合积分方式全面反映候选人的德能勤绩廉情况，作为党组选人用人的重要参考。与评先评优紧密衔接。高层次的综合性表彰均以考核结果作为重要依据，系统先进个人、地税标兵、五一劳动奖章等荣誉都在年度公务员考评等次优秀人员中产生。 (徐伟)

规范事业单位管理 按照上级统一部署，有序推进事业单位参公审批工作；完成行政事业单位实名制管理基本信息填报，开展系统事业单位机构人员调查摸底，规范人员编制管理；协同市人力资源和社会保障部门，完成系统事业单位岗位设置方案上报及审批工作，为后续管理奠定基础。（徐伟）

建设"幸福地税" 落实干部工资待遇，及时做好新录、离退和晋升人员工资审批。严格假期管理，督促落实带薪休假制度，提高干部休假比例。组织开展干部健康体检，重点突出对职业病、重大疾病的检查和预防，邀请鼓楼医院专家有针对性的开展现场健康咨询活动，普及健康知识。推荐部分优秀公务员参加市级机关健康休养活动。（葛剑翀）

承办全省公务员考核交流现场观摩会 市地税局被省、市公务员局确定为公务员考核工作联系点，承办全省公务员考核工作现场交流会，市地税局和六合局分别作交流发言。参与全市公务员考核办法的修订，在全市公务员考核工作推进会上作专题培训。该局以岗责体系夯实考核基础，以绩效管理做实平时考核，分层、分级构建考评体系，以综合积分量化细化考核，强化信息化支撑和结果运用，在机制和方法等层面积极探索公务员考核管理的规范化的经验做法受到省、市公务员局的充分肯定。（徐伟）

公务员招录及军转干部接收安置 2014 年按计划招录公务员。全年拟招录公务员 40 人，经过报名、资格初审、笔试、资格复审、面试、政审、体检环节，最终招录 38 名公务员，2 名人员暂缓招录。接收军转干部。计划接收军转干部 8 名，其中，正团职 1 人，副团职 2 人，副营职 2 人，技术级干部 3 人。（李玮）

能级评定 顺应组织和干部队伍发展需要，从报名方式、评定周期、年限要求、分值权重等方面优化能级制度。组织实施 2014 年度能级评定，坚持"政策公开，标准统一，操作稳慎，确保公平"的原则，加强政策解释，做好过程把控，及时解决问题，确保工作实效。共 510 名干部职工报名参加评定，参加笔试 433 人，最终 201 人评定能级，其中高能级 81 人。（李玮）

工勤人员考工定级 根据南京市统一部署，坚持本人自愿和严格按规定条件进行的原则，落实工勤技能岗位技术等级考核工作。根据组织报名、资格审查，全局 1 人报名参加高级技师评聘，4 人报名参加技师评聘，最终 2 人取得技师职称。组织工勤技能岗位人员参加专业证书班培训，组织人员参加全市工勤技能岗位技术交流和健康休养。（李玮）

劳务派遣人员管理 认真落实全市关于严格规范市级机关和事业单位编外人员管理的要求。一是确保编外人员不增加。保持现有劳务派遣人员规模，严格控制劳务派遣人员名额。二是强化人员日常管理。引导各单位强化对劳务派遣人员管理的法律意识、成本意识和风险意识，强化对劳务派遣人员的日常考核，规范待遇标准。三是强化法制意识。坚持以法律为依据、制度为约束，处理劳务派遣人员实际矛盾和问题，确保法律、法规把握准确，执行到位。四是完成劳务派遣人员用工协议续签工作。强化调研和问题梳理，及时化解矛盾，完成 667 名劳务派遣人员的用工协议续签工作，保持劳务派遣人员队伍的稳定。（李玮）

离退休干部和老干部管理工作 一是落实服务管理职能。推进离退休干部的政治、生活待遇等保障工作。组织学习十八届三中、四中全会精神，开展"我看十八大以来新变化"专题讨论。组织开展走访慰问活动，各级领导带队上门走访慰问 420 余户。分批组织 181 名离退休干部参观仙林新城区、国际青年文化广场等项目。二是开展"四关爱"（关爱自己、关爱家庭、关爱邻里、关爱社会）主题实践活动。制定《南京地税系统离退休干部开展"四关爱"主题活动的实施方案》，在离退休干部中开展以关爱自己、关爱家庭、关爱邻里、关爱社会为主要内容的"四关爱"主题活动，倡导爱国、敬业、诚信、友善的基本道德规范，老党员们以雷锋精神为引领，走进社区、走进学校，查实情、解困难、做实事、惠群众，涌现出不少好人好事。分 2 批组织离退休干部健康检查，安排医院医护人员 5 次上门开展健康检查咨询。建立结对定期上门跟踪服务制度。完成 7 名离休和市管退休干部特约医疗换证审验工作,年度特需费等全部发放到位。

(王浴宁)

组织“老干部看南京”活动 根据离退休干部的身心特点,适时、就近组织参观城市建设、新农村建设等改革发展成就,分期、分批地组织系统各单位离退休干部,开展“老干部看南京”活动。老同志们分别参观了龙潭现代化集装箱码头、仙林新城区、翠谷现代农业科技园、江宁“五朵金花”生态新农村及高淳“慢城”生态风光带等具有典型特色的南京城市和新农村建设项目。全系统共计181名离退休干部参加了此次活动,占全部离退休干部的87%。

(王浴宁)

在全市关工委工作会议上交流发言 4月下旬,南京市关工委副主任徐继根、副秘书长周福龙带队到市地税局调研,听取工作汇报并参观了税收文化教育基地,对市地税局关工委工作给予高度评价。在5月18日全市关工委工作会议上,《以创建为抓手、以活动为载体、不断推进关心下一代工作向前发展》作为经验材料在大会上交流。(王浴宁)

(责任编辑:汪成池)

思想作风建设

概 述 2014年,市地税局继续坚持以科学发展观为指导,以组织收入为中心,求真务实,统筹推进各项工作。

在思想政治工作方面,立足加强领导干部队伍建设、思想政治建设、职业道德建设、税务文化建设和精神文明建设,制定《关于进一步加强思想政治工作的意见》,增强干部职工使命感、成就感、责任感、幸福感、归属感。各基层单位结合春训等工作开展核心价值理念教育、心理辅导等培训,强化干部理想信念。

在税务文化建设方面,贯彻落实《2013—2015年税务文化建设三年规划》,编印新版《税务文化手册》,完善文化指标评价体系。围绕局庆20周年,开展“追忆历史、卓越同行”活动征文及实物征集活动,拍摄制作《卓越同行二十年》口述历史纪录片,开展“心怀梦想、卓越同行”演讲比赛,制作《卓越同行二十年》笑脸墙视频短片,形成“一体多样、百花齐放”文化建设格局。与南京师范大学合作成立课题组,加强税务文化研究,税务文化建设案例入选国家税务总局党校周敏教授的《确立与坚守》一书。积极参加全省建局二十周年文化活动。

在争先创优工作方面,制定《2014年度基层建设工作要点》,召开年度基层建设工作推进会,编印《基层建设交流材料汇编》,围绕思想政治、文明创建、绩效管理、文化建设、教育培训等工作开展交流研讨,推进基层建设。做好系统第四届全国文明单位推荐和现有全国文明单位复查工作,参与全国文明城市复查,组织南京青奥志愿服务活动和网络志愿服务活动,加强“道德讲堂”建设,组织参加向雨花台烈士纪念碑敬献花篮活动。推出4个办税服务厅参加南京市城市文明示范点创建活动。组织开展“志愿服务”“结对共建”等文明创建活动,巩固创建成果。

在绩效管理工作方面,连续第8年以总分第一的成绩获全省地税系统2013年度“三个一流”工程建设先进单位称号。积极参与省地税局绩效管理项目研究,形成具有南京地税特色的绩效管理办法和指标体系。与南京师范大学合作开展绩效管理课题研究,形成《南京地税绩效管理研究报告》理论成果。绩效管理文章在国家税务总局《税务研究》、国家税务总局党校《税官论坛》、省地税局《研究报告》专题刊登。完善对基层绩效分析评价和交流反馈制度,发挥绩效考核激励导向作用。

(马婷怡)

制定《江苏省南京地方税务局系统绩效管理办法》 9月,市地税局积极贯彻落实国家税务总局、省地税局绩效管理相关要求,结合系统特色,开展绩效管理优化工作,形成《江苏省南京地方税务局系统绩效管理办法》“系统B1级绩效考评指标表”和“系统绩效监控指标表”,并编印下发《2014年度绩效管理手册》,在南京市地税系统执行。

(魏振全)

完善新时期绩效管理体系 7–12月,市地税局为提高考核的可比性和针对性,针对专业化局与税源管理局职能不同,考核内容及重点存在差异等情况,实施绩效分类考核。同时,加强理论研究,通过对南京地税绩效管理现状分析，提出绩效管理体系的优化建议和提升绩效管理水平的对策建议。此外，注重绩效交流，召开绩效管理工作交流会，围绕提升组织绩效目标相互借鉴、相互交流，加大对基层局绩效管理的指导和帮助，在绩效计划制定、过程管理、绩效考评、绩效改进等各环节，与基层单位进行交流和沟通，培育共同提升绩效的良好组织氛围。 （魏振全）

参加雨花台烈士纪念碑敬献花篮活动 9月30日是中国首个“烈士纪念日”，市地税局组织40名干部参加“江苏省暨南京市各界公祭烈士及向雨花台烈士纪念碑敬献花篮”活动。活动中，干部代表与1000多名各界群众代表一起，走上人民英雄纪念碑，向烈士纪念碑敬献花篮，缅怀革命先烈为创立和建设新中国而立下的不朽功勋。 （戴骏）

参与江苏地税20周年相关评选表彰申报推荐工作 在江苏地税20周年相关评选表彰工作中，江宁局、六合局被表彰为江苏地税20周年建功集体，钟武斌被表彰为江苏地税20周年建功个人，李璐等7人被表彰为江苏地税岗位标兵。夏恒志、佘凤琴被江苏省地税局表彰为最美江苏地税人。 （戴骏）

编印新版南京地税《税务文化手册》 9月，市地税局编印下发新版《税务文化手册》，从文化架构、核心价值理念、文化品牌、组织标识、文化建设规划等十四个方面，对南京地税文化建设进行详细阐述和诠释，明确地税工作宗旨和价值理念，对南京地税20年文化发展历程进行系统总结，科学规划南京地税未来税务文化建设蓝图。 （张崴）

开展“心怀梦想、卓越同行”演讲比赛 为纪念建局20周年，市地税局于9月23日下午在干部培训学校开展“心怀梦想、卓越同行”主题演讲比赛。各基层单位推选出24名选手参加比赛。省公务员局、省（市）文明办、省地税局、省演艺集团、市总工会等单位的有关领导到比赛现场并担任评委。经现场专家评委评审，浦口局汪莉莉等4人及纳税服务局申田田荣获一等奖，六合局谢地等8人荣获二等奖，高淳局吕超等11人荣获三等奖。 （王甜源）

成为国家税务总局党校现场教学基地 2月，市地税局被国家税务总局党校确定为现场教学基地。5月、8月和11月，国家税务总局党校处级领导任职培训班及税务文化建设实务高级研修班3批学员共147人，先后到南京地税开展2014年税务文化管理现场教学活动。 （张崴）

（责任编辑：李洪进）

教育培训

概 述 2014年，市地税局以“围绕中心、服务大局，面向基层、服务基层，创新发展、创先争优”的工作思路，创新培训方式与学习方法，推进教育培训工作健康、持续发展。

制定年度教育培训工作计划，对全年培训任务进行科学合理的安排。围绕提升干部职工思想政治和文化素养、税务业务能力、安全履职意识等方面，开展春训工作。涌现出“一站到底”“最强税官”“读书会”“案例交流会”等众多形式新颖、效果显著的活动。春训期间共组织278场培训、测试、竞赛、交流等活动，参训总人次达到16530人次，人均培训时间达到50个学时以上。组织8名新入局军转干部参加省地税局组织为期6个月的集中学习，组织37名新录入公务员参加全省新录入人员初任培训。在国家税务总局举办的全国税务系统网络教育培训交流研讨会上作专题发言，南京地税网络教育工作得到国家税务总局教育培训中心主任王兰的肯定。做好国家税务总局领军人才库选拔工作，连续两年均有干部入选。组织优秀业务能手竞赛，共有182名基层干部参加，最终选拔出优秀税收业务能手100名，并按照南京市大赛办规定对排名前6名的人员申报市级荣誉。继续鼓励干部参加“三师”（注册税务师、注册会计师、律师）资格考试，提升干部的专业素质。（马婷怡）

春训工作 1月，市地税局出台《关于开展2014年春训工作的实施意见》，在培训内容上涵盖思想道德教育、税收业务知识、税务文化建设、安全履职教育多个方面。全系统2月–6月共组织税收业务培训130场，党风廉政教育41场，税工会精神学习 14 场,税务文化及基层建设培训 29 场,信息宣传、行政管理、读书会等其他培训 33 场,共组织春训测试 10 场。春训期间参训总人次达到 16530 人次。人均培训时间达到 50 学时以上。 (王甜源)

“优秀税收业务能手”竞赛 2014 年,市地税局与市总工会、市人社局、团市委联合举办“优秀税收业务能手”竞赛。各基层局经过预赛选拔,择优选送 182 人参加系统“优秀税收业务能手”竞赛。竞赛于 10 月 28 日采取闭卷笔试方式进行, 共选拔出 100 名市地税系统“优秀税收业务能手”。根据竞赛结果 1 人被市总工会等单位授予 “南京市五一劳动奖章” 称号,3 人被授予 “南京市技术能手”,6 人被授予“南京市创新能手”称号,53 名青年选手被授予“南京市青年岗位能手”称号。市地税局获南京市职工技能大赛优秀组织奖。(马婷怡)

鼓励干部参加“三师”资格考试 2014 年,市地税局继续把培养“三师”高层次人才作为教育培训工作的重点,加强过程组织,优化激励机制,鼓励干部积极参加“三师”资格考试,不断提升队伍专业素养和能力素质。全年共有 33 人取得“三师”资格证书。截至 2014 年 12 月 31 日,全系统共有“三师”476 人,占全系统人员的比例达 24.55%,位居全国税务系统前列。其中,注册税务师 395 人、注册会计师 54 人、律师 27 人。 (马婷怡)

(责任编辑:李洪进)

干部培训

概　述 2014 年,江苏省地方税务局南京税务干部培训学校(以下简称培训学校)围绕市地税局年度工作计划,以正规化办学为主线,以“转型跨越、创新提高”为目标,坚持施教重质量,服务上水平,管理创特色,较好地完成年度任务。全年实现培训总规模 165 批、31101 人/天。

在学校工作方面,按培训学校更名后发展目标,基本完成转型。与南京师范大学联合成立税务 MBA 中心,开展税务干部研究生学历学位教育,改革税务干部培养模式。建立与专业化管理模式相契合的干部培训机制,深化“专业化、递进式”培训。遴选客座教授、客座研究员,组建新一届聘任教师队伍,开发教材、课件,加强师资队伍建设和科技创新。完成对校园整体环境全面出新及部分建筑维修改造工作。开展以“美丽校园”为主题的校园文化建设,促进校风、教风和学风建设。建立健全管理机制,提升全员履职能力和工作效能,各项工作步入正规化轨道。

在教学工作方面,以税务管理为培养方向,围绕税收工作设计核心课程,完成第一届税务 MBA 招生工作, 承办全国税务系统培训方案策划和课程设计师培训班,参与《全国税务系统培训方案策划与课程设计基本规范》及《全国税务系统特色培训项目建设暂行办法》 两个国家税务总局文件的制定。树立开放办学的理念,积极承办外省培训项目和省内各地市培训项目;加强科教研究工作,在硬件上建成国家税务总局特色培训项目税务模拟实训平台,在软件上推进教材和课件开发,开发上线干部学校培训管理系统;加强日常监管,落实班主任工作规范,深入与学员的交流互动,学风建设得到加强和改进。

在保障能力方面,围绕“节约成本、提升服务、保障教学”目标,对内加强监督管理,强化后勤人员素质;对外提升服务质量,推进后勤制度化、标准化建设。2014 年,除培训外共组织各类会议、短训 112 批次、13900 人天,圆满完成省、市税务工作会议, 建局 20 周年等重大活动的保障任务,服务综合满意率 97.6%;强化成本核算,规范物料管理,对公共易耗品进行量化控制,对固定资产盘点 3 次。成立物业公司质检部,加强对物业员工岗位技能、职责的培训,建立健全考核机制;开发“校园一卡通”系统,规范学员出入管理。加大学校网络内部准入审查力度,在全校范围内设置 11 个巡检电子记录点。组织消防演练,定期开展安全教育和车况检查。

在自身建设方面,做好创新工作立项申报,跟踪督促项目进展,并获南京地税创新工作一等奖。合理制定年度财务预算,加强跟踪分析,强化日常费用及重大财务支出的审核监督。建设培训学校资料室,制定学校网站建设维护制度和《突发事件应急预案》。加强舆情知识培训和教育引导,及时发现苗头,遏制负面炒作。加强校园文化建设,构建活力校园。 (冯骅)

首届税务 MBA 招生 培训学校深化与南京师范大学办学合作，共同规划税务 MBA 中心培养计划，以税务管理为培养方向，围绕税收工作设计核心课程，启动税务 MBA 学历教育。完成首届税务 MBA 招生工作，经全国研究生统一招生考试和复试，南京地税有 31 名干部被正式录取。9 月 12 日，在培训学校召开南京师范大学税务 MBA 中心 2014 年研究生开学典礼。（冯骅）

“税务稽查模拟实训平台”建成 2014 年，培训学校为填补培训与实际工作环境衔接不够的空白，组织研发团队，搭建模拟教学环境，梳理税收业务需求 162 条，编制教学用企业全套财务数据 4 套，开发具有税务稽查、风险评估、模拟建账等功能，集情境模拟、技能演练、现场观摩、岗位实习于一体的综合施教平台。10 月，通过全国税务系统实训平台建设验收。（姚辉）

“专业化、递进式”第三学年培训 2014 年，培训学校突出专业化管理特色，设置专业化岗位培训、业务骨干培训、税务 MBA 高端培训 3 个层面的培训项目 26 个，完成“专业化、递进式”第三学年制式培训任务。全年，开展制式培训 38 个班，培训市地税局科及科以下干部 1678 人。（姚辉）

承办国家税务总局教材开发任务 2014 年，培训学校选派师资参加国家税务总局系列培训教材《企业会计（税务版）习题集》《房地产业税收管理实务》的编写开发工作。由培训学校独立开发的国家税务总局电子教材《房地产企业所得税与土地增值税政策差异及风险管理》顺利结项。牵头承办国家税务总局《房地产业税收管理实务》配套电子教材开发工作。开发《税收新政（2014）》及微课程，作为制式培训通用教材。（姚辉）

开发学校培训管理系统 2014 年，培训学校加强培训工作信息化建设，开发南京地税局培训管理系统，根据《全国税务系统培训班质量评估操作指南（2014）》和《税务系统培训班质量评估办法》文件精神，将国家税务总局培训评估规范要求纳入培训管理系统，加强对培训计划、师资管理、教学评估等关键环节的管理，提高工作效率和管理水平。（姚辉）

建立客座教授、客座研究员队伍 2014 年，培训学校按照专业学校对口、热心支持学校建设的原则，开展客座教授、客座研究员遴选工作。经南京师范大学、南京地税局双方提名，确定了由南京师范大学、南京财经大学、扬州税务学院和南京地税局相关教授、领导组成的 22 名客座教授、客座研究员人选，优化充实了学校师资队伍的质量和数量。（冯骅）

选聘第五届系统聘任教师 2014 年，培训学校按照每三年一届的时间节点，经过新聘试讲和遴选等工作程序，面向南京市地税系统选拔第五届系统聘任教师 36 人，充实骨干力量。4 月，组织全体教师赴上海华东师范大学、上海税务干部学校培训，通过“提升教学能力系列课程”、交流观摩、现场试讲相结合的方式，提高聘任教师授课技能。（姚辉）

网络培训资源建设 2014 年，培训学校开发完善南京地税网络教育培训平台，上线 11 大类 196 门课件，建立 22000 多道习题库。及时更换、增添、发布学习课件，为南京地税干部在岗自学和春训提供支撑。全年，该平台总访问量 26826 次，累计取得学分 53090 分。（于健）

学校基础性工作 2014 年，培训学校完成对校园整体环境全面出新以及部分建筑维修改造、景观绿化、河道修整、语音教室智能化等改造项目，各项功能趋于完善。建设学校资料室，对现存文档、基建档案进行整理及分类造册。制定学校网站建设维护制度，明确校园网信息更新周期及分工，保证网站信息的时效性、规范性和安全性。制定学校《突发事件应急预案》，提高处置、管控能力，保障工作秩序。完善校务会制度，强化工作执行。（冯骅）

校园文化建设 2014 年，培训学校对学校宣传册进行更新，重新设计制作，全方位、立体化展示学校形象。重新设计学员须知手册，增加文化元素，统一视觉形象，展示“美丽校园”文化内涵。组织以

"梅花风起正清明,踏青寻春傅家边""走进艰苦连队,永葆党员本色"为主题的校园文化活动,激发工作活力。 (冯骅)

(责任编辑:李洪进)

廉政建设

概 述 2014年,南京地税系统纪检监察工作深入贯彻落实党风廉政建设主体责任和监督责任,围绕"忠实履职、安全履职"工作主线,以廉政风险与税收风险、执法风险同步预防为重点,以作风建设常态化管理为抓手,坚持问题导向,强化责任意识,突出风险防范,加强党员干部教育管理和执纪监督。全年受理信访举报63件,查实问题处理率和结案率100%,消除和化解一批内外部风险隐患。

夯实党风廉政建设责任体系。制定年度党风廉政建设工作要点和责任分解意见,分层级细化党风廉政建设目标任务,围绕落实"两个责任",制定《党风廉政建设领导责任追究办法》,深化"四层三级"责任捆绑机制。召开系统党风廉政建设情况分析座谈会,听取基层单位党风廉政建设情况,开展党风廉政建设专项整治和专项督察。开展"争创无职务犯罪单位活动",市地税局获"秦淮区2012–2013年无职务犯罪先进单位"称号。

深化风险综合防控体系建设。年初,建立市、区两级风险同步应对联席会议制度,搭建由"一把手"牵头的风险应对工作平台,综合运用业务、监察、督审等各方面力量,构建风险信息共享机制,提高风险识别、应对和预防工作效率。通过定期制式发布风险提示,加强廉政、执法风险同步审核管理,实施各类风险综合防控措施,形成"整体联动、内嵌管理、全程预防"风险防控格局。

推进作风行风建设。落实省地税局《领导班子和领导干部监督管理实施办法》,在市、区两级逐条开展对照检查,形成17条贯彻落实意见,运用专题教育和民主生活会,开展对照检查,规范领导干部婚丧嫁娶等个人重大事项报告,全年有75名领导干部主动上交礼金和有价证券共计60.34万元。探索常态化监督机制,开展廉政回访,以食堂接待、公款购买购物卡、节俭过节等为重点,开展多部门联合检查和专项整治,规范公务接待、财务开支和工会活动等。以作风综合评议为契机,主动接受社会监督和评议,年度作风建设综合评议位列第一。

筑牢干部廉洁从税思想防线。集中开展"廉洁从税教育月"活动,利用"社会大课堂"拓展教育资源,开展廉政教育走进监狱、旁听法院庭审、以案说法等活动,加大反面典型警示震慑力度。以"清风税廉"核心价值观为引领,开展"微"系列廉政文化作品创作活动,创作微小说等5个系列作品700余篇。打造"廉政大讲堂"网络平台,拓展信息量、共享度和互动性,增强干部廉洁从税意识。

规范信访管理。从规范信访办理流程、强化基础管理入手,加大信访案件查办力度。加大市局机关直接查办、会同区局联办和转办过程跟踪督办的力度,提高信访办理质量。全年共受理信访举报63件,对查实的问题全部实施组织处理,结案率100%,做到件件有落实,事事有回音。同时加大问题隐患的综合查纠和预警防控力度,提高信访办理综合效能。 (金泓)

"廉洁从税教育月"活动 6月,市地税局集中开展以安全履职为主要内容的"廉洁从税教育月"活动。活动中,采取上党课、举办报告会、旁听法院庭审、现场观摩教学、观看警示教育片等形式,广泛开展遵纪守法、廉洁自律、预防职务犯罪和廉政风险防范教育,树立"廉洁奉公、勤政为民"先进典型,对反面违法违纪案件进行深刻剖析。教育月活动突出廉政风险防控,利用宣传教育平台和资源,提高了广大干部廉政风险防范能力。 (朱淮民)

"微系列"廉政文化作品创作 2014年,市地税局组织开展"微系列"廉政文化作品创作展评活动,全系统共上报创作的微电影、微视频、微讲堂、微小说、微信息等廉政文化作品753件。在组织开展创作展评活动中,大力宣传廉政理念,传播廉政文化,有效吸引干部职工广泛参与,在作品的思想内涵、艺术水准、群众参与度等方面均有新提升,形成一批各具特色的廉政文化精品,展示了南京地税廉政文化成果,彰显了干部职工廉洁从政精神风貌。 (朱淮民)

打造网络化廉政教育新平台 2014年,市地税局深化“廉政大讲堂”载体功能，立足加强“清风税廉”廉政文化品牌宣传推广，在原有廉政网基础上，全面改版升级廉政网页，加强对廉政规定、风险防控、工作动态和经验成果的宣传展示，建设网络版纪律规章条法库，构建具有宣传教育、在线学习、工作交流、文化展示等功能为一体的，覆盖全局的开放、兼容、共享的网络教育平台，实现廉政教育的经常性、互动性、多样性。全年网站的点击率达3万多个，发布原创廉政信息487篇，图片小说433篇，视频作品89篇，成为廉政教育新平台。 （金泓）

监督检查机制常态化 2014年，市地税局着眼构建贯穿于税收工作全过程的常态化发现、防范和纠正不当行为的工作机制，组织开展常态化监督检查工作机制的创新研究，会同3家单位多次召开创新研讨会，通过综合运用内部监督与外部监督相结合、职能部门流程监督与监督部门专项监督相结合的方法，确立开展创新工作的主要项目、重点环节、工作流程和创新方法，推进13个内外部监督子项目的创新工作实施。加强理性分析，研究解决创新工作相关问题，固化工作流程和工作环节，总结提炼创新成果，制定《构建常态化监督检查工作机制的实施意见》，奠定了建立贯穿全过程、角度全方位、主体多元化的经常性监督制约体系基础。 （金泓）

构建重大风险联动应对工作机制 2014年，市地税局在近年加强内控机制建设，推进廉政风险与税收、执法风险同步预防工作的基础上，探索构建重大风险联动应对工作机制。建立市、区两级风险同步应对联席会议制度，搭建由“一把手”牵头的风险应对工作平台，综合运用业务、监察、督审等各方力量，整合工作事项，提高风险识别、应对和预防工作效率。以风险发现和风险警示为切入点，通过明确各条线责任，及时捕捉系统内外苗头隐患和风险案例，定期制式发布风险提示，实现各类风险信息的交互分析和综合运用。此外，通过建立税收业务与廉政建设同步检查制度，加强廉政、执法风险同步审核管理，对风险隐患综合提出防控措施，对发现问题作出综合处理，形成“重点突出、整体联动、内嵌管理、全程预防”的风险防控工作新格局。该创新项目被评为2014年度全市地税系统优秀创新项目一等奖。 （王勇）

出台党风廉政建设领导责任追究办法 2014年，市地税局突出党风廉政建设党委主体责任、纪委监督责任工作要求的落实，强化责任担当和问责追究，制定下发《南京地方税务局党风廉政建设领导责任追究办法（试行）》。办法明确规定，凡不认真履行党风廉政建设主体责任、监督责任，在组织领导、制度执行、工作落实、监督检查等方面工作不到位，责任不落实的，分别追究该单位或部门分管领导和主要领导责任，在科所、区局、市局三个层面建立起区分对象、情形和后果，且相互连带追究的责任体系。 （王勇）

局领导参加省市“政风行风热线联动直播” 10月31日上午，以深入开展党的群众路线教育实践活动，加快推进经济社会科学发展为导向，以促进各部门履行作风建设主体责任，不断提升人民群众对政风行风工作满意度为目标的“政风行风热线省市联动直播”首次走进南京。当日，市地税局总经济师钱家俊代表市地税局参加联动直播活动，宣传服务民生政策措施，介绍政风行风工作情况，着眼群众关心的涉及民生的税收热点问题，与媒体、市民和网民互动交流，并回应群众诉求。（欧阳颖）

“青奥维稳”专项作风督察 4-8月份，市地税局为贯彻落实市委、市政府关于“迎青奥”环境整治和安全稳定的工作要求，结合做好全国第四次纳税人满意度调查迎查工作，在办公室、监察室、机关党委、服务中心和纳服局抽调人员组成3个专项检查组，采取现场查看、电话回访、调阅视频和询问了解等形式，在全系统进行了多轮次作风行风和安全稳定工作明察暗访，对发现的问题及时通报、限期整改，推进作风行风常态化管理，保证了全系统安全稳定。 （欧阳颖）

“纠正四风问题”专项督察 2014年，市地税局以贯彻中央八项规定，持续反对“四风”为重点，突出“三公”经费管理、接待管理、工会活动等热点问题，先后组织开展了“关于‘五一’期间开展作风建设情况专项督察”、“落实八项规定精神纠正‘四风’问题专项督察”“‘严禁在单位内部食堂违规吃喝’专项整治”“党政机关干部收受购物卡问题专项整治”以及“七项整治”等一系列专项督察、整治活动,持续加大监督检查工作力度,保证全系统在公务接待、财务开支和工会活动等方面的规范有序。(王勇)

(责任编辑:李洪进)

执法督察内审

概 述 2014年,市地税局按照“完善工作机制、强化工作规范、提升工作质效”工作思路,发挥督察内审作用,在创新机制、提升质效、敢于问责和实施常态化管理等方面取得新成效。

一是规范督察内审工作。在注重《执法督察分类指南》应用基础上,创新执法督察方式方法,形成按业务类型进行归集总结,建立内容包括易发性错误执法行为、督察要点、政策依据、规则业务口径、处理建议的执法督察疑点规则库。二是开展税收执法督察工作。按照省地税局统一部署,对4家基层局开展重点执法督察,内容涉及贯彻落实组织收入原则情况、税收规范性文件合法性情况、发票管理情况、注销清算税收管理情况及税收优惠政策落实情况5个方面,查补税款632.66万元。三是提升内部审计质量。开展经济责任审计、财务审计及“三代”手续费专项审计工作,加强审计结果综合分析应用,对审计中发现问题做到“发现一个、解决一类”,为领导决策、建章立制、堵塞漏洞提供针对性建议。2014年,完成各类常规审计和专项审计项目共6个,发现问题23个,提出管理性建议21条,相关问题和建议均得到整改与采纳。(李政)

重点税收执法督察 2014年,市地税局按照省地税局统一部署,制定重点税收执法督察实施方案和具体督察计划,编写“税收执法重点督察内容分解表”《各局上报资料要求及清册》,下发《税收执法督察工作项目指引》,组织人员对督察重点内容进行针对性问题假设,编写督察规则和业务需求,并指导基层局开展自查工作。同时,注重过程控制和证据采集,加强督察组之间沟通协调,组员制作的每份工作底稿均由督察组组长进行确认、复核。全年共对4家基层局开展重点执法督察,内容涉及贯彻落实组织收入原则情况、税收规范性文件合法性情况、发票管理情况、注销清算税收管理情况及税收优惠政策落实情况等5个方面,共查补税款632.66万元,退还多缴税款2.86万元。

(徐笑)

组织基层单位开展专项执法督察 2014年,市地税局制定专项执法督察工作方案,组织基层单位统筹兼顾开展税收专项执法督察工作。一是创新组织方式,选取督察重点,采用“两两分组”的督察组织形式及自主性选择和指令性布置相结合的督察内容。二是加强过程控制,规范督察流程,安排专人分片跟踪对口督察组,有针对性的加强指导,贯穿督察各环节,并按《税收执法督察规则》要求,加强督察程序管理。三是强化结果分析,提升督察质效。召开专项执法督察工作总结分析会,组织交流经验,互相借鉴学习。全年,专项执法督察查补税款194.13万元,退还税款2.37万元。(徐笑)

建立税收执法督察疑点规则库 2014年,市地税局依据《执法督察分类指南》,创新执法督察方式方法,形成按业务类型进行归集总结、内容包括易发性错误执法行为、督察要点、政策依据、规则业务口径、处理建议的执法督察疑点规则库。建库过程中,一是将疑点规则库与基层局专项执法督察工作结合,通过市地税局指定和基层局认领方式确定督察重点,要求各基层局编写形成执法督察规则。二是与省地税局税收执法督察内控平台税收执法风险监控指标库建设工作同步开展,并制定相关规则,对督察重点编写针对性执法督察规则。三是结合年度督察重点抽查工作,运用部分执法督察规则,验证执法督察规则的操作性与准确性。(徐笑)

推进税收执法责任制建设 2014年,市地税局结合人员岗位变动及《江苏省地方税务局税收执法责任制实施办法(试行)》发布后的落实情况,对全系统相关岗位执法责任制工作开展培训与沟通讲解,提高干部对执法责任制工作认识,推进新执法责任制体系运行。同时,加大税收执法问责力度,强化对重点岗位、重点环节及重点事项的税收执法过错责任追究。完善过错信息传递，强调对各种内外部监督检查发现的问题，并按照列举的处理方式进行责任追究，保障执法责任制严肃性，全年，全系统共追究干部执法过错329人次，涉及经济惩戒26322元。 （李政）

经济责任审计 2014年，市地税局在经济责任审计工作中，加强审前案头分析与调研工作，梳理相关政策，针对不同单位确定审计重点。同时，拓展审计内容，围绕领导干部任期内事业发展、经济决策、内部管理等方面分别叙述相关情况，多维度全面客观评价领导干部工作。2014年，对文昌宾馆、高淳局的正职领导干部进行了任期经济责任审计。 （宋珏）

财务审计 2014年，市地税局在财务审计工作中，根据上级档案管理要求，明确审计过程中审计底稿、审计报告等资料管理要求，规范资料管理，增强审计工作规范性。同时，坚持审计结果综合分析应用，查找权力运行中薄弱环节，加强审后结果分析，对审计中发现的问题做到"发现一个、解决一类"，与"三险同防"工作相结合，及时通报、及时整改，为领导决策、建章立制、堵塞漏洞提供有针对性的建议。2014年，对高淳局、江宁局开展了财务收支审计。 （宋珏）

接受外部监督、审计部门审计检查 2014年，财政部专员办、审计署特派办、南京市审计局分别对市地税局开展系列审计检查工作。工作中，市地税局建立联系人制度，指导基层局做好迎查工作，并会同相关业务处室做好与检查组的沟通协调。通过检查，外部审计监督机关认为市地税局在税收执法工作方面领导重视、制度健全、资料台账完备，执法人员在工作中能认真执行国家法律法规，无重大违规事项发生。同时，指出在执法方面存在的问题，主要是个别税收征管基础资料不够规范，以及应通过纳税评估和日常巡查等多种途径加强对重点税源户的税源监管等。 （李政）

（责任编辑：李洪进）

光荣榜

一、南京地方税务局更高水平"三个一流"工程建设一、二、三等奖单位

一等奖：江宁局、六合局、雨花台局、直属第一税务局、玄武局、纳税服务局、建邺局；

二等奖：鼓楼局、溧水局、稽查局、栖霞局、浦口局、秦淮局、稽查三分局；

三等奖：化工园局、高淳局、高新局、稽查一分局、契税所、稽查二分局。

二、南京地方税务局更高水平"三个一流"工程建设标兵科所、先进科所

（一）标兵科：

纳税服务局税收宣传科

栖霞局办公室

玄武局征管科技科

江宁局办公室

六合局征管科技科

稽查一分局综合行政科

雨花台局办公室

鼓楼局征管科技科

高淳局征管科技科

秦淮局税政法规科

（二）标兵所：

征收局第四税务所（建邺局）

征收局第二税务所（玄武局）

江宁局征收税务分局

溧水局稽查局

六合局第一税务分局

稽查局检查执行四科

化工园局第一税务所

征收局第一税务所（直属第一税务局）

高新局第二税务所

征收局第三税务所（秦淮局）

（三）先进科：

溧水局人事监察科

高新局办公室

化工园局税政法规科

浦口局征管科技科

契税所综合管理科

直属第一税务局办公室
稽查二分局案件审理科
稽查三分局综合行政科
建邺局办公室
稽查局举报中心
(四)先进所:
征收局第六税务所(雨花台局)
征收局第七税务所(栖霞局)
高淳局稽查局
稽查三分局检查执行一科
征收局第五税务所(鼓楼局)
浦口局第五税务分局
稽查一分局检查执行一科
稽查二分局检查执行一科

三、南京地方税务局“地税标兵”(按姓氏笔画排序):

王海啸　王　蓓　刘世佐　苏妍红
邱　蔚　汪树强　张　健　经　波
袁　锋　高黎黎

四、南京地方税务局“地税标兵”提名奖(按姓氏笔画排序):

边　伟　吕志浩　陈　虎　金　东
金　星　周和英　周国强　赵立扬
赵玉伟　戚宁炫　颜国彬　薛必龙

五、南京地方税务局“系统先进个人”:

王　冬　吴立亚　张少柏　尹治鹏
李　璐　周敏进　叶　峥　邵立华
杨　恬　陈　涛　黄志刚　王曼京
刘铁军　刘　勇　吴　琦　翟小荣
朱　莹　肖宁宁　高为民　王红梅
骆光军　孟洁洁　唐　棣　杨倩宇
张　黎　肖　鸣　谢　军　刘　颖
黄峰巍　吴明芝　张京宁　潘中伟
盛小根　王　强　肖　巍　秦　鑫
陈宏楼　王小平　陈培宝　万　镔
谢　月　朱代全

六、南京市先进模范

南京市五一劳动奖章:孙慧
南京市技术能手:孙慧、周和英、徐黎、
南京市五一创新能手:
孙　慧　周和英　徐　黎　傅红华
戴旭峰　郑慧颖

七、其他各类集体荣誉和称号

市地税局被授予“2013年南京市职工技能竞赛优秀组织单位”称号;

六合局获“全国税务系统先进集体”称号;

南京地税局“康乃馨行动”志愿服务队、雨花台局征收所被授予“全国巾帼文明岗”称号;

雨花台局工会被授予“全国模范职工之家”荣誉称号;

市地税局机关妇联、重点税源局、征收局第二税务所、白下局人事监察科、下关局人事监察科、栖霞局办公室、江宁局妇委会、六合局规划财务科、溧水局稽查局被授予“江苏省巾帼文明岗”荣誉称号;

雨花台局、六合局获“江苏省依法行政示范单位”称号;

秦淮局工会、六合局工会获“江苏省模范职工之家”称号;

浦口局党组获“江苏省党的基层组织党务公开示范点”称号;

栖霞局办公室等9个集体获江苏省“巾帼文明岗”称号;

江宁局征收分局获“江苏省公务员职业道德模范集体”称号;

浦口局工会、高淳局工会获“江苏省职工书屋示范点”称号。

(责任编辑:李洪进)

党建及群团工作

党建工作

概 述 2014年,市地税局机关党委以深化作风建设和党群品牌建设为抓手,深入开展机关作风和党建工作,提升系统创新能力、执行能力、服务能力、协作能力。一是加强“三型”(三型:学习型、服务型、创新型)党组织建设,开展“党员干部结对帮扶”活动。抓好“先锋行动”“党务公开”“书香机关”等示范点建设,开展市地税局机关“微型党课”活动。修订基层党建常规工作制度和31种文书示范。组织机关党支部447名党员走进8个社区,开展“奉献社区、服务群众”活动。全年帮扶困难群众509名,捐赠款物40.1万元。二是开展作风整顿工作,力争综合评议再创佳绩。以反“四风”(四风:形式主义、官僚主义、享乐主义和奢靡之风)、转作风为主题,市地税局领导带头深入基层调研,将“四解四促”(四解四促:了解民情民意、破解发展难题、化解社会矛盾、力解机制束缚,促进干群关系融洽、促进基层发展稳定、促进机关作风转变、促进机关执行力提升)活动主体延伸到市地税局、区地税局及其科所三个层面,建立挂钩联系企业工作制度和“四解四促”常态化工作机制。市地税局2014年共集中走访651户企业,解决问题308个,完成为纳税人办实事计划37项。三是积极开展文明创建和文体活动。开展省、市第四批服务品牌创建申报,组织开展“道德讲堂”“志愿服务”“阳光杯—与青奥同行”等年度系列活动,形成多方式、多方法、多途径、多种类的“四多”局面。全年近700多人次参加系统工会各项活动,并在市级机关比赛中荣获21个奖项。 (汪成池)

党建基础工作 一是做好机关党委换届选举工作。4月,市地税局机关召开党员代表大会,选举出新一届党委会、纪委会,并分别召开第一次全体会议,选举出机关党委会书记、副书记,以及机关纪委会书记。直属一局党总支委员会完成第二届换届选举。二是做好党员发展工作。2014年,经市地税局机关党委会表决同意,7名预备党员转正,10名积极分子成为党员发展对象,9名同志成为入党积极分子。 (汪成池)

微型党课 按照省、市及市地税局党组的部署和要求,加强地税“书香机关”建设,开展机关党员微型党课教育活动。党课将行政和业务部门结合分组,讲课时间15分钟左右。课后,把每位主讲人和点评人的发言做成视频课件,讲稿主要内容汇成《微型党课简报》,发给机关各支部(总支)和各基层局。微型党课内容涉及中国特色社会主义理论、党的重要会议精神、国家领导人的系列重要讲话、时政热点、历史与哲学、管理及经济、税务管理现代化思考与研究、依法行政及干部队伍管理等,突出短、新、精,促进党员自我教育,实现工作水平提高和干部素质提升的双赢。 (汪成池)

构建基层党建工作规范 在市地税局党组党建工作指导小组的领导下,加强落实全系统机关党建工作联系会制度。市地税局机关党委依据《中国共产党党章》和《中国共产党党和国家机关基层组织工作条例》,在总结基层党建成功经验和有效做法上,梳理构建了最新的南京地税系统基层党建工作制度体系,汇总编辑《机关党建工作应知应会基本知识》(共5部分,15篇党建例文)和“基层党务工作流程图”(16个),提高基层党建工作规范化水平。 (汪成池)

四解四促 一是推进“四解四促”和“三服务”工作(三服务:服务地方经济社会发展的措施,服务纳税人的措施,服务基层的措施)。发扬“钉钉子”精神,为基层和纳税人办实事,2014年年初制定为基层和纳税人办实事计划37项,全年共集中走访651户企业,解决问题308个。二是开展“先锋行动—万名党员干部帮万家”主题实践活动。市地税局机关及各直属党支部(总支)与江宁区横溪镇西岗社区128户低收入农户开展牵手帮扶行动,引导与社区党组织共建联创,与基层群众结对帮扶,强化机关党员干部群众意识和先进意识。各基层单位与76个社区结对,帮扶困难群众509名,捐赠款物40.1万元。先后资助高淳、溧水“春蕾圆梦班”37名女童上大学,进一步强化与基层社区、党组织、群众的血肉联系。三是开展在职党员“奉献社区、服务群众”活动。市地税局机关党委组织25个支部,447名党员干部,走进8个社区参加此项活动,并于11月组织开展清扫内秦淮河沿岸绿地,参观税收博物馆等活动,实现各方组织同参与、在职党员做奉献、居民群众得实惠、社区工作上水平的总体目标。 (汪成池)

春风行动 服务青奥盛会,积极开展“春风行动”,推出税收服务青奥会“五个一”举措,即“成立一个机构、推出一组服务举措、梳理一批优惠政策、组建一支志愿者队伍、建立一套保障机制”。选拔精干力量,组建30人的公交车安全员队伍,保障青奥期间交通安全;开展环境大整治,贯彻迎青奥200天行动部署要求,杜绝环境“脏、乱、差、破”现象;组织14名干部义务献血,以实际行动为青奥做好保障和服务。 (汪成池)

全市机关作风建设迎评 一是组织好全市机关作风建设迎评工作。为适应2014年行风评议工作新机制的调整,在全面掌握综合评议工作思路基础上,形成加强作风建设的压力传导机制,分层面做好意见征求沟通,争取工作主动权;查摆问题,抓好收集需求、解决问题、优化服务,开展系统作风整顿工作,力争综合评议工作再创佳绩。二是提升纳税服务质量。以“四项制度”(需求征询制度、效能服务制度、形象塑造制度、质效评估制度)和“八项载体”(春风行动、税收宣传月、万名党员进万户边听意见边服务、开门评议、阳光地税行、税务直通车、纳税人学校、勤廉双优)建设为重要抓手,推行纳税服务标准化建设,分批分次推出服务举措,坚持全心、全程、全员为纳税人服务。2014年,在全市公开选聘66名办税人员为“神秘客户”,对地税的纳税服务进行现场检测,帮助查找问题,听取对税收管理服务工作的建议意见。与专业咨询公司协作配合开展检测,同时,不断改良检测指标、充实检测内容,将现场检测作为掌握纳税人需求的重要渠道和了解基层一线服务状态的主要途径。在2014年全国纳税人满意度调查工作中,市地税局荣获第三名。 (杨沉璧)

绩效管理考核 一是优化绩效考核管理体系。根据《南京市公务员考核实施办法》的要求,结合征管改革后机构职能和岗位变化,调整明确考核内容及对应关系。对部门考核内容进行量体裁衣,将公务员队伍管理“德、能、勤、绩、廉”五个方面的要求落实到考核体系中。二是分解落实绩效考核指标。依据省地税局绩效管理办法及2014年度绩效考评指标体系,将考核内容和要求分解落实到处室绩效考评体系中,统筹好2014年系统B1级和B2级考核指标,做好考核责任的划分和传导,确保市地税局在全省年度考核中继续保持领先。三是严格绩效管理考核制度。充分考虑可行性和操作性,突出考核重点,使考评结果更加客观公正。强化部门与个人绩效结果的综合运用,发挥绩效体系指导、督促、检查、服务工作的积极作用。

(杨沉璧)

系统群团建设 一是开展换届选举。根据《中华人民共和国工会法》《中华全国妇女联合会章程》和《工会基层组织选举工作暂行条例》的有关规定,系统工会于2014年8月选举新一届系统工会委员会、新一届工会经费审查委员会、新一届女职工委员会(即江苏省南京地方税务局系统妇女联合会)委员。二是构建“一体多样”的文化格局。打造机关、基层各具特色的文化品牌,形成文化建设枝繁叶茂的全新格局,涌现出“家园文化、责任铸税、茉莉花·源”等各具特色的文化品牌。三是加强工会、妇联组织建设。依据“健康工程”和“幸福地税”建设要求,以系统工会“阳光家园”、系统妇委会“康乃馨行动”品牌为引领,以机关团委“青春铸税”特色品牌为载体,加强工会、妇联组织建设,推进群众文化工作建设进程,扩大地税群团品牌的影响力。四是发挥工会、妇联桥梁纽带作用。深入推进“模范职工之家”“工人先锋号”“三八红旗集体”“三八红旗手”“巾帼文明岗”等创建活动,充分调动广大干部职工围绕中心、服务中心工作的积极性和主动性。 (尹治鹏)

维护工会会员权利 一是组织会员体检。2014年，组织全系统1900多名干部职工参加市总康惠医疗保障计划工作，维护干部职工身体健康。二是加强慰问关心。各基层单位按照系统工会制度要求，组织开展慰问走访等各项工作，全年共慰问干部职工746人、946人次，发放慰问金78.7万元。根据形势和任务的变化，系统工会及时调整工作，要求各基层单位在满足干部职工健康需求的情况下，认真做到"三个坚持"，即：坚持围绕税收工作为中心适度开展活动；坚持配合机构调整工作，合理安排活动；坚持利用业余时间开展各类活动。

（尹治鹏）

参加全市机关各类比赛 先后参加"奔向2014青奥年"长跑活动暨南京市第32届元旦健身长跑运动会、网球、乒乓球等比赛，均取得较好成绩。秦淮局和纳税服务局参加全市庆"三八"妇女节巾帼风采展，在市级机关女性时尚礼服、旗袍秀比赛和女性职业套装秀展示中荣获二等奖。在市级机关"秦淮杯"网球比赛中，获女子甲组单打冠军、双打亚军、第三名和第五名；男子乙组双打第三名。6月，在"台城杯"游泳比赛中，获得女子团体亚军、混合团体季军、男子团体第五名等12个奖项。

（尹治鹏）

群众文体活动 在建设好系统工会12个特色文体俱乐部的同时，积极引导基层单位加强兴趣小组建设，形成多方式、多方法、多途径、多种类的"四多"群众文体活动局面。组织开展系统"阳光杯"—与青奥同行年度系列活动。2014年，市地税局系统工会开展"阳光杯"三人篮球、乒乓球和羽毛球等比赛。各特色俱乐部开展书画、文学创作、摄影、太极拳、集邮、游泳等活动，对中国画和篆刻、邮票、网络邮展、太极拳等项目进行多次培训。通过各项活动的开展，吸引和带动了55个代表队、482人次参与，其中，参加全市和机关工委的活动有3类、7个项目、79人次，分别获得冠军、优秀组织奖等9个奖项。（尹治鹏）

荣誉榜

工会荣誉榜

（一）系统工会工作

一等奖：

江苏省南京地方税务局市局机关工会委员会

南京市玄武地方税务局工会委员会

南京市秦淮地方税务局工会委员会

南京市鼓楼地方税务局工会委员会

南京市雨花台地方税务局工会委员会

南京市江宁地方税务局工会委员会

二等奖：

江苏省南京地方税务局稽查局第一分局工会委员会

江苏省南京地方税务局纳税服务局工会委员会

江苏省南京地方税务局直属第一税务分局工会委员会

南京市建邺地方税务局工会委员会

南京市栖霞地方税务局工会委员会

南京市化学工业园区地方税务局工会委员会

南京市六合地方税务局工会委员会

三等奖：

江苏省南京地方税务局稽查局工会委员会

江苏省南京地方税务局稽查局第二分局工会委员会

江苏省南京地方税务局稽查局第三分局工会委员会

南京市地方税务局耕地占用税和契税管理所工会委员会

南京市高新技术产业开发区地方税务局工会委员会

南京市浦口地方税务局工会委员会

南京市溧水地方税务局工会委员会

南京市高淳地方税务局工会委员会

（二）系统荣誉工会积极分子

柏　鹏	郑　良	左　明	唐　跃
蔡建勋	刘军辉	王　超	陈　奇
钱家俊	蔡金华	胡平华	王冬明
费明华	姜　健	张元年	钟武斌
马雪玲	胡连强	谢海航	马学民
朱　延	徐贻璧	罗　斌	王桃之
王晓苏	吴春高	马玉宁	曾　翀
王火生	戴世敏	殷璧峰	

（三）系统优秀工会干部

沈向民　章　孙　石　亮　陆　莹
朱广生　韩粉英　董晓庆　全　晓
何　欣　王守江　张红兵　张劲松
王加龙　林　斌　杨　阳　丁晓军
刘　涛　郝永宁　周　妍　周立红
吕　艳　张淑卿　许晓燕　张士宝
华铁群　周　密　朱士祥　汪莉莉
汪临清　刘林川　周和英　陈月影

(四)系统优秀工会积极分子

奚　雷　明　靖　尹治鹏　周　益
张　恒　徐　伟　于　群　张晓宁
季　华　管　纬　张　珺　谢蓉湘
刘　青　谷燕舟　王国雷　张林山
刘　劼　王志宏　索荣荣　潘学胜
王海霖　吴建强　肖烈风　王书俊
陈晓雯　程德宁　彭　云　许大青
张永华　陈　涛　谢成龙　黄志刚
鲍　平　高　峰　刘铁军　刘文侠
梁国林　毛晓宇　赵　滨　宛　斌
葛　平　何　彦　金志红　刘垚林
丁　钰　桂乃耀　王怀民　刘守成
沈旭升　童春国　尤　克　姚　江
田　申　沈建伟　陈从义　朱亚雷
王苏宁　王　健　陈　湘　郭智怡
毕云亮　杨　露　宋　健　谢寒生
柴逢国　孟俊和　毛平凡　张　扬
张怀江　李柄政　陈　杰　张京宁
张　健　经　波　陶　磊　张学银
卢毓炎　陶向武　高　宏　陈宗兵
邓　悦　朱海平　祁　静　刘明祥
李　军　魏　明　谢文礼　李晓峰
万　镔　邢华清　封世雄　唐　倩
董晓宁　赵长明　李小兵　朱代全
张　达　章　玲

(尹治鹏)

妇联荣誉榜

(一)系统巾帼文明岗

江苏省南京地方税务局政策法规处、机关党委

江苏省南京地方税务局稽查局检查执行三科

江苏省南京地方税务局稽查局第一分局业务管理科

江苏省南京地方税务局稽查局第二分局检查执行四科

江苏省南京地方税务局稽查局第三分局检查执行四科

江苏省南京地方税务局纳税服务局咨询服务科

江苏省南京地方税务局直属第一税务分局第三税务所

南京市高新技术产业开发区地方税务局办公室

南京市玄武地方税务局第二税务所

南京市秦淮地方税务局第二税务所

南京市建邺地方税务局办公室

南京市鼓楼地方税务局征收所

南京市雨花台地方税务局征管科技科

南京市栖霞地方税务局征收所

南京市江宁地方税务局政策法规科

南京市浦口地方税务局征收分局

南京市六合地方税务局征收分局

南京市溧水地方税务局稽查局

南京市高淳地方税务局办公室

(二)系统巾帼岗位明星

朱　岚　彭胜胜　曹木兰　吉　晨
李京琳　杨　滢　金　天　冯国梅
姚丽杰　陈小玲　李　玮　王小洪
胡　洁　侯冬梅　孙菲菲　丁　楠
李　阳　张　悦　郝　红　王海敏
李　莉　顾　晨　侯祥萍　张曦文
佘风琴　王艳艳　陈国芳　陈　岚
郑月桥　魏玲燕。

(三)系统三八红旗手

徐瑛辉　王杉杉　史　晶　钮　蓉
顾　婷　张紧莉　朱　丽　王　平
潘爱和　戴　娜　周嫦娥　虞　华
李　娜　王英姿　王　萍　张　平
曾益红　郑　岚　李克强　苏妍红
王　宁　王启明　韩　云　邢　彦
莫增华　孙启红　黄宝琴　张显美
曹训梅　孔华梅。

(四)系统文明家庭

马圣莲　魏振金　薛　松　李朝印
朱基全　程松敏　吴跃发　纪耀录
张　锋　徐　雷　朱仕福　王德春
戴迎新　朱俊萍　李宏祥　王桂祥
杨晓林　张光钦　刘　勇　张金州
陈　建　岳有名　丁一宏　王　蓉

王国明　邵龙鼓　薛　娜　万利民
金佩光　李　涛　业德瑞　邹玉宝
罗友明　孙　猛　常苏蓉　刘迎春
史成娟　吴永生　杨春瑛　陈桂华
朱红华

（尹治鹏）

（责任编辑：汪成池）

基层单位工作

稽查局

概　述　2014年，江苏省南京地方税务局稽查局(以下简称稽查局)巩固完善稽查管理改革,以稽查方式方法创新为突破,以集约化稽查为体现,稳步推进稽查现代化建设。全年累计下达稽查案件1091户,同比增长7%;结案1069户,同比增长7%,查补税收收入6.04亿元。

稽查作用进一步发挥。组织开展房地产及建筑安装业、出口退税企业、股权转让企业等6项税收专项检查，累计实现税收收入3.66亿元。根据国家税务总局统一部署,完成91户重点税源户的自查，自查税收收入413.76万元，同比增长323%。深入开展打击发票违法犯罪活动,全市共检查企业户数1047户,查处虚开发票和非法取得发票等违法企业337户,同比增长121%;查获各类非法发票1418份,同比增长76%。

稽查效能进一步提升。进一步深化稽查管理改革,制定和完善《税务稽查案源管理规定》等13项稽查管理相关制度。创建办案中心,做好“三险同防”,提升审理效率。加强执法督察,开发运行案例库系统,推进稽查案件内控管理系统建设,将纳税服务贯彻稽查工作始终。

稽查力度进一步突显。加强风险管理,做好案源统筹。加强专案和大要案件查处,全年百万元以上案件48起,同比增长118%,千万元以上案件9起,同比增长80%。加强案件管理,提高查处效率。加大涉税违法案件举报管理力度，进一步规范协查管理工作,做好移送案件的跟踪管理,对达到移送标准的4户稽查案件及时移送公安机关处理。

专业化稽查素质进一步提升。强化干部队伍常态管理,开展能级评定,选拔2名正科级、3名副科级后备干部;强化干部岗位培训,基层建设经验在市地税局基层建设年终会上作大会交流,在市总工会会同市劳动和社会保障局、市人事局及团市委共同举办的南京市职工职业（行业）技能竞赛中,查倩倩、王佳一两名同志被授予“南京市青年岗位能手”称号;强化党风廉政和作风建设,荣获秦淮区“2012–2013年度无职务犯罪先进单位”称号;强化总支建设,开展基层党员进社区和微党课活动,与横溪街道西岗社区开展结对帮扶。

行政保障能力明显加强。完善政务管理,加强信息宣传，顺利完成调研任务，做好档案管理工作,推进政务公开。强化事务管理,规范财务管理,开展办公用房清理工作,做好节能减排工作,完善公务车辆管理,规范政府采购。　(朱旭)

机构设置及负责人

办公室

副主任　石　亮
副主任　曹木兰

人事监察科

副科长　陈　春

稽查管理科

科　长　陈　虎
副科长　沈晓青

案件审理科

科　长　吉琳娟
副科长　王　亮

税收违法案件举报中心

主　任　郑立峰

检查执行一科

科　长　乔旭峰(3月免)
副科长　王　琛

检查执行二科

科　长　李　璐

检查执行三科

科　长　瞿海深
副科长　李　娟

检查执行四科

科　长　王茂林
副科长　陆　莹

(朱旭)

税收高风险应对 一是继续坚持并强化风评导向，所有户(举报案件除外)均以风险平台识别为前置条件。2014年，共下达有效风险案件1068户，应对量同比增长16.5%。二是进一步统一和规范高风险户接收、应对、反馈和归档工作相关流程，在应对过程中增加管理类事项。三是做好全市案源扎口管理，坚持统一报送、统一识别、统一推送、统一下达。四是将高风险应对完成率的考核、通报以及风险应对准期率纳入日常管理，提高风险应对效率，做好案件延期管理和风险延期管理。五是做好高等风险复审。 (华兰)

税收专项检查和专项整治 根据国家税务总局、省地税局要求，结合南京实际，2014年全市共开展房地产及建筑安装业、出口退税企业、股权转让企业等6项税收专项检查。在专项检查中，积极联系外部职能部门筛选案源，建立稽查局统一组织、风评局扎口案源、自查与检查相结合的新机制。全年税收专项检查共下达自查户485户，有问题户242户，自查税收收入2.18亿元；下达检查户279户，查结户226户，查补收入1.48亿元。开展私人会所专项整治，加强与市国税稽查局协调配合，积极与市委、市政府相关部门联系沟通，综合各方信息，确定排查范围，开展实地核查，对摸排调查出的14户企业进行分类治理，实现税收收入12.56万元。 (华兰)

重点税源企业检查 根据国家税务总局统一部署，完成91户重点税源户的自查，自查税收收入413.76万元，较2013年增长323%。向省地税局报送推荐重点检查名单21户，按要求全面完成南京市重点税源户检查工作。 (华兰)

打击发票违法犯罪 以整治买方市场为重点，加大重点行业和领域发票检查力度，2014年全市共检查企业户数1047户，查处虚开发票和非法取得发票等违法企业337户，同比增长121.71%；查获各类非法发票1418份，涉及金额1.38亿元，查补税收收入3124.42万元，同比增长76.37%；向公安部门移送虚开发票案件4起。强化税警联动机制，开展假发票卖方市场整治。不断完善与公安部门的联动机制，对发票犯罪问题突出的重点地区，采取有效措施打源头、端窝点，深化巩固整治成果。全年共破获各类发票犯罪案件8起，刑事拘留犯罪嫌疑人8人，移送起诉8人，缴获假发票7万份，涉案金额达700余万元。 (张宁)

专案和大要案件查处 一是加强大要案指导督办，严格落实大要案专报制度，促进大要案上报规范及时。二是开辟重大案件快速办理渠道，对重大政策问题及时请示、及时反馈，提高应对突发性重大违法线索的办案效率与能力。三是注重挖掘大要案，实现对大要案的查深、查细、查透，充分发挥大要案的示范效应。上报省地税局的3篇案例均被评为优秀案例。四是结合国家税务总局重大违法案件公告系统的运行，加大对大要案中定性偷税等违法企业的曝光，提高税务稽查的震慑力。全年查处百万元以上案件48起，同比增长118%；千万元以上案件9起，同比增长80%。 (华兰)

省地税局稽查局区域检查 一是选派30名业务骨干组成10个检查组展开检查，抽调审理部门骨干，提前介入案件检查实施环节，专人负责案件检查过程中的政策解答，确保案件高质、高效完成。二是加强组织协调，强化过程监控。局领导亲自带队督办，每周专题会议听取区域检查情况。加强与属地局沟通协调，有效保障检查质效。三是建立专门服务机制，在业务需求、办公设备、住宿就餐、交通等方面，做好全方位服务保障。 (沈晓青)

稽查案件管理系统建设 初步完成稽查案件内控管理系统需求，设置业务提醒、问题提醒、被查对象反馈、案件复查、评估报告、查询与分析等六大功能模块十二个子模块，对省地税局3.0信息系统中的稽查案件操作全过程，实施痕迹管理、全面监控、有效跟踪，并在充分研讨的基础上进一步完善。上述需求系统已并入省地税局3.0完善需求一并开发，将在全省稽查案件管理中推广应用。 (沈晓青)

税收执法督察 一是不断健全行政执法机制，初步建成稽查内部四环节相互监督制约、上级对下级的监督制约、税务机关内部专业监督与社会舆论监督相结合的“四位一体”的稽查执法监督制约体系。二是注重执法风险和效率的平衡。结合全年目标任务和执法风险防范要求，进一步完善审理工作要求和稽查卷宗管理规定,规范执法,依法行政,切实保障纳税人权益。三是在日常的案件审理工作中,深入领会服务内涵,做好对纳税人的行政救济服务。四是继续深入稽查法制化建设,防范执法风险,组织系统执法督察和卷宗评查,完善各项基础工作。 (吉琳娟)

科所业务事项集体合议制 一是明确集体合议范围。对查无问题的、查处金额1000元以下的、查补税种仅涉及个人所得税或印花税的以及查处金额100万元以上的大案，由科所负责人根据案件性质、数额等情况,适时组织科所合议小组成员进行合议。二是明确合议程序。首先由检查人员汇报案情及拟处理意见，然后由合议小组成员对案件事实是否清楚、适用法律是否正确、证据采集是否合理合法、资料文书是否齐全规范、拟处理意见是否得当等问题进行集体审查合议。在充分民主平等讨论的基础上，形成合议结论。三是纳入考核管理。对经过集体合议的上述四类案件,如有退审情况发生，对所在部门和合议人员纳入当季绩效考核。 (杨蔚芳)

税收违法行为检举 全年共受理检举案件629件，下达案件542件,到期应结案件505件,实际到期结案473件,到期结案率93.66%。检举查补入库税收收入2072.27万元。在税收违法行为检举案件管理过程中,严把时效和质量关,按月编制《税收违法行为检举工作动态》,通报检举案件查办反馈进度;做好重点检举案件全过程跟踪,稳慎处理热点和焦点检举案件，加强对重点检举人的矛盾化解工作,积极做好检举案件应诉工作;充分保障检举人合法权益，认真做好相关政策宣讲和检举人信息保密,受理和发放检举奖励24笔,支付检举奖励19.07万元,创历史最高。 (郑立峰)

能级评定 根据市地税局统一工作部署,坚持能本管理理念,坚持客观、准确、公平地测定和反映干部岗位能力,落实自愿申报、按岗申报的原则,执行统一的评定标准和操作流程,确保程序公开、结果公开。2名干部取得税务稽查类三级能级,2名干部因取得注册税务师、税龄满5年、能力考核合格直接取得征收管理类四级能级。 (史晶)

三篇案例获“全省地税系统稽查优秀案例”称号 在2014年度全省地税系统稽查案例分析会上,稽查局“一张大额发票揭开无证自然人逃税黑幕”“岂能预先确定项目成本—某房地产企业少缴税款案例”和“被精装‘修’掉的税收”三篇案例荣获“全省地税系统稽查优秀案例”称号。 (沈晓青)

两人获省地税局重点税源企业检查先进检查组和先进个人 在省地税局组织的“加大对全省重点税源企业税收高风险的监控力度，打击重大税收违法行为”的活动中,王亮、张柯、王璇晶三名同志参与省地税局稽查局区域分局检查表现突出,被评为“省地税局重点税源企业检查先进检查组”,王亮、张柯被评为“省地税局重点税源企业检查先进个人”。 (陈春)

(责任编辑:韩粉英)

稽查局第一分局

概 述 2014年,江苏省南京地方税务局稽查局第一分局(以下简称稽查一分局)按照市地税局党组总体部署和稽查局的工作要求,以“规范、完善、突破、提高”为思路,凝心聚力,提效争先,全年共实施检查155户,查补收入4.47亿元(含报审数)。1篇案例入选省地税局优秀稽查案例，获得市地税局“依法行政示范单位”称号。

运转机制进一步巩固。系统完善内部各项计划管理机制,重要项目、重大开支、重要人事工作、重要工作计划、方案、制度及采购合同,均以局长办公会形式集体研究决定或重大案件审理委员会集体审理。强化案件查处全过程监控。推行“案件跟踪单”,优化预审流程,推进审理信息化改革。

工作业绩进一步提高。加大大要案查处力度,查办百万元以上案件10户、千万元以上案件6户。实行调账检查,电子查账110余户。推行稽查工作底稿试点。开展“百日会战”行动。参与省地税局区域稽查,查补收入近7000万元。

干部技能进一步提升。以土地增值税为重点,开展业务培训。组织查前准备、软件应用等业务竞赛,提升实战技能。推进职能科室人员与一线人员编组检查,针对大要案成立专案组,实现人力资源效能最大化。

队伍建设进一步加强。强化班子建设和干部思想政治教育,按月进行干部思想汇报;构建绩效考评体系,用好考核指挥棒;加强税务文化建设,有效发挥引领作用;落实党风廉政建设责任制和“三险同防”机制,制定加强作风建设的15条规定。

行政保障能力进一步增强。参与市地税局7个创新项目,落实稽查建议制度,上报建议类信息10篇;组织办公用房分割改造,做好青奥保障;开展往来款项专项审计检查自查,严格执行政府采购管理规定,严防财务风险。 (杨光)

机构设置及负责人

综合行政科

科　长　　韩粉英

副科长　　谷燕舟

业务管理科

科　长　　高黎黎

案件审理科

科　长　　李　文

副科长　　钮　蓉

检查执行一科

科　长　　刘　青

副科长　　刘　雄

检查执行二科

科　长　　周敏进

副科长　　王国雷

检查执行三科

科　长　　戴旭东

检查执行四科

科　长　　赵国堂

副科长　　刘　辉

(杨光)

“百日会战”专项行动　自4月1日起至7月10日,抓住稽查黄金期,根据不同类型、不同时期的案源,结合预计查补收入额,制定详细的目标和时间表,对部分环节限定时间,确保及时结案、查补收入及时入库。行动期间,针对案源管理、检查手段、案件审理和后勤保障等工作,制定专项方案。结合队伍状况,将4名职能科室同志与一线人员编组,实行“主岗兼岗”协同作战,弥补一线检查人力资源不足的缺陷的问题。专项行动期间,共查补收入5761.5万元。 (高黎黎)

大要案查处　实行科长负责制,由案件审理科提前介入,形成大要案专业组对口检查、相关人员积极配合的检查格局,提高重大案件的检查效率;对案值大、案情复杂的案件,成立专案组,集中骨干、集中地点、集中精力,查办一批有质量的案件,培养一支能打硬仗的队伍;开辟大要案快速反馈渠道,对案件查处和重大政策问题及时进行研究、请示、反馈,提高大要案查处效率。2014年,共查处100万元以上案件10个、1000万元以上案件6个。

(高黎黎)

案件过程监控　一是完善稽查计划管理机制。加强与风险应对部门互动,调动各部门参与稽查计划管理和案源分配积极性,有针对性地筛选案源,增强工作主动性。二是加强全过程监控。对案件实行全程跟踪反馈,跟踪各环节的处理进度,在举报、交办和重大案件中推广使用检查日志,提高税收高风险应对效率。三是实行定期通报。设置分类别案件统计表,设立数据通报专栏,按周通报各部门各环节的案件数量、查补金额、结案率和入库率等数据,提高稽查工作绩效意识。四是实行不定期预警提示。对各环节即将到期的户和金额较大会影响结案、入库进度的户进行梳理预警。

(高黎黎)

案件审理　一是规范案件报送工作。在做好审理登记工作的基础上,推行“案件跟踪单”,使案件流转有记录、有痕迹。二是制定预审工作规范。明确各科科长作为预审第一责任人,对于报审一次通过的案件予以绩效加分奖励,提高案件报审质量。三是推进审理信息化改革。通过信息化手段介绍案情、列示证据、计算过程、援引法律依据,重大案件合议的准备时间由原先的三天缩短为一天,提高案件合议效率。 (李文)

税政支撑服务　一是实施大要案和疑难案件审理

提前介入。检查方案制定、政策支撑、数据核实,并研讨案情、政策把关,对疑难问题提前预判,实施案件全方位跟踪指导。二是规范各税种纳税期限以及滞纳金计算，针对房地产行业案件较多的特点,整理土地增值税政策汇编,指导房地产行业土地增值税检查。三是针对一线政策需求,加强与主管处室的沟通联系。全年向市地税局相关处室汇报案情5次，相关处室和稽查局先后7次前来听取汇报、辅导政策、指导案件办理,共同推动重大案件查处。（李文)

依法行政 一是通过专家讲座与稽查实践相结合,理论学习与案例分析相结合,加强法制宣传教育,增强干部安全履职能力。二是认真落实省地税局、市地税局关于行政处罚自由裁量权的相关规定,明确在各项文书中引用的文件级别，保护行政相对人合法权益。三是与兄弟单位合作成立督察小组,通过案卷评查、分局互查的方式,开展执法督察工作,并在内部开展4次日常督察,对发现的问题进行责任追究,并组织培训辅导,编制《税收执法风险提示及防范》简报,实现税收执法工作的标本兼治、长效治理。四是将“依法行政示范单位”和“法治南京建设示范单位”创建工作纳入年度重点工作,通过明确指导思想、建立健全机构、狠抓基础工作,严防执法风险,发挥先进典型的示范带头作用,提高干部依法行政意识。（李文)

稽查回访 认真梳理年度稽查案件，重点选取20户被查企业,由班子成员带队开展稽查回访。一是对照稽查工作操作规程、党风廉政建设相关要求,了解检查人员在稽查过程中文明执法、政策执行、廉洁自律等情况，主动征求地税部门在税收工作中的问题和建议,及时梳理回访意见,反馈相关部门,不断完善工作管理。二是立足税收政策,了解企业经营情况,向企业提出财务、管理等方面的改进建议,帮助企业充分运用税收政策促进发展,并引导其规范核算、依法纳税。三是提供政策服务。针对企业关心的涉税问题，提供税收政策零距离服务,积极帮助企业规避税务风险。（杨光)

业务培训交流 一是从干部需求出发,举办集中培训和小班化培训近20场，积极开展业务测试,并和绩效考核管理相结合，检查人员利用组织开展的房地产行业和土地增值税培训，在对房地产行业9户案件查处中,查补税收收入约4亿元。二是组织案例实战交流会,对稽查案例进行研讨,并开展查前准备、软件应用技能等业务竞赛,通过干部主讲、专家评审的方式,以赛促学,提高干部检查水平。三是以税收政策研学小组为平台,开展经常性政策研讨,积极培养业务骨干,3人获得“系统业务能手”称号,刘辉在省地税局稽查局工作会议上进行案例交流。（杨光)

“1+4”绩效管理体系 一是充分征求意见。广泛征集意见形成整体思路框架,反复论证形成初稿,并通过召开专题中心组学习会和部门座谈会，进一步征求干部建议,力求科学公平。二是强化引导作用。通过优化绩效考核指标,突出案件全程管理、大要案、作风廉政、信息宣传等分局重点难点工作,既注重结果考核,又重视过程控制,发挥考核的“指挥棒”作用。三是鼓励工作创新。各部门结合自身实际设计考核方法，定期组织D级绩效考核经验交流，使考核工作更加科学务实。在此基础上,构建以C级绩效考核办法为统领、C级绩效考核管理指标为主要内容、科级领导干部绩效考核为关键、D级绩效考核为落脚点、单项考核为补充的“1+4”绩效考核管理体系。（谷燕舟)

“扬帆文化”建设 结合稽查工作职能,积极开展组织文化建设培训，提高干部对税务文化高度认同感,深入提炼、整合“扬帆”税务文化体系,形成以“为国聚财、为民收税”为组织使命,以“扬帆奋进、亮剑争先”为核心理念,以“争改革创新之先、争高效团队之先、争稽查管理之先、争勤政廉政之先、争幸福工作之先”为品牌愿景,涵盖“起航、领航、远航、护航、助航”五大篇章的“扬帆文化”品牌。同时,构建文化走廊、文化园地,建立多种文化推广小组,开展各类群团活动,营造“扬帆文化”氛围。（杨光)

党风廉政建设和作风建设 以“廉洁从税”教育月为契机,开展以“五个一”为内容的案例教学、现场教学和社会教学，增强源头防范的针对性和有效性；按月开展一次作风和廉政建设的专题学习讨论、一次集中教育、一次作风和廉政情况分析，提高廉政风险防范和应对能力；采取发放廉政监督卡等手段，加强对稽查各环节的监督制约、稽查互查等监督反馈；落实“一案双查”工作，制定加强作风、廉政建设的15条规定和稽查案件“一案双报”制度，推动作风、廉政监管工作常态化，积极参加市级廉政文化示范点创建。 （谷燕舟）

“微系列”廉政文化建设 为深入推进反腐倡廉宣传教育，推行“清心立德、税廉守正”的廉政文化核心价值理念，组织开展以南京地税“清风税廉”为主题的“微系列”廉政文化作品征集评选活动。通过动员干部积极参与，把创作过程作为自我教育、人人受熏陶的过程，促进廉政文化建设，累计征集微小说7篇、微信息10篇、微视频2部、微讲堂2部。对征集的作品采取全局干部匿名投票的方式，微小说和微信息项目中各评选出一、二、三等奖，并将优秀作品报市地税局，其中，有3篇作品在市地税局“微系列”廉政文化作品征集活动中获奖。 （杨光）

到期文书档案销毁试点 一是根据档案销毁项目试点工作相关要求，成立档案鉴定、销毁、移交工作领导小组。二是对已经超过保管期限的文书档案，从内容、来源、时间、名称及完整性和有效性等方面，按照永久（五十年以上）、长期（十五年至五十年）、短期（十五年以下）的期限标准，认真盘查，逐份逐页进行甄别和鉴定。三是将甄别鉴定好的实物档案进行逐一对照，按要求登记清册，共清理登记分局短期档案1276卷(其中，1994年至1998年到期档案289卷，1999年至2008年到期档案987卷)。四是对批准可以销毁的287卷(1241件、8268页）按规定予以销毁，2卷继续按短期基建类就地保管，相关试点工作经验在档案销毁工作布置现场会上作交流发言。 （谷燕舟）

（责任编辑：韩粉英）

稽查局第二分局

概 述 2014年，江苏省南京地方税务局稽查局第二分局（以下简称稽查二分局）紧紧围绕系统“四个更加主动”(更加主动转观念、明方向；更加主动推改革、促创新；更加主动听民意、改作风；更加主动保安全、促履职）的工作要求，按照稽查局年度工作部署，秉持“依法、文明、效率”原则，贯穿“立足三个坚持，实现三个确保”(坚持依法稽查，确保每一件案件都得到依法处理，推动税收法治工作再上新的台阶；坚持文明稽查，确保稽查人员的工作作风、服务态度、业务本领有新的改进和提升；坚持效率稽查，确保稽查效能建设有的新的跨越）的年度工作思路，以提升稽查工作质效，发挥稽查职能作用为主线，不断深化稽查管理改革、增强风险应对能力、创新工作方式方法、加强干部队伍建设。全年，共检查各类案件242件，查补各类收入8882.05万元，其中百万元以上案件11件。

科学管理，提升稽查工作质效。注重事前掌握税户基本情况和税源结构，事中推进案件查办进度、事后总结分析查账经验，加强稽查常态管理。将风险应对工作纳入稽查成效管理和执法责任监督之中，做到各税统查与风险疑点消除相结合，按月通报风险应对进度，按季开展风险应对复审，发挥风险导向作用。持续推进电子查账，认真梳理信息采集渠道和证据搜集方法，找准契合点，有效运用专业技能。强化组织领导、政策辅导、查前培训，开展房地产业、建筑业等税收专项检查。做好过程跟踪指导和数据支撑，打击发票违法犯罪行为。以国地税联查、征管检查分工协作、查票查税同步进行的方式，参与会所整治专项行动。

严格执法，全面推进依法行政。采取一般案件优先处理、疑难案件集中研究、重大案件集体合议的方式，优化审理提前介入机制，开展“双促双提质量季”和“体验式审理”活动，明确案件质量标准。按季开展内审督察、风险复审、执法监察、绩效考核“四位一体”的执法检查，加强税务行政裁量权管理，严格执行行政处罚裁量基准，规范日常执法行为。专题商研涉税金额大、检查难度大的案件，对于分局层面难以把握的政策和流程难题，既利用“智库”建设，也发挥“外脑”作用，破解案件检查难题。建立疑难“案例库”，为案件检查提供指引。及时总结稽查工作经验，充实完善现有制度，召开“以案说法”宣讲会，积极撰写征管建议，扩大稽查成果运用。

以人为本，激发干部内生动力。加强领导班子建设，充分发挥领导班子在学习上、作风上和协作上的表率作用。增强科所长履职能力,举办2期科所长培训班,选拔2名科级领导干部,进一步充实科所长队伍,优化人力资源配置。注重实效,开展各类主题教育活动和业务技能培训,进一步提升干部两个素质;强化绩效考评,完善绩效考核制度,优化考评方式,简化考核内容,突出重点,加强分析,进一步凸显绩效考评的激励约束作用。推进文化建设,积极打造"知·行"文化品牌("知"是"行"的基础,"行"是"知"的成果,在"行"中检验"知",又可以进一步提高、完善"知","知"固然不可或缺,"行"更加重要。税务稽查工作也是一个由"知"到"行"、由"行"到新"知"的过程,不仅要通过检查,对涉税问题明察秋毫,通过政策宣讲,使纳税人心悦诚服;也要通过处理执行,使税收违法行为得到彻底纠正;更要举一反三,强化管理,促进纳税遵从度的整体提高。"知"与"行"将贯穿税收事业的始终,是税务人员终身体会和思考的命题,也是鞭策税务人员前进的动力),并获得"市地税局2014年度税务文化建设先进单位"称号。

转变作风,促进干部安全履职。强化主题教育,采取多种形式,开展"三树四学"(学先进典型树勤廉之风、看要案纪实树正气之风、创廉政作品树清廉之风,建廉政园地、谈廉政心得、发廉政短信、做廉政承诺进行展示式、感悟式、预警式和自律式学习)、"廉洁从税教育月"等活动,丰富"清风税廉"品牌内容。构建"三险同防"(廉政风险、执法风险、税收风险)机制,通过开展执法督察、高风险应对复审、执法监察等活动,提高各类风险综合防控水平。加强作风建设,修订完善作风行风要求,细化规定,成为规范和指引干部行为的指南,促进作风行风不断转变。

规范运作,增强行政保障能力。加强工作统筹,优化工作方案,加大督查督办,推动各项工作顺利开展。加强内部行政管理,切实做好公文处理、政务公开、信息宣传、舆情应处、安全保密等工作。认真贯彻各项财务管理制度,加强预算执行,落实好中央八项规定精神以及公务接待、公务用车等规定,提升财务经费保障水平。提升后勤服务水平,积极参与单车核算创新项目试点工作,被评为"2014年系统车辆管理工作先进单位"。

(陈潇潇)

机构设置及负责人

综合行政科

科　长　　薛必龙
副科长　　陈潇潇

业务管理科

科　长　　叶　峥
副科长　　王　慧

案件审理科

科　长　　郜齐旭
副科长　　张　超

检查执行一科

科　长　　孙国松

检查执行二科

科　长　　茅钟驰(3月任)
副科长　　夏兴明(3月任)

检查执行三科

科　长　　王相群
副科长　　顾　婷

检查执行四科

科　长　　吴克军
副科长　　李京琳(3月任)

(陈潇潇)

案件检查　该局以加强稽查效能督查督办为着力点,以专项检查、大案要案查处为重点,以推进电子查账面为抓手,促进稽查任务有效落实。开展房地产、建筑业、重点税源企业等5项专项检查工作,检查税户104户,查补金额3362.84万元;开展打击发票违法犯罪工作,全年发现并查处发票违法案件33件,涉及违法发票251份,查补合计1694.54万元;开展会所专项整治工作,通过国地税联查、征管检查条线分工协作、查票查税同步进行的方式,对2家会所进行重点检查,对4家会所结合中等风险应对进行治理。(叶峥)

专项检查及重点税源企业检查　一是开展行业专项检查工作。组织房地产、建筑业自查53户,自查申报有问题27户,查补各类税收收入37.86万元;安排检查61户,查补各类税收收入3033.17万元。二是分批次开展重点税源企业专项检查。组织自查34户,纳税人自查申报有问题27户,查补各类税收收入260.68万元。安排重点检查7户,查补各类税收收入8.71万元。三是开展股权转让和出口退税企业专项检查。组织自查17户，自查申报有问题10户，查补各类税收收入12.87万元。开展重点检查8户，查补各类税收收入9.56万元。

（叶峥）

打击发票违法犯罪 根据上级稽查机关部署，制定打击发票违法犯罪工作计划。一是确保发票核查的力度和深度。将发票核查作为案件检查的必备项目，贯穿案件检查过程之中，做到各税统查、发票必查，并根据被查纳税人规模、所得税管辖、领购发票数量，确定发票抽查比例。二是增强打击的针对性。通过梳理发票违法犯罪的常规手段，分析被查纳税人具体情况，确定发票核查重点方向和主要方式，对在地税领取发票的税户，开出发票必查，对所得税在地税管辖的户，接收发票必查。三是认真总结工作经验。对查结的案件，尤其是可能涉“票”的税种查补数，以及无税款但有罚款的案件，逐一甄别，准确确认、打击发票违法犯罪工作成效。全年，查处发票违法案件33件，涉及251份违法发票，金额447.44万元。（叶峥）

税务案件招标竞牌 该局为提升检查人员查前分析和预案制作能力，开展案件招标竞牌，以江苏省地质测绘院等两个案件为基础，实施公开招标。4个检查执行科、8个检查小组分别制作检查方案，争取这两个案件的检查权。在竞标过程中，8个小组分派代表对各自方案的特色和预计效果进行详细陈述。全体干部和部门负责人根据方案内容以及现场宣讲情况，进行两轮投票确定中标小组。

（叶峥）

稽查案例交流研讨 该局通过建立案例库，不断完善案例管理，增强稽查成果的总结应用，全年撰写并上报稽查案例12篇，举办案例交流研讨会2场。通过对案件的剖析和交流，在案件查处技巧等方面相互启发，相互借鉴查账手段，拓展查账思路。同时，积极做好稽查案例库信息系统的案例收录工作，分享办案和查账技巧，提升检查人员业务水平及文案和表达能力。（叶峥）

税务稽查风险应对 一是加强指导，定期组织开展技能培训。认真学习领会《应对指引》，对典型风险疑点和案例进行剖析，提升应对水平，及时解决疑难问题。二是全程控制，统筹兼顾各税统查与风险应对的关系。对风险应对的效能和规范性进行监督，确保应对结果与疑点一一对应，全面覆盖，取证充分。三是通过执法责任制考核，按季度进行风险复审。全年复审风险应对案件24件，对发现的问题，及时组织整改，并通过业务培训会、部门例会、点对点辅导等方式进行讲评。四是对无效风险疑点进行成因分析，向风险管理部门提出改进建议，以增强有效识别率。（叶峥）

“双促双提”质量季活动 7—9月，该局开展“双促双提”质量季活动，开展集中培训、岗位练兵、学习交流、卷宗评查和观摩学习，将活动开展情况列入二、三级绩效考核，引导干部树立责任意识、质量意识和安全意识，形成岗位自查、部门把关、审理审核、分局合议的四级质量审核体系。该局的案件退审率下降6.8%，案卷一次报审通过率、文书传递及时率、检查报告规范率得到提升。（张超）

争创执法示范岗 一是建章立制。在遵从市稽查局印发的《税务稽查文书应用指南（试行）》等相关文件的基础上，结合实际情况，制定案件负责制、《案件限时办结管理办法》等规章制度。二是开展“学、比、争”等主题活动。以“学”夯实理论基础，以“比”提升岗位技能，以“争”增强执行能力，实现干部思想素质和业务素质的双提升。三是结合稽查工作特点，全范围、全流程梳理风险点，据此建立有制度规范、有预警标准、有防范措施、有责任追究的“三险防范”机制。开展案件复审等活动，提高各类风险综合防控水平。（蔡薇）

“体验式”审理 为提升稽查案件报审质量，通过稽查人员交互审理报审资料的“体验式审理”方式，实现“三个促进”。一是促进报审质量的提升。在审理过程中，检查人员针对审理出的问题，积极反思本部门报审资料存在的问题，最大限度的使本环节发现的问题，迅速解决在本环节，减少对后续环节工作影响。二是促进良性互动循环。作为换位思考的一个过程，深化检查人员对审理工作的理解，增进部门间协作，促使各检查科更加注重对后续报审资料审核,降低退审率。三是促进实战经验交流学习。审理过程同时也是对其他稽查人员风险应对、取证技巧、文书规范等方面的学习和借鉴,提升干部解决实际问题的能力。通过两次"体验式"审理,案件退审率较2013年降低6.8%。 (陈潇潇)

建立"三险防控"机制 该局以内控机制为指引,以税务稽查工作为主线,建立廉政风险与税收风险、执法风险同步预防机制。一是以推进稽查业务工作为主线,依据税收相关法律和稽查操作规程的要求,按照稽查工作环节梳理业务事项、确定10个方面风险点,相应制定48条预防措施。二是开展与三类风险内在联系的相关条款规定、典型案例、以及分局《税收、执法、廉政风险预防指南》的教育,采取多种形式,加强对干部的经常性预防教育,营造爱岗敬业、依法行政和廉洁从税的舆论氛围。三是强化高风险应对复审、执法监察与执法督察一体化工作机制,拓展三类风险预防工作联合检查方式,注重对高风险应对复审、执法督察、廉政监督检查、依法行政考核的同步考察评估,深化"一案双责"工作。 (陈潇潇)

构建网格监督机制 按季开展内审督察、风险复审、执法监察、绩效考核"四位一体"的执法检查,全年,共检查案件36件,纠正问题21处。结合整改上级机关执法督察检查出的问题,严格落实责任追究和相关经济惩戒,形成内部监督网络。加强组织与家庭的助廉互动,向干部家属寄送"助廉卡",将干部管理延伸到8小时以外,督促干部廉洁自律,形成家庭监督网络。聘请10名外部党风行风监督员,对干部执法过程进行综合考评,按季度召开评议会,吸纳意见和建议17条,并制定出12条整改措施,形成外部监督网络。 (蔡薇)

"微党课"案例教学 一是由干部自主编教材,不局限于单纯的政治理论内容,注重从工作实际出发,研讨如何更好地贯彻上级会议精神。二是授课者的委任采取自主报名和选题竞标的方式,既鼓励干部主动研究问题,走上讲台,又保证党课的内容有新意、有特点,更紧密结合时事动态。三是突出"微"效应,大课改小课,时间短平快,要求授课者以精炼的语言和典型的案例,在最短的时间内将问题说清楚、讲透彻。四是一改正面灌输的授课方式,大量采用案例教学、真人说事等生动鲜活的交流方式,将抽象的理论融于工作实践中,帮助干部消化吸收。 (蔡薇)

(责任编辑:韩粉英)

稽查局第三分局

概　述 2014年,江苏省南京地方税务局稽查局第三分局(以下简称稽查三分局)以打造"法正、清廉,家和、业兴"新家园为目标,以"公正执法,品牌兴家"为主题,以案件查补工作为中心,以提升"依法行政执行力、税务稽查辐射力、家园文化凝聚力、拒腐防变免疫力"为抓手,实施"四力提升工程"助力系统"三大工程"建设,通过"秉公执法示范区、稽查增值服务区、税务文化展示区、廉政作风警示区"等"四大功能区"的打造,有效发挥稽查效能,较好推动分局平稳发展。

落实案件查补责任。严格落实"稽查案件负责制",将案件查补任务落实到科,明确各岗位的职责任务,促使稽查工作步入规范化轨道。接受市地税局稽查局推送案件共计221户,其中,常规检查207户,专项检查9户,专案检查2户,举报检查3户,已全部立案。共查处入库8890.93万元,其中以查促收入库2097.51万元,稽查入库税款6793.42万元,稽查效能得到稳步提升。

强化思想政治建设。认真组织学习中共十八届四中全会精神,不断增强党员干部党性修养,提高思想觉悟。建立局班子思想政治工作联系点,及时掌握干部思想动态,化解矛盾、凝聚力量。适时开展干部需求调查,把握干部思想脉搏,有针对性地做好工作。通过定期召开思想工作专题会议,引导干部把思想统一到市地税局党组、分局班子的要求上来。

提高依法稽查能力。建立业务探讨机制,严格落实案件限时办结、重大税务案件审理等管理规定。组建稽查业务专家团队,通过专家团队的群策群力,对疑难或复杂案件进行分析讨论,提高案件查办深度。积极推行电子查账软件,不断增强信息技术在检查管理中的应用。开展"查账之星"评比,激励一线稽查干部提高查账技巧,提升办案效率。

确保案件查处准确。全面推行"审理人员提前介入”机制，由审理人员和检查人员共同分析案情、寻找查案方案，有效提高稽查人员案件审理的一次性通过率，降低检查更正概率和审理超期频率。严把查证关，统一查处标准，力求案件定性处理做到公平公正、合理适当。启动综合效能督察“四联动”，进行执法检查、卷宗评查和督察检查，不断完善稽查文书的规范性、执法程序合法性和手续的完备性。

活跃家园文化氛围。围绕“公正执法，品牌兴家”年度工作主题，开展“道德讲堂，双月开讲”、“践行四个一”主题教育月、“庆三八、亮手艺、促和谐”包饺子等一系列丰富多彩的文化建家活动，传递正能量，提振精气神。开展“廉在我心，携手共进”、“廉政灯谜大家猜”、“方正为人，清廉从税”汉字书写竞赛等活动，不断提高干部争先创优、追求卓越的积极性，提升清廉从税意识。

助力青奥展示形象。组织具有专业英语八级的税收志愿者走进青奥组委会，为青奥志愿者和在国际联络部工作的外籍人员提供发票真伪鉴定、外籍个人所得税征缴等专项咨询服务。号召干部参加市级机关“无偿献血，机关先行，奉献社会，喜迎青奥”主题志愿献血活动，以实际行动为青奥做好保障和服务。利用午休时间开展跳绳、飞镖、迷你高尔夫等体育活动，丰富干部业余生活，促进干部身心健康。持续开展办公环境整治和青奥氛围营造工作，以实际行动迎接青奥盛会，展示稽查风采。 （赵小亮）

机构设置及负责人

综合行政科

科　长　赵玉伟（6月免）
　　　　王志宏（6月任）
副科长　徐　敏

业务管理科

科　长　张紧莉
副科长　林　勇（6月任）

案件审理科

科　长　邵立华
副科长　彭昕宁

检查执行一科

科　长　余晓祥
副科长　谈翠华（6月免）
　　　　柏寅昊（6月任）

检查执行二科

科　长　蔡　勇
副科长　杨　滢（6月任）

检查执行三科

科　长　周巧宁
副科长　索荣荣

检查执行四科

科　长　徐桂花
副科长　杨　滢（6月免）
　　　　谈翠华（6月任）

（赵小亮）

强化干部业务培训　出台《业务学习管理制度》，从分局、部门及个人三个层面分别制定年度学习计划，明确重点学习内容，有的放矢、因岗施教，形成长效学习机制。坚持集中培训、在岗培训与制式培训相结合，强化全员学习和业务深造。在完成市地税局规定的学习内容同时，紧密结合稽查业务实际需求，新增财务会计与税收差异比较、高风险应对案例交流、查账软件运用交流等内容，进一步提升全体干部业务技能。强化日常管理和考核评优，制定实施《业务学习积分制管理办法》，推行“业务学习积分制”管理。对专项业务知识的学习，按月组织考试；对网络教育平台学习，要求定期完成一个测试；对春训和集中学习的整体内容，定期开展集中测试，检验学习效果。将制式培训、个人学习、网络学习、岗位学习、能手竞赛等学习成果进行量化，计入个人学分，进行绩效管理，作为评先评优的重要条件。通过建章立制，细化考核，不断提高干部业务知识和工作技能。 （赵小亮）

严肃“五项纪律”　一是严肃组织纪律。维护党的集中统一，强调党的组织纪律，坚持民主集中制原则，把服从组织决定变成自觉行动，确保政令畅通。二是严肃稽查纪律。要求一线稽查人员务必以“稽查风险”防控为核心，强化执法规范，坚持不偏不倚，力求使案件定性处罚做到公平、公正、合理、适当。三是严肃工作纪律。以争创系统“六好科所”“先进科所”工作，争当分局“勤廉团队和个人之星”工作为载体，以稽查绩效、工作秩序、着装规范、禁烟戒酒等标准化考评为重点，严格落实各项规范制度,确保干部守得住底线、耐得了清贫、扛得起压力、拿得出成绩。四是严肃廉政纪律。深入开展"勤廉之家"建设,不断深化廉政文化品牌,开展"廉政大讲堂",推行廉政套餐制,制作"廉政微系列"活动,切实履行各项禁令,坚决制止公款吃请、铺张浪费和奢侈享乐行为。五是严肃会议纪律。任何参会人员都不得出现缺席、迟到、早退现象,不得请人代会,不得把玩手机、交头接耳,不得做与会议内容无关的事项。（赵小亮）

组建稽查业务专家团队 根据干部学历特点和业务能力,选拔组建了一支由8位优秀稽查干部组成的稽查业务专家团队。一方面,对重大案件进行分析论证,确认无误后,再提交分局集体审理;另一方面,通过专家团队的群策群力,对疑难或复杂案件进行分析、讨论,多角度、多层次地深入挖掘案件根源,充分提炼查办成果。（赵小亮）

开展业务技能系列评比 针对税务干部个人在检查和执行环节工作的规范性、按时保质完成查补任务情况,开展"查账之星"评比,激励一线稽查干部提高查账技巧,提升办案效率。依据《全面推进依法行政实施纲要》《创建依法治税示范单位实施办法》,通过引入争先创优的竞争机制,开展"规范执法示范岗"创建工作,树立一个"税收依法行政示范科",培养一批"规范执法示范岗",带动全员规范执法,营造公正、文明、高效的执法氛围。开展"优秀稽查建议"的评比活动。通过制式报送与评比奖励两方面,保证稽查建议的数量与质量。报送的"关于软件企业增值税即征即退税款不能加计扣除政策执行问题"的稽查建议,在全市所得税工作会议上进行交流。（赵小亮）

做好"两本笔记" 该局要求干部在执法过程中注重分析总结和经验积累,归纳出"两本笔记"。对日常检查签报的涉税问题进行分析、归纳、总结,对适用的政策及处罚尺度进行解析,编写"审理动态笔记";针对稽查常用的政策、各税种查补税款的关联以及各项政策解读进行梳理,汇总构成"稽查业务笔记"。通过"两本笔记",一方面提高案件检查与审理的质量和效率,另一方面有助于统一处罚尺度,促进税收执法的公平公正。（赵小亮）

落实青奥安保维稳工作 强调组织引导,提高思想觉悟。组织全体干部签订"勤政廉政"承诺书,宣扬"文明青奥会,勤廉地税人"的行动诺言。敦促全体干部切实将安全稳定作为首要政治任务,从内部杜绝政治安全敏感事件的发生。强调依法行政,提升服务效能。重点针对涉及纳税人的外部事项,强化制度落实。对检查对象所提出的疑义或问题,及时予以解决和反馈,避免因为政策执行、执法程序、执法态度等方面的原因导致纳税人有过激的反应,引发影响社会稳定的重大事件。强调值班制度,落实安保责任。成立行政执法保障应对小组,形成局长、科长、一般干部和驾驶员"四级"应急保障机制,动员49名干部参加执法保障备勤,组织2名干部参加公交车安全执勤。（赵小亮）

2014年7月29日,稽查三分局组织干部签订"许勤廉承诺,迎青奥盛会"承诺书

"三险同步预防"工作 一是突出责任贯穿,明确防控主体。专设三险同步预防办公室,建立由领导小组办公室、部门负责人、检查组党员廉政责任人及具体检查人员构成的"三险同步预防"四级责任体系。二是突出点面结合,开展警示教育。注重案例分析、稽查建议、正面点赞与警示教育同步开展,强调正面引导和反面教育,防微杜渐、警钟长鸣。三是突出痕迹管理,严格流程控制。在风险自评、科室初评、风险研判和预警提醒各个环节,做到有记录、有依据、有反馈。定期发布税收、执法、廉政风险应对指南,提升全员风险防控意识和抵御风险能力。四是突出后续督导,实现风险闭合。积极推行《税务稽查回访管理规定》,向检查对象了解稽查人员在实施检查时,尤其是廉政纪律的执行情况。定期召开风险讲评会,邀请专家、学者开展风险防控警示教育和讲评。对发现的问题,按部门和个人列出执法过错信息表,制作效能督察通报、

工作规范要求和整改建议书,跟踪督促整改到位。
(赵小亮)

打造“稽查增值服务区” 落实查前稽查预告制度,积极做好企业自查辅导,提醒企业珍惜自查机会、消除税务风险,做到争议问题早发现,税企矛盾早化解。全面推行稽查讲评制度,针对涉案内容向纳税人进行政策讲解,帮助企业规范纳税申报,规避涉税风险。在执法过程中,给予纳税人充分的申辩权利,全面维护纳税人合法权益。归纳案件类型,利用报刊、网络、微博、微信等平台,对共性问题进行涉税提醒。组织各科精心编撰典型稽查案例,定期开展“一线干部说案件”活动,由检查人员亲自讲解,帮助一线干部把握稽查重点和稽查方法,提高稽查技巧。启动稽查征管联动机制,针对属地局存在的征管疏漏和薄弱环节,从税务稽查的视角,提出合理化稽查建议,提升征、管、评、查一体化效能。
(赵小亮)

税务文化建设 通过强调融合,全面开展“家园文化巩固年”的各项建设,不断深化“文化兴税”战略。一是融合社会主义核心价值观。密切联系实际工作,对24字“社会主义核心价值观”进行了融合和实践,进一步确立“责任重于山、家和万事兴”的核心价值观念。二是融合市地税局“卓越同行”税务文化精髓。“家园文化”紧贴市地税局文化建设脉络,不断完善文化主体理论,丰富文化建设内涵,促进文化软实力的全面提升。三是融合稽查部门工作特点。立足机构职能和工作特点,借鉴吸收优秀稽查文化,适时调整文化建设思路,为推进稽查事业科学发展提供强有力的思想保证和精神动力。
(赵小亮)

“廉洁从税教育月”系列活动 针对稽查廉政风险高的特点,通过“五个强化”积极开展廉政风险教育和预防,确保安全履职。一是强化廉政纪律。通过建章立制,严肃组织纪律、稽查纪律、工作纪律、廉政纪律和会议纪律等五项纪律,强化廉政作风常态化、长效化建设。二是强化警示教育。组织全体干部观看以真实故事改编的《博弈》《蜕变》等廉政警示教育片,警醒干部吸取教训、引以为戒。三是强化执法督察。启动综合效能督察“四联动”,加强执法督察、执法监察、绩效考评以及重点事项实时督察四者间的协调运作,形成科学的税收执法责任制运作机制。四是强化勤廉典型。开展“勤廉之星”评比,不断提高行政效率和管理效能,有效促进稽查各项工作任务落实。五是强化活动开展。邀请外部专家开设廉政大讲堂,对典型违法、违纪案件进行深刻剖析。举办“廉政微报周周办”“廉政微信大家发”活动,组织广大干部参加市地税局“微系列”廉政文化创作征集活动,提升干部拒腐防变免疫力。
(赵小亮)

“一线干部说案件”活动 活动由每个科选定一个案件参加评选,参选案件由相应的检查人员进行整理,归纳成案情摘要、相关事实、征税过程、案件点评四个部分。再由每个检查执行科选派一名有经验的税务干部,就检查思路、前期准备、介入调查、查账技巧及突破点选择等内容进行宣讲,梳理一线工作风险点,加强对稽查重点、稽查方法和稽查技巧的指导,全面提升稽查工作效能。最后,由专家评委团对案例内容、准备情况及讲解情况进行打分,得分最高者获得当季度的优胜奖。全年共组织了四场“一线干部说案例”活动,有效提升了一线稽查干部的业务水平、查账技巧和实战能力。
(赵小亮)

“道德讲堂,双月开讲”主题活动 围绕社会公德、职业道德、家庭美德和个人品德等“四德”,积极开展“道德讲堂,双月开讲”主题活动。围绕“人际交往”“社会责任”“保护环境”等主题,推进社会公德建设;围绕“爱岗敬业”“履职尽责”“服务群众”等主题,推进职业道德建设;围绕“家庭和睦”“邻里团结”“勤俭持家”等主题,推进家庭美德建设;围绕“勤奋刻苦”“正直善良”“诚实守信”等主题,推进个人品德建设,引导干部在社会上做一个好公民、工作中做一个好职工、家庭里做一个好成员,使践行道德规范成为每一个干部职工的自觉行为。
(赵小亮)

(责任编辑:朱旭)

纳税服务局

概 述 2014年,江苏省南京地方税务局征收税务局(以下简称纳服局)在市地税局党组领导下,科学谋划,群策群力,深入贯彻落实党的十八届三中全会精神;找准方向,发挥优势,坚持以提高纳税人满意度为工作主线,深化服务理念,完善需求机制;围绕“简单、实用、快捷”工作特点,以减负提效为宗旨,以改革创新为抓手,以安全履职为保障,优化服务举措,拓展服务平台,突出宣传统筹,整合服务资源,提升服务实效,深挖文化内涵,不断推进社会管理创新实践,打造“规范、专业、效率、敬业”纳税服务团队,圆满完成全年各项工作任务。在第四次全国纳税人满意度调查中位于全国所有副省级市及计划单列市排名第一名,文化基地获批“税收博物馆”称号并入选全国人文社会科学普及基地。

重实效,求完善,制度统筹呈现新厚度。准确定位纳税服务工作面临的新态势,着眼于高效统筹和部门联动,通过教育宣导、责任落实和过程监控,树立“全心、全员、全过程”服务理念。充分预测形势,全面部署严密细致的迎查方案。初步建立融合大集中系统、综合信息平台、公共管理系统、“12366”纳税服务热线及外部经济信息指标的大数据架构,实现“大容量”。分两批新招18名神秘客户,按季度开展服务检测,并运用点对点、播放视频及面上等方式进行通报。在动态掌握相关情况的基础上,实地走访,将“挂钩联系制度”落到实处。

重举措,求拓展,服务平台呈现新宽度。推进网上办税服务,最终确定52个较成熟功能模块在全市范围内推广应用。升级改造自助办税机现有功能,优化上线“三票合一”新程序,升级社保费三方联网并完善代开票功。打造办税服务厅服务标准化,首次推出《办税服务厅服务标准化手册》。开展办税服务厅业务标准化工作,制作业务标准化手册,在系统办税服务厅推广应用。协助省地税局纳税服务处做好《全国县级税务机关纳税服务规范》业务梳理工作,于11月27日全面贯彻落实国家税务总局纳税服务规范。

重载体,求突破,宣传阵地呈现新广度。围绕税收宣传工作重心,有序推进固定阵地宣传。组织“税收助力青奥、青奥伴我同行”税收文化夏令营活动,突出文化教育基地社会效应。对网站进行系统升级优化,“三网合一”顺利建成。8月18日,市文广新局及省文物局发文批复,南京市税收博物馆申报成功。在报纸、电视、电台等宣传载体开辟专栏,立体式、多维度的专项宣传在南京税收宣传史上尚属首次。运用微信这一新兴现代传媒载体,将税收新政策、新动态用地税微信将全社会推送。借力地税成立20周年,拍摄电视专题片、微电影,形象化税法宣传彰显活力。

重质量,求专业,咨询手段呈现新高度。创新咨询手段,树立服务名牌标杆,编写《轻松纳税——你必须知道的税收热点和办税技巧》,为纳税人明确纳税义务、准确申报提供指导。将原“金陵税收微讯”平台升级为具有自定义菜单功能的“南京税收微讯”平台,进一步拓展微信咨询渠道功能。完成“12366”咨询服务标准化体系认证工作,持续提高“12366”热线咨询服务质效。修订咨询员薪酬考核管理办法,强化咨询员管理规范化和制度化。

重导向,求人本,权益保障呈现新力度。延伸服务内涵,优化维权结构,指导基层税务局根据税源管理变化情况对本区域的“纳税人之家”实现整合。全年,处理“12345”政府热线转办电子工单1815个,综合满意率97.32%。与市国税局联合开展2012–2013年度纳税信用等级评定工作,下发评审通知文件,明确评审对象、评审程序和评审要求,最终评定967户A级纳税人。 (羊明理)

机构设置及负责人

综合科

科　长　　史忠民(2014年5月任)
副科长　　金　天

制度业务科

科　长　　邱萌宇(2014年5月任)
副科长　　夏　菁

办税服务科

科　长　　朱　丽
副科长　　周　洁(2014年5月任)

税收宣传科

科　长　　潘叔鸣(2014年5月任)
副科长　　陈晓菁

咨询服务科

科　长　　袁　锋
副科长　　尹利平

唐　恬(2014 年 5 月任)

(羊明理)

建设纳税人需求偏好数据分析系统 9 月,确定包括纳税人遵从情况、服务渠道、纳税人行为特征的三大类内容的系统架构,通过 Hadoop 等大数据工具应用,打通大集中系统、综合信息平台、公共管理系统、"12366" 纳税服务热线等所有数据系统,实现不同类型数据的"结构化"清洗,建立大数据分析存储中心,完成大数据分析平台构建。从大数据库中有选择提取相关数据,整合优化到大数据分析系统,借助数据挖掘、商务智能(BI)技术,深入挖掘相关数据之间的关联性,运用大数据理念和技术,分析纳税人行为偏好,促进服务渠道的协同,及时掌握纳税人需求,为税务机关改进税收服务、引导办税习惯、促进纳税遵从提供有力工具支撑。(夏菁)

建立局领导挂钩联系企业制度 4 月,为进一步优化纳税服务,加强征纳双方沟通互动,纳服局创新举措,开辟服务新渠道,建立《各级领导班子挂钩联系企业制度》。由市地税局及基层地税局领导定期对挂钩联系企业开展上门实地走访,了解企业情况,听取纳税人意见和建议,加强税企交流和征纳互动。并根据纳税人需求为企业发展出谋划策,有针对性地做好纳税服务,帮助企业解决实际困难。此外,通过电话、邮件等方式,与挂钩联系企业保持日常联系。2014 年,市地税局领导上门走访 50 户,各基层地税局领导上门走访 370 户,共收集意见和建议 491 条,当场解决问题 308 件,事后解决问题 33 件,走访工作取得初步成效。(邱萌宇)

纳税服务现场检测 深入推进纳税服务现场检测,进一步扩大对办税服务厅及其他场所的检测面,增加样本数量,提高统计分析科学性。进一步突出现场检测重点,加大对"服务标准化"和"业务标准化"执行情况的检测力度,提高检测针对性。通过"神秘客户",从办税人的视角客观、公正、专业、深入提出办税过程中遇到的具体问题,加以整理、归纳、分析,形成分析报告推送各基层单位,为改进整体纳税服务质效提供有针对性的具体建议,进一步强化各项服务举措的有效落实。全年,共收回问卷 224 份,神秘客户共发现问题 169 个,提出意见建议 87 条,表扬 75 条。(邱萌宇)

评定 2012–2013 年度 A 级纳税信用等级纳税人 963 户 根据宁国税发〔2004〕121 号、宁地税发〔2004〕246 号《南京市纳税信用等级评定管理试行办法》规定,市国税局、市地税局于 8–9 月联合开展了 2012—2013 年度 A 级纳税信用等级纳税人的评定工作。评定对象包括 2011 年 12 月 31 日前在南京市税务机关办理税务登记、持续经营、连续履行纳税义务两年以上,且独立纳税、实行查账征收的各类纳税人。在评定程序上,先后经国、地税主管税务机关初审,市国税局与市地税局联合审批。在评定标准上,主要参考税务登记管理、纳税申报、税款缴纳、发票管理及使用、税务稽查、纳税评估、涉税资料报送、会计核算等情况和社会相关部门提供的纳税人在社会诚信状况等 9 个方面,且审核得分在 95 分以上(含 95 分)。最终 963 户企业被认定为 A 级纳税人,其中,国、地税共管户 764 户,营业税户 199 户。(高善平)

打造办税服务厅服务标准化体系建设 综合国家税务总局纳税服务规范、省地税局办税服务厅规范要求,结合市地税局实际,1 月 15 日起,在全市打造办税服务厅服务标准化体系建设。制定办税服务环境、办税服务设施、办税服务制度、办税服务礼仪、办税服务岗位规范、应急事项处理规范、维权和投诉处理规范等系列标准化体系,推出纳服局办税服务厅服务标准化系列手册。国家税务总局纳税服务规范封闭工作组曾在上半年借鉴纳服局《服务标准化手册》,并在《全国县级税务机关纳税服务规范》中予以体现。通过梳理办税服务厅 347 项涉税业务,分别对纳税人所需涉税资料、办税时限、大集中系统受理方式、业务资料审核要点、表证单书等进行规范明确,打造业务标准化体系。开发办税服务厅业务标准信息平台,实时更新最新政策和办税流程,指导一线人员实际操作。并建立健全规章制度,指导办税服务厅工作规范,让工作人员有章可循。(朱丽)

网上办税服务 1 月,纳服局推进网上办税工作,对网上办税服务厅 96 个功能模块进行全面测试,累计测试3000余次，最终确定52个较成熟的功能模块在全市范围内推广应用。组织编写税务工作人员《网上办税内网审核规程》,印制纳税人《网上办税操作指南》宣传册页，并向纳税人免费发放，分别开展面向纳税人的网上办税操作使用培训会和面向税务工作人员的网上办税推广业务培训会。2014年,南京地税局网上办税应用率大幅提升,据统计,网上办税应用量达2629万次,比2013年增长17.14%,网上办税应用量占全部工作量的89.73%。 (朱丽)

自助办税机升级改造 全市14个办税服务厅共配置32台自助办税机供纳税人免费使用,纳税人通过自助办税机可自行办理基金缴纳、社保费缴纳、个人所得税完税凭证打印、企业税票补打、发票查询、涉税信息查询、开具通用发票、开具建筑业发票八项业务。1月起,根据各办税服务厅在应用自助办税机过程中出现的问题，对自助办税机原有功能进行升级改造。优化上线“三票合一”新程序、升级社保费三方联网、完善代开票功能,全年自助办税机业务量66523笔,其中,基金费缴纳6笔,社保费缴纳2991笔，个人所得税打印23078笔,企业所得税补打32424笔，代开通用发票5461笔，代开建筑业发票2454笔,较大分流了办税服务厅前台工作量。 (朱丽)

更新公共管理服务系统监控设备 7月起,纳服局开展公共管理服务系统监控设备硬件更新。通过开展调研、现场解决施工难题,确保在省地税局规定的时间内及时上线。同时,充分发挥公共管理服务系统管理效能,通过实时监控、预警处理、数据分析、定期通报，实现办税服务厅业务流程信息化,资源配置动态化,绩效考核科学化。为充分发挥办税服务厅公共管理服务系统的管理效能,通过每月分析公共管理服务系统相关数据，提升办税服务厅标准化和科学化的管理水平。《优化功能 贴近需求让公共管理服务系统“管理”更到位》一文获省地税局纳税服务处调研课题三等奖。

(朱丽)

市政务中心进驻窗口连续4个季度被评选为“红旗窗口” 对市政务中心进驻窗口加强管理，多次前往基层调研,并现场解决窗口困难,协调各类问题。要求窗口工作人员以“始于纳税人需求,基于纳税人满意、终于纳税人遵从”为工作准则,提高服务意识、增强业务素质、简化办税流程、完善岗责体系、优化服务手段、创新服务渠道,不断创新服务模式,提升服务水平。政务中心地税进驻窗口全年共办理新办税务登记4262户次,变更税务登记448户次,接受咨询5103人次。同时,在市政务中心对39家部门、120个对外服务窗口组织的季度绩效考核中，市地税局全年连续4个季度取得“先进单位”和“红旗窗口”称号。 (朱丽)

南京市税收文化教育基地被评为“全国人文社会科学普及基地” 7月，南京市税收文化教育基地在全国第十六次社会科学普及工作经验交流会上,被评为“全国人文社会科学普及基地”,成为全省唯一一家以税收文化为主题的国家级人文社会科学普及基地。作为全国首家税收文化陈列馆,南京市税收文化教育基地以“传承税收历史文化,传播税收现代文明”为主题,将税收文化熏陶、爱国主义教育、税法知识普及等多项宣传教育相结合,多方位开展税收宣传教育活动:开展“四个一”税收文化延伸教育等多项社科普及活动；编印发放税收文化读物《税收文化漫谈》;编写个人所得税等多个税种口袋书;组织税收文化主题夏令营;举办税收有奖征文、税收文化进校园、税收文化进社区等活动;开设税收小学堂;建立税收文化教育基地虚拟展厅,普及税法知识,提高全民纳税意识和税法遵从度。 (江晓彤)

第十一届“税收·国家·文明”有奖征文活动 4月，纳服局与市教育局联合举办第十一届“税收·国家·文明”有奖征文活动,围绕南京地税税收宣传月主题—“美丽南京,感谢有您”面向社会广泛征集优秀作品。因征文主题契合青奥宣传南京历史名城,反思税收作用,吸引了全市中小学生和普通市民踊跃参与,共有113所学校组织参加,收到征文稿件20625篇。经过专家严格评审,最终评选出获奖文章96篇,其中:特等奖1篇、一等奖15篇、二等奖30篇、三等奖50篇。同时,根据征文活动的组织开展情况,评选出优秀组织奖20个,其中:学校优秀组织奖10个、地税局优秀组织奖5个、区县教育局优秀组织奖5个。与往年相比,该届征文活动参与面更广,征文质量更高,不仅有诗歌、散文、小说、剧本,还有合理化建议和调研论文,甚至还有流行的穿越体和网络体。与此同时,征文总体质量也逐步提升,主要表现在题材丰富、立意新颖、构思巧妙、紧扣主题,有的回顾了税收文化的发展历史,有的联系自己的切身经历和真实体会,反映税收与经济、与纳税人、与全社会共进共赢、和谐发展的关系,表达了对税收事业的理解与认同以及作为共和国纳税人的光荣感和自豪感。

(江晓彤)

“税收助力青奥、青奥伴我同行”税收文化夏令营活动 7月1日,由纳服局、市地税局机关党委共同组织江宁区横溪镇西岗社区帮扶对象孩童开展“税收助力青奥、青奥伴我同行”税收文化夏令营活动。因青奥会借助体育竞技和文化交流平台突出青年人主体,彰显文化教育特色,不仅向青少年推广奥林匹克“卓越、尊重、友谊”的价值观,还借助这个国际舞台亮出六朝古都历史文化名片,展现充满青春活力的南京城市文明。因此,为使这些贫困学生更加深入地感受南京城市建设的快速发展和历史名城的文化底蕴,进一步丰富南京地域文化和传统文化知识,该届夏令营活动组织安排参观税收文化教育基地、青奥场馆和江宁织造府博物馆等社会体验活动内容。活动期间,纳服局党员、团员们还向这些贫困学生赠送学习用品,陪同讲解和启蒙国家、税收、文明等爱国主义精神与诚信依法纳税的意识及责任感,使同学们进一步了解新中国税收“取之于民、用之于民”以及对社会的贡献,更加深刻地懂得税收“取之于民、用之于民”的重要意义以及对社会主义事业发展的重大贡献,同时也让贫困学生感受到社会各届对他们的关爱。

(江晓彤)

南京税收博物馆获批 8月,根据《博物馆管理办法》,经材料审核、专家评审等各项程序,江苏省文物局批复同意设立南京税收博物馆。由此,市地税局在全国首创的税收文化教育基地将提档升级,纳入博物馆行业专业化管理,原址改建并打造成具有南京地税特色的税收博物馆文化品牌。纳服局在文化教育基地建馆十周年之际,深入探索展馆宣教活动和自身运营发展模式,提出筹建南京税收博物馆的建设规划,得到市地税局党组肯定和“进一步打造精品博物馆”的明确指示。纳服局一方面向市文广新局博物馆处申报注册设立税收博物馆,另一方面,协同基层工作处等相关部门前往江宁博物馆、中国财税博物馆、武汉税收博物馆等学习调研,了解各地博物馆设计的先进做法和成熟经验,并在南京博物院等专家顾问团指引下,与南京大学贺云翱教授的博物馆形式设计团队合作进行新馆文案设计。目前已初步完成南京税收博物馆设计方案,并通过各种渠道向社会各界征集涉税展品864件(其中331件经文物局专家鉴定为文物),向南京博物馆、国家第二历史档案馆复制国家一级文物和民国档案征集展品200余件,为下一步原址改建做好准备。改建后的南京税收博物馆将在行业博物馆策展功能定位基础上,利用南京历史文化名城的人文和科研资源,重点突出行业馆的“故事性、地域性、事件性、客观性”原则,以“串珠子”的方式,沿税收历史文化发展脉络,串起各时期重大税收历史事件,挖掘有浓郁南京地方特点的事件和人物,列举税收史实,反映南京历史文化名城特色和税收历史沿革,提炼出有益于今天社会发展进步的思想,发挥展馆的文化传播和社会教育功能,合理、有机地融合建局20周年的奋斗历程,打造成具有南京地税特色的全国一流税收博物馆。

(江晓彤)

税法专题宣传活动 为营造和谐税收征纳环境,争取社会各界对税收工作的支持,南京地税开展系列专题宣传活动。开展免费赠阅税务报刊、发放税收宣传品活动,共向全市党政机关、街道、社区、A级纳税人、挂钩联系企业、外部行风监督员、外部专家等赠阅《中国税务报》《中国税务》4000余份。开展服务民营经济发展专题税收政策宣传月活动,连续一个月时间,推出12档(期)专题性宣传内容,取得良好宣传效果。依托报纸、电视、电台、网站、文化教育基地固定媒体,宣传税法知识,全年《南京日报》税务专版出版52期,南京电视台《地税直通车》专栏制作播出节目26期,南京人民广播电台制作播出税收节目105期,南京地税网站发布各类政策及信息稿件705篇。

(王向东)

在全国第四次纳税人满意度调查中获全国省会城市第三 6月,根据全国第四次满意度调查工作总体安排和具体部署,纳服局在预测形势、严密组织的基础上,制定严密细致迎查方案。在迎查过程中,强化责任,层层落实,全面部署,结合便民办税春风行动,简化涉税审批,对备案类审批事项实行"当场办结、事后审核";优化审批核查方式,采取案头审核和实地核查相结合方式,提高审批效率;规范进户执法,统筹进户管理核查事项,实施"一次进户各事同管",简便办税流程,有针对性地逐一梳理现有服务举措和对应做法,印发服务宣传手册,有效利用报纸、电台、电视等媒体,加大服务举措、服务成效的宣传力度。在全国第四次纳税人满意度调查中再次名列前茅,位列全国省会城市第三,在副省级以及计划单列市中蝉联第一。

(夏菁)

实现"三网合一" 10月26日起,南京地税网站依托江苏地税网站及办税平台,实现了网上办税服务厅、网络发票系统与地税门户网站的"三网合一"。合并完成后,由南京地税门户网站提供纳税人网上办税、网络发票和发票查询业务的统一路径,纳税人在南京地税网站首页即可点击进入不同应用模块办理相关涉税业务。"三网合一"简化了网上办税操作程序,增强了可操作性,改变了纳税人需要通过不同路径、登录不同网页方能办理多种涉税业务的情况。纳税人可以使用原有网上办税服务厅、网络发票的用户名和密码登录地税门户网站网上办税服务厅办理涉税事项,具体业务操作方式均不发生变化。

(陈晓菁)

开展"12·13"国家公祭日群众性纪念活动 12月13日是首个南京大屠杀死难者国家公祭日。根据南京市委宣传部统一部署,南京市税收文化教育基地作为南京市爱国主义教育基地,组织开展了"12·13"群众性纪念系列活动。纪念活动包括三部分内容:"勿忘国耻 圆梦中华"——2014年南京大屠杀死难者国家公祭日千人签名活动;"勿忘国耻 警钟长鸣"——2014年南京大屠杀死难者国家公祭日市民参观活动以及"追忆历史 珍爱和平"——2014年南京大屠杀死难者国家公祭日观影活动。纪念活动12月1日启动,来自全市千余名中学生和市民参观税收文化教育基地,观看电影《南京 南京》,并在"勿忘国耻、圆梦中华"横幅上签名,参与此项活动。

(陈晓菁)

多部微电影和动漫片在全国、省、市获奖 市地税局创新宣传模式,制作多部微电影、动漫精品,并在多项评比比赛中获得奖项。其中:微电影《人在税途》《幸福人间》在"全国公益微税收"宣传推广活动中获优秀奖;动漫片《车车同学会》在第九届全国税收动漫大赛中获税收动漫宣传片三等奖;动漫片《蒲公英》获第九届全国税收动漫大赛税收动漫公益短片优秀奖;微电影《棋》在江苏省地税局举办的廉政文化优秀作品征集活动中被评为江苏省地税系统廉政文化优秀作品,并被国家税务总局推荐入围中央纪委全国优秀廉政文化重点作品评选;微电影《棋》《人在税途》《诚》在全市机关首届微电影节活动中获优秀影片奖。

(陈晓菁)

2014年1月17日,市地税局参加全市市级机关第一届微电影节,《棋》等3部微电影获优秀影片奖

"纳税服务明星""优秀办税服务厅"评比活动 12月,为树立先进典型,发挥先锋模范作用,提升纳税服务水平,创南京地税纳税服务品牌,市地税局在系统内开展"纳税服务明星""优秀办税服务厅"评比活动。经各基层税务局推荐申报、内部网站投票、南京地税外部网站投票评选、综合计分考评、网上公示五轮评选,最终推选出在系统纳税服务工作中具有较高影响力的纳税服务工作先进个人。李隽等2人当选为2014年度"纳税服务标兵明星",朱莹等10人当选为2014年度"纳税服务明星"。通过对各办税服务厅综合计分考评,征收局第四税务所等7个办税服务厅通过综合计分测评,被评为2014年度"优秀办税服务厅"。

(陈晓菁)

《轻松纳税——你必须知道的税收热点和办税技巧》出版 为便于税务干部和纳税人更好地掌握税收业务知识、提高操作技能，纳服局将平时工作中遇到的真实税收热点、难点问题收集起来，突出时效性、指导性和操作性三个特点进行整理加工，出版《轻松纳税——你必须知道的税收热点和办税技巧》图书。该书图文并茂、简洁易懂地为纳税人明确纳税义务、准确进行申报提供指导。书籍上篇由12个税种的基本内容和真实税收热点、难点问题组成；下篇由行业政策篇进一步优化提升，并突出了目前备受纳税人关注的小微企业、就业失业及营改增等相关优惠政策。此书共发行5000本，为提高税法遵从度发挥了积极作用。

（唐恬）

咨询服务和投诉处理服务在全国政务热线中首获ISO9001标准化认证 纳服局将标准化认证理念引入“12366”咨询服务、诉求响应和日常管理，将南京“12366”多年来在税务热线服务方面经验，总结为13个业务服务规范和13个业务流程图，共31182字作为核心体系文件，详细阐释“12366”热线岗位职责、操作流程、制度规范，同时将131个业务文件和内部管理制度作为体系支撑文件，最终形成南京“12366”标准化体系。该体系是将ISO9001标准化认证引入“12366”咨询服务，以“科学化、精细化、优质化”为思路，用标准化工具为手段，对咨询服务和诉求处理业务各环节全面梳理、规范和优化，实现了处理流程、岗位职责、评价指标的“三统一”，获得中国合格评定国家认可委员会（CNAS）和国际认可论坛（IAF）联合颁发的ISO9001标准化认证证书。（唐恬）

春训工作 2–6月，纳服局结合系统年度工作要求，全面开展春训工作。在组织统筹上紧扣目标，规定7项必学内容和8个参考资料，完成50个课时，以确保春训受训有益；在课程设计上丰富形式，采用局长上课、骨干授课、网络听课、交流研讨等方法，并聘请美国卡内基梅隆大学软件工程博士、华尔街证交所数据架框师顾凌云讲解大数据在公共服务中的运用，约请苏宁云商传授沟通技巧、组织信息撰写技能辅导；在工作实效上学以致用，针对办税大厅干部及其他工作人员举办一系列的专题培训，如减免税核算管理系统培训、“12366”热点问题培训、房土政策培训、企业所得税汇算清缴培训以及房土明细申报软件培训等，突出春训的实用性。

（羊明理）

以“五+七+四”模式全面推进“廉政从税教育月”活动 6月，根据市地税局年度党风廉政建设工作安排和相关通知精神，开展以安全履职为主要内容的“廉洁从税教育月”活动。在思想上，积极引导，重点抓好“五项教育”：一是抓好习近平总书记关于加强党风廉政建设一系列重要讲话精神的学习教育；二是抓好理想、信念、宗旨和社会主义核心价值观的学习教育；三是抓好上级关于加强作风建设一系列制度规定的学习教育；四是抓好预防职务犯罪案例的学习教育；五是抓好《江苏省地税系统贯彻〈税务系统领导班子和领导干部监督管理办法〉实施办法》的学习教育。在行动上，立足实践，重点开展“‘七廉’活动”：一是学廉，开展向身边勤廉典型学习活动；二是警廉，开展廉政警示教育片活动；三是宣廉，开展廉政党课活动；四是议廉，开展讨论活动；五是读廉，开展读书交流活动；六是观廉，组织参观高淳武家嘴党员干部勤廉纪念馆活动；七是传廉，组织干部参加市局“微系列”廉政文化作品创作展评活动。在实效上，学以致用，重点保证“四个推进”：一是推进干部队伍的规范化建设；二是推进宣传教育的经常化建设；三是推进纳税服务的科学化建设；四是推进勤政廉政的制度化建设。

（羊明理）

（责任编辑：梁晓玲）

耕地占用税和契税管理所

概 述 2014年是江苏省南京地方税务局耕地占用税和契税管理所（以下简称契税所）深化安全履职的一年，推动税务文化升级的一年，也是稳步推进大集中系统上线、落实征管改革的一年。一年来，契税所深入贯彻落实党的十八届三中全会精神，以“三大工程”为引领，以安全履职为保障，围绕“高效执行，安全履职，聚力争先，追求卓越”工作主题，深入推进大集中系统上线，在组织收入、税收征管、纳税服务、文化建设、规范执法、队伍建设等方面实现新提升，较好地完成了年度工作任务。

推动税务文化升级,组织、个人在卓越同行中协同发展。围绕"两个卓越"核心价值体系,丰富"执行力"文化内涵,全面推动文化建设升级,进一步深化税务文化建设,助推组织和个人卓越同行、共同发展。一是丰富文化内涵,增强组织文化认同。深挖文化优秀基因,提炼独具特色的核心价值观"敏行致善",并作为执行力文化品牌的诠释。研究制定全所税务文化两年规划及实施意见,为文化建设发展提供坚实保障。二是强化品牌宣传,深化"执行力"文化建设。加强文化载体建设,以"敏行致善"为主线,做好物态展示、文化感悟及格言征集,引导干部参与编制文化手册,使文化建设成果固化于形,并成功创建"系统税务文化示范点"。三是强化执行,狠抓各项工作落实。6月4日接到大集中系统和存量房核价系统6月30日上线的部署后,面对严峻考验,契税所进行全面动员和部署,科所长带头充实一线,全员停止一切休假,连续加班加点、不打折扣、不讲困难,顺利完成大集中上线工作任务。在落实青奥安保维稳各项工作中,契税所克服人少的不利因素,每个科所长每周参加午间值班一次,每个干部平均值班5次,行政执法保障成员平均值勤达到6次,严守工作纪律,自觉执行好安保维稳部署。

突出强化安全履职,依法治税在风险防范中不断深化。围绕全面推进依法行政目标,完善税收法制建设,加强税收执法督察,强化安全履职意识,切实提高风险防范能力,进一步提升依法治税水平。一是加强法制建设,提升规范执法能力。对执法事项进行规范和完善,严密征管流程,有效规避履职风险;通过深化"规范执法示范岗"创建,引导干部规范执法。通过建立计税价格核定两个层级的集体合议制度,不断完善重大案件审理制度。同时,积极参与市地税局政策法规处牵头的税收争议案件提前介入和联动机制创新项目,围绕计税价格核定、营业税差额抵扣等方面梳理税收争议点,做好项目的参与和跟踪。完善核查工作机制,加大对存有疑点的办税资料核查力度,全年上门核查减免税资料34起,查实提供虚假涉税资料案件1起,维护税法尊严。二是强化执法督察,加强执法风险防范。坚持按季开展税收业务检查,通过狠抓执法风险环节,深挖检查要点,提高执法督察效能。按照市地税局专项执法督察工作要求,针对"税率减免"、"计税价格核定"两个核心风险点开展督察工作,抽查案件804笔,未发现重大违规行为。组织开展税收执法质量专项教育检查活动,重点检查以往年度404件存有高风险点的单位承受房产案件,未发现违规问题。注重税收执法督察的结果运用,对苗头性问题,及时发出内控预警和风险防范;对督察中发现的问题,坚持"通报制度",督促限期整改。

推进税收征管改革,征管质效在系统升级中稳步提升。以大集中系统上线为主线,整合征管业务,完善核价管理,夯实征管基础,进一步深化税收征管改革,推动征管质效稳步提升。一是确保"五个到位",保障系统平稳运行。大集中系统上线是2014年工作的重中之重,为了确保能上线、上成线、上好线,着力抓好前期工作落实到位、业务培训到位、应急措施到位、跟踪反馈到位和业务优化到位,保障了大集中系统的平稳运行。二是突出"四个规范",完善价格核定管理。通过规范价格核定模式、规范核价执法行为、规范核价内部管理、规范评估管理,推进存量房核价系统上线,建立以计算机软件评估替代人工评估的存量房交易税收征管新模式,实现税源管控的科学化、规范化、精细化。全年共核定案件40841笔,其中,调整计税价格共计10761笔,调价比例达26.35%。三是抓好"六项举措",不断夯实征管基础。针对系统信息采集及部分业务功能模块不全,建立以富深系统为补充的应对机制,优化完善征管模块。建立定期分析机制,做好问题收集、情况研究,通过典型业务案例分析,适时研究、明确各类征管问题。组织开票人员培训,规范结报、装订要求,加大对已装订票证的复核力度,进一步加强对税收票证、发票的管理。认真做好税收会计核算工作,确保税款资金安全,按时报送各类报表。继续巩固与房管、国土、征收等部门协作,完善"定期沟通""先税后证"等常态化机制,提高部门协作效率。通过落实委托代征情况自查工作,加强房产租赁税收委托代征的管理力度,强化房屋租赁税收的管理主动权,规范委托代征行为。

(丁兴)

机构设置及负责人

办公室

主　任　　丁　兴
副主任　　曾李炜

综合管理科

副科长(主持工作)　徐　雷
副科长　　王　平

第一税务所

所　长　　戴道贵
副所长　　陈春骏
副所长　　董　天

第二税务所

所　长　　王守江

(丁兴)

组织收入62.84亿元　一是做好税收分析及预测。按季进行税收分析通报,全方位透视收入走势,增强组织收入的主动性。二是加强税源分析监控。坚持加强与房产部门、土地部门、征收部门的信息交换,通过常态化联系机制定期收集数据,提升税源管理水平。三是强化土地等重点税源管理。建立土地档案,及时跟踪纳税情况,定期召开联系会议研究土地税收征管工作,强化税收征管力度。全年,共组织各类涉房交易税收62.84亿元,同比增长4.56%。其中,组织契税收入37.30亿元,同比增长17.24%;组织二手房转让方税收10.11亿元,同比减少32.26%;委托代征房产租赁税收实现15.44亿元,同比增长15.49%。(丁兴)

"执行力"文化建设　围绕"两个卓越"核心价值体系,丰富"执行力"文化内涵,推动文化建设升级,进一步深化税务文化建设,助推组织和个人卓越同行、共同发展。一是深挖系统文化优秀基因,围绕"两个卓越"核心价值体系,提炼独具特色的核心价值观"敏行致善",并作为"执行力"文化品牌的诠释。同时,以"敏行致善"为主线,做好物态展示、文化感悟及格言征集,引导干部参与编制文化手册,使文化建设成果固化于形,并成功创建"系统税务文化示范点"。二是积极参与"卓越同行"文化建设活动,广泛发动干部参与"追忆历史,卓越同行"征文及实物征集,共上报征文7篇、照片60幅;做好江苏地税建功个人、岗位标兵和最美地税人事迹报送,参与地税好声音选拔,报送事迹3篇,节目1个;参与卓越同行二十周年局庆演讲比赛,获第三名。三是结合春训组织学习市地税局税务文化规划,研究制定该所税务文化两年规划及实施意见,为文化建设发展提供保障。(曾李炜)

系统升级平稳运行　6月30日起,契税所正式上线省级大集中系统,同时,存量房计税价格核定系统也一起并入系统上线运行。契税所通过整合窗口资源、强化系统应用、加强运行维护、完善舆情应对等措施的落实,保障了新系统的平稳运行。一是整合窗口资源,提升服务质效。增设2个申报窗口,并安排征收所所长在3个征收厅驻点联系,加强业务分流和资料预审,第一时间协调解决各类突发事件,全天实行不间断服务直至事项办结,确保征收厅服务秩序井然。二是优化征管规程,强化系统应用。针对大集中系统带来的业务模式调整,及时梳理所有涉税事项,优化并修订征管业务规程,突出操作要点和办税难点,并及时开展集中辅导,确保干部熟练掌握各项操作,提升征管工作质量。三是加强跟踪应对,建立长效机制。制定每周例会制度,由各部门对大集中系统及存量房计税价格核定系统运行中发现的新问题统一汇集上报,研究讨论解决方案,做好问题的跟踪、落实、反馈。四是完善舆情应对,提高应急能力。加强预警研判,重点对评估系统引发的苗头性问题实时监控,积极部署防范应对措施,并根据运行情况充实和完善各类应急预案,对可能发生的新情况进行补充,使预案更具应变性和实际操作性。(颜国彬)

税收法治建设　一是加强依法行政,促进安全履责。建立健全执法责任制,做好岗位职责与工作规程的适配,建立各执法岗位及上下环节之间有效衔接的执法程序,防范和降低税收执法风险,进一步提高干部的安全履责能力。进一步明确全所依法行政工作的目标和措施,切实履行依法行政工作小组职责。有序开展"重大案件"审理工作,实行集体研究决定。提高制度建设质量,严格执行规范性文件管理办法,加强对制度实施效果的分析评估。二是加强税收执法检查监察。加大税收执法检查监察力度,做到按季开展税收业务检查,狠抓执法风险环节,深度挖掘检查要点,提高执法监察针对性。做好税收执法责任制考核评议及过错追究办法的贯彻落实,结合契税所工作特点,制定出具体实施意见,进一步提高法治意识、责任意识。三是加强税收减免退税核查。进一步完善核查工作机制,加大对税收减免、退税等工作中存疑资料的核查力度,不断提升查办能力。打造综合治税体系,加大对提供虚假材料、瞒报成交价格等违法乱纪行为的打击力度,维护房地产交易税收征管秩序。 (丁兴)

执法督察 一是坚持按季开展税收业务检查,狠抓执法风险环节,深挖检查要点,提高执法督察针对性,提升执法督察实效。二是利用征管系统、计税价格评估系统等信息化手段,以异常数据为切入点,加强对疑点数据信息的比对与分析,提高执法督察效率。三是注重税收执法督察的结果运用,对督察发现的问题,坚持通报制度,督促相关部门与人员限期整改,实行跟踪管理;对内控监督检查中发现的苗头性问题,及时发出内控预警和风险防范,引导干部规范执法。四是针对税率减免、计税价格核定两个核心风险点开展专项执法督察,抽查案件804笔。同时,全面开展税收执法质量专项教育检查活动,重点检查以往年度404件存有高风险点的单位承受房产案件,均未发现重大违规行为。 (王平)

税收征管 一是针对系统信息采集及部分业务功能模块不全,建立以富深系统为补充的应对机制,优化完善征管模块。二是建立定期分析机制,做好问题收集、情况研究,通过典型业务案例分析,适时研究、明确各类征管问题。三是组织开票人员培训,规范结报、装订要求,加大对已装订票证复核力度,加强对税收票证、发票的管理。四是做好税收会计核算工作,确保税款资金安全,按时报送各类报表。五是继续巩固与房管、国土、征收等部门协作,完善定期沟通、先税后证等常态化机制,提高部门协作效率。六是通过落实委托代征情况自查,加强房产租赁税收委托代征管理力度,强化房屋租赁税收管理主动权,规范委托代征行为。 (徐雷)

廉洁从税教育活动 一是强化警示教育,增强廉政意识。组织观看廉政警示教育片,传达上级有关廉洁过节的通知要求。召开中心组学习扩大会,专题学习《税务系统领导班子和领导干部监督管理办法》,要求中层干部做好榜样,严格落实廉政要求。二是创新教育形式,营造廉政氛围。开展"一句、一文"系列活动,向全体干部征集廉政格言、廉政微故事,组织廉书荐读活动,撰写廉政心得体会,营造"崇廉、尚廉、倡廉"浓厚氛围。三是开展双向互动,亲身传递廉声。开展"一例、一课"活动,组织编写廉政情景案例,开展"我来讲一课活动",结合廉政"微课堂"拍成DV,围绕安全履职和预防职务犯罪进行互动交流,筑牢廉洁从税的思想防线。四是突出示范典型,树立廉风正气。评选"我身边的清风税廉"代表,树立身边先进典型,切实转变作风,提升安全履职能力。 (颜国彬)

计税价格核定管理 一是建立健全价格数据,完善存量房评估系统。针对大集中系统上线新情况,将原富深系统数据库迁移至新系统,并补录更新非住宅交易纳税数据资料,建立健全存量房计税价格新数据库,完善存量房税收一体化管理信息系统功能。二是建立集体合议制度,规范核价执法行为。针对在核价业务中遇到的特殊疑难案件,研究建立计税价格核定集体合议制度,并按照案件复杂程度形成两个合议层级,对于经合议程序仍无法解决的,上报重大案件审理委员会审定,实现价格核定管理规范化。三是明确重点核定对象,推进税源精细化管理。调优计税价格管理模式,从房产价值、面积、用途类型等方面对价格核定案件划型分类,重点加强对土地、非住宅类房产等重点税源的价格核定管理,同时注意加强对核定、执行等过程的监管,实现价格核定的精细化管理。四是加强第三方协作配合,强化协税护税工作。贯彻存量房计税价格核定及计税价格争议处理办法,加强与第三方房产评估机构的协作配合,通过科学调整计税价格核定门槛,扩大评估范围,发挥受托评估机构的协税护税作用。 (颜国彬)

完善核查机制 修订完成《存量房交易环节营业税政策减免管理工作规定》,进一步完善核查机制,控制执法风险,提升依法治税水平。一是规范和优化核查流程。文件对核查流程进行相关规范和优化,明确案头审核和实地检查相结合,由前台人员根据纳税人提供的办税资料,做好案头审核,对资料证据不确凿或有明显疑点且消除理由不充分等情况，及时转交核查人员上门实地核查，提高核查服务效能。二是加大核查工作力度。文件对具体核查事项作出新的明确规定，确认纳税人凭减免税材料可当场办理的情况和须经核查处理的情况，并加入对退税案件的核查。通过加大对存在疑点的税收减免、退税等案件的核查力度，将疑点问题查全、查细、查深，提高查办能力。三是深化内控监督机制。核查减免税工作全程严格“双重”把关制，属于当场办理的，窗口人员审核后须报值班长岗审批；属于实地核查的，至少由两人组成核查小组，到相关单位核实涉税资料真实性，核查完毕后由所长岗和核查岗共同对疑点落实、证据资料等情况进行复核评析，加强执法监督，控制执法风险。四是健全核查工作机制。文件针对核查取证确有难度或重大涉税等案件，引入特殊案件解决机制，坚持依法科学民主决策，由第二税务所会同综合科商议后，报请契税所业务案件审理委员会集体研究决定，提高依法行政水平。 （丁兴）

办税服务 一是完善硬件设施，统一规范服务标识，进一步优化办税环境，加强服务厅标准化建设。二是细化岗位服务标准，严格执行《纳税服务责任规定》，提升各征管岗位的纳税服务能力。三是全面完善服务举措，结合“迎青奥”，落实好集中申报制、限时办税制、延时服务制、“周六和午间”办税制等各项特色服务承诺。四是全方位响应纳税人诉求，针对核价系统上线带来调价户数大幅增加，组建争议处理小组，做好沟通疏导，确保纳税人诉求在第一时间解决。通过加强投诉典型情况分析，定期开展情况通报，提高投诉处理满意率。全年共受理“12345”“12366”转办投诉76件，收到“12345”“12366”表扬类工单各3件。（丁兴）

保障服务民生 一是强化民生问题处置。深化拆迁安置房涉税减免税等问题的协调解决，针对群众反映的焦点、难点问题，组织专题研究，做好请示汇报，帮助弱势群体解决实际困难，切实维护纳税人合法权益。二是严格执行惠民各项税收优惠政策。落实夫妻间房产转移免税、房产法定继承免税、经济适用住房集中拆迁减免等便民惠民政策，开通绿色窗口，突出“民生”税收。三是积极服务企业，严格落实各项税收优惠政策。加大对改制重组、政策性搬迁、国企退出商品房领域等相关配套优惠政策的宣传力度，辅导企业纳税人办理减免税申请，严格落实各项税收优惠政策，积极支持企业可持续发展。全年，共办理各类税收减免157545次，减免合计税额25.48亿元；办理退税307件，退税金额总计964.77万元。 （丁兴）

服务企业助发展 一是建立所领导挂钩联系企业制度。结合契税所工作实际，选取有代表性的9户企业纳税人作为所领导挂钩联系企业，开展上门走访挂钩联系企业活动，为企业宣传税收政策，听取服务建议。通过走访，了解税情民意，听取意见建议，融洽征纳关系，营造了服务纳税人、关心纳税人的亲民之风。二是税收优惠政策执行到位。近来，契税所对办税流程进行了优化，进一步简化审批流程，提高办税效率。指导纳税人充分享受税收优惠政策，促进企业持续健康发展，把房地产交易中各项惠民政策落到实处。三是减并审批环节，统一转让方、承受方减免税审批流程。为改制企业减免税申请、审批提供高效服务，经过反复调研和多次论证，与相关部门协调配合，实行了“环节前置、专人专项审办”新管理模式，将企业改制重组转让方税收减免税审批环节前置，统一企业改制重组转让方税收与承受方税收减免税申报、审批环节，确保税收优惠政策落到实处。四是研究企事业单位改制重组中出现的各种新情况和新问题，从支持、促进企业改革发展的角度出发，在税收政策上服务于企业。 （丁兴）

服务效能提升 契税所以减轻纳税人办税负担为出发点，研究创新各类税收业务行政审批方式，制定相关业务整合优化方案，将上海路征收厅撤并，各类业务归并至驻房产交易中心的华侨路征收厅，更加方便纳税人办税。一是审批事项集中到办税服务厅。按照“窗口受理、内部流转、限时办结、窗口出件”要求，对各类由纳税人发起税收审批类减免事项（含退税业务），统一由窗口先行受理，核验相关资料无误后移交后台，后台完成审核报批后，传递给窗口为纳税人办理申报，缩短办结时间，提高办理效率。二是优化办税服务厅窗口建设。重新梳理各类办税服务事项，按照即办事项实行窗口审批的要求,改进工作流程,拓展办税服务厅功能,将原来须转至上海路办理的土地契税业务和涉税证明类业务等即办事项,归并至华侨路征收厅直接办理,避免纳税人往返奔波,方便纳税人。三是集中申报类业务更加灵活。集中申报类业务由原来上海路征收厅单独办理改为由各征收分点结合工作量,灵活安排办理。此项举措充分利用了各征收厅的办税服务资源,减少纳税人的等待时间,有效提升了办税服务效能。(颜国彬)

首问负责制落实 一是组织培训,强化首问负责意识。组织学习首问责任制要求,加强业务知识学习,强化业务流程培训,提高纳税服务积极性和主动性。二是建章立制,贯彻首问负责制度。重新梳理首问负责业务范围,明确责任人、规范程序、办理标准及责任追究,从制度层面规范首问负责制度。推行纳税服务首问负责制和限时办结制等制度,严格责任追究,对于纳税人政策明确的咨询即时答复;不能立即解答的,做好记录,询问答复结果后及时回复;确不属于本职范围的,及时有效指引纳税人,帮助完成办理涉税事项。三是做学相长,提高首问负责能力。针对纳税人咨询的涉税疑难问题,结合电话记录及前期答复结果,对纳税人进行电话回访,了解政策执行情况,收集纳税人涉税需求,提升服务效果。四是优化服务,提升首问负责效能。增设导税咨询及资料预审窗口,专业为纳税人做好房产交易税收政策宣传及纳税申报辅导等事项。围绕首问负责制进一步完善服务举措,落实好服务承诺制、一次性告知制、限时办税制、延时服务制、周六休息日办税制、午间服务制等要求,提升首问负责效能。五是严格考核,建立首问负责长效。要求窗口岗位统一设置岗位工作牌、受理标志等,扩大社会监督,加强对纳税人意见的征集和反馈。结合市地税局明察暗访及所内定期查访等一系列措施,对窗口落实首问责任制情况进行督促检查,并将检查结果纳入全年绩效考核。(颜国彬)

春训工作 一是高度重视,确保春训安排明确有序。开展问卷调查,就学习方式、学习内容、培训时间进行调查,收集3个方面20条需求和建议,结合干部需求和年度工作计划,制定春训工作计划。加强学习安排,明确培训目标和具体学习内容,要求每人不少于50个学时,网络学习积分不少于24分。制定激励措施,鼓励报名参加“三师”考试,提高业务素养。二是丰富形式,确保春训扎实有效进行。详列学习清单,根据内容开展针对性的培训,组织对十八届三中全会精神、税工会精神、公务员职业道德、依法行政等有关内容进行集中学习;组织文化学习小组,加强对税务文化规划、加强基层建设意见等内容的学习,制定契税所税务文化建设三年规划和实施意见;对征管业务、政策法规,以科所为单位组织部门研讨交流,通过对见习期干部实施“导师制”培训、对青年干部组织“专题学习小组”等灵活方式,保证每位干部培训到位。三是逢训必考,确保干部素质有效提升。对专项业务知识的学习,按月组织考试;对网络教育平台学习,要求每月完成三次测试;对春训学习的整体内容,年中集中测试,检验学习效果。实时跟进干部培训学时和学分完成情况,把春训期间的考试成绩与网络平台得分情况纳入绩效考核,作为评先评优的重要条件。(颜国彬)

教育培训 一是紧扣能力建设主线,开展“天天练,周周测”活动,做好春训、在岗培训、网络教育培训等各项教育工作。二是先后组织25名干部参加两税人员参公转任考试、16名干部参加能级评定考试,做好针对性培训,帮助干部补齐知识短板,提升综合素质和能力水平。三是深入开展教育培训,围绕年初搜集的4大类30条意见,在时间、内容上进一步优化特色制式培训,突出课程的实用性,并针对业务骨干、注税考试人员等开展分类培训。四是加强激励引导,积极鼓励年轻干部参与资质考试,充分调动干部内在学习动力,各类人才数量稳步增长。全年有共3名干部进入系统网络学分前十名,2名干部通过了MPA、MBA研究生入学考试,2名干部取得注税资格,1名干部获取系统优秀业务能手。(曾李炜)

税收宣传 强化“全心、全员、全程”的服务意识,坚持“实用+创新”,围绕“便民办税春风行动”的税收宣传月活动主题和房地产交易税收中心工作,加大税收宣传力度,保障纳税人的合法权益。一是突出便民办税宣传,通过制作税收政策宣传单、拆迁片区纳税须知展板,进一步提高宣传实效。二是结合工作特点,加强部门联动,紧密联合土地、住建等部门,共同发放纳税须知便民卡及纳税提示便民条,突出联合特色,进一步增强宣传效果。三是优化需求型宣传,着重就广大市民关心的存量房交易的热点、难点、焦点问题,结合税收优惠政策,不定期在《南京日报》等宣传媒体上做涉房交易税收案例分析。四是创新税收宣传方式,定期走访重点企业纳税人,深入开展互动式、个性化税政宣传,并组织中介机构进行政策培训。 (丁兴)

全力服务青奥盛会 一是全面部署,强化环境卫生整治。利用节日及周末时间加班加点,对办公大楼进行外墙整体出新,并重点针对大楼门前包干区域进行集中清扫。对大楼内部按楼层分片包干到人,清除堆放杂物,清理卫生死角,美化工作环境。二是加强领导,确保日常安全稳定。推送安全稳定工作通知,要求各部门自行组织开展安全检查,做好安全隐患自查整改。加强对办公大楼重点部位的巡视、巡查,排查事故隐患,把安全隐患消灭在萌芽状态。三是响应号召,倡导文明绿色出行。推行公车减半使用等绿色行动,在内部进行宣传和发动,并专门购置电动车和自行车供办公使用。鼓励参与文明绿色出行,主动停用、少用机动车,为保障"青奥"期间交通通畅,城市生态环保贡献绵薄之力。四是从严要求,加强干部队伍管理。坚持以作风行风建设为抓手,规范干部队伍管理,责令各部门负责人带头严格落实各项纪律要求和制度规定,并及时向干部传递规范管理以及严肃工作纪律的有关要求,帮助干部端正思想,确保"青奥"期间干部安全履职。五是完善举措,提升办税服务效能。完善窗口服务功能,增设导税咨询及资料预审窗口,进一步落实好首问负责制、一次性告知制、限时办税制、延时服务制、周六休息日办税制、午间服务制等要求,为"青奥"提供热情、周到、优质、高效的税收服务。 (颜国彬)

慰问捐助贫困学生 5月23日、10月31日两次到六合区龙袍镇,对龙袍中学的两名困难学生实施帮扶,为他们送去书包、图书、文具用品和助学金的同时,也送去地税人员的一片爱心。这两名学生分别来自龙袍中学初一和初二年级,家庭经济基础薄弱,其中一名学生自幼父母双亡,由奶奶抚养长大,生活举步维艰;另一名学生父母离异,自小跟随双目高度近视的爷爷,生活相当拮据。但他们平时学习都非常努力,成绩优异。为了不让这两名学生因贫辍学,该所制定长期捐资助学计划,并在所内广泛发动宣传,通过组织全体干部募捐,每年为每名学生资助3000元直至他们上大学。为了进一步关注孩子学习成长,契税所还专门设立相关联系人,负责按期前往学校,向校长和班主任了解孩子的学习情况,与孩子进行交流谈心,鼓励他们认真学习、健康成长,靠自己的努力改变命运。近年来,契税所高度重视献爱心活动,把为弱势群体伸援手送温暖作为关注民生的重要举措常抓不懈,连续四年对贫困学生进行资助,不仅展示了地税良好形象,也进一步深化了亲民税务品牌内涵。

(何南、颜国彬)

(责任编辑:梁晓玲)

直属第一税务局

概 述 2014年,直属第一税务局(以下简称直属一局)深入学习贯彻党的十八届三中、四中全会精神,继续深化"三大工程"建设,以创建省地税局"依法行政示范单位"为抓手,以安全履职为保障,收入中心工作实现"新突破",六项重点工作得到"新提升",顺利完成全年各项目标任务。荣获"全国巾帼文明岗",省、市"六五"普法先进集体,省地税局、市地税局"依法行政示范单位"荣誉称号,并获得系统先进单位二等奖。征管和科技发展科、税政法规科和征收税务所获得"市级青年文明号",税政法规科、第二税务所荣获系统"标兵科所"等荣誉称号。

以组织收入为中心,收入总量实现新突破。直属一局克服房地产市场不稳定、"营改增"政策性减税等影响,以强化重点税源和重点行业征管为重心,通过狠抓收入预测准确性、收入分析科学性和打造重点税源管理专业性,掌握工作主动性、辅助决策有效性和税收预见性,攻坚克难,挖潜增收,圆满完成全年税收任务。2014年,共组织各项收入297.57亿元。

以风险管理为导向,征管质效得到新提升。利用税源与征管状况监控分析平台,查找征管薄弱环节，加强征管质量监督；稳步推进发票综合改革，全市地税系统第二家全面取消定额发票；有序推进风险应对，加强过程进度控制，定期召开风险应对工作例会。全年累计完成风险应对349户，组织入库税款4.62亿元，累计评估贡献率2.33%。以依法行政为引领，法治水平得到新提升。加强税种管理，规范税务执法行为，强化税务执法督察，增强业务处理能力。推进依法治税，做到"三坚持"，即：坚持责任明晰机制完善、坚持问题导向立行立改、坚持以点带面整体推进，全面提升税收政策法规工作水平，成功争创省地税局、市地税局"依法行政示范单位"。

以服务满意为追求，纳税服务得到新提升。完善举报投诉处理机制，全年共办理各类举报投诉86件，满意率100%。开展2012–2013年度A级纳税信用等级纳税人评定工作，全年评定A级纳税人156户。健全长效挂钩走访机制，全年局领导带队走访企业超过80户次，对收集到的意见建议，专门召开办公会逐条研究解决方案，受到企业普遍认同。

以文化建设为载体，核心竞争力得到新提升。围绕"卓越同行"文化品牌举办系列活动，征集纪念建局20周年征文18篇、专题摄影比赛摄影作品20余篇。开展"干部健康提升计划"，拓展健康讲座、医疗咨询渠道，倾听干部诉求；参与系统《构建税务文化一体多样格局》文化创新项目；组织看望结对帮扶的低收入农户、"在职党员进社区"等形式多样的主题活动，夯实基层党组织建设。7月承办全市地税系统"阳光杯"—与青奥同行游泳比赛。10月，完成工会妇联换届改选，成立第二届工会、妇联委员会。全年，共组织全局性活动7次，文体兴趣小组4个，看望干部或家属40多人次。

以安全履职为保障，队伍作风得到新提升。联合建邺地税局、雨花台地税局举办以"安全履职强素质、卓越同行展风采"为主题的系列春训活动。制定全局"三险"同步预防方案，建立"1+1+5"同步预防格局，认真执行各项廉政制度和规定。强化科所长督导，进一步加强人员外出管理。在"作风监督月"做好办公场所环境整洁、着装规范、设备运营、作息时间等方面管理和重申，强化干部作风建设意识。

以规范管理为抓手，行政效能得到新提升。贯彻落实中央八项规定及厉行节约、公务接待、公务用车等各项规定，强化政府采购、"三公"经费开支等监督管理，认真执行财务制度，公务接待费、会议费和车辆运行费明显下降。推进节能减排工作，完成天然气管道改造(安装)工程。税收信息宣传继续保持全市地税系统前列，多篇信息被上级采用，其中，国办采用9篇，3篇信息专报被国务院领导批示，综合得分首次超千分；完成2013年度档案的归档工作，同时完成2010年档案移交工作。

(陈小玲)

机构设置及负责人

办公室

主　任　张红兵

人事监察科

科　长　邱　蔚

征管和科技发展科

科　长　刘　伟

副科长　王一骁

副科长　郤一鸣(2014年4月免)

税政法规科

科　长　戴旭峰(2014年4月任)

副科长　孙　鲲(2014年4月免)

副科长　郤一鸣(2014年4月任)

第一税务所

所　长　王进军(2014年4月任)

副所长　王进军(2014年4月免)

副所长　杨　远(2014年4月任)

第二税务所

所　长　夏继云(2014年4月任)

副所长　杨　远(2014年4月免)

副所长　笱红萍(2014年4月任)

第三税务所

所　长　姚丽杰

第四税务所

所　长　夏继云(2014年4月免)

所　长　孙　鲲(2014年4月任)

副所长　戴旭峰(2014年4月免)

副所长　杨　恬(2014年4月任)

(陈小玲)

组织各项收入297.57亿元　狠抓收入预测的准确性、收入分析的科学性和打造重点税源管理专业性，攻坚克难，挖潜增收，确保全年税收目标任务圆满完成。共组织各项收入297.57亿元。其中，税收收入223.2亿元，占全市税收总数的31.75%，同比增加19.65亿元，增幅9.65%，其中省级收入31.06亿元，同比增加1.62亿元，增幅5.50%；市县级收入192.14亿，同比增加18.28亿元，增幅10.51%；市县级公共预算收入150.59亿（扣除成品油收入8.86亿元），同比增加10.34亿元，增幅7.37%；区县级公共预算收入118.67亿，同比增加12.81亿元，增幅12.10%。组织其他收入74.37亿元，其中，教育费附加13.97亿元，地方教育附加9.32亿元，组织社保费收入50.17亿元，组织预算外基金0.91亿元。（刘伟）

税源税户分级分类管理 根据市地税局进一步深化征管改革意见和税源管理岗位设置要求，明确了风险应对岗和核实岗岗位独立、不得兼岗，取消组别设置，设置一般核实岗兼特定核实岗16人、风险应对岗17人。参加市地税局分类管理平台建设，对负责的20个子模块进行多轮测试验证。根据省地税局统一部署，对8户定点联系企业集团开展全流程风险管理，运用电子账册采集、内控制度测试、督促自查、约谈审核、实地核查多种手段，累计查补税款4000余万元。强化小型企业警戒线核定，对小型企业警戒线限额进行全面排查，对核定偏低户的警戒线按实际情况修改，对当年新增户及时核定，累计核定306户，核定面100%。（刘伟）

委托代征管理 全面梳理委托代征协议，及时按照国家税务总局最新要求更新相关代征条款，召开委托代征工作座谈会，通报2013年委托代征工作情况，听取各单位对委托代征工作的意见和建议，完善新的一年委托代征工作思路。开展代征单位专项检查，对检查中发现的问题，发放责令限改通知书，督促企业及时整改到位。发挥注册税务师团队作用，加强政策宣传，组织地铁、城建和装饰办施工单位培训6场次。规范代征单位台账管理，形成重大工程项目进度表按月报送机制，参加市地税局征管科技处建筑业重大项目管理平台（二期）开发需求编写和讨论工作，实现对建筑业开票进度、纳税进度、预清算进度的实时监控。全年组织委托代征税款23.07亿元，较2013年同期增长6.29%。（刘伟）

大企业风险管理 抽调人员编写大企业管理制度规范，完成中石化后续管理、工商银行和南京银行现场审计、大唐电力和中国烟草风险调查等专项工作。开展遵从度评价，为总局定点联系企业分户出具评价报告。探索对跨行业、跨区域的三胞集团、丰盛集团企业之间的关联交易、资本构成、资金使用等情况做综合性风险识别与比对。突破现有单户识别方法，建设集团企业风险模型，初步实现集团内企业统一识别、统一应对、统一分析。根据国家税务总局统一部署，对8户定点联系企业集团开展全流程风险管理，运用电子账册采集、内控制度测试、督促自查、约谈审核、实地核查多种手段，累计查补税款4000余万元。（王一骁）

构建办税服务厅标准化体系 参与纳税服务局“两个标准化”创新项目，专门安排业务骨干全程跟踪。其中，业务标准化，强调突出便捷窗口工作应用，过程中依据上级业务规范要求，通过全面梳理窗口所有业务受理流程及工作事项，编制了较完善的信息化支撑需求，并参与完成相关信息化应用软件的制作及后期推广工作；服务标准化方面，基于省地税局、市地税局各项相关办税服务规范内容，进行全面整合、修订，增加具体办税服务规范细则，并参与制定各项服务标准。“两个标准化”推广应用以来，系统办税厅建设迈上了新平台，受到纳税人及所在区县政府好评。（吕小军）

获得“12345”优秀创新项目奖 针对管户规模大、行业集中度高、纳税人法律意识强的特点，提出“以办理投诉为契机，促进行业管理升级”的创新理念，打造纳税服务工作特色，并将创新理念付诸实践，取得较好效果。全年共办理各类投诉86单，满意率100%，在纳税服务水平不断提升的同时，行业管理水平也在不断加强，停车服务等投诉集中度较高的行业投诉工单受理数逐渐下降。年底，创新成果获得市地税局“12345”优秀创新项目奖，并在市地税局纳税服务局的组织下，与玄武地税局、浦口地税局合作，代表市地税局参加南京市“12345”政务热线创新项目评选，获得一等奖。（刘伟）

创建省局、市局“依法行政示范单位” 以争创全省地税系统“依法行政示范单位”作为年度工作目标,并定位为全年工作的综合抓手,将依法行政与执法督察、绩效考评、风险防控、教育培训相结合,推进税收各项工作上水平,在全局范围内广泛宣传,达成共识。倡导崇法、依法、护法,公开、公平、公正的法治理念,丰富创建工作内涵。在规范税收执法中传导安全履职意识,提高依法行政水平,健全税务决策机制,规范税务执法行为,强化税务执法监督,加强税收执法保障,有效提升了依法行政工作水平。一是建立完善决策机制,全面推进政务公开;二是依法全面履行税收职能,促进税收管理合法高效;三是坚持执法行为规范统一;四是强化对行政权力的制约和监督。2014 年,直属一局被省地税局和市地税局评为“依法行政示范单位”。

(戴旭峰)

开展企业所得税复审 采取内外结合,双管齐下的方式提升复审质量。一是内外结合,提高效率。除建立内部专家团队外,在市地税局指导下,继续引入中介机构开展企业所得税复审,借助中介机构的审核经验提升汇缴成效。二是人机结合,做好疑点户筛选。在中介机构汇缴疑点户的选择过程中,充分利用企业所得税税源分析成果,采取计算机数据审核和人工政策分析相结合的方式,确定将部分疑点户纳入复审范围。三是管服结合,做好政策指导。在复审过程中将税务管理与纳税服务相结合,一方面规范中介机构审核行为,另一方面积极做好发现问题的政策指导,坚持实质重于形式的政策判定标准,做好税企间的沟通交流。全年,共对 38 户企业开展所得税复审,补征税款 6837 万元。

(景锦)

建筑业项目清算 以加强建筑业项目清算为切入点,全面清查建筑业营业税,进一步加强监管工作,为建筑业“营改增”做好准备。一是召开建筑业项目清算专题会议,将建筑业项目清算列入风险管理,确定相关工作流程和岗位职责。二是改进建筑业项目清算模式,将建筑业项目清算作为专项工作进行推进,制定专项工作计划,配备专项工作应对人员。三是优化建筑业项目清算流程,通过在大集中系统查询建筑业项目清算监控指标,定期生成应清算项目清单,对其中未清算项目进行推送,实时监控清算进度并按月进行通报。全年,完成建筑业项目清算 87 个,补缴税款 704.85 万元。

(李云洁)

土地增值税清算 一是完成市地税局下发的 18 户企业旧房交易的核实工作。二是开展土地增值税清算复审,针对市地税局复审项目推送的情况进行逐户核实反馈、补征税款。三是开展土地增值税自查自纠,采取所内交叉互审的方式,对 2012 年度和 2013 年度已清算评估的 28 个项目进行自查自纠,自查补征税款 60 万元。四是推进土地增值税清算工作。该局共有房地产项目 166 个,达到可清算条件的项目 44 个,应清算项目 1 个。截至 12 月 31 日,已完成土清算申报项目 13 个,完成清算评估项目 10 个,其中,评估应清算项目 1 个,可清算项目 9 个。累计征收土地增值税 32.16 亿元,其中,预征土地增值税 15.53 亿元,清算税款 16.63 亿。

(朱功霞)

建立常态化执法督察工作机制 加强各类执法督察成果的分析应用,进一步落实税收执法责任制,严格责任追究力度。定期开展专项税收执法督察、年度重点税收执法督察和各项日常执法督察。建立个人自查、部门核查、科室抽查、单位互查“四级执法督察”体系,确保税收执法督察质量。一是一季度与玄武地税局联合开展建筑业开票和资产损失税前扣除专项执法督察,共抽查 1342 份资料,发现 6 大类问题并进行整改。二是深入开展年度执法督察。抽调 12 名业务骨干成立 6 个小组,对 7 个业务部门一年的执法事项进行全面督察。共查阅了 1000 多份资料,发现 38 类问题。补征税款 32 万元,退税 0.1 万元,加收滞纳金 2.3 万元。三是开展两次行政处罚和风险应对的日常执法督察。

(邬一鸣)

获全国“巾帼文明岗”称号 围绕中心,巾帼爱岗助发展。直属一局女税官发挥业务能力强、细致耐心的特点,用辛勤和汗水为税收中心工作提供了坚实保障,为地方社会经济发展做出突出贡献。依法行政,巾帼建功争一流。坚持以依法治税为原则,严格执法,以创建省“依法行政示范单位”为抓手,全面提升税收法治工作水平。优质服务,巾帼用心树形象。坚持内强素质、外树形象,组建以"康乃馨"品牌为引领的"注税服务团"和"兼职教师"团队,参加"我的青奥先锋"活动。热心社会公益,开展结对帮扶、参加"党员进社区"、义务献血、倡导捐衣助困、资助贫困儿童等活动。（李清源）

科级领导及后备干部选拔 开展科级领导干部竞争上岗工作,通过深入动员、政策宣讲,大部分符合条件的干部参与了选拔。在民主推荐、资质奖励审核、个人基本情况上报等环节,该局充分与干部做好沟通,确保工作顺利推进。在选拔工作上,严格按照资格审查、民主推荐、组织考察、面试、综合积分、班子研究等程序,6 人晋升科级领导岗位。下半年,开展科级后备干部选拔工作。经过大会动员、民主推荐、组织考察、公示等环节,2 人为正科级后备干部,3 人为副科级后备干部,充分调动了年轻同志工作积极性,为中心工作提供领导人才储备。（潘爱和）

团队文化建设 加强文化阵地建设,编印文化手册、制作电子刊物、布置文化墙。以"两个卓越"文化核心价值体系为重点,以"安全履职强素质,卓越同行展风采"为主题开展系列文化教育培训工作。开展微视频拍摄活动,丰富文化宣传、文化建设的形式。以建局 20 周年为契机,开展追忆历史论文、老照片征集、笑脸墙拍摄等系列文化主题活动,发挥团队文化作用。共建幸福地税,继续推进"干部健康提升计划",举办健康讲座、医疗咨询,加强文体健身活动。倾听干部诉求,解决干部实际困难,提升干部的幸福感,增强干部对组织的归属感和认同感。（李清源）

开展"廉洁从税教育月活动" 开展以安全履职为主题的"廉洁从税教育月"活动。以贯彻《税务系统领导班子和领导干部监督管理办法》为主要内容开展中心组学习会。依托"廉政大讲堂",在纪念建党 93 周年活动中,局领导为干部上微型党课;组织干部观看反腐教育片《博弈》等。开展部门"风险防控、从我做起"专题讨论会,就如何在风险防控、规范执法和纳税服务等方面做好"廉洁从税"开展部门专题讨论。制作"三险同防"廉政展板,税务系统违法违纪典型案例进行宣传。参加系统"微系列"廉政文化作品创作,组织微视频和微电影的拍摄,共有 3 篇微小说、1 篇微电影和 2 篇微视获奖。（潘爱和）

构建三险同防格局 建立"1+1+5"同防格局,即以梳理一套廉政风险防控指南为指引,同步建立一个"联动信息共享、联动教育警示、联动风险审核、联动检查同步、联动整改查纠"的工作制度,运行五类联动预防单。由科室针对 2014 年度专业化管理新模式,对原有重点风险事项和控制点进行调整与梳理,重点提练各部门二级以上廉政风险事项,并形成 2014 年局重大事项廉政风险清册。发送各部门反馈汇总成指南,制作专题宣传展板和"三险同步预防"工作手册,做到知晓面 100%。形成科室同步风险审核和季度部门风险自查、全局联合排查风险等一体化的"三险同防"体系。全年,共汇总收集各类风险点 90 个,共下发风险提示单 27 份,提示风险事项 81 项。（潘爱和）

创新教育培训形式 一是外部交流互动。联合建邺地税局、雨花台地税局举办以"安全履职强素质、卓越同行展风采"为主题的系列春训活动,先后举办了十八届三中全会精神解读、案例交流会、读书会、"最强税官"争霸赛等系列活动。二是内部特色培训。对干部培训需求集中的内容举办集体培训,同时,根据部门、岗位及个人情况的不同,由业务科室、分局兼职教师分别为各个税务所开展具有针对性的业务培训,干部普遍反映针对性强、互动方便、效果明显。三是强化骨干培养。组织干部参加"注册税务师"职业资格考试以及"税收业务能手"考试。全年 3 人通过注册税务师资格考试,6 人获市地税系统"优秀税收业务能手"称号。（李清源）

小贷行业税收宣传 4 月份是全国第 23 个税收宣传月,直属一局以"便民办税春风行动"为主题,切合"服务三农、扶持小微"大趋势,联合南京市小额贷款协会举办以"税收服务小贷,共助小微发展"为主题的税收现场服务会。会上详细解读了小额贷款公司相关税收政策,并对个人所得税的相关操作做了说明。在互动环节,税务人员对小贷公司提出的税务问题做了一一解答，同时逐项确认政策的落实情况，把优惠带给企业，把服务带进现场。市金融办及全市50家小贷公司的70余名财务人员参与了活动。活动有效促进小贷协会、地税部门、小贷公司之间的沟通，得到参会人员的一致好评。（陈小玲）

承办“阳光杯”—与青奥同行游泳比赛 为进一步营造迎接2014年南京青奥会的浓厚氛围，深化系统工会“阳光家园”品牌建设，丰富干部职工文体生活，增强团队协作精神。7月19日，由系统工会主办、系统工会游泳俱乐部承办的“阳光杯”—与青奥同行游泳比赛在南京军区机关文体活动中心游泳馆举行。比赛设有男子、女子单项和集体接力3大类共8个比赛项目，分为男子、女子50米自由泳，男子、女子100米蛙泳，4×50米混合接力等项目，共有19支代表队、95名运动员参加了比赛。最后，40人次分获7个单项比赛前6名。秦淮地税局、市地税局机关、直属一局、鼓楼地税局、玄武地税局、稽查二分局分别获得了集体4×50米混合接力前6名。（陈小玲）

工会妇联换届改选 根据《中华人民共和国工会法》《中国工会章程》和《中华全国妇女联合会章程》有关规定，结合系统工会、妇联《关于系统工会、妇联换届选举工作的通知》要求，10月15日，该局召开工会、妇联换届选举大会。大会应到会员59人，其中，女会员代表30名。因事因病请假8人，实到会员51人，其中，女会员代表25人。会议听取、审议并通过了上一届工会、妇联工作报告及经费审查工作报告。按照选举办法进行了换届改选，选举产生了工会第二届委员会委员、经费审查委员会委员和第二届妇女联合会委员。会后，工会、妇联召开第一次会议，选举产生了工会主席、副主席和妇女联合会主席、副主席，并进行了委员分工。（张红兵）

（责任编辑：梁晓玲）

高新技术开发区地方税务局

概　述 2014年，南京市高新技术开发区地方税务局(以下简称高新局)认真领会市地税局党组与高新技术开发区管委会（以下简称高新区）工作意图，以“创新突破、跨越发展”为主题，以“争先进位”为目标，狠抓年度工作要点落实，圆满完成年度各项工作任务，为服务区域经济发展做出新贡献。

强化分析预测，有序组织收入工作。一是充分利用分析预测成果，加强税收工作计划性。坚持定期梳理税源状况，及时调整工作计划，充分利用新的预测平台，优化预测分析管理制度，抓紧进度调控。从预测监控、收入跟踪、直至考核体现，实现全流程闭合回路。二是不断扩宽分析预测广度，提高税收工作的精确性。积极调研，及时掌握税源增减变化和税源企业经营纳税情况。不断拓宽信息来源渠道，加强与财政、统计等部门的协调沟通，及时获取相关经济指标，不断提高税收分析深度与精度。全年组织各项税收及收入23.56亿元，继续领跑江北地区。

强化点面结合，提高征管质效。一是强基固本，全面加强基础工作。科学落实税收警戒线管理，警戒线设置面达到100%；加强非正常户清理；规范注销工作；定期开展欠税清理，陈欠清理率达100%；规范数据初始采集流程，提高数据管理质量；加强大集中保障，推进信息化安全。二是着眼改革，稳步推进重点工作。按相关要求展开风险应对工作，在新流程上线前期按标准配齐人员，积极开展培训；在应对过程中，加强跟踪问效、注重征管结合，全面提升税收风险管理工作效率。根据市地税局发票综合改革工作安排，积极推进取消定额发票工作，已实现所有发票户全部使用网开或税控开具。三是围绕征管指标，推进征管质量管理。按照征管指标考核要求，及时推送各指标完成情况，督促各科、所积极应对，力争把多项指标保持在一个较好的状态，进一步提升征管质量。

强化分税种管理，提升依法行政水平。一是加强个人所得税管理，税源挖掘工作有新突破。在提前完成年所得12万元以上纳税人自行纳税申报工作基础上，加强对股权转让的审核控管，强化外籍个人征管，国际税收工作取得新进展。全年，共对5国家、11个外籍个人进行约谈评估，共计评估补缴个人所得税40多万元。二是扎实开展企业所得税汇算清缴工作。通过强化过程管控，申报质量进一步提升，汇算户及核定户申报率皆实现

100%。三是以房地产企业为重点,提高土地增值税等其他税种的管理水平。针对土地增值税清算问题,全年及时跟踪项目状态变化,对达到可清算条件的项目及时进行催报;加大对尾盘销售土地增值税清算申报的管理力度。四是认真落实省地税局行政处罚办法,规范税收执法行为。严格按照行政处罚案件审查制度要求,对处罚卷宗按月审核整改,按季通报,对存在的各类问题,除布置整改外,利用季度业务例会进行讲评,确保存在问题得到纠正。五是加大税收执法督察力度,积极开展"规范执法示范岗"创建。

强化服务意识,积极拓展纳服内涵。一是积极走访挂钩企业,营造口碑效应。由局领导带队对重点税源企业及"321"企业等24户企业进行实地走访;各管理所通过电话、QQ群、上门等形式,与年纳税额30万元以上的261户重点税源企业进行沟通,以零距离接触营造良好的口碑效应。二是依托税收"云服务"平台与纳税人学校等载体,加强与纳税人沟通。全年共对1000多人次企业财务人员进行培训,税收"云服务"平台日常在线交流记录超70000多条。三是认真对待投诉,努力提升"12345"工单满意率,各项指标处于系统前列。

强化以人为本,持续推进干部队伍建设。一是注重教育培训,提升干部综合素质。扎实开展春训工作,全面激发干部的学习热情和积极性。在抓好干部制式轮训之外,积极鼓励干部提升学历和参加"三师"考试。二是调优人员结构,充实管理团队。对中层干部队伍进行了调整,中层力量得到进一步加强。三是深化人文关怀,创新开展思想政治工作。将EAP(EAP:Employee Assistance Program,员工帮助计划)计划的工作重点转向培养干部健康心态和健康生活,帮助干部缓解工作压力带来的焦虑和急躁情绪;同时尝试在监察工作与干部选拔过程中引入EAP计划。

强化制度落实,扎实推进廉洁从税。一是严格落实党风廉政建设责任制。实行一级抓一级,层层抓落实,切实做好自我监督、同级监督、群众监督及信访监督等各项工作。二是多管齐下,扎实推进廉政教育。围绕强化党性教育,组织全体干部参观王荷波纪念馆;扎实开展评选身边先进典型工作,使干部学有榜样,赶有目标;多次组织干部职工观看廉洁从政警示片,并组织全体干部到浦口检察院现场观摩,时时提醒大家不忘教训,警钟长鸣。三是构建常态化监督检查机制。通过试点科所级合议制度、风险应对公示制度和廉政回访制度等各项举措,构建并完善多维度、常态化的监督机制。四是开展廉政、执法、税收三险同步预防工作。按照同步风险识别、同步教育警示、同步风险控制、同步持续改进的方法,积极对机制进行优化完善,实现风险应对的整体优化。荣获年度区预防职务犯罪先进单位称号。五是规范"两权"运行,持续推进作风行风建设。在认真落实好领导干部报告个人有关事项等制度的同时,进一步推进政府采购制度的健全和完善,对重大经费开支、政府采购项目的监督进一步加强。通过多种方式"开门纳谏",主动接受评议监督。对于发现的问题,在开展政风行风自查自纠活动的基础上,组织专项治理,扎实做好各项整改落实工作。

强化统筹,综合保障能力再上台阶。一是计划带动,工作效率进一步提升。通过"年统月、月促周及每周点评"等方法调控工作节奏,同时加强督查督办力度;二是坚持创新,宣传、信息工作有新亮点。在"税收宣传月"活动中,参与承办"美丽南京、感谢有您"便民办税春风行动的微博有奖问答环节;参写的两篇信息获国办刊用,并获领导批示。三是重点突出,安全稳定工作更加扎实。选派人员参与青奥会志愿活动,同时牢固树立融财务管理、公务用车、伙食保障与办公设施管理为一体的综合安全管理意识,确保全年工作平安收局。

(徐小琴)

机构设置及负责人

办公室

主　任　　徐小琴
副主任　　陈　涛

征管和科技发展科

科　长　　陆　军
副科长　　王　波

税政法规科

科　长　　王加龙
副科长　　周嫦娥

人事监察科

科　长　　丁　勇

第一税务所

所　长　　王振宇

第二税务所

所　长　　金　东

副所长　　沈义林

第三税务所

所　长　　汤明明

副所长　　刘　烨

第四税务所

所　长　　许大青

副所长　　肖孙熹

（徐小琴）

组织各项收入 23.56 亿元　在确保总量基础上，高新局抓住税收分析与预测工作不放松，合理安排收入进度，狠抓收入节奏调控，全年月当量之间波动较上年收窄 50%，改善了 2013 年收入大起大落的局面，基本实现收入紧贴序时进度的既定目标，税收工作质量有了进一步提升。2014 年，属地口径共组织各项收入合计 23.56 亿元（含税收、地方教育附加、教育附加、文化事业建设费）；其中，税收收入 22.25 亿元，增幅为 11%，区县级税收 22.2 亿元，增长 11%；区县级一般预算收入 19.89 亿元，增幅为 13%，完成市地税局计划的 100.06%。全口径公共预算收入实现 27.84 亿元(含教育费附加)，增长 11.49%。（李玮）

纳税服务　高新局认真贯彻落实《全国县级税务机关纳税服务规范》等要求，一方面通过认真培训，对照文明服务规范要求及时落实相关要求，对服务厅建设、窗口设置、文明礼仪等进行规范；另一方面悉心听取纳税人的意见建议，及时制订整改方案并采取具体措施，切实提高纳税人满意度。此外，充分利用自身平台优势，整合网络服务平台，打造高新税收“云服务”品牌。目前，“云服务”企业好友 642 个，日常在线交流记录逾 70000 条，回答问题近 6000 个；在第 23 个税收宣传月期间，高新局还承办市地税局微系列宣传活动中的“刷微博答题——税收知识有奖问答”，收到良好的宣传与社会效果。（许洁）

清欠和风险应对入库税款 2129 万元　对以往年度形成的欠税，通过由欠税单位确认、管理所核实的形式，进行逐条核对，确保历史欠税数据的准确性，积极进行陈欠税款的清理工作。截至 11 月，高新局全部完成以往年度税款的清缴，共清理入库陈欠 1291.95 元，陈欠清理率与陈欠清欠率指标完成情况均达 100%。针对市地税局风险评估系统推送的风险应对工作，始终坚持“规范流程、强化复审、注重培训”原则，按上级要求，选派业务骨干充实风险应对岗位。全年完成风险应对 336 户，应对推进率 100%，应对准期应对率 100%，风险应对共入库税款2129 万元。（巫晓帅）

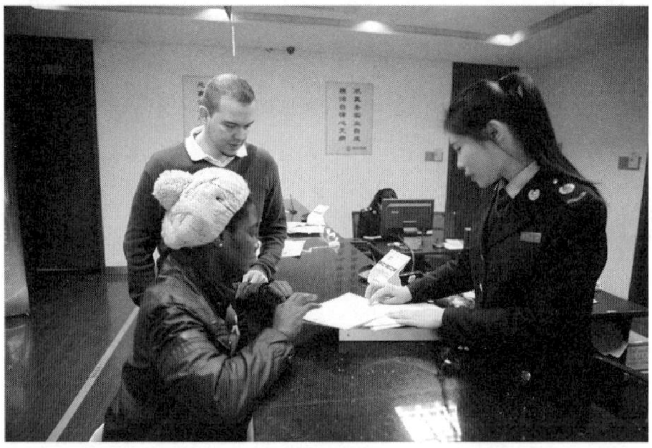

2014 年 3 月 11 日，高新局地税干部细心指导外籍人员填写纳税申报表

个人所得税征管　在圆满完成年所得 12 万元以上纳税人自行纳税申报及两处以上取得工薪收入的个人所得税征管工作外，加强对股权转让的审核控管，并通过审核发现长峰航天、亚派科技等多家企业股权转让存在涉税问题，股权转让涉及个人所得税税款达 3000 万元；通过加强股权转让的信息交换，对股权转让进行前置审核 123 人次，入库补税 365 万元，价格调整面达 12%。为加强外籍个人征管，积极推进外籍个人约谈制度，明显改变外籍个人申报收入偏低现状，2014 年共对 5 个国家、11 名外籍个人进行约谈评估，共计评估补缴个人所得税税款 40 多万元。（丁峰）

土地增值税清算　盘清所辖房地产项目基本情况，及时跟踪项目状态变化情况，对达到可清算条件的项目及时进行催报，共督促纳税人完成自行申报 11 个项目，入库税款 3893.50 万元。加大对土地增值税清算的审核力度，采用专家团队运作方法，提高审核工作质量，完成清算审核 8 户，入库税款 37.15 万元。针对房地产企业在尾盘销售中

土地增值税缴纳存在的问题，坚持主动工作、严格执法，共将17个项目纳入尾盘销售监控，并逐个建立监控台账，逐月更新数据，根据掌握的尾盘销售情况督促纳税人按月计算税款，按月变更台账数据，全年共入库尾盘销售土地增值税2442万元。（周嫦娥）

基金费征收 2014年，高新局克服部分优质税户转出及税源结构较单一等不利因素影响，超额完成三项基金的征收任务，残疾人保障金、防洪保安资金及工会经费三项基金共入库2001.54万元，增收132.74万元，增长7.1%。严格落实省地税局关于社会保险费征缴管理及欠费管理的两个办法，对社保费欠费户状态数据进行严格甄别认定，共进行二次催缴220户次，认定无缴费能力116户、有部分缴费能力79户、有缴费能力25户。通过扎实有效工作，清欠社保费8.8万元，入库社保费97455万元，社保费征缴率达98.87%。（方永生）

依法行政工作 对基层行政处罚自由裁量权加强监督，建立行政处罚案件审查制度，由法规科牵头，相关业务科室人员参加，对各所处罚卷宗按月审核整改，按季通报，并按季评选优秀执法案例。全年，共审核处罚卷宗114件，发现问题点65个。采用不同方式开展执法督察工作，通过执法督察共追补税款419.11万元，追究落实20人次执法责任。认真开展规范执法示范岗创建活动，评选产生区局规范执法示范岗6人，1人被市地税局评为“规范执法示范岗”。（王加龙）

组织科级领导干部选拔 10月，按照《江苏省南京地方税务局领导干部选拔任用管理办法》，组织11人参加科级领导干部选拔。在选拔过程中，坚持对整个过程进行全时记录，确保选拔过程公开、公平、公正。通过动议、民主推荐、组织考察、讨论决定等程序，最终从11名干部中选拔出正科级领导干部2名，副科级领导干部3名。选拔活动在充实中层管理队伍的同时，充分调动了普通干部工作的积极性，为组织目标实现提供了全方位人才保障。（马德斯）

争先创优活动 高新局在2014年度的各项争先创优活动中取得显著进步。办公室、征管科技科和政策法规科参与的市地税局创新项目分获1个一等奖、2个二等奖；在市地税系统业务能手考试中，3名干部获得“业务能手”称号，傅红华取得第一名的好成绩，并荣获南京市“五一劳动奖章”；由于工作成绩突出，高新局第一税务所被评为市地税系统“标兵科所”；在依法行政工作方面，高新局被评为“2014年度高新区预防职务犯罪先进单位”，另有2人被评为“高新区作风建设先进个人”；此外，在市地税局举办的乒乓球、游泳、篮球及演讲比赛等活动中，排名也取得历史性突破，“勇于争先、追求卓越”的氛围在高新局正蔚然成风。（丁勇）

2014年3月12日，高新地税女干部们走访南京信息工程大学，为该校外籍教师提供纳税辅导和咨询

廉政制度建设 一是严格落实党风廉政建设责任制。坚持“谁主管、谁负责”的原则，实行一级抓一级，层层抓落实，切实做好自我监督、同级监督、群众监督及信访监督，把党风廉政责任制落到实处。二是扎实推进廉政教育。组织参观王荷波纪念馆，并开展向王荷波学习的演讲，促使党员干部的党性作风进一步提升。三是构建常态化监督检查机制。试点科所级合议制度、风险应对公示制度和廉政回访制度，构建和完善多维度、常态化的监督机制。开展廉政、执法、税收三险同步预防工作。成立同步预防领导小组，优化完善同防机制，严格责任落实，增加监督检查的不可预见性。（马德斯）

作风建设迎评工作 把作风建设评议准备内化于日常工作。一是积极利用税企QQ群、微博等平台，发布作风评议工作动态，向纳税人宣传文明执法、服务纳税人的典型做法和成效，展示作风建设

的成果。二是组织多方走访,对区内上级和同级单位、行风监督员、重点纳税企业进行走访,上门征求意见和建议。三是由局领导带队对各部门的工作纪律、工作作风、规范执法等方面情况进行明查,借鉴"神秘客户"等形式进行暗访、交叉互查,认真查找问题。对于发现的问题,坚持认真梳理、明确意见,制定整改计划,并安排针对性反馈检查,确保整改计划落到实处。 (马德斯)

税务文化建设 以科学发展观为指导,坚持以人为本,立足"务实创新、追求卓越"的地税精神,在市地税局"卓越文化"引领下,深入开展"幸福高新"品牌建设。紧紧围绕廉洁、专业、创新,着眼建设注重养成,精心培育全体干部共同的职业道德、精神家园和价值观念,打造以廉洁行政为主线、以心理疏导为特色、以健康关注为基础的税务文化,形成清正廉洁、争先创新、朴实健康的高新文化,建设一支政治素质硬、业务能力强、身心状态好的干部队伍,促进"知行合一",把核心价值理念落实到各项工作中去,为推动税务事业科学发展提供强有力的精神支持和文化保障。 (马德斯)

(责任编辑:马婷怡)

玄武地方税务局

概 述 2014年,南京市玄武地方税务局(以下简称玄武局)在市地税局和区委区政府的正确领导下,以党的十八届三中全会精神为指导,坚持党的群众路线,紧密围绕市地税局"三大工程"的深入推进,以"优化机制提质效,打造精品创特色"为目标,深入推进征管改革,不断优化纳税服务质量,狠抓作风行风建设,加大工作落实力度,全面提升工作质效,各项工作稳步推进。先后获得2013年度依法行政示范单位、区争创无职务犯罪活动先进单位、区机关先进基层党组织等荣誉表彰。

突出质量提升,税收收入在困境中平稳增长。玄武局克服经济增速放缓、结构性税收调整、"营改增"等因素的影响,紧抓实际税源,及时分解收入任务,按月通报,按季考核,加强部门间互动和整体统筹能力,不断提高税收预测准确性;加强对辖区内重点项目的梳理,关注宏观政策以及重点企业决策对税收的影响,做到应收尽收。

突出固本强基,税收征管在深化中全面夯实。加强税户管理力度,系统分析区内多头注册非正常户构成,从控制新增多头注册户入手,规范新增非正常户认定以及非正常户解除,清理率达77.78%;建立"基层应对反馈、科室政策复审,局长审核把关"的注销管理机制,从程序和实体上规范操作,并通过国地税数据交换平台和联办窗口数据信息共享,与同级国税部门建立制式交换渠道,加强对企业注销的联合力度;提升行业管理效能,加强劳务行业管理,按季报送开票资料,抽查业务发生的真实性,规范发票开具及差额扣除。按行业建立"12345"诉求分析机制,进行多维度分析,以点带面提升管理效能;指标监控采取常态化管理方式,各所纳入日常监控、科室注重监控分析和评价类指标监控,及时发现征管中的薄弱点,提高税源监控水平。

突出依法行政,职能履行在强化中规范高效。继续以创建2013年度依法行政示范单位为目标,严格按照法定原则、法定程序履行职责、开展工作,建立税务行政决策跟踪反馈机制,定期对决策的执行情况进行跟踪调查和评估反馈,强化执法日常监督,促进规范执法,做好执法人员依法行政能力建设。

突出文化引导,基层建设在创优中稳步前行。一是不断推进基层建设。明确责任和步骤,细化实现干部干事创业的能力、动力和组织的凝聚力、执行力、创新力"五力"提升的20个分解目标,提出推进文化建设平台、专业人才团队平台、绩效考核体系平台和"三险"同防平台四个综合平台,分解出81项工作措施。开展"阳光科所"创建活动,采用达标与评星相结合的方式,对科所从阳光执法、阳光服务、阳光管理、阳光队伍和阳光环境等5个方面24类具体项目开展创建引导与展示评比。二是引导干部积极投身文明创建。积极争创省工会职工书屋示范点、市级文明单位、市级巾帼文明岗等,组织干部深入企业、社区、军营志愿服务,组织"青奥先锋行"活动,成立服务青奥青年突击队,提升干部应对特殊工作的战斗力,先后有700多人次累计4000个小时投身到平安青奥工作中;组织干部深入到7个街道58户困难居民家中送去节日慰问,与大石桥社区困难群众点对点牵手助困,与六合马集街道大圣社区开展城乡文明共建活动。征管和科技发展科被表彰为南京市“巾帼文明岗”和南京市“工人先锋号”，庞敏被评为玄武区“巾帼岗位明星”，庞敏和于婧被评为“玄武好青年”。（张芳）

机构设置及负责人

办公室

主　任　　何　晋
副主任　　张　洁

人事监察科

科　长　　戚宁炫
副科长　　张　崴(2014 年 2 月免)

征管和科技发展科

科　长　　庞　敏
副科长　　曹　珊

税政法规科

科　长　　刘铁军
副科长　　范海涛

第一税务所

所　长　　徐　黎
副所长　　滕宏全

第二税务所

所　长　　徐　卫
副所长　　杨　阳
副所长　　徐　萍

第三税务所

所　长　　孙　慧
副所长　　刘小伟(2014 年 10 月任)

第四税务所

所　长　　梁　俊
副所长　　陈　东

第五税务所

所　长　　朱宝钢
副所长　　丁　枫

第六税务所

所　长　　沈龙兵
副所长　　朱　斌

第七税务所

所　长　　李良银
副所长　　许超群(2014 年 10 月任)

第八税务所

所　长　　周美林
副所长　　张　翔(2014 年 9 月免)

江苏省南京地方税务局征收税务局第二税务所

所　长　　于　婧
副所长　　刘　锋
副所长　　季玮玮(2014 年 10 月任)

（张芳）

组织税收收入 27.27 亿元　常态管理重力度，坚持收入分析例会制度，不断提高组织收入工作的效率；行业监控稳存量，特别关注小红山客运站、常发广场、圣和文化广场、熊猫中央广场等重点工程，注意工程进度、发票开具金额和入库税款的比对分析，在日常征管和清算中加强对建筑业“甲供材”的征税；加强清算促增量，梳理辖区内的有关项目及正在进行土地增值税清算的房地产企业，切实加强开发销售环节的控制；落实政策挖潜量，关注宏观政策以及重点企业决策对税收的影响，积极跟进国资退出房地产市场变动情况，跟进股权转让、注销过程中的税收执行。通过稳存量、促增量、挖潜量等各种促收手段，全年，共入库税收 272767 万元，同比增收 24097 万元，增长 9.69%；同时，坚持税费“同征、同管、同考”，入库各项费金 3783 万元，全力服务民生。（张芳）

税种征管　通过多形式宣传、多类别辅导、多窗口申报，完成 12 万元以上个人所得税申报 10181 人，多处所得申报率 33.6%，补缴税款 419.85 万元，多处所得补税面和补税额在全市名列前茅；突出变化要点、抓好内外培训、跟踪问题应对，多举措做好企业所得税汇算清缴，全局 5090 户企业所得税征管户 100%实现准期申报；比对数据确保核定征收的准确性，对 1644 户核定征收企业的主营业务情况进行全面梳理，加强企业所得税核定征收管理；开展“营改增”税户信息比对，完成 23 户电信业“营改增”的认定工作，清查入库营业税 123.6 万元；结合契税征收的交换数据，对 288 户企业开展房产土地税源核查，推送未做房土登记以及登记差异较大的疑点信息，入库房产税、城镇土地使用税 255 万元；针对外籍个人扣缴申报工薪所得低于同行业、同国籍、同企业规模平均收入，筛选 20 个典型户开展自然人风险应对。（张芳）

征管效能提升 一是随着税源监控工作的不断深入,采取监控考核指标常态化管理方式,由各所纳入日常工作,自行监控,自行处理。科室将精力更多集中到监控分析、评价类指标的监控上,以发现征管中的薄弱点。二是征收管理环节化。注重日常管理中“准期申报率”“入库率”以及“零申报率”等指标,带动整体征管质效的提升;拓展国地税联合征管范围,共同建立个体联合办税厅,实现国地税个体共管户的同步定额、联合注销;依托部门联动,畅通涉税案件移送渠道。三是部门合作数据化。全面加强与外部合作的数据化交换,继续加大与区工商在自然人股权变更中的合作;通过契税征收数据,核对企业房产土地税源信息,对未做房产土地登记以及登记差异较大的户下发核查,堵塞征管漏洞。与住建局在房产税、城镇土地使用税清查中,交换房屋租赁信息,加强对尚未纳入管理的出租人和承租人的管理,对征管中出现的征税问题及时沟通。四是系统操作规范化。及时跟进大集中程序调整后的后续管理工作。在登记注册类型调整后,结合财务报表类型调整,对事业单位、民办非企业单位以及社会团体的登记类型、证照名称、单位性质以及适用财务会计制度进行全面清理;税种鉴定及滞纳金加收程序上线后,及时发现程序中的问题,下发操作手册,指导基层正确操作。 (张芳)

发票管理 建立“纳税人和管理所两个层面提请、征收扎口操作”的核查维护机制,实现核查与操作两分离;构建以“管理所核查为主、临时调整为辅”的发票限额设置模式,满足不同纳税需求的发票限额设定,定额发票领购户数从480户下降至348户;在纳税人办理发票事项时,即时提出明细控制申请,同步进行明细控制设置,全面完成发票明细控制;利用发票监控平台,按季对领购发票长期不使用、发票月供量过大、发票领购异常等多种情况及时跟踪,共对1079户次920条异常信息进行分类清理。 (张芳)

提升风险应对质效 通过分层分级培训、下发风险指引和指标反馈模版等多项举措,不断提升风险应对能力;将风险复审与执法督察、执法监察相结合,实现风险应对标准化;鼓励和倡导各所开展自主复审,在绩效考核中分类体现复审情况,提升风险应对质效,全年共应对风险1068户,应对税款9224.83万元;复审100户,复审税款1207.66万元,接受市地税局复审8户,复审税款116元。注重进度,统筹任务推送,确定月度应对量,季度内均衡推进,特定事项所专项应对,确保风险按期应对。 (张芳)

信息系统运维及信息安全管理 一是专人扎口运维管理,多渠道解决问题。将报送大集中重点、热点问题及优化建议列入考核。全年通过QC平台反映并被采纳的优化建议共8条;通过月度运维报告上报热点问题26条,被省地税局采纳的热点问题共10条。二是规范内外网软硬件管理。计算机实行实名管理,固定IP地址,所有计算机均设立8位以上复杂度的账号口令并随时更新;定期对计算机进行安全巡查,及时发现问题并整改,确保网络数据安全;严控外网申请访问权限,对干部使用互联网进行控制,杜绝安全隐患;严格落实机房监控、门禁出入、机房巡查等各项管理制度,定期对机房设备保养维护。 (张芳)

依法行政 按照市地税局廉政风险与税收风险、执法风险同步预防工作指导意见的要求,坚持标本兼治、综合治理、惩防并举、注重预防的方针,强化廉政风险防控与税收业务管理的全过程融合,以内部控制机制为指引,以税收业务工作为主线,采取联动预防措施,完善制度机制,规范执法行为,实现三类风险同步防控,提升综合预防工作和执法督察的常态化监督水平,被省地税局授予“2013年度依法行政示范单位”称号。 (张芳)

社保基金费征缴 将基金(费)的征缴考核统一纳入该局《收入任务考核管理办法》之中,与税收同征、同管、同考。做好信息的维护和比对,协调与残联的数据互传,应对好扩面中的投诉反馈,大力推进征缴,超额完成市地税局下达的基金费征缴任务。全年,共组织入库残保金2170万元,工会经费861万元,防洪保安资金752万元,同时完成1056户社保陈欠户的催报催缴和736户欠费户的分类认定。 (张芳)

税收执法督察 创新督察工作举措，将税收执法督察与防范廉政风险结合，“三险”同防开展风险提示应对、同步实施追究反馈，主要围绕风险应对复审、行政处罚复查、街道代开发票税收管理、房产税变动异常核查、个人所得税完税证明开具管理五个方面展开，共梳理通报8个风险点76户次，27人次在三级绩效扣分，行政执法规范度明显提升。优化督察工作方式，抽调18名各级人才库成员和部门骨干成立联合督察专业团队，优化督察工作方式，通过查前培训、查间分析、查后研讨等方式提高督察能力；改进督察工作方法，扩大干部对执法督察的参与度，促进执法督察工作更加贴近日常管理，发现执法工作中的疏漏，规范政策执行和操作流程。 （张芳）

纳税服务优化 一是全面开展满意度迎查。前台岗位开展沟通技巧和服务培训，管理所在沟通联系中了解企业服务需求和涉税问题，实现税户应对中专人专岗全覆盖；将税收资料调查和企业所得税核定核查工作与满意度迎查相结合，同时统筹融入宣传服务举措和征求意见建议内容，实现迎查推进中工作内容全覆盖；注重意见征集的真实性、问题反馈的及时性和获得认同的真诚性，实现过程控制中工作效果全覆盖。二是换位思考提供便捷服务。根据神秘客户测试结果，针对工作中的薄弱点，及时调整，主动推出代开发票免填申报表业务，受到纳税人普遍好评，并在全市范围内推广。同时推出新办户涉税提醒服务，对于初次申报的税种、申报时间、领取CA的时间以及如何办理发票领购手续等在领取税务登记证环节进行详细告知，通过提醒避免新办户首次未按期申报的问题，征管之间的衔接更加有效。三是创新推进纳税服务工作。积极参与创新项目“大数据背景下纳税人行为偏好分析系统”的建设，从纳税人分类、纳税人行为模式两个方面利用大数据的方法对纳税人需求进行分析，通过参与项目更新服务理念。主动对接，参与青奥组委会活动和会议6次，协助组委会及时办理营业税减免税备案、个税申报，研讨门票发售用票方案，解决组委会门票发售和市民发票需求的实际问题。立足产业园开展个性服务，走进徐庄软件园开展特色培训3期，开办“新办纳税人学校”6期，培训120人次。四是妥善做好投诉举报工作。建立快速应对投诉处理渠道，提供“网上、电话、上门和信箱”维权途径，简化核查取证流程，全年妥善处理80件各类投诉。在举报查处回复中，对案件进行多方位、多角度的综合对比分析，开展多部门参与的案件分析会，保证核查方向的准确性，把握核查重点，共查处结案37件，查补税款28.5万元。 （张芳）

干部队伍建设 一是抓学习，全面推进班子建设。围绕习总书记提出的“三严三实”要求，开展各种形式的中心组学习。持续改进班子工作作风，抓好问题整改及“回头看”工作，强化制度落实，巩固党的群众路线教育实践活动成果。坚持联系基层、联系重点税源户、联系群众，深入开展调研、走访活动，应对各类新形势新情况，不断开阔工作视野，切实提升班子整体合力。二是抓素质，不断提高岗位能力。按照“下沉科所强基础，突出重点求实效，分类提升育骨干”的思路，探索实施研讨式培训、实战式培训和帮带式培训，强化对税政基础和风险应对实务的研究成果推广；以注税教材《税法二》为学习教材，专设“春训专讲日”和“科所学习日”，强化部门骨干培养和部门间经验分享，有效指导主体业务工作推进；设立“岗位实战小课堂”和“流动即时小考场”，组织“注税先锋大讲堂”和“业务精英大比拼”，实现以学促用。有9人在系统能手竞赛中获得能手称号，再创区局历史新高；4人通过注册税务师资格考试，1人通过注册会计师资格考试，通过人数系统第一；“三师”比例从3年前的15.6%上升到26.77%。三是抓管理，激发队伍建设活力。以积分管理和人才库管理为抓手，探索强化人才数据分析和运用；优化科级领导干部管理机制，基层科所分序列对标找差，与各部门签订特色目标责任书，强化部门内部管理主动性，引导整体考核方向；组建税政研究、风险应对、文化建设、信息调研等专业人才团队实施重点项目应对，加速骨干培养；坚持制式谈心谈话与活动了解沟通相结合、日常思想把握与重点时机关注相结合、工作指导分析与个人感情交流相结合，及时把脉干部思想；开展干部职业风险心理评估测试，结合分析结果的收集分类，有区别的实施面上协调、重点沟通和个性化措施，开展问题应对。 （张芳）

组织文化建设 将“阳光团队”有机融入系统“卓越同行”文化品牌建设,整合“卓越同行,共享阳光”文化建设理念。合理统筹党团工妇活动,以“凝聚阳光、释放阳光、共享阳光”为主题,开展户外摄影、徒步健身、厨艺比拼等12项系列特色文化活动和第三届金秋文化艺术汇,增强文化认同。积极开展建局二十周年纪念活动,组织“追忆历史 卓越同行”征文及实物征集活动,组织拍摄笑脸墙,在主题演讲和征文评比中均取得较好成绩。(张芳)

获区争创无职务犯罪活动先进单位称号 坚持预防在先,探索实践式拓展教育。倡导亲情促廉理念,开展“寻找身边的幸福”“亲情寄语”等“心廉心”亲情促廉活动,推出《清风送年》《用清廉守望幸福》《爸爸去哪儿》等廉政“微系列”影音作品,获组织奖表彰,同时与街道“姊妹艺术团”开展廉政文化进社区联建活动。落实自主风险防范,部门和岗位按季开展风险点自查分析,对照风险点进行检查剖析和整改提升。拓展实践型互动教育,与街道社区共建,先后有700多人次4000小时投身到“平安青奥志愿者”活动,通过互动实践和社区体验,不断提高自律和主动服务意识。连续第五次获得玄武区争创无职务犯罪活动先进单位称号。(张芳)

作风建设 一是落实“两个责任”,形成党风廉政建设合力。建立定期形势分析和情况报告制度,加强对廉政和作风建设的动态分析、情况处置、矛盾化解和问题查处,班子成员与9个基层税务所建立联系点制度,实行联系点党建工作连带负责制;开展“三重一大”执行情况专项检查,构建重大基建工程与检察机关联建联防机制,使主体责任透明化;加大对基层科所党风廉政主体责任落实情况监督检查,使主体责任绩效化。二是贯彻“三险”同防,化解执法廉政风险。定期开展风险点自查,分类梳理出2013年以来风险信息点共19条。实现与税收业务工作、法治工作和干部管理三个紧密结合,建立信息公开、工作例会和联合督察三项制度,对7项重点事项进行联合风险应对提示。紧盯重大风险,及时化解和消除各类苗头与问题。三是纠正“四风”问题,有效提升地税社会形象。始终围绕反“四风”和转作风要求,持续抓好整改措施落实。按照39项整改行动计划,建立工作制度25项,通过严格考勤、职能巡查、分类回访等方式,强化对干部工作纪律、服务规范和廉政从税的检查约束,确保中央八项规定的要求和各项制度规定执行到位。延伸服务基层网络,建立辖区内7个街道和58个社区的双层联络点制度,将作风建设反馈网络布到基层,实现反馈、整改、提高的闭合机制。(张芳)

行政管理 结合服务青奥、改进作风等重点、热点,抓好省地税局级以上信息宣传的组稿编写工作;依托信息调研团队,牵头做好市地税局国际税收研究会关于地方税制的课题调研工作,提早完成课题调研发表任务,在年度论文评比中获三等奖;积极参与《江苏地税》各类稿件组稿并取得作品刊登;常规做好2013年度档案归档和2010年度档案移交,积极参与市地税局数字化档案室建设的需求编写、软件测试和创建准备。以“大干一百天,环境大扫除”专项整治行动为契机,重点做好公车管理、环境清理、值班安全等方面制度梳理和定期巡查,全方位做好安全保障;规范招标、安全施工,顺利完成8楼档案室和文化展厅改建;严格落实八项规定,规范接待管理;严抓食堂卫生安全管理和驾驶员安全出车制度建设,及时收集干部服务需求,全面做优后勤服务。(张芳)

(责任编辑:马婷怡)

秦淮地方税务局

概　述 2014年,南京市秦淮地方税务局(以下简称秦淮局)以组织收入为中心,以“税悦情怀”组织文化为引领,夯实基础,优化服务,较好地完成了全年主要工作任务,先后获得南京市残疾人就业工作优秀单位、秦淮区无职务犯罪先进单位等荣誉称号。

圆满完成全年组织收入任务。强化内外部协同配合,增强组织程度和合力,实现组织收入平稳增长。注重重大经济信息收集,跟踪重点项目推进,努力为培育新税源做好服务,对大报恩寺、高新园区、中航科技城等部分重点项目指定专人、团队开展集约化管理服务。实现对重点税源户的源头控制。加强综合治税力度,充分发挥社区、街道的护税协税作用,提升社会化综合治税水平,确保税收收入序时进度。

征管质效实现新提升。突出风险管理,始终围绕提高纳税遵从度这一目标、团队合作与人机结合两大原则开展风险评估工作,严格按照管理要求,加强新程序的培训和指导,强化操作规范,将风险导向理念引入组织收入管理。制定《风险应对新流程操作指引》,细化风险应对操作具体要求,运用信息手段对税收征管指标进行分类研究,按月编发《征管质量月度分析》,进一步完善"按月检查通报、按季考核奖惩"工作机制;推进发票综合改革,开展劳动服务公司、人力资源公司发票专项治理工作;规范个体税收管理,提高个体定额认定率,围绕代征协议执行情况、票证领用与开具、票款结报、票证保管等方面开展个体委托代征单位专项检查。

税政管理成效明显。以汇算为主线强化企业所得税管理,针对税户量巨大特点,盘实税源税户,明确汇缴范围,通过前期周报、后期日报确保汇算进度按计划推进;加强小型微利企业免征营业税政策研究,确保小型微利企业优惠政策落实到位。以高收入者为切入点加强个人所得税管理,组织开展年所得12万元以上和多处工薪个人所得税自行申报工作。以风险甄别为抓手强化财产税管理,加强土地增值税管理,全面梳理辖区房地产开发项目。推进制度建设,对使用频率高的15类涉税法律文书进行规范;创新开展规范执法示范岗评选工作,采用积分制方式综合考量候选人执法文书、作风建设、征管指标等工作业绩;提升督察效能,做到"四结合"和"四统一",即:将总局规定执法督察、市局开展的专项督察和全面督察、区局层面的执法督察、基层所层面的执法督察等结合起来,全面纳入督察范围。

提升纳税服务质量和效率。全方位推进标准化办税,参与办税服务标准化建设创新项目,编印办税服务厅标准化系列手册"风采篇、制度篇",在全系统内推广。选取办税服务厅347项涉税业务进行标准化规范,实现办税服务厅服务内容、服务事项、服务流程、服务要求标准化;宽领域推进集约化办税,推广电子化办税,努力实现纳税人和基层双减负;广渠道推进人本化办税,严格落实首问负责和限时办结制度,借助"神秘客户"、行风监督员等第三方载体,对服务承诺落实情况进行监督评价,对落实情况纳入绩效考核;响应诉求强化维权服务,明确投诉处理各环节工作流程和职责,建立与诉求人顺畅的沟通联系机制。落实税收优惠政策,全面落实国家在促进小微企业发展、鼓励资源综合利用、促进高新技术、节能减排等方面涉及民生的税收优惠政策,最大限度发挥税收政策效能。

干部队伍综合素质进一步提升。加强中层干部队伍建设,举办2次科所长培训班;稳妥规范开展科级领导职务晋升和后备干部选拔工作,4人晋升为科级领导干部,5人晋升为副科级领导干部;立足岗位开展多方位培训,邀请区检察院、省公务员局、市检察院反渎职侵权局专家开展预防职务犯罪、公务员职业道德建设培训,不断提升干部综合素质。组织"一路向前"春训答题竞赛暨文化展示活动,检验春训效果;积极运用网络教育培训平台,开展自学自测活动。鼓励干部利用业余时间开展职称考试、学历提升等自我教育,1人通过国家司法资格考试,1人通过注册税务师资格考试。

持续推进党风廉政建设。探索建立重大风险防控联动应对机制。开展总支书记上党课、观看廉政教育片、征集廉政微系列作品等教育活动,使干部增强执法风险意识。组织形式新颖、特色鲜明的廉政文化建设活动,开展多场廉政报告会及税务系统典型案例分析,提高抵御腐败侵蚀的能力。以"微系列"为载体开展廉政文化创作。重新聘请来自机关、企事业单位和新闻媒体等不同行业的10名政风行风监督员,有效促进行风建设。强化预防职务犯罪惩防体系建设,并在全区表彰大会交流经验;参加助力青奥百日攻坚战,组织党员利用周末休息时间走进五老村街道,协助街道做好突击整治"脏乱差"、维稳等工作,及时妥善化解矛盾。

行政综合保障效能提升明显。信息宣传工作继续保持领先,实现用稿数量与用稿级别双提升,积分排名分别位列第四和第三。税收宣传月期间先后组织"3D灯光秀税收""听相声说税收"主题活动,受到上级部门充分肯定。组织辖区高一学生开展税收文化教育基地参观与"最美南京、感谢有您"征文活动,获优秀组织奖。做好涉税舆情相关情况的调查核实与处置;开展2013年业务资料归档共完成1942卷,向江宁核心库移交2010年原白下和原秦淮档案1462卷(件)。围绕青奥会举

办,开展 24 小时备勤服务,抓好环境卫生综合整治。(张志芳)

机构设置及负责人

办公室

主　任　梁国林(2014 年 3 月任)
副主任　梁国林(2014 年 3 月免)
　　　　张志芳

人事监察科

科　长　赵立扬(2014 年 3 月任)
副科长　王宇梅(2014 年 3 月任)
　　　　赵立扬(2014 年 3 月免)

征管和科技发展科

科　长　姚　剑(2014 年 3 月任)
副科长　肖宁宁(2014 年 3 月任)
　　　　姚　剑(2014 年 3 月免)
　　　　翟小荣(2014 年 3 月免)

税政法规科

科　长　董　麟
副科长　夏亚非

第一税务所

所　长　王　艳
副所长　黄　清
　　　　周建国

第二税务所

所　长　周宏峻
副所长　李　洋
　　　　蒋　淼(2014 年 3 月任)

第三税务所

所　长　冒慧云
副所长　胡　亮
　　　　王　延

第四税务所

所　长　侯冬梅
副所长　刘　涛(2014 年 8 月任)
　　　　赵　滨(2014 年 8 月免)

第五税务所

所　长　陆　菁
副所长　蒋　梅

第六税务所

所　长　翟小荣(2014 年 3 月任)
副所长　范凌华
　　　　朱　莹(2014 年 3 月任)

第七税务所

所　长　刘　勇
副所长　王　萍
　　　　葛建峰(2014 年 3 月任)

第八税务所

所　长　姜卫宏
副所长　武丽芬
　　　　葛建峰(2014 年 3 月免)

第九税务所

所　长　黄　华
副所长　范　华

第十税务所

所　长　卜庄海
副所长　郝　平

第十一税务所

所　长　王宝林
副所长　何　彦

征收税务局第三税务所

所　长　杨　剑
副所长　洪　盛
　　　　孙菲菲(2014 年 3 月任)

(张志芳)

组织收入 85.1 亿元　积极促收履责,抓住开门红、双过半等时间节点,细化工作举措,加大对区域重点楼宇、重大经济项目和重点企业的税源监控管理,关注在售房地产项目和辖区建筑工程项目,加强跟踪管理。与各街道保持联动,捕捉信息,完善征管服务机制,发挥护税协税作用。全年累计组织各项收入 85.10 亿元,其中,市区级公共预算收入 29.25 亿元,社保费 45.27 亿元,各项基金费 0.65 亿元, 区级公共预算收入完成区政府年度计划的 110.42%,为全区公共预算收入增幅主城区排第一位做出重要贡献, 受到区委区政府的充分肯定。(肖宁宁)

劳动服务行业发票专项治理　对管辖范围内领取地税发票差额缴纳税款的劳务行业纳税人进行全面梳理,与劳动和社会保障部门联合确定资质,对以前未办过劳务派遣的行政许可证明且与用工单已经签订合同执行期未满的老户办理行政许可的加快办理节奏。开展企业会计人员资格重新认定的宣讲与培训,现场展示如何开具发票,重点规范扣除项目开票要求。对企业开票金额存在异常,超出同期营业额数倍,偏离正常值,营业税税负率也远低于正常范围的情况进行查处,对劳动服务公司的开票明细、开票限额、入库税款进行监控,堵塞发票管理漏洞,降低税收征管风险。

(朱莹、张志芳)

多证联办提高行政服务效能 12月,根据市地税局和秦淮区政府工作安排,入驻秦淮区政务中心,依托企业设立多证联办并联审批业务系统为企业纳税人办理税务登记等涉税业务。为确保联办并联审批工作的联合推进,成立由主管业务科室牵头的联合推进工作小组,对推进过程中的问题进行收集反馈。按照时间节点提前做好综合受理窗口的设立和相关设备设施的配置调试工作,明确专人跟踪服务,对落实情况适时向市地税局相关处室汇报。同时,选派责任心强、业务能力强的干部入驻政务中心,加强派驻人员的业务操作培训,进一步优化审批流程,提高审批效率。

(肖宁宁)

税户和税源基础管理 开展多头注册户清理工作,规范税户管理。利用国地税联合征管平台,启动非正常户公告工作,提高税户质量,通过比对共计解除非正常户183户。做好对新办户和变更户的实地核查与属地化管理工作。加强对新办户登记信息的上门核查工作,实现税源税户规范化管理。全年安排跨区调入核查293户,核查跨区调出户667户。与区政府财税办、街道三方联动,对辖区基础税源进行拉网式核查,夯实税基,坚决做到守土有责,实现税源税户的规范化管理。 (朱莹)

电子化纳税报缴 加大纳税申报管理,明确提出"以人保所、以所保局"的要求,督促各个管理所确保本部门的申报率达到考核要求。同时,在二、三级绩效考核中,强化此项工作的考核力度,使各个管理所高度重视申报率管理工作,采取有效手段提高申报率。报缴期中加大数据支撑力度,每日推送数据,通过电话、短信等方式逐户提醒纳税人按期进行纳税申报。及时解决纳税人的申报中存在无法申报、税种认定等问题,减少由于人为错误对申报率造成的影响。做好报缴期后的催报催缴工作,对逾期申报户严格处理,对连续三个月未申报的纳税人按照非常户认定管理要求进行认定,使应申报户数量更加趋于真实、合理,不断提升电子化报缴率。 (朱莹)

防范发票风险 明确岗责把好入口关,严格发票事前审核、事中监控、事后跟踪,对疑点发生的原因,从根本上进行防范。发挥违法打击尖刀作用,提高纳税人发票管理遵从意愿,做到日常检查与专项检查有机结合,检查深度与广度的有机结合,组织与社会力量的有机结合,大力整顿发票管理秩序,净化发票管理环境。发挥对外服务核心作用,降低发票管理疏漏风险,积极探索多样化发票宣传模式,做到日常宣传长期抓、重点时期集中抓、多方参与全力抓,采取通俗易懂的方式增加广大消费者和用票单位的发票常识。通过"两点一线"(即:自助开票点、温馨提示点、多条服务热线)方式进一步细化发票便民服务举措。 (朱莹、张志芳)

风险应对管理 围绕提高纳税遵从度的目标、团队合作与人机结合两大原则开展风险应对工作,落实风险评估新程序,加强培训和指导,强化操作规范,将风险导向理念引入组织收入管理;制定风险应对新规范,针对复审问题加强风险应对操作指南的学习和使用,并梳理风险点,组织研讨风险应对管理规范;制定《风险应对新流程操作指引》,细化风险应对操作具体要求,进一步规范风险应对文书的同时对提升工作质效做出制度上安排;提升风险应对新能力,参与"税收流失率预警和监控"项目建设和"风险指标应对指引"编写工作,提升科技创新能力。全年,共完成风险应对计划1728户,累计入库税款1.12亿元,风险应对有效率99.08%,贡献率3.28%。 (肖宁宁、张志芳)

征管指标"健康体检" 以常态化管理为基础,以动态监控为手段,通过"日、周、月"三层比对,对征管指标及时开展"风险把脉"和"健康体检",促进税收征管质量的不断提升。管理所按日进行指标监控,将指标及时修正,打好征管数据基础;科室按周进行提醒跟踪,对于前期发现的问题持续关注,防止同类问题反复发生;责任科室按月进行趋势比对,分析每月各指标的发展趋势,找出管理规律。通过数据分解、结果反馈、回看检查等各个环节相互衔接,各岗位人员密切配合,指标监控效果明显。 (陈兵)

提升欠税清理成效 在加强对陈欠税款清理力度的同时,将欠税管理的重心转移到控制新欠税款。做好报缴内短信提醒和报缴期后的催报催缴,对报缴期后出现的纳税人已申报未扣到款的,加大清缴力度,对经催缴无效的,采取停供发票、公安办配合税务所约谈、特定事项所检查等方式进行催缴,有效遏制新欠的产生。同时,做好陈欠税款清理,通过上门催缴、检查跟进、先处理后供票等手段,以及加强与国税的沟通配合,积极组织税款入库。定期通报各管理所欠缴税款清理进度,并在季度绩效考核中兑现,提高陈欠清理率,共清理陈欠3.84万元。 (朱莹、张志芳)

规范个体税收管理 加强个体征管基础工作,提高个体定额认定率,强化个体定额认定的及时性。开展个体委托代征系统试运行,组织各委托代征单位实际操作人员的培训,于2月份正式顺利运行。开展对个体委托代征单位的专项检查工作,对辖区7家个体委托代征单位代征协议执行情况、票证领用与开具、票款结报、票证保管等方面进行自查和检查,进一步提高委托代征管理水平。一季度,走访辖区内较大的集贸市场,认真分析研究,与其中4家市场设立了新的委托代征关系,明确征纳方式,做到应收尽收。 (朱莹)

维权服务 规范维权服务工作流程,建立与诉求人顺畅的沟通联系机制,从完善内部制约机制上确保举报案件件件有结果,事事有回应;与纳服部门、举报中心、兄弟分局、国税、公安及工商建立第一时间的协作机制,通过加强部门间的协作联系,加快对纳税人举报投诉事件的调查反馈速度,对疑难案件及时联系相关部门召开案例分析会,共同探讨解决,以积极、严谨的态度快速响应纳税人合法诉求,妥善解决税收争议,多次接到工单表扬;加强对纳税人反映情况的分析研究,从过程控制和精细化管理出发,主动思考问题的根源、及时归类总结行业特征,对呈普遍性发展的问题积极向税政处室反馈,从而以点扩面促进系统层面出台相应行业规范,推动整体征管工作提升。全年共有效处理167件维权服务工单,其中表扬工单4件。 (肖宁宁、张志芳)

24小时备勤服务 为做好青奥会期间纳税服务工作,7月起实施24小时备勤服务工作制,根据不同纳税人提供个性化服务,安排24小时值班人员。及时发布节假日期间发票备勤人员的联系方式,在节假日期间出现发票使用问题,安排备勤人员第一时间与纳税人进行联系,防止任意开具发票的同时也有效避免因发票问题产生的纠纷;启动多层投诉举报联络网,值班人员为第一联系人,在接到投诉举报案件后,详细记录案件情况,根据案件紧急程度及可控情况将案件初步分为需要即时处理和可以延迟处理两类。需要立即处理的案件或当场可以解决的案件必要时告知投诉人不要离开现场,值班人员告知投诉举报备勤人员,由备勤人员安排案件如何处理,可以延迟处理案件的前提是须经过投诉人许可。 (张雨婷、张志芳)

提升青奥涉税服务效能 开展“擦亮窗口迎青奥”活动,开辟青奥涉税事项绿色通道,设置青奥税收优惠政策咨询窗口,解答纳税人关于青奥会的涉税问题。显示屏滚动播放青奥税收政策,窗口摆放宣传材料,积极落实青奥捐赠、下岗失业人员再就业等税收优惠政策,让惠及民生的税收政策给纳税人带来实惠。充分利用青少年群体欢迎的微博、微信、QQ等新媒体开展税收服务,及时推送涉税信息。积极推广自助办税机,实现代开发票、完税凭证打印和涉税信息查询等功能,方便纳税人自助办税。青奥会期间,严格执行办税服务厅午间值班制度,针对夏季作息午休时间较长等情况,8–9月增设科所长午间值班,及时协调处理纳税人的各类问题。 (张志芳)

组织房产税、城镇土地使用税优化申报软件上线 为确保10月1日起纳税人全面使用外网房产税、城镇土地使用税优化申报功能,顺利完成两税申报功能上线工作,专门成立优化功能上线工作领导小组，全面负责申报功能上线的组织领导工作，以法规科牵头，税政、征管、征收各部门紧密配合，分工协作、协调配合，全力保障2000多户相关纳税义务人申报工作的顺利推进。对内举行2场培训，协助各管理所对纳税人进行专场培训12场次，顺利完成纳税人房地产、土地明细的登记和纳税申报。在软件培训辅导过程中，仔细收集和解决申报过程中存在的问题，结合工作实际，更高效地完成申报辅导工作。 （夏亚非）

土地增值税清算 加强房地产项目日常管理工作，举行土地增值税清算专场培训，对100多家房地产企业发放“土地增值税房地产项目基本情况表”，对辖区房地产项目进行全面梳理，并结合市地税局土地增值税会议的要求，对房地产企业进行专项政策培训。在日常管理过程中，加强与房地产企业的沟通交流，及时了解房地产企业的经营情况及开发项目的销售、纳税情况。提高房地产项目清算质量，从收入、成本、费用等各个环节进行比对，加强对公共配套、人防等设施的审核，完善土地增值税后续管理台账。全年共完成6个房地产项目土地增值税清算自主申报，并对4个房地产项目实施了风险应对，共计补征土地增值税2635.62万元。 （夏亚非）

企业所得税复审补税2771.98万元 采取多种措施提升企业所得税复审成效，根据市地税局的风险疑点，人机结合按照查账征收税户总量的10%进行选户，提高复审针对性。委托4家5A级税务师事务所参加复审，对规模较大且有重大疑点的企业，由事务所进行先行复审。在中介机构复审过程中，由法规科牵头并扎口，做好企业、管理所与事务所的沟通工作。对复审过程中有争议的问题，由科室、管理所、事务所三方遴选人员组成的专家团队进行讨论，并形成书面记录。对仍然无法解决的问题，进行分局合议。依托专家团队，对弥补亏损、广告费业务宣传费、政策性搬迁、不征税收入等九大类后续管理台账进行维护，形成以后年度风险管理的基础数据。全年，共完成336户企业所得税复审，补缴企业所得税2771.98万元。 （李婷婷）

税收执法督察 完善税收执法督察计划管理机制，精心制定年度税收执法督察工作计划和季度税收执法督察工作方案。坚持四统一：即统一文书、统一流程、统一底稿、统一结果运用。全年共开展4次自主执法督察，与鼓楼局开展一次互查。全年，共完成督察报告4份、下发执法督察处理决定书48份，共发现执法问题3大类10项，向督察单位提出制定整改措施15条。运用“回头看”等监督方式，对小型微利企业管理、风险应对、行政处罚等连续出错且较容易出错的执法事项开展再监督。在三季度执法督察中，对不该享受小型微利企业优惠政案的纳税人补缴企业所得税20余万元。

（夏亚非）

自然人投资者股权转让管理 突出优化信息交换，主动加强工商、银行、外汇管理、商务、证券机构等部门的协作，建立股权转让税收前置机制，全方位实现“先税后登”，实时开展信息交换。突出优化工作流程，强化优质服务理念，确保“提速”与“监控”两不误。在纳税服务区专门设立受理窗口，7个工作日内办结，实现简化文书、集中受理、限时办结。突出优化核查方法，针对股权转让净资产判定存在误区，部分企业没有按照规定建账，核算不规范等问题，建立以风险应对岗为主体的核实队伍。编写股权转让核实指南，对典型案例进行汇编，不定期对评估人员进行培训，提高业务技能。全年，共办理2284人次自然人股权转让，核定调整征收个人所得税与印花税共计4600余万元。

（夏亚非、张志芳）

“一路向前”春训答题竞赛 立足岗位发散思维，以“文化引领、务实提升”为主旨，组织“一路向前”春训答题竞赛暨文化展示活动。答题竞赛以春训中的业务知识为主，结合税务文化、廉政文化等多方面内容，共设必答题、抢答题、风险题、加赛题四轮比赛。在几轮比赛之间还特别设计观众互动题，用情景短剧的形式演绎廉政成语，寓教于乐、活泼生动。经过四轮角逐，十二支代表队的参赛选手团结一致、努力拼搏，两支代表队获得一等奖，四支代表队获得二等奖，六支代表队获得三等奖。

（俞宏珊、商进）

参与“追忆历史、卓越同行”建局20周年活动 结合市地税系统建局20周年活动,组织“追忆历史 卓越同行”征文及图片征集活动,征集优秀作品23篇和代表性历史图片150余张,展现市地税局建局至今20年历史变迁中的新风貌。组织选送作品参加江苏地税好声音、系统征文、演讲比赛,获得征文比赛优秀组织奖,欧悦获演讲比赛二等奖,展现了新秦淮的新面貌。 (叶娜)

重大风险联动应对创新项目 项目以安全履职为导向,以内部控制机制为指引,以税收业务工作为主线,以联席会议制度为载体,落实风险防控责任,实现重大风险防控的统一领导、统筹部署、过程控制、分工落实。先后制定和完善《经费支出管理办法》《绩效考核管理办法》《“一岗双责”工作制度》《重大风险联席会议制度》等相关的制度;建立专家型风险状况分析机制,以重大风险联动应对领导小组为核心,引导各业务部门根据本部门职责及省、市地税局年度工作部署开展重大风险状况分析;围绕征、评、管、查和机关实体化等岗位及环节,依照权力的重要程度、自由裁量权的大小、违规违纪行为发生的概率和危害程度,全面梳理排查执法、廉政、作风、征管和服务等工作中的重大风险权力事项或节点,建立风险信息库,确立评估规则和量化方法。有效跟踪问责,对因故意或过失导致执法过错的行为,严格按照《税收执法过错责任追究办法》规定,根据情节轻重和过错责任大小,对情节轻微、未造成不良后果的采取补救措施,堵塞管理漏洞,消除风险隐患,对违法、违纪情况属实的转入案件查办程序。 (叶娜)

以“微系列”为载体开展廉政文化创作 整合特色廉政文化资源,制作廉政屏保、廉政漫画、廉政电子专刊,分期展出干部创作的廉政警句、廉政小小说、书法和摄影作品,拍摄廉政微视频,进一步强化干部执法为民、勤政廉政观念,时刻把握反腐倡廉工作的主动权。围绕“清风税廉”廉政文化品牌,大力开展制度保廉、文化养廉、亲情助廉、监察督廉等活动。6幅作品在南京市“一品清廉”摄影大赛获奖,1幅廉政屏保作品入选中纪委优秀作品,获得省地税局表彰。 (叶娜)

推广以“税悦情怀”为主题的组织文化 着眼新秦淮区丰厚的文化底蕴和资源禀赋,承继优良传统,提炼“税悦情怀”为新的组织文化理念,凝聚发展动力。成立文化建设工作小组,分层次召开座谈讨论,倾听基层意见建议,加强组织内部情感交流和沟通。开展“金点子”征集活动,让干部畅所欲言,为文化建设献计献策。建设文化长廊,丰富书画室,完善职工书屋,编印文化手册,制作《税悦情怀》微视频,编印文化电子期刊,丰富文化载体。依托工会组织,定期开展篮球、乒乓球、羽毛球等各种文体活动,倡导众志成城的团队精神和健康向上的生活方式。 (赵立扬、张志芳)

组织老门东3D灯光秀税收宣传活动 3月30日,在老门东箍桶巷示范街区举行3D灯光秀税收宣传活动。老门东箍桶巷示范街区3D灯光秀投影面积达900平方米,作为老门东历史街区的一大创新常设展项和景区的一大亮点,能吸引许多市民和外地游客驻足观赏。秦淮局依托3D灯光秀,通过税收史话、城市记忆、笑脸墙互动和税收微电影等环节,将税收宣传与时尚科技元素完美融合,在光影变幻的空间里让更多的市民和游客了解税收,走进税收,并借此抒发对城市建设者和纳税人所付出辛勤汗水的感恩之情,受到市民、游客的欢迎。 (张志芳)

组织“听相声、说税收”宣传活动 4月11日,联合德云社在老门东举行“听相声、说税收”活动,德云社相声演员们通过“说、学、逗、唱”把纳税人关心的税收热点信息有机融入到相声的表演之中。在此后一周内,德云社在日常表演之中融入税收小掌故、小知识,以听众喜闻乐见的方式普及税收知识,演出现场摆放税收宣传资料供观众自行取阅,让观众在捧腹大笑的同时收获税收知识,这种贴近实际、贴近生活、贴近市民的宣传形式受到了现场观众的追捧。 (张志芳)

(责任编辑:马婷怡)

建邺地方税务局

概 述 2014年,南京市建邺地方税务局(以下简称建邺局)以组织收入为中心,以改革创新为主题,以“三大工程”(税收征管改革、社会管理创新、税务文化建设)为重点,以安全履职为保障,强化依法治税,优化纳税服务,深入推进干部队伍和党风廉政建设,扎实推进年度各项工作迈上新台阶。

强化组织收入工作,税收职能有效发挥。紧扣组织收入中心,积极筹谋、主动应对,超额完成市地税局和区委区政府下达的收入任务。全面完成组织收入,提升税收分析效能;落实税收优惠政策,服务区域经济发展。

夯实税收基础工作,征管水平稳步提升。以税源专业化管理为突破,以提高税收征管质量和效率为核心,以风险管理为引导,夯实征管基础,强化税种管理,全面落实税收管理科学化、专业化、精细化的各项要求。

深入推进依法行政,权力运行有效规范。结合税收管理专业化改革,加强税收法制建设,优化执法管理体制,坚持科学民主决策,强化执法监督,开展执法督察,进一步提升税收法治意识和水平。

创新优化纳税服务,纳税遵从持续提高。围绕纳税服务"集约化、专业化、标准化、信息化"的要求,以落实专业化管理为基础,以纳税人需求为导向,以优化服务为重点,将纳税服务贯穿税收管理各环节,努力构建专业化管理下的纳税服务新机制,争创一流的纳税服务水平。

全面加强队伍建设,激励机制健全完善。深入开展党的群众路线实践教育活动,深化干部人事制度改革,以提高干部队伍素质为重点,加强干部队伍建设,为顺利完成税收中心工作和推进专业化改革提供有力的人力资源保障。

坚持原则规范运作,综合保障效能提升。围绕全局中心工作,充分发挥参谋助手、协调综合、审核把关、后勤保障和督促检查作用,建立运作规范、运转协调、保障有力、管理高效的行政运行机制,为各项工作开展提供有力保障。 (江玲)

机构设置及负责人

办公室

主　任　桂乃耀

副主任　王明静

人事监察科

科　长　金　星

副科长　李秋璟

征管和科技发展科

科　长　叶桂玲(2014年3月任)

　　　　卜兴耀(2014年3月免)

副科长　王华军

　　　　张　堃

政策法规科

科　长　张　波

副科长　丁　楠

第一税务所

所　长　胡源芳

副所长　赵　兴

第二税务所

所　长　王志勇

副所长　米　玲

第三税务所

所　长　齐文娟

副所长　苏振汉

第四税务所

所　长　张　平

副所长　李庆新

第五税务所

所　长　陈　建

副所长　王红梅

第六税务所

所　长　夏宏娟

副所长　户丽华

征收税务所

所　长　陈　伟(2014年3月任)

　　　　叶桂玲(2014年3月免)

副所长　陈　烨(2014年3月任)

　　　　陈　伟(2014年3月免)

(江玲)

组织收入86.09亿元　在房地产、制造业等重点行业经济下行和"营改增"持续扩围、结构性减税力度加大等背景下,该局千方百计挖潜增收,提前两个月完成全年税收收入任务。在对全年区域税收形势预测和评判基础上,组织税收任务基数拆分、测算及税户切分,实施收入目标分解管理。加大税收调研分析应用,强化预测跟踪、偏差率控制及评价分析的过程管理,并做好与直属一局及区政府各部门、街道园区、代征点的协调沟通,发挥综合治税网络作用。全年组织各项收入86.09亿元,其中,组织税收收入 72.36 亿元,同比增长 12.38%,完成市区公共预算 23.80 亿,同比增长 37%;组织社保费入库 13.59 亿元,基金入库 1427.81 万元。(江玲)

获"全国税务系统先进集体"称号 建邺局坚持以科学发展观为指导,以组织收入为中心,不断深化税源管理专业化改革,在率先基本实现税务管理现代化过程中争先创优,较好地完成各项工作任务。1 月 26 日,在国家税务总局视频表彰大会上,建邺局被评为"全国税务系统先进集体"。(江玲)

2014 年 1 月 24 日,建邺地税以猜灯谜形式,组织驻区部队官兵学习税法

被推荐为"全国第二届青年奥林匹克运动会先进集体" 作为南京"城市志愿者服务站"的示范单位,该局以志愿服务为宗旨,紧紧围绕办税服务厅特色,倾心服务纳税人和广大市民,积极开展各类涉税志愿服务活动。除了为市民们提供政策解答和青奥涉税信息咨询之外,还提供优质便捷的城市衣、食、住、行、游、医等信息问询、引导,提供有窗口行业文明创建特色的便民利民志愿服务;定期组织道路交通志愿者到主要街道进行道路交通指引,宣传普及南京城市特色文化、体育赛事、青奥税收政策等相关信息;发布本站点提供的志愿服务项目;登记游客及市民群众的有关志愿服务需求信息等。在为市民和纳税人提供优质服务的同时,该局也向市民展现了税收工作者的敬业精神和良好风貌。建邺局被推荐为"全国第二届青年奥林匹克运动会先进集体",并进行了公示。(江玲)

获"江苏省节能减排示范单位"称号 该局通过省机关事务管理局和省经信委联合组织的 2014 年江苏省公共机构节能减排示范单位的验收,成为南京市唯一一家获得节能减排示范单位的地税机关。一是从制度入手在软件上下功夫,做好管理节能。中央空调实行温度控制,定时定温;使用节气灶具,制定用气节能奖惩办法,减少用气量;每天统计用水量消耗,杜绝跑冒滴漏;对车辆实行单车核算,加强单车油耗考核;积极利用办公自动化系统实施无纸化办公,尽量减少笔墨纸张的消耗。二是从创新入手在硬件上下功夫,做好技术节能。积极使用节能蒸饭箱、太阳能热水器、卫生间自动感应水阀等节能设备,在全局推广使用 LED 节能灯具,将原有的 24 瓦普通节能灯更新为 6–10 瓦的 LED 节能灯。(桂乃耀)

首推新办企业"多证联办"业务 根据市政务服务中心推出审批服务新模式要求,按照新办企业"多证联办"的工作要求,规范业务流程,减少前置审批,整合申报材料,做好应急预案。自 7 月 1 日正式启动"多证联办"业务以来,已完成百余家企业的注册登记。在市政务中心组织的季度绩效考核中,全年连续四个季度被评为先进单位,连续 4 次获得"红旗窗口"称号,并获得年度"优胜单位"和"标兵窗口"称号。(江玲)

"三险联动"管理办法创新 一是强化廉政风险防控与税收业务管理全过程的融合。以税收业务工作为主线,突出问题重点,加强分析评估,开展对照检查,提出防控措施,将廉政风险、执法风险与执法事项一并开展联合风险预警和联合教育警示,进一步规范干部的权力运行。二是加强风险过程管理和对权力运行的全程风险监控。各职能部门把控重点事项,完善制度规范,加强对基层所风险防控的指导、跟踪和督察;在权力运行过程中同步向纳税人征询税务干部在廉政、执法和服务方面的意见建议,强化纳税人的实时监督管理;每季度由人事监察科组织以电话回访等方式,进一步向纳税人开展服务情况回访,实现全程风险监控。三是突出联合应对和实现持续改进的动态管理。明确应提请纳入重大风险联动应对的事项,建立分工协作、快速反应的主动式风险应对联动机制;针对存在的薄弱环节,进一步完善制度规范和管控措施,加大对同类风险常态化的日常监督和防

控力度，推进内控机制建设与各项税收业务、干部队伍建设、绩效管理和阶段性重点工作的深度融合，实现事前、事中、事后的全程防控和持续改进的动态管理。 （金星）

“精英效能”团队建设 通过自愿报名和组织选拔相结合的方式，组建一支政治思想过硬、理论基础扎实、税收业务精湛的“精英效能”团队。团队主要工作职责是针对风险应对、税收执法督察、执法监察、风险防范等事项，通过对事项及卷宗的抽查，发现存在的问题和风险，强化分析，提出改进措施，加强风险防范，实现税收风险、执法风险和廉政风险的同步识别、同步预警、同步控制和同步改进。没有工作成效，建议增加或删除。 （金星）

开展“便民办税春风行动” 一是优化“建立纳税服务回访机制、优化办税服务流程、规范服务落实责任”等十项服务举措，与纳服局联办邀请女企业走进地税的巾帼共建、区国资平台企业纳税辅导等多场活动，介绍地税纳服举措，聆听纳税人意见建议，扎实推进纳税服务各项工作。二是建立领导挂钩联系企业制度，实地走访、现场答疑、听取意见。上门走访企业85户，发放“纳税服务联系卡”70张，发放“纳税人需求征集表”425份，召开座谈会62场次，参会人数534人，征集意见建议53条，现场解决问题71条，发放调查问卷425份。三是通过网上问卷调查、电话随机采访等形式了解纳税人不同纳税需求；通过报纸、网站、短信、电子邮件等多种方式及时为纳税人提供涉税事项和新政策提醒；对政府的大项目、大企业的税收政策、税务管理咨询和批量办税业务实行上门或预约服务；对残疾人、遭遇特殊或紧急情况等需要特别服务的纳税人办理税务事项提供绿色通道。四是立足手机、微信、微博、QQ群平台，增设课程预告、微信预约功能，方便纳税人实时掌握开课信息；结合税收新政策发布、征管改革新要求，开展案例式、体验式等教学实践，为征纳双方搭建起双向高效的税收宣传、咨询辅导平台。 （张堃、江玲）

落实征管改革 一是征管改革稳步深化。贯彻专业化征管要求，突出风险应对环节管理，以事项管理为主线，规范设置税源管理岗位并明确职责，设置一般核实岗20人，特定核实岗16人，风险应对岗26人。明确了风险应对岗和核实岗岗位独立、保持分离、不得兼岗，实现业务工作在各税源管理岗位间的科学安排和高效运作，规范信息资料传递、工作流转节点和办理时限等要求。二是推进发票综合改革。对268户领用定额发票户分类劝导，全面取消定额发票；推广无号发票，加强对建筑、房地产业网开发票的明细化管理；规范代理服务器发票开具，实现自有系统开票的纳税人和委托代征单位的发票开具明细信息上传；加大对领购发票长期不使用、营改增后发票月供量过大、发票领购异常等问题关注，及时跟踪、加强比对、分类清理。三是巩固征管工作基础。充分发挥税收综合信息平台的指标监控功能，落实“事前防范、事中监控、事后考核”的全环节管理，实现系统操作规范化。在登记注册类型调整后，结合财务报表类型的调整，对事业单位、民办非企业单位以及社会团体的登记类型、证照名称、单位性质以及适用财务会计制度进行了全面清理；对税种鉴定等程序操作问题，下发操作手册，指导基层正确使用。

（王明静）

主动型税政建设 结合区域特点，积极开展总部经济、生产型服务业从工业企业中剥离等政策的研究，为政府的重大战略、重点项目建设提供贴近式服务。定期收集、梳理最新政策，结合所得税汇缴，对建筑业、劳务派遣公司、高新技术企业等行业政策执行准确性进行评效。与区劳动局、区残联加强沟通联系，认真落实下岗职工、残疾人等低收入群体就业税收优惠政策，主动提示小微企业减征政策。2014年，共办理减免税125户，减免金额9090.39万元；办理退税审核477户，退税金额1156万元。 （王明静）

维权服务 规范“纳税人之家”“纳税人学校”运作管理，全年举办新企业辅导班12场次、培训812人次，举办走进重点税源企业、个体定额调整、风险管理培训等专题活动5场次、培训626人次。与区司法局、国税局联合成立纳税人权益维护中心，及时受理并联合处理化解纳税人争议。建立投诉处理快速反应机制，及时处理“12345”“12366”转办单，全年共受理“12345”和“12366”转来的投诉

工单 106 件，回访结果均为满意，收到纳税人 4 封感谢信。 (张堃)

2014 年 7 月 29 日，建邺地税组织青奥志愿者学习税法，为青奥会提供个性化服务

房产租赁税收征管 通过税法公告、纳税须知、专题培训等形式加强政策宣传，并全程做好政策落实情况跟踪。创新“三位一体”征管模式(投促局前台租赁开票的前置管理，江东管委会等政府经济管理部门的数据收集，地税后台的数据支撑、管理服务以及租金评估体系)，使房产租赁税收管理进入规范良性的管理状态。充分发挥税务稽查打击偷税逃税违法行为的职能作用，对于偷漏税行为一经发现，严厉查处，起到警示教育作用。同时发动社会力量加强对个体房屋出租的监督管理，建立举报制度。2014 年，全年房屋租赁业税收实现 13913 万元。 (侍玲萍)

企业注销检查 成立税务登记注销复审工作管理领导小组和注销复审团队，负责复审工作的统筹指导、监督和评价。明确各科所职责。及时向社会公告企业税务注销信息，定期与工商等管理部门相互传递企业注销的信息，对已办理税务注销而未到工商办理注销的企业纳入协查；对非正常户或恶意逃避清算的企业，通过税收征管系统和金融、工商、公安等相关部门对其进行监控。建立企业股东追查制度，将走逃、失踪的纳税人的法人代表和相关股东纳入非诚信名单，责任由其法人代表承担并追查其名下已注册的关联企业，限制其再次作为法人代表从新注册公司的资格。 (王明静)

劳务派遣业税收征管 利用“纳税人学堂”“纳税人之家”等形式，召开劳务派遣企业座谈会，对劳务派遣项目登记管理进行纳税辅导，明确发票开具明细要求，规范纳税申报内容。建立劳务派遣项目登记管理，采集派遣人数、派遣期限、工资标准、劳务管理费、缴纳社保、公积金的具体金额等信息，全过程监控税源状况。通过公安办，对企业在派遣项目登记时提供的所有劳务人员身份信息，逐一核实比对。建立风险模型，通过对各税种可能存在的风险，识别企业存在的虚开、代开发票风险。严把发票资格认定关、发票限额审核关、发票开具规范关，堵塞征管漏洞。加强对企业用票情况的核查，对开票金额较大，或单笔金额较大的发函协查，实施开票方、受票方双向比对分析发票和实际付款情况，从源头上堵塞虚开发票、代开发票情况的发生。 (卜兴耀、张堃)

支持创业就业 成立税收政策培训师资队伍，面向小微企业、下岗职工、退役士兵、高校毕业生等人群分类开展税收政策培训。与财政、社保、教育、民政部门建立劳动者就业信息交换和协查制度，密切与促进创业就业组织的合作，为创业就业人员拓展融资渠道、争取帮扶资金。借助地税网站、“12366”热线、纳税人之家等平台，积极发挥税收政策促进企业转型升级、做优做强的支持引领作用。严格按照政策规定办理税收优惠，认真审查再就业、自主创业等纳税人的资格条件，对符合条件限期予以办理，发挥税收支持创业就业、惠及民生的积极效应。 (江玲)

风险应对 一是专业化分工，由业务骨干专职担任案头审核和结果审议岗，由有稽查工作经验的人员担任税务约谈岗。同时，组建一支专业化风险团队，负责日常的培训、复审和专题性质的风险应对工作。二是组织应对前指引培训，由征管科对疑点指标进行第一轮梳理，导出所有疑点清册，与指标指引逐一匹配后发给应对人员。对于出现频率较高、应对难度较大的指标由风险团队进行政策讲解，帮助应对人员提高案头审核的分析能力。三是加强关联税种各税联评，借助大集中的疑点还原信息和风险监控—案头审核平台，对疑点指标进

行确认，并对关联税种逐一分析，发掘企业存在的涉税疑点。四是强化进度管理。按周通报工作进度，按月对工作量进行分解考核，帮助各税源管理所掌握应对工作进度。 （李阳）

土地增值税管理 采取纳税人自查申报、到项目所在地实地核查、与国土资源和住房建设等有关部门进行信息交换等手段，摸清辖区内土地增值税税源状况。从纳税人取得土地使用权开始实施项目管理，按项目分别建立档案、设置台账，对纳税人项目立项、规划设计、施工、预售、竣工验收、工程结算、项目清盘等房地产开发全过程情况实行跟踪监控。根据房产类型分别预征土地增值税，定期与发票开具数据、营业税申报数据等信息进行比对。对符合清算条件的项目分类别进行处理，按照工作流程完成法律规定步骤；对正在清算的项目，做好跟踪服务，督促纳税人按规定时限完成自行申报工作。建立土地增值税清算的后续管理台账，加强定期巡查、日常检查，对纳税人已清算的房地产项目，按月核实纳税人未销售部分是否转让，发生继续转让行为是否在次月申报期内申报缴纳土地增值税。 （江玲）

非上市公司个人股权转让税收征管 通过与工商部门信息交换，及时掌握非上市公司个人股权转让变更情况，对未及时缴纳税款的企业、个人进行跟踪管理。定期召开联席会议，修改完善股权转让审核流程，针对实际情况由原来地税先审核缴税然后工商后办理股权变更变为先征收印花税然后再审核个税最后到工商办理股权变更。建立股权转让所得个人所得税税收约谈制度，对涉及个人股权转让的，对股权转让方和受让方进行税收约谈，明确告之以不真实价格进行股权转让所涉及的税收法律责任。尝试引入第三方中介机构机制，确保企业净资产审核的公平、公正。2014 年，建邺局委托工商代征股权转让环节已入库税款 1590 万元。 （陈强）

企业所得税复审 以会计核算、所得税政策和税收信息化操作运用为重点，培训税务干部熟练掌握财会知识和企业所得税税收法律法规。同时，加强对企业财务人员的辅导培训，提高企业财务核算水平和所得税汇缴申报的质量。针对残疾人工资加计扣除、小型微利企业税收优惠、亏损弥补这三类主要优惠，安排复审人员采取案头和实地检查相结合的办法，对资格认定、资料报送、优惠金额以及审批流程逐户核实。将重点行业、重点企业的复审与风险评估相结合，根据行业特点设定参考值。2014 年，共完成复审户数 271 户，复审比例达 10.16%，其中，企业所得税补税户数 126 户，补征企业所得税 1630.82 万元；纳税调整 6 户，减少亏损 666.14 万元；补征其他税款 442.72 万元，滞纳金 131.54 万元。 （王明静）

（责任编辑：阮春芳）

鼓楼地方税务局

概 述 2014 年是南京市鼓楼地方税务局（以下简称鼓楼局）区划调整后成立的第一个完整年度，鼓楼局围绕“强责任、夯基础、重创新、争一流”的思路定位和要求，积极促收履责，服务发展大局，推进依法行政，加强队伍建设，为地方经济、社会发展做出贡献。

打好组织收入硬仗。面对严峻的宏观经济形势和巨大的组织收入压力，努力克服房地产行业下行、重点税源企业支撑不足、营改增持续扩围、结构性减税力度加大等不利影响，把组织收入当作中心工作、核心任务来抓，多措并举狠抓收入。全年，累计完成市区级公共预算收入 30.22 亿元，同比减收 2.44 亿元，减幅 7.46%。

征管质效稳步提升。以风险管理为导向，将指标监控作为加强税收征管的突破口，对基础管理类指标、申报入库类指标、税种预警指标等实时跟踪、及时提醒、联动处理，确保各项征管指标质效持续提升，全年征管指标综合排名始终居于全市第一方阵。坚持“纠错与预防并重”的管理思路，严格落实数据管理责任，狠抓数据采集、审核、录入、维护等环节管理，准期整改率 100%。推进税户分级分类，加强申报入库管理和欠税管理，严格非正常户实地核查，非正常户认定准确率 100%。

法治建设平稳推进。加强税种管理，贯彻落实《营业税申报管理办法》，确保 1.2 万户企业顺利实现过渡；开展企业所得税汇算清缴培训 15 场次，申报税款 1.14 亿元，汇算清缴申报率 100%；12 万元以上个人所得税申报20900人，外籍个人年度申报728人，多处工薪收入补申报1637人次，入库税款377.5万元。落实税收执法责任制，严格执行各项税收政策，开展全面自查和重点抽查，参与市地税局"建立税收执法督察疑点规则库"创新工作，实现对执法疑点的智能化识别和处理，获年度创新工作二等奖。

征纳关系日趋和谐。深入推进国地税联合办税大厅建设，严格执行、全面落实各项服务制度和承诺，被评为"全市地税系统优秀办税服务厅"。贯彻落实《全国县级纳税服务规范》，做好全国纳税人满意度迎查，组织开展10场600多人次纳税服务宣传会，主动上门宣传1000余户次。结合实际，细化明确发票审批、新办户税种鉴定、行政处罚等与前台服务相关事项的部门职责，内部沟通更加顺畅。致力服务地方社会经济发展，为地方政府当好参谋助手，落实各项税收优惠政策，营造和谐有序的税收环境。

队伍素质全面提高。加强思想建设、文化建设、能力建设和基层建设，做好科级后备干部选拔，选拔正科级后备干部4名、副科级后备干部6名，保证干部思想平稳。完善二级绩效考核指标体系，重点规范加分项目和标准。推进经常性思想政治教育，邀请省委党校教授作辅导。在市地税局"追忆历史、卓越同行"主题征文及"心怀梦想、卓越同行"演讲比赛活动中获优秀组织奖。两部门获"市级青年文明号"称号，一名干部获南京市"五一劳动奖章"。

党风廉政建设不断深化。签订党风廉政建设责任书，落实"一岗双责"；按月开展党风廉政建设情况分析报告，及时把握党风廉政建设动态。树立税收风险、执法风险、廉政风险"三险"同步预防意识，深化"三险"应对。建立常态化检查机制，对干部日常行为规范、纳税服务等方面定期安排监督检查并列入考核，邀请外部监督员进行明察暗访，对作风建议、党风廉政等问题进行调查回访，逐一反馈，发挥监督作用。

行政效能持续增强。政务信息和税收宣传工作均位列系统第一，6篇新闻被国家级媒体刊用，实现《人民日报》零突破，2篇文章被《江苏地税》刊用，1篇论文获全省税务学会一等奖。稳步推进6项市局层面和5项分局层面的创新工作，加强督查督办，圆满完成档案管理和移交相关工作，保密、信访管理等工作开展平稳有序。规范后勤服务管理，严格财务制度，行政管理的科学化水平进一步提高，被评为鼓楼区综合治理先进单位。(唐棣)

机构设置及负责人

办公室

主　任　　翁明祥

副主任　　唐　棣

人事监察科

科　长　　周立红

副科长　　叶华应(2014年3月任)

葛健翀(2014年1月免)

征管和科技发展科

科　长　　张　黎

副科长　　王　彬

税政法规科

科　长　　王　蓓

副科长　　王　蓉

第一税务所

所　长　　董　怡(2014年3月任)

侯连富(2014年3月免)

副所长　　吕晓全

何旭芳

第二税务所

所　长　　侯连富(2014年3月任)

邱　蓓(2014年3月免)

副所长　　张　铭(2014年3月任)

赵　新(2014年3月免)

张文庆

第三税务所

所　长　　邱　蓓(2014年3月任)

副所长　　姜　燕

叶华应(2014年3月免)

第四税务所

所　长　　戴国民

副所长　　赵　新(2014年3月任)

范徐林(2014年3月免)

王　晨

第五税务所

所　长　　丁祥龙

副所长　　吕晓莉

袁劲松(2014年7月免)

第六税务所

所　长　贾东升

副所长　范徐林(2014年3月任)

张　铭(2014年3月免)

第七税务所

所　长　邓　谦

副所长　孟洁洁

张海霞(2014年1月免)

第八税务所

所　长　惠　庆(2014年3月任)

董　怡(2014年3月免)

副所长　刘　俊

刘　杰

第九税务所

张翠霞

丁一宏

第十税务所

郑拥军

姚　群

张小军

第十一税务所

曹　健

李克强(2014年11月免)

征收局第五税务所

所　长　郑　岚

副所长　王云华

杨　红　(唐棣)

各项收入超111亿元　坚持依法组织收入原则，加强统筹:定期召开税收分析讲评会，加强税收预测分析，强化收入进度和质量跟踪监控；加强征管，梳理14条促收举措，建立1000万元以上重点税源企业联系制度，加强对房地产业、建筑业的税源摸排，加大对区域重点楼宇、重大经济项目和重点企业的税源监控，开展异地户清查，共调入税户167户，涉及税款606万元，实现守土有责；加强协作，与区国税、工商、住建、税源办、拆迁办建立信息交换制度，定期收集工商登记信息、股权转让信息、拆迁补偿等信息，内外联动，发挥社区、街道的护税协税作用。全年，累计组织入库各项收入111.14亿元，其中区级公共预算收入43.12亿元，同比增收5911.55万元，增幅1.39%。　(唐棣)

征缴社保、基金费48.25亿元　规范社保费、基金征缴管理，落实省局《社会保险费征缴管理办法》，做好社保费升级改造软件上线工作，强化政策宣传；加强社保费欠费分类管理，做好陈欠户清理，将新欠户纳入按月规范化管理。科学分解各项代征基金费征收任务，把握征缴序时进度，做好内外部沟通协调，加强催报催缴，按月通报分析，推进税费基金的同征、同管、同查，完成上级下达的征缴任务。全年，征收各项基金费6046万元，社保费47.66亿元，综合征缴率100.03%，合计清欠1387.1万元，清欠率为44.12%。　(唐棣)

建立千万元以上重点税源企业联系制度　强化重点税源监管服务力度，落实专人负责，建立1000万元以上重点税源企业联系制度和领导干部挂钩走访制度。班子和科所长分两个层面多次走访企业，通过电话、微信、QQ等方式对企业经营情况即时掌握，适时适需召开税企座谈会，着重关注企业生产经营尤其是改组改制、资产重组和跨区迁址等情况，跟踪企业税收征管状况，对有异常变动的做好原因调查，开展税源分析；了解企业相应税收政策执行情况，掌握政策变化对企业生产经营的影响程度；跟踪和协调企业发展和项目建设中存在的困难和问题，及时采取应对措施；听取企业涉税情况及意见建议，协调解决重点企业遇到的税收难题，收集问题、意见和建议44条全部得到处理与解决。　(唐棣)

风险应对税款1.02亿元　2014年，鼓楼局深化风险应对，加强年度风险计划统筹，建立健全应对指引，对风险应对各环节明确工作要求，提高风险应对的规范性和及时性；以分类管理为基础，推进重点税源财务数据和风险应对中基础信息核实的分析与监控；加大复审、培训和评价力度，提升干部应对素质，严格按业务流程做好案头审核，充分利用监控平台各项数据开展风险应对，风险识别能力和风险应对水平显著提升。全年，累计应对税款及滞纳金10229.6万元，贡献率2.48%，一个案例获市地税局“税收风险应对优秀案例”二等奖。　(唐棣)

股权转让所得税管理　加强与工商行政管理部门

信息交换和协作,深化“先税后变更”机制。在对个人持有企业股权情况进行全面调查摸底的基础上,建立和完善股权转让个人所得税控管档案,对个人股东基础信息逐户进行登记,密切关注股权变动情况,对发生股权变更行为的及时跟进加强税收管理,形成“信息采集—预警分析—纳税评估—约谈互动—数据增值利用”的征管链条。针对部分纳税人和扣缴义务人对个人股权转让的税收政策不熟悉的现状,将股权转让税收相关政策内容进行归集、梳理、宣传,逐户了解企业股东权益增减、收益分配、自然人股东变动、股权转让价格的确定方式及依据等情况,深化股东股权转让核查成效。全年,累计工商前置核查205户,查补税款3806万元。 (唐棣)

土地增值税首超1亿元 加强土地增值税清算管理,抽调业务骨干成立清算专项工作小组,对内采取定期小组讨论的形式解决工作过程中遇到的疑难问题,对外多层次、多形式开展面向房地产开发企业的土地增值税清算培训,并聘请经验丰富的中介机构讲解实战操作,帮助纳税人掌握土地增值税政策要领。加强清算质量把控,对开发项目的收入、前期费用、开发成本,期间费用等各项可能影响土地增值税税款的科目逐项审计,对支出超过10万元的票据逐一审查,引入局长办公会合议制度。加强土地增值税预征管理,建立对在售项目按月比对营业税、土地增值税工作制度,全年入库土地增值税1.04亿元。 (唐棣)

减免税款1.39亿元 落实支持就业创业、促进民生发展的各项税收优惠政策,做好营业税和企业所得税小微企业优惠新政的宣讲和落实工作,利用所得税汇算清缴培训、新办纳税人学堂、大学生创业见面会等形式,广泛普及小微企业优惠政策,让纳税人熟知新政、会用新政、享受新政。关注弱势群体税收优惠政策落实。与民政部门联系,为残疾人及残疾人服务企业分批次送达各项税收优惠政策;加大对下岗再就业优惠政策的宣传审批力度,为下岗失业人员开展就业、创业培训20余场。全年,共办理各类税收减免295户次,减免合计税额1.39亿元;办理退税1698件,退税金额总计1254.73万元。 (唐棣)

建立投诉举报分层次诉求响应机制 针对辖区纳税人维权诉求较高的特点,探索分层次诉求响应机制,加强工单类型分析,将受理工单类型分为发票类、征管类、服务类、违纪类四类,通过对工单类型的分析,对各种分类制定应对预案,提高诉求响应的针对性。根据工单的紧急程度划分为紧急类诉求、一般类诉求、特殊类诉求三类,对于紧急类诉求且影响纳税人的重大事项,特事特办,在最短时间督促办理,并当面向诉求人反馈处理结果;对于一般类诉求且对纳税人影响较小的事项,由纳服部门分析后转各业务科所在规定时限办理;对于特殊类诉求,尤其是其他部门无法处理或诉求人对处理结果有异议时,专人跟踪协调、反馈,做好解释、说服工作。通过诉求的紧急性分类,提高诉求响应的有效性,推进涉税投诉举报处理机制高效运转。 (唐棣)

鼓楼地税特色服务品牌 贴近区域发展需求开展特色服务,主动策应鼓楼区经济工作组织推进方式的变化,对接七大功能板块,做好旅游、科技、文创等分类税收政策梳理,为职能归口管理和行业纳税人提供细化的政策服务。配合政府和科技园区的综合性服务平台,参与鼓楼区模范路科技智梦园服务平台、江苏省大学生创业园服务平台、南京工业大学大学生创业园服务平台建设,做好税收政策梳理与调研。开展“便民办税春风行动”,针对小微企业纳税人的政策需求,组织开展小微企业税收政策“纳税人之家”专题活动;组织业务骨干十余次走进高校和江东软件园,为学校和驻园区企业提供深层次的政策咨询服务,打造具有鼓楼地税特色的服务品牌。 (唐棣)

2014年9月12日,鼓楼地税成立党员服务队开展专题纳税服务活动

税收政策问效 开展税收政策落实情况自查，通过后台数据排查、分析，筛选出未申报享受企业所得税优惠的小微企业1298户，主动发起退税，涉及税款304万元，让纳税人切实享受到应有的税收优惠和扶持。加强行业发展调研，开展“税收支持我国社会养老服务体系建设”课题调研，走访区民政局和易发红日养老院等多家养老机构，掌握养老机构运营现状，了解医养结合的发展情况，听取养老业发展的税收政策诉求，向上级政府上报多篇调研稿件；对辖区内8家律师、会计师特殊普通合伙企业进行走访，调查行业经营模式，为企业协调解决投资者个人个税申报问题，并向上级提出助力行业发展的有效建议，为地方政府提供决策服务。 （唐棣）

建立“3+1”大预防内控机制 构建以廉政教育为先导、以岗位规范为核心、以问责追究为保障、以过程控制为流程的“3+1”大预防内控机制格局，促进权力规范运行，强化内控机制建设。明确各岗位在业务流程各环节的工作要求、工作标准和执法责任，做到以事定岗、以岗定责、权责相当，形成明确具体的税收执法岗责体系；严格执行税务行政处罚裁量基准，统一执法口径，规范具体行政行为；开展案卷评查，发现问题及时整改，以评查促规范，将处罚裁量基准的落实情况纳入税收执法责任制考核中；通过对执法业绩和执法案卷的公开评比，评选“规范执法示范岗”8人，发挥规范执法先进典型的引导作用。 （唐棣）

税务专项团队评比 贯彻落实国家税务总局、省地税局、市地税局新时期绩效管理工作新要求，结合绩效考核现状及征管改革实际，完善激励机制，改进考核方法，突出岗位实绩，突出考核导向，制定八个团队专项和七个个人单项评比奖励办法，对收入预测、风险应对、征管状况、服务基层、信息宣传、基金费征收、作风建设等分局重点工作按季给予团队专项奖励和个人单项奖励，全年评选出41个先进团队和53个专项明星，强化正向激励，大力倡导个人和团队两个层次的工作创优。（唐棣）

“牢记使命、安全履职”税收论坛 7月，开展“牢记使命、安全履职”税收论坛活动，采取干部自己演、同事说、专家讲、领导评的方式，通过正反三个情景剧表演，生动再现日常工作中面临的风险点，通过不同岗位干部心得交流，结合实际引导干部强化廉洁从税意识。在组织部门内部交流的同时，邀请区纪委、检察院和扬州税院心理学教研室教授从不同角度阐述目前反腐倡廉、安全履职面临的新形势与新要求，并从心理学角度为干部进行心理疏导，引导干部克服放任、侥幸和漠视心理。在内容上，紧贴安全履职，生动剖析问题，从各工作岗位、不同角度对安全履职进行了诠释，引导干部知职、尽职、守职，加强防控，提升风险防范应对能力，做到乐廉守正，让安全履职成为干部的职业本能。 （唐棣）

提升干部岗位综合能力 加强能力建设，完善培训机制，丰富培训形式，注重春训工作的计划性和统筹性，推进“中层干部逢会必考、一般干部逢训必考和全体干部月练季考”培训机制，围绕“税收新政、工作流程、文书应用、操作系统”开展集中培训，培养分局兼职教师围绕日常业务工作项进行专题备课，采取部门点题方式，有针对性地满足基层培训需求。组织参加系统能级评定，16人获得晋级；参加系统业务能手竞赛，11人获得“全市地税系统优秀税收业务能手”称号；2名干部取得注册税务师资格，3人通过全国研究生入学考试，干部素质明显提升。 （唐棣）

建立重大风险联动应对工作机制 制定《鼓楼地方税务局重大风险联动应对工作方案》，加强重大风险事项的识别，强化重大风险联动。强化制度落实，规范和重申大集中权限设置、网开发票限额设定、风险应对卷宗等相关要求，建立定期检查跟踪长效机制。树立税收风险、执法风险、廉政风险“三险”同步预防意识，在开展各条线工作时，将“三险”工作同步布置落实，分条线梳理各类风险事项特点、发生领域、范围和应对环节，强化对税收业务工作事项的分析和风险筛查，梳理、查找、交换25大类风险信息，对发现的问题提出整改及下一步防范措施4类21条，补充完善内部管理制度11项，发布风险提示三期。参与的“建立重大风险联动应对工作机制”创新项目获系统一等奖。（唐棣）

特色党风廉政教育 突出节日教育，抓住春节、清明、“五一”、端午等传统节日防控重点，强化党风廉政教育，做到关口前移；突出日常教育，梳理党风作风十五个文件，开展“廉洁从税、从我做起”专题科所务会，梳理渎职等相关法律条款，组织学习各级党风廉政建设要求，引导干部强化廉洁从税意识；组织开展“落实两个责任”专题学习，明确科所负责人在作风行风建设和党风廉政建设中的主体责任；突出文化教育，组织干部参观鼓楼区看守所，听取现身说法；参观颐和路将军馆、丁山社区电影馆观看红色老电影，加强正反面教育，开展廉文警句钢笔字大赛，123 名干部参赛，运用多种载体，倡导廉政文化。 (唐棣)

成立全省首家盲人创业税收宣传服务站 4 月，在江苏省残联残疾人就业培训基地——南京手佳职业技能培训学校成立全省首家盲人创业税收宣传服务站，搭建办税辅导平台，定期开展盲人创业者税收优惠政策培训，针对性制作盲文版税收优惠政策汇编，破解盲人受生理条件的限制，提高培训实效；搭建税收科普平台，将税收宣传与职业技能培训融合，根据培训学校教学计划，安排业务骨干到培训学校进行税收知识讲座，将税收科普穿插到职业技能培训的过程中，提高残疾人作为纳税人权利和义务意识；搭建涉税维权平台，聘请培训学校校长李朋兰作为盲人创业税收宣传大使，负责定期汇总盲人创业者在创业过程中以及生活中涉税权益问题，及时收集传递反馈盲人学员关于税收政策和纳税服务方面的意见建议，帮助盲人创业者维护自身合法权益。 (唐棣)

社区党课活动图文宣传被《人民日报》采编 第二批教育实践活动中，鼓楼局开展“走基层、贴民心、解民忧”活动，通过问需于纳税人、问计于纳税人、问效于纳税人，送政策、送信息、送服务，解读政策、解疑答惑、解决困难的“三问三送三解”活动，积极营造和谐的征纳关系。期间，党员志愿者深入傅厚岗社区主动贴近群众需求，为社区居民开展“社区党课”活动，围绕发票真假、索取发票等涉税维权知识开展宣传，受到居民与社区工作人员的欢迎和好评。税务工作人员与社区居民进行交流的场景图文宣传画面饱满、生动、互动性强，被《人民日报》党建专刊版面刊用。 (唐棣)

2014 年 6 月 10 日，鼓楼地税局利用社区党课平台宣传发票鉴别常识

5 篇政务信息被中办、国办采用 做好政务信息组稿，通过修订鼓楼局信息宣传工作意见、优化信息宣传专项竞赛办法、建立月度点题制度、加强外部网络沟通等，不断提高政务信息稿件的针对性和实效性。全年，上报各类信息 257 篇，被上级采用 73 篇次，信息总分 1308 分，位列系统首位，《个人光伏发电财政补贴和税收政策细则亟待明确》《创业就业税收新政促南京大学生创业增两成》《调研显示农村土地承包经营权抵押贷款落实存在困难》《“定向降准”难解中小企业融资难亟需调整思路》《节能环保服务企业目前的经营困境和问题及建议》等 5 篇政务信息被中央办公厅和国务院办公室采用，其中《“定向降准”难解中小企业融资难》得到马凯副总理批示。 (唐棣)

参加青奥清凉山体校安全巡防 212 人次 做好第二届夏季青年奥林匹克运动会维稳防控，根据鼓楼区政府安排，青奥前后每天安排 3 名干部在清凉山体校附近进行安全巡防，做好责任区防控，确保青奥参赛训练场地安全无事故，共计 212 人次参加巡防。选派 2 人参加公交车安全员巡防，内部坚持流动岗两小时巡查制度，做好来访记录和盘查工作，提高对于可疑情况的发现能力，严格监控室值班，确保全方位监控不留死角。建立午间科所长值班制度，7、8、9 三个月安排科所长在办税服务厅午间 2 小时值班，及时疏导纳税人并解决涉税疑问，形成合力，守住平安青奥底线。 (唐棣)

“鼓楼区优化发展软环境竞赛一等奖”十连冠 2014年，鼓楼局以优化区域发展软环境为己任，推进国地税联合办税大厅建设，落实各项服务制度和承诺，推广自助办税，密切征纳关系；紧跟地方政府发展战略布局，对区域重点打造的行业、项目、楼宇的相关税收政策进行梳理和宣传辅导，做好信息服务、操作服务、政策服务和管理服务，对区域内拟上市企业、高新技术企业、软件企业建立点对点联系方式，帮助企业规范财务税收工作，支持科技创新成果转化；做好税收优惠政策执行情况的跟踪问效和后续管理，把国家调结构、惠民生的各项税收政策落到实处。连续第十年获得“鼓楼区优化发展软环境竞赛一等奖”称号。 （唐棣）

获南京市“六五”普法中期先进集体称号 2014年，鼓楼局强化普法机制，按照“内外并举、普治同步”的原则，不断完善税收执法责任制体系；通过基础法律常年学、税收法律深入学、最新法律辅导学、贴近岗位针对学、分批分次脱产学、依托网络在线学六大学习培训机制，培养税收专业性人才队伍，提高普法水平；针对纳税人及老百姓关注的热点和焦点开展多渠道、多途径、多层次的政策宣传，利用所得税汇算清缴培训、新办纳税人学堂、大学生创业见面会等形式，广泛普及税收优惠政策；深化税务行政审批改革后续管理，加强对税收执法行为全过程监控，营造文明、规范、高效执法氛围，被评为南京市“六五”普法中期先进集体。 （唐棣）

（责任编辑：阮春芳）

雨花台地方税务局

概 述 2014年，南京市雨花台地方税务局（以下简称雨花台局）以“抢抓机遇、争当第一”为目标，大力组织税收收入，深化征管改革，优化纳税服务，调优人力资源配置，圆满地完成了年度各项工作任务。全年，共组织税收收入324580万元，同比增幅34.17%。其中，市县级公共预算收入完成248890万元，同比增幅28.72%，完成市局下达计划（217800万元）的114.27%。按区政府口径，共组织税收收入487085万元，同比增幅11.46%。区本级公共预算收入完成346895万元，同比增幅16.56%。入库社保费194025.4万元，清欠384.15万元，入库各项基金2228.07万元。

着力服务发展大局，组织收入实现稳步增长。积极适应“宏观经济增速趋缓、政策减税、房地产税收格局独大被打破”三个新常态对地方税收的影响，强化组织收入第一职能意识、强化预测分析、强化上下内外联动、强化重点行业重点税种管理、强化风险应对管理、强化涉外税收征管等，并实施严格的过程控制，以月保季、以季保年，组织收入取得新增长。

着力夯实征管基础，征管质效大幅提升。全面深入梳理近三年来全部税种零申报户和营业税零申报户情况，全年有税申报率始终处在系统前列。分类管理涉外税收取得新突破。前三季度中，指标监控有两个季度均排名系统第一。

着力规范依法行政，执法水平显著提高。积极开展综合税政调研，参加地方政府重大项目研讨及咨询会，服务型税政的建设得到区委区政府的充分肯定。稳步推进“营改增”工作。参与市局建立的创新工作，得到市局较好的评价。

着力实施文化引领，文化融入取得新进展。创优内外载体的传播方式，营造文化氛围，全力推进文化网的开版建设，再编电子版《和合税务文化手册》，完成职工书屋的建设，树立品牌形象。

着力提升队伍素质，多措并举抓队伍建设。组织开展“九个一”活动（一次参观、一次宣讲、一次学习、一次警示教育、一堂党课、一场讨论、一次读书会、一项竞赛、一次作品创作），强化安全履职教育，调优干部配备。

着力整合有效资源，监督管理高效规范。综合利用部门监督、流程监督、信息监督和外部监督，对各个事项、各个节点的执法风险和廉政风险进行等级划分并设置不同的监控级别。开展“依安排式监督”“自主式监督”，各部门负责人不定期对本部门工作自查自纠。开展触险响应式监督，成立专项监督团队，有效应对点扩大到面的问题。

着力响应纳税需求，纳税服务得到广泛认同。从完备办税设施、提升服务礼仪等多方面开展办税标准化工作，增设两个窗口，强化咨询辅导，创新服务举措，发放提醒函，落实早午间值班岗、延时服务、节假日预约服务等举措。

着力推进廉洁从税，组织形象逐步提升。强化党风廉政教育作用，挖掘教育载体，邀请监察岗和

业务骨干进行廉政风险点、税收风险点和执法风险点的宣讲，把廉政教育与岗位教育平台相结合。（王海敏）

机构设置及负责人

办公室

主　任　李　勇
副主任　许　鑫(2014 年 3 月免)
　　　　葛广银(2014 年 3 月任)

人事监察科

科　长　苏妍红
副科长　许　鑫(2014 年 3 月任)

征管科技科

科　长　王　旭(2013 年 5 月任)
副科长　葛广银(2014 年 3 月免)
　　　　方　玉(2014 年 3 月任)

税政法规科

科　长　纪为林
副科长　劳莉(2014 年 3 月任)

第一税务所

所　长　毕云亮(2014 年 3 月免)
　　　　瞿建峰(2014 年 3 月任)
副所长　甘岳(2014 年 3 月免)

第二税务所

所　长　杨林(2014 年 3 月免)
副所长　赵　鹏(2014 年 3 月任)

第三税务所

所　长　杨林(2014 年 3 月任)
副所长　谢景海(2014 年 3 月任)

第四税务所

所　长　谢健平
副所长　赵　鹏(2014 年 3 月免)
　　　　张伟娟(2014 年 3 月任)

第五税务所

所　长　李　琦
副所长　甘　岳(2014 年 3 月任)

第六税务所

所　长　曹　波

征收税务局第六税务所

所　长　焦让春
副所长　薛　娜

（王海敏）

2014 年 1 月 21 日，雨花台地税局辅导纳税人做好年所得 12 万元以上个人所得税纳税申报

组织税收收入 32.5 亿元　面对现实困难和挑战，该局努力做到主动性更强、税源状况更清、收入措施更实、重点和针对性更突出。一是合理分解任务，加强过程监控。结合税户结构合理分解收入任务，确保责任落实。按月组织收入分析、按季进行考核，对收入计划的落实情况进行持续跟踪。二是盘清税源状况，实施管理“网格化”。密切与重点税源局、市局的联系，掌握全市组织收入动态；加强与各街道税源办合作，建立“网络化”税源管理体系；加强对岱山保障房项目、板桥新城等商品房建设项目、梅山技改工程项目、高铁南站项目及雨花软件谷基础建设项目五大板块的跟踪。三是加强重点税户跟踪服务。对中兴通讯、华为等重点户，定期上门进行沟通，了解企业生产经营、收入分配等，做好收入的分析和预测，加强税收把控能力。（王海敏）

社保费和各项基金征收工作　该局建立社保、基金费监控长效化管理机制，组织开展费源普查及调查工作，健全较大型单位的费源档案，掌握费源总体状况，分段监控重点企业社保、基金费缴纳情况，根据企业经营收入和基金缴纳状况，定期进行分析，保证税费同步缴纳，2014 年征收入库社保 19.4 亿元，入库各项基金 2228.07 万元。（王海敏）

风险应对入库税款 8154 万元　由特定事项所牵头编写中等风险应对工作实务操作流程，重新整合应对指标，梳理出企业风险应对常见疑点 35 个，分类管理，加大风险应对复审面，月审月结，整改落实，积极组织迎接市地税局复审，主动吸取兄弟局好的经验与做法。全年，共组织风险应对 417

户,入库税款 8154 万元。

（王海敏）

征管监控指标名列前茅 该局积极组织非正常户清理，全面梳理近三年来全部税种零申报户和营业税零申报户情况，全年有税申报率始终处在系统前列。科学落实税收警戒线管理,全程监控注销工作,过程中审核,结束后复审。加强数据质量管理,坚持“日审日清”。前三季度中,指标监控有两个季度均排名系统第一。（王海敏）

涉外企业管理 根据涉外企业的特点,实行分类管理,将属地化和专业化结合起来,不断提高涉外企业税收管理水平。在 2013 年征得涉外税收 8682 万元的基础上,2014 年实现新突破,三胞集团涉外企业股权转让入库企业所得税 1.87 亿元,海外上市公司(高速船动)股息红利第一批入库个人所得税 2030 万元。（王海敏）

实现“营改增”户零欠税、零发票目标 稳妥推进“营改增”试点,与国税部门做好对接互动,逐户核实维护征管基本信息，有效落实发票清缴和欠税清理工作,实现了“营改增”户零欠税、零发票目标,确保试点税户顺利交接、平稳过渡。

（王海敏）

跨区联合清理多头注册非正常户 严把非正常户认定关,积极组织非正常户清理,我局及时开展税户摸底清查工作,形成《雨花台局税户分析》《雨花台局非正常户分析》两个调研报告,进一步摸清了全区税户分布和构成情况。5 月底开始,与江宁局试点跨区联合清理多头注册非正常户工作。获得市地税局好评,并在全局推广。（王海敏）

选拔 5 位正、副职科所长 该局不断调优干部配备,经过严密的组织程序,选拔 1 位正职、4 位副职科所长,选调优秀的年青同志充实科室,进一步优化各部门干部配备，为组织发展提供人力资源保障。（王海敏）

组建科所互动交流团队 该局实行横向、纵向和内外三向联动的培训模式,突出纵向联动,强化科所交流互动的形式，办公室牵头税务所组建信息团队、征管科牵头税务所组建风险应对团队、法规科牵头税务所组建新政宣讲团队，定期组织交流。

（王海敏）

推行“4+1”部门联动培训模式 推行“4+1”部门联动模式,即 4 个科室立足培训要求,结合现阶段重点业务工作开展培训，重点突出结对实地开展风险应对实践带教，风险应对骨干与年青业务骨干结成对子，从风险应对的各个环节进行手把手带教。（王海敏）

成立两个劳务派遣税收业务清理工作团队 该局成立了两个劳务派遣税收业务清理工作团队,对劳务派遣工作涉税行为进行全面梳理，健全网络服务和监控体系,按季度对年开票金额 2000 万元以上的企业、每半年对开票金额 2000 万元以下的企业进行上门实地核查。采取从业资质备案审查与实地核查相结合的方式，对全区劳务派遣市场的税收秩序进行了专项清理。（王海敏）

建立青奥安保联动机制 建立青奥安保联动机制,主动加强与区机关、公安、工商、街道等部门的协调配合,在环境卫生整治、旅游市场整治、青奥安保等方面密切配合。成立应急领导小组,制定了青奥期间税务投诉突发事件应急预案，在雨花西路公交站台和南京南站建立了“青奥平安志愿者”服务站,从 8 月 15 日至 9 月 1 日,全天候执行巡逻防范,卫生清理,值班守护任务。（王海敏）

廉政文化作品创作 以“微系列”廉政文化作品创作为契机,创新拓展廉政文化作品内涵,着力观赏与教育的结合,组织廉政文化作品创作,择优选送了《清廉自守 慎独修身—从曾国藩看修身从政之道》《欲望的归宿—散曲(山坡羊·十不足)赏析》等微小说、微信息 20 余篇,微讲堂 2 个,微视频 2 个,在市地税局组织的评选中,获一等奖 1 个、二等奖 2 个、三等奖 2 个,增强了广大干部职工廉政意识。（王海敏）

4 科所获得“南京市青年文明号”荣誉称号 按照“班子统一领导、人事牵头负责、各线齐抓共管、干部全员参与”的创建工作思路,逐步建立了党、团、工、青、妇等齐抓共管的创建网络,使我局创建工作路子更宽,抓手更多。对岗位职责和部门行为进行规范,科所规范化水平不断提升,今年有4个科所获得“南京市青年文明号”称号。（王海敏）

夏恒志被评为“最美江苏地税人” 20年来,夏恒志坚守在基层税收岗位,恪尽职守,负重奋进,克服患病后带来的不便,自强不息,忠诚奉献、不求回报,瞄准工作中的难点,潜心研究,刻苦攻关,秉公执法、执政为民,坚持依法行政,从不放松对自己的要求,始终站在地税征管工作的前列,被省地税局评为“最美江苏地税人”。（王海敏）

拟订《南京市雨花台地方税务局综合监督管理办法》 该局拟订《南京市雨花台地方税务局综合监督管理办法》,以综合监督管理为出发点,集合人事监察、业务科室各方力量,整合执法监察、督察内审和绩效管理等条线工作,综合利用部门监督、流程监督、信息监督和外部监督,对各个事项、各个节点的执法风险和廉政风险进行等级划分并设置不同的监控级别。（王海敏）

2014年5月4日,雨花台局干部辅导纳税人利用手机扫二维码,检浏览地税业务知识和办税流程

服务型税政建设 该局打造服务型税政,突出主动和效率,对国家税收政策加强研究,针对本区经济发展的实际积极开展综合税政调研。深入软件业、高新技术企业等开展调研2次,反馈政策建议3条,参加地方政府重大项目研讨及咨询会2次,切实强化税政工作的服务功效,提高税政工作的效率,区委、区政府对雨花台局服务型税政的建设给予了充分肯定。（王海敏）

多篇调研信息得到采用并被国务院领导批示 该局加强舆情管理和科调研工作,开展税收宣传月活动,加大对采集信息的综合归纳,主动到企业进行实地调研,加大信息组稿力度,及时撰写并向上级报送信息稿件,其中,《基层期盼进一步完善小微企业免征两税政策》被中共中央办公厅采用;《江苏反映部分小微企业暂免征收两税政策落实情况、存在的主要困难及建议》《上半年江苏部分行业骨干外贸企业出口情况、面临的困难问题及建议》《江苏省企业界对李总理3月13日答记者问讲话反映的快速调查》3篇信息被国务院办公厅采用,《江苏反映部分小微企业暂免征收两税政策落实情况、存在的主要困难及建议》《上半年江苏部分行业骨干外贸企业出口情况、面临的困难问题及建议》分别被国务院领导批示。（王海敏）

（责任编辑:阮春芳）

栖霞地方税务局

概　述 2014年,南京市栖霞地方税务局(以下简称栖霞局)深入学习贯彻党的十八届三中、四中全会精神,以落实系统税收征管改革、社会管理创新、税务文化建设“三大工程”为重点,坚持问题导向、目标导向和创优导向,围绕“践行三敢、落实责任、强化管理、安全履职”的工作要求,扎实推进年度各项工作迈上新台阶,为地方经济、社会发展做出了积极贡献。

收入总量达到历史新高点。把握收入核心职能意识,按总量、税户同比、欠税清理、风险应对贡献四个维度分解收入计划,落实目标责任,强化压力传导,统筹辖区金库口径收入。结合经济形势,加强对月度收入的预测和掌控税源的跟踪,切实提高税收收入分析预测率;对保障房、产权交易、股权交易、房产租赁等动态税源信息进行梳理跟踪。全年,累计实现栖霞、新港、仙林三区各项收入达到110亿元,其中,税收收入76亿元,社保基金费34亿元。

法治税收建设取得新成绩。坚持依法行政准绳,强化执法基础,规范执法行为,推出规范执法标准化工程建设,编制常用执法事项标准化操作指南和文书示例模板,积极探索并成功实施干部规范执法综合积分制管理;注重开展常态化督察,

落实案卷评查制度，建立起“能力培训、制度约束、风险预警、执法监督、考核评价”五大体系，进一步提升了全局的整体执法规范化水平，成功创建法治南京建设示范单位。

税收征管质量实现新提高。深入落实税收征管改革要求，积极调整思路，加强风险管理和信息化建设，优化税源管理辅助系统，有效加强大集中系统内外任务管理统筹和过程控制；规范个体定额、非正常户管理、欠税清理、小企业警戒线等日常管理工作，小企业警戒线核定面达99.97%，非正常户清理率达6.33%，指标达标情况显著提升；落实“三险同防”措施，制定风险应对指引，规范风险应对行为，全年下达风险任务634户，完成626户，补税、费及加收滞纳金9193万元，贡献率达2.92%，超过市局2.2%的考核指标任务。

纳税服务水平实现新突破。结合税收宣传月开展纳税人之家企业满意度调查、商业综合体“为诚信纳税点赞”、发票专项宣传、“创意创新创业”税收论坛、“税收·国家·文明”征文以及“地税开放日”活动等；组织开展劳务派遣企业、所得税专题等内外各类培训2600余人次。严格办税服务厅服务标准和服务规范，推进网上办税税务登记、外经证开具、建筑业项目登记等方面应用。落实《涉税服务投诉处理工作规范》，处理投诉102起，满意率96.16%。抓好青奥期间安全保卫和执法服务保障工作，建立值班备案和各类应急处置制度，共开展巡查245户，处理8起投诉，对5户进行了处罚款2320元。落实涉税舆情周报制度，优化周报考核机制，加强对重要涉税舆情的发现、引导、应对及处置，共收集涉税舆情10件，上报3件。

队伍建设效能得到新提升。结合新一轮的征管改革要求，调整优化干部队伍，开展科所长竞争上岗，选拔出3个正科级领导和3个副科级领导，对24人岗位进行优化调整；开展能级评定工作，12人能级得到提升，其中，三级提至四级6人；参加系统能手考试，共有4人获得系统能手称号；创新绩效考核管理机制，实现基层所工作量分类考核与量化考核相结合，科所长正副职区别性考核，并加强考核后续跟踪管理，提高执行力；确定以“敢于担责、敢于创新、敢于争先”为核心的“栖税争锋”文化品牌，建立起栖霞地税特色的文化体系框架；通过群众路线回头看、廉洁从税专题教育、青年奥运会安全稳定、“三险”同防等工作，稳步推进安全履职工作。 （孟菲）

机构设置及负责人

办公室

主　任　　刘德坤
副主任　　孟　菲

人事监察科

科　长　　刘　颖
副科长　　沈家明(2014年3月免)

征管和科技发展科

科　长　　刘立峰(2014年3月任)
副科长　　刘新鸿(2014年3月任)
　　　　　庄森亭(2014年3月免)

税政法规科

科　长　　周国强
副科长　　刘立峰(2014年3月免)

第一税务所

所　长　　王景高(2014年5月免)
副所长　　陈小林

第二税务所

所　长　　徐振栩(2014年3月任)
副所长　　庄森亭(2014年3月任)

第三税务所

所　长　　金佩光
副所长　　徐连海(2014年3月任)

第四税务所

所　长　　胡　红
副所长　　谭清峰(2014年3月任)

第五税务所

所　长　　黄峰巍
副所长　　王　玉

第六税务所

所　长　　侯诗松
副所长　　张忠安

第七税务所

所　长　　尹德胜

征收局第七税务所

所　长　　沈家明(2014年3月任)
　　　　　张军生(2014年3月免)
副所长　　彭蓓蓓(2014年3月任)

组织各项收入93.14亿元 栖霞局积极应对形势要求,坚持收入中心,加大内外协调,深入挖潜增收,不断加强收入预测、动态税源监管等基础工作力度,突出重点,攻克难点。全年累计实现组织收入市局计划口径25.04亿元(市县级),期比增幅13.51%;实现区公共预算口径税收收入46.34亿元(含教育费附加2.94亿元),期比增幅15.79%。其中,行政区金库完成23.28亿元,按同期可比口径计算,期比增收2.97亿元,增幅为14.62%;开发区金库完成23.06亿元,按同期可比口径计算,期比增收3.35亿元,增幅为17%。全年征收社保费30.76亿元,征缴率99.5%,组织各项基金3.34亿元,期比增长9.23%%;清欠255.71万元。

(刘立峰)

规范投诉工单分类分级处理机制 栖霞局贯彻精细化管理理念,出台《投诉举报处理工作规范》,探索服务投诉工单分类处理。按照分类管理的理念,根据投诉人工单的诉求和性质,将其分为服务投诉、维权求助和意见建议三类。明确承办部门责任,落实全面核查的原则,不仅对办理单中的问题进行调查取证,还向被调查对象宣传普及税收法律法规;对调查中发现被投诉人存在税收违法行为但投诉人没有提出处理要求的,要求承办部门延伸检查,依照法定程序处理;对反映税务机关作风问题,实行局班子督察机制,由人事监察部门牵头紧盯严查,切实防范干部执法过程中的为税不廉问题。全年处理投诉102起,满意率96.16%。

(周袤)

发票专项巡查 栖霞局抓好南京市青年奥运会期间安全保卫和执法服务保障工作,组织开展青奥会餐饮用票企业和个体工商户的发票开具、使用情况管理集中巡查活动,宣传发票、税控机、个体定额等相关政策,并发放纳税服务和发票管理十问十答宣传手册及发票违法行为行政处罚标准的提示单,发挥法律、法规的指引和警示作用,引导纳税人诚信规范服务;同时,建立值班备案和各类应急处置制度,妥善处理各种征纳关系和投诉事件,组织检查245户,下户处理各类发票投诉8起投诉,其中节假日及8小时工作时间以外应急处置6件,确保第一时间、最快速度响应投诉人投诉举措,解决发票投诉事项,管好“舌尖上的税收”。

(周袤)

仙林商圈诚信纳税增值服务 4月18日,栖霞局会同仙林试点商圈管理方、街道网格责任人共同签订《诚信纳税增值服务细则》,为商圈诚信经营者提供来自社会多方的共同支持。通过梳理商圈商户主要涉税事项,先后开展纳税申报、发票使用、涉税投诉等内容的政策辅导。在此基础上建立商圈诚信纳税信用评估体系,覆盖发票、个体定额、纳税申报、涉税投诉等各个环节。对经纳税信用评估、试点商圈中“零违规、零投诉”的诚信纳税户将由税务机关给予表彰,并提供税收绿卡等涉税惠利。商户的纳税信用档案将成为商圈招商与物业管理的重要评价依据,以此营造整个商圈诚信守法的经营氛围。

(周袤)

创意、创新、创业“栖税先锋”论坛 4月22日,栖霞局与南京财经大学联合举办第二届“栖税先锋”税收论坛。活动紧紧围绕“创意、创新、创业”这一主题,邀请南京市莱格威智能机器有限公司公司总裁、大学生创业者刘峰,南京财经大学财税学院程瑶教授和栖霞地税局税政法规科科长周国强,共同分享大学生创业经历,畅谈创意产业化、企业创新文化培养以及国家在创意产业、高新技术创新及大学生创业政策支持等内容。通过深入探讨创新对国民经济和社会发展的重要性,激励在校大学生树立创新意识、积极学习科学技术、努力探索创新途径。

(周袤)

执法标准化工程 栖霞局从“问题导向”入手,围绕工作流程标准化、质量标准统一化,推出“规范执法标准化工程”。针对常用执法事项的工作流程,按一般核实岗、特定核实岗、风险应对岗、所长岗四类岗位,分别梳理了风险应对、注销税务登记、行政处罚、减免税、退税核查等常用执法事项,对岗位执法事项、工作职责、内容、质量标准、时限做出规范,并制作统一的执法文书模板,对各类常用执法文书样式、填写要求、权利告知内容进行统一明确,编写《主要执法事项简易操作指引》和《主要执法事项文书模板》。通过“标准化工程”建设,干部执法行为规范化程度明显提高,执法规范、文书

使用等问题的发生率显著降低。 （周袤）

干部规范执法综合积分制 栖霞局建立以执法积分为核心的干部规范执法综合评价体系。围绕执法合规、执法效能、执法能力、执法创优四个维度，设定19项评价指标，对干部在日常税收执法及与执法相关管理过程中的合规情况、执法效能以及执法能力、争先创优情况，进行系统、连续的记录，并以累积积分形式进行测量、评价。在干部执法质量评价的基础上，引入执法效能，并为每名干部建立规范执法积分档案，全局量化排序，定期推送给干部，通过量化积分、排序考评，树立导向、评出差距，在增强干部规范执法意识，推进全局依法行政方面发挥积极效用。 （周袤）

中外合作办学税收征管 栖霞局结合仙林大学城教育资源特点，扎实做好中外合作办学中的非居民税收征管。针对中外办学模式的多样性与信息获取的滞后性，将中外合作办学潜在税源纳入动态税源管理，积极加强与高校、工商、公安、外汇管理部门等信息交换，强化源泉扣缴管理；成立专业项目团队，采取实地核查、约谈等手段，准确掌握涉税事实；针对性开展纳税提醒服务，组织编制外籍个人税收政策、国际税收协定、外籍教师税收政策汇编，并组织仙林大学城十余所高校财务人员开展专题培训。对某高校中外合作办学项目的税款已经入库，享受中美协定教师条款的外籍教师17人已缴纳相关税款30多万元。 （周袤）

量化考核绩效管理机制 栖霞局围绕问题导向、目标导向、创优导向“三个导向”工作要求，对绩效体系进行了优化，对日常工作内容坚持问题导向，对重点工作坚持目标导向，对创新创优事项坚持创优导向。绩效指标突出导向性、重要性和必要性，坚持关键指标原则。部门、个人两级均全面实行量化考核，制订《工作量考核办法》，明确工作量考核的权重、确认原则、时限要求、分值等，运用信息化手段，促进量化考核的实现。考核围绕不同的指标采取加分、扣分、得分等不同的考核方式，促进工作责任由“避免出错型”向“绩效激励型”转变，管理过程突出考核时效性，注重沟通有效性，加强结果运用导向性。机制优化后，干部对工作的质和量的关注度有所提升。 （李珊珊）

荣获南京市廉政文化示范点“二十佳”称号 栖霞局主动适应党风廉政新形势，把安全履职作为核心要求，强化“不抓党风廉政建设是失职、抓不好是渎职”的意识，以“零容忍”的态度，从小事做起、从细节抓起，全面落实各项作风建设要求，不断强化自身建设，增强服务意识，提高办事效率，规范行政行为，创新服务举措，强化工作实效，严格落实责任，认真受理和办理纳税人咨询和投诉事项，推进与专业化管理相配套的各项作风建设，将内控机制的要求落实到每个岗位，将税收风险、执法风险和廉政风险防控嵌入各项业务流程，着力推进廉政建设不断跨上新台阶。2014年，获得南京市廉政文化示范点“二十佳”称号，并首次同时获得栖霞区、经济技术开发区机关作风建设先进单位称号。 （李珊珊）

“栖税争锋”税收知识竞赛 2014年，栖霞局创新形式开展春训学习，并于7月上旬组织“栖税争锋”税收知识竞赛，检验春训学习效果。竞赛采取业务学习与形式活泼的工会活动相对接，参赛队伍实行科所两两组队的形式，参赛队伍取队名、订口号、定战术，形成了良好的竞赛氛围。竞赛在“牛刀小试”的书面测试和网络测试初赛基础上，5支参赛队伍参加了“栖税争锋”知识竞赛决赛，决赛分“稳站稳答、同心协力、心灵感应、巅峰时刻”四个环节。通过“竞赛形式工会化，工会内容知识化”，既促进了知识的巩固，又强化了团队的凝聚力，起到寓教于乐的良好培训效果，并在全局上下营造了良好的氛围。 （李珊珊）

“知行合一·栖税争锋”组织文化品牌 栖霞局总结建局20年发展历程，以问卷调查、作品征集等多种形式动员全局干部积极参与，提炼组织文化精髓，为“敢于担责、敢于创新、敢于争先”的原栖霞局“三敢精神”赋予新的时代特征，确立了“知行合一·栖税争锋”组织文化品牌，由“敢”之精神上升到“争”之行为，以“知行合一”践行组织文化。倡导干部“明责履责知责、创新创兴创行、争先争优争锋”，力求打造“敬业、创新、高效”的组织形象，以责任为本，以创新为源，以争先为矢，构建和谐地

税，为实现税务管理现代化提供智力支持和精神保障。 (李珊珊)

计划管理体系化运作 栖霞局积极探索计划管理方式方法，从年度计划的执行入手，建立“季度督察–月度点评–周工作跟进”的三级计划推进机制，每季举行季度督察会，重点关注完成年度计划的序时进度、各基层所效能排位及绩效考评的结果，从宏观上对全局工作进行梳理和把控；每月举行月度行政例会，重点关注年度计划的部署推进与完成成效；每周举行局长办公会，汇报周工作跟进情况，重点强调计划的督促。同时，突出预防与纠正两个重点，完善“总结–点评–督察–考核”四级计划保障机制，确保年度计划有部署、有跟进、有关闭、有评价。 (周袤)

开展“与青奥共成长”活动 2014年，栖霞局妇联与摄山村结对共建，结合南京市召开青奥会的契机，以“与青奥共成长”为主题，志愿者们利用周末时间开展志愿活动，和村里的孩子们一起分享青奥趣味小知识，陪他们放风筝、过儿童节、参观科技馆、青奥村，享受“绿色青奥”的轻松氛围。多年来，栖霞地税妇联践行“奉献、友爱、互助、进步”的志愿精神，着力打造“栖税先锋—康乃馨志愿团队，热心公益反哺社会，坚持七年帮扶摄山村留守儿童，为孩子们赠送文具、体育用品、玩具等礼物，并自发捐款为该村筹建农家书屋，携手为留守儿童构建欢乐、绿色、活力的童年，树立文明风尚的地税巾帼形象。 (周袤)

“忆往昔峥嵘税月，争今朝铿锵前行”系列活动 为纪念栖霞局成立20周年，该局组织开展了“忆往昔峥嵘税月，争今朝铿锵前行”系列活动。在该局“栖税枫林”网站上开设“忆往昔–峥嵘税月”主题活动，组织“追忆历史、卓越同行”老照片征集和征文活动，展示二十年来栖霞局从无到有、艰苦创业的历程和先进干部的事迹典型，激发全局上下的组织归属感，提升组织凝聚力；以“争今朝–铿锵前行” 为主题组织全家福和笑脸墙的拍摄，并以党小组活动“税眼看南京”的形式，组织干部参观新农村、青奥村建设等，深刻感受税收取之于民、用之于民的真谛，增强广大干部对税收事业的自豪感。 (周袤)

7篇政务信息被中办国办采用 2014年，栖霞局7篇政务信息被中央办公厅和国务院办公厅采用。全年完成信息总分922.5分，信息考核分541.5分，排系统第三。该局紧紧围绕小微企业融资难、简放权政等政策热点，对辖区内相关行业进行深入调研，全年共有7篇调研信息被中办和国办采用，其中《“定向降准”难解中小企业融资难》得到副总理马凯批示；47篇信息被省委、省政府采用，及时准确、客观真实地将相关政策在落实中遇到问题以及企业在发展中遇到的困难等情况向上级反馈，为政府出台相关涉税政策提供了参考。

(柴逢国)

(责任编辑：史忠民)

化学工业园区地方税务局

概 述 2014年，南京市化学工业园区地方税务局(以下简称化工园局)以税收征管改革、社会管理创新、税务文化建设“三大工程”为主要方向，坚持组织收入中心工作，夯实基础，年度各项工作圆满完成。

联系实际学习理论。采取以中心组为龙头、中层干部为抓手、党员干部为重点的“三级联学”模式，深入学习贯彻中共十八大三中全会、四中全会精神。邀请江苏省委党校教授结合工作实际解读会议文献，把全会精神纳入干部培训教育整体计划，教育引导党员干部自觉运用法治思维，强化依法治税意识。

紧抓收入促进发展。面临组织收入严峻形势，该局克服诸多不利因素影响，加大组织收入力度。全年组织入库市区级税收收入139830万元，其中市区级公共预算收入111912万元。

关注成效狠抓征管。深入贯彻税源专业化改革精神，推进信息化管税工作，狠抓征管基础，征管效能有效提升。加大数据审计力度，专人定期开展人机结合数据审计，审计规则正确率位于系统前2名。建立数据质量专业化团队，开展数据集中处理，通过团队运作提高数据处理的质量和效率。实施标准规范服务。开通“南京化工园局”官方微信，开展涉税风险“微”提示，全天候、全方位提供涉税服务。开展以“个体定额评税”为主要内容的纳税人之家品牌建设，全年召开专场纳税人之家活动4场，开展纳税人学校培训12场。积极应对投诉，全年共收到上级转办纳税人投诉24起，满意率100%。

落实政策依法治税。以依法行政示范岗创建为契机，推进法制工作，加强各税种管理。强化营改增户后续管理，完成企业所得税汇算清缴户3073户，按期完成率100%。加强个人所得税管理，完成高收入自行申报3225人，占监控内人数的100%。催办多处取得收入个人 186人，入库税款70.49万元，位居系统前列。规范执法行为，防范执法风险，实行常态化执法督察，提升执法水平。

健全制度筑牢基础。突出班子能力建设，严格落实“三重一大”管理制度，推进民主生活会改进措施落实，实行领导班子成员联系到所制度，重点联系调研28户企业，全年开展干部谈心22人次。加强中层干部管理，以“提高执行力、强化作风行风建设”为主题召开思想分析会，制定《科所长综合评办法》强化日常考核。实施“作为清单”工作制度，提升岗位输出能力，激发干部内生动力。

（王启明）

机构设置及负责人

办公室

主　任　　李　骞

人事监察科

科　长　　张建勋(2014年5月免)
科　长　　边　伟(2014年5月任)
副科长　　殷金婵(2014年10月任)

征管和科技发展科

科　长　　边　伟(2014年2月免)
科　长　　傅　斌(2014年2月任)
科　长　　傅　斌(2014年10月免)
科　长　　胡恒辉(2014年10月任)
副科长　　胡恒辉(2014年10月免)

税政法规科

科　长　　杨沉璧(2014年9月免)
科　长　　傅　斌(2014年10月任)
副科长　　侯　攻(2014年10月任)

第一税务所

所　长　　傅　斌(2014年2月免)
所　长　　边　伟(2014年2月任)
所　长　　边　伟(2014年5月免)
副所长　　许兴鹏(2014年10月任)

第二税务所

所　长　　金相许
副所长　　许兴鹏(2014年10月免)
副所长　　吴鲁怀(2014年10月任)

第三税务所

所　长　　何栋章

第四税务所

所　长　　叶　飞

第五税务所

所　长　　乔文平

第六税务所

所　长　　黄志宝

（王启明）

组织收入13.98亿元　围绕组织收入中心工作，构建有效机制抓收入。全年组织入库市区级税收收入139830万元，其中，市区级公共预算收入111912万元。建立责任传导机制，将收入计划分解到所，落实定点联系机制为50家重点企业提供专项服务，强化收入分析机制实现收入分析模板化标准化。落实各项举措促收入。加大对建筑业项目全面全程管理，跟踪入库拆迁工程税收2000多万元；对政府融资平台资本运作跟踪管理入库相关税收2000多万元；联合法院对破产企业进行清算入库360万元。做好社保基金费管理，社保费催缴面达100%，全年征缴各项基金2072.65万元。

（胡恒辉）

重点税源监控　加强税源分级分类管理。对重点行业、项目、企业进行多次专题调研、上门走访及时掌握税源信息，对中型企业进行规范化管理，对小型企业进行警戒线管理，对个体户和零散税源采用社会化管理。拓展涉税数据获取渠道。加强与工商局、国税局、国土局等部门的数据交换，夯实信息数据基础。提高税收预测准确性。对重点户每月填报税收准确性进行跟踪反馈，对其他一般户进行收入曲线模型预测，切实提高组织收入质量。引入中介机构对企业所得税进行复审，入库税款350万元；对区内拆迁补偿企业进行专项清理，补征33家企业100万元企业所得税；加大对占地较大的

制造业、物流等企业开展房产税、城镇土地使用税清查,入库税款300万元。 (胡恒辉)

2014年5月5日,化工园局建立24小时办税服务厅

服务区域发展 主动贴近江北新区建设规划,积极与相关部门联系,前瞻性地做好调查研究和政策储备,并做好江北新区板块发展区域税收影响分析,为政府决策献计献策,撰写专题调研报告1篇。积极开展劳务派遣公司、企业改组改制等税政调研工作,对辖区24户差额征税的劳务派遣公司进行了专项辅导,规范涉税核算。研究税收优惠政策与工业园区产业发展的对接点,做好对高新技术企业政策服务工作,提升纳税人防范税收风险的能力。积极落实税收优惠政策,全年共办理各项税收优惠111户次,减免税额2616.45万元;办理小微企业所得税退税557户次,退税186.7万元。切实减轻了辖区纳税人的负担,促进区域经济健康发展。 (傅斌)

征管基础工作 不断完善征管制度和流程,制订《发票购领及限额管理规定》《代开发票管理规定》《税务登记注销管理办法》《征管数据维护规范》等制度规范。规范税务登记管理,加大对税务登记注销复审力度,对非正常户的清理达到21%,对非正常户多头注册的清理达到100%。加强征管指标监控分析,对平台中已开发的100多个指标进行分类建模,在登记管理、发票管理、申报入库、执法规范等各方面进行分析并指引工作改进。推进发票综合治理,全面取消定额发票,强化对发票新购、限额和明细项目的控制,开展对劳务行业发票专项清理。强化申报征收管理,全年,新增欠税5.48万元,清理往年陈欠1.03万元,清理率达到7.18%。 (胡恒辉)

税收风险管理 建立风险流程标准化管理,对风险疑点模型、风险应对指引、文书制作规范等方面统一标准,建立健全风险应对程序手册和规范,并进行专项培训学习,确保风险管理有章可循、规范统一。强化风险差别应对,召开风险管理辅导会,通过案例讲解、政策解读、集体讨论等形式,提高干部风险管理应对水平。全年共计开展风险应对407户,应对有效率达到100%,应对入库税款3678万元,户均应对税款9.04万元,中等风险应对贡献率达到2.65%。按季组织风险应对复审,复审面6.14%,对典型复审案件进行深入剖析,并提出专项的工作整改意见,提高后续风险应对质量。 (胡恒辉)

纳税服务快速响应 统一思想认识,树立"全心、全员、全程"服务理念,建立纳服、征管、税政、风险管理等各条线协调互动的快速响应机制,落实"便民办税春风行动"。加强协同合作,与工商等部分在政务中心实现多证联办。精心组织满意度调查和行风评议工作,突击开展工作纪律、办公秩序和环境卫生的检查,定期总结考评。实施服务能力提升计划,定期进行办税服务厅应急演练,开展服务技能和业务规范培训。建立集管理所、办税服务厅、业务科室、街道税源管理部门等多部门联动的建筑安装业综合治税咨询管理平台,集税源管理、政策培训、纳税人维权于一体。 (吴鲁怀)

建设24小时办税服务厅 2月,为方便纳税人办理税收业务,在办税服务厅外设立全市第一个独立于税务机关外部的自助办税机,纳税人在工作时间之外也可以随时办理涉税业务,构建全市第一个24小时办税服务厅。该自助办税机集开具发票、税票和刷卡交税等功能,纳税人可以随时办理打印人所得税完税证明、打印完税证、查询涉税信息、查询发票信息、开具通用发票、开聚建筑业发票、缴纳基金等业务。同时,该局还在房产交易中心设立自助办税机,纳税人在房产交易中心可以直接出具个人所得税完税证,避免在税务机关和房产交易中心间奔波,有效缩短办税时间。

(吴鲁怀)

税收宣传 以成效性为导向组织税收宣传月活动，组织辖区内达20多支高中生辩论队开展税收命题辩论比赛，在中学生中掀起一轮税收学习热潮，被《江苏经济报》《南京日报》等多家媒体报道。以专业化为导向提供针对性税收宣传。开展“便民办税·春风行动”高新技术企业税收风险提示会，从财务和税收的角度对辖区内高新技术企业的发展提出指导性意见，提升纳税人防范税收风险的能力。以丰富性为要求加大税收宣传力度，开通化工园局微信，及时为纳税人提供最新的税收优惠政策和纳税提醒，积极运用电视、报刊等平台，累计在各类媒体发表刊播稿件超200余篇次。 （李骞）

企业所得税管理 做好企业所得税汇算清缴工作，企业所得税应汇算清缴户3073户，按期完成率100%，汇算清缴补税2794.2万元。一是做好宣传辅导，积极企业按进度预缴企业所得税工作，企业所得税预缴率达当年税款的87.3%。二是做好企业所得税鉴定管理，严格执行企业所得税核定征收政策，对不符合要求的17户企业所得税鉴定进行合规性调整。三是全面开展企业所得税后续管理工作。组织召开企业所得税汇算清缴专场分析会，认真分析企业汇算数据与减免税申报数据，筛选疑点户开展定向核查；按10%的复审面，遴选179户企业进行企业所得税复审，共复审入库税款及滞纳金500万元。 （傅斌）

房产税、城镇土地使用税管理 一是做好房产税、城镇土地使用税两税明细申报系统上线工作。9月份起，分13场次对对辖区内所有涉及纳税人开展分行业、分规模、分税务所的培训，共培训纳税人700余人次，实现了新系统的平稳上线。截止申报期结束，明细登记率均达到100%。二是在宣传中进行针对性政策辅导，促使辖区纳税人自行补缴以前年度税款及滞纳金146万元。三是做好重点园区税源清理，结合区域内中山科技园、化学工业园工业企业较多，企业基建期相对较长的特点，从街道获取企业房土信息，对照企业实际纳税情况进行差异户比对，对问题户评定并及时组织入库，共清理82户企业，入库税款及滞纳金320万元。 （傅斌）

税收法治建设 以依法行政示范岗创建为契机，推进法治工作。注重创新探索，积极参与市地税局牵头的“行政审批目录清单制度建立”创新项目，创新成果得到市政府法制办的充分肯定，并在省地税局有关会议上交流。对关键环节的文书采取模板化运作，对处罚事项等关键环节模板化运作，固化工作要求，降低基层一线执法风险。突出做好部门法制监督员建设，构建法制监督员团队，加大培训力度，以此为依托开展部门内法制建设。加强对税务行政执法行为的事前监督，建立分局重大执法事项研究制度和争议案件提前介入机制，认真执行重大行政处罚、减免税、风险应对等事项实施前的分局级审议制度。 （傅斌）

执法督察内审 构建“执法督察+部门内审”的常态化机制，实现部门内部重点执法事项的日常审核制式化。全年开展各类督察5次，督察案卷资料258份，发现问题47户次，通过绩效考核追究责任28人次。构建多层次、交互式督察内审机制。对案卷评查、股权转让个人所得税调整等项目采取全面督察内审；对全年工作重点，与高新局、浦口局联手，实施组合式督察；围绕劳务发票管理、企业所得税复审等阶段性工作重点，实行专项督察。实施“累进制”督察考评，对全年重点考评指标屡犯问题加大考核比重。建立“督察通报会”制度定期讲评，固化督察成果。实施执法风险“微提醒”，制作《微督察》电子刊物，实现执法事项的细节规范。 （傅斌）

建立“作为清单”工作制度 结合分局实际情况，推进“作为清单”工作制度，各科室按周下达任务清单，分解各项工作事项落实明细到人，周终各岗位再对具体工作进行进度反馈，科室对反馈情况进行点评，提出下一步工作要求。同时，人事部门将工作情况与绩效考核相挂钩，做到奖惩分明。由此真正实现个人工作明晰反映、部门工作优化安排、整体工作落实到位，培养干部自我管理意识，强化工作过程监控和过程管理，激发税务管理原动力。自“作为清单”工作推出以来，全局人员工作热情有效提升，各项工作开展规范有序，实现整体工作的科学统筹推进。 （边伟）

优化绩效管理制度 突显工作重点，强化考核导向，《修订绩效考核办法》，制定《收入管理办法》等专项考核制度。规范考核的日常操作,实行季度考核预告制度,结合当期重点工作,点明考核的重点项目和增减变化,加大重点工作的考核权重;畅通考核沟通反馈渠道,增加交流沟通环节,对考核加扣分点进行分析,强调持续改进。优化辅助人员管理机制。加强考核激励,修订《录入员考核管理办法》《食堂工作人员考核管理办法》《驾驶员管理及考核办法》,充分调动劳务派遣人员工作积极性。拓展激励形式,以组织发展贡献度为标准,修订完善《局长奖励基金使用办法》,积极引导和发挥正面典型作用。 (边伟)

党风廉政和作风行风建设 丰富教育形式。开展“微系列”廉政文化作品创作大赛,参与面近50%,其中,《底线系列故事》在“微视频”系统评比中获得三等奖;组织参观李元龙纪念馆、“廉政阅读月”等活动,推出4期廉政教育月活动专刊;开通“税廉微语”廉政教育微信平台,编发《廉政教育月活动专刊》4期。深入开展安全履职教育活动。组织预防职务犯罪专题学习,编发《税务机关渎职案例》和《税务机关渎职犯罪解读》,邀请检察院人员开设“廉政大讲堂”,结合身边事例编写了《化工园局党风廉政暨作风建设简报》5期。强化制度建设。先后出台了《化工园局“三险同步”应对管理办法》《作风违纪计分管理办法》《关于加强干部日常管理的若干要求》等制度,按月统计、按季考核,切实维护制度的刚性要求。强化常态化监管,开展以明察暗访、舆情监督、定期通报相结合的组合式监管,编发《作风建设工作周报》15期。 (边伟)

文化建设工程 实施文化落地工程,从管理、服务、执法、廉政、人才、修养六个方面,深化文化理念体系。通过举办形式多样、丰富多彩的主题活动,增强文化辐射和渗透,诸如“我身边的好税官”“寻找最美税官”等创建活动。积极参与“纪念建局二十周年”系列活动,选报“追忆历史、卓越同行”征文10篇,取得三等奖3个,参加“心怀梦想,卓越同行”主题演讲比赛获得三等奖。积极开展“标兵科所”“青年文明号”“巾帼文明岗”等精神文明创建活动,推进基层科所建设。组建摄影、乒乓球、篮球、羽毛球、瑜珈、棋牌等多个工会兴趣小组,丰富干部业余文化生活,增强组织凝聚力。 (边伟)

干部培训 积极组织春训工作。根据需求调查制定内部教育培训工作方案,开展两期“进取讲堂”,邀请外部专家开设执行力讲座、预防职务犯罪讲座,强化干部的安全履职意识。丰富培训形式。推出“微培训”品牌,开展“乐学1+1”每日一题竞赛,将培训融入生活;开展“一线干部上讲台”活动,为青年骨干搭建成长平台,轮流为全体干部开设专题讲座,其中“税收之债的司法保障”教学视频在系统微讲堂评选中被评为优秀奖。巩固汤培制式轮训、网络学习、网教平台相结合的多维度在岗学习机制。3名干部获得“系统优秀税收业务能手”称号,1名干部考取税务MBA,10名干部参加“三师”资格考试。 (边伟)

被南京市总工会评为市级“职工书屋示范点” 该局工会委员会高度重视“职工书屋”建设,将其作为学习型组织的重要途径,2014年,被南京市总工会评选为市级“职工书屋示范点”。该局每年将“职工书屋”的建设作为年度计划的重要内容进行专题研究,积极引导全体职工树立终生学习的理念。制定并完善了《职工书屋管理制度》、《职工书屋借阅制度》,明确管理员,将“职工书屋”建设引入良性发展的轨道。按照“计划管理统一、意见反馈统一、图书分类统一、电子管理统一、借阅制度统一”的管理方法,优化日常管理,并运用电子图书管理系统,确保书籍管理科学化规范化。为充分发挥“职工书屋”文化功能、阵地作用,广泛组织开展读书会“好书推荐”、“好书共读”书评、读书竞赛等活动,在干部中掀起学习热潮。 (李骞)

(责任编辑:史忠民)

2014年,化工园局“职工书屋”获得市级“职工书屋示范点”称号

江宁地方税务局

概 述 2014年，南京市江宁地方税务局(以下简称江宁局)围绕“全市领先，全省前列，全国一流”工作定位，推进税收征管改革、社会管理创新、税务文化建设“三大工程”建设，使全局各项建设取得新成绩。获“江苏地税20周年建功集体”称号。

履行税收职能。坚持以组织收入为中心，积极履行税收职能，组织地方税收122.25亿元，同比增长13.82%；实现一般预算收入98.96亿元，同比增长11.8%。同时，加大税政服务发展力度，落实支持中小企业发展、促进就业创业、社会保障和促进民生发展等各项税收优惠政策，以及政策性搬迁、国企退出商品房领域、债务重组、小型微利企业优惠政策，规范减免税管理，服务经济发展大局，为25126户次纳税人减免税收11.59亿元。

强化税收征管。规范统一税源管理岗位配置，建立与新型征管体制要求相适应的业务工作任务统筹管理机制，建立经营性停车场委托代征税收管理新模式，推进大企业互动式管理、小型企业警戒线管理、个体工商户分类管理、委托代征单位信息化建设。强化风险计划统筹，率先应用风险管理监控平台，优化风险评定岗人员配置，细化风险管理。制定税收优惠和行政处罚2个业务类别数据审计规则19条，并在全市地税系统推广应用。清理搬迁企业税收，推进重点税源财务数据和风险应对中基础信息核实的分析与监控，推送1294户次中等级风险任务，应对入库税款3.84亿元，同比增长15.17%。强化建筑业、房地产业、旅店业等营业税税源控管；规范企业所得税汇缴管理，6375户应汇缴企业所得税户汇缴申报率达100%；落实土地增值税清算管理制度，做好二手房交易、土地使用权转让土地增值税的征收和清算工作；推广应用省级大集中系统房产税、城镇土地使用税申报软件；上线运行省级大集中系统契税、耕地占用税模块，完善存量房估价体系。推进发票综合改革，在房地产业、建筑安装业和金融保险业纳税人中推广使用无号发票，电子发票推广率100%。开展多头注册非正常户清理，清理非正常户482户，清理率23.%。推广应用省地税局电子档案管理软件，加快数字化档案室建设。完善运维问题管理机制，健全信息安全应急预案并开展应急演练，强化安全监督与常态管理。

优化纳税服务。创新宣传形式，开展分类式税法宣传。利用“纳税人学校”，对新办纳税人开展宣传；与南京晓庄学院联合成立我省首个大学生纳税服务实践基地和首家准纳税人学校；邀请南京市税收文化教育基地讲解员，为江宁中专学校财会专业全体学生上税收知识课；在全区31所中学开展税收征文活动，收集征文2967篇，其中8篇文章分别获二、三等奖。开展2012-2013年度A级纳税信用等级评定工作，确定A级纳税人181户(其中营业税户22户)。落实纳税人诉求“一把手”负责制，建立重要办税事项快速反应通道，强化纳税服务工单应对质量控制，办理各类涉税服务工单269件，纳税人满意率100%。

深化文化建设。确定以“明德修心，守正立行”为核心价值观的“正文化”架构，确立“全市领先，全省前列，全国一流”的组织愿景和“务实求进，奋勇当先”的组织精神，明确“忠诚履职，执法为民，聚财为国，服务发展”的组织使命，并通过细化激励、学习、领导、廉政、执行、情感“六种文化理念”，丰富“正文化”体系。同时，实施“正”文化品牌传播战略，在省、市地税局刊发专刊，在《江苏经济报》大篇幅宣传。

推进法治建设。开展依法行政争创活动，创建“规范执法示范岗”，规范税收执法权行使，加强税收执法风险的事前防范和事后处置。深化税务行政审批改革的后续监管，完善税收执法案卷评查的长效管理机制。执行稽查制度和稽查新规程，开展稽查业务冬训、优秀稽查案例交流等活动，构建高风险稽查分类应对机制，开展税收专项检查、分级分类检查，强化举报案件查处督办和稽查案件协查管理，开展多元化税务稽查。查处各类涉税案件81宗，查补收入1.35亿元，其中，查补入库税款5309.72万元，查补税款入库率100%。落实税收执法督察规则，选择企业所得税核定征收管理、技术研究开发费用加计扣除等政策执行重点环节，开展税收执法专项督察工作。

加强队伍建设。开展机关与基层干部双向交流，合理配置资源。组织春训工作，开展“最强税务人”春训擂台赛。优化完善绩效考评体系，改进创新考核方式方法,强化绩效管理工作。落实党风廉政建设的主体责任，加强党纪政纪及转变作风有关规定贯彻落实情况监督检查。构建廉政风险与税收风险、执法风险同步预防机制,构建常态化监督检查工作机制和重大风险联动应对工作机制，细化网格化廉政责任体系，推进反腐倡廉全员工程建设。被区预防职务犯罪工作委员会授予“2012—2014 年度争创无职务犯罪活动先进单位”称号。开展党员领导干部讲党课活动,组织爱国主义和警示教育基地学习参观，开展在职党员进社区报到“奉献社区、服务群众”活动,以及“党员结对帮扶”“三争一创”等主题实践活动。

(李洪进)

机构设置及负责人

办公室

主　任　张学银

副主任　邢　彦

人事监察科

科　长　张京宁

副科长　朱士祥

规划财务科

科　长　经　波

征管和科技发展科

科　长　戴祖祥

副科长　徐　志

税政法规科

科　长　盛晓根

副科长　韩　云

数据管理科(与税收风险评估分局合署办公)

科　长　陈　军

第一税务分局

分局长　蒋松荣

副分局长　欧小浩

第二税务分局

分局长　潘家贵

副分局长　孙　毅

第三税务分局

分局长　潘国义

副分局长　罗友明

第四税务分局

分局长　陶家祥

第五税务分局

分局长　邹玉宝

副分局长　王力生

第六税务分局

分局长　潘中伟(2014 年 4 月免)

副分局长　周　俊

第七税务分局

分局长　张　志

第八税务分局

分局长　沈　勇

副分局长　王　强

征收税务分局(与纳税服务局合署办公)

副分局长　梁明霞

稽查局

局　长　张　健

副局长　周帮金

耕地占用税和契税管理所

所　长　卢毓炎

(李洪进)

组织收入 122.25 亿元　2014 年,江宁局坚持以组织收入为中心,积极履行税收职能,多措并举,细化责任,全年组织地方税收 122.25 亿元,同比增长 13.82%;实现一般预算收入 98.96 亿元,同比增长 11.8%。征收区级社保费 46.2 亿元,征缴率 99%;征收防洪保安基金 1786 万元、工会经费及工会筹备金 2909 万元,征收残疾人保障金 2597 万元。同时,加大税政服务发展力度,为 25126 户次纳税人减免税收 11.59 亿元。在江苏省年度地方税收总额达百亿元的县级市(区)(昆山市 178.50 亿元、江阴市 141.95 亿元、张家港市 124.02 亿元、江宁区 122.25 亿元、常熟市 100.47 亿元)中增幅排名首位。

(李洪进)

规范风险应对工作　2014 年，江宁局采用“沉下去、调上来”措施,提升风险应对效能。一方面采取“沉下去”方法,由机关职能科室抽调人员组成风险应对服务小组，分期分批深入到基层八个风险应对单位,开展面对面交流、点对点服务,对基层各风险应对单位上年度风险应对的总体情况进行总结讲评,对基层风险应对人员急需解决的撤案、税款缴纳、文书制作等风险应对方面的问题,现场给予针对性解决，并收集基层风险应对人员的好做法、好经验,以及对提升工作水平等方面的意见和建议。另一方面采取“调上来”方法,对风险应对任务量超出预期的应对单位,由风险应对单位拿出部分风险应对任务,由职能科室组织专业化应对团队,以机关实体化运作的方式,进行风险任务的应对工作。（李洪进）

推行服务工单全面监督管理模式 2014年,江宁局借鉴“项目管理”方法,推行服务工单“单月总结、双月通报、季度考核”的全面监督管理模式。单月总结就是按月对各承办部门处理情况进行汇总分析,并要求各单位举一反三,避免类似问题、类似工单再次发生,同时对面上存在的共性问题由职能科室及时制定切实可行的服务措施,从根本上解决存在问题;双月通报就是在局务会上对各部门工单处理总体情况、不满意工单、基本满意工单、退(撤)单、“5+2”情况以及存在的问题等进行通报;季度考核就是将服务工单处理情况纳入绩效考核,并通过公告板公布各部门工单考核得分及加扣分明细。（李洪进）

开展金点子征集活动 3月,江宁局开展税源专业化专题金点子征集活动,征集金点子61条,经评审选出45条优秀金点子,其中,好做法13条,好想法8条,好建议24条。内容涵盖税源专业化改革、行政管理、征收管理、税种管理及行业管理等多个方面,具体有关于如何调整工作思路,改变工作方法,适应当前税源专业化改革的好思路;有探索行业税源管理规律,建立科学高效的分规模、分行业、分类型的税源分类分级管理机制的好想法;有关于遵循专业化管理流程进行业务处理,实现“征、评、管、查”高效运行的好建议;有探索专业化条件下岗责体系建立,实现工作格局、工作标准、工作评价规范统一的好对策。（李洪进）

发票电子推广率100% 2014年,江宁局推进发票综合改革,全面取消定额发票,发票电子推广率(含个体)100%,并实现开票数据实时或准时采集。改革中,该局注重税控器具抵免税款和财政补贴等惠民政策,以及压缩定额发票相关政策规定的宣传解释工作,并视开票特点分类推广税控机、手持式税控机和网开发票。同时,从减轻纳税人负担角度出发,优化发票变更流程,对已领购的定额发票可继续使用,实现自然过渡。此外,加强与网络开票及税控机第三方运维服务商的联系,及时反馈纳税人在开具发票过程中遇到的各种情况,解决纳税人遇到的开票问题。（李洪进）

开展“财税与青奥同行”宣传活动 4月2日,江宁局会同南京江宁高新园财政分局,联合开展“财税与青奥同行”宣传活动。活动中,财税部门联合组建宣传服务小分队,到南京青奥会江宁赛区体育场馆,向从事场馆维护管理的工人、场馆日常管理企业财务人员和职工、赛区组委会工作人员、服务青奥会志愿者,以及在场馆锻炼身体的市民朋友们赠送税收宣传小礼包、个人纳税指南等财税政策宣传资料,重点宣传财税服务承诺、服务标准、服务措施,以及纳税人权利与义务、小型微利企业税收优惠政策、发票知识、个人所得税政策等财政知识和财税政策,并现场解答企业财务人员、工人和市民朋友们提出的小型微利企业优惠政策、支持文化体育业发展财税优惠、个人所得税政策规定等相关财税政策疑问。（李洪进）

2014年4月16日,江宁地税局与南京晓庄学院共同建立江宁大学城大学生纳税服务实践基地

成立全省首个大学生纳税服务实践基地 4月16日下午,江宁局与南京晓庄学院联合在该学院举行“江宁大学城大学生纳税服务实践基地揭牌暨准纳税人学校开课”仪式,正式成立全省首个大学生纳税服务实践基地和首家准纳税人学校。该局采取定期与不定期相结合的方式,利用“纳税服务实践基地”平台,让高校选派品学兼优的大学生到办税服务厅担任纳税服务志愿者,开展办税引导、税收宣传等实践服务;依托准纳税人学校平台,组织地税干部到大学城各高校开展系列税收宣传服

务活动,向大学生宣传税收法规、解读税收政策、传递税收信息。(李洪进)

建立领导干部挂钩联系企业制度 4月,江宁局建立领导干部挂钩联系企业制度,领导班子成员与30家重点税源企业实施挂钩联系,每个基层分局负责人定期联系走访企业不少于3户。根据制度规定,领导干部挂钩联系企业三年为一轮,主要任务是开展经常性的调查研究,了解联系对象的发展状况,帮助解决涉税实际问题;加强税企交流,向联系企业介绍依法行政、服务兴税的相关举措,融洽征纳关系;倾听、收集纳税服务需求,听取企业对地税工作的意见和建议等。在与联系企业保持日常联系的基础上,原则上每年上门走访不少于1次。挂钩联系企业可通过信函、通讯、面谈等方式,随时与联系领导干部保持联络。(李洪进)

构建无区域限制风险应对机制 2014年,江宁局针对30万元以上重点税源户占全局税收总量90%以上,导致中等风险任务推送到各应对单位不平衡的实际情况,本着"按整体统筹方式在全局范围内分配风险应对任务"的工作思路,在开展风险应对任务分布情况现状调查分析的基础上,通过可行性和可操作性认证,建立起无区域限制风险应对新机制,并根据各应对单位风险应对人员状况及应完成的工作量,对推送的风险应对任务进行合理分配,把任务明确到各责任单位,同时将风险应对绩效、风险应对质量和执法责任一并明确到相关应对单位,限期完成风险应对工作。(李洪进)

开展"最强税务人"春训擂台赛 6月6日下午,江宁局举办"最强税务人"春训擂台赛,全局16个部门组成的8支联合代表队参加比赛。此次擂台赛,采取机关科室与基层分局结对捆绑、上下联动方式,并兼顾行政部门与业务部门交互,组成了8支联合代表队。整场竞赛以征收大厅情景剧表演以及"争分夺秒""你说我猜"和技能PK三大环节组成。情景剧以换位思考方式让干部在幽默诙谐的表演中体会纳税人的服务需求,考察干部文明用语、服务规范等制度执行情况、办事效率和沟通、协调能力。"争分夺秒"环节以轮流作答方式,检验干部对春训内容的熟悉程度。"你说我猜"环节以抢答、竞猜形式,检验干部对税种起源、税收名词和税务文化相关知识的熟知程度。技能PK环节则以抽签捉对竞赛方式,对智能征管操作、二手房交易涉税计算、行业税种鉴定等具体业务工作开展进行竞赛,检验干部对征管流程和税收征管系统操作的熟练程度。(李洪进)

验证汇缴类风险指标疑点 7月,对涉及财务报表、企业所得税报表的155个汇缴类风险指标疑点开展验证工作。一是围绕指标体系完整性的验证,重点对风险指标算法、风险指标公式、取数来源、预警值以及政策符合性开展检查验证。二是从有利科学验证角度出发,采取抽查法开展验证,即随机抽选具体风险点,对风险点描述中反映的逻辑性、准确性以及政策符合性进行抽样检查。三是针对验证过程中发现和遇到的情况,认真梳理存在的问题,着重从指标算法和预警值2个方面提出了29条反馈意见,建议市地税局风险评估局对相关指标进行修改完善。(李洪进)

开展全国性税收调查 6月至7月,根据省、市地税局要求,开展全国2014年税收调查工作,在规定时间内完成68户抽样调查企业和68户重点调查企业的税收调查及调查资料上报工作。一是采取集中办班和分别辅导相结合的方法,组织参与具体调查工作的基层管理分局干部和被调查企业的财会人员,重点就税收调查工作意义、具体做法、实施步骤和注意事项等进行专项培训。二是建立专门的税收调查指导服务QQ群,加强与从事调查工作的基层管理分局干部和被调查企业财会人员的联系沟通,以实时连线方式,及时就税收调查工作开展在线指导。三是机关职能科室每天保持与基层管理分局、企业的沟通,及时发布上报错误信息,实时给基层管理分局、企业提供帮助,同时加强审核环节控制,在企业上报之后进行二次审核,确保税收调查质量。(李洪进)

2014年8月6日，江宁局干部深入辖区内的民营企业开展专项调研和税收政策服务

建立经营性停车场税收管理新模式 7月起，江宁局依据委托代征管理办法、发票管理办法以及南京市停车管理相关规定，与江宁区城管局建立全区经营性停车场税收委托代征关系，委托区城管局负责全区经营性停车场专用票据管理和发放，并代征相关税收。根据该模式规定，所有经营性停车收费发票均由南京市停车办统一冠名印制，然后发放给区城管局，再提供给经营性停车场。经营性停车场使用市停车办统一开发的信息系统进行税款征收和发票管理，同时开具的发票信息也由该系统统一汇总后传送至地税部门。对暂时不能实现信息化开具发票的停车场，在过渡阶段将提供停车场专用定额发票，过渡期至年底结束。（李洪进）

新增19条数据审计规则 2014年，江宁局制定的税收优惠和行政处罚2个业务类别的19条数据审计规则，经过逻辑审核和运行校验，被市地税局认可，并在全市地税系统推广应用。该局从规范税收执法行为、提升税收优惠和行政处罚方面的数据质量入手，助省地税局大集中3.0系统，对最新税收政策研究分析，开展税收优惠、行政处罚方面数据审计规则的制定工作。一方面将税务登记信息和企业所得税申报表信息与营业税税收优惠、房产税及城镇土地使用税税收优惠、企业所得税备案优惠进行关联，找出其中的逻辑关系，制定17条税收优惠类审计规则；另一方面将税务行政处罚的相关规定与大集中行政处罚模块进行对照，紧扣自有裁量权和期限要求，制定2条行政处罚类审计规则。在此基础上，从现有流程、校验口径、修改方式等方面对相关业务的关联进行论证，并完善相应的规则需求和规则描述。（李洪进）

推广使用无号发票 10月1日起，在全区房地产业、建筑安装业和金融保险业285户纳税人中全面推广使用无号发票。此次改版包括房地产、建筑业、金融业自开票纳税人使用的“销售不动产统一发票(自开)”“建筑业统一发票(自开)”“平式190(三联)”“平式241(四联)”票种及税务机关代开使用的“销售不动产统一发票(代开)”“建筑业统一发票(代开)”票种。改版后，上述票种统一转换为“通用机打发票(电子)”，发票名称相同，仅在规格尺寸及联次上作出区别。同时，改版后的电子发票适用范围和防伪措施保持不变，但发票代码、发票号码及条形码不再印制在纸质发票上，而由纳税人开具成功后产生发票代码、发票号码及条形码打印在发票上。（李洪进）

开展在职党员“奉献社区、服务群众”活动 9月起，江宁局党总支在全局在职党员干部中开展在职党员进社区报到“奉献社区、服务群众”活动。活动采取集中服务与分散服务、定期服务与日常服务相结合的方式，组织党员干部利用业余时间到联系社区经常性开展活动。要求在职党员干部结合自身特长和能力，主动公开党员身份，认领1个以上社区志愿服务项目和岗位，参加助学助困、敬老助残、帮扶优抚、维权帮教以及社区文化、卫生、环保、平安创建等活动。服务过程中，自觉接受社区党组织管理和社区居民监督，带头了解社情民意，经常听取群众意见，及时反映群众诉求，主动联系和服务身边群众，帮助解决实际问题。每名在职党员干部每年至少参加2次以上社区各类志愿服务活动，对无故不到社区报到，或未达基本服务要求的在职党员干部，取消当年评先评优资格。（李洪进）

清理搬迁企业税收 9月起，江宁局对20家搬迁企业开展税收清理工作，累计清理税款315.2万元。此次清理的具体对象是：税户状态为“正常户”、企业所得税在该局征管的企业，以及企业所得税非该局征管但存在自然人投资的企业纳税人。清理工作分企业自查、调查核实、会审复核、工

作总结四个阶段，自查阶段由企业在规定的时间内开展自查，并向主管税务分局报送税收自查申报表、搬迁企业信息采集表等资料。调查核实阶段由各基层管理分局针对企业报送的自查申报表及相关资料开展实地核查和约谈，并将调查报告在规定时间内报至职能科室。会审复核阶段由职能科室根据基层管理分局报送的调查报告及相关资料，依据法律法规及相关文件的规定进行会审复核，对调查内容和证据资料完整的，依据法律法规进行集中裁定；对需要补充调查的有责成相关单位重新调查核实。（李洪进）

社会保险费邮递催报催缴 9月起，江宁局根据《江苏省地方税务局社会保险费征缴管理办法(试行)》规定，借助邮政资源优势，将社会保险费催缴文书由自主送达改为邮递送达。该局按照每月“两次催缴”模式，立足及时提醒服务，在继续保持原有的每月20日电话催缴(即“第一次催报”)的基础上，于次月首个工作日，对上月的未缴费户进行电子清册的提取，并对其中的邮递地址进行核实与确认后，将最终的清册名单发送给邮政部门进行文书的打印和送达，即“第二次催报”，以减轻基层工作负担，并将催缴文书及时送达缴费人。对确实无法提供有效地址的企业，则由基层管理分局自行送达文书。至12月底，累计邮政催缴4116户次。（李洪进）

评比税收风险应对优秀案件 11月28日，江宁局举办2014年度风险应对优秀案件评比活动，对风险应对单位上报的3个高等风险应对案件、11个中等风险应对案件、1个低等风险应对案件等累计15个风险应对案件进行评比，并从中选择2个案件参加系统优秀案件的评比，其中《广岛XX汽车部件有限公司风险应对案例》在全市地税系统优秀案例评选活动中获第一名。该评比活动分客观评价和现场评价两部分。在对“案卷资料”的归档资料完整性、文书填写规范性、证据采集充分性和案件处理准确性，以及“案例分析”的案例典型性及指导价值、案例格式与内容、风险指标应对情况进行评价的基础上，结合“现场演讲”情况进行综合评价后产生优秀案件。（李洪进）

与区法院合力开展欠缴社会保险费清理工作 11月14日，江宁局与江宁区人民法院共同将南京市江宁区龙都采石厂欠缴的24.56万元的社会保险费清理入库。该企业于2012年11月起欠缴南京养老保险、基本医疗保险、大病医疗等各项社保费。在每月催缴无果的情况下，江宁局于2013年9月13日对其下达了《社会保险费征收决定书》，同时告知其《社会保险费征收决定书》送达满3个月，用人单位既没有申请行政复议也没有提起行政诉讼的，地税机关可以向人民法院申请强制执行。2013年12月16日，江宁局向江宁区人民法院申请强制执行。江宁区人民法院受理此案并进行听证，于2014年1月20日下裁定准予强制执行。（李洪进）

调研境外上市企业 11月，江宁局对辖区内的境外上市企业开展调研工作，一是按照管辖区域划分，由职能科室会同相关基层管理分局人员，采取上门宣传辅导方式，开展“一对一”政策宣讲。二是依据征管信息系统中的基础信息和企业实际纳税情况，对照现行税收政策规定，对各境外企业逐一开展比对分析，重点境外上市企业项目税收政策执行情况。三是根据信息比对分析结果，将税收调查与征收管理和纳税服务结合起来，对境外上市企业涉税问题开展约谈，明确境外上市企业涉税问题及处理意见。四是对个别境外上市企业政策执行过程遇到的问题，向市地税局业务处室反馈和请示，帮助企业吃透政策规定。通过调研，共查补税款344万元。（李洪进）

（责任编辑：史忠民）

浦口地方税务局

概　述 2014年，南京市浦口地方税务局(以下简称浦口局)按照“务实创新，狠抓落实，推动浦口局事业全面发展”的工作总要求，狠抓基础工作、深化征管改革、强化作风建设、促进安全履职，着力推动组织收入稳步增长、税收环境持续改善、税务管理和纳税服务水平全面提高、队伍素质显著提升，较好地完成了全年各项工作任务，为全区经济社会发展做出了应有贡献。

组织收入平稳增长。全年组织各项收入39.88

亿元,其中,税收收入 26.33 亿元,区县级一般预算收入 21.58 亿元, 圆满完成市核计划; 各项基金(费)收入 13.55(不包含市本级社保)亿元。一是深化经济税源分析,围绕重点行业、新兴产业开展税源调研,跟踪重点工程、项目进展,掌握税源增减变化趋势。二是抓好重点税源管控,清算建筑项目 398 个, 入库税款 1.36 亿元; 狠抓土地增值税清算,入库税款 3000 万元;对 2279 户进行企业所得税汇缴清缴,入库税款 1.06 亿元;强化股权转让征管,入库税款 811 万元。三是加强税务稽查力度,稽查企业 36 户,查补税款 1270.8 万元。

征管质效不断增强。在市地税系统内首家探索城镇土地使用税征管新模式, 完成浦口区以地控税管理信息系统开发,实现位置确认、应税面积比对、统计分析等六大功能,辖区 1680 户土地使用税纳税人,通过系统管理的已达 868 户。将多头注册非正常户作为重点,开展非正常户清理,清理 26 户,清理率 96.3%。分行业推广无号发票使用,51 户房地产业、10 户建筑安装业自开票纳税人及建管站皆推广到位。抓好风险管理平台应用,完成中等风险应对 560 户,入库税款 8399.3 万元,中等风险应对收入贡献率 3.17%。

依法行政成效明显。制定《税收疑难业务管理办法》,有效规避干部执法风险。通过集中讲解、上门辅导、风险提示等措施对干部进行培训,提高干部执法水平。从严执行案件集体审议制度,对不予行政处罚、减轻行政处罚和重大税务行政处罚案件,全部进行集体审议。定期开展案卷评查,监督裁量基准落实情况,提升执法文书规范性。完善税收执法责任考核评议体系, 明确考核指标与管理环节、岗位操作要求的关系,促进干部自觉规范执法。

服务职能较好发挥。举办“纳税服务开放日”活动,邀请纳税人代表、行风监督员、财税专家 100 余人参观办税服务厅。制定响应纳税人诉求管理办法,通过办税服务厅、税企 E 线通等平台收集纳税人需求事项。利用 QQ 群和短信平台推送“一句话税情”3000 余条。提供“菜单式定制”课程服务,举办培训 23 场,培训 1500 余人。落实税收优惠政策,累计办理减免税约 7400 万元。

干部素质得到加强。抓好以中共十八大精神、党风廉政、风险评估等为主要内容的教育培训,举行培训 12 次,参训 463 人次。创新绩效考核管理,优化指标 9 条,新增指标 12 条,调减指标 10 条。关注风险大的岗位,重新设定各岗位系数,加大绩效考核激励。组织干部参加系统能手竞赛,4 人获能手称号。鼓励干部参加资格考试,2 名干部通过注册会计师考试。结合“廉洁从税教育月”,组织观看典型案例电教片,参观廉政教育基地,开展“微系列”廉政文化活动。组织在职党员服务社区,开展“为民办实事”项目。发挥作风、行风监督员作用,组织明察暗访,加强对政策措施落实、反映问题整改、群众投诉办理等情况的监督检查,强化干部作风行风建设。

基层创建有序开展。以丰富职工文化生活为出发点和落脚点,升级“职工书屋”软硬件,面积增加至 300 平方米,藏书 6000 余册,杂志、影像资料 350 余种,电子图书 100 余种,完善图书借阅系统,初步形成集借阅、教育、传播为一体的多功能平台,该局职工书屋荣获全国“职工书屋”称号,该局被市地税局评为“税务文化建设示范单位”,1 名干部获南京市“五一劳动奖章”,1 名干部被省地税局评为“最美江苏地税人”,1 名干部被省地税局评为“岗位标兵”,3 名干部被浦口区委评为“青奥先锋行—机关做表率”优秀共产党员,1 名干部被浦口区评为第三届“十佳青年”,4 名干部在市地税系统“心怀梦想、卓越同行”演讲比赛中获第一名。

综合管理提质增效。加强信息调研宣传工作,全年共有 50 余篇信息被省委、省政府,市委、市政府采用,180 篇新闻稿件被省市媒体采用,撰写 15 篇调研论文,其中《浅析国际税收竞争对我国经济发展的影响和对策》一文被《江苏地税》刊用。从督查督办入手, 推行月度工作计划安排和落实情况反馈机制,加强局长办公会、局务会重要事项的专项督办,确保决策部署和重要工作落到实处。完善财务报销、来人接待、会议培训等制度,会议、招待等费用大幅下降。完成青奥会网格化值守工作,得到浦口区青奥安保指挥部认可。 (徐瑶)

机构设置及负责人

办公室

主 任　周 棣

副主任　蔡建军(2014 年 3 月任)

人事监察科

科　长　　龚维健(2014 年 3 月免)
科　长　　王　莉　(2014 年 3 月任)

规划财务科

科　长　　高　宏(2014 年 3 月任)
副科长　　王　莉(2014 年 3 月免)

征管科技发展科

科　长　　肖　巍　(2014 年 3 月任)
副科长　　肖　巍(2014 年 3 月免)

税政法规科

科　长　　刘世佐

数据管理科

科　长　　许　军
副科长　　张小红

稽查局

局　长　　朱海平
副局长　　孙贤明

征收分局(纳税服务局)

局　长　　李君(2012 年 3 月任)

一分局

局　长　　陈德虎(2014 年 3 月免)
局　长　　龚维健(2014 年 3 月任)
副局长　　邓悦　(2014 年 3 月免)
副局长　　戚杰　(2014 年 3 月任)

二分局

局　长　　李荣松(2014 年 3 月免)
局　长　　陈宗兵(2014 年 3 月任)
副局长　　戚杰　(2014 年 3 月免)
副局长　　孙启红(2014 年 3 月任)

三分局

局　长　　刘宏荣
副局长　　蒋华(2014 年 3 月免)
副局长　　邓悦(2014 年 3 月任)

四分局

局　长　　高宏　(2014 年 3 月免)
局　长　　李荣松(2014 年 3 月任)
副局长　　刘克林(2014 年 3 月免)
副局长　　蒋华(2014 年 3 月任)

五分局

局　长　　陈德虎(2014 年 3 月任)
副局长　　陈宗兵(2014 年 3 月免)
　　　　　刘克林(2014 年 3 月任)
　　　　　刘克林(2014 年 11 月免)(徐瑶)

2014 年 4 月 14 日,浦口局干部指导纳税人扫描二维码查看涉税信息

税源专业化管理 以专业化运作和机关实体化为突破,探索适合区域税源实际的专业化管理模式,以征管基础和征管指标为抓手,不断提升专业化管理效能。一是强化分类管理。继续推进小型企业警戒线管理,2014 年小型企业警戒线核定面 100%,核定有效率 100%。开展非正常户清理,将多头注册非正常户作为年度清理重点,清理 26 户,多头注册非正常户清理率 96.3%。强化委托代征单位规范管理,对委托代征单位定期开展检查。二是推进发票综合改革。推进发票电子化管理,截至 2014 年年底,共有网开发票纳税人 1457 户,税控网开纳税人 164 户,企业自有系统开票纳税人 1 户,信息化开票方式达 100%。分行业推广无号发票,辖区内 51 户房地产业自开票纳税人、10 户建筑安装业自开票纳税人及浦口区建筑安装管理站皆推广到位。(肖巍)

推进依法行政 坚持依法治税为准则,充分发挥创建"依法行政示范单位"的示范引导和典型带动作用,进一步规范税收执法行为、强化执法力度,形成执法规范的良好氛围。一是发挥"示范单位"创建效应。创建验收工作完成后,认真开展"回头看",对考核中发现的问题逐条梳理,及时分解到所属业务科室并督促抓好整改。二是发挥税收法制工作引领作用。关注江北新区升格为国家级新区的发展趋势,加强与区内有关职能部门联系,及时梳理浦东新区、天津滨海新区与浦口区目前地方税政策优惠政策的不同点,就浦口区的五大功能园区、政府的五大融资平台运作,后期产业结构调整、培育地方税源经济、高端人才的引进和培养

等,从地税角度提出具体建议,上报浦口区政府并得到好评。（刘世佐）

开展“税收助力青奥会”活动 第2届夏季青年奥林匹克运动会(以下简称青奥会)于2014年8月16日开幕,浦口区作为重要展示区域之一,是橄榄球、曲棍球、小轮车、沙滩排球等项目比赛场所。在全国第23个税收宣传月来临之际,浦口局组建一支助力青奥会税收志愿者队伍,走进南京青奥体育公园建筑工地、承办青奥会山地自行车比赛的老山国家森林公园开展一系列“迎接青奥会,税收来助力”的税收政策宣传和调研活动,税务干部听取企业的纳税服务需求,现场解答税收政策疑问。活动中共收集涉税咨询10件,当场答复解决8件,提出涉税管理建议3条,待回复1件。（徐瑶）

推进“以地控税” 该局详细分析不同街道土地使用面积与实现税收收入情况,将“以地控税”试点工作与浦口区政府节地提效工作有机联系,通过镇街政府,召集工业园区、三产办、企业管理站、税源办等部门,逐家逐户了解各镇街税户情况、利用土地面积、租赁农村集体土地的协议等,采用网格化清理的办法,取得各个镇街和区属开发区、各个功能园区的土地利用面积数据,并将核实后的准确数据开发出软件系统。截至2014年,软件开发工作已经完成,实现位置确认、应税面积比对、重点户管理、统计分析等六大功能。系统开发利用以来,该局1680户城镇土地使用税纳税人中,通过该系统管理的已达868户,补征入库税款540多万元,第二期的812户正在管理过程中,预计有500万元以上的税款入库。2014年,城镇土地使用税入库较2013年增长1746万元。（刘世佐）

落实“便民办税春风行动” 一是加强办税服务平台建设。参与全市办税服务厅规范化创新工作,建立办税服务厅业务规范应用系统,实时在线为办税服务厅工作人员提供规范化、精准化业务知识支撑,通过动态维护和更新,保证业务标准的及时性和准确性,方便前台人员日常学习和实际应用。二是全面落实《全国县级税务机关纳税服务规范内容》(以下简称规范)。邀请A级纳税人代表、小微企业代表、新办企业代表、行风监督员、财税专家学者等100余人到办税服务厅感受“规范”带来的优质服务。三是完善纳税权益保障机制。举办“纳税服务开放日”活动,制定响应纳税人诉求管理办法,通过办税服务厅、纳税人之家、税企E线通等平台收集纳税人需求。2014年,该局受理各类诉求50起,综合满意率96.8%。（李君）

2014年7月1日,浦口地税干部在南京地铁十号线“工业大学站”向假期留校学生宣传大学生创业相关税收优惠政策

优化人事管理机制 创新绩效考核管理,突出绩效考核重点,优化指标9条,新增指标12条,调减指标10条,形成浦口局2014年度C级绩效考核指标70条、监控指标21条。关注风险大的岗位,重新设定各岗位系数,加大绩效考核激励,激发工作热情。经过民主推荐、组织考察、党组研究、公示等规定工作程序,共选拔3名正科级、3名副科级领导干部,在一定程度上优化了中层干部队伍年龄结构和专业水平。（张蓠）

党风廉政建设 完善作风行风建设督查机制,定期组织明察暗访,加强对各项政策措施落实情况、反映问题整改情况、群众投诉办理情况的监督检查。完成外部行风监督员续聘工作,充分发挥作风行风监督员和社会各界作用,组织开展专项监督活动。组织在职党员服务社区,开展“为民办实事”项目,强化干部作风行风建设。组织团员开展“立足青奥、增辉地税”大旗签名及廉洁从税承诺活动,围绕“税廉守正,清心立德”核心价值观,紧贴地税实际,开展“微系列”廉政文化作品创作活动,宣传廉政理念,传播廉政文化,干部自主开设廉政微讲堂4次,创作原创微故事17个、微信息43条,参与拍摄微电影2部。其中,1部微电影、1篇微笑讲堂、1篇微小说被市地税局评为优秀奖。（王莉）

获国家级"职工书屋"称号 在"务实创新、追求卓越"的南京地税核心价值观引领下,浦口局积极打造以"职工书屋"为核心的文化阵地。2014 年 6 月,该局"职工书屋"荣获中华全国总工会授予的"国家级'职工书屋'"荣誉称号,这是继 2011 年获得"全国模范职工之家"称号后,该局获得的又一国家级荣誉。一是创造优雅人文环境。重新规划职工书屋,进行软硬件升级,目前拥有藏书 6000 余册,杂志、影像资料 350 余种,阅读联网电脑 5 台,电子图书百余种。职工书屋已初步形成集借阅、教育、传播为一体的多功能平台。二是满足个性发展需求。根据干部职工需求,开展书目"菜单式"定制服务,不断丰富图书种类。关注专业知识提升,围绕"三师"考试需要,购置课件书目,举行备考讨论,促进年轻干部互相勉励、共同提高。依托书屋,举办廉政微讲堂、心理讲堂、读书月等活动。三是开展结对共建。先后与嘉鹏集团、江浦中学、桥林街道、汤泉街道等单位建立互助共建关系,加强工会交流,开展送书下乡、送知识进学校等活动,职工书屋逐渐成为该局连接外界、传递爱心和温暖的重要窗口。 (张菡)

青奥会网格化值守工作 为确保网格化值守路段不出问题,该局成立了青奥网格化值守工作领导小组,细化工作方案,完善工作措施,将责任落实到人头,增强各部门安全第一责任人意识。通过开展奉献青奥动员教育、值守小组讨论会等形式,营造"我为青奥做贡献"的良好氛围。开展机关内部安全风险隐患排查治理工作,查找安全隐患及薄弱环节,对风险隐患及时排除纠正,确保各项工作做细、做实、做好。周密安排部署,将该局 114 名干部职工合理编组,每组由一名正职中层干部担任组长,实行 24 小时网格化值班和领导带班巡查制度,确保青奥网格化值守工作圆满完成。值守期间,及时发现、上报并妥善处理可疑敏感问题 3 起,得到浦口区青奥安保指挥部认可。 (蔡建军)

落实行政处罚自由裁量基准 《江苏省地方税务局税务行政处罚实施办法》于 2014 年 5 月 1 日起施行,市国税局、市地税局共同制定的《税务行政处罚自由裁量基准操作标准》于 2014 年 10 月 1 日起施行。一是组织干部学习新办法、新基准,为执法做好指导。组织中层干部和业务骨干参加市地税局培训会议,学习文件制定背景,关注新旧办法变化点。要求执法人员全员学习,强化处罚办法和裁量基准对工作的指导作用。二是将公正执法和维护纳税人权益相结合。一方面,保证行政相对人陈述申辩的权利。对行政相对人在陈述申辩中提出的事实、理由及有关证据,认真审查判断,情况属实的予以采纳。另一方面,对于符合条件的,执行首犯不罚、减轻处罚、不予处罚条款。三是严格执行案件集体审议制度。对于不予行政处罚、减轻行政处罚和重大税务行政处罚案件,通过局务会、重大税务案件审理委员会,或者分管领导、业务科室及相关人员集体审议决定,形成书面合议记录。法规部门将定期对以上案件进行检查,杜绝未审先罚、未审不罚、未审少罚的情况发生。四是定期开展案卷评查,发现问题及时整改。从 2013 年度起,该局坚持每季度开展一次行政处罚案卷评查,重点对执法行为程序是否正确,执法行为所认定的事实是否清楚、证据是否充分、执法文书使用送达是否符合法定要求进行检查。 (祁静)

(责任编辑:付宪国)

六合地方税务局

概 述 2014 年,南京市六合地方税务局(以下简称六合局)深入贯彻落实党的十八届三中、四中全会精神,深化税收征管改革、社会管理创新、税务文化建设"三大工程"建设,不断推进"责任、活力、幸福"地税建设,较好地完成全年各项工作任务。获市地税系统 2014 年度更高水平"三个一流"工程建设先进单位一等奖。

组织收入迈上新台阶。2014 年,在收入形势异常严峻的情况下,六合局坚持早研判、早部署,抓预测、把进度,按月通报、严格考核,较好地完成组织收入任务。全年累计组织各项收入 29.92 亿元,同比增长 10.9%。其中,组织税收收入 21.41 亿元,同比增长 8.1%;征收社保费 7.24 亿元,同比增长 19.9%;征收各类基金费 1.28 亿元,同比增长 11.3%。税收收入中,区县级税收 20.56 亿元,首次突破 20 亿元大关,同比增长 8.0%;公共预算收入 18.03 亿元,同比增长 10.6%。

征管改革实现新调整。实施建筑项目专业化

管理，入库建筑项目税收5亿元，同比增幅46.7%。加强风险应对专业化管理，编写风险操作指南、风险应对指引和证据采集指南，风险应对贡献率位居市地税系统第一。强化指标监控，以指标倒逼征管质效提升，综合指标四个季度位居市地税系统前列。规范税户管理，制定落实《关于进一步加强和规范税户管理的意见》。完善税种管理，加强营业税申报软件应用，强化营业税税源控管；做好所得税汇缴申报工作，实现申报率100%；强化土地增值税、房产税和城镇土地使用税管理；做好“营改增”相关事项。

依法行政取得新进展。规范税收执法行为，强化执法监督，全面推进税收法治建设，获“六合区依法行政示范单位”称号。加强行政处罚跟踪管理，对2013年全部行政处罚卷宗和部分稽查卷宗进行评查，通报评查结果。建立健全重大案件审理制度，加强权力制约和审核把关，全年审结重大案件6件。强化税务稽查，入库查补收入1148.9万元，入库率96%。制定税收专项检查工作方案，推送专项检查自查27户，实施专项检查13户，查补收入257.9万元。制定《税务公告（曝光）管理办法》，对1户稽查案件、11户虚假申报个税明细的纳税人进行公告曝光。

纳税服务实现新优化。推出税务微博、微信、税企E线通等纳税服务新平台，覆盖纳税人4000余户，累计提供服务20000余户次。制定实施“六简六便”服务举措，全面贯彻落实总局“便民办税春风行动”要求。开展“服务千企、四解四促”活动，走访纳税人1150户，收集问题建议22条，逐条研究落实解决方案。继续推进网上办税，率先将“手续费申请、12万元申报和自然人登记”纳入网上办理。完善纳税人权益保障机制，受理各类诉求71起，工单办结率100%，综合满意率98.18%，位居市地税系统前列。

干部队伍迸发新活力。深化完善干部综合积分制管理，先后在全省公务员考核联系点工作现场交流会上作交流发言、在国家公务员局日常考核座谈会上作材料交流，接待省内外单位交流学习4次。利用综合积分系统，开展科级领导干部竞岗和后备干部选拔，选拔出3名正科级和3名副科级领导干部、5名正科级后备和4名副科级后备。加强干部教育培训，开展常态化业务培训29次；创新培训效果评估形式，开展“一站到底”第二季之年代秀活动；2014年能手竞赛获奖面位居市地税系统前列，10名同志参加能手竞赛，全部进入表彰。

作风建设实现新转变。认真贯彻中央八项规定和转变作风的各项要求，严格落实“一岗双责”“两个责任”，推进“四层三级”三险联防工作责任体系建设。加强廉政文化建设，开展“廉洁从税教育月”活动，创作微信息56条、微故事42个，拍摄微电影1部、微视频1部，开设微讲堂3个，6件作品在市地税系统微系列作品评选中获奖，六合局获优秀组织奖，微故事《廉贪论》被评为“六合区廉政杂文二等奖”。狠抓作风行风综合评议工作，加强沟通协调和走访服务，在六合区2014年度“两评议”（干部评和群众评相结合的办法对区级机关进行综合评议的简称）中，被评为“执法类单位第一名”。

基层建设取得新突破。践行“卓越同行”和“茉莉花·源”文化品牌理念，制定文化建设和基层建设工作方案，开展“价值观推动”和“忠诚尽责、崇法尚学、进取和谐”系列主题活动。组建太极拳、羽毛球等7支兴趣小组，开展“趣味运动会”、“健康一月行”、羽毛球欢乐对抗赛等群团活动。1人获市地税系统太极拳比赛陈氏、杨氏第一名，1人获市地税系统游泳比赛第六名，1人获南京市朗诵比赛“十佳作品”，获市地税系统演讲比赛二等奖。在市地税局建局20周年征文评比活动中，获一等奖1名，二等奖2名，三等奖1名，六合局获得优秀组织奖。征收税务分局被授予省级“工人先锋号”称号。行政效能得到新提升。加强创新工作管理，申领市地税局创新项目6项，2个项目获一等奖，2个项目获二等奖。加强信息宣传工作，均获得市地税系统“先进单位”称号，承办市地税局“微时代·话南京税收”微语录征集活动，收到网友微语274条，1万余人转发评论。加强税收科调研工作，上报税务学会、国际税收研究会12篇文章，全部获奖，其中《税收现代化征管模式的研究》一文获市地税系统科调研一等奖。落实“大干一百天，青奥环境整治”工作要求，加强“平安青奥”建设，严控安全管理，全年未发生一起安全责任事故。

（史成娟）

机构设置及负责人

办公室

主　任　　董承斌

副主任　　王小永(2014年1月免)

　　　　　史成娟(2014年2月任)

人事监察科

科　长　　徐维荣

副科长　　陈国芳

规划财务科

科　长　　路　清

征管和科技发展科

科　长　　王海啸

副科长　　胡　东

税政法规科

科　长　　杨永志(2014年3月免)

副科长　　王小永(2014年1月任)

　　　　　董晓红(2014年2月任)

数据管理科

科　长　　唐　昕(2014年2月任)

副科长　　唐　昕(2014年2月免)

第一税务分局

局　长　　陈宏楼

副局长　　许开勇

第二税务分局

局　长　　方可松(2014年2月免)

　　　　　高　山(2014年2月任)

副局长　　戴红军(2014年2月免)

　　　　　张　浩(2014年2月任)

第三税务分局

局　长　　阮峻峰

第四税务分局

局　长　　高　山(2014年2月免)

　　　　　戴红军(2014年2月任)

副局长　　张　萍

第五税务分局

局　长　　仇家福

第六税务分局

副局长　　戴红军(2014年2月免)

　　　　　胡　东(2014年2月任)

征收税务分局

局　长　　黄宝琴(2014年2月任)

副局长　　黄宝琴(2014年2月免)

　　　　　仇远龙

稽查局

局　长　　王传正

耕地占用税和契税管理所

所　长　　黄宝琴(2014年2月任)

(史成娟)

税收收入首次突破20亿元　一是加强研判掌握主动。把握区域经济运行和收入进度情况，从行业、经济类型两个维度分析近五年税收收入趋势，明晰区域税源的行业支撑度。二是挖潜增收保障财力。深化房地产业和建筑业支柱行业管理，严格多处工薪所得个人所得税申报，强化股权转让税收征管。三是科学管理提升质量。制定《税收收入质量跟踪考核办法》，强化税收质量管理，在确保税款及时足额入库的同时，保持组织收入增幅相对平稳；加强与街镇的沟通协调，做好对地方政府、街镇的税收服务工作。四是落实政策助推发展。落实税收优惠政策，全年累计办理减免税2618万元。　(史成娟)

税收法制建设　一是规范税务行政处罚工作。开展典型案例讲解，组织案卷评查，对存在问题的案卷要求限期整改，全面提升行政处罚案卷质量。二是强化重大案件审理工作。建立健全重大案件审理制度，发挥重大税务案件审理制度的权力制约和审核把关功能;坚持关口前移，对重大复杂案件，审理部门在稽查实施环节提前介入，提高重大案件查处质效。三是开展文书专项清理工作。针对执法文书的类别、特点，抽调法制岗人员、稽查人员和通过司法考试的人员，集中对三个类别的执法文书进行审核，梳理出执法文书在语言表述与权利事项告知等方面存在的缺陷，并提出相应的修改意见。　(王小永)

税源与征管状况监控分析　一是户籍“零漏管”。开展税户比对，更新税源税户台账，对设立、变更、注销登记、非正常处理等建立专项档案，及时发现漏管户。二是征收“零欠税”。控制本年新欠发生率、陈欠处理率等指标，掌握税源变化动态，及时清理陈欠，杜绝新欠发生，确保税款应征尽征。三是执法“零差错”。控制准期申报率、准期入库率等指标，强化异常申报户监控，加强部门工作配合，形成征管合力，做到执法程序到位、执法监督到位。四是服务“零距离”。控制税收误收误缴退税比重等指标，结合纳税人的生产经营情况，多渠道、广角度为纳税人提供涉税服务，避免纳税人适用政策错误。（李海燕）

建筑业税收专项管理 一是调优管理机制，搭建四级监管网络。推行建筑业项目管理机关实体化运作，成立建筑业项目管理领导小组，建立四级“金字塔”式建筑业项目税收监管网络。二是强化综合治税，发挥信息管税作用。依托税源辅助管理系统，实现与建工局登记、开票、纳税数据的实时交换，确保平台数据的及时性、准确性。三是强化税种联动，实现房、建一体化管理。探索以建控房机制，严格控制计入在建工程费用，防止企业在土地增值税清算时虚列费用进行扣除；重点将企业甲供材纳税情况与企业所得税、土地增值税管理有机结合，凡是建筑业项目清算时清算资料列明无甲供材的，其甲供材一律不得作为成本列支。

（朱文汉）

股权转让个人所得税征管 一是完善基础信息收集登记。将股权转让信息纳入企业基础信息收集范围，定期与工商部门交换信息，及时掌握转让方、受让方、经办人员等基础信息。二是完善转让过程动态监控。细化分工、明确责任，健全日常监控机制，重点对收集到的股权转让信息，进行核实、登记和跟踪管理，强化从股权转让至税款入库的过程监控，抓牢环节管理和时点控管。三是完善股权综合治理机制。健全股权转让综合治理管理链，主动了解企业生产经营状况、净资产增减变化等信息，及时将疑点信息融入风险应对、税收清算、注销审批等工作，提高风险应对的实效性。

（谢地）

破产企业税收管理 一是强化政策宣传。针对司法部门对企业破产环节税收问题存在的疑问，汇编破产企业税收管理、企业资产拍卖等相关政策，上门开展针对性的宣传，使司法部门对税法的规定和依据有充分的了解，提升司法部门对司法过程中涉税事项管理的支持力度。二是强化信息沟通。与区司法部门建立信息传递机制，及时将企业破产、司法拍卖信息传递给税务部门，方便税务部门及时申报债权、参加破产清算等。三是强化征收手段。协调区司法部门，在破产清算工作中和司法拍卖公告中，明文确定相关税收义务和要求，并及时告之有关当事人，促使当事人提前考虑税收因素，避免事后产生矛盾和不必要的负担。（王小永）

风险管理质效 一是强化事前预防。加强日常税收巡查，及时了解纳税人的经营效益、税款申报缴纳等情况；开展涉税信息分析比对，对发现的疑点，及时深入分析原因，督导纳税人整改落实。二是强化源头控制。参照行业标准，立足各税统核，审核与纳税人生产经营相关的信息，对同一纳税人不同时期的情况进行纵向对比；对不同纳税人同一时期的情况进行横向对比，将税收风险预警疑点信息细化到每个税种，并根据差异情况，适时开展风险应对，提高风险防范的针对性。三是强化过程监控。通过税收风险预警指标分析，查找税源管理中存在的薄弱环节，针对性地采取征管措施，防止出现征管漏洞，提升管理的专业化水平。

（戴红军）

数据质量建设 一是严把采集关。利用综合治税平台，定期交换共享第三方信息，不断拓宽信息采集渠道。二是严把核实关。核实数据的规范性、完整性和一致性，建立起事前监督、过程控制、事后复核的管理机制，严防异常数据产生。三是严把变动关。涉税数据发生变动时，及时进行系统维护，抓好数据后续管理，将征管数据由静态数据变为动态数据。四是严把监控关。利用大集中系统数据审计软件，定期对系统中征管数据进行审计，剖析问题数据产生原因，提出改进建议，督促整改。五是严把分析关。建立涉税信息分析机制，利用征管数据分析，研究解决税收征管问题，发现征管薄弱环节和疑点问题。（刘杨）

推出“六简六便”便民服务举措 一是简化涉税审批，让审批更简便。深化涉税审批改革，优化审批核查方式，提高审批效率。二是简易办税流程，让办税更便捷。推广网上办税，放宽发票供应，推行自助办税机服务。三是精简资料报送，让负担更轻便。推行资料影印系统应用,简化财务报表报送,精简门临开具发票的资料报送。四是简约服务承诺,让服务更便利。构建"全心、全程、全员"服务格局,梳理整合纳税服务承诺,对落实情况进行监督并纳入绩效考核。五是简并进户执法,让执法更便民。统筹进户管理核查事项,实施"一次进户各事同管"。六是简明税收信用,让守信更方便。完善信用体系建设,将税收信用与社会信用相结合,促进税收遵从。 (史成娟)

落实总局纳税服务规范 一是早培训。组织干部开展集中培训,对涉及地税的9大类共150余个服务事项进行学习讨论,确保干部及时理解掌握相关要求。二是早引导。依托办税服务厅、报刊等服务平台,向纳税人宣传落实服务规范的主要内容和举措,推动公众参与和社会监督。三是早梳理。对照服务规范的要求,结合办税服务厅实际,对岗位设置、工作流程、管理模式、服务举措等进行全面梳理调整。四是早明晰。明确服务事项的职能划分与衔接协调,工作要求落实到位、分解到人;加强办税服务厅的实时监控管理,及时发现问题、解决问题,确保服务规范顺利实施。

(王小平)

开通微博微信服务平台 "微信提醒"服务。探索建立微信平台,在微信公众平台中设立"信息推送"和"信息查询"两大核心板块,分设税收提醒、热点问答、地税动态、个税计算器、税率查询、办税地图等子模块,将核心的税务信息进行汇总、发布。"税企QQ群"服务。在基层管理分局开通"税企QQ群",由各业务科室抽调业务骨干,组成政策咨询专业团队,担当"税企e线"政策解答人,针对纳税人所提的问题给予权威解答。"微博沟通"服务。开通税务官方微博,发布最新政策、工作动态和税收案例等内容,搭建税企互通平台,提高纳税服务的针对性和有效性。 (刘薇)

强化日常涉税投诉管理 一是构建快速响应机制。建立纳税人举报快速响应及协调处理机制,明确工作流程和职责,将投诉数量、反馈质量、群众满意率列入考核,提升服务质量和服务效率。二是构建完善服务机制。及时反馈投诉处理情况,征求举报人对处理结果的意见;定期收集纳税人的意见建议,掌握纳税人关注的维权焦点。三是构建责任追究机制。结合涉税投诉处理的统计分析,追溯查找日常管理过程中是否有管理漏洞、是否有税务人员服务失职等情况,问题一旦查出,严格责任追究,确保纳税人的合法权益得到有效维护。

(方久军)

青奥会赛事服务 梳理服务青奥系列举措2大类13条,优惠政策8大类30条,汇编成税收助力青奥服务指南,宣传青奥精神、普及税法知识。"一站":青奥志愿服务示范站。延长服务时间,作息时间调整为上午8:00到晚上8:00,中午、节假日安排值班。"一窗":青奥绿色服务通道。设立青奥绿色服务通道,为纳税人一站式办理涉税事项。加强窗口服务人员业务知识和服务礼仪学习,提高窗口服务效率和服务质量。"一队":青奥安全稳定志愿服务队。80名干部报名加入青奥安全稳定志愿服务,26名干部职工负责青奥志愿服务示范站点的工作,12名干部作为平安青奥志愿者。"一册":青奥税收优惠政策宣传册。 (史成娟)

教育培训方法创新 一是完善激励约束机制。制定专项激励制度,通过干部选拔积分制、后备干部培养积分制、公务员考核量化积分等形式,建立干部学习成果与晋升、后备培养、考核评优量化挂钩机制,激发干部学习热情。二是创新考核评估机制。出台《干部教育培训学时学分管理办法》,对干部参训量和参训效果进行量化评估,对干部学习进度、学习成效进行全程记录和动态考核,提高教育培训管理效能。三是健全助学保障机制。开展助学工程,在基层税务分局建立图书室、学习室,成立学习兴趣小组,定期组织学习交流会,为干部提供良好学习环境。 (谢地)

实施干部综合积分制管理 自主研发干部综合积分制管理软件,实现积分实时记录、过程监督、动态管理。一是干部积分电子化记录。实时对干部德、能、勤、绩、廉的表现情况进行跟踪记录,形成完整、连续的干部个人积分档案电子流,清晰地记录每名干部的综合积分过程。二是干部积分标准化生成。对德、能、勤、绩、廉5项内容89个指标,按照管理制度中的加扣分规则，固化分值项目，实现指标和分值的自动对应，确保积分录入、生成准确。三是干部积分实时化反映。信息系统具有实时查询、排序、比对功能，既能反映干部个人总积分、明细积分情况，便于发现问题，及时提醒。

（李欣）

2014 年 4 月 17 日，六合地税组织税务干部开展税务知识擂台赛，拓展干部业务知识和业务技能

获“六合区作风行风评议执法类第一名” 一是突出找准问题。通过向社会公布监督投诉电话、组织明查暗访、发放政风行风评议表方式，征求社会各界和纳税人的意见和建议，找准热点、难点问题。二是突出评议重点。突出纠正执法不严、办事不公、服务意识不强、办事效率不高等问题，坚持对存在问题认识不到位不放过、对产生问题的原因剖析不深刻不放过、对问题立项整改工作不到位不放过、整改措施不落实不放过、对纳税人反映的问题没有反馈或没有满意的答复不放过。三是突出纳税服务。突出税收公共服务功能，把加强税收征管与优化纳税服务有机结合起来，进一步提高税收管理和纳税服务水平。 （谢地）

“廉洁从税教育月”系列活动 开展“微型党课”活动。以党员干部自我教育为主体和目的，以短而实、短而新、短而精为特点，党员干部人人上讲台，分享勤廉经验、交流工作方法、畅谈理想信念，让党员干部的素质能力和知识水平得到提升。开展“读书学廉”活动。向干部赠送廉政文化相关读本，深化价值观推动，编印《茉莉飘香》文化期刊，摘录有影响力和感染力的廉政文章，发表干部学习心得，让干部有所思、有所悟、有所获。开展“微系列宣廉”活动。征集反映廉洁从税、爱岗敬业、无私奉献、诚信和谐等内容的作品，以微信息、微故事、微剧本、微视频、微电影等表现形式，记录所见所闻、所思所感，弘扬、深化“清风税廉”廉政文化理念，发挥文化建设正能量。 （谢地）

（责任编辑：付宪国）

溧水地方税务局

概 述 2014 年，南京市溧水地方税务局（以下简称溧水局）以依法组织收入为中心，深入推进“三大工程”（征管改革、社会管理创新、税务文化）建设，聚焦主业，安全履职，圆满完成各项目标任务。荣获区 2014 年“人民满意单位”和 2012–2014 年度“文明行业”荣誉称号。

大力组织收入。坚持组织收入原则，突出抓好“房土”两税、减持股个税、安置房及保障房税收征管，强化土地增值税清算，组织各项收入 489368 万元，增长 13.66%，其中，区县级税收 339488 万元，增长 12.51%；公共财政预算收入 272196 万元，增长 16.43%，完成市局年度计划的 104.77%，顺利完成区人代会调整目标；基金费收入 141912 万元，增长 16.17%。

推进征管改革。优化岗位设置，合理调配基础岗和风险岗，增加风险应对岗配置，构建以风险管理为核心的税源管理新机制。强化组织协调，率先做好“耕契”两税、“房土”两税明细申报系统试点上线；清理非正常户 167 户，清理率 27.11%；联合多部门开展欠税清理，清理欠税 350 万元；完善“三级审核、两级复审”机制，从严把控税户注销；优化税源与征管状况监控，35 个征管指标全年保持在 100%。

抓好依法行政。以创建省局、市局依法行政示范单位为抓手，分 4 个工作小组，按 7 大类、64 项指标进行全面整改提升，顺利争创成功。开展建筑业、安置房建设项目、二手房交易情况专项执法督察，有效解决存量房交易计税价格争议。规范行政执法文书制作，制作执法文书模版。严格执行《税务行政处罚自由裁量基准》，统一法律适用标准和裁量程序，做到税务行政处罚公平、公正。

强化队伍建设。开展干部、劳务人员的思想状况调查，通过问卷调查、分层次分系列座谈，问诊思想动态，形成《思想政治工作分析报告》，出台《进一步加强思想政治工作的实施意见》，其做法

在系统经验交流,并被市局简报刊发。完善岗位职责规范,建立《岗位培训指引》,开展科级后备干部选拔和新一轮干部能级评定。创新开展“责任铸税、卓越同行”为主题的干部卓越实践计划,成立8个税务课题组,强化团队学习,提升岗位履职能力。统筹党群建设,实施专项计划,落实“五必访”要求,调动干部积极性,提升队伍活力。

优化纳税服务。参加政府咨询会、论证会,为区域经济发展建言献策。开展开发区税源普查,盘清核实税基。结合“撤县建区”,梳理保障性住房税收政策,编写税收服务指南。完善《溧水地税收入月刊》,强化税收收入分析,为区镇领导提供参谋决策。建立并完善区局领导挂钩企业联系点制度,深入开展大走访和便民办税春风行动,组织“纳税人开放日”活动,征集纳税服务金点子42条,“12345”诉求处理满意率97%,无不满意案件。优化税法宣传,开展纳税人培训1200人次,开展税收宣传月、送税法进校园及中学生税收征文活动,16篇税收征文获奖,并获得4个优秀组织奖。

加强廉政建设。班子严格遵守党的政治纪律,落实“两个责任”和“一岗双责”要求,坚决贯彻落实中央八项规定及省、市相关要求。签订《党风廉政建设责任书》,构建区局领导、科所(分局)长、一般干部三级责任量化体系。组织干部赴金陵监狱、参加职务犯罪庭审旁听等警示教育活动,强化廉政教育。实施干部下户报告、作风行风建设情况周报等制度,加强日常纪律执行情况检查,创新实施税收、执法、廉政“三险”联防工作机制,全局未发现违法、违纪现象。 (潘小保)

机构设置及负责人

局长室

局　长　戴世敏
副局长　臧桂芹(2014年4月任)
　　　　陈娟娟(2014年4月免)
　　　　陈步荣
　　　　喻召双
纪检组长　彭聿新

办公室

主　任　万　镔
副主任　潘小保

人事监察科

科　长　张显美
副科长　邢学好

规划财务科

科　长　张　川
副科长　许青凤

税政法规科

科　长　虞国龙(2014年7月因病去世)
副科长　孙雪峰

征管和科技发展科

科　长　吴永生(兼)
副科长　陈　岚
　　　　曾　辉(兼)

数据管理科

科　长　吴永生
副科长　曾　辉

征收税务分局(纳税服务局)

局　长　邢华清
副局长　倪雨春

稽查局

局　长　朱杏宝
副局长　周和英

第一税务分局

局　长　徐生林
副局长　陈源忠
尹莹莹

第二税务分局

局　长　张才保
副局长　魏信民

第三税务分局

局　长　丁太平
副局长　陈水筛 (潘小保)

获省地税局“依法行政示范单位”称号　成立依法行政工作领导小组及办公室,定期研究依法行政推进工作。编印责任文化手册,传唱《责任之歌》、传颂《责任文化宣言》,倡导“责任在心、责任在肩、责任在岗、责任在行”“责任铸税”的核心价值理念,全面融入税收执法工作。对内建立“区局集中培训、团队小众教学、科室日常学习、个人自主学习”学习机制;对外建立“纳税人学校”“纳税人之家”“维权服务360”等服务品牌,办好《今日溧水》税务专版,强化税法宣传和解释。细化党组和行政议事规则,健全执法岗责体系,全面落实“一岗双责”、两权监督管理要求。认真贯彻《江苏省地方税务局税务行政处罚实施办法》,严格执行《税务行政处罚自由裁量基准》。开展执法督察,持续推进执法检查,探索税收风险、执法风险及廉政风险“三险”同步应对,保障依法行政稳步推进。（潘小保）

推出“三服务”举措 出台18条“三服务”措施,助推溧水发展。在服务经济社会发展上,发挥地方税收职能,参与和配合综合改革和环境整治,助推新型产业化、新型城镇化发展;组织各项收入,提供财力保障;科学分析预测地方税收发展态势,主动建言献策;畅通涉税信息互通渠道,推进社会综合治税。在服务民生和纳税人上,落实促就业、引人才、助创新的税收惠民政策,促进社会和谐稳定;广泛宣传税法,普及税法知识,营造诚信纳税环境;细化服务举措,简化办税流程,压缩办税时间;完善纳税人诉求响应机制,落实审批前置,实行同城通办,减并纳税事项,减轻纳税人负担。在服务重点企业和重大项目上,围绕构建现代产业体系和区域创新体系,税收政策助力,鼓励产业结构优化;围绕“六大功能板块”,引领高端和新兴产业集聚;围绕重点产业项目引进,汇聚税收政策、行业征管等资源要素,聚焦重大项目推进。（潘小保）

探索“清单式”税源管理 试行“清单式”税源管理办法,提高税源预测水平。与国土、财政、住建等部门信息交换,对全区税源开展排查,摸清家底,排出全年税源清单,按照清单每月对税款申报入库情况进行比对,及时跟踪,对与清单明显不符的大额税款严格先审核报批再入库手续。同时将税源分为实体税源和一次性税源,对实体税源做好跟踪调查和管理,对“一次性税源”分重点工程、拆迁安置、土地交易等8个维度列出明细清单,实行“清单”跟踪管理。规范政府平台、市政建设等税收征管,强化涉土、涉房税收、政府平台等税收监管,严格征管,挖潜增收,应收尽收,严控质量、规范入库。（许青凤）

房产税、城镇土地使用税申报功能试点优化 7月1日起,溧水局作为市地税局唯一的试点单位,“四抓”开展优化“房产税、土地使用税”两税申报功能试点工作。抓责任促合力,制定区局试点工作方案,通过责任落实,形成合力。抓宣传促氛围,对纳税人第一时间全程做好服务推动,争取纳税人理解支持,营造良好有序的内外氛围。抓培训促效率,组织参与人员开展上线模块功能业务培训,确保培训面、参训率、合格率三个百分之百,同时业务科室分工,对口联系管理分局,派驻专人到管理分局开展业务指导,点对点辅导,保证申报效率。抓运维促保障,做好房土两税明细数据的获取、分析、整理及分类,做好对照及提醒申报,对纳税人应用过程中出现的问题及时帮助解决,确保上线模块的平稳运行。（潘小保）

拆迁安置房税收征管 溧水局围绕全区“打造南京副城、建设苏南现代化示范区”城市建设和小城镇建设发展实际,加强拆迁安置房税收征管,2014年入库安置房税收5.2亿元。加强与区发改、住建、房管等部门联系,做好拆迁安置信息交换,了解全区拆迁安置房详细情况,全区拆迁安置房建设开工面积190万平方米,投资总额达65.13亿元。编印《安置保障性住房纳税服务指南》,从政策汇编、征管规定、纳税服务梳理拆迁安置房税收政策和办税事项,帮助政府相关部门规范拆迁安置房用地、建设程序,方便后期办理缴税、房产办证手续。结合税收政策规定,研究确定拆迁安置房的具体管理要求,不定期跟踪上门服务,掌握拆迁安置房建设进展情况,及时做好税款征缴。（潘小保）

2013年度企业所得税汇算清缴 “三抓”做好企业所得税汇算清缴,汇缴税款14830.54万元,同比增长28.73%,申报面100%。抓税户梳理,从征管系统中导出管户清单,与国税部门开展信息比对,调整差异户征管范围,夯实汇缴税户基础。抓政策宣传,利用办税厅电子显示屏、《今日溧水》税务专版做好汇缴新政宣传,组织政策答疑会,提高宣传针对性和实用性。抓重点难点,加强实地核查,对大额资产处置企业做好跟踪,确认1户政策性搬迁、2户商业搬迁所得,汇缴企业所得税1700多万元;5户高新技术企业汇缴企业所得税1512.26万元,7户重点税源企业汇缴企业所得税3329.83万元。（潘小保）

多处工薪所得个税申报 坚持服务与管理相结合,“三重”抓好2013年多处取得工薪所得个人所得税申报工作,减轻纳税人负担,强化税收政策落实。重辅导。对接到申报提醒函,直接来咨询的纳税人,严格按照首问负责制的要求,认真做好接待工作,辅导讲解相关税收政策,并帮助纳税人查询多处工薪所得的明细,方便纳税人进行核对。重协查,对纳税人取得的多处工薪所得明细持有异议的,对辖区内企业,强化内部工作协调,由工薪收入来源地管辖分局派人上门做好数据核查工作,并登记台账;对于辖区外的企业,在综合信息平台多处工薪协查模块录入协查内容,由协查地税务机关做好数据核查工作,同时为纳税人提供协查内容的查询服务。重补税,针对纳税人对多处取得所得情况无异议的,辅导计算应补税税款后由纳税人到大厅申报补缴,同时对虚假申报企业,严格予以处罚。(潘小保)

风险应对 全年完成中等风险应对618户,人均月评估户2.9户,入库税款1.35亿元,中等风险应对贡献率3.86%,人均评估户数、贡献率等指标处全市前列。抓工作统筹,健全风险运行机制。建立风险应对的纳税人基础信息核实确认、会审、案件审议、移送、处罚五项机制,综合做好评估计划下达工作。抓风险培训,突出风险应对管理。组织科室和分局业务骨干,集中学习风险应对管理办法、应对指引和操作指南,规范风险应对环节管理,对大要案及复杂案件强化团队化动作,拓展风险应对深度。抓数据应用,挖掘潜在风险信息。加强与国土、国税、房管、发改、交通、水利、建设等部门信息交换,做好外部数据的加工分析,全年取得项目数据761条,土地信息3000多条,房产信息7000多条,比对入库税款1000多万元。(潘小保)

社保费征缴 “三管控”狠抓社保费欠费管理,清理陈欠649万元,陈欠清理率达73.88%。强化申报征缴,实施源头管控。在做好社保费申报提醒的同时,跟踪督促社保费申报数据的征缴入库,切实提升征缴率,减少欠费的产生。全年,征收社保费12亿元,征缴率达98%;强化分类认定,实施过程管控。做好省局大集中系统社保费欠费逐户分类管理认定,并根据企业欠费缴纳情况及时做好更新,做好欠费的过程监控和动态管理。强化欠费清理,实施目标管控。拟定年度清欠目标,并层层分解落实任务,加大欠费户催缴力度,完善催缴程序,有效降低征管风险,同时加强与区社保部门协作,联合上门开展欠费清缴。(潘小保)

综合治税 制定《关于规范护税协税工作的意见》,与外部12个单位开展协作,推进综合治税保障体系有效运作。与工商协作,采取“中介评估、税务审查、登记变更”的方法,强化自然人股权转让个人所得税征管,征收税款1100万元。联合房管和住建部门规范房屋租赁业税收管理,制定全区房屋租金警戒线管理办法,征收房屋租赁税收1651万元;与建工部门联合加强建筑业精细化管理,实现项目登记、代开发票、征税、竣工验收等环节“一站式”管理,征收建筑业税收3.1亿元。加强与司法机关协作,做好司法判(裁)决、拍卖的资产税款清算,征收税款280余万元。(潘小保)

征管基础工作 紧抓税源和征管状况实时监控,提升征管质效,全年4个季度中有3个季度征管质量监控指标排名系统第一。优化责任传导,建立征管指标责任机制,科室、分局、干部三个层面逐级传导,分解落实管理责任,增强工作责任心和主动性。完善管理举措,以征管质量监控为切入点,查找征管薄弱环节,完善管理措施,先后进一步明确零申报户、个体定期定额、未申报户处理、发票领购、门临代开票等征管要求,消除征管盲点。强化过程把控,对反映工作效率、工作质量等评价类指标,事前按日跟踪、及时提醒;对反映税收遵从的指标,事中实时跟踪、及时预警;对风险预警指标,事后跟踪,结合风险管理,消除风险点。加强监督考核,完善征管指标监控考核机制,按日及时提醒,运用督察、评价、考核手段,按月督察、及时解剖,限期纠改。(潘小保)

数据管理 坚持“日审日清”狠抓数据质量,力求准确真实,全年日均差错数据、日均差错数据占比持续低于全市平均水平。强化入口关,出台《加强数据管理实施意见》,实施数据修改的扎口管理和报备制度及新办户录入数据征收分局AB岗检查制度,保证入口数据质量。强化学习关,组织干部认真学习数据审计规则，提高数据管理意识，在市局组织的税收数据查询技能测试中取得团体第一名。强化采集关，明确职能科室布置工作涉及批量涉税数据录入、修改的，都必须事先与数据部门共同研究可能对数据质量产生的风险点。强化审计关，每天将新办户、变更户全部纳入数据审计，逐笔检查，对于难点问题，开展跨部门协商，当日解决。 （潘小保）

门临代开发票管理 实施三级审核，规范门临代开票的操作，防范风险。第一级，管理分局对企业转让土地、不动产以及个人申请代开统一发票和建筑业发票合同金额达到50万元的，开展业务真实性核查。第二级，对税款涉及清算的门临代开票，管理分局计算税款后，由业务科室对政策执行和核查情况进行审核。第三级，对涉及税款较大的，由业务科室上报区局合议后确定。 （陈岚）

稽查质效提升 围绕“夯实基础，放大优势”的稽查工作思路，全力提升稽查效能。全年开展检查48户，组织自查11户，查补税款4399万元，人均查补税款550万元，再创历史新高。组织开展房地产业、建筑安装业2项税收专项检查，采用电子查账和实物查账相结合，结合行业特点，完成应对任务16户，自查8户，实现税收收入3328.94万元。突出重大案件查处，挑选业务骨干组成重案组，通过人员、时间、地点“三集中”，疑难个案现场指导、集中难点面上辅导以及大要案合议等方式，查处百万元以上大要案12件，查补收入2630万元。严厉打击发票违法，坚持“查案必查票”原则，查获1起自然人伪造销售不动产发票案件，查补税款303.90万元、加收滞纳金44.38万元、罚款15.10元，规范发票使用行为。该案例被省局评为优秀案例，并在省局案例交流会上受到表扬。 （周和英）

服务小微企业 认真落实小微企业优惠政策，助推企业发展壮大。强化政策宣传，通过网站、报刊、短信等媒介及办税服务厅细化小微企业税收优惠政策宣传，同时组织人员开展上门宣传，保证小微企业能够多方位得到享受税收优惠政策的信息。强化政策辅导，突出做好申报辅导，对小微企业优惠政策的申报实行“强关联”，对可能符合优惠政策条件而没有申报给予提醒，并由系统进行强制校验填报，确保小微企业能真正享受到税收的扶持。强化政策落实，梳理小微企业清单，对已经申报纳税的小微企业积极办理退税。 （许青凤）

执法督察 加大执法督察力度，全年责令限期整改14件次，进行责任追究7人次，推进依法行政。完善组织机构，明确税政部门牵头负责执法督察工作，将执法监督岗作为联系人，并成立区局税收执法督察小组，成员由业务部门的骨干及监察部门人员组成。创新督察方式，将执法督察、执法监察及风险应对复审有机融合，实施“同步应对”，如与高淳局联合开展专项执法督察，提高督察针对性和有效性。严格督察流程，按照《税收执法督察规则》要求，收集证据材料，相关业务科室负责人进行现场确认，并做好记录和签字盖章确认，体现规范性。切实抓好整改，对税务行政处罚、建筑业委托代征管理、二手房交易税收管理督查发现存在问题49户次，对确认的问题下发整改文书，对相关责任人严格进行责任追究，并要求整改到位。（潘小保）

青奥会安保维稳 “一提高三落实”做好青奥安保维稳工作，确保实现“六个绝不发生”。先后召开局党组会、局长办公会、中层干部会议及科室（分局）会议，切实提高思想认识。成立青奥安保维稳工作领导小组，形成一级抓一级、层层抓落实的大防控行动责任体系。深入排查安全隐患，切实做到不留死角、防患于未然。组织3批30多人次进社区协助居委会整治环境，组织64人次参与交通执勤、66人次加油站安保执勤。认真执行值班制度和每日情况报告制度，安排244人次实行24小时备勤值班，全体干部保持手机24小时开机。严格涉税信访、举报工作及舆情管理要求，落实纳税人快速响应机制，做到快速处理，及时回应。 （潘小保）

廉政教育 实施工作实例警示教育，对同一实例，从执法正确性、工作要求落实规范性、风险应对有效性、党风廉政等角度分别进行分析，制作专门课件实施警示教育，提升教育的针对性；组织干部赴金陵监狱开展警示实训，参加职务犯罪庭审旁听活动，实地开展警示教育；开展“廉洁从税教育月”活动，拓展廉政大讲堂功能；围绕“安全履职”主题,联系自身经历和身边发生的事,以党支部或党小组为单位开设微讲堂,探索干部自我教育、自我管理、相互提高的有效途径;开展"微系列"廉政文化作品创作,上报微电影、微视频、微讲堂分别获系统二等奖,微小说一篇获三等奖,三篇获优秀奖,一条微信息获优秀奖。 (潘小保)

推进"三险"同步应对 在市局组织注销登记复审中,区局复审情况始终位列系统前列,注销案件资料作为范本在系统内推广,风险防控做法在系统监察会议上进行交流。创新建立"三险"联动应对工作机制,建立风险联合应对联席会议制度,通过召开联席会议,对风险问题进行分析研判,明确防控措施,编发风险防控提示单;针对发现的风险事项,实行基层分局重大风险事项合议制度;建立重大风险事项会审制度,不定期组织会审,同时对发生或发现的重大风险事项,成立联合调查组实行联合调查,经区局集中审定,对责任人员严格追责。 (邢学好)

完善纳税人诉求办理机制 深入推进"便民办税春风行动",共受理件"12366""12345"诉求工单,满意率达97%,无不满意工单。建立快速响应机制,完善纳税服务领导小组,明确纳服局牵头组织纳税人诉求办理工作,对重大问题由局长办公会、业务例会的形式解决,对共性化问题形成会议纪要作为后期解决问题的参加依据。落实挂钩联系制度,区局领导建立每人挂钩10户的企业联系点制度,企业代表分别为重点税源户、人大代表政协委员企业、"321人才"企业、行业龙头代表。征集纳税人意见建议,了解需求,有针对性地完善纳税服务举措。解决行业税收问题,发挥"纳税人之家"作用,与溧水区工商联餐饮商会共同解决网开发票及火锅行业季节性税收定额问题、征集劳务性企业税收征管意见,完善管理办法。 (邢华清)

(责任编辑:朱旭)

高淳地方税务局

概 述 2014年,南京市高淳地方税务局(以下简称高淳局)紧扣年度工作目标,以组织收入为中心,以安全履责为保障,以创新驱动为引领,进一步深化征管改革,推进依法治税,提升服务效能,加强队伍建设,强化行政保障,各项工作取得较好成绩。在全区综合考评中,被评为"全区综合考核优胜单位",连续三年获此荣誉。

征管质效实现多维度提升。围绕省、市局深化征管改革要求,调优基层分局风险应对岗,对部分涉税业务事项进行了简化,对催报催缴和非正常户认定等征管流程进行了优化。围绕税源分级分类管理,开展重大工程项目和房地产项目税源调查,挖掘存量税源3.26亿元。制定《税源与征管状况监控指引》,制定有针对性措施,进一步加强征管基础管理,税源监控水平得到有效提升。进一步强化风险管理,全年完成风险应对792户次,实现应对收入6779万元。

纳税服务进一步提档升级。认真组织全国第四次纳税人满意度调查迎查工作;局班子带队开展了便民办税春风行动,走访重点企业351户次,帮助企业解决涉税难点问题。推进纳税服务标准化建设。全面拓展网上办税业务,持续推行缺件备忘服务,积极落实延时服务举措,多证联办、并联审批业务试点成效明显。认真贯彻《全国县级税务机关纳税服务规范》,积极推进办税服务厅标准化建设。全年受理纳税人投诉14起,综合满意率97%。积极开展税收宣传,开通政务微博、微信,制作了税务宣传专题片,定期编发《地税工作简报》《地方税收情况分析与建议》向社会各界报告地税工作成效,并得到区委主要领导的批示表扬。

税收执法进一步规范。完善税种管理,加强房地产、建筑业营业税监管;所得税汇算清缴入库税款4779万元,核查股权转让267户次,查补个人所得税51万元;开展外籍人员个人所得税申报;拟定了全区《关于加强土地增值税管理的若干意见》,全年审核清算税款3579万元。制定了年度税收执法督察工作意见,开展执法示范岗争创活动,9人被评为区局执法示范岗。全面落实税收优惠,减免各类税收9236万元。开展契税和存量房转让环节税收征管、建筑业开票情况、行政处罚工作以及发票限额管理和企业所得税汇算清缴等专项执法督察,执法规范性进一步提高。紧密围绕依法行政和税源专业化改革,突出重大案件的查处与税务专项检查的开展,严厉打击发票违法犯罪活动,全年案件查补收入1100余万元,创历史最高水平。

队伍素质进一步提升。深入开展春训活动,邀请宣讲团来局宣讲,进一步提高干部思想政治认识。开展“追忆历史,卓越同行”主题活动,制作笑脸墙,进一步丰富了“淳和税悦”文化品牌,该局被评为系统“税务文化建设争创工作先进单位”。加强干部教育培训,坚持开展“每周一测、每季一考”活动,全年组织业务测试38场次,干部能力得到有效提升。全年1人获得注册税务师资格,5人获得市局优秀业务能手称号,5人晋升能级四级。广泛开展群团活动,启动“万名党员帮万家”活动,开展“美丽高淳·关爱自然”环保志愿服务活动;积极参与系统乒乓球、羽毛球比赛。全年实现“五必访”48人次。围绕“安全履职”要求,全面加强作风建设,制定“八要八不准”,局领导带队深入开展作风建设三级走访、督察。

行政效能进一步增强。注重工作计划的总体统筹、执行监督与总结分析,紧密围绕服务于税收、服务于基层、服务于改革的原则积极开展行政保障工作,高标准、严要求地开展“百日大扫除”环境卫生清理;多篇调研文章被《中国税务报》《江苏地税》刊登;多篇信息被国办与省委、省政府采用。注重加强财务管理,严格履行财务收支规定,“三公”经费及节能减排指标明显下降;全面加强涉税舆情监控与应对,积极推进全局创新项目的争创;扎实开展“平安高淳”“法治高淳”创建工作;通过健全制度、注重防范、狠抓细节,全面提升安全与稳定工作水平。 (杨丽华)

机构设置及负责人

办公室

主　任　　陈玉才
副主任　　钱志英

人事监察科

科　长　　陈月影
副科长　　李小兵

征管和科技发展科

科　长　　陈树华
副科长　　杨剑龙

税政法规科

科　长　　孔华梅
副科长　　吕志浩

规划财务科

科　长　　孔令海(2014年10月免)

数据管理科(税收风险评估分局)

科　长　　章　玲
副科长　　王红华

稽查局

局　长　　赵华龙
副局长　　刘晓鸽

征收税务分局(纳税服务局)

分局长　　邢建顺
副分局长　魏玲燕

第一税务分局

分局长　　史天桢
副分局长　赵洁如
副分局长　李爱彬

第二税务分局

分局长　　雍冬林
副分局长　赵小明
副分局长　陈昆恒

第三税务分局

分局长　　金淳生
副分局长　韩炳新
副分局长　朱红华

(杨丽华)

组织各项收入35.54亿元 坚持依法征收原则,强化征管,积极挖潜,组织收入实现稳步增长。全年,共组织各项收入355401万元,同比增长13.2%;其中税收收入289774万元,同比增长12.9%;区本级公共预算收入196058万元,同比增长15.8%。征收社保费54964万元,同比增长13.4%。征收各项基金费1394万元,同比增长18.3%。

(杨丽华)

个体税收征管 一是强化巡查核查,突出户籍信息的准确性。依托社会代征人员力量,以拉网式开展税户巡查核查,对漏管个体户实施清理补办税务登记,实现对个体税收户籍管理的源头控制,全年共处理差异信息800多条。二是强化典型调查,突出“定小”的合理性。利用护税协税网络,按“按乡镇划片包干、典型户重点采样”等方式方法,实地经营场所进行数据采集,顺利完成8个乡镇共134

户个体工商户的调查工作。调整起达征点户91户，调整面55.15%，调整未达起征点购票户303户，调整面95%，全年营业税户定额核定面达到100%。三是强化数据比对，突出税收违法行为的严肃性。依托国地税数据比对、发票管理、停歇业管理加强对个体户税收违法行为的排查分析，对排查出的异常开展检查，规范对个体户违法处罚程序和操作，并借助公安办的力量提高对于个体疑难户处理执行力，夯实了个体管理基础。四是强化探索创新，突出个体税源分类管理。根据分类分级管理要求，对于规模大的个体户试行A类管理，实施重点监控；对起征点以上的经营营户作为B类管理，按月抽取一部分纳税户进行经营情况巡查；对起征点以下且有发票领购的288户纳入作为C类管理；对起征点以下且不领用发票的经营户纳入社会化管理，委托街道综合治税部门进行巡查。（钱志英）

启动电子查账 采取多项措施着力推进“信息化”稽查，提高稽查效能，利用查账软件查处各类涉税案件20余起，查补税款540多万元。一是全员参加查账软件培训，运用查账软件提供的各种查账方法，并进行实战模拟演练，从不同的角度对企业涉税数据进行加工、分析和比对，提高稽查人员运用查账软件的方法和技巧。二是学以致用，缩短企业被查时间。运用税务稽查电子查账系统，调取企业电子财务资料，大大缩短了账本凭证的翻阅时间，为减少对纳税企业干扰和提高效率得到了很好保障。三是深化应用，提高稽查科技含量。要求稽查人员检查电子记账单位时使用电子查账软件采集涉税电子数据，迅速定位疑点，找出问题突破口。由于对企业财务凭证作全面而非抽样检查，使得一些较复杂、较隐藏蔽问题的能够被发现，从而加大稽查深度，增强了稽查办案的科技含量。

（陈凌霞、钱志英）

契税、耕地占用税两税新系统运行 一是高度重视，周密部署。为确保新契耕税征收系统能够平稳运行，于新系统上线前召开专题会议，梳理上线事项、强化上线准备、部署相关工作，同时组织相关工作人员加班加点做好系统调试工作，保证系统能够正常运转。二是前台受理，后台支撑。在契税新系统上线前期，抽调有关部门人员建立一只强有力技术支撑团队，配合办税窗口做好办税工作，对前台操作人员进行现场业务、技术等指导和支持，并及时对因业务、数据衔接问题进行处理。三是多措并举，全力应对。针对办税高峰，迅速增设临时窗口，加快前台办税速度，有效分解前台窗口办税的人流量。同时，在出现因系统原因给纳税人带来不便时，积极做好宣传和解释工作，预防由繁忙而引起的各类矛盾，确保办税数量与办税质量同步提升。此外对业务变动较大、相对比较耗时的业务，创新工作方法，本着“特事特办”的原则，下放部分审批权限，缩短办税时间。另外，在总结工作经验的基础上，结合廉政风险防控，固化新的办税模式，促进办税效率不断提升。（赵长明）

税收风险应对 新的风险管理软件实施以来，通过“三个突出”积极应对税收风险，截止目前应对案件115起，中等风险应对的有效率达100%，风险应对的贡献率1.08%，有效提高了风险应对质效。一是根据下达的风险任务，把握各事项环节的时间接点和工作规范，加强对税收风险疑点的审核分析，重点加强对约谈、审核、审议、取证环节的要求。二是通过案头审核会审，制定切实可行方案，深入剖析疑点产生的原因，通过询问约谈和自查补报方式处理，及时消除税收执法风险。三是按照“消除疑点，全面应对”的工作要求，必要时转入实地检查和延伸检查。同时，加强税收征管基础建设，完善税户税源信息维护，加强对纳税人的税法宣传和财务辅导，提高纳税人对税法的遵从度和对税务部门的满意度。（金淳生）

发票管理 一是开展劳务行业专项治理工作，统一、规范劳务派遣及劳务中介营业税政策适用范围，明确了劳务行业纳税人的发票资格认定管理、发票领购管理、发票限额管理、开具管理及日常管理要求；结合区政府对建筑行业管理工作要求，开展对建筑业和销售不动产行业的发票开具检查工作。二是在对网络税控实现全面明细控制的基础上，逐步实现对网开发票开具的明细控制，从1月1日起全面实现了劳务行业和旅游行业的发票开具明细控制工作。三是在前期大力推广网上开票、网络税控发票、控制定额发票的基础上，进一步压缩定额发票,一季度对全区定额发票户进行清理,53户定额票购领纳税人已转换成税控网开或机打发票,对物业、快递收费地点不固定,需要上门收费的等9户纳税人推广使用手持式税控收款机并注销了定额票资格;四推广手机客户端发票验证查询,方便纳税人通过手机验证发票真伪信息;对于个人代开5万元以下通用发票和个人代开10万元以下建筑业发票,办税厅自助办税机上线代开票功能,快捷方便,进一步提高纳税服务效率。(杨剑龙、邢亮头)

税收宣传月特色活动 以国际慢城金花旅游节为契机,开展税收宣传月活动。围绕"涉农税收政策""纳税人权利与义务""12366热线"等与纳税人密切相关的内容开展了广泛宣传,吸引了游人、当地百姓的踊跃参与。同时,团支部还以"便民办税春风行动"为主题,在国际慢城开展"低碳生活进慢城.绿色税宣我先行"青年志愿者活动,通过自行车慢骑方式宣传税法,宣传青奥会精神,开展环保志愿活动,以实际行动践行绿色出行、低碳环保理念,扩大纳税服务志愿者的社会影响力,增强全民依法纳税、诚信纳税意识,营造了和谐发展的税收宣传氛围。(钱志英)

重大工程项目税源监控 采取多项措施开展全区重点建筑、房地产项目税源调查工作,共完成重大工程项目有效调查56个,涉及年度税源预测34844.53万元,占全年税收计划的17%,为完成全年组织收入任务奠定了基础。一是与发改局、工信局、建工局、交通局、住建局等投资主体进行对接,交换了全区重大项目立项、开工以及项目工程进度等信息,共获取全区2类重点项目总计156个,其中,产业类项目80个,非产业类项目76个;二是及时制定实施方案,成立调查工作小组,分项目类别确定责任人员,对于列入重点调查的项目进行实地调查。同时组织专项会议,明确及辅导干部数据采集的标准和要求。三是围绕税源管理梳理全区重点项目投资、投产情况,通过梳理确定已产生或将产生税收的且投资额在5000万元以上的65个重点项目列入调查,涉及到慢城、游子山、交通局等31个投资主体,最大限度对重大项目完工进度、开票情况、税款入库情况逐项调查做出准确的税源预测。四是调查工作结束后,科室对各调查小组数据进行汇总分析,形成情况详细有效的分析报告提交管理层参考,制定针对性措施,提升征管质效,加强税源监管的力度。(杨剑龙)

规范存量房交易税收 一是部门合作,建立联席会议制度。通过区政府的协调统筹,明确房管、地税、物价等部门合作,相互通报房产交易工作进展和征管工作中出现的新情况,为征管效能的提升提供了组织保障。二是一体化征管,职能划转后,优化调整契税窗口设置,将原征收点搬迁至房产局征收大厅,规范房产交易、契税及流转税征收等流程,实行一体化征管。三是协调区房产局严格把好发证关,确保做到"先税后证",并明确对由于未执行"先税后证"而导致税收流失的,由其部门追究相关人员的责任。四是应用存量房交易税收一体化管理系统,根据区域相关信息、市场变化情况,定期计算存量房交易基准计税价格供参照,同时结合合同价格、区物价局最新基准价格按"三价从高"原则确定基准计税价格进行税款征收,有效堵塞税收漏洞。五是侧重于商业用房交易行为及缓解交易双方实际成交价格与基准价格差异争议,采用物价第三方评估机制,根据物价认定价格确定计税价格进行税款征收,实现了计税价格的科学、公正。(杨剑龙)

建筑业税收管理 一是完善制度,强化规范管理。通过区政府行文下发《进一步加强全区建筑业税收管理意见》,从组织领导、税务登记和项目登记管理、征管制度落实、发票和票据管理、税收归属和发票的监督检查等方面进行明确,强化区政府各职能部门协税护税的管理。二是团队运作,强化重点工程项目管理。由区局团队负责对全区重点工程项目税收管理,建立项目管理台账,对重大项目进行跟踪管理,掌握工程项动态税源情况。上半年共调查重点项目46个,项目完工尚未开票结算金额36.08亿元,年底预计开票金额19.62亿元,预计形成建筑税源8479.49万元。三是加强协作,强化信息交换。与区建工局建立定期信息交换制度,及时撑握招投标、开工、竣工项目信息,并建立了招投标—项目登记—开票征收—竣工验收等项目闭环管理。四是开展调查,强化总分包管理。对全区总分包税收开展调查分析，制定总分包税收归属的管理意见，遏制税收无序流动。五是事前调查，强化非招投标管理。进一步规范房地产企业开票行为，对房地产非招投标项目需经税务机关核实后方可开票，以防房地产企业虚开发票冲抵成本。 (陈树华)

房地产业税收管理 通过“五抓五清”严密掌控房地产企业经营动态，有效保证了房地产税收的稳定增长。一是深入调查了解全区房地产建设项目具体情况，针对整个房地产行业现状、国家调控政策的影响和企业存在的困难等情况进行专题调研，深入做好收入分析和预测。二是以单个开发项目为管理对象，实行“一项一档”，建立房地产企业税源管理项目台账，对项目具体情况进行详细登记。三是注重纳税申报审核把关，在纳税人月初税收预测基础上，要求提供“房屋销售月报表”，加强数据比对和分析，随时掌握税源变化情况。四是开展实地税源巡查，及时掌握房地产开发项目工程进度，实行动态跟踪管理，有效防范管理漏洞。五是实行“以票管税”，要求纳税人诚意金、定金、按揭贷款都开具发票；与房管部门联手，通过房产办证把关，注重对房地产企业发票领购、开具、使用、缴销等情况检查管理，加强源泉管控，确保税款应收尽收。 (孙红花)

预防职务犯罪 邀请南京市人民检察院宣讲团为全体党员干部开展预防职务犯罪宣讲。宣讲团通过分析当前反腐形势、讴歌廉政典型、选用典型职务犯罪案件以案说法、深情演绎犯罪忏悔等形式，表达了职务犯罪对国家、社会、家庭、个人的严重危害，劝诫广大党员干部要坚持廉洁从政，廉洁从税，以廉为荣，时刻绷紧廉政这根弦，筑牢思想防线。 (李小兵)

助力工业企业转型发展 一是贴近企业需求，做实重点工业企业帮扶。上下联动，将重点工业企业服务责任到人，规范纳税服务。帮扶某重点工业企业扩展了新业务，增加了发展新动力，推进了5万吨醇胺系列产品、3万吨特种聚醚项目新上市，这是对原产品的丰富和延伸。二是发挥政策扶持导向，助推企业做大做强。为了支持工业企业科技创新、提档升级，抓好省级高新技术企业的企业所得税的优惠落实；为了进一步推动资源综合利用工作，促进节能减排，抓好企业所得税减计收入的确认。上半年共备案、审批各类减免税1273户次，减免金额9235.96万元。三是围绕内部管理，提高企业抗风险能力。在提供优质的纳税服务时，围绕企业内部生产管理流水线，对销售大、税负低、库存多的工业企业进行了风险识别，从而降低企业的税收风险，提高了企业的综合生产力。

(陈树华、陈晓娟)

支持小微企业发展 2014年，共有1356户小微企业享受各类税收减免976.3万元。一是加强政策宣传，在办税服务厅电子显示屏循环播放小微企业税收优惠政策，并充分利用网络、新闻媒体等对小微企业政策进行多渠道宣传，结合群众路线开展“面对面”上门服务，力争做到政策宣传上不留死角。二是加强办税辅导，结合政策落实开展小微企业走访活动，充分征求意见及建议，及时主动解决政策执行中存在的问题。及时解答纳税人反映的问题，指导纳税人正确办理涉税优惠减免申报，切实提高纳税人享受优惠政策的覆盖面和申报缴纳的准确率。三是减少行政审批，取消审批前置。从1月起，凡是符合条件的小微企业在纳税申报预缴时，可以直接享受优惠税率，事后向主管税务机关报送相关资料备案。四是减少办税环节，抓好督查督导。对小微企业政策的落实情况进行专项评估，并加强减免税和税收优惠政策落实的制度和机制建设，明晰管理职责，细化操作规程，加强效果评估，严格执法督察，对查实的优惠政策不落实的情况，督促抓好整改，并严肃追究相关人员的责任。 (钱志英、陈树华)

编印《透税收、看经济、看发展》和《地税工作简报》 7月，开始启动了《透税收、看经济、看发展》专题简报的编辑工作，从税收进度、税种结构、行业税收分析，以及周边地区比较、问题与建议等五个方面，结合经济发展、税收政策、征管举措，辅之以专题调研，通过税收与经济的关联分析，为促进区域经济发展、为领导科学决策提供辅助服务。同时，编印《地税工作简报》向区四套班子、各部委办局主要负责人以及各镇、行政村(社区)负责人报送；

从收入动态、征管工作、税收服务、安全履职四个方面,宣传展示地税工作举措及成效,树立良好的部门形象。其中,第二期《地税工作简报》获得了区委书记、区人大常委会主任吴卫国的肯定批示。

(杨丽华)

助推中小企业“新三板”挂牌 一是根据准备“新三板”挂牌的企业实际情况,有针对性的选拔业务骨干成立专业服务团队,解决“新三板”挂牌前改制过程中遇到的涉税难点,避免拟挂牌企业在挂牌前出现大量临时性补税,降低挂牌涉税风险。二是团队负责汇总企业税收优惠政策定时上门服务,直接与企业点对点沟通,有针对性的开展政策讲解,引领“新三板”拟挂牌企业加快科技创新步伐。三是对拟挂牌的企业实行领导挂钩,深入“新三板”拟挂牌企业一线实地开展调研,掌握企业的生产经营情况,为企业发展提供及时有效的服务。四是对拟挂牌的企业建立跟踪服务台帐,记录企业挂牌前的政策落实情况,指导企业补充和完善相关资料,有效防范企业挂牌涉税风险。(陈树华)

“每周一测、每季一考”业务勤练兵 从4月起,在全体干部中开展“每周一测、每季一考”业务竞赛活动。每周一通过网络教育平台发布税收综合测试试题,并按周通报干部测试成绩。每季最后一周,按30%的比例进行抽考,并将抽考成绩纳入季度绩效考核。全年进行“每周一测”38期,“每季一考”4期,参考率100%。此项活动的开展,较好地促进了干部业务技能的提高;有5人在市地税局业务能手竞赛中获得“优秀业务能手”称号。

(陈月影)

(责任编辑:朱旭)

重要会议材料

改革创新 奋发有为
谱写南京地税事业发展新篇章

——在南京地方税务工作会议上的讲话

柏 鹏

(2014年1月21日)

同志们:

这次会议的主要任务是,深入学习贯彻党的十八届三中全会精神,认真落实总局、省局会议要求和市委、市政府决策部署,总结去年工作,部署今年任务。下面,我代表市局党组,讲三点意见。

一、2013年工作成效显著

过去的一年,在省局和市委、市政府的正确领导下,我局坚持以组织收入为中心,深入推进"三大工程"建设,在挑战多、压力大、任务重的情况下,取得了来之不易的好成绩。

(一)突出"一项活动",群众路线得到深入践行。作为第一批开展教育实践活动的单位,我局按照市委要求,在督导组的指导帮助下,认真开展教育实践活动,努力把每个环节、每个步骤的工作做扎实、做到位。对照"四风"和市委列举的"十个主要表现",查找了"九个突出问题",向社会公开7项承诺。市局领导带头,走访11个区,与党政领导面对面听取意见,全系统深入735户企业开门纳谏。认真召开专题民主生活会,全系统制定653条整改措施,建章立制321项。教育实践活动取得明显成效,全系统党风、作风、行风有了新的转变,广大党员干部受到了深刻的思想洗礼。在活动期间开展的全市万人评议机关中,我局获执法类单位第一名。

(二)推进"三大工程",改革创新取得积极进展。2013年,市局党组提出,在工作层面要聚焦大事、聚焦重点,齐心协力推进"三大工程"。一年来,"三大工程"建设稳步推进,改革创新得到持续深化。

一是推进税收征管改革。贯彻落实省局1号文精神,积极稳慎地推进征管改革。4月1日,新征管体制正式运行。突出风险导向,充分发挥风险管理的中枢地位和任务引擎作用,全年推送风险任务1.4万户,实现应对收入18.8亿元。强化稽查职能,稽查局升格为副局级,成立3个正处级稽查分局,全系统稽查人员占比达到14.2%。新设档案管理中心,加快推进税收档案的电子化,为全面提升税收管理水平奠定基础。深化分类管理,完成直属一局管辖范围优化,对城郊区局基层所行业税收管辖、全职能局重点分局税户作了适应性调整。

二是推进社会管理创新。融入社会管理创新理念,不断优化服务,促进征纳和谐。与第三方中介机构合作,选聘48名办税人员,开展办税服务厅现场检测,对反馈问题及时整改。推进网上办税,网上办税率达90.3%,位居全省第一。全面推广应用自助办税机,累计开具个税完税证1.6万次,补打税票1.2万次。12366咨询量达141.7万人次,南京地税网站被评为江苏省"文明网站"创建先进单位。办理政府12345热线工单1865件,综合满意率列全市千单以上职能部门第一。

三是推进税务文化建设。制定《2013-2015年度文化建设三年规划》,提出打造"卓越同行"文化品牌,提炼形成卓越型税务组织、卓越型税务文化"两个卓越"的文化核心价值体系。把文化建设贯穿于干部工作、生活之中,具体落实到人、落实到岗、落实到行。构建"一体多样"的文化格局,鼓励打造机关、基层各具特色的文化品牌,基层创建取得新成果,六合局被评为"全国税务系统先进集体",雨花台局征收所获得"全国巾帼文明岗"称号,江宁局征收所被授予江苏省"公务员职业道德模范集体"。

(三)抓好"五个重点",安全履职获得丰硕成果。牢牢把握组织收入这个中心任务,紧紧抓住基础管理、依法行政、队伍建设、行政效能等重点,取得了"五个新成效":

一是组织收入取得新成效。去年,我局克服

困难和挑战,充分挖潜增收,组织收入实现了新的增长。组织各项收入突破1000亿元大关,达到1019.1亿元,增长12.9%。其中,税收收入632.2亿元,剔除"营改增",增幅为18.1%;市县级税收595.8亿元,剔除"营改增",增幅为17.6%;市县级公共财政预算收入482亿元,剔除"营改增",增幅为18.2%,比政府年初计划超收8亿元,在苏南主要城市中增幅继续保持第一;组织社保费收入334.6亿元,增长15.1%。组织收入的稳定增长,为地方经济发展提供了可靠的财力保障。

二是依法行政取得新成效。持续深化依法行政示范单位创建,优化重大税务案件审理,全年市局审委会受理重大案件30件。积极探索事先裁定制度,依法开展法律救济服务,成功预防和化解行政争议10余起。开发应用税收优惠政策库系统,涵盖近800个文件,1300多个条款。严格落实执法责任,开展重点执法督察,对5家单位进行经济责任审计。加大稽查力度,全年查补收入7.5亿元,破获各类发票犯罪案件38起,缴获假发票3万份,稽查职能作用进一步发挥。

三是基础管理取得新成效。围绕市委、市政府重大决策部署,认真梳理、落实税收政策,建立南京321企业服务新机制,全年办理减免税101亿元。完善征管质量监控机制,征管质量指标在省局通报中位居前列。推进发票改革,全市企业户发票信息化率达99.7%。加强税种管理,强化建筑业项目税收管理,做好"营改增"扩围工作;升级改造企业所得税后续管理系统,在全省推广;12万元以上自行纳税申报人数达12.8万人,连续三年保持全省第一;加大土地增值税清算力度,实现清算税款27亿元,增长27.8%。着力抓好第三方数据的共享和应用,全年获取数据2900万条,实际应用数据2435万条,应用率达84%。加强信息化建设,在全省率先推出集业务、办公于一体的移动平台,建立了覆盖全系统的高清视频会议系统。

四是队伍建设取得新成效。坚持从严带队,安全履职,实现了"三个没有":没有一起刑事案件,没有一起职务犯罪,没有一起严重违纪。加强班子建设,市局中心组被表彰为全省首届学习型领导班子建设先进集体。按照我市区划调整要求,平稳组建新鼓楼局、新秦淮局,溧水、高淳两县局升格为正处级局。选拔20名处级领导干部,晋升处、科两级非领导职务197名,组织23名后备人才跨地区挂职锻炼。连续七年获得省局综合考评第一名。"三师"比例达到22.8%。加大教育培训力度,与南师大联合成立税务MBA中心,全年举办26期36个班次脱产培训。加强党的建设,市局被评为全市"三争一创之星"先进集体,浦口局被授予全省基层党组织党务公开示范点。加强党风廉政建设,编印下发《廉政风险防控指南》,开展"微系列"廉政文化创建活动,微电影《棋》入选总局优秀廉政文化作品。

五是行政效能取得新成效。认真贯彻中央"八项规定"和省、市有关要求,加强工作统筹,改进会风文风,全年减少全局性会议文件29%、考核评比项目指标30%。政务信息工作在全省地税系统、全市保持领先。树立科调研精品意识,全年在省部级以上刊物发表调研文章44篇。加强涉税舆情监控,开展"税收微电影周"和"税收动漫宣传周"活动,被总局评为税收宣传月优秀项目。坚持依法理财,预算从严,审批从紧。后勤服务保障水平进一步提升。

回顾过去一年的工作,成绩来之不易。这是省局和市委、市政府正确领导的结果,是社会各界和广大纳税人大力支持的结果,是全系统广大干部职工奋力拼搏、辛勤工作的结果。在此,我代表市局党组,向大家表示衷心的感谢和崇高的敬意!

在肯定成绩的同时,我们也要清醒地看到工作中存在的不足:一是服务经济发展、服务纳税人还有较大的提升空间,服务意识和服务的针对性还要进一步增强。二是改革创新的力度还要进一步加大,各项机制还需在改革创新中不断完善。三是干部素质能力还不能完全适应新形势、新要求,少数干部主动学习不够、责任意识不强、业务技能欠缺、履职状态不佳。对于这些问题,我们要认真研究,切实加以解决。

二、准确把握今年工作形势

今年是贯彻落实十八届三中全会精神、全面深化改革的开局之年。做好今年工作,必须准确把握发展形势,充分看到"四个特殊挑战":一是经济形势的特殊挑战。当前,我国经济增长呈现放缓态势,正处于增长速度换挡期、结构调整阵痛期、前期政策消化期"三期叠加"阶段,政府投资规模缩减,势必影响税收增长。宏观经济形势的不确定性和复杂性,决定了今年工作必须看清形势,转变思路,顺势而为,谋定而动。二是改革任务的特殊挑战。以前的改革,最大阻力主要是思想观念的束缚;今天的改革,更多的是利益格局的博弈,改革更需要自我革命的勇气和魄力。我局自身改革进入“深水区”,虽然取得了一定成绩,但还存在一些不适应性。改革面临的困难和挑战异常艰巨,需要我们把握方向,明确目标,胆子要大,步子要稳。三是社会环境的特殊挑战。社会组织快速孕育,社会结构深刻变动,思想观念更加多元,信息传播快速无序,这些特殊的社会环境,决定了社会公众情绪的燃点低,群众诉求与社会现实之间的落差大,很容易转化升级为社会矛盾。税务部门始终处在矛盾焦点,处在“聚光灯”下,处在各种力量挤压之下,稍有不慎,就会引发矛盾,造成工作被动。我们要密切关注,深入研判,积极应对,防患未然。四是反腐倡廉的特殊挑战。新一届中央领导集体以“八项规定”为切入口,释放出加强反腐倡廉的强烈信号,打出了一系列“组合拳”,老虎苍蝇一起打,从用房、用车到月饼、贺卡等大事小事一起抓,力度之大,问责之严,前所未有。大家切实要高度警醒,严于律己,防微杜渐,警钟长鸣。

同时,我们也看到面临的“三个难得机遇”:一是经济发展的难得机遇。我国经济虽从10%以上的高速增长,转入7.5%左右的中速增长,但经济运行仍处在合理区间,稳中有进、长期向好的基本面没有改变。促转型、调结构,有利于激发经济发展的内生动力和活力,为地方税收增长奠定坚实基础。二是税制改革的难得机遇。三中全会《决定》凸显了税收的重要地位,指明了税制改革的方向,明确了具体的改革措施,预示着在“营改增”扩围的同时,地方税主体税种也将逐步确立,有利于培育地方税源,保障地方税收稳定增长。三是青奥盛会的难得机遇。今年是南京青奥年,市委提出要加强赛事与促发展、建城市、惠民生的相互促进、有机统一。赛会经济的带动效应将得到充分体现,将对住宿、餐饮、旅游等三产起到促进作用,为扩大地方税源提供了良好契机。

做好今年工作,意义重大。我们要深入学习贯彻党的十八届三中全会精神,以组织收入为中心,以改革创新为主题,以“三大工程”为重点,以安全履职为保障,坚持依法治税、服务大局、强化管理、倾情带队,树立科学、规范、高效、廉明的部门形象,努力开创地税工作新局面,为南京经济社会发展做出新的更大的贡献。

围绕上述要求,在今年工作中,我们要在“四个更加主动”上下功夫:一是要更加主动转观念、明方向。面对新形势、新要求,我们必须进一步解放思想,转变观念。三中全会《决定》对税制改革提出了要求,一个鲜明特点,就是从推进国家治理体系和治理能力现代化的高度部署税制改革,并明确了保持税负稳定、落实税收法定、优化税制结构、完善征管体制“四个重要方面”。总局提出到2020年基本实现税收现代化的目标,突出了“六大体系”建设,省局提出要着力抓好“六项重点工作”。这些,都为我们指明了方向。我们要认真学习贯彻,做好超前谋划。二是要更加主动推改革、促创新。改革创新是地税事业发展的不竭动力,贯穿于税收工作各个方面。我们要唱响改革创新的主旋律,以改革的思路,创新的办法,建立和完善有利于推动地税工作的体制机制。特别对于“三大工程”建设,我们2013年提出了命题,今年要继续深入推进。以后每年都要把它作为重点工作持续深化,每年都要有创新、有提升、有成效,以此促进南京地税事业科学发展。三是要更加主动听民意、改作风。要始终牢记和践行“为国聚财、为民收税”的使命,树立以纳税人为导向的理念,做到“纳税人所盼、税务人所向”,有效满足纳税人的正当需求。我们做工作,定政策、拿措施,要主动想一想、问一问,纳税人实际情况究竟怎么样?纳税人利益如何保障?他们对我们的工作是否满意?要切实从纳税人最期盼的事情做起,进一步改进工作作风,构建新型税收征纳关系。四是要更加主动保安全、促履职。我们要清醒地看到,当前,带队伍的形势非常严峻,从严治队任务艰巨,反腐倡廉任重道远。安全稳定是个“易碎品”,我们时刻要以如履薄冰、如临深渊之感,每天从零开始,动态地、持续地狠抓落实,坚持以人为本,善待严管,既要让干部想干事、能干事,更要保证干部不惹事、不出事。

三、2014年主要工作任务

新的一年,全局上下要咬定目标,创新举措,以更大力度狠抓落实,重点做好以下六项工作:

*(一)发挥税收职能,服务发展大局。*一是严格依法征税。今年,市政府下达的市县级公共预算收

入任务是529亿元，按上年实际增长9.8%，按上年计划数增长11.6%。全局上下要严格依法组织收入，强化收入质量跟踪监控，提高税收预测准确性。及时掌握重点税源税户情况，加强数据分析利用，对涉房税收要从土地出让、开工建设、竣工销售三大环节做好分析预判，加强收入跟踪管理。二是抓好税收分析。要探索建立客观反映宏观经济运行、税收收入走势和税收征管状况的税收指数，打造税收分析“拳头产品”，敏锐反映地区、行业、产业等经济运行的态势和问题，为市委、市政府决策提供参考。这项工作今年要加大组织力度，确保拿出有份量的分析报告。三是落实税收政策。要密切关注税制改革的走势，提前做好研究预判。对已出台的，要认真抓好贯彻落实；对将要出台的，要加强对接，做好“功课”，争取主动。要贴近党委政府决策，落实好促发展、惠民生的各项税收政策。加强对苏南示范区建设、江北新区规划、321企业自主创新等重点工作跟踪，关注小微企业、困难企业发展。

（二）深化征管改革，提升征管质量。一是深化征管改革。要巩固成果，打牢基础，把已经迈出去的改革走扎实，特别是对改革中出现的问题要认真梳理，属于我们自身的，立即整改；属于省局层面的，及时反映，提出建议。要按照省局要求，重点做好纳税服务体系的优化提升、风险应对运行体系的内涵提升。要把握好改革的关联性、系统性和协同性，结合实际，加快研究，拿出与南京实际和省局要求相匹配、相协调、相一致的深化改革方案。二是突出风险导向。要统筹年度风险计划，以指标动态管理为抓手，有效提升风险管理能力和应对能力；以分类管理为抓手，推进基础信息核实的分析与监控；以测评系统为抓手，提升干部数据应用能力。三是强化税种管理。加强营业税申报基础管理，做好“营改增”扩围对税收影响的分析和应对。提升企业所得税汇缴审核质量，深化后续管理。完善高收入者个人所得税管理机制，探索建立外籍人员管理备忘录。进一步加强土地增值税管理，推行房、土两税明细申报。实施社保费三方实时联网工作。四是打牢征管基础。要继续推进发票综合改革，推广使用无号发票和手持税控机，力争实现发票管理全过程信息化监控。强化征管状况监控分析，加强纳税人基础信息核实确认。拓展国地税联合征管工作广度和深度，提升基层单位联合征管的执行效果。推广应用省局电子档案管理软件，推进档案服务民生创新工作。五是加强信息支撑。探索建立征管智能监测系统，推进软件开发平台建设，建设内控机制运行管理信息系统。

（三）优化纳税服务，促进征纳和谐。一是构建高效型组织机制。坚持“全心、全程、全员”为纳税人服务，强化对纳税服务工作的组织领导，“一把手”要亲自抓，分管领导要按分工抓好落实，各个部门要各司其职，紧密合作。要完善纳税人快速响应机制，以更加优质高效的服务，迎接全国纳税人满意度调查，力争“三连冠”。二是推进标准型办税服务。要深化纳税服务现场检测，完善检测指标，优化检测方式。以办税厅服务标准、业务标准“两个标准化”建设为重点，全面提升办税服务质量和水平。深入推广网上办税应用，探索自助办税机“出厅”和24小时服务。推进纳税信用体系建设，探索建立纳税人遵从行为记录系统，加强纳税信用结果运用。三是打造权威型纳税咨询。探索12366涉税业务查询与受理功能，将12366热线转型为综合服务平台。要以知识库和管理系统为依托，加强咨询答复规范化管理。在全国率先建立12366岗位技能标准，升级南京12366平台为省级平台。四是优化需求型税法宣传。要固化宣传阵地，丰富宣传渠道，运用微信、微电影、动漫等新技术、新载体，开展分类税法宣传，打造宣传品牌。升级改造税收文化教育基地，建设集宣教、研究、收藏于一体的专业性博物馆。

（四）推进依法行政，提升法治水平。一是加强税收法治建设。要以示范单位创建为抓手，以规范执法为重点，深入推进依法行政工作。完善行政审批改革后续管理，加强重大案件审理工作的信息化建设。二是推进稽查现代化建设。要深化稽查管理改革，调优稽查工作机制，加强稽查案源管理，启用办案中心，深化稽查成果运用。优化税收专项检查、分级分类检查，持续开展打击发票违法犯罪等专项整治工作，切实增强稽查威慑力。三是提升督查内审效能。要围绕重点执法环节，分层级开展专项税收执法督察，探索建立执法督察规则库。严格责任追究，探索建立执法责任制评价机制，促进执法规范公正。

（五）加强队伍建设，提升干部素质。一是用机制激励人。要按照构建有效管用、简便易行的选人用人机制的要求,修订完善领导干部、非领导职务两大系列的培养、选拔办法。对领导干部,要将人才培养与后备干部培养统筹起来,把有培养前途的年轻干部放到基层、偏远、艰苦的岗位锻炼,为他们成长进步创造条件。加强与市、区两级协调,积极向外推荐干部,拓宽干部成长渠道。对非领导职务,要重点考虑工作年限长、工作阅历丰富、默默无闻奉献的干部,对他们的付出予以尊重和认可,也通过一些合理办法,如积分制来规范和量化。要改进绩效管理,完善能级制度,进一步激发活力,增强动力,发挥激励导向作用。二是用培训提升人。要依托税收MBA中心,提升优秀年轻干部学历层次,鼓励干部取得"三师"资格。要突出专业性、实效性,注重成果应用,分层次、分类别、有计划地采取出境、出省的方式,加大培训力度。今年,我们计划与四、五个中心城市合作,利用当地的高等院校、税务培训中心,开展有针对性的专业培训。三是用文化凝聚人。系统层面要以"卓越同行"为统领,机关、基层要以各具特色的文化品牌为依托,完善"一体多样"文化格局。开展基层建设活动,把文化建设与群团建设结合起来,组织开展干部喜闻乐见、健康向上的群众性文化活动,提升干部凝聚力和认同感。四是用思想引导人。要坚持把思想政治工作与税收工作、队伍建设、安全履职结合起来,加强理想信念教育和思想道德教育,注重科学管理和人文关怀,特别是从思想、工作、生活各方面关心干部,及时把握干部思想动态,倾听干部诉求,为干部办实事、解难题。深化"先锋行动"品牌建设,积极开展"党员结对帮扶""三争一创"等主题实践活动,充分发挥党建示范点引领作用。

(六)狠抓反腐倡廉,促进安全履职。一是严格落实责任。认真落实党风廉政建设责任制,各级领导干部都要履行"一岗双责","一把手"作为第一责任人,要负总责,副职要承担分管责任,一级抓一级,层层抓落实。要拿出可操作性强的责任落实方案,具体到人、到岗、到事,一旦发生严重问题,整个"责任链"都要严肃追责。二是强化制度保障。要全面推行廉政风险与税收风险、执法风险同步预防机制,构建完善由纪检监察部门牵头推动内控机制建设,向各责任主体落实风险防控联动机制转变。深入推进预防职务犯罪工作。完善与纪委和监察机关的联建联防机制。有计划地对一些重点岗位、高风险岗位实施岗位轮换。三是加强监督制约。要强化对落实中央八项规定以及厉行节约、公务接待、公务用车等各项规定的监督检查。严格基建工程、政府采购、"三公"经费开支等监督管理。加大信访管理和案件查办力度。认真执行财务制度,加强预算管理,防范财务风险。抓好涉税舆情监控,实行动态管理,发现在早,处置在小。四是转变作风行风。要认真总结群众路线教育实践活动取得的成果,促进作风行风建设常态化。扎实开展反腐倡廉教育,深化"清风税廉"品牌建设,推进廉政文化示范点提档升级。广泛开展主题教育、开门纳谏和民主评议活动,保持作风行风领先位次,树立地税部门良好形象。

同志们,新的一年,任务繁重,责任重大,使命光荣。让我们在省局和市委、市政府的正确领导下,深入贯彻落实党的十八届三中全会精神,改革创新,奋发有为,谱写南京地税事业发展新篇章,为建设美丽新南京作出更大的贡献!

柏鹏在党风廉政建设暨作风建设会议上的讲话

(2014年2月10日)

同志们:

今年加强党风作风建设的重要意义非比寻常,有着深刻而特殊的背景:一是中纪委和省、市纪委全会作出了新的部署,特别是习近平总书记在中纪委三次全会上的讲话,再次表明我们党改进作风、惩治腐败一以贯之的坚强决心,为我们深入开展党风廉政建设和作风建设指明了方向。二是当前,抓作风、反腐败成为百姓关注、媒体聚焦的热点,政府部门和公务员处在风口浪尖,需要我们时刻保持清醒,自觉接受社会监督。三是去年,全省地税系统出现了一批违法违纪案件,有我们熟悉的人、熟悉的事,值得反思和警醒,我们务必要认真吸取教训,主动引以为戒。全局上下要把党风作风建设作为今年工作的重中之重,摆在一个非常重要的、突出的位置加以对待。下面,我讲三点意见。

一、2013年党风作风建设取得了新的成效

过去的一年,全局上下坚持围绕中心、服务大局,大力加强党风廉政建设和作风建设,细化措施,狠抓落实,从严带队,安全履职,取得了新的成绩,实现了“三个没有”:没有一起刑事案件,没有一起职务犯罪,没有一起严重违纪。一是责任机制更加健全。建立了四个层级的“责任链”,实行责任捆绑,落实“一岗双责”,严格责任追究,全系统抓党风作风的责任意识进一步增强,形成了齐抓共管、各负其责的工作格局,呈现出上下联动、整体推进的良好态势。二是风险防控更加有效。着眼专业化改革后业务流程、权力配置的新变化,以防控风险为重点,梳理出249个风险点,涉及140个权力点,编印下发了《廉政风险防控指南》。探索建立廉政风险与税收风险、执法风险同步预防机制,风险防控综合效能进一步提升。三是廉政教育更加丰富。探索廉政教育套餐式、积分制管理新机制,开展“微系列”廉政文化创建活动,目前,全系统有9个省级、11个市级廉政文化示范点,广大干部职工廉洁从税的意识不断增强,拒腐防变的思想防线不断巩固。四是作风建设更加深入。深入开展党的群众路线教育实践活动,狠抓“四风”整治,全系统制定整改措施653条,建章立制321项,党风作风呈现出新的面貌。在活动期间开展的全市万人评议机关中,我局获执法类单位第一名。

二、当前党风作风建设面临的新形势

党风作风关乎人心向背,决定事业成败,需要驰而不息、锲而不舍地抓紧抓好。当前,党风作风建设面临着新的形势,有着特殊的背景,我们要从以下“四个深刻认识”上来把握:

*首先,要深刻认识中央反腐倡廉的高压态势。*中共十八大以来,新一届中央领导集体把反腐倡廉和作风建设的重要性和紧迫性提到了新的高度。2013年至今,中央严格落实“八项规定”,连发15道禁令,严查“舌尖上的浪费”、“会所里的歪风”等具体“四风”问题,就像钉钉子一样,一锤一锤敲下去。习近平总书记在中央纪委三次全会上强调指出,要以猛药去疴、重典治乱的决心,以刮骨疗毒、壮士断腕的勇气,坚决把党风廉政建设和反腐败斗争进行到底,再次表明了我们党惩治腐败、整风肃纪的决心。面对新形势、新要求,我们要以更强的责任感、更实的新举措、更大的执行力,坚定不移地把党风作风建设引向深入。

*其次,要深刻认识南京正风肃纪的坚决态度。*杨卫泽书记在市纪委十三届四次会议上强调,要以“零容忍”的坚决态度,全力整治一切腐败现象。过去的一年,市委、市政府以更严的举措惩治腐败,全年查办违纪违法案件623件,处分违纪违法人员644人。坚决反对“四风”,推进“两深化九整治”整改行动,去年共组建暗访组、检查组401个,开展检查1700多次,先后两次通报典型问题15起。也许大家还记忆犹新,节前,溧水区城管局副局长在未履行请假手续的情况下,因私事临时安排他人代会并迟到而被免职。种种情况表明,市委、市政府反腐败、抓作风态度十分坚决,惩治措施、查办力度越来越严,要求我们思想上不能有丝毫麻痹,管理上不能有丝毫松懈。

*第三,要深刻认识系统内外环境的压力挑战。*从外部看,当前,社会公众情绪的燃点低,群众诉求与社会现实之间的落差大,很容易转化升级为社会矛盾。税务部门始终处在矛盾焦点,处在“聚光灯”下,处在各种力量挤压之下,稍有不慎,就会引发矛盾,造成工作被动。从内部看,近年来,全国税务系统腐败案件呈易发多发态势。省局党组坚持有错必究、有案必查、有腐必惩,态度明确。去年,全省地税系统有21名干部被检察机关逮捕。分析这些案件,涉及的领域包括:减免税审批、基金费征收、二手房税收征管、发票审批管理、税收风险应对、税务稽查、基建招投标、设备采购、财务管理等。我们要深刻反思,举一反三,防患未然。

第四,要深刻认识我们自身存在的苗头问题。当前,全系统党风作风建设还存在一些不容忽视的问题。一是有的单位和领导干部忧患意识不强,对“四风”问题重视不够、执行不严。对落实规定和禁令持观望态度,以为一阵风就过去了,认为差不多就行了,还有极个别单位仍在会所安排宴请,麻木不仁。二是经过多年努力,我们构建了较为完整的内控体系,但落实执行不到位、管理流于形式的问题仍然存在,有法不依、有章不循的现象还有发生,滥用职权、不作为、乱作为的情况也有苗头显露。如,违规开具个人所得税完税凭证、放宽发票审核管理规定、随意调整企业征收方式等。三是少数干部违反廉洁自律规定的情况时有发生。如,利用职权变相卡要,要求企业为亲友办事给予照顾,接受纳税人的礼品和宴请,参与营利性活动造成经济纠纷,违规为他人提供便利谋取私利等。四是极少数干部思想素质不高,法纪观念不强,违反社会公德、家庭美德,因家庭问题和经济纠纷引发矛盾,造成不良社会影响等。对以上问题,我们要高度重视,认真对照检查,切实加以整改。

三、今年加强党风作风建设的要求

新的一年,全局上下要充分认识到抓好党风作风建设的极端重要性,狠抓反腐倡廉,促进安全履职。重点做到“五个坚决”:

*(一)以加强制度约束为重点,坚决防范廉政风险。*一是抓制度设计。要制定出内容科学、程序严密、配套完备、有效管用、可操作性强的制度,具体到人、到岗、到事。要通过制度设计,把风险点梳理出来,让干部知道哪些事不能做,做了要承担什么后果,以此来规范行为、堵塞漏洞,实现风险防范的关口前移。二是抓制度管理。要有强烈的政治敏感性,凡是税务系统出现的违法违纪案例,都要及时梳理,从中吸取教训,举一反三,对比我们的制度有没有漏洞?有没有空白?有漏洞的要立刻打补丁,有空白的要及时填补上,实行动态化管理。三是抓制度创新。要全面推行廉政风险与税收风险、执法风险同步预防机制,构建完善由纪检监察部门牵头推动内控机制建设,向各责任主体落实风险防控联动机制转变。完善与纪委和监察机关的联建联防机制。有计划地对满5年的重点岗位、高风险岗位实施轮换。四是抓制度执行。要严格落实中央、省、市和我们自身制定的各项制度,维护制度的权威性、严肃性。要增强制度执行力,让制度“带电”运行,不能让制度成为纸老虎、稻草人。要常抓不懈,不搞一阵风,确保制度执行不打折扣、不变形、不走样。

*(二)以强化监督管理为重点,坚决规范权力运行。*一是管理要从严。要强化对落实中央“八项规定”以及厉行节约、公务接待、公务用车等各项规定的监督检查。严格基建工程、政府采购、“三公”经费开支等监督管理。认真执行财务制度,防范财务风险。要加大案件查办力度,严厉惩治“吃、拿、卡、要、报”等损害纳税人利益的不正之风,严肃查处各种为税不廉行为和违纪违法案件,发现一起,查处一起,严惩不贷,绝不因为要保持荣誉、维护稳定就大事化小、小事化了,凡有干部知法犯法问题发生,我们将以“零容忍”的坚决态度,主动配合纪检部门查处,绝不姑息,绝不护短。二是监督要从紧。要强化权力运行的监督制约,做到权力运行到哪里,监督就延伸到哪里,让权力在阳光下运行,最大限度地防止“暗箱操作”和“寻租行为”。要统筹整合各种监督资源,创新完善内外部监督体系,加大明查暗访力度,及时发现问题,及时抓好整改,同时对检查的结果要排名、要考核、要通报。三是预警要从早。要建立预警机制,给干部套上“紧箍咒”,做到提醒在前、约束在前。要抓好涉税舆情监控,开展经常性分析研判,对一些问题要早做应对预案,发现在早、处置在小。

*(三)以严明党的纪律为重点,坚决强化责任落实。*一是严明党的纪律。习近平总书记强调,党要管党,从严治党,靠的是严明纪律。各级党组织和广大党员干部要严格遵守组织纪律,增强党组织的凝聚力、战斗力,正确处理好民主与集中、个人与组织、自由与纪律的关系,切实增强组织纪律性,自觉接受组织教育监督,自觉服从组织安排,自觉接受组织纪律约束。二是强化责任落实。各级领导班子和领导干部要牢固树立不抓党风作风建设就是严重失职的意识,认真落实责任制,加强对党风作风建设的领导。市局由我负总责,郑良同志、刘军辉同志具体抓,其他局领导在分管工作中主动把党风廉政责任制承担起来。要落实“一岗双责”要求,各单位“一把手”是第一责任人,要管好班子、带好队伍、当好表率,其他班子成员要对职责范围内的党风廉政建设负领导责任。要进一步完善责任体系,把责任细化、具体化,什么样的事由谁来负责,要一一明确。三是确保政令畅通。全局上下要牢固树立大局观念和全局意识,在思想上、政治上、行动上自觉与市局党组保持高度一致,对市局的工作部署,要认真贯彻,坚决执行,绝不允许“上有政策、下有对策”,绝不允许有令不行、有禁不止,绝不允许在工作上讲条件、打折扣。

*(四)以筑牢思想防线为重点,坚决抓好廉政教育。*一是加强思想政治工作。坚持把思想政治工作与税收工作、廉政教育、作风建设结合起来,注重科学管理和人文关怀,及时把握干部思想动态,对一般性问题及时提醒,对苗头性、倾向性问题早打招呼,防止小错酿成大错。二是加强廉政教育。丰富教育内容,拓展教育途径,通过网上“廉政大讲堂”教育平台等多种形式,深入开展理想信念和

宗旨教育,加强党风作风、廉政法规、廉洁自律和警示教育,弘扬主旋律、传递正能量,让广大党员干部自觉做到公私分明、克已奉公、严格自律。三是加强廉政文化建设。打造“清风税廉”核心价值观,提档升级廉政文化示范点,推广“微系列”廉政文化建设活动,以鲜活的案例,警示广大干部不越红线、守住底线、筑牢防线。

(五)以推进作风常态化为重点,坚决纠正“四风”问题。市委提出今年要在全市党政机关开展“创新落实年”活动,明确了今年机关作风建设的重点,就是要提升服务力、创新力、执行力和凝聚力。我们要按照市委要求,以优良的党风作风,确保全年“三大工程”建设深入推进、年度各项目标顺利实现。一是巩固教育实践活动成果。教育实践活动有期限,但贯彻群众路线没有休止符,作风建设永远在路上。我们要深入学习贯彻习近平总书记的重要讲话精神,按照“收尾不收场”的要求,对教育实践活动进行深入系统的总结,扎实开展“回头看”,持之以恒反对“四风”,大力推进后续整改、建章立制工作,切实把活动中形成的思想成果、实践成果、制度成果转化好、巩固好,努力以好的作风开创地税工作新局面。二是建立作风建设长效机制。坚持把作风建设作为一项长期任务,让良好作风成为一种常态、一种习惯、一种文化。要严格遵守廉政准则等各项纪律规定,划定纪律“红线”,落实作风建设规定“硬杠杠”。认真落实领导干部带头改进作风、密切联系群众相关规定。坚决落实《党政机关厉行节约反对浪费条例》,共同营造风清气正的社会环境。三是以优质服务促进作风改进。要以全国纳税人满意度调查为契机,以力争“三连冠”为目标,不断优化纳税服务,构建新型的税收征纳关系。要深化“服务零距离、满意在地税”作风品牌建设,广泛开展“四解四促”、开门纳谏和民主评议活动,保持作风建设领先位次,树立地税部门良好形象。

同志们,安全稳定是个“易碎品”,党风作风建设任务艰巨。我们时刻要以如履薄冰、如临深渊之感,每天从零开始,动态地、持续地狠抓落实,以铁的纪律抓好党风作风建设,为地税事业发展提供坚强保证!

严明纪律 狠抓落实
努力开创党风廉政建设和作风建设新局面

——在2014年全系统党风廉政建设
会议上的报告

刘军辉

(2014年2月10日)

同志们:

这次会议的主要任务是,深入学习贯彻习近平总书记关于加强党风廉政建设和作风建设的一系列重要讲话精神,贯彻落实中央和各级加强党风廉政建设和作风建设的总体部署和工作要求,结合南京地税实际,统一思想,坚定信心,进一步动员和组织全系统广大干部职工,用更高的标准推进南京地税党风廉政建设和作风建设。

一、2013年全系统党风廉政建设和作风建设取得新的成绩

刚刚过去的2013年,全系统各级组织和党员干部,认真学习中央加强党风廉政和作风建设的一系列新要求,围绕贯彻改进作风8项规定,转变观念、从严要求,狠抓落实,促使全系统党风廉政建设和作风建设取得了新的成绩。

(一)党风廉政建设和作风建设组织领导进一步加强

系统上下坚持把党风廉政建设摆在更加重要的位置,以强化组织领导、严格责任落实为抓手,进一步完善四层三级的网格化责任体系,实行领导责任连带包干和责任捆绑制,细化责任分解和追究办法,落实定期形势分析和情况报告制度,加强对廉政和作风建设的动态分析、情况处置、矛盾化解和问题查处,从严实施工作督查,促使各级抓党风廉政建设和作风建设的责任意识进一步增强,主动作为、大胆管理的作风进一步形成,廉政建设齐抓共管、各负其责的工作格局进一步巩固,廉政和作风建设呈现出上下联动、整体推进的良好态势。

(二)风险防控效能进一步提升

着眼税收征管改革后出现的新情况,编印下发《廉政风险防控指南》,逐一明确各权力点廉政风险类别、表现形式、防控措施和责任主体。进一

步细化内控预防制度体系,增强各级自觉查找、主动防范的风险意识。在三个基层单位探索创新廉政风险与税收风险、执法风险同步预防机制,围绕税收业务工作主线,针对重要业务事项和关键环节,构建风险同步识别、同步警示和同步控制的联动措施,促进了廉政风险与执法风险防范的紧密结合,风险防控综合效能进一步提升。

(三)廉洁从税氛围进一步强化

针对形势和环境发生的重大变化,大力开展贯彻落实中央8项规定,大力改进作风的思想教育,组织《税收违法违纪行为处分规定》专题培训,深化"廉政大讲堂"和廉政网页的教育载体功能,推进以基层科所为主体的廉政教育活动。构建"微系列"廉政文化管理机制,依托信息化手段,形成以廉政网页为基本载体,以微信息、微小说、微视频、微电影和微讲堂为主要形式的多途径廉政宣传传播平台,全年共创作作品127个。其中,微电影《棋》入选省局、总局优秀廉政文化作品。全系统廉洁从税的思想舆论氛围进一步浓厚,干部职工执行8项规定和反腐思想防线进一步巩固。

(四)监督管理力度进一步增强

年内以权力监督制约为重点,持续加强各类监督管理工作。围绕对领导班子、特别是"一把手"的监督,开展建制单位"三重一大"执行情况专项检查,对5个离任一把手实施任期经济责任审计。围绕重要权力事项,年内构建了重大基建工程与检察机关联建联防机制,对"三公"经费、会议费、培训费、工会经费和基建项目实施专项审计。围绕重点业务环节联合开展执法监察和执法督察。各单位进一步强化内部管理,及时发现风险隐患并主动整改查纠,有效规范执法行为,保证了高风险事项的管控到位。全年共有71名领导干部主动上交礼金和有价证券合计85.51万元。注重发挥信访监督功能,严肃查办违纪违规苗头,探索信访举报"双公开",我局获全市纪检监察信访管理工作先进单位称号。

(五)作风行风常态化建设水平进一步提高

以贯彻中央"8项规定"为重点,将作风行风建设与群众路线教育实践活动紧密结合、统筹推进。加强长效管理,制定出台《关于进一步强化党风廉政和作风建设的意见》。深入开展教育实践活动,对照"四风"和市委列举的"十个主要表现",全系统广泛征求意见,深入735户企业开门纳谏,查找出"九个突出问题",制定653条整改措施,建章立制321项,向社会公开作出7项承诺。推进"服务零距离,满意在地税"作风品牌建设,优化办税服务,开展办税服务厅现场检测,认真办理咨询投诉事项,组织"网络面对面"和行风热线活动,纳税人满意度不断提升。加强作风行风常态化管理,组织"群众满意基层站所"回头看,加大苗头隐患的查纠力度。全系统荣获全市"三争一创"先进集体,在2013年全市万人评议机关中,再获执法类单位第一名的好成绩。

二、清醒认识党风廉政和作风建设面临的形势

当前,党风廉政建设和作风建设面临着前所未有的高标准和严要求,这既为我们做好工作指明了方向,提供了有利的外部环境,也给我们的工作带来更多新的压力和挑战。

从工作整体要求看,新一届中央领导集体,从全局和战略的高度,把党风廉政建设和作风建设,作为治国理政的重要内容,提出了更高的要求,形成了强大的声势和氛围。中央从去年以来,先后出台15个与公务人员工作生活相关的制度规定,对涉及公务活动和行为各个方面进行全面规范,并陆续公布了一大批典型案例。面对这样的形势,我们只有用更开阔的视野,更强的责任担当和更强的忧患意识,用更有力的工作举措做好工作,才能有效落实中央要求,积极回应社会关切,自觉接受监督,使我们的工作始终立于主动。

从社会和舆论环境看,伴随廉政和作风建设深入,整个社会和公共舆论对反腐倡廉,改进作风表现出很强的参与和监督意识。税务机关是重要的窗口单位和执法部门,点多线长,与服务对象联系紧密,队伍体量较大,各个层级手上都有一定的权力,社会关注度更高,服务对象的要求也在不断细化,稍有不慎,很容易在廉政和作风建设上发生问题,对地税事业发展和组织形象带来负面影响。从税务系统近期发生的问题看,去年以来全省地税系统发生的违法违纪案件,突出表现为四个方面的特点:一是由接受纳税人好处造成的受贿犯罪突出,多期案件是个别税务干部以受贿为前提,利用手中权力为他人谋取不法利益。涉及到减免税审批、基金费征收、二手房税收征管、发票审批管理、税收风险应对、税务稽查等多个环节和领域。二是因工作不负责任并造成后果,而被作渎职和滥用职权犯罪追究的占一定比例。涉及到随意简化工作程序、对不符合条件纳税人供票、发现开票异常放任管理等。三是基层所分局长和一线执法人员涉案较多。有的收受纳税人钱物,在税款、基金征收上给予关照;有的转引税款,以不正当手段获取地方政府奖励;有的吃拿卡要累计数额较大构成受贿犯罪等。四是发生在领导干部身上问题占一定比例,去年全省有二名曾任县局一把手的干部被追究刑事责任。这些都给我们敲响了警钟。

从我局自身情况看,在肯定成绩的同时,也要清醒看到存在的问题和薄弱环节。一是有的认识和观念滞后。工作敏感和警觉性不强,对情况盲目乐观,对一些苗头和问题不以为然,廉政和作风建设与整体工作的结合还不够紧密。二是有的责任意识不强,满足于常规工作,抓问题顾及情面多,得过且过,对一些苗头和问题查纠瞻前顾后,工作不够有力。三是有的监督管理不严。内控机制落实不够到位,一些高风险事项没有得到有效监控,去年先后发现并查处了违规开具个人所得税完税凭证、私自放宽发票审核管理规定、随意调整企业税收征收方式等问题和行为,暴露了管理制约上存在的漏洞。四是队伍为税不廉和服务态度较差的问题不同程度的存在。如有的参与营利性活动造成经济纠纷,有的违规为他人提供涉税便利谋取私利,少数干部收受纳税人好处的行为还时有发生。

面对新形势新情况和新任务,我们必须进一步强化忧患意识、责任意识、风险意识和规矩意识,坚定信心,勇于开拓,突出重点,防范为先,以更加有力的举措和更加扎实的工作,推动党风廉政建设和作风建设取得新的成效。

三、2014 年党风廉政建设和作风建设的主要任务

总的要求是:以党的十八届三中全会和十八届中央纪委三次全会精神为指导,坚持创新驱动,突出问题导向,以廉政风险与税收风险、执法风险同步预防为重点,以作风建设常态化管理为抓手,规范权力运行,注重监督预防,坚决纠正“四风”,狠抓工作落实,严格问责追究,以党风廉政和作风建设的新成效,为地税组织发展和目标实现提供坚强有力的保证。年内突出抓好六个方面的工作:

(一)以贯彻八项规定为核心,大力加强纪律建设

在系统上下进一步强化遵章守纪,讲究规矩,个人服从组织,下级服从上级的风气。严格执行党的政治纪律、组织纪律、工作纪律、财经纪律,决不允许有令不行,有禁不止的行为,克服各种形式的自由主义、好人主义和纪律松驰现象,真正使纪律真正成为带电的高压线。严格落实请示报告制度,继续以贯彻中央八项规定为重点,狠抓规章制度的落实,加强对纪律执行情况的监督检查。通过运用领导约谈,诫免谈话,监察建议,责任追究等措施,加强对各级履职情况的监督 ,围绕重点工作和存在问题,开展专项执法和效能监察。认真落实《干部问责管理暂行办法》,细化已有责任链条和追究办法,加大对工作失职、发生问题领导责任的追究力度,规范问责程序,强化问责结果运用,严肃查处失职渎职等违法违纪行为。

(二)以风险同步预防为抓手,深化风险防控体系建设

构建廉政风险与税收风险、执法风险同步预防工作机制。依据《廉政风险与税收风险、执法风险同步预防工作指导意见》,围绕税收业务工作主线,突出重要业务事项和关键环节,落实风险识别、教育警示、风险控制等联动措施,形成动态管理、重点突出、整体联动、全程预防的风险防控工作新格局。拟在年中召开工作推进会总结交流工作经验。

强化风险防范内嵌式管理。按照党风廉政建设一岗双责,认真落实各职能部门防控责任。建立风险联合应对联席会议制度,定期推送、排查风险,按职能分别应对落实防控责任,进一步形成防范工作齐抓共管,科学有效的工作体系。注重发挥科所一级在廉政和作风建设中应有的作用。

统筹发挥各监督管理手段综合效能。加强纪检监察、执法监察、执法督察、财务审计、巡视检查、班子考核等监督管理手段的整合,加强过程协作,信息共享和结果共用,提升监督管理综合效益。优化完善与纪委、监察、检察、公安等外部门的协调联动和信息互通机制,健全综合性预防工作网络。

深入推进预防职务犯罪工作。以防范执法风险为重点,以反渎职和滥用职权为主要内容,不断强化防范意识,加大执法督察力度,做到发现在早,处置在小,拓展风险化解途径和方法,大力开展预防职务犯罪争创活动,积极争创省、市"预防职务犯罪先进单位"。

(三)以权力运行为重点,切实加强监督管理

优化常态化监督机制。创新完善外部监督体系,固化常态化明察暗访机制,建立行风建设服务对象随机抽样评价制度,推行干部下户廉政回访和工作情况反馈,优化外部监督员工作机制。综合运用分片抽查、交叉互查、内部巡查和暗访调查等手段,提高监督管理的有效性。拓展社会监督渠道,认真做好各类群众诉求平台办理工作,广泛组织开门纳谏和民主评议,完善外部监督信息源汇总评价和通报制度。

加强对领导干部、特别是"一把手"的监督管理。严格落实重要情况报告、述职述廉、民主生活、诫勉谈话、询问和质询、特定问题调查等监督制度。加强重点领域和高风险事项的监督管理。认真开展对中央八项规定、干部选拔使用、基建工程、政府采购、"三公"经费支出等制度规定执行情况的监督检查。

加大信访查办工作力度。贯彻落实《2013-2016年全省纪检监察信访举报工作绩效管理意见》,强化案件线索主渠道功能,不断加大案件直接查办和跟踪督办力度。强化信访监督,积极推进信访举报"双公开"工作。完善信访重要案情报告制度,加强对信访查实问题和苗头隐患的成因剖析和情况通报,探索更好发挥信访教育、监督和预防作用的有效途径。对确实情节严重的违纪违法行为,该查办的查办,该移送的移送,决不姑息。

加强干部八小时外的监督管理。优化内部监督管理,充分调动基层单位从严监督管理的主观能动性,围绕思想道德建设、人员遵章守纪、廉洁自律和维护公职人员形象等,细化纪律规定,严格个人事项报告制度,有针对性的研究和强化管控措施,积极发挥家庭助廉作用。

(四)以筑牢思想防线为基础,深化反腐倡廉宣传教育

进一步提高廉政教育的针对性。紧贴工作和干部思想抓教育,年内突出抓好习近平总书记重要讲话,中央加强党风廉政和作风建设各项政策规定,当前形势任务,以及典型案例的学习教育。各单位要结合实际,在教育的思想性、互动性、经常性、多样性等方面下更大功夫,营造更加深厚的廉洁从税思想氛围。

构建网络化廉政教育平台。改版升级廉政网页,建立网上"廉政大讲堂"教育平台,建设网络版纪律规章条法库,进一步丰富课件内容,优化在线学习,加强互动交流,传递正能量,不断提高干部自我学习的吸引力、主动性和自我约束的紧迫感。

积极拓展各类教育资源。广泛开展案例教学、现场教学和社会教学活动,强化各类社会示范和警示资源的作用。将廉政教育内容纳入干部制式培训课程,固化已有教育阵地。落实单位主要负责人年内讲一次廉政党课、作一次反腐倡廉形势报告的制度。

深化廉政文化品牌传播。以"清风税廉"核心价值观为引领,广泛开展形式多样的廉政文化创建活动。推进廉政文化示范点提档升级,努力在深化内涵、全员参与、提升功能上取得实效。推广"微系列"廉政文化建设活动,以微信息、微视频、微讲堂等电子化手段,提升廉政文化传播的及时性和吸引力。

(五)以优化服务为重点,大力推进机关作风建设

2014年起,全市机关作风评议将发生很大的变化,实行对部门两年一个周期的评议,不再组织重点处室(服务窗口)评议活动。在考核方法上,参考现代企业"360度评价法",评议分由过去一次性评议投票向群众评议、重点工作完成情况评价、服务效能检测、常态化工作考核四个维度转变,并加大了社会评议人的权重,保持作风评议领先位次的难度和压力明显加大。

全系统上下,要继续把作风行风建设,作为提升工作绩效,加强队伍建设的综合抓手,在常态化和提高质量上狠下功夫,一是要推进作风建设理念和工作创新。一手抓好落实8项规定,改进作风的各项工作,一手面向服务对象,坚持"全心、全程、全员"为纳税人服务,以需求为导向,着力加强从"强化管制"向"优化服务"的转变。不断优化办事流程,提高行政效率,方便企业和群众办事,不断提高服务纳税人的水平。二是要大力推进作风

品牌建设。深入开展“服务零距离、满意在地税”创建活动,以“三争一创”为统领,统筹推进“三服务”“四解四促”“万名党员干部帮万户”和“双拥模范城”创建等活动,切实推进“四项制度”的建设与落实。建立“三个服务”常态化工作机制,制定为基层为纳税人办实事计划,努力在求真务实上下功夫。三是强化问题和目标导向。落实全市“两深化九整治”要求,强化即说即行的意识与责任,推进群众路线教育实践活动各项整改措施的落实到位。积极应对作风评议的机制调整,以争创人民满意单位为目标,精心组织,积极迎评,努力保持作风领先位次。

(六)以责任传导为核心,强化廉政和作风建设责任落实。

细化“一岗双责”工作要求,进一步强化市局、区局、科所三级和到一般干部四个层面防范廉政风险责任体系和责任捆绑机制,落实定期形势分析和情况报告制度,细化党风廉政和作风建设列入经常性议事日程,伴随工作全过程的运行机制。严格党风廉政责任分解。强化廉政目标任务刚性要求,推动廉政和执法风险防控责任在各职能部门的进一步落实。不断完善纪检监察部门牵头、各部门各负其责的齐抓共管工作格局,织密各条线共同监督制约权力运行的完整体系。拓展各级各部门将两权监督和风险防控内化于日常业务管理的途径和方法,切实形成推进反腐倡廉建设的整体合力。

构建重大风险联动应对工作机制。定期分析查找各类风险苗头,凡重大风险事项、系统内外发生的违法违纪案例、重大工作隐患和苗头等,都要进行成因剖析和对照检查,按职能及时推送相关部门及时完善制度,制定防控措施,消除隐患。

完善督查考核机制。坚持把党风廉政建设工作和责任制落实情况,作为对领导班子总体评价和领导干部业绩评定、奖励惩处、选拔任用的重要依据,强化责任追究制度,切实维护党风廉政建设制度规定的刚性要求。

同志们,抓好新形势下党风廉政建设和作风建设,责任重大,使命光荣,全系统上下要瞄准目标,奋发进取,努力取得新业绩,不断开创新局面,为南京地税事业更好更快的发展做出积极的贡献。

柏鹏在系统负责干部会议上的讲话

(2014 年 7 月 9 日)

同志们:

在上下半年交替的重要时间节点,我们召开“一把手”会议,主要背景是,认真贯彻中央和省、市要求,推动党风廉政建设责任制党委主体责任、纪委监督责任“两个责任”的落实。当前,环境更紧、要求更高、青奥更近,在这种情况下,党组、领导班子,特别是“一把手”,要切实担负起主体责任来,狠抓队伍建设,确保干部队伍廉洁、稳定,这是最关键、最核心的问题。刚才,郑良同志就作风评议等有关工作作了说明和部署,军辉同志就市委落实“两个责任”实施办法作了宣讲和解读,大家要认真贯彻落实。下面,我就落实“两个责任”,讲四点意见。

一、落实“两个责任”,必须统一思想认识

党的十八届三中全会决定指出,落实党风廉政建设责任制,党委负主体责任,纪委负监督责任。习近平总书记在中纪委三次全会上强调,“要落实党委的主体责任和纪委的监督责任,强化责任追究”。落实“两个责任”,是党中央着眼于党和国家事业发展,特别是党的建设全局,作出的重大决策部署,是新形势下推进党风廉政建设的重大举措。

我们要坚决贯彻中央和省、市部署,把落实“两个责任”作为重大政治任务抓紧、抓好,全面推动地税系统党风廉政建设,切实履行领导班子的集体责任和班子成员的个人责任。一是提高思想认识。我们学习党章和三中全会报告的一个深刻体会是,党风廉政建设和反腐败斗争的关键,是要落实党委的主体责任。党要管党,从严治党,党委要不管党,党委书记要不旗帜鲜明地抓党风廉政建设,光靠纪委是根本做不到的。如果党委只是定期开个会、讲个话,对党务工作“只挂帅不出征”;如果党委忽略本质,只重业务不抓党务;如果党委置身事外,对纪委工作不表态、不支持,党风廉政建设的力度从何而来?因此,全系统上下,从我做起,要真正把党的观念树立起来,始终牢记党风廉政建设是党组、班子的事、“一把手”的事,而不仅仅是纪检、监察部门的事、分管领导的事。有了这样的认识,就有了党要管党的责任感,就有了主动意识,才能做到班子“不松手”、一把手“不甩手”、分管领导“不缩手”。二是把握内涵实质。从主体责任看,中央《关于实行党风廉政建设责任制的规定》明确要求,“实行党风廉政建设责任制要坚持党委统一领导。各级党委抓党风廉政建设的主体责任是法定之责,抓不好是失职、不抓不管是渎职”。因此,各级领导班子要切实担负起统一领导、直接主抓、全面落实的责任,对反腐倡廉工作全程参与,具体抓部署、抓落实、抓检查、抓考核。“一把手”是党风廉政建设第一责任人,班子其他成员对分管范围内的党风廉政建设负领导责任,要一级抓一级,层层传导压力。从监督责任看,各级纪委协助党委加强党风廉政建设,核心是按照中央转职能、转方式、转作风的“三转”要求,推动纪检监察工作转到监督、执纪、问责上来,把主要精力集中到监督检查、执纪问责、查处腐败上来,回归主业,做到不缺位、不越位、监督到位。三是强化责任落实。按照市委实施办法的要求,市局党组专门制定了《党风廉政建设责任追究办法》,对在推进党风廉政建设工作中履职不到位,单位在作风建设、失职渎职、贪污腐败等方面发生问题的,依据“两个责任”要求,追究有关单位和领导的责任。这个办法是市委的统一部署,也是落实“两个责任”的必然要求。关键是要让制度“带电”,责任到人,谁违反就追究谁。办法明确了各级责任,从科所长一直到我,都要在党风廉政建设中负起主体责任来,如果出现了问题,就要依据办法来追究。同时,我们这次在办法中特别强调,要求大家主动发现问题,并且及时纠正,可免予追究,其目的,还是希望大家积极主动地把责任承担起来,如果你不承担责任,甚至推卸责任,就要承担相应后果。当然,我们强调主体责任,也要求纪检监督部门担负起监督责任,如果出现了问题,在责任追究过程中发现廉政建设监督检查不到位,或者制度建设不到位,同样,分管廉政建设的领导也是责任人,也要追责。

二、落实“两个责任”,必须确保安全稳定

随着青奥会的临近,安保维稳的任务越来越重。6月29日,市委、市政府召开动员部署大会,启动青奥安保维稳大防控行动,要求以“共建平安南京、共创平安青奥”为主题,按照“守住边、稳住面、控住线、保住点、盯住人”的要求,确保实现“六个绝不发生”:绝不发生影响政治安全的敏感事件,绝不发生暴力恐怖事件,绝不发生影响社会稳定的重大群体性事件及个人极端事件,绝不发生到青奥会场馆和驻地非法滋事事件,绝不发生恶性刑事案件,绝不发生重大公共安全事件。按照部署,青奥会期间,全市将组织50万名平安志愿者,打一场青奥安保维稳大防控的人民战争。

全系统上下要按照市委、市政府的要求,牢固树立“平安青奥是底线、更是大局”的观念,充分认识做好青奥安保维稳工作的极端重要性,落实“两个责任”,看好自己的门、管好自己的人、做好自己的事,以地税系统的安全稳定,保青奥大局的平安稳定。一是主动承担责任。此次青奥安保维稳大防控,实行反恐勤务等级标准,按备战、临战、实战三个阶段,实施常态响应、二级响应和一级响应,分别按辖区实有人口的3%、4%、5%投入防控力量。市委、市政府与各区、各部门都签订了责任书。对地税来说,我们是维稳领导小组的成员单位,我们的工作涉及千家万户,和社会,和广大纳税人,和老百姓联系最广、最紧密。我们工作的性质,决定了要在维稳中发挥更加重要的作用;我们工作做得好不好,对于社会稳定至关重要。所以,我们更要讲政治、讲大局,更要全身心投入,承担起责任。要继续做好“百日环境大扫除”工作,对政府和有关部门安排的任务,要安排好人员力量,该承担的承担、该配合的配合,不折不扣抓好落实。二是排查安全隐患。全系统上下要按照“多层次、全覆盖、动态化”的要求,深入排查可能影响安全稳定的各类问题隐患,全面进行“兜底翻”,做到底数清、情况明、掌控严。对车辆安全、消防设施、食品卫生、基建工地等重点领域、关键部位,要抓好安全措施、安全责任的落实,分兵把守,不留死角,确保不发生安全事故。要认真落实值班制度,青奥会期间,各部门、各单位“一把手”不得出境,领导干部外出要严格履行请销假制度,24小时都要通得了话、找得到人。要加强舆情监控,对涉税舆情要做到第一时间发现、第一时间处置、第一时间解决,避免引发炒作。三是防范化解矛盾。要高度重视涉税信访、举报工作,对一些疑难案件,要坚持依法办事、公平公正、把握节奏、妥善处置,确保矛盾不激化、问题不新增、人员能稳控。要更加积极主动地加强纳税服务，绝不能出现与纳税人发生冲突矛盾、造成有影响的事件。对12345、12366、微博、信访等各渠道、各环节反馈的纳税人诉求，要快速处理，及时回应。能解决的，一分钟都不要耽搁，不能解决的，要耐心细致地做好解释，取得纳税人的理解。这段时间，凡是可能引起社会负面反应的税收政策，一律不得发布；凡是可能引发纳税人不满情绪的征管举措，一律不得出台。四是盯紧重点人员。各单位要按照"管住、盯牢"的要求，认真梳理、排查有苗头、有问题的人员，密切关注其动向，采取"一对一""人盯人"的方式，实时掌握其行动轨迹，分类、分层进行疏导稳控，确保"不失控、无遗漏"。各级领导干部要走进基层、深入一线，及时了解、掌握干部思想状况，加强人文关怀，注重教育引导，把广大干部职工注意力集中在工作中、凝聚到事业上，确保全系统安全稳定。

三、落实"两个责任"，必须严格执行制度

大家都知道，前段时间，六合区四套班子利用到化工园考察调研之际超标准聚餐，违反规定发放、收取慰问金，主要领导被免职，纪委书记被调离岗位。在税务系统内部，深圳市国税局金水湾培训中心引发舆情关注和炒作，影响十分广泛和恶劣，习近平总书记、李克强总理、王岐山书记、张高丽副总理都作了批示，总局局长王军专门召开会议，提出了明确要求。总局、省局下发通知，要求对培训中心、为政不为、为税不廉、公款吃喝、纵酒行为、慵懒散、规范津补贴发放等七个方面进行专项整治。同时，中央和省、市先后下发了接待费、会议费、差旅费、培训费、出国费等一系列管理办法，范围之广，要求之严，规定之细，前所未有。

以上这些都再次警醒我们，八项规定、"反四风"绝不是一阵风，我们要引以为戒，举一反三，警钟长鸣。一是认真梳理制度。市局根据这些情况和问题，按照现有的规定和要求，进一步梳理完善了有关制度规定。刚才，郑良同志就有关费用开支的规定作了说明。后面，市局还要相继出台接待、培训、会议等若干专项制度规定。大家要高度重视，切实抓好贯彻落实。二是严格遵照执行。各部门、各单位要严格遵守各项制度中规定的接待、培训、会议、出差、出国等管理要求和费用标准，认真执行财务制度，严格按程序办事，按制度办事，真正关进制度的笼子里，不让制度成为纸老虎、稻草人。领导干部要按照"反四风"和厉行节约、反对浪费的要求，带头遵守各项制度规定，起到示范和表率作用。三是加强监督管理。要按照落实"两个责任"的要求，加大对各项制度规定的执行和监督力度，坚持从严、从紧的原则，严格审核，严格把关，强化节约意识，提高资金使用效益。要加强对各项制度规定落实情况的监督检查，确保制度执行不打折扣、不变形、不走样。

四、落实"两个责任"，必须锻造优良作风

今年是全市机关评议大年，最近，市里下发了《作风建设综合评议方案》，全局上下要高度重视，加强组织领导，落实"两个责任"，统筹推动作风评议各项任务的落实，确保取得好成绩。一是明确目标。自从开展"万人评议机关"活动以来，市委、市政府每两年一次评出"人民满意单位"，我局在总共五次评比中都获得殊荣，成绩来之不易。盛名之下，更要加倍努力，保持荣誉。今年的目标，要确保在评议中取得好成绩，继续蝉联"人民满意单位"称号。二是积极应对。与以往年度评议方案相比，今年的方案在评议构成、评议权重、实施部门和评议方法等方面作了较大的调整，呈现出"结构多元、权重分散、取值多维"的特点。有三个点位大家一定要高度重视，一个是基层单位，一个是服务窗口，一个是重点岗位。从基层单位来看，这次基层单位的评议结果要带进来，因此，各区局评议情况就显得特别重要。总的来说，各基层单位在评议中作风建设是扎实的，评议结果是好的，基本上排在前三名，多数排在第一，但是有个别单位，排名靠后，必须紧急行动，迎头赶上。从服务窗口来看，虽然我们两次满意度调查、"12345"工单办理考核成绩都不错，但是实际上，无论是我们自己搞的"神秘客户"，还是省局从去年开始的第三方调查，都查出了我们在办税服务大厅、"12366"还存在不少问题，需要认真加以改进。从重点岗位来看，行政服务中心考核进步还是比较明显的，从去年排名靠后，到今年上升到了第2名，关键要保持。我们要针对这些重点部位，加强研究分析，积极做好应对，确保在各环节、各事项上取得好的成绩，以此来保证我们整个作风评议有好的结果。三是上下联动。各单位要按照市局要求，准确把握评议活动的新变化、新特点和新要求，发动广大干部职工积极参与评议活动,上下联动,形成合力。要将迎评工作进一步细化,针对各评议项目内容,做好责任分解,制定出有效的应对举措和方案,工作要细,措施要实,成效要好。四要统筹兼顾。要处理好评议活动与税收工作、安全维稳之间的关系,既要搞好评议活动,又要统筹安排好各项工作,做到两手抓、两促进、两不误。要切实把作风评议,作为深化群众路线教育实践活动的一次检验和考核,把整改作为评议活动的主线贯穿始终,坚持未评先改、边评边改、以评促改,推进地税工作取得新进展、迈上新台阶。

同志们,落实党风廉政建设责任制"党委主体责任、纪委监督责任"是党章赋予的重要职责,是义不容辞的政治责任。全系统上下要深入领会,认真落实,全面履行,确保干部队伍廉洁、稳定,不断开创南京地税党风廉政建设新局面。

柏鹏在南京地方税务局半年工作会议上的讲话

(2014年8月12日)

同志们:

这次会议的主要任务是:深入贯彻党的十八届三中全会精神,认真落实省局和市委、市政府工作要求,总结上半年工作,部署下半年任务,动员全局上下进一步统一思想,坚定信心,攻坚克难,狠抓落实,确保完成全年各项目标任务。

今年上半年,全局上下以组织收入为中心,以改革创新为主题,以安全履职为保障,坚持依法治税、服务大局、强化管理、倾情带队,深入推进"三大工程"建设,各项工作扎实推进,成效明显。

(一)服务大局促发展,税收职能作用有效发挥。一是积极应对组织收入面临的困难,严格依法征税,充分挖潜增收,通过全局上下的共同努力,顺利实现"双过半"。共组织各项收入571.5亿元,增长11.7%。其中,税收收入370.5亿元,增长11.6%;市县级公共财政预算收入271.3亿元,增长9.5%,完成市政府目标的51.3%;组织社保费172.3亿元,增长11.9%。组织收入的稳定增长,为服务南京经济社会发展提供了财力保障。二是主动贴近市委、市政府决策,落实好调结构、促转型、惠民生各项税收政策,上半年办理减免税82亿元。其中,促进和改善民生,为68465户次企业和个人办理减免税50亿元;服务转型发展,为134户企业减免税收13亿元;落实科技创新政策,为440户企业减免税收19亿元。三是加强经济税收分析,通过《透过税收看经济》上报分析材料6篇,3次受到市委、市政府主要领导批示表扬。我局撰写的《综合与分类相结合的个人所得税征管机制研究》,在全国国际税收研讨会上被评为第一名。

(二)改革创新求突破,"三大工程"建设深入推进。一是按照"基础管理属地化、纳税服务客服化、征纳互动网络化、风险应对专业化"的改革思路,深化完善征管改革,规范调整税源管理岗位设置。大力推进风险管理,上半年推送风险任务4937户,实现应对收入8亿元。深化分类管理,编发大企业税收管理及服务配套制度,实现大企业互动式管理。二是不断改进和优化纳税服务,推进办税厅服务标准化,做好纳税人满意度迎查工作。开展"便民办税春风行动",建立领导班子挂钩联系企业制度,走访企业651户,收集各类意见建议358条。上半年12366咨询总量达64.9万次,办理12345工单980件,在全市高派单部门中名列第一。开展税法宣传,策划"我与青奥一路同行"、"美丽南京、感谢有您"微系列宣传月主题活动。三是大力推广"卓越同行"文化品牌,组织基层单位开展文化建设提升工作,构建文化建设"品牌链",形成各具特色、一体多样的新格局。编印南京地税《税务文化手册》,融入新时期税务文化核心价值理念。组织开展"道德讲堂"、"志愿服务"、"结对共建"等活动,不断巩固基层创建成果,提升创建水平。

(三)以人为本带队伍,干部综合素质不断提升。我局再次获得全省地税系统"三个一流"考核第一名,建邺局获得"全国税务系统先进集体"称号,江宁局、六合局被表彰为"江苏地税20周年建功集体"。一是加强领导班子建设,修订领导干部选拔任用、非领导职务晋升、后备干部管理办法,构建有效管用、简便易行的选人用人机制。拓宽干部交流渠道,4名科级干部推荐到地方担任副处级领导职务。完善能级评定制度,有201人晋升能级。开展"一战到底""最强税官"等众多形式新颖的春训活动,上半年组织制式培训12期13个班,培训科以下干部674人。二是认真贯彻中央和省、市要求,推动"两个责任"的落实。研究制定《党风廉政建设责任追究办法》,明确各级责任。建立廉政风险与税收、执法风险同步预防工作联席会议制度,推进风险防控创新实践,提高风险防控综合效能。三是加强党的建设,做好机关党委换届选举工作。推进党建品牌、学习型党组织建设,举办"微型党课"活动。深入开展"三争一创"活动,抓好"先锋行动"、"党务公开"等党建示范点建设。制定37项为基层、为纳税人办实事计划。四是认真贯彻落实中央八项规定及厉行节约、公务接待、公务用车等各项规定,制定接待、培训、会议、出差、出国等管理要求、标准。全力做好青奥安保维稳工作,加强组织领导,排查安全隐患,防范化解矛盾,开展"百日环境大扫除"行动,抓好涉税舆情监控,处置涉税舆情43起,以地税系统的安全稳定,保青奥大局的平安稳定。

总体上看,上半年面对挑战和压力,全局上下表现出了昂扬向上的精神面貌、主动作为的进取姿态、团结奋进的协作意识,各项工作进展顺利,为完成全年目标任务奠定了基础。

做好下半年工作,要加强对形势的研判。一方面,我们要直面挑战。一是我国经济正处于增长速度换档期、结构调整阵痛期、刺激政策消化期"三期叠加"阶段,经济增速持续放缓,下行压力明显加大,宏观环境错综复杂。二是南京正处在转型升级、爬坡过坎的重要关口,面临着经济下行与转型升级的双重压力、外需不振与内需不旺的双重挑战、加速新兴产业发展与化解产能过剩的双重任务,有效投入不足,上半年全市工业投资负增长17.3%,经济发展的不确定性、不平衡性凸显。三是当前,在中央八项规定的大背景下,上级要求越来越高,各方监督越来越严,干部思想越来越活,给我们带队伍提出了新的要求。征管改革进入"攻坚期"和"深水区",需要我们创新思路,稳慎应对。另一方面,我们要把握机遇。一是中央先后出台了一系列政策措施和专项改革意见,国家定向调控的针对性和有效性明显增强。7月份PMI指数达到51.7%,连续5个月回升,有利于稳定市场预期、增强发展信心。二是南京经济发展呈现稳中向好态势,上半年实现地区生产总值增长10.2%,公共财政预算收入增长10.7%,主要经济指标增速高于全省和苏南平均水平。新一轮改革的全面推进、青奥会的顺利举办、江北新区建设等,为今后的发展拓展了更大的空间。三是南京地税经过20年的发展,取得了显著成绩,集聚了强大动力,奠定了坚实基础。特别是我们有着一支政治坚定、奋发进取、勇挑重担、无私奉献、特别能战斗的队伍,这是做好一切工作的重要基础。

面对新形势、新任务,全局上下要认真贯彻落实上级各项决策部署,突出"四项重点",以征管改革为主线推进业务建设、以落实税收法定原则为重心推进法治建设、以绩效管理为抓手推进组织建设、以落实八项规定为契机推进廉政建设,重点做到"五个聚焦、五个确保"。

一、聚焦组织收入,确保完成任务。下半年,组织收入形势依然非常严峻。目前,房地产税收占总税收的比重达到38.3%。但今年以来,房地产景气度有所回落。国家统计局数据显示,6月份全国70个大中城市近八成房价下跌,全国49个限购城市已有29个"松绑"。南京上半年商品房销售面积、金额分别下降21%和12.7%,二手房分别下降43.6%和36.7%。后期房地产市场不确定因素增多,加大了组织收入的难度。全局上下要把组织收入作为中心工作、核心任务来抓,采取切实有效措施,确保完成全年收入任务。一是强化组织力度。各单位要按照市局的统一部署,进一步加强收入情况跟踪,把握好收入进度。要认真梳理,全面排查税源,挖掘增收潜力,把该收的税收上来。二是强化质量监控。要把质量放在重要位置,坚持依法组织收入,不收过头税,不寅吃卯粮,不空转、虚转。要整合优化"四联动"平台、税收预测平台、收入质量监控平台,科学预测并监控月度、季度、全年收入数据,保持组织收入的均衡性。三是强化措施落实。要加强对重点税源企业、重点项目、重大投资的跟踪监管力度,及时掌握税源税户情况。加强对房地产企业的项目管理,从土地出让、开工建设、竣工销售三大环节做好分析预判,抓好收入跟踪管理,确保税款及时足额入库。

二、聚焦民企发展,确保服务到位。一是从观念入手,统一思想,认真贯彻市委、市政府关于促进民营经济发展的部署要求,作为第一信号,用第一速度,按第一标准,全力以赴做好服务。落实市里下发的“1+5”文件,制定服务民营经济发展的税收工作方案,支持民营经济发展。二是从政策入手,着力解决民营经济发展存在的政策针对性不强、知晓率不高、落实率不够的问题。梳理出台惠及民营企业的税收政策,加大政策落实力度,掌握从宽,手续从简,落实有力。通过多种形式,借助多种渠道,加强政策宣传,提高政策知晓度。三是从方法入手,在市局层面加强统筹协调,避免“多头执法”“重复检查”给企业带来负担。试行“先自查、后稽查”的体制,先在全国500强和全省100强等骨干龙头企业中试点,对在数据比对中发现的疑点问题,先通知企业自查自纠,对已自行纠正的,不再安排检查。同时,继续发挥稽查震慑作用,对那些恶意偷逃税的纳税人,严格执法,坚决打击。四是从服务入手,按照市里提出的“努力把南京打造成为“长三角”地区收费标准最低、收费事项最少的城市”要求,取消涉税工本费,认真梳理委托代征的基金费项目,配合有关部门提出相关建议。建立局领导挂钩联系大型龙头民营企业的“直通车”制度,形成常态化沟通服务机制。全面梳理针对民营企业的行政审批事项,能取消的取消,能下放的下放,能简化的简化。

三、聚焦税收征管,确保创新突破。一是深化征管改革。要巩固成果,打牢基础,深入基层开展调研,总结回顾两年来的征管改革成果,认真梳理分析改革中出现的问题。在此基础上,贯彻落实好省局一号文要求,一方面顺应省局不断深化改革的要求,另一方面顺应基层完善改革的呼声,深入研究,制订既符合省局要求,又符合南京地税实际的改革方案。根据征管工作的目标任务和现行工作的实际需要,转变观念,突出和强化事后监督,按照基础管理类和风险应对类,对各项征管事项作出科学分类,进一步优化机构职能,调配好人力资源。二是强化税种管理。密切关注“营改增”进展情况,做好对税收影响的分析和应对。提升企业所得税汇缴复审质量,深化后续管理。推进投资者利股红所得、股权转让个人所得税管理,规范境外上市公司税收管理。加大土地增值税清算力度,推广房、土两税明细申报,全面应用存量房交易纳税评估系统。三是打牢征管基础。落实“两个减负”要求,进一步梳理、简化涉税业务事项。继续推进发票综合改革,推广使用无号发票和手持税控机,力争实现发票管理全过程信息化监控。强化征管状况监控分析,加强纳税人基础信息核实确认。建立征管智能监测系统,推进软件开发平台建设,上线运行内控机制运行管理信息系统。

四、聚焦队伍建设,确保作风优良。一是加强干部队伍建设。认真贯彻省局、市局制订的干部管理办法,适时开展领导干部选拔、交流,加强机关、基层干部双向交流,把有培养前途的优秀干部放到基层、偏远、艰苦的岗位锻炼,为他们成长进步创造条件。优化公务员考核办法,突出对德、能、勤、绩、廉的量化考核,强化平时考核和结果运用。加强绩效管理,适应省局新的考核体系,发挥自身优势,查找薄弱环节,继续保持领先地位。二是加强思想政治建设。坚持把思想政治工作与税收工作、队伍建设、安全履职结合起来,加强理想信念教育和思想道德教育,注重科学管理和人文关怀,从思想、工作、生活各方面关心干部,及时把握干部思想动态,倾听干部诉求,为干部办实事、解难题。三是加强党风作风建设。严格落实“两个责任”,切实强化党组、班子的主体责任和纪检、监察部门的监督责任,打造直通末端的责任链条。要针对廉政风险点,加强廉政教育,对干部提醒在前、约束在前,防患未然。要针对“万人评议机关”工作,加强研究分析,积极做好应对,确保我局再次获得“人民满意单位”。要针对中央八项规定、“反四风”的要求,认真开展对为税不廉、公款吃喝、纵酒行为、慵懒散等方面的专项整治,严格执行各项制度规定,形成长效机制。

五、聚焦青奥盛会,确保安全稳定。再过几天,全市上下为之期盼、为之拼搏的青奥盛会就要召开,目前已到了关键时刻、决战阶段,这是当前头等大事,是首要政治任务。全局上下要振奋精神,勇于担当,全身心投入,确保青奥会期间地税系统不发生一起影响安全稳定的事件,不发生一起干部违法违纪案件,不发生一起涉税舆情事件。一是组织保障再严密。全局上下要切实增强政治意识、大局意识、责任意识和担当意识,作为南京人,要牢固树立主人翁意识,把办好青奥会当成自己的事、份内的事,认真落实好市、区两级交给的各项任务。大家不要有任何怨言,要严格履行青奥安保维稳政治责任,宁可过了,不要漏了。这段时间,除主要业务抓住不放,其他事项要为青奥让步,集中精力为青奥会的圆满成功贡献力量。所有领导干部要深入到安保维稳第一线，认真检查、加强督促，及时发现问题、及时整改。所有工作人员要立足岗位，忠于职守，细之又细、严之又严、实之又实地把工作落实到位。所有处室和基层单位要守土有责、精心组织、百密无疏，确保执行力量部署到位、保障措施落实到位、督导检查实施到位。二是服务标准再提升。结合市里要求，青奥会期间，全局有几个“24小时”要求，这里特别强调一下：各单位24小时要有人值班；12366咨询热线24小时要有人接听；行政执法人员要24小时待命，一有通知要立刻出发，赶赴现场处理；所有干部要保证24小时通得了话、找得到人。要严格落实办税服务厅午间值班制度，安排科所长进厅值班。设立“青奥绿色通道”，为有关企业和个人提供“一站式”服务。对各渠道、各环节收集的纳税人诉求及建议，要快速处理，及时回应。三是应对措施再细化。要全方位、全视角、全覆盖排查可能影响安全稳定的各类问题隐患，加强对重点部位的安全巡防，确保安全稳定各项措施的有效落实。按照市里要求，青奥会期间，各部门、各单位“一把手”不得出境，取消休假、探亲，其他工作人员原则上比照执行。建立信息快报制度，各单位要在每天17:00点前报送当日信息动态，包括双休日，有事报情况，无事报平安，“一把手”要审核，出了事要负责。要盯紧看牢重点人头，确保“不失控、无遗漏”。要高度重视涉税信访、举报工作，加强青奥会期间涉税舆情的预警研判，及时发现问题，主动应对，避免炒作。四是问责机制再严厉。要以铁的纪律落实安全稳定工作责任制，市局将加大督查督办、明察暗访、工作巡视力度，对重点工作、重点区域、重点部门进行专项督察，对履职不力、发生责任事故、引发不良影响的，将严肃追究有关单位、有关领导和人员责任。对青奥期间行政执法不作为、发生执法过错的部门和单位，要从重追究过错责任。

同志们，下半年工作任务艰巨，责任重大。全局上下要按照统一部署和要求，凝心聚力，恪尽职守，扎实工作，确保不折不扣完成全年各项目标任务。

柏鹏在庆祝南京地方税务局建局20周年致词

（2014年9月28日）

同志们：

又是一年金秋送爽，又是一季丹桂飘香。在这收获希望的美好时节，我们欢聚一堂，追忆流金岁月，展望美好未来，共庆伟大祖国65岁华诞，共襄南京地税建局20周年盛会，感到无比高兴！

20年的光阴似箭，20年的岁月如歌。我们共同走过了一段激情燃烧的岁月，谱写了一曲自强不息、共铸辉煌的华美乐章。

20年来，我们用“创业、敬业、精业”的精神，用“开拓、进取、创新”的热情，用“两个卓越”的愿景，用地税人的聪明才智与辛勤汗水，孜孜以求、默默耕耘，推动了地税事业不断向前发展。经过20年的奋斗，南京地税从无到有、从小到大，取得了不平凡的业绩。我们的组织收入从建局初的15亿元到去年突破1000亿元大关，20年增长了68倍；我们的征管户数从建局初的4.7万户增长到现在的42万户，20年增长了9倍；我们的干部队伍从建局初的953人增加到目前的1908人，20年翻了一番。我们取得了一项又一项荣誉，两次被评为“全国文明单位”，两次获得全国纳税人满意度调查第一名，年年被省局评为综合考核第一名，连续五次获得南京市作风建设“人民满意单位”。

20年的历程让人难忘，20年的实践使人鼓舞，20年的业绩激励人心。在这喜庆的日子里，我代表市局党组：

向20年来始终和南京地税风雨同行的各位老领导、老同志表示衷心的感谢，感谢你们为地税事业发展打下的坚实基础！

向20年来先后加入地税队伍，并在各自岗位上倾心履职、努力工作的全体地税干部职工表示衷心的感谢，感谢你们为地税事业作出的无私奉献！

向20年来一直关心、支持地税工作的各级领导、社会各界以及广大纳税人表示衷心的感谢，感谢你们对南京地税的关爱、理解和支持！

回顾过去，我们激情澎湃；展望未来，我们豪情满怀。

新的征程、新的起点、新的目标，我们将过去、现在、未来连成一线，将改革、创新、发展融为一体。肩负着“为国聚财、为民收税”的神圣职责，面对着纳税人和社会各界的殷切期盼，我们只有更加努力地工作，才能始终坚持在服务发展中有所作为，才能赢得社会各界的广泛认可；我们只有倍加珍惜组织荣誉，积极融入组织发展，才能实现个人与组织的和谐共进，共同托起地税的灿烂明天！雄关漫道真如铁，而今迈步从头越。翻过20年的光辉一页，展开未来的多彩画卷，美好蓝图已经绘就，壮丽前景催人奋进。让我们携起手来，齐心协力、众志成城，用今天的不懈奋斗，成就明天的美好梦想，再铸新的辉煌！

国庆节就要到了，祝大家节日愉快、身体健康、阖家幸福！